현대 교회사
1650-1950

-서구의 세속화-

J. H. 니콜스 著
서 영 일 譯

기독교문서선교회

HISTORY of CHRISTIANITY 1650-1950

Secularization of the West

By
James Hastings Nichols

Translated by
Young-Il Seu

1994
Christian Literature Crusade
Seoul, Korea

서 문

본서는 기독교의 역사를 연구하고자 하는 이들을 위하여 저술되었다. 대상으로 한 독자는 대학교의 학부 학생, 신학생, 성직자 그리고 이에 관심이 있는 평신도들이다. 누구든지 1650년으로부터 1950년까지, 교회의 역사 가운데 가장 중요하다고 할 수 있었던 300년 간의 역사에 흥미와 관심이 있는 이들을 위한 것이다. 이 시대는 교회의 역사 가운데서도 가장 복잡할 뿐만 아니라, 또한 아직도 세인들이 잘 이해하지 못하는 교회의 분열들을 경험하였던 시대였다. 이 시대에 발생하였던 일련의 위기들은 기독교와 서구 문화 사이의 관계에서 볼 때에 하나의 혁명을 이루었다고 볼 수 있는 것이었다. 이 300년 동안의 사건들을 알고, 그 중요성을 파악하는 것은 책임성있는 기독교 신자라면 매우 중요한 하나의 의무라 할 수 있을 것이다. 따라서 저자는 이 책이 기독교의 현재 상태를 이해하기 위하여 가장 중요한 소개서가 되기를 구상하였다.

교리와 교회 생활이 매우 보수적으로 남아있는 영역에서조차도, 기독교 신자의 실제 생활과 관념 속에서는 극단적 변화를 가져왔다. 신앙고백, 예배의식 그리고 교회조직들이 17세기 초와 별다름없는 외양을 유지하고 있는 듯한 상황 속에서도, 사실 이들은 매우 다른 모습들을 보이고 있다. 그러나 이러한 현대 기독교의 혁명적 변화를 파악하고 이해하기 위한 노력은 별로 경주되지 못하였다. 각 교단의 역사들, 각 나라의 역사들에 관하여는 중요한 서적들이 많이 나와 있지만, 기독교 전체의 변화와 현재 상태를 통괄적으로 보여주고, 그 배후의 사건들을 해석하고자 하는 저서는 아직 볼 수 없었다. 이 저서는 바로 이러한 발전과 변화들을 분석하고자 하는 목적을 가지고 있다.

그리하여 이 기록 속에서는 서로 다른 많은 교회들의 전통들을 취급하였으며, 교회와 사회변화의 상응관계도 다루도록 노력하였다. 어떤 면에서는 이것이 또한 역사의 전제라고 할 수 있을 것이다. 물론 모든 사회의 변화가 교회의 일부라는 의미는 아니며, 혹은 교회에 동일한 영향을 미친다는 뜻도 아니다. 그러나 보편 교회(Church Ecumenical)의 존재를 믿는 역사가는, 비록 이를 세부적으로 완전하게 다루지는 못한다 할지라도 이 모든 상황을 그 시야 속에 간직하도록 노력해야 할 것이다.

이 저서의 이야기는 유럽지역의 신앙고백적 영역들이 정착되었던 종교전쟁들(Religious Wars)의 종식에서부터 시작한다. 그리고 이 시대의 중요한 기간들을 구분짓는 중요한 사건들은 프랑스 혁명, 1870년대의 몇몇 위기들, 제1차 세계대전(1914-18)들이다. 이러한 기간들은 그 기간적으로 볼 때에 점차 더 짧아지는 경향을 보인다. 그런데 이러한 모습은 인구의 급격한 증가와 아울러, 최근 세대의 보다 더 복잡한 정치적 문화적 상황들로 비추어 볼 때 당연한 모습이라 할 수 있다.

네 개의 시기를 통하여 서구를 네 개의 주요한 문화, 종교권으로 구분하였던 사건들과 경향들을 추적해 보았다. 이는 즉 라틴과 로마 카톨릭(프랑스, 이탈리아, 스페인, 라틴 아메리카), 독일과 루터교(독일, 스칸디나비아), 슬라브와 그리스 정교(러시아, 발칸지방, 근동) 그리고 수많은 교파들을 내포하고 있는 영어사용권의 세계들이다. 그러나 물론, 중요한 예외들, 소수민족들 그리고 변경지방들에서 발생하였던 사건들도 취급하고자 하였다. 그뿐 아니라 최근의 중요한 발전이라 볼 수 있는 비유럽 문화권의 신생 교회들에도 중요한 위치를 부여하였다. 이러한 역사 기술의 중심을 관통하여 흐르고 있는 주제는 사회, 문화, 국가에 관련되어 변화하고 있는 기독교 신앙의 상호관계이다.

이러한 역사 기술은 유럽과 아메리카 대륙의 정치적, 문화적 역사에 대한 기본적 지식을 전제로 하고 있다. 이러한 배경에 익숙지 못한 독자들은 아마도 이 시기의 일반 역사서를 참조하면 많은 도움이 될 것이다. 또한 좋은 역사지도가 있으면 이 책을 읽을 때에 매우 유익할 것이다.

이 책의 계획과 내용은 시카고 대학교에서 수년 동안 미국 교회사 교수였던 시드니 미이드(Sydney E. Mead)와 공동으로 가르쳤던 과목에서 발상되었다. 한동안 우리들은 이 책을 공동집필하고자 하는 계획도 하였는데, 독자들이 이 책을 주의깊게 읽어보면, 그러한 의도의 흔적들이 남아있는 것을 알 수 있을 것이다. 그리고 미이드 교수의 통찰력과 학자로서의 역량이 스며있는 것을 발견할 수 있을 것이다. 제 6, 15 그리고 21장들은 모두 미이드 교수의 강의를 기초로 한 것인데, 단지 이 책에서의 조직과 강조점들은 저자의 작품이다. 저자는 또한 학감이신 제랄드 브라우어(Jerald Brauer)에게 감사를 표하며, 전임 학감이신 루터 웨이글(Luther A. Weigle)에게 감사를 드린다. 예일 신학대학의 클래런스 세드(Clarance P. Shedd) 원로 교수께서도 매우 가치있는 비판을 아끼지 않으셨다. 또한 원고를 보고 저자가 따를 수 없는 뛰어난 이해력과 학식으로 평해준 전 동료 교수 빌헬름 파욱(Wilhelm Pauck)에게도 특별한 감사를 보낸다.

1956년 2월
시카고, 일리노이에서
제임스 니콜스(James H. Nichols)

목 차

• 서 문

제 1 부 웨스트팔리아로부터 프랑스 혁명까지

제 1 장 현대 교회사의 주요한 주제들 ·································· 11
제 2 장 동방정교(Eastern Orthodoxy), 특히 러시아를 중심으로 ········ 23
제 3 장 로마 교회와 카톨릭 영주들 ···································· 38
제 4 장 국가와 사회에서의 루터주의 ···································· 51
제 5 장 개혁파 전통, 앵글리칸주의, 자유교회 칼빈주의 ············ 65
제 6 장 해외의 청교도주의 ·· 80
제 7 장 경건주의와 복음주의 ·· 93
제 8 장 계몽주의 기독교 ·· 109

제 2 부 프랑스 혁명에서 1870년까지

제 9 장 프랑스 혁명 ··· 127
제10장 나폴레옹과 콩코르닷 ·· 140
제11장 개혁파 교회와 국가들 ·· 153
제12장 루터파 교회: 궁정 교회와 인민 교회 사이의 선택 ········ 170
제13장 독일의 프로테스탄트 사상 ······································ 183
제14장 앵글리칸주의와 영국의 자유 교회들 ························· 199
제15장 미국의 이민들과 개척지대의 교회들 ························· 214
제16장 혁명에 대한 울트라몬탠 반작용 ······························· 229

제 3 부   1870년에서 제1차 세계대전까지

제17장   국제적 쿨투르캄프 ·· 245
제18장   카톨릭의 행동 ·· 259
제19장   대륙의 프로테스탄트주의 ································ 269
제20장   영국의 기독교 ·· 285
제21장   미국의 사회복음과 신학적 자유주의 ··················· 300
제22장   유럽의 프로테스탄트 신학 ······························ 315
제23장   로마 카톨릭의 신학적 자유주의 ······················· 327
제24장   프로테스탄트 선교, 1796-1914 ······················· 341
제25장   로마 카톨릭의 선교, 1814-1914 ······················ 357
제26장   19세기의 동방정교 ·· 372

제 4 부   제1차 세계대전에서 20세기 중엽까지

제27장   정교와 소련 ··· 389
제28장   로마 카톨릭과 전체주의 ································· 403
제29장   대륙의 프로테스탄트주의와 나치즘 ··················· 415
제30장   영국과 영연방 ·· 429
제31장   아메리카 복음주의의 조직적 통합 ····················· 443
제32장   신생 교회들 ··· 459
제33장   에큐메니칼 운동 ··· 476
제34장   제2차 세계대전과 그 이후 ······························ 490

제1부

웨스트팔리아로부터
프랑스 혁명까지

제1장

현대 교회사의 주요한 주제들

우리들의 작업은 지난 300년 간의 기독교 발전을 추적하는 것이다. 그런데 교회사 가운데서도 웨스트팔리아 평화조약 이후의 이 시기는 가장 복잡하고, 가장 잘 알려지지 않은 부분이다. 이 시기에는 어거스틴(Augustine), 힐데브란트(Hildebrand), 루터, 칼빈과 같은 뛰어난 창조력을 소유한 영웅들이 존재하지 않는다. 물론 진젠도르프(Zinzendorf), 웨슬레(Wesley), 슐라이어마허(Schleiermacher), 모리스(Maurice), 레오 13세(Leo XIII) 같은 이들이 등장하지만, 이들은 중세의 교황제나 혹은 종교개혁운동과 같은 거대한 새 조직이나, 운동을 창시하지는 못하였다. 전반적으로 보건대 이들은 기존 조직과 상황 속에서 일하는 데 만족하였다. 모라비안들이나 혹은 감리교 등과 같은 중요한 새 집단들이 출현하였으나, 전체적으로 볼 때, 유럽의 교단 지도는 1648년 이후 거의 변화하지 않았다.

1. 지리적 확장

그러나 이러한 변화의 결여는 단지 유럽에만 해당될 수 있는 말이다. 현대 기독교사의 으뜸가는 중요한 주제는 유럽 밖으로의 지리적 확장이라 할 수 있다. 중세 기독교는 그 동부지역의 구심점들을 상실하여 대개 서부 유럽에 국한되어 있었다. 숫자적으로 볼 때에는 이러한 상실이 다시 보상되었다고 하겠다. 1500년경 기독신자들의 숫자는 천 년 전이었던 서기 500년의 숫자와 거의 비슷하였다. 그러나 정치적으로나 문화적으로 볼 때에 서부유럽의 새로운 중심은 제5세기에 로마제국이 누렸던 그러한 영화와 위엄을 소유하지 못하였다. 그 부와 규모, 정치 권력 그리고 어떤 면에서는 그 문명의 발전 등에 있어서 1500년경의 서부 유럽은 힌두 인디아, 오토만 제국 그리고 밍(명) 왕조에 미치지 못하였다. 유럽은 전세계 인구의 겨우 10-15퍼센트를 포함하였던 가장 작으면서도 중요한 문명문화권 가운데 하나였다.

그러나 1550년 이후 4세기가 지나자, 이 신데렐라(Cinderella)는 세계 문화에서 이전에 볼 수 없었던 중요한 위치를 점령하였다. 인구의 급격한 증가와 함께 탐험과 상업계에서도 눈부신 활동을 보이고 있었다. 유럽의 인구는 무려 7-8배가 증가하였으므로, 1914년 유럽인구는 전세계 인구의 25퍼센트를 차지하고 있었다.

한편 유럽인들은, 그 이전의 어느 문명권에서도 선례를 찾아볼 수 없는 정도로 이주하여 신세계에 정착하여 새로운 국가들을 건설하였다. 1500년에는 유럽인들에게 전혀 알려지지도 않았던 대양 너머의 지역들이 철저하게 탐험되었으며, 1914년까지는 인간들의 거주가 가능한 모든 대륙들이 서구의 경제적, 정치적 제국주의에 의하여 잠식되었다. 비록 기독교 역시 다양한 모습으로 이러한 확장에 기여한 것이 사실이지만, 이러한 유럽인들의 확장이 같은 시기에 기독교가 널리 확장되었던 가장 큰 이유이다. 지리적으로 볼 때에 유럽과 아울러 서반구가 더욱더 중요하게 되었다. 그러나 1914년 이후 비유럽 집단들의 부상이 너무나 두드러져서, 가까운 장래에 정치적, 문화적 중심이 비유럽인들에게로 다시 옮겨갈 가능성들을 보여주고 있다.

제16, 17세기의 지리적 확장은 주로 역종교개혁(반동 종교개혁, Counter Reformation)의 기치 아래 시행되었다. 스페인과 포르투갈이 가장 중요한 식민제국의 건설자들이라고 볼 수 있는데, 이들은 라틴 아메리카와 필리핀을 식민지화하고 교회시키는 모습을 보여주었다. 제17세기 로마 카톨릭 세계의 주도권은 프랑스에게 넘어갔는데, 프랑스 출신의 수도사들은 서인도 제도, 세인트 로렌스 연안, 그리고 미시시피 유역들에서 왕성한 활동들을 벌이고 있었다. 한편 포르투칼 카톨릭들과 홀랜드 출신의 개혁파들은 아프리카 해안지방, 인디아, 실론 그리고 동인도 제도 등에서 선교활동을 벌였다. 그러나 이들의 선교활동은 매우 에라스티안(Erastian, 국가 만능론적인)적인 경향을 가지고 있었으므로, 교회는 활력을 찾지 못하였다. 예를 들면, 라틴 아메리카의 경우 20세기 중엽까지도 그 교회를 이끌어갈 현지 지도자들이 부족하였고, "대각성"(Great Awakening)과 같은 부흥운동의 모습을 보이지 못하였다. 단지 북아메리카에 소재한 영국 식민지들만이, 그 부와 신도 숫자에 있어서는 라틴 아메리카에 비하여 떨어지지만 처음부터 진취적인 기독교의 모습을 보였다.

18세기 후반에 한동안 퇴조의 모습을 보인 후, 유럽인들의 이주와 선교는 다시 거대한 규모로 재개되었다. 나폴레옹 전쟁시부터 시작하여, 대영제국과 미합중국에서 시작된 종교운동이 로마 카톨릭과 루터파 제국들에게까지 미치는 상황을 연출하였다. 마치 역종교개혁의 스페인과 프랑스가 이전에 보여주었던 것과 같은 활력을 영어사용권 프로테스탄트 교회들이 과시하였다. 그 가장 뚜렷한 결과는 오스트레일리아, 뉴질랜드, 남아프리카, 캐나다, 특히 미합중국 등지에 새로이 서부유럽인들이 정착하였던 사실이다. 그리하여 1914년 이들의 인구는 크롬웰 시대 유럽 전체의 인구와 맞먹게 되었다. 한편 아프리카, 마다가스카르, 인디아, 인도차이나, 일본, 중국, 한국 그리고 동인도 제도 등에서의 비서구인들에 대한 선교도 계속되었다. 그리하여 1914년경에는 기독교가 아직 모든 비서구인들 사이에 확고하게 자리잡은 것은 아니었으나, 최소한 기독교를 받아들일 수 있는 기회는 제공되었다고 할 수 있다. 1914년 이후, 기독교의 확장은 주로 이러한 사람들 사이에서 이루어졌다.

그러나 많은 유럽인들이 이처럼 신세계로 이주하여 갔음에도 불구하고, 이 "위대한 세기"(The Great Century) 동안에 유럽 자체의 인구도 세 배로 증가하였다. 이러한 인구증가의 요인은 첫째로는 의학의 발전이었고, 둘째로는 새로운 형태의 도시 건설을 가능하게 하였던 기술혁명 때문이었다. 그러나 동시에 이 세기 동안에 프랑스, 아일랜드 그리고 미합중국에서 시작되었던 산아제한으로 말미암아 서구문화권의 인구는 감소, 혹은 적어도 안정세를 보이고 있다. 그런데 이러한 막대한 증가와 아울러 서구의 정치적 우월성을 가능하게 하였던 바로 그 요인들이 오늘날에는 러시아와 아시아에서 작용하고 있다. 그리하여 서구 사회는 전체 인류의 숫자에 비교하여 볼 때 비교적 작은 비율이었던 이전의 모습으로 돌아갈 가능성을 보이고 있다. 따라서 동방정교와 신생교회들이 전략적으로 보다 더 중요한 위치를 차지하게 될 것이다.

우리들이 이 삼 세기 동안의 교회의 내부 역사를 살펴본다면, 무엇보다도 신앙과 문화 사이의 부단한 상호관계를 우선 취급해야 할 것이다. 교회의 생명은 항상 두 개의 동시적 운동들에 의하여 형성되게 된다. 하나는, 기독신앙에 의하여 문화생활이 침투되고 변화받는 것이며 다른 하나는, 일단 교화된 지역이 세속화되는 모습이다. 이 시기에는 후자의 모습이 보다 더 우월하였다고 볼 수 있다. 그러나 이러한 과정은 한마디로 단정할 수 없는 매우 복잡한 것이었다.

2. 계몽운동(Enlightenment)의 문명

기독신앙과 서구문화 사이의 "현대적" 관계를 파악하기 위해서, 그리고 보다 저 체계적인 상황을 정리하기 위해서는, 우선 문화적 관점에서 이를 보아야 한다. 우리들이 취급하는 "현대" 교회사의 시발점은, 교회가 국가와 사회를 주도하는 모습을 보이고 있었던 중세, 종교개혁 시대의 종말에 의하여 정의된다. 그리하여 기독교적 통치와 영향으로부터 문화의 이탈이라는 부정적인 현대문화의 정의로 역사 기술을 시작하는 것이 보다 용이하다. 17세기에 들어서자, 천년 서구 역사상 처음으로 종교적으로 중립적인 문명을 대규모적으로 건설하고자 하는 노력이 의식적으로 경주되기 시작하였다. 즉 기독교로부터 독립된 정치적, 경제적, 윤리적, 지성적 구조를 마련하고자 하는 것이었다. 이 거대한 변화는 흔히 "계몽운동"이라고 불리웠던 움직임에 의하여 17, 18세기에 시행되었다. 비록 계몽운동의 적극적 도그마들 자체가 19, 20세기에 들어서 부인되고, 심각한 비판의 대상이 되기도 하지만, 전반적으로 볼 때 이 계몽운동의 부정적 영향의 측면은 그 후 계속 존속되었다. 현대 서구문명은, 그 적극적 의미가 과연 무엇인가를 불문하고, 구체적이고 노골적인 기독교의 지도로부터 이탈되었다는 점에서, 그 이전의 문명과는 차이를 가지고 있다.

3. 현대의 국가 제도

삼십년 전쟁을 종식시켰던 웨스트팔리아 평화조약(1648)은 정치계의 새로운 시발을 이루는 사건이다. 그 이전의 전쟁에서 유럽의 각국들은 자기들이 속하였다고 생각한 종교집단에의 충성심에서 행동하였다. 이 평화조약은 종교개혁운동도 역종교개혁운동도 제대로 승리를 거두지 못했던 교착상태를 의미한다(교황청의 강력한 반발에도 불구하고). 이러한 형태의 평화를 수용하였다는 사실은, 이제 전쟁과 평화의 문제, 중대한 정치적 변화들의 문제들이 신학적 확신 이외의 기준들에 의하여 결정될 것을 의미하였다. 그리하여 현대 유럽의 근본적인 정치적 구조가 존재하기 시작하였는데, 곧 "세력 균형"의 변화를 인정하는 일단의 서구 국가들의 모습이었다. 바로 이것이 중세 기독교권 혹은 종교개혁의 신앙고백적 동맹상태와는 대조되는바, 현대 교회가 존재하는 정치적 상황이었다. 이제 현대적 체제 속에서 정치적 결정들을 내리는 기준은 왕조적, 혹은 국가적 권력과 명예로 변모하였다.

이들 국가들이 움직이는 모습은, 비록 마키아벨리적인 권력지향적 경향이 지배적이기는 하였지만, 결코 배타적으로 이것이 전부는 아니었다. 권력과 영광을 지향하는 것은 모든 시대의 정치분야에서 항상 뚜렷하게 드러나는 모습이었다. 그리고 현대 서구세계에서는 또한 일정한 윤리적 기준, 혹은 국가 행동의 제한과 같은 전통이 유지되었다. 이러한 규범은 본질상 중세적, 그리고 종교개혁적(또한 궁극적으로는 로마 스토아적)인 "자연법" 사상에 기초하고 있었다. 그러나 이제 이들은 그 신학적 맥락에서부터 이탈되어서 소위 우주 보편적인 도덕 의식에 의지하게 되었다. 예를 들어 자유주의적인 홀랜드의 칼빈주의자 휴고 그로티우스(Hugo Grotius)는 이들을 그의 초기 걸작 고전인 "국제법"(international law)이라는 이름으로 편찬하였다. 물론 중세의 기독교 정치 규례들이 실질적으로, 현대의 국제법보다 더 확고하고 효력 있는 지침이었는가의 여부에는 의문이 있을 수 있다. 그러나 우리들이 여기서 주의해야 할 문제는, 국제법이 기독교와는 별개로 창안되었으며, 약간의 예외들만을 제외하고는 기독신자들이 거주하고 있는 국가들이 이제는 분명 비기독교적인 기반 위에서 중대한 결정들을 내리기 시작하였다는 사실이다.

또한 현대 서구 국가들은 그들의 국내 정책에서도 더 이상 정책의 기준으로 기독교를 감안하지 않았다. 물론 이들 대부분이, 적어도 현대의 초기에는 스스로를 "기독교" 국가들로서 생각하였으며, 국교들을 유지하였다. 그러나 "주권"이론의 출현과 도입은, 실질적으로는 현대국가들이 기독교적 지도로부터 독립하였을 뿐만 아니라, 정치영역에서는 오히려 더 우위에 있음을 주장했다는 사실을 우리들에게 알려주고 있다. 그리하여 실질적 정책 결정 기준들은 국가의 군사적, 상업적, 경제적 복리가 되었다. 현대국가들은 점차로 더 이상 기독교 사회의 "세속적" 팔로서의 기능을 하기를 거부하였으며, 기독교의 정치적 영향력은 부차적, 그리고 간접적인 차원에 머물게 되었다. 현대 정치 사상 이론들은, 성경적 계시라든가 혹은 교회적인 권위와 무관하게,

일반적인 인간의 본성에서 정치조직과 통치 이론들을 찾기 시작하였다. 로마 카톨릭, 앵글리칸(성공회, Anglican), 루터파 그리고 개혁파 교회들은 이러한 발전에 저항하는 모습을 보였으며, 더 이상 거부할 수 없는 상태에서 강제로 그들이 지니고 있었던 국가적 권력과 사회적 지도력을 포기하였다. 그러나 정부의 엘리트들과 지도적 사회계급들은 종교가 정치에 간섭할 수 있는 범위를 항상 더욱더 축소시켜 나갔다. 따라서 현대 기독교 신자들은 일반적으로 자기들의 신앙과는 별개로 그 정치분야에서 생각하고 활동하게 되었다.

현대국가는 자기가 가지고 있었던 법과 권위를 위한 도덕적 기초를 주장하였으며, 그 본질은 비록 자연법 사상의 기독교적 전통에서 비롯된 것이었으나, 그 종교적 맥락에서 탈피시켰다. 자연법, 자연권 사상들이 군주제, 입헌제 등 다양한 정부형태를 정당화하고 지지하기 위하여 사용되었다. 그리고 루터파, 앵글리칸, 로마 카톨릭, 개혁파 공동체 등에 의하여 형성된 국가들은 이러한 질문들에 대하여 상당히 다른 반응들을 보였다. 그러나 어쨌든 대부분의 경우에 있어서, 이들 국가들은 일반적으로 자기들의 결단들이, 종교적인 지도와는 별개로 자연이성에 의하여 형성된 것으로 간주하였다.

정치적 조직의 원칙으로서의 종교적 통일이라는 요소가, 왕조적, 혹은 국가적 이해관계라는 개념으로 대치되면서, 대부분의 경우에는 종교자유의 구현을 보게 되었다. 이러한 현상은 주로 홀랜드, 영어 사용권의 개혁파 교회권 국가들에서 가장 최초로 나타나게 되었다. 루터파, 로마 카톨릭 영주들은 신앙고백적 획일성을 쉽게 포기하지 않았다. 그러나 18세기 후반에는 유럽의 계몽군주들 사이에서 종교자유의 원칙이 널리 받아들여졌으며 이에 따른 정책이 시행되었다. 그리고 19세기에는 이러한 경향이 국가의 종교적 중립성이라는 모습으로 계속되었다.

4. 경제학의 자립

이러한 종교자유의 성장은 상업적 관심의 증대에 의하여 더욱더 가속되었다. 중세와 종교개혁 시대에는 공동체의 복지, 사회정의, 종교적 율례들에 의하여 상업과 공업이 통솔을 받고 있었다. 그리하여 가격조정, 생산품의 질, 수량규제가 이루어졌다. 현대초기에는 상업적 절대주의의 정치적 목표를 위하여 동일한 수단들이 동원되었다. 그러나 홀랜드와 영국에서 이러한 제한으로부터의 경제적 독립을 요구하는 이론들이 최초로 주장되었다. 이 이론은 18세기 말, 아담 스미스(Adam Smith)와 프란소아 퀘스네(Francois Quesnay)를 통해서 그 고전적 정립을 보았다. 즉 기업활동은 단지 자유시장에서의 수요와 공급이라는 "자연법률들"만을 좇아 이루어져야 한다는 것이었다. 이러한 분위기 속에서 대부분의 현대 기독교 신자들은 자기들의 종교적 확신이 사업과 혼동되어서는 안된다고 생각하기 시작하였다.

5. 우주관과 새로운 과학

한편 현대 자연과학과 우주관은, 기독교 신앙과 인간의 세계이해 사이의 관계를 과거와는 극단적으로 상이한 모습으로 재형성하기 시작하였다. 고래의 "상식적"(Common-sense)인 프톨레미의 우주관과 아리스토텔레스의 물리학은 자연의 움직임에 대하여 어떠한 목적과 도덕적 측면을 부여할 수 있었으며, 그다지 어렵지 않게 성경의 우주관에 적응될 수 있었다. 그러나 17세기 이후에 나타난 새로운 기계적 물리학과 천문학은, 자연 자체가 어떤 목적을 가지고 있다는 생각을 소멸시켰다. 이제 인간들은 하나님을 구체적인 가부장적인 모습으로 상상하는 대신에, 보다 비인격적이요, 추상적이요, 멀리 있는 존재로서 생각하기 시작하였다. 이러한 기계적 상상으로부터 자연의 일부 영역, 특히 인간의 본성과 역사에 관한 영역을 지키고자 하는 노력도 있었으나, 새로운 과학은 실질적으로 기술적 성공을 거둠으로써 획득한 성공을 힘입어 일체의 방벽들을 뛰어넘었다. 일반인들 사이에 대중적인 우주관은 기계적 원자론에 접근하였으며, 그 자연적인 경향은 무신론을 띠게 되었다. 기독교적 형이상학의 무수한 노력에도 불구하고, 지난 4세기 동안의 이러한 조류를 실질적으로 막거나 혹은 방지하지 못하였다. 현대 기독교 신자들은, 일상생활에서 사용할 수도 없고, 그가 실제로 사용하고 있는 세계관을 재해석할 수도 없는, 고대적 형태의 세계관으로서 그의 신앙을 유지해야만 하였다.

거의 이에 버금가는 모습으로, 새로운 지리적 역사적 지식들도, 인간의 타락과 구원에 관한 전통적 기독교의 견해를 침해하였다. 이제까지 알지 못하였던 문화에 접하게 됨으로써, 다니엘의 네 왕국이라든가 혹은 어거스틴(Augustine)과 부셋(Bousset)의 파노라마들은 모두 다 편협한 것처럼 여겨지게 되었다. 또한 인류의 공통성과 불변의 자연법칙들을 전제하게 되면서,

성경의 기적들이나 혹은 특별계시들은 점차 의심받게 되었다.

학교의 교과 과목들을 살펴보면 한 문화의 주류를 이루는 윤리적, 종교적 전제들을 쉽게 깨달을 수 있다. 17세기 이후 서구 교육의 역사는 성직자들의 감독과 종교적 성향으로부터의 이탈의 역사였다. 교육은 인간과 하나님 사이의 교제를 위한 준비과정이 아니라, 실용주의적 동기와 정치적인 관심으로 가득하게 되었으며, 이 양 분야는 또한 기독교적이라기보다는 "자연적"인 도덕에 의하여 압도되고 있었다. 이리하여 이 시대는 진보의 가장 중요한 수단으로서 교육에 깊이 의존하였다는 특징을 가지고 있다. 교과목들 가운데 신학수업이나 혹은 예배는 점차 그 위치를 상실해 갔으며, 이들과 다른 과목들 사이의 연관도 약화되었다. 교육의 형태를 보고 판단하건대, 기독교 신앙은 문화적 전통 속에서 점차 부수적이요, 중요치 않은 요인으로 전락해 갔음을 알 수 있다.

따라서 문화적 관점에서 볼 때, 현대 기독교 신자들의 삶 속에서, 기독교 신앙은 시간이 갈수록 점차 더 약화되는 위치를 차지하게 되었던 것이다. 그래서 이 시기를 가리켜 문화의 "세속화" 시기라고 일컫는다. 그러나 신앙의 관점에서 볼 때에는, 우리가 이미 시사한 바처럼, 이러한 "세속화"는 매우 복잡하고도 모호한 과정이었다.

6. 로마 카톨릭과 동방정교의 세속화

세속화의 본질은 정교와 로마 카톨릭 사회들에서 가장 단순한 형태로서 나타난다. 정교(Orthodox)의 경우, 특히 러시아에서는, 종교에서 해방된 문화의 새로운 형태들이 가히 혁명적이라 할 수 있는 위력으로 사방으로부터 밀어 닥쳤다. 이러한 형태들은 정교의 생활과 무관하게 발전되었으며, 일반적으로 이에 대하여 적대적인 모습을 띠고 있었다. 볼셰비키(Bolshevik)의 러시아 정복은 이 세속화 과정을 가장 천박하고 폭력적인 모습으로 보여주고 있다.

서부유럽의 로마 카톨릭 교회는 현대문명의 발전과 보다 더 긴밀한 관계를 가지고 있다고 할 수 있으나, 이러한 관계는 부정적이 아니면, 수동적이었다. 로마 카톨릭 국가들에서는 정체적인 계급구조 내의 신부 주도 사회, 국가, 문화라는 중세적인 양식이 규범으로 남아있었으며, 오직 카톨릭 교회가 마지못해 이를 양보함으로써 변화되기 시작하였다. 우리들은 여기서 17세기로부터 20세기에 이르기까지, 성직자 주도체제와 중세적 양식들로부터 각종 일상생활의 요소들이 계속해서 이탈되어가는 모습을 살펴볼 수 있다. 따라서 수세에 몰린 로마 카톨릭 교회에서는 이러한 막강한 영향력의 상실을, 내부적인 치리를 강화함으로써 보상하고자 하였다. 그리하여 일부 로마 카톨릭과 정교 역사가들에게서 이미 볼 수 있는 모습처럼, 이러한 관점에서 조망할 때에는, 전체 현대교회사를 점진적인 세속화와 신앙에 대한 반란의 역사로서 볼 수도 있다.

7. 프로테스탄트의 신테에제(Protestant Synthesis)

그러나 이러한 점진적 배교의 이미지를 대부분의 프로테스탄트 국가들에게 억지로 적용하는 것은 무리이다. 그리고 17세기에서 20세기에 이르는 지도권이 형성된 것은 바로 이러한 국가들에서였다. 17세기에 들어서면서, 정치적, 경제적 그리고 학문적 지도권은 남부의 로마 카톨릭 유럽으로부터 홀랜드, 대영제국, 프로테스탄트 독일 그리고 영어사용권 북아메리카로 옮겨갔다. 그리고 바로 이러한 나라들에서 기독교 신앙은 정치적 민주주의, 인도주의, 현대적 기계문명, 자본주의, 현대철학과 역사학들의 형성에 강한 영향력을 행사하였다. 물론 이들의 영향력은 직접적이라기보다는 간접적이며, 성직자들이 아니라 평신도들을 중심으로 하고 있으며, 의도적이라기보다는 무의식적이었다. 그러나 이를 통하여 13세기의 그것과 가히 비교할 수 있는 신앙과 문화의 새로운 신테에제가 형성되었다. 특히 사회학적인 접근을 통하여 에른스트 트뢸치(Ernst Troeltsch)는 그가 명명한 "금욕적 프로테스탄트주의"(이는 퓨리탄, 경건주의, 분파적 전통들을 포함하고 있음)의 문화적 영향력을 중세의 신테에제에 비교하였다. 그는 "중세의 카톨릭주의와 함께, 이는 기독교 교리의 두 번째 위대한 주류의 형태를 구성한다"고 하였다. 따라서 대부분의 현대사 속에서, "세속화"라는 개념은 로마 카톨릭 국가들과 동일한 모습으로 서구의 지도적 프로테스탄트 국가들에게까지 적용될 수는 없다.

"세속화"라는 용어의 두 번째 의미는 현대 프로테스탄트주의와 문화 사이의 관계를 위하여 사용될 수 있다. 우리가 이미 현대문화 영역이 성경적, 혹은 교회적 권위로부터 해방되었던 모습에서 시사한 바처럼, 여기서 유지된 기준은 주로 자연법에 관한 기독교적 전통에서 빌려온 것이다. 예를 들자면, 자유주의가 기초하고 있는 윤리적 원칙들이 십계명과 공존할 수 있거나 혹은 동일한 것이라는 확신 속에서 프로테스탄트 신자가 자유주의를 지지하는 것은 매우 가능한 일이었다. 바로 이러한 자신감으로 프로테스탄트주의는 로마 카톨릭과는 비교할 수 없을 정도로 현대 문화에 대하여 개방적이었으며, 따라서 로마 카톨릭 국가들에서는 불가능하였던 정도로 이 문화에 침투하고, 인도할 수 있었다. 퓨리탄(청교도, Puritan) 프로테스탄트주의는 현대문명 가운데서 자연적 도덕법을 높이 고양시켰으며, 종교개혁시대에 신정정치를 건축하였던 활력들을 그 속에 불어넣었다. 현대 프로테스탄트 문화는, 이들이 구체적인 성경적 신정정치를 향한 노력을 포기했다는 점에서 세속화되었다고 할 수 있다. 그러나 이들은 또한 자연의 도덕법을 추구하는 것이 하나님의 계시된 의지와 조화를 이루는 목표라고 생각하였다. 그리고 자연이성으로 깨달을 수 있는 문화적 규범과 기독교 신앙 사이의 차이점이 명백하게 드러나는 분야에서는 기독교 신자들이, 언젠가는 이 불완전한 조화를 완전하게 만들어낼 "발전하는" 신앙의 관념으로서 스스로를 위로하였다.

8. 현대 교회의 형태로서의 교파

이러한 신앙과 문화의 신테에제가 교회 조직에 어떤 영향을 미쳤는가도 살펴볼 필요가 있다. 교회조직을 묘사하는 고전적 형태인 "교회"와 "분파" 대신에, 현대 교회의 역사는 "교파"라는 특징을 가지고 있다. 스스로 "교회"의 위치를 차지하기를 원하였던 로마 카톨릭이나, 혹은 '분파'가 되고자 하였던 메노나이트파도 실질적으로는 "교파"로서 존속할 수밖에는 없었다. 반면에 의도적으로 이러한 새로운 형태의 교회 모습을 형성한 이들은 17세기 영국과 홀랜드의 자유교회 칼빈주의자들이었다. 두 가지 점들이 특히 중요하다. 한편으로, 교파는 자기들을 위한 배타적 주장은 하지 않는다는 것이다. 이는 동일한 공동사회 속에서 존재하는 선택적인 기독교 조직체의 형태라는 주장을 펴고 있다. 이는 자신이 "교회 자체"(the church)라고 주장하지는 않으며, 우주교회, 혹은 보편교회의 한 파에 지나지 않음을 스스로 인정한다. 그리하여 교회 내 조직의 복수성이 인정되고 있으며, 서로 다른 교파들은 서로들을 교회의 일부들로서 인정하는 것이다.

또한 교파의 두 번째 요소도 이에 못지않게 중요하다. 교파는 스스로 교회의 전통적 역할들 가운데서 한두 가지만을 담당한다. 이는 예배, 신학교육, 약간의 윤리적 치리를 위한 기관이며, 가족과 개인관계를 벗어나서는 별로 영향력을 발휘하지 못한다. 그 외의 다른 교회의 기능들, 예를 들어, 일상생활의 다른 부분에 관한 주요한 윤리적 결정사항들은 비교회적 기관들인, 국가, 공립학교, 기업체들에게 일임하는 것이다. 그리하여 교파라는 관념은 교회가 단지 다른 교파들 속에서뿐만이 아니라, 다양한 비교회적인 기관들 가운데서도 발견될 수 있음을 우리들에게 암시해주고 있다. 그리고 실질적으로 현대의 교회사의 영역은 모든 교파들의 활동범위보다도 훨씬 더 넓어져야만 한다. 왜냐하면 이러한 교파의 활동범위들은 하나님의 백성들의 삶의 모든 부분, 혹은 경우에 따라서는 가장 중요한 부분도 포함하지 않기 때문이다. 그리하여 현대에 있어서 신자들의 공동체의 생활은 부분적으로 숨겨져 있으며, 종교적으로 익명으로 되어 있어서, 역사가들을 당황하게 한다.

예를 들면, 현대 교회의 윤리적, 사회적 주도성은 많은 경우 익명으로 남아 있었다. 19세기는 개인, 자발적 결사, 혹은 각종 위원회들이 도덕적인 이념들을 추구하였던 위대한 시대였으며, 이러한 활동들의 많은 부분들은 현대 교회의 역사에 속해있다. 그러나 교파조직으로서의 교회는 이러한 활동들에 별로 적극적으로 참여하지 않았으며, 많은 이들에게 이러한 문제들에 대하여 매우 무관심하다는 인상을 주게 되었다. 특히 고등문화와 교육의 분야에 있어서 하나님의 백성들의 활동에 대하여도 같은 말을 할 수 있다. 이러한 공헌에 대하여 교회는 별로 인정을 받지 못하였다.

9. 프로테스탄트 신테에제의 소멸

그런데 19세기 마지막 세대로부터, 신앙과 문화의 현대적 신테에제 전체가 소멸되는 것처럼 보이기 시작하였다. 특히 국수주의자들과 막시스트들을 비롯한 각종 다양한 비기독교적인 종교운동들이 현대의 서구를 새로운 이교도적 신정정치로 만들어가고자 시도하면서 이들과 공존할 수 없는 이질적인 요소인 기독교를 제거해 버리고자 시도하였다. 이와 마찬가지로 기독교회 역시 스스로를 전반적인 신앙, 즉 하나의 공동체로서 재구성하고자 하는 징조를 보이고 있었다. 교파들 사이에는 사상과 행동들의 교류가 있었으며, 비록 교파는 다르다고 할지라도 이를 통하여 한 교회라는 조직적 표현을 세상에 보여주고자 하는 관심이 크게 고조되었다.

적어도 유럽의 프로테스탄트주의에서는 20세기에 들어서서 신앙과 문화의 신테에제 프로그램 전체를 널리 부정하는 모습을 볼 수 있었다. 모든 문화적 규범과 "자연법칙들"에 대항하여 성경을 통해서 교회 안에 알려진 살아계신 말씀을 향한 직접적인 호소가 행해졌다. 적어도 여기저기서 우리들은 이를 기반으로 한 새로운 사회와 문화의 정복이라는 용기있는 개념들을 발견해 볼 수 있다. 비록 때로는 로마 카톨릭측의 역습이 보다 더 효과적인 것처럼 보이기도 하지만 말이다. 그러나 현재적 신테에제가 가장 최초로 나타났으며, 가장 철저하게 시행되었다고 볼 수 있는 영어사용권 세계에서는 이들이 아직도 상당한 세력으로 남아있다. 그리하여 세계 어디서나 하나님의 백성의 삶을 보다 더 직접적으로 그리고 확실하게 표현하도록 해야 한다는 새로운 책임을 우리들은 느낄 수 있다

제2장

동방정교(Eastern Orthodoxy), 특히 러시아를 중심으로

  우리들의 주제는 지난 삼 세기 동안의 기독교의 역사를 연구하고자 함이다. 서부 유럽 문화 밖에 위치한 교회들의 역사는, 우리들의 이야기의 형태와 연대구분이 얼마나 서부 유럽과 그 식민지들의 사건들에 의하여 좌우되는가를 우리들에게 가르쳐주고 있다. 모슬렘 통치 아래와 러시아에 있던 교회들의 발전은 서부 유럽의 문화 속의 기독교와 동일한 양식 속에 쉽사리 포용될 수 없다. 그러나 이들의 역사는 서부 기독교뿐만 아니라, 서구 문화의 위력에 의하여 깊은 영향을 받았다. 왜냐하면 서구 세력은 이 삼 세기 동안에 점차 세계 전체를 석권하고 압도하였기 때문이었다. 그러나 우리들은 이 책의 서두와 아울러 말미에서도 기독교는 서구 문화와 동일시될 수 없으며, 비서구 문화권에서는 매우 독립적인 노선을 좇아 발전해 왔음을 상기해야만 하겠다.

1. 모슬렘의 정복

  우리들은 소아시아, 시리아 그리고 동부 지중해 연안 등 기독교의 원래 발상지로부터 이 이야기를 시작해도 좋을 것이다. 서구인들은 이 지역에 있던 기독교 신자들이 지속적인 모슬렘들의 압력 아래서 살아야만 했으며, 19세기까지, 그리고 어떤 지역에서는 지금까지도 이들의 간헐적인 박해를 감내해야 했다는 사실을 상상하기가 힘들다. 이슬람에게 기독교가 가장 큰 패배를 감수해야 했던 것은 중세 초기였다. 아랍인들, 몽고인들 그리고 오토만 터키인들은 주요한 기독교 영역을 반 이상이나 석권하였다. 그 후에 재개되었던 이슬람의 침략은 기독교 신자들을 아시아와 아프리카에서 고립시켰다. 기독교 신자들은 어디서나 소규모의 문화적 종교적 고도에 남게 되었으며, 이곳에서 점차 몰락의 길을 걷게 되었다. 초대교회의 4대 총대주교좌들은 수세대에 걸쳐 오토만 제국에게 굴복하였으며, 동방정교의 심리상태는 이러한 복속의 모습을 지금까지도 보여주고 있다. 지난 삼 세기에 걸쳐, 겨우 북해 이북의 정교 선교지역만이 어느 정도 그 활력을 유지할 수 있었다. 따라서 우리들은 우선, 크레센트(Crescent, 모슬렘의 깃발) 아래서의 정교의 역사를 살펴보아야 하며, 그 다음으로는 전체 정교 인구의 대다수가 자리잡고 있는 러시아의 새 국가와 문화 속에서의 기독교의 발전상을 관찰해야 한다.

 근동의 정교회들 외에도, 스스로를 정교로서 간주하고 있는 소규모의 동방교회들이 존재하고 있다. 그러나 이들은 고대의 총대주교좌와는 아무런 교제를 갖고 있지 않으며, 이러한 총대주교좌에서는 오히려 이들을 분파나 이단들로 치부할 것이다. 그러나 그 계급적인 조직, 예배의식, 교리, 정서 등 일반적인 성격에서 이들 동방교회들은 모두 상당한 유사점들을 가지고 있다. 이들 가운데 가장 규모가 큰 것은 동방의 교회(Church of the East, 네스토리우스파〈Nestorian〉: 네스토리안)이다. 이들은 한때 중세에 로마 교황과 연계되었던 모든 서방 교회들을 합친 것보다 더 큰 세력을 가지고 있었다. 이 동방의 교회는 페르시아에 기반을 두고 인디아와 중앙 아시아를 건너 중국에까지 걸쳐 있었다. 그러나 이 큰 교회가 이슬람에 의해 쇠퇴되었다. 이들은 중국에서는 완전 소멸되었으나, 페르시아, 남부 인디아(성 토마스파 기독교 신자들), 터키 등지에서 고립되어 존속하게 되었다. 마찬가지로 고대의 단성론자들(Monophysites), 단일의지론자들(Monothelites)도 아르메니아, 시리아(야콥파 신자들), 이집트와 이디오피아(콥트파)에서 생존해 남았으며, 레바논에는 마론파 신자들(Moronites)이 남아있다. 이들 공동체들은 모두 소규모적이며, 화석과 같은 존재들이다. 이들은 그들의 교리적 특유성과 주위를 둘러싼 이슬람 세력으로 말미암아 다른 기독교회와는 단절되어 고립상태로서 존재하고 있다. 정교나 혹은 기타 소규모 동방교회들이 이슬람 신자들에게 포교할 수 있는 가능성은 거의 없다. 이슬람은 배교자들을 사형에 처하며, 기독교를 떠나 이슬람교를 택하는 자들에게는 많은 특혜를 베풀고 있다.

2. 비잔틴 교회(The Church of Byzantium)

고대 로마제국 각 지방의 문화적 민족주의는 비잔틴 제국 교회로부터 단성론자들과 네스토리우스파 교회들을 단절시키는 데 중요한 역할을 담당하였다. 어떤 경우에는 이 교회들이 비잔틴 제국에 대항하여 아랍인들과 터키인들을 지지하기까지 하였다. 그리고 이들이 성장하게 되자 예루살렘, 안디옥, 알렉산드리아 등의 총대주교관할 구역들은 아랍어, 시리아어 그리고 콥트어를 사용하는 교회들 사이에서, 헬라어를 사용하는 단지 소수 분파의 중심지로 전락하고 말았다. 모슬렘 군은 이들 총대주교좌들을 함락시킨 후, 발칸반도에 침입하여 부다페스트를 점령하였으며, 비엔나를 포위하기까지 하였다. 그리하여 동방 최후의 기독교 보루였던 콘스탄티노플의 총대주교는, 프랑크족들(라틴계 기독교 신자들)의 원군을 얻고자, 원래 이단이라고 정죄하였던 로마 교황과 플로렌스 종교회의에서 기꺼이 담판을 벌이고자 하였을 정도였다(1439). 그러나 이러한 노력은 모두 무위에 그치고 말았다. 콘스탄티노플 역시 함락되었다. 오토만족은 정복 후 일차 학살을 감행한 후에, 19세기까지 기독교 신자들을 복속시켰던 통치체제를 마련하였다.

3. 터키의 체제

이들의 체제는 기독교를 부패, 약화시키기 위한 목적으로 잘 고안되어 있었다. 터키인들은 기독교 신자들을 반자치적인 공동체로 조직하고―모슬렘들은 이를 가리켜 '룸 밀렛'(Rum Millet)라고 불렀다―성직자들에게 이들을 통솔할 책임을 맡겼다. 이는 한편으로는 성직자들의 권력을 강화시킨 것이었으나, 동시에 가혹한 징세와 악명높은 어린이 징집을 이들이 맡아 수행해야 했으므로, 성직자들은 증오의 대상이 될 수밖에 없었다. 매4년 마다 가장 우수한 기독교 신자의 자녀들을 가족들로부터 떼내어 모슬렘 군사학교에서 훈련시켰다. 이들은 광신적인 모슬렘 신자로 자라났으며, 유명한 자닛사리(Janissaries)와 스파히스(Spahis) 군으로서, 오토만 제국 돌격대의 골격을 형성하였다. 그리하여 정교의 성직자들은 노예제와 착취의 도구가 되었으며, 음모와 사기의 전문가들로 변신하였다.

기독교 예배 자체도 정기적으로 위협을 받게 되었다. 왜냐하면 대부분의 교회들은 다 모스크로 전환되었고, 새로운 교회당은 건축이 금지되어 있었기 때문이다. 교회에 출석하는 신자들의 숫자도 감소하였다. 그리하여 수도원이 유일하게 효력있는 기독교의 중심이 되었다. 따라서 많은 공동체들이 자발적으로 기독교를 떠나 이슬람으로 귀의한 것도 이해할 수 있는 일이다. 그뿐 아니라 콘스탄티노플의 그리스인들은 기꺼이 오토만인들에 기생하면서 자기들의 이익을 추구하였다. 이들은 술탄을 설복하여 자기들이 세르비아인들과 불가리아인들을 다스리도록 조처하였으며, 18세기에는 안디옥 총대주교좌를 정복하였고, 예루살렘을 장악하기 위하여 경쟁을 벌였다. 이들은 또한 이 과정 가운데서 각 지역의 방언들과, 예배의식들을 그리스어와 그리스식으로 대체하였다. 따라서 19세기에 오토만 제국이 몰락하였을 때에, 같은 정교에 속하였던 불가리아인들, 세르비아인들 그리고 루마니아인들이 이들에게 복수를 감행하였던 것은 이해할 수 있는 일이다.

시릴 루카(Cyril Lukar)의 낭만적인 생애가 제17세기 초에 정교가 처하였던 절박한 상황과 서방교회와의 관계를 우리들에게 잘 보여주고 있다. 루카는 베니스령 크레테에서 출생하였으며, 서방에서 교육을 받았고, 제네바에서 많은 칼빈주의적 신조들을 자기의 것으로 받아들였다. 그는 한동안 러시아의 신학교에서 가르쳤으며, 1602년에는 알렉산드리아 총대주교로 선출되었으며, 1621년에는 콘스탄티노플 총대주교로 전임되었다. 콘스탄티노플에서 터키인들은 그의 교회당들을 하나하나 몰수하여, 원래 네 개였던 교회가 마지막에는 하나밖에 남지 않았다. 두 차례에 걸쳐 기독교를 완전 박멸하겠다는 위협도 가해졌다. 또한 시릴이 매우 복음주의적 신앙의 소유자였던 사실이 그에게 불리하게 작용하는 한 요소가 되었다. 당시 터키 주재 프랑스 대사관은 이곳에서 로마 카톨릭의 기지 역할을 하였는데, 제수잇(Jesuits, 예수회) 신부들은 술탄과 음모를 꾸며 시릴을 해치고자 하였다. 시릴은 5차례에 걸쳐서 그의 직위를 박탈당하였다가 5차례에 걸쳐 복원되었다. 마침내 술탄은 그를 반역죄로 처벌하여, 1638년 자닛사리들의 손에 의해 목졸려 바다에 던져졌다. 제수잇들은 또한 시릴이 그의 신앙고백과 요리문답을 인쇄하기 위하여 마련하였던 인쇄소를 파괴하기까지 하였다.

4. 정교의 교리적 입장

한편으로는 시릴의 칼빈주의적 경향에 대한 반동으로, 또 한편으로는 키에

프와 콘스탄티노플에 가해지는 로마 카톨릭의 압력에 대한 반발로, 17세기의 정교는 이러한 양측의 서방 교회적 신조에 대항하여 스스로의 교리적 입장을 정립하고자 하였다. 시릴의 시대에 러시아 교회는 일체 서방교회들 내의 서로 다른 집단들의 차이조차 인정하지 아니하고, 이들을 한데 묶어 "라틴족 이단들"(Latin heresy)이라고 부르고 있었다. 키에프의 메트로폴리탄(Metropolitan)이었던 피터 모길라(Peter Mogila)가 1640년에 정교를 위한 신앙고백문을 작성하였는데, 약간의 수정을 거친 후에, 다른 네 사람의 동방 총대주교들에 의하여 서명되었으며, 1672년의 예루살렘 총회에서 모든 정교회의 신경으로 인준되었다. 그런데 이 예루살렘 총회가 정교회의 현대사를 위하여선 가장 중요한 사건이다. 여기서 18개 신조문과 "데시테오스 신앙고백"(Confession of Dositheos)을 발간하였는데, 이는 후에 로마 카톨릭적인 개념과 용어들을 수정한 후에 러시아에서(1838) 받아들여졌다. 이들 두 개의 17세기 신조문들은, 이들이 오직 권위있는 것으로 간주하였던 7개 에큐메니칼 종교회의들(Ecumenical Councils, 세계 종교회의들)의 교회법령들을 정교에서 확실하게 해설하고 확정한 것이었다.

5. 유니에잇 교회들(Uniates, 합동 동방 카톨릭교도)

현대 교회사 전체를 통해서 로마 카톨릭들은 동방에서 적극적으로 전도활동을 벌여왔다. 이들은 폴란드에 기지를 두고, 프랑스 출신 성직자들을 동원하였다. 라틴계 수도원들과 제수잇, 그리고 카푸친 수도사들도 널리 퍼져 있었다. 오토만 제국의 멸망과 함께 프랑스 교회가 성지의 보호권을 갖게 되었으며, 레반트(Levant) 지방에서 로마 카톨릭 교회의 이해관계를 대표하게 되었다. 교회적으로 볼 때에는 이에 따라 일단의 "유니에잇" 교회들이 설립됨을 의미하였다. 이들이 로마 교황의 통솔권을 인정하는 한, 이 유니에잇 교회들은 각종 동방의식과 교회활동의 모습들을 간직하는 것을 허락받았다. 그러나 역시 시간이 흐름에 따라 이들은 라틴적 관습들을 수용하게 되었다.

이제 모하멧 지역의 정교로부터 돌이켜 러시아 자유정교의 모습을 살펴보기로 하자.

1453년 콘스탄티노플이 터키에게 함락됨에 따라서 원래 콘스탄티노플 총대주교구에 속했던 지역들은 누구의 감독도 받지 않는 자유교회의 모습을 띠게 되었다. 러시아인들은 모스크바 대공을 중심으로 단결하여 국경의 몽고인들을 축출하였다. 15세기 후반에는 모스크바가 기독교 영주에 의하여 통치되는 유일한 동방의 대도시가 되었다.

6. 제3의 로마

동방교회에서는 이러한 사건들을 신학적으로 조명하게 되었다. 동방에서는 항상 기독교 제국이 필요한 것으로 생각해 왔으며, 교회를 돕기 위하여 하나님께서 마련하신 수단으로 생각하고 있었다. 이들은 또한 샤를마뉴(Charlemagne)와 그의 후계자들을 항상 반역자들로 간주하고 있었다. 비잔틴 제국의 함락은 세상의 종말을 의미하는 한 표징으로서 생각되었으며, 많은 이들은 1492년에 세상이 끝날 것으로 생각하기도 하였다. 러시아에서는 콘스탄티노플의 함락은, 그곳의 총대주교가 플로렌스 종교회의에서 로마 카톨릭측과 협상을 벌인 데 대한 하나님의 징벌이라고 이해하고 있었다. 당시 총대주교는 터키에 대항하기 위하여 서방으로부터의 원조를 너무나 간절히 원하였으므로, 그의 사절들은 동회의에서 교리적인 양보를 해야 했는데, 모교회에서는 이러한 행위를 후에 배격하였다. 그런데 세상이 끝나는 대신에 비잔틴 제국이 멸망하였고, 이와 동시에 무스코비(Muscovy, 모스크바를 중심한 대공의 가문)가가 세력을 얻은 것을 보고는, 이제 하나님의 은총이 다른 왕조로 옮겨간다는 생각을 품게 되었다. 그리하여 필로테오스(Philotheos)라는 수도사는 모스크바가 "제3의 로마"라는 이론을 16세기 초에 개진하였다. "제1의 로마는 그 이단성으로 말미암아 함락되었다. 제2의 로마는 터키인들에게 희생되었다. 그러나 이제 제3의 새로운 로마가 북쪽에서 일어나고 있다. 그리하여 마치 태양처럼 온 우주를 비추고 있다…이 제3의 로마는 세상이 끝날 때까지 굳건히 존재하리라. 왜냐하면 이는 마지막 로마이기 때문이다. 모스크바는 계승자가 필요없다. 제4의 로마란 생각할 수 없다." 이러한 상속된 사명의 의식은 모스크바의 이반 3세가 팔레오로구스(Paleologus)의 비잔틴 왕조의 소피아와 혼인함으로써 더욱더 강해지게 되었다(1472). 그 후에 모스크바의 영주들은 비잔틴 제국의 상징이었던 쌍두의 독수리를 자기들의 문장으로 사용하였다. 그리고 16세기부터는 짜르(Tsar, 시이저)라는 칭호를 정식으로 사용하기 시작하였다. 그리하여 모스크바의 신성 정교 황제권(Holy Orthodox Tsardom)이 예수님의 재림시까지 진정한 신앙을 수호할 책임과 사명을 가지고 수립되었다.

7. 모스코바 총대주교좌

모스코바의 영주들로서는 러시아 내의 다른 영주들을 압도하기 위하여, 그리고 내부적 통일을 기하기 위하여, 이러한 제3의 로마라는 이론이 매우 편리할 수밖에 없었다. 물론 교회 안에서는 이러한 정교유착에 대한 반대의 목소리가 없었던 것은 아니다.

모스코바의 공식 정책을 가장 열렬하게 지지하였던 것은 "주교들의 탁아소"라고 불리웠던 볼로콜람스크 수도원이었다. 원장 요세프는 짜르를 가리켜 "지상에서의 그리스도의 대리인, 교회와 국가의 지존하신 수장"이라고 불렀다. 그는 예배의식적인 경건성을 매우 숭앙하는 인물로서, 교회가 이를 계속 유지할 수 있는 재정적 지원을 받기를 소원하고 있었다. 그는 또한 이단들을 축출하고, 근절하기 위해서라면 세속적인 공권력을 사용할 수 있다고 생각하였다.

그러나 "볼가 강 건너의 장로들"이라는 집단은 이에 반대하였다. 이들의 지도자는 소르스크의 닐(Nil of Sorsk)이라는 인물로서, 서방교회 중세시대의 성령파 프란시스칸 수도파에 유사한 견해를 가지고 있었다. 이들은 수도원들이 막대한 토지들과 농노들을 소유할 권리가 있다는 것을 부정하였다. 이들은 또한 이단들을 박해하는 것을 반대하였다. 그리고 일반적으로 이들은 전통을 성경과 동등한 위치에 두는 행위를 거부하였다. 그러나 이 "재산 불소유파"들은 16세기 제2 사반세기경에 혹심한 탄압의 대상이 되었으며, 교회의 주도권은 요세프 일파의 수중에 들어가게 되었다. 이들의 승리는 폭군 이반(Ivan the Terrible) 황제가 소집하였던 일련의 종교회의들(1549-1551)에서 극치에 이르게 된다. 이 회의들은 수십 명의 러시아 출신 "교부들"을 "제3의 로마"를 장식하고 돋보이게 하기 위한 목적으로 성자로 시성하였으며, 다양한 '이단들'을 탄압하였다. 서방 교회에서 볼 수 있었던 콘스탄틴의 헌정에 비견할 만한 수많은 전설들이 조작되었다. 이는 물론 짜르의 과거를 미화하고, 그의 위치에 권위를 더해주기 위함이었다. 그리고 1589년에는 짜르의 보호 아래 연명하고 있었던 피난상태의 콘스탄티노플 총대주교 예레미야가 모스코바와 러시아를 독립 총대주교좌로 결정하는 의식을 사회하였다.

모스코바의 여러 총대주교들 가운데 역사에 가장 큰 영향을 미친 인물은 아마도 니콘(Nikon)일 것이다. 초대 모스코바 총대주교가 서임되었을 때에, 이 서임식에서는 제3로마의 이론과 짜르의 위치를 다시 확인하였다. "모든 기독교 왕국들은 그대의 제국으로 통합될 것이다. 그대야말로 온 세계에서 유일한 기독교 주권자이며, 모든 기독교 신자들의 수장이로다"고 선언되었다. 17세기에 들어서자 여러 지역으로부터 모스코바를 순례하는 자들이 나타났으며, 도움을 청하는 난민들도 이곳으로 몰려들었다. 1652년 총대주교에 임명되었던 니콘은 이제 짜르가 실제로 모든 지역의 정교신자들을 실제로 통솔할 수 있도록 하기 위한 작업에 착수하였다. 이를 이해서는 다섯 개 동방 총대주교들 사이의 긴밀한 연계가 필요하였으며, 동시에 러시아인들을 이제까지의 고립상태에서 경각시켜 이들로 하여금 다른 정교들이 존재한다는 사실을 깨닫도록 해야 했다. 이를 성취하기 위해서 니콘은 러시아 예배의식서를 그리스식에 맞추도록 하였다.

8. 니콘의 예배의식 개혁

그런데 제3의 로마 이론이 기반을 두고 있는바, 정교 신앙에 대한 불변의 충성심과 자긍심이, 모든 정교들을 통일하기 위해서 필요하였던 일체의 타협과 협상을 이루는 데 방해가 되었다. 그리스인들은 러시아인들이 위대한 고전 문화나 기독교 신학을 결여하고 있는 야만인들이라고 생각하였으며, 동시에 러시아인들은 그리스인들이 도덕적으로 부패하고, 음모에 젖어있고, 모슬렘들이나, 로마주의자들과 유착되어 있다고 의심하였다. 대부분의 러시아인들에게는 예식과 예배가 종교의 전부라 할 수 있었다. 이들에게는 거의 설교가 없었고, 신경에 대한 지식도 결여되어 있었고, 십계명, 혹은 주기도문도 제대로 알지 못하였다. 또한 성직자들 가운데는 문맹자도 많았다. 이러한 상황 속에서 경건은 종교예술, 예배의식, 조상들(icons), 음악들의 요소에 집중될 수밖에 없었다. 그 결과 예식의 변화는 바로 종교 자체의 핵심을 취급하는 것이었다. 이들이 그토록 논란을 벌였던, 예식의 주문들, 성직자들의 손짓들, 행렬의 방향 등이 오늘날 우리들의 눈으로 볼 때에는 매우 사소한 문제로 생각될지도 모른다. 그러나 1551년의 러시아 종교회의는 그리스인들이, 성호를 그을 때 두 손가락 대신에 세 손가락을 사용하는 것을 이미 정죄한 바 있었다. 또한 "할렐루야"를 두 번 하지 않고, 세 번 하는 것이나, 수염을 깎는 것도 다 라틴적 이단행위라고 간주하였다. 누구든지 그 수염을 깎는 자는 교회에 매장하지 못하도록 "사도들의 규칙"이 정하고 있다고 믿었다. 따라서 짜르가 니콘 총대주교의 개혁운동을 지지하였을 때에 러시아 종교인들과 신자들이 경악하였던 것은 당연한 일이다. 안디옥과 알렉산드리아의 총대주교들이 참석하였던 1666년과 1667의 종교회의에서 니콘의 반대자들이 정죄받았을 때에, 많은 교인들은 이들 종교회의들이 "교부들의 전통 신앙을 훼손하고, 로마의 불경건한 이단을 수립하였다"고 생각하였다.

9. "옛 신자"들의 분파

17세기 마지막 30년은 분파 행위들과 히스테리컬한 종말론적 열정으로 점철되어 있다. 많은 이들에게 종교지도층의 배교는 이제 이미 성경에서 예언되었던 적그리스도의 통치를 시작하는 징조라고 생각되었다. 이러한 통치는 2년 반 동안 계속되리라고 하였다. 1668년에 농부들은 농지를 경작하지 않았고, 씨앗도 뿌리지 않았다. 그리고 1669년 초에는 대규모 군중집회들이 개최되었으며, 신자들은 밤에 하얀 세마포를 입고, 관에 누워서 최후의 심판날을 기다렸다. 아무런 사건없이 1670년이 지나가자 많은 이들은 이를 옛 예배의식이 다시 복원될 징조로서 받아들였다. 어떤 이들은 요한계시록에 있는 날짜를 다시 계산하여, 1699년을 그 시기로 잡았다. 그러나 "옛 신자들"을 화형에 처하겠다는 칙령이 1684년에 반포되었으니, 이러한 계산도 신빙성이 없는 것이었다. 이 시기 순교자들의 전형적인 모습을 보여주는 이는 대신부 압바쿰(Abbakum)이다. 그는 부르짖기를 "오라, 정통 신앙을 수호하는 신자들이여, 손가락 두 개로 하는 성호를 위하여 기꺼이 고문을 당하라 … 비록 나는 유식한 자는 아니지만—알다시피 나는 공부를 많이 하지 못하였으나—우리들의 거룩하신 교부들로부터 받은 우리 교회가 순결하고 거룩한 것은 잘 알고 있노라. 이 순결과 거룩한 신앙을 최후까지 지키리라"고 하였다.

이들은 순교자의 면류관을 얻기 위하여, 군중들에게 물에 빠지거나, 불에 타죽는 집단자살을 설교하였다. 1684년 이후 10년 가량의 기간 동안에 분신자살한 이들의 숫자가 2만 명 가량으로 추산되고 있다. 이때 어떤 이는 다음과 같은 기록을 남기기도 하였다. "나는 로마노프(그의 출신 마을)의 모든 남녀노소가 다 볼가 강변에 나와서 물에 몸을 던져 빠져죽기를 바란다. … 이보다 더 간절히 원하는 것은 이 부락 전체에 불을 질러 남김없이 태워버리는 것이다 … 아무도 적그리스도의 인침을 받지 못하도록."

그런데 1699년에 관한 예언은 보다 더 정확한 것이 판명되었다. 사람들이 두려워하던 새해가 오기 닷새 전, 피터 대제는 그의 유럽 여행으로부터 귀환하였다. 많은 옛 신자들이 포함되어 있었던 친위대원들의 암살음모를 가까스로 피하여 살아남게 되었는데, 그 후 며칠 동안은 귀족들의 수염을 깎고, 친위대원들의 목을 자르는 것을 낙으로 삼고 지내면서, 적그리스도의 역할을 충분히 감당하였다. 다시 "관에 누워 기다리는 자들"이 나타났다. 그러나 다시금 적그리스도의 통치는 세상의 종말을 의미하지는 않았으며, 시간이 감에 따라, 점차 온건책이 시행되었다. 이제 소위 '옛 신자들'은 어떻게 해야 할 것인가, 이들은 어떤 방법을 취해야 할 것인가?

일단 조직의 문제가 생기자, '옛 신자들'은 교회에서 분리해 나갔다. 이들 가운데 과격파들은 기존 교회 가운데는 진정한 교회가 없다고 판단하고, 기적적인 새 시대의 도래를 고대하였다. 이들은 모든 평신도들도 받을 수 있는 성례들, 즉, 세례와 신앙고백 외에는 어디에도 진정한 성례들은 존재하지 않는다고 주장하였다. 이들은 소위 "무성직자"(priestless)파를 구성하여 변경의 늪지대와 백해 연안의 삼림지대, 그리고 시베리아 지방 등, 원래 정식 성직자들이나 성례의 혜택을 받지 못하고 사는 데 익숙하였던 지역에서 번성하였다. 그러나 이들 '옛 신자들'의 대부분은 성례없는 삶에 공포감을 느끼고, 자기들의 성직자들이 진정한 교회의 성례를 실시한다고 믿기를 보다 더 좋아하였다. 이들은 주로 우크라이나와 남서부 지방에 몰려 살고 있었다. 이들 옛 신자들의 두 파는 간헐적으로 박해와 용인을 교대로 받는 생활을 하였으며, 볼셰비키 혁명시까지 내부 분열을 거듭하였다. 이들은 전체 인구의 1/6 가량을 포용하고 있었는데, 만약 박해가 그토록 심하지 않았다면 그 숫자는 더 많았을 것이 분명하다. 지난 삼백 년 동안 러시아 신자들은 분열하는 경향이 많았으며, 이러한 분파적 심리는 아마도 기존 교회-국가에 대한 반발심에서 비롯되었을 것이다. 그리하여 이들의 역사 속에는 종말론적 허무주의, 무정부주의, 정부, 사유재산, 가정들을 불인정하는 태도가 흐르고 있다. 베르디에프(Berdiaev)는 이러한 현실 부정적인 대중들의 메시야적 소망 속에서 오늘날의 러시아 공산주의가 싹텄다고 분석하였다.

10. 분파들(The Sects)

이처럼 뿌리깊은 묵시록적인 태도를 가진 '옛 신자'들의 일부 가운데서, 특히 18세기에는 새로운 공동체 생활의 기반들을 수용하는 분파들이 등장하였다. 이들 분파들은 마치 좌익-프로테스탄트들처럼 말씀과 성령, 역사 속에서의 하나님의 구속 사역들 사이에서 방황하였으며, 내부적인 성령의 증거를 자기들의 권위의 원천으로 삼았다. 보다 복음주의적 노선에 가까운 것은 "유다파"(Judaizers), 몰로칸파(Molokanns), 스툰디파(Stundists), 그리고 침례파(Baptists)들이 있다. 성령파에 가까운 자들에는 편달파(Flagellants), 신비경험에 침잠하였던 클리스티파(Khlysty, 이들은 1690년경부터 나타남)와 그 후계자들, 1790년경부터 나타난 스콥트시파(Skoptsy, 거세당한 자들)들이 있으며, 이보다 더 중요한 두코보르파(Dukhobors, 성령과 씨름하는 자들)는 1750년경에 출현하였다. 후자는 영혼의 선재, 영혼의 이전(transmigration), 영육 이원론 등 매우 영지주의적 경향을 보였으며, "자유 사랑"(free love)을 실행하였고, 재산을 공동으로 소유하였다. 이들은 19세기에 퇴락하였다가, 세기말에 박해 아래서, 그리고 톨스토이(Tolstoy)의 지원으로 다시 부흥하는 모습을 보이게 되었다. 한편 몰로칸파는, 내부의 조명을 중시하였던 두코보르파에 대한 반응으로 발생하여, 성경을 중시하였으며, 보다 더 빨리 성장하였다

19세기 말, 서구 프로테스탄트주의의 영향을 받은 스툰디파와 침례파는 몰로칸파를 제치고 복음주의 진영에서 지도적 위치에 서게 되었다. 이들 여러 집단들의 지성적 지도자들은 공동 사역과 연합을 시도하여, 결국에는 스툰디파, 몰로칸파 그리고 파시코비스트파(Pashkovists)들이 한데 모여 "복음주의 신자 연맹"(Union of Evangelical Christians)을 결성하였다. 처음부터 다양한 러시아 분파들은 서로 한데 섞이는 경향이 강하였으며, 여러 지성적 지도자들의 사상이 여러 집단들에 의하여 공동으로 받아들여졌던 19세기에 이러한 경향은 더욱더 강해지게 되었다. 또한 이 분파들은 매우 과격한 사회주의적 경향을 보였는데, 이들 가운데 일부는 평화주의자들이었고, 세금과 맹세를 반대하였으며, 두코보르파, 몰로칸파 그리고 스툰디파들은 공산주

의적 공동체를 결성하였다. 이들은 물론 각종 법률적인 차별대우와 처벌들을 감수하여야 했으며, 클리스티파 혹은 스콥트시파의 일원이라는 이유만으로도 시베리아에 추방당하는 중형을 받았다.

11. 피터 대제의 서구화

피터 대제(Peter The Great, 1682-1725) 아래서 교회와 국가가 다시 재조직됨으로써 이러한 분파들의 국교에 대한 적개심은 더욱 가열되었다. 그는 강제로 러시아의 서구화를 실시하였는데, 이는 또한 장기적으로 볼 때에 서구의 계몽주의가 도입된 교회의 세속화를 의미하는 것이었다. 피터는 모스코바를 버리고 세인트 피터스부르그로 천도하였다. 그는 짜르가 착용하였던 종교적 의복과 매일의 종교적 의무를 폐기하였다. 그는 서구식 의복을 착용하였으며, 면도칼을 사용하기 시작하였다. 또한 행정도 서구형으로 개혁하였다. 따라서 그의 시대부터 러시아에는 서로 상호간의 이해가 결여된 두 개의 진영이 러시아 내에 존재하게 되었다. 대다수 민중들의 종교는 스콜라 신학이나, 고전 인문주의, 종교개혁, 이성주의나 현대 과학의 영향을 전혀 받지 않은 중세 초기의 기독교였다. 그러나 반면 귀족층의 종교는 프랑스 및 독일의 데이즘(deism, 이신론)과 이성주의를 본받고 있었다. 물론 전자가 서구 중세초기의 문화와 동일한 것인지 아니면 이와는 별개의 자매적 문화요 종교인지에 관하여는 논란의 여지가 있을 것이다. 그러나 피터의 서구화는, 다른 비유럽 국가들의 서구화와 마찬가지로, 서구의 종교와는 별개로 이들의 과학과 문화와 기계문명을 받아들이고자 하는 소망에서 진행되었던 것이다. 대부분의 경우 비서구인들에 대한 현대 서구 문명의 영향은 이 문명이 종교적으로 중립적 태도를 취하고 있는 한 효과를 발생하였다. 그러나 서구 자체에서는 이러한 계몽주의 문화가, 기독교 전통과 공동체와 계속적으로 접촉을 유지하면서, 비록 무의식적으로라도 많은 혜택을 받아왔는 데 반하여, 러시아 및 다른 비유럽사회들의 경우에는 이들의 자연적인 발전의 과정 속으로 외국적인 요소가 침입하면서 세속화가 함께 동반하여 침입하였다.

피터는 정교회를 철저하게 재조직하여, 총대주교가 전혀 황제에게 대항할 수 없도록 무력화시켰다. 니콘 총대주교는 국가에 대항하여 성직자들에게 헌법에 보장된 독립성을 보장하고자 하였다. 그는 황제들이 약했던 당시에, 그 개인적인 능력과 성품의 힘으로 실질적으로 제국 내에서 제2인자의 위치를 차지하고 있었다. 그러나 옛 신자들을 정죄하였던 1667년의 종교회의는 동시에 성직자들의 독립을 꿈꾸었던 니콘의 이상을 정죄하였다. 이제 한 세대가 지난 지금, 피터는 시계추를 정반대의 모습으로 돌려놓았던 것이다. 총대주교좌가 공석이 되자 피터는 이 기회를 잃지 않고, "지금부터는 내가 직접 그대들의 총대주교가 될 것이다"고 선언하였다. 그는 또한 종교회의들을 폐지시켰으며, 1721년에는 유명한 '종교법규령'을 발하여, 소위 '성대회'(Holy Synod)라고 불리웠던 성직자들의 위원회를 조직하였으며, 황제는 이제 다른 총대주교들로부터 '형제'라는 칭호를 누리게 되었다. 피터는 또한 프러시아식의 루터파 당회조직을 지방별과 전국적으로 설치하였는데, 이러한 교회의 정치적인 통솔은 18, 19세기를 거쳐 볼셰비키 혁명시까지 계속되었다. 그러나 피터가 임명한 '대회'의 평신도 참관인인 '고등 대리인'(High Procurator)은 교회에 대하여 폭군의 역할을 하지는 않았다. 이러한 모습은 19세기에 들어서 나타나게 된다. 또한 왕실은 교회의 수입을 관리하였는데, 이는 러시아 전국토 영지의 1/3을 차지하는 것이었으며, 여기에도 다른 장원들과 마찬가지로 농노들이 소속되어 있었다. 성직자들은 마치 보조 경찰관들처럼 조직되었으며, 이들은 고해성사를 이용하여 정치적으로 불만이 있는 인사들을 색출해내곤 하였다. 각 교구교회들은 각종 법령들과 칙령들을 반포하는 공식 장소로서 구실하였으며, 모든 모스코바의 적들은 교회의 정죄를 받게 되었다.

12. 성직자의 위치

러시아 종교는 피터 대제 이후 거의 2세기 가량 이런 종류의 포로상태에 머물게 되었다. 피터 대제가 물러간 이후 교회는 비로소 자기 재산을 다시 관리할 수 있게 되었다. 그러나 이러한 상태는 오래 계속되지 못하였다. 1764년 캐더린(Catherine) 2세는 교회 영지의 대부분을 국유화했으며, 성직자들에게는 그 수입의 일부만을 황실로부터 받게 되었다. 궁핍에 처한 성직자들은 교구민들과 함께 생활을 위한 고난을 겪지 않으면 안되었다. 18세기 말, 교구 성직자들을 선출하는 제도가 폐지되었고, 교구직은 상속되거나 혹은 선물로서 주어지는 형편이 되었다. 그리하여 성직제도는 전혀 소명감이 결여된 채로 일종의 계급으로 존재하였으므로, '옛 신자'들이나 혹은 분파들에 비하여 그 목회상황이 매우 나태하고, 소홀한 상태에 빠지게 되었다. 귀족들은 이러한 "성복을 걸친 농민들"을 멸시하였으며, 19세기까지도 성직자들은 다른 농노들과 다름없이, 채찍질의 형벌을 받곤 하였다. 정부는 성직자들에게 중요한 통계 작성들을 요구하였고, 또한 이들을 첩자들로 사용하였다. 농민들은 이들을 착취자들로서 증오하였다.

13. 신학

18세기에는 키에프의 신학교들을 중심으로 하여 약간의 신학활동이 있었으나, 그 내용은 주로 서방에서 파생된 것으로서 라틴어로 진행되었으며, 러시아 교회 일반에는 별로 영향을 미치지 못하였다. 이아보르스키(Iavorsky)가 성경과 전통 사이의 관계와, 구원을 얻는 데 관련한 인간의 노력에 관한 내용을 로마 신학자들로부터 빌어왔으며, 프로코비치(Prokovich)는 이 점들에 관하여 종교개혁적인 입장을 지지하였다. 러시아인들의 일반적인 태도는 서방교회 양측의 논리를 빌어다가 주장을 되풀이하는 것이었다. 그러나 논쟁에 있어서는 로마 카톨릭측의 입장이 보다 더 유리하게 전개되었다.

이 세기에 가장 뛰어난 성직자는 모스코바의 대주교였으며, 후에 메트로폴리탄의 직위에까지 올랐던 플라톤(Platon)이었다. 그의 요리문답은 그 후 두 세대를 두고 신학 교과서로 사용되었으며, 러시아 교회사를 위한 자료들을 모으기도 하였으며, 1805년에는 직접 러시아 교회사를 작성하기도 하였다. 그는 또한 '옛 신자'들을 다시 정교 안으로 불러들이기 위한 타협책을 마련하기도 하였다.

그러나 일반적으로 볼 때에, 러시아 교회는 조직신학을 회피하였고, 신앙을 예식적으로 제시하는 것에 만족하였다. 러시아인들이 작성한 종교적 저술들은 대개 경건서적, 실천신학 분야, 혹은 도덕적 분야에 불과하였다. 비록 가장 영향있는 민중들의 종교적 지도자들은, 18세기의 자돈스크의 티크혼(Tikhon of Zadonsk)처럼 주로 수도사 출신들이었으나, 이곳의 수도원들은 서방교회의 경우와는 달리 신학적인 분야에서 교회에 공헌하지는 못하였다. 러시아인들의 영성을 이해하기 위해선 티크혼과 같은 지도자들의 모습을 연구하는 동시에, 또한 성상들이나, 예배의식의 영창의 의미 등을 연구해야 한다.

　러시아 정교회는 그 당시에, 터키인들에 포로되었던 다른 정교회들에 비하여 더 뛰어난 새로운 신학적, 혹은 교회적 업적을 이루지 못하였다. 아마도 이는 유일회적으로, 완전하고, 불변의 모습으로 우리에게 신앙이 주어졌다는 정교회의 입장과 일치하는 것인지도 모른다. 이들은 아무도, 그 어느 조직체도 신조나 혹은 성례를 변경할 권리가 없다고 생각하였다. 왜냐하면, 교회의 할 일은 단지 행정적이고 실무적인 것에 불과하며, 신학이란 단순한 설명과 해설에 불과하다고 생각하였기 때문이었다. 또한 이들은, 서방교회와는 달리, 신학의 중요한 문제들을 건들여서도 안된다고 생각하였다.

제3장

로마 교회와 카톨릭 영주들

제17세기와 18세기의 서방교회들 가운데 가장 큰 교회는, 종교개혁에 대항하여 트렌트에서 재구성되었고, 오스트리아, 프랑스 그리고 스페인에 가장 막강한 세력을 가지고 있었던 로마 카톨릭이었다. 로마 카톨릭은 비록 종교전쟁을 통해서도 프로테스탄트 측으로 넘어간 영역을 되찾지는 못하였으나, 유럽에서는 역시 정치적, 군사적으로 우월한 위치를 점하고 있었다. 역종교개혁의 군사적 선두에 섰던 스페인은 1648년에 그 주도권을 포기하였으며, 이제 비엔나에 소재한 제국은 그 정치적, 문화적 영도권을 프랑스에 넘겨주어야만 했다. 그리하여 로마 카톨릭 영역의 영적, 정치적 그리고 문화적 중심이 되는 프랑스가 이 세기들을 조감하는 데 가장 적당한 무대를 제공하고 있다.

1. 울트라몬태니즘 대 지방분권적 권위

이 시기를 특징짓는 것은 무엇보다도, 교회 내에서 교황의 절대적 권력을 주장하였던 울트라몬태니즘(Ultramontanism, 교황권 지상주의)과, 다른 성직자들과 로마 카톨릭 영주들이 그 권력을 나누어 장악하도록 해야 한다는 지방분권적 권위 분산의 프로그램 사이의 갈등이라고 할 수 있겠다. 전자의 개념은 물론 항상 로마에서 주장되었으며, 제수잇 수도회가 이를 가장 적극적으로 지지하였다. 그러나 교회 전체적으로 볼 때에 17, 18세기에는 그 정반대되는 경향이 교회를 주도하였는데, 프랑스에서는 이를 "갈리카니즘"(Gallicanism, 고올주의)이라고 불렀다.

역종교개혁은 종내 중세 극성기에 실시되고 있었던 교황의 신정정치를 다시 복원하지는 못하였다. 반대로, 종교개혁 운동에 대항하기 위하여 로마 교회는 교회의 세력을 로마 카톨릭 영주들에게 할양해 주는 것이 필요함을 발견하게 되었다. 트렌트 종교회의(1545-1563)는 감히 "영주들의 개혁"이라는 안건을 실행하지 못하였다. 그럼에도 불구하고 주요 로마 카톨릭 영주들은 단서를 붙인 채 동회의의 결정사항들을 반포하였으며, 프랑스의 경우에는 이를 정식으로 반포한 적도 없었다. 교황청은 사방에서 각국 카톨릭 교회의 도전에 즉면하였으며, 영주들의 유고에 적응할 수밖에는 없었다. 터키에 대항한 신성동맹(Holy League)은 그 단결을 제대로 유지하지 못하였다. 교황 파이우스 5세(Pius Ⅴ)가 그녀를 '폐위'시킨 후에도 로마 카톨릭 영주들은 계속 영국의 엘리자벳 여왕과 외교관계를 계속하였다. 교황청에서 베니스에 금령을 내리고자 하였을 때에는 성직자들까지도 이에 복종하기를 거부하였다. 즉 로마 카톨릭 군주들은 더 이상 자기들의 정책에 교회가 간섭하는 것을 거부하였던 것이다.

가장 강한 국가들의 경우에 실제적으로 실행되었던 교회-국가 사이의 관계는 교황의 권위를 최소한도로마 인정하는 형태의 황제 교황주의 (caesaropapism)였다. 16세기에는 스페인의 필립 2세(Phillp Ⅱ)가 이러한 전형적인 예를 제시하고 있다. 그는 교회의 재정과 인사관계를 좌우하였다. 그리고 또한 종교재판소를 통하여 신학적, 도덕적 문제들까지도 통솔하였는데, 때로는 정치적 목적을 위하여 교황의 뜻을 거슬리기를 능사로 하였다. 그리하여 위대한 16세기의 제수잇 신학자들인 벨라민(Bellamine)과 수아레즈(Suarez) 등은, 교황의 세속 권력은 직접적이 아니라 간접적이라는 이론으로서 점차 증가하는 카톨릭 군주들의 교회로부터의 독립성을 설명하고자 하였다.

2. 4개의 갈리칸 신조문들

그러나 필립 2세의 기능을 프랑스의 루이 14세가 계승하였던 17세기에는 교황청의 간접적 권력까지도 인정하기를 거부하였다. 군주들은 왕권신수설을 주장하여, 교황이나, 혹은 국민들이 군주들의 주권에 일체 간섭할 수 없다고 주장하였다. 1612년과 1613년에 프랑스의 제수잇들은, 군주가 이단이나 분파인 경우에 교황은 신민들의 충성관계를 해소시킬 수 있으며, 종교적인 이유로 왕권을 침해할 수 있다는 이론을 엄숙하게 배격함을 선서해야 했다. 전체 유럽 전체의 로마 카톨릭 신자들을 위한 갈리카니즘(고올주의)의 고전적 이론은, 소르본느의 신학자들의 선언에 기초하여 부셋(Bossuet) 주교가 1682년에 작성하였다. 이 유명한 "4개 신조문들" 가운데 첫째는, 군주들은 세속적인 문제에 관하여 일체 교회의 권력에 종속되지 아니하며, 교황은 직, 간접적으로 이들을 폐위시킬 수 없으며, 신민들을 그 충성서약으로부터 해소시킬 수 없다고 명시하고 있다. 둘째는, 종교회의의 결정은 교황에 우선한다는 콘스탄스 종교회의의 결정을 다시 확인하고 있다. 셋째는, 교황청에 대항하여 지방적, 혹은 국가적 교회의 교회법들을 사용할 수 있다는 주장이었다. 넷째는, 신앙문제에 관한 교황의 결정은 교회 전체의 동의없이도 무오성을 가진다는 주장을 부인한 것이었다.

이러한 신조문들에는 두 개의 중요한 고올주의의 특색들이 주장되고 있음을 발견할 수 있을 것이다. 첫째로는, 콘스탄스 종교회의와 보르쥬 실질 금령(Pragmatic Sanctions of Bourges, 1438)에서 주창되었던 종교회의주의적인 전통이다. 이들은 교황 한 사람이 아니라 주교들의 모임인 종교회의에 궁극적인 권위가 있다고 주장하였다. 둘째는, 세속군주나 영주들이 "외부적 문제들에 관한 주교"로서 교회를 통치할 권리가 있다는 주장이다. 이리하여 비록 종교적 고올주의와 왕실 고올주의는 울트라몬태니즘과 동맹관계를 결성하였으나, 이들은 또한 상황에 따라서 서로 갈등을 겪기도 하였다.

물론, 로마 교회는 이러한 4개 신조문들에 대하여 격렬하게 저항하였으며, 1682년 총회에 관련이 있는 성직자들은 주교로 임명하기를 거부하였다. 수년이 지나지 않아 삼십여 주교구가 공석이 되었다. 왕은 교황청을 점령하고, 눈찌오(nunzio, 교황 직속 비서, 혹은 특별 사절)를 사로잡고, 교회의 분열을 위협하였으며, 새로운 종교회의의 개최를 요구하였다. 그는 마치 영국의 헨리 8세만큼이나 교황에 대하여 정면대결의 자세를 취한 것이다. 그리하여 오늘날 '갈리칸'(고올 지방, 즉 프랑스) 교회가 '앵글리칸'(영국 성공회) 교회와 같은 정도의 독립교회의 위치를 가지지 못하고 있는 것은 전혀 루이 14세의 탓은 아닌 것이다. 그러나 프랑스 성직자들은 정작 교회를 분열시킬 배짱은 없었으므로, 결국 1693년에 타협책이 마련되었다. 교황청은 공석 3. 중인 주교구들로부터의 수입을 왕에게 양도하기로 하였으며, 왕은 그 대신 갈리칸 신조문들을 철저하게 시행하지 않기로 약속하였다. 그러나 이들 신조문들은 계속 주장될 수 있었으며, 로마 카톨릭 유럽 전체에서 널리 교수되었다. 루이 14세 이후 프랑스 혁명에 이르기까지 프랑스 왕실의 교회에 대한 감독의 범위와 정도는 계속 증가하였다.

3. 교회 조직

프랑스 교회의 일반적 조직은 혁명 때까지 거의 그대로 존속되었다. 교회와 국가는 모든 차원에서 유기적인 관계를 유지하고 있었다. 국왕은 대관식 때에 성유를 받았는데, 이는 마치 성직 안수를 연상시키는 모습이었다. 그리고 성직자들은 국가의 제일 계급을 구성하였다. 이들은 국가 전체 수입의 무려 절반 가량을 차지하고 있었으며, 면세 조치를 받았다. 또한 경제적으로는 왕실로부터 완전 독립되어 있었다. 이들의 주요한 수입원은 (1) 교회 소유 경작지로부터의 소작료, (2) 십일조, (3) 교회에서 부과하였던 각종 요금과, 교회 앞으로 남겨지는 유증(遺贈) 등이었다. 이러한 재산의 반 가량은 명목상 수도원에 속해 있었는데, 수도원의 4/5 가량이 세속 성직자들을 위한 봉록이었다. 이러한 수도원들의 도덕적 타락상은 말할 수 없었으며, 혁명 이전에는 이를 억제하기 위한 조처가 별도로 시행되어야만 할 정도였다.

세속 성직자들은 그 계급에 따라 명확하게 구분되어 있었다. 140개 가량의 대주교구와 주교구들은 귀족들의 차지였으며, 영주들에 못지않은 수입을 자랑하고 있었다. 그러나 거의 6만 명에 달하던 교구 성직자들은 빈곤을 면치 못하여 농부들과의 십일조 시비가 그치지 않았다. 이러한 하급 성직자들은 또한 주교들의 일방적인 명령과 조처에 시달려야 했다. 따라서 이들 하급 성직자들이 수입의 보다 정당한 배분을 요구하였고, 주교들을 선거제로 할 것을 앙망하고 있었다는 사실은 충분히 이해가 가는 일이다. 바로 이러한 희망 때문에 이들은 혁명 초기에는 혁명을 지지하게 되었다.

공공 예배뿐만 아니라, 혼인 예식, 교육 그리고 자선, 구제들을 모두 교회가 독점하고 있었다. 초등교육은 교회에서 전담하고 있었으며, 1789년까지도 국민 대부분은 문맹이었다. 약 20개에 달하던 대학교들은 학문적으로 뛰어난 모습을 보이지 못하였으며, 국가의 사상에 대하여 별영향을 미치지 못하고 있었다.

4. 프로테스탄트들에 대한 대박해

　루이 14세와 그 궁신들은 전혀 신앙심이 없는 자들이었으며, 고위 성직자들 가운데도 진정한 신앙심을 가진 이들은 드물었음에도 불구하고, 정치적인 충성의 표시로서, 그리고 하나의 전통적 예의로서 형식적인 정통주의는 완강하게 고수되었다. 프로테스탄트 홀랜드와 영국이 종교자유를 인정하기 시작할 무렵에, 프랑스에서는 루이 14세가 그의 절대군주제를 위한 요구사항으로서 16세기의 박해정책을 부활하였다. 1685년에 낭트칙령이 철회되어 프랑스 내의 프로테스탄트 신자들을 박멸하고자 하는 움직임이 시작되었다. 프로테스탄트 학당과 교회들은 폐지되었으며, 목회자들은 추방당했다. 프로테스탄트 가정들마다 병사들이 주둔하면서 여자들, 아동들, 노인들을 학대하여 결국은 "태양왕"에게로 개종하도록 만들어갔다. 그리하여 삼만 명 이상이 "개종"하였으며, 보다 지식층의 전문직 종사자들 25만 명 가량은 프러시아, 영국 그리고 아메리카의 영국 식민지로 이주하였다. 이러한 박해에 자극을 받은 영국인들은, 루이 14세와 함께 음모를 꾸미고 있었던 제임스 2세를 축출하고, 네덜란드로부터 윌리엄 공을 불러다 왕위에 앉게 되었다. 그리하여 영국에서는 입헌주의, 종교의 자유 그리고 프로테스탄트주의를 향해 나갔으며, 그 반면 프랑스에서는 절대주의, 로마 카톨릭주의, 그리고 종교박해를 더욱더 강화하였다.

　스페인 종교재판이 그러하였듯이, 루이가 종교의 통일정책을 강요한 것도, 종교적 이유라기보다는 정치적 이해관계 때문이었으며, 교황의 요구 때문이 아니라, 프랑스 자체의 내부상황 때문이었다. 교황은 공식적으로는 프로테스탄트에 대한 대박해를 찬성하면서도, 개인적으로는 이에 대한 의혹을 표시하였다. 그러나 이와 비슷한 모습으로 그는 프랑스 영내의 교리적 문제에 대하여 결정을 내리지 않으면 안되었다. 정적주의자들(Quietists, 미구엘 데 몰리노스〈Miguel de Molinos〉와 페넬론〈Fénelon〉 등)과 잔센주의자들(Jansenists)을 정죄한 조처들도 그 의도는 엄격하게 교리적인 판단이 아니라 정치적인 것이었다.

5. 잔센주의

　17세기 후반과 18세기 초반을 점하였던 가장 중요한 교리적 논쟁은 잔센주의를 둘러싼 논쟁이었는데, 이는 고올주의에 관한 헌법적인 논쟁과도 연루되어 있었다. 이 명칭은 루우뱅 대학의 코넬리스 잔센(Cornelis Jansen) 교수로부터 유래되었다. 그의 유작 『어거스틴』(Augustine, 1640)은 포트 로얄 수녀원을 중심으로 하고 있었던 프랑스 교회 내 어거스틴파의 교과서적인 위치를 차지하였다. 그 지도자는 단지 처벌에 대한 공포가 아니라, 하나님에 대한 사랑으로부터 우러나오는 회개만이 성례를 통한 용서를 받을 수 있는 조건이 된다고 주장하였던 생 시란(St. Cyran) 수도원장이었다. 그는 이러한 주장으로 투옥당해야만 하였다. 포트 로얄의 종교 지도자였던 아놀드(Arnauld) 역시 제수잇들의 잦은 성례에 대항하여 비슷한 주장을 개진하였는데, 그는 성례는 오직 심각한 영적 준비가 있은 후에야만이 시행되어야 한다고 하였다. 깊은 경건심과 윤리적인 열정을 동반하였던 개혁운동으로서 잔센주의는 중류층, 지방 성직자들, 지성인들, 도미니칸과 어거스틴파 수도회들에게 많은 호응을 받게 되었다. 또한 방탕한 생활에 젖어있었던 상류귀족들로 하여금 진실되고 지속적인 회개를 하게 하는 데도 많은 성공을 거두었다. 이러한 영향은 단지 장식용의 기독교를 원하였던 국왕과 궁정의 제수잇들에게 많은 질투를 사게 되었다. 교리적으로 볼 때에 제수잇들은 또한 하나님의 은총과 주권을 강조하였던 어거스틴적 체계보다는 루이스 몰리나(Luis Molina)의 유사펠라기우스주의에 보다 더 가까웠다. 이들은 바티칸을 움직여 거듭 잔센주의의 주장들에 대하여 정죄처분을 내리도록 하였으나, 그 움직임 자체를 정지시키거나 박멸하지는 못하였다.

프랑스 교회에서는 대부분의 신학적 논쟁들이 고해소(confessional)의 설치여부를 중심으로 발생하고 있었다. 특히 제수잇들은 종교개혁 이전에는 볼 수 없었던 정도로 고행과 고해를 강조하였다. 성찬의 중심성은 실질적으로 약화되거나 상실되었으며, 교회에서는 이제 고해소가 제단과 다름없이, 혹은 그 이상으로 중요한 위치를 차지하게 되었다. 신학교들은 고행의 실시와 관련된 실제적 결의론이라 할 수 있는 "도덕 신학"의 훈련에 보다 열성을 기울이기 시작하였다. 파스칼(Pascal)이 그의 『지방 서신들』(Provincial Letters)에서 공격하였던 것이 바로 로마 카톨릭 도덕 신학이었다. 그는 주로 제수잇들을 공격하였으나, 이 도덕 신학은 기실 제수잇들이 창안한 것은 아니었다. 결의론(casuistry), 개연론(probabilism), 정신적 보류(mental reservation), 그리고 랙시즘(laxism) 등은 모두 오랜 역사를 가진 관념들이었다. 그러나 교회가 공식적으로 개연주의자들의 오류들을 정죄한 후에 이러한 정죄들을 피하여 계속 이 체제를 시행하고 교수하였던 것은 제수잇들이었다.

6. 개연론

개연주의자에 의하면, 고해 담당자는 회개하는 자가 양심적으로 생각하여 보건대 여하한 죄를 사죄할 만한 보장이 있다고 느껴지는 선행은 허락하여야 한다. 비록 이 행위가 고해 담당자의 의견에 반대되거나, 혹은 회개자 자신의 의견으로 볼 때에 다른 행위보다 덜 올바르다고 생각될 때에라도 이를 허락하여야만 한다. 여기에 어떤 개연성이 있을 때에는, 비록 그 개연성이 희미한 것이라 할지라도 그리스도에게는 완전히 받아들여질 만한 것이다. 이 체제는 원래, 제대로 능력을 갖추지 못한 신부들이 어려운 윤리적 문제에 대한 결정을 내려야 하는 책임을 덜어주기 위하여 나타난 것이었다. 또한 이러한 방법을 쓸 경우에는 회개자가 가혹한 고행을 통하여 교회로부터 공식적으로 단절되는 경우가 적다는 장점이 주장되고 있다. 그리고 개연론자들은 거의 이렇다 할 만한 고행을 시키는 일이 없었으므로, 세속에 물든 당시의 사회에서는 이러한 고해담당자들이 인기가 있었다. 고해담당자는 자기의 판단으로 볼 때에 회개자가 저지르고 있는 행위가 죽음에 이르는 대죄라고 생각될 때에도, 그에게 사죄 처분을 허락하여야만 한다. 또한 과연 무엇이 대죄이고, 무엇이 가벼운 죄인가에 대하여 각종 의견이 분분하던 당시로서는 얼마든지 이를 정당화시킬 수 있는 여지들이 남아 있었다. 예를 들어 종들의 절도에 대해, 몰리나(Molina)는 죄로 생각지 않았으며, 에스코바르(Escobar)는 가벼운 죄로, 그리고 산체즈(Sanchez)는 중죄로 간주하였다. 결의론자들은 마치 관리들과 같이 철저한 모습으로, 탈세 행위로부터 목과 어깨를 드러낸 의복에 이르기까지 각종 상황들을 세밀하게 분석하였다. 그 극성기의 모습을 잘 보여주는 인물은 생 알폰수스 리구오리(St. Alphonsus Liguori)라고 할 수 있다. 19세기에 리구오리는 "교회의 박사"로 임명되었는데, 이는 보나벤투어 (Bonaventure) 이후 최초의 명예였다. 여러 가지 면에서 리구오리는 현대 로마 카톨릭 주의를 이해하는 데 가장 중요한 위치를 차지하는데, 이러한 면에서는 토마스 아퀴나스(Thomas Aquinas)보다도 더 중요한 인물이라고 할 수 있다.

7. 유니게니투스(Unigenitus)와 교회의 분열

물론 기독신자의 생활에 관하여 제수잇들에 동조하는 것이 당연하였던 루이 14세는 잔센주의자들에 대한 압력을 강화하였다. 1705년에는 이들에 대한 새로운 정죄령을 내렸으며, 1709년 포트 로얄은 파괴되었고, 죽은 자들의 시체들까지 파내어 혹형을 가하였다. 1713년에는 국왕의 고해 담당자였던 제수잇 신부의 압력 아래서 교황 클레멘트 11세가, 잔센주의자들의 지도자였던 퀘스넬(Quesnel)의 저술 『신약에 관한 도덕적 숙고들』(*Moral Reflections on the New Testament*)에 나타난 101개항을 정죄함으로써 그 절정에 달하게 되었다. 이 서적은 20여 년 동안 사람들에게 높은 평가를 받으며 널리 쓰여지고 있는 작품이었다. 그 정죄령이었던 교황칙령 '유니게니투스'는 대부분의 프랑스 신학자들과, 법률가들 그리고 평신도 종교지도자들의 강한 반발을 자아내게 되었다. "항소자들"(Appellants)(이는 장래의 전체 종교회의에 항소한다는 의미에서 붙여진 이름이다)의 집단이 조직되었으며, 파문의 위협에도 불구하고 교회는 분열되었다. 참사원에서 스스로의 대주교를 선출할 수 있는 권한을 아직도 유지하고 있었던 우드레흐트 내주교구가 프랑스 내 잔센주의자들의 피난처가 되었으며, 계속하여 분리된 로마 카톨릭 교회로서 존재하였다. 또한 프랑스 교회는 혁명시까지 '유니게니투스' 칙령을 둘러싼 논쟁으로 시달려야만 하였다. 잔센주의와 고올주의는 이 우트레흐트 교회와 공동전선을 결성하였다. 이로 인하여 발생한 성직 선출에 관한 참사원의 권리에 관하여 당시 지도적인 교회 법률가였던 루우뱅 대학의 반 에스펜(Van Espen) 교수에게 자문이 구해졌다. 반 에스펜은 그의 저서 『보편 교회법』(*Jus ecclesiasticum universum*, 1700))에서 교회법에 대하여 스콜라스틱하다기보다는 역사적인 접근을 시도하였다. 그리하여 울트라몬태니즘의 잘못된 사상들이, 교황의 허위 칙령들에 의하여 발생한 것으로 결론지어졌다. 그는 이에 따라 교회 정부에 대한 종교회의 중심적 전통을 부활시켰다. 비록 그의 이름은 1734년 금서목록에 오르게 되었으나, 18세기 후반에도 대부분의 성직자들과 각국의 교회법 전문가들의 지지를 받고 있었다.

8. 페브로니우스(Febronius)

그러나 그보다도 오히려 더 영향력있는 인물이 되었던 사람은, 트리에르의 보좌주교였던 니콜라스 폰 혼테임(Nicolas von Hontheim) 이었다. 저스티누스 페프로니우스(Justinus Febronius)라는 이름으로 저술하였던 그는 1763년에 『교회의 상태와 로마 교황의 합법적인 권한에 관하여』(State of the Church and of the Legitimate Power of the Roman Pontiff)를 출판하였다. 페브로니우스는 교회정부의 권력은 원칙적으로 볼 때에 신자들 전체의 모임에 있다고 주장하였다. 그들을 대신하여 이를 실제로 시행하는 것은 주교들인데, 주교들 가운데 지도역은 교황이 하지만, 그 역시 종교회의를 통하여 대변되는 전체 신자의 의사를 따라야만 한다. 울트라몬태니즘에서 주장하고 있는바, 교황의 절대적 권한이란 허위의 칙령들을 근거로 하여 개진된 것이라고 그는 주장하였다. 따라서 이러한 주장은 프로테스탄트들과의 재연합을 위해서도 포기되어야만 한다. 페브로니우스는 더 이상 다른 프랑스의 고올주의자들처럼 일개 국교의 특권들을 주장하기 위하여 이론을 개진하고 있는 것이 아니었다. 그러나 성경과 전통을 근본토대로 한 보편교회의 종교회의 위주적인 구조를 주장하는 것이었다.

클레멘트 13세 교황과 금서목록(Index)은 1764년에 페브로니우스의 저술들을 정죄하였다. 그러나 주교들과 영주들은 이러한 조처를 무시하고, 계속 그의 저서들을 독일, 이탈리아, 포르투갈, 스페인, 프랑스 그리고 그 외의 각국들에 배포하였다. 그리하여 각국의 로마 카톨릭 교회 내에는 항상 페브로니우스를 지지하는 종교회의파가 존재하는 듯하였다. 15년 후에 혼테임은 강제로 자기의 의견을 공식 철회해야만 했지만, 당시 신성로마제국의 수상이 직접 그의 가족들에게 서신을 띄워서, 이러한 철회에도 불구하고 모든 지성적인 카톨릭 신자들은 계속 그의 이론이 옳다고 믿고 있다고 하였다.

게르만 지방에서는 페브로니우스의 견해들이 교회의 일반적인 확신 위에 근거하고 있는 것은 아니었다. 이를 주장하고 찬성하였던 것은, 각자 자기들의 영지에서 마치 루이 14세와 같은 권력을 누리기를 원하였던 영주-주교들이었다. 풀다(Fulda), 뷔르즈부르그(Würzburg) 마인즈(Mainz)의 영주들은 르네상스 이탈리아나 혹은 바르세이유 궁전의 영광과 쾌락을 자기들도 흉내낼 수 있기를 바라고 있었다. 이들 영주-주교들은 자기들의 내정문제에 간섭하려는 교황청에 반발하였다. 1769년 제국의 대주교 선거후들은 혼테임의 사상에 기초한 "코블렌즈 헌장"(Articles of Coblenz)을 작성하였으며, 1785년에는 또한 이와 동일한 점들이 "엘름 강령"(Elm Points)에서 재주장되었다. 이들은 이를 통하여 교황 사절들의 행정권, 수도회들에 대한 외국 종교 상급자들의 사법권 그리고 이단들에 대한 박해 임무의 해소들을 요구하였다.

9. 요셉주의(Josephism)

비엔나 궁정에서는 페브로니우스 이론을 발견할 수 있었을 뿐만 아니라, 국가에 대한 보다 더 계몽적인 이론까지도 나타나게 되었다. 여황 마리아 테레사(Maria Theresa)와 그 아들 요셉 2세(Joseph II)는 스스로 카톨릭 신자들로 자처하였으나, 교회의 정치적, 혹은 권징적 권한을 인정하는 것이 신앙을 위해 필수적인 것으로는 간주하지 않았다. 국가야말로 계몽된 문명을 창도하고 인도하는 기관이며, 교회와 성직자들은 바로 이러한 임무를 옆에서 도와야 하는 역할을 가지고 있다고 생각하였다. 그리하여 여왕은 모든 신학생들에게, 신학교가 아니라, 국가에 대한 자연법 이론을 가르치고 있었던 법대에서 교회법들을 공부하도록 조처하였다. 요셉 2세 치하에서 국가는 성직사들을 위한 신학교들을 나린하였다. 왕은 또한 "종교사유의 직령"(Edict of Toleration, 1781)을 반포하여 비카톨릭적인 예배를 시행할 수 있도록 인정하였다. 마찬가지로 그는 또한 사회적 유용성을 위하여 2천 개 이상에 달하던 수도원들 가운데 반을 폐쇄시키고, 이들 수입을 지방 성직자들 그리고 새로운 교회들을 위해 사용하였다. 그리고 스스로 서적과 설교의 검열제도를 실시하여, 국민들에게 유용한 도덕적 교훈들을 격려하였고 미신이나 열광주의들을 타파하였다. 이리하여 황제는 자의로 교회생활에 간섭하였으며, 이를 국가의 한 기관으로서, 국가의 목적들을 달성하기 위한 보조기구로서 이용하였다.

마찬가지로 요셉의 동생 레오폴드(Leopold)가 다스리던 투스카니 지방에서도 잔센주의나 페브로니우스주의적인 개혁이 조장되었다. 리치 주교는 1786년 피스토이아에서 대회를 소집하고, 교회의 본질에 대해 종교회의주의적인 입장을 채택하였으며, 죄와 은혜의 이론에 있어서는 퀘스넬(Quesnel)을 지지하였고, 당시 교회예식 운동에 의하여 채택되었던 몇 가지 예식적 개혁들을 추천하였다. 이러한 조처는 1794년의 교황칙령 '아욱토렘 피데이'(Auctorem Fidei)에 의하여 정죄처분을 받았다. 이러한 각종 제국의 종교회의주의 운동은 결국 프랑스 혁명과 나폴레옹 전쟁들로 인하여 무위로 돌아간다. 그러나 이러한 움직임들은 18세기를 주도하고 있었던 움직임들을 우리들에게 알려주고 있다.

그런데 요셉 2세를 사로잡았던 교육적, 사법적, 종교적 개혁을 위한 계몽사상들은 프랑스에서 가장 극성하게 되었다. 바로 여기에서 18세기 식자층의 마지막 두 세대를 풍미하였던 것은 다름아닌 '계몽주의 철학'이었다. 이들의 경향은 요셉의 경우에서 볼 수 있었듯이 국가로 하여금, 교회를 조작하여 인도주의적인 개혁을 실시하도록 하는 것이었다. 교회의 기본구조는 그대로 유지되었으나, 그 진정한 신앙고백적인 성격은 소멸되었다.

10. 종교자유의 발흥

루이 14세가 종교박해를 완화한 데서도, 신앙고백적인 국가로부터 자연법에 기초한 국가개념으로 옮겨가는 모습을 우리들은 볼 수 있겠다. 18세기에도 프랑스의 프로테스탄트들은 "광야 깊숙이"에서 게릴라전을 통하여 생존을 꾀하고 있었다. 1724년의 칙령은 프로테스탄트 목회자들을 사형에 처할 수 있도록 하였으며, 이들을 숨겨주는 자들은 노젓는 노예로서 선박들에 배치되었다. 수백 명의 프로테스탄트 신자들이 이러한 처벌을 받았고, 부녀들은 수녀원에 투옥되었으며, 이들의 자녀들은 로마 카톨릭으로서 교육을 받고 양육되었다. 그러나 18세기 후반에 들어서서 박해는 눈에 띄게 완화되었다. 물론 1762년에 교수형에 처해진 드 라 로셋(de la Rochette) 목사와 같은 예외가 없는 것은 아니었다. 로마 카톨릭 출신의 지성인들이 앞장서서 종교자유의 인정을 요구한 것을 보면, 당시 카톨릭 평신도들의 사고방식이 급격히 변화하고 있음을 알 수 있을 것이다. 성직자들은 끝까지 프로테스탄트에 대한 박해를 주장하였으나, 평신도들은 더 이상 이러한 문제들에 대한 성직자들의 권위를 인정하거나 신봉하지 않았다. 1787년 프랑스는 프로테스탄트들에게 비공개적으로 예배를 드리고, 합법적으로 결혼할 수 있는 권리를 인정함으로써 오스트리아와 보조를 맞추게 되었다.

또한 17세기 말에는 잔센주의를 둘러싼 논쟁이 크게 횡행하였으나, 18세기 말에는 반동세력이라는 혐의로 제수잇들이 축출되었던 사실을 모든 이들이 찬성하였던 것에서도 프랑스인들의 사고방식이 변화한 모습을 쉽게 짐작할 수 있다. 한동안 제수잇은 어거스틴파에 대항하였던 도덕주의 논쟁에서 승리를 거두었으나, 결국은 왕권 절대주의와 교회 내의 종교회의주의의 물결에 밀려 세력을 잃고 말았다.

11. 제수잇의 몰락

18세기 유럽의 왕실들은 제수잇이 거의 독립국가와 같은 형태로 주권을 누리면서, 존재하는 것에 깊은 불만을 품고 있었다. 제수잇들은 각국에서 교육을 장악할 권리를 주장하고 있었다. 이들은 자의로 교수들을 임명하고, 교과서를 결정하였으며, 자기들의 교육기관 운영이나 혹은 교과내용에 대하여 전혀 간섭하지 못하도록 하였다. 그러나 18세기에 들어서자 이들이 운영하는 학교들의 질은 저하되기 시작하였으며, 식자층들은 이들을 반동세력의 온상으로 간주하게 되었다. 이들은 또한 일체의 신학을 무시하면서까지 잔센주의자들을 박해한 바 있었다. 마찬가지로, 제수잇들은 사법적, 재정적 분야에서도 일체 세속권력의 간섭을 배척하였다. 제수잇 수도회는 그 구성원들이 범죄를 저지를 때에도 형사처벌을 받기를 거부하였다. 그 막대한 부와 재산에도 불구하고 세금을 납부하지도 않았다. 그리고 음모에 밝은 제수잇들은, 각 왕실들의 이해관계보다도 자기들의 역종교개혁적 임무를 우선으로 수행하였다. 왕실들은 더 이상 이들의 임무의 제물이 되고자 하지 않았다.

18세기 후반에 모든 부르봉 왕실들은 제수잇들에 대항하고, 이들을 배척하기 시작하였다. 이들은 1759년에는 포르투갈, 1764년에는 프랑스, 1767년에는 스페인에서 억압을 받게 되었다. 부르봉 왕실들은 연합하여, 1769년 교황과의 회의에서, 교황이 각처의 제수잇들을 억제하겠다는 약속을 받아내었다. 이를 확실히 하기 위하여 아비뇽과 베네벤토에 있던 교황영지를 볼모로 잡기까지 하였다. 그리고 교황법원 안에서도 제수잇의 충성심에 대한 의심이 이미 싹트고 있었다. 제수잇들은 교황에 대항하여 프랑스 왕을 지지한 적이 있었으며, 개연론에 관한 법규들을 무시하였고, 중국에서는 반복하여 조상숭배에 참가하는 것을 금하는 규칙을 어긴 바 있었다. 로마에서는 이를 둘러싸고 맹렬한 공방전이 벌어지게 되었다. 그러나 1773년 클레멘트 14세 교황은 결정적인 조처를 내렸다. 그는 교황칙령 '도미누스 아크 레뎀프토르 노스터' (Dominus ac redemptor noster)를 통하여 이 예수회를 "영원히" 억압하였다. 이 효과는 교육계와 선교지에서 당장 나타났으며, 어떤 면에서는 당시 프랑스 혁명과 나폴레옹 전쟁이라는 결정적인 시기에 돌입하고 있었던 로마 카톨릭 교회를 마비시키는 효과도 있었다. 또한 교회와 국가의 관계에 있어서 교황의 권한을 가장 강하게 대표하였던 이들의 몰락은 또한 로마 카톨릭 국가들 내에서 교황 세력의 약화를 의미하는 것이기도 하였다.

제4장
국가와 사회에서의 루터주의

　루터파 독일과 스칸디나비아는 우리가 살펴보는 이 시기에 많은 불이익을 감수해야만 하였다. 종교개혁과 종교전쟁들을 통하여 프랑스, 영국, 스페인들이 중앙집권적인 왕조로 이전해갈 때에, 독일은 고대 신성로마제국의 형식 안에서 철저한 조직이 없는 연맹체로 남아있었다. 웨스트팔리아의 평화는 이러한 구조를 오히려 더 약화시키게 되었다. 신앙고백적인 다양성은 합법적으로 인정되었으며, 그 구성 국가들은 각자가 전쟁을 선포할 수 있는 권한까지도 가지고 있었다. 다이엇(Diet, 제국 의회)은 정식의회라기보다는 사절들의 회집에 불과하였다. 정치적인 관점에서 보건대, "독일"은 이제 발칸화된 잡다한 문양들이 한데 모여있는 담요와 같은 모습을 하고 있었다. 이 가운데는 유럽의 두 개의 왕국인, 오스트리아-헝가리와 브란덴부르그-프러시아 외에도, 아홉 개의 선거후 공국들, 그리고 약 백 개 가량의 기타 종교적, 세속적 영주국들, 백여 개의 공국들, 50여 개의 자유 촌락들, 그리고 이에 못지않은 숫자의 교회 영지들, 거의 2, 3천 개에 달하는 자치적 소귀족들과 그 영지들이 소재하고 있었다. 또한 당시 중앙집권제를 지향하던 일반적 경향은 독일과 스칸디나비아 지방에 수백, 수천 개의 조그마한 지방 독재자들을 산출하였는데, 이들은 본 제도가 가지는 모든 약점들을 내보이는 반면, 이를 보상할 수 있는 장점들은 전혀 발휘하지 못하고 있었다.

　이러한 정치적 분권화와 독재화뿐만 아니라, 독일은 대서양 항로가 개척되던 이 시기에 경제적으로 낙후되었다. 16세기에 레반트(Lavant)와 함께 대 이탈리아 교역에 참여하였던 아욱스부르그(Augsburg)와 뉘른베르그

(Nürnberg)는 폐허화하였으며, 한자동맹(Hanseatic League)은 세계무역에서 더 이상 영국이나 홀랜드와 경쟁할 수가 없었다. 그리하여 독일은 이제 고립상태의 후진국으로 전락하였다. 무수한 정치단위들이 부과하였던 관세와 통행세는 융통성없는 공인들의 길드제도와 중세의 토지 소작세에 그 폐해를 더하여, 서방에 있던 로마 카톨릭이나 개혁파 주민들보다 경제적으로 더욱 뒤떨어지는 현상을 보이게 되었다. 이 시기 독일의 가장 주요한 수출품은 용병들이었다. 당시 아메리카의 반란자 등에 대항하여 전투에 참가하였던 이들 "헷세인들"(Hessians) 가운데 겨우 반 가량이 살아서 귀환하였다. 이러한 경제적 후진성, 교통수단의 낙후, 중요 대도시의 결여 등으로 인하여, 독일은 문화적, 종교적으로도 역시 지방성, 후진성을 면치 못하게 되었다.

이처럼 장기적으로 불리한 경향들 외에도, 독일은 또한 종교전쟁의 피해를 가장 극심하게 겪은 나라이기도 하였다. 일천팔백만에 달했던 인구가 전후에는 겨우 일천만으로 격감하였다. 농경지는 황폐해졌고, 가축들은 도둑맞거나 죽었으며, 집들은 파괴되었고, 상업은 마비되었다. 또한 문화적, 도덕적 퇴보도 이에 비견할 만하였다. 한 세대가 무법천지의 전쟁상태에서 성장한 것이었다. 거친 청소년들이 떼를 지어 다녔다. 수천 명의 여성들이 유린되었다. 교육은 거의 자취를 감추었다. 폰 그림멜샤우젠(von Grimmelshausen)이 쓴 『심플리키스무스』(*Simplicissimus*)라는 작품을 읽어보면 당시의 타락상을 잘 알 수 있다. 그리고 목회자들에 대한 존경심은 이들이 위험상태에서 보여준 용기로 인하여 약간 높아졌으나, 이처럼 황폐된 상황으로 인하여 이들의 할 일은 한없이 보다 더 어려워졌다.

1. 자파적 정통들

그러나 이러한 삼십 년 전쟁의 치명적인 위험도, 루터파 교회들의 편협성과 배타성을 변화시키지는 못하였다. 16세기에 아욱스부르그 신앙고백을 신봉하였던 이들 교회들은 주로 성찬론을 두고 험한 논쟁을 겪으며 분열하는 모습을 보였다. 루터의 말을 절대적으로 신봉하였던 자들이, 멜랑톤(Melanchthon)을 가리켜 "실질적 칼빈주의자"라고 정죄하며 들고 일어나게 되었다. 여기에는 대학교들 사이의 지역적인 경쟁심과 질투심도 연관되어 있었다. 결국에는 다수의 엄수파 루터파들이 『포뮬러』(*Formular*, 1580)와

『콩코드 신앙고백집』(Book of Concord, 1580)을 중심으로 하여 단결하게 되었다. 이 집단의 가장 중요한 존재들은 남부의 뷔르템부르그와 북부의 멕클렌부르그, 그리고 프러시아를 연결하였던 두 개의 삭소니 지방들이었다. 멜랑톤에게 철저한 충성을 보였던 것은 서부의 개혁파와 긴밀한 연관을 가졌다가 축출되었던 팔라티네이트(Palatinate) 지방이었다. 그러나 다른 지역들의 중요한 일파들은 멜랑톤파에 대한 "콩코드"의 정죄들을 받아들이기를 거부하였다. 이들 가운데 가장 중요한 지역들은 포메라니아, 쉴레스비히-홀스타인, 브런스윅, 그리고 헷세 지방들이었다. 덴마크와 스웨덴도 이들과 마찬가지로 이 시기에는 특정 신경에 서약하기를 주저하였다. 이들 지역들은 모두 각자의 교회행정과 아울러 신학 교수들을 가지고 있었는데, 이들의 특권과 특색을 지키기에 열심이었다. 후자들 가운데 가장 유명하였던 것은, 배타적 루터파 진영의 비텐베르그, 라이프찌히, 삭소니의 에나들이었으며, 보다 평화를 추구하는 경향을 보였던 지도자들은 브런스윅의 헬름슈테트(Helmstedt), 팔라티네이트의 하이델베르그(Heidelberg), 그리고 헷세의 말부르그(Marburg) 등이었다. 아마도 교회사에 있어서 다른 어느 시기보다도, '순수한 교리'의 문제가 바로 이때에 가장 중요한 논쟁거리가 되었을 것이다. 그리고 무대는 가장 사소한 문제를 트집잡아서 논적들에게 광신적인 비난을 퍼붓는 서기관들과 바리새인들로 창궐하고 있었다.

칼빈주의자들은 기독교 신자도 아니라고 비난하였던 배타적 루터파들은 삼십년 전쟁의 제1차 전투 가운데서, 팔라티네이트의 프레데릭(Frederick of Palatinate)을 돕기 위해 손가락 하나도 까딱하지 않았다. 이는 알바의 공포정치에 맞서 저항하였던 오렌지의 윌리엄(William of Orange) 공을 전혀 도외시하였던 것과 마찬가지였다. 이들은 보헤미아 지방에서 프로테스탄트 진영이 박멸당하고, 제국 내의 신앙고백적 균형이 팔라티네이트에서 바바리아 지방으로 옮겨가는데도 전혀 관심을 보이지 않았다. 삭소니 지방에서는 "칼빈주의자보다는 차라리 교황파를"이라는 것이 대중적인 태도였다. 전쟁의 제2차 전투들에서, 브란덴부르그 지방은 다시 덴마크에 대항하여 황제와 로마측을 지원하였다. 스웨덴에서 프로테스탄트를 구하기 위하여 원정왔던 구스타부스 아돌푸스(Gustavus Adolphus)까지도 독일 내 프로테스탄트 신자들을 한데 단결시킬 수가 없었다. 그리고 평화협상의 과정에 있어서까지도 삭소니 지방이 지도하던 배타적 루터파들은 개혁파 신자들에게 법적인 권리를 허용하지 않으려고 하였다. 브란덴부르그의 대선거후(the Great Elector of Brandenburg, 1640-1688)가 강제로 삭소니를 움직여 양보시킴으로써, 개혁파들도 협정에 보장된 권리를 향유할 수 있게 되었다. 그러나 이제 그 정책뿐만 아니라 또한 세력판도에 있어서, 독일 프로테스탄트의 영도권은 삭소니로부터 브란덴부르그로 옮겨가고 있었다. 그리고 대선거후는 그의 신민들이 종교자유를 부인하였던 비텐베르그 대학에서 공부하는 것을 금지시켰으며, 뷔르템베르그에서 용인되지 못하였던 루이 14세의 대박해를 피하여 독일령으로 피신하였던 프랑스 출신의 휴그노 신자들을 환영하였다.

2. 종교 자유의 한계들

신앙고백시대 독일 내의 체제였던 '쿠이우스 레기오 아이우스 렐리기오'(cuius regio eius religio, 각 지방의 영주가 자기 지역의 종교를 결정함)라는 정책은 당시의 정치적 복수주의에 근거하고 있었다. 예를 들면, 하나의 종교가 정해지면 다른 종교들은 일체 금지되었던 영국과는 달리, 독일 지방의 모자이크식 영지들의 공존은 근접한 거리 내에서 자기에게 맞는 교회를 찾아갈 수 있는 것이 가능하였다. 그러나 이는 물론 합법적인 세 개의 신앙고백에 맞는 교회와 신앙에 한한 것이었다. 다른 종교조직들은 금지되었으니, 이는 1689년부터 영국에서 실시되었던 합법적인 종교복수제도와는 대조적인 모습이다. 예를 들어 독일 내의 무수한 칙령들은 경건주의자들의 회집을 금지시키고 있었다. 그리하여 모라비안(Moravian)들은 루터파 지주와 루터파 국교 목회자를 내세워서야 그 공동체를 조직할 수 있었다. 모라비안 측의 식민주 체제는, 비교적 종교 자유가 인정되고 있었던 영국과 아메리카 대륙으로 이전하였을 때에는 다시 독자적인 교파를 구성하게 되었다. 그리고 영국식 체제 아래서는 어디서나 발생할 수 있었던, 성령파, 천년왕국파, 기타 소수파 종교집단들이, 독일에서는 베를부르그(Berleburg)와 같이 제한된 지역의 정치적 피난처에서나 한데 존재할 수 있었다. 17세기 후반에 스웨덴베르그(Swedenberg)의 저술을 중심으로 하여 조직되었던 공동체는, 이러한 체제가 상당히 완화된 후에야 주로 스톡홀름과 런던에 발생할 수 있었다. 그리고 또한 루터파 지역의 이러한 완화의 모습도, 영국이나 아메리카에서처럼 종교 자유를 법적으로 인정하는 데서 이루어진 것이 아니라, 개인적으로 종교적 확신을 상실하였던 독재군주들의 용납에 의한 것이었다.

3. 사회적인 계층화

삼십년 전쟁을 통하여 독일지방에 이루어졌던 분할은 지리적인 것이라기 보다는 사회계급적이었다. 종교개혁 시대에, 독일의 번창하던 상류 상인 계급들은, 마치 영국에서 볼 수 있었던 바처럼, 하류 귀족층과의 유착을 예상시키고 있었다. 그러나 전쟁과 아울러 발생한 독일 상업과 공업의 퇴락은 이러한 발전상을 정지시키게 되었다. 함부르그나 브레멘 등 대규묘 상업 중심지들을 제외하고는 귀족들의 손에 모든 세력이 집중되었으며, 사회계급들 사이의 구분선은 건널 수 없는 계급들 사이의 경계로 고착되었다. 그리하여 당시의 교회 기록들을 살펴보면, 귀족들은 "고귀하신 분" 혹은 "고귀하신 부인" 등으로 수식되어 있고, 중상층 관료들, 전문가들은 "○○ 님", "○○ 부인" 등으로 지칭되고 있다. 그러나 대부분의 공인들, 농부들 기타에게는 "○○ 씨"라는 호칭도 붙어있지 않다. 이 시대가 끝날 때쯤, 즉 혁명전야의 프랑스가 오히려 독일보다 계급사이의 간격이 보다 더 완화되어 있었음을 발견할 수 있다.

그리하여 삼십년 전쟁 후 독일지방의 정치세력을 독점하였던 계급은 대중들과 유리되어 있었다. 자기들의 영지를 직접 관리, 경영하였던 향사들의 경우에는 이런 경향이 덜한 편이지만, 프랑스 "태양왕"을 흉내내며 유행을 좇는 귀족들이 모여들어 있었던 오백여 개 이상의 소위 궁정들이 이러한 분위기를 결정하였다. 이러한 궁정생활은 그 관습, 도덕률, 취미, 그리고 심지어는 언어까지도 다른 평민 계급과는 판이하였다. 이제 귀족들은 중류층과도 다른 교육을 받았다. 라틴어와 종교 대신에, 프랑스어, 펜싱, 승마, 춤, 사격, 약간의 정치학, 지리학들이 교수되었다. 이 가운데 가장 중요한 것은 "유람" 중에 일시적으로라도 프랑스 궁정에 머무는 것이었다. 프랑스, 이탈리아, 영국 등지의 귀족층과는 달리 독일의 귀족층은 그 문화생활에서 전혀 지적인 지도역을 담당하지 못하였다. 귀족들은(일부 경건주의자들을 제외하고는) "도덕적"인 생활을 한다든지, 혹은 교육을 받는다든지 하는 것이 자기들의 기품을 손상시키는 것이라고 믿었다. 따라서 당시 독일지방의 이들 지도자들은, 물론 지방에 따라 약간의 차이들은 있었으나, 무지하고 야만적이었으며, 대부분의 시간을 카드 도박, 사냥, 음주에 보내고 있었다.

4. 바로크 음악

그런데 건축, 연극, 음악 등의 분야에서 이러한 궁정들은 상당한 문화적 공헌을 하였다. 특별히 음악은 이들의 후원 아래 많은 발전을 보았다. 이때 바하(Bach)와 헨델(Handel)들이 출현하였으며, 이들의 작품은 현대교회사에서 가장 우수한 종교예술로서 꼽히고 있다. 바하의 "수난곡들"이나 미사곡들은 엄격한 삭손 정통신앙의 종교적인 깊이를 짐작하게 한다. 또한 이들은 이 독재의 시대에 교회가 접촉할 수 있었던 음악적 소질과 재능들의 집중상태를 보여주는데, 이러한 모습은 그 후 다시는 재현된 일이 없었다.

5. 정치 윤리

이러한 소독재 통치자들은 상비군들, 이러한 군대를 유지하기 위한 재정을 충당하는 임무를 지녔던 능률적인, 혹은 무능한 관료들, 권위에 대한 무조건적 복종을 항상 설교하였던 루터파 설교가들에 의하여 지탱되고 있었다. 루터파 스콜라스티시즘(Lutheran scholasticsm)의 아버지라 할 수 있는 요한 게라드(Johann Gerhard)는 하나님께서 인간사회에게 주신 삼중적 "질서들"의 교리를 강조함으로써 만인사제설을 완전 무효화할 정도였다. 그는 날마다 술취한 상태에 있었던 그의 선거후 요한 게오르게(Johann George)에 대하여는 아무런 비판도 가하지 않았다. 특히 전쟁이 끝난 후, 대중들에게 거의 노예적인 굴종을 강요하였던 것은 바로 이러한 궁정 설교가들이었다. 칼로프(Calov) 같은 자는 그의 선거후를 요시야(Josiah), 여호사밧(Jehoshaphat), 콘스탄틴(Constantine), 그리고 테오도시우스(Theodosius) 등에 비교하였다. 프러시아 궁정 설교가였던 야블론스키(Jablonski)는 잠언 24:21에 관하여 다음과 같이 기록하였다. "하나님은 천국의 왕이시며, 왕은 지상에 있는 유한한 생명을 가진 하나님이다. 그러나 이들 양자는 모두 하나님이며, 모두 왕들이다. 양자 모두를 공경하고 두려워해야 한다."

두 사람의 브런스윅(Brunswick) 궁정 설교가들이 14세 된 공주가 로마 카톨릭과 결혼하는 것을, 궁정측의 반대에도 불구하고 비판하였을 때에, 이에 관해서 당시의 지도적 법학자였던 토마시우스(Thomasius)의 자문을 구하게 되었다. 토마시우스는 이 고집센 설교가들을 오랫동안 투옥한 후 추방시키라고 하였다. 당시 토마시우스는 프루시아 지방의 거의 모든 관료들이 훈련을 받고 있었던 할레(Halle)의 법학 교수였다. 교수들은 군주는 오직 하나님에게만 책임을 진다고 주장하였고, 그들이 아무리 중한 죄를 범하더라도 인간들이나 설교가에게 판단받아서는 안된다고 하였다. 그리고 또한 군주들의 정부들은 그 간음행위가 무죄하다고 하였다. 따라서 영주들에게 교회의 권징을 실시한다는 것은 전혀 상상할 수 없는 일이었고, 이를 시도하는 목사들은 심한 불복종의 오류를 범하는 것으로 간주하였다.

6. 영주 주교들

이러한 영주와 교회의 관계는 루터 당시의 비상시기를 극복하기 위하여 고안된 것이었다. 그러나 종교전쟁이 끝날 즈음엔 이러한 비상체제가 영구적으로 고착되었으며, 영주들은 종교개혁 이전 주교들이 가지고 있던 권한을 자기들의 것으로서 요구하였다. 어떤 경우에는 이러한 권리들이 합법적으로 발전된 것이라는 구체적인 주장들이 개진되기도 하였다. 그러나 이들 프로테스탄트 "주교들"은 이제 교회법 위에 존재하였다. 또한 칼로프와 쿠엔슈테트(Quenstedt)와 같은 정통파의 신학자들은, 교회의 "영적" 성격을 지나치게 강조한 나머지, 모든 실질적 권한을 바로 영주들의 수중에 넘겨주는 모습을 보이기도 하였다. 그리고 영주들은 루터파 교회가 일체의 주교들, 대회들, 기타 자치에 필요한 기관들을 소유하는 것을 금지시켰다. 또한 이 시기에는 각 지역의 의회(diet)들이 회집하는 것도 방해하였고, 각종 법원들의 결정은 영주들이 관할하는 직속법원의 결정에 승복해야만 하였다. 영주들은 자기들이 직접 임명하였던 '교회 회의'(consistory)를 통하여 일체의 재정문제들을 관할하고, 성직자들을 임명하였으며, 권징도 실시하였다. 일반적으로 총감독(superintendant)이 그 회장 혹은 부회장직을 맡았으며, 각 교구들에는 교회 회의 규칙들을 시행할 임무를 맡은 감독들이 존재하고 있었다.

18세기 초반에 이러한 영주주교의 좋은 예를 보여주는 인물은 프루시아의 프리드리히 빌헬름 1세(Friedrich Wilhelm I)이다. 이 거칠고 직선적인 불가리아인은 그 반지성주의적 경향에서 전형적인 독일 영주였다고 할 수 있다. 그리고 그의 지칠 줄 모르는 정력과 군사문제, 전투에 대한 집착은 프러시아적이었다. 또한 그는 개인적 신앙이 개혁파였으면서도, 주민들은 대부분이 루터파였던 지역을 다스렸다는 점에도 특이한 존재였다. 그러나 그는 자기의 교회적 임무를 매우 심각하게 생각하였다. 그는 한 시간 이상 설교하는 설교자들에게는 벌금을 물렸다. 또한 그는 자기가 선호하는 설교 스타일을 법으로 명령하기도 하였다. 1733년의 명령은 촛불, 성복의 덮개, 또한 사제가 성찬식이나 미사 때 마지막으로 입던 제의, 성호를 긋는 행위들을 금지하고 있었다. "만약 누구든지 … 이를 단지 양심의 문제라고 주장한다면 … 이들을 교구에서 파직하리라"고 하였다. 이로 인하여 한 목사가 실제로 파직처분을 받았다.

7. 에큐메니칼, 교회 연합 운동

이 군주는 또한 서로 다른 신앙고백들이 공존하면서 항상 분쟁하는 모습을 못마땅하게 생각하였다. 그리하여 그의 궁정 설교가 야블론스키를 시켜, 브런스윅의 라이브니쯔, 몰라누스 수도원장, 그리고 뷔르템베르그의 파프(Pfaff) 수상들을 상대로 하여, 개혁파와 루터파 사이의 연합을 위한 협상을 벌이도록 지시하였다. 그러나 프러시아 내의 몇몇 교회들을 제외하고는 이러한 노력이 성과를 거두지 못하였다. 그의 서로 다른 신앙고백에 대한 개방성은, 1720, 30년대에 황제와 오스트리아 고위성직자들에 의하여 티롤 지방에서 쫓겨나온 수천 명의 복음주의자들에게 피난처를 제공한 데서도 잘 알아볼 수 있다. 일체의 수입이 없이, 모든 재산을 다 빼앗겼던 이들 복음주의 신앙의 신봉자들은 독일 내 프로테스탄트 도시들을 전전하면서 베를린을 향해 가고 있었다(이들 "잘즈부르그인들" 가운데 백여 명은 결국 사우스 캐롤라이나에까지 흘러들었다). 그리하여 1740년경에는 이 대 프레데릭의 신민들 중 1/4은 이민이거나 혹은 이민의 후손들이었는데, 이들은 주로 휴그노, 혹은 잘즈부르그인들이었다. 이들은 프러시아 지방의 산업뿐 아니라 그 정신 상태를 변화시켰으며, 18세기 후반에 독일지방에서는 베를린이 계몽운동의 중심지가 되도록 준비시켰다.

8. 성직자의 위치

　교회생활을 형성하는 데 있어서 루터파 목회자들의 사회적 위치는 중요한 요인이 된다. 프랑스와 독일의 로마 카톨릭, 그리고 앵글리칸 교회와는 달리, 귀족들은 루터파 성직자가 되지 않는 것이 원칙이었다. 목회자들은 대부분 하류층, 혹은 농노 배경을 가진 자들까지도 흔히 있었으므로, 궁신들은 이들을 천시한 것이 보통이었다. 영주 출신의 고위 성직자라든가, 혹은 여우 사냥을 즐기는 목사들은 거의 볼 수 없었다. 대학교에서 빈곤한 자들의 아들들이 교수할 수 있는 대학원은 바로 신학교였다. 이처럼 사회적으로 제한된 배경에서 산출된 목회란, 로마 카톨릭에 비교해 볼 때에 그 혈통과 능력에서 뒤떨어지는 대신에, 책은 더 많이 읽은 형태를 띠기 마련이었다. 바로 이러한 사회적 요인들이 루터파 성직자들의 현학성과 교의적 완강성을 낳았는지도 모른다. 어쨌든 일반적으로 독일 사회에서는 성직자들이 자기들만의 독특한 사회계급을 구성하는 경향이 있었다. 18세기에 들어서면서, 대부분의 성직자들은 1, 2년의 대학교육을 마친 경우가 많게 되었다. 그 후에는 어떤 후원자가 자리를 마련해 주기까지 학교 선생이나 가정교사로서 한동안 봉직하게 된다. 지방 성직자들은 농업, 하숙, 장부정리, 양조 등으로 모자라는 수입을 보충하는 것이 보통이었다. 또한 지방 귀족들은 이 성직자들을 가정교사 등으로 고용하기도 하였다. 그리고 당시 많은 길드의 경우처럼, 전임자의 미망인과 결혼하는 것이, 많은 경우 그 직위를 차지하기 위한 불문율처럼 되어 있었다. 그리하여 이러한 희생을 막기 위하여, 어떤 구역의 성직자는 그 직위를 맡기 위해 특정한 여성과 강제로 결혼하는 것은 아니라는 서약을 해야 하는 경우도 있었다.

　그런데 도시 목회자들의 위치는 상당히 높아서, 시 원로원보다 우선하는 것으로 간주되었다. 정상에 있었던 것은 물론 그 지위가 위태롭기는 하였으나 궁정 설교가들과, 대학교 신학교수들이었다. 후자는 독일의 경우에 다른 어떤 프로테스탄트 지역에서보다도 더 월등한 존경과 대우를 받았다. 이는 아마도 독일에서는 다른 어떤 교회생활의 영역보다도 '순수한 교리'를 가장 중요하게 평가하였기 때문일 것이다. 그런데 18세기에 들어서면서 영주들의 교회회의 신학 교수들에 자문을 구하는 일이 점차 드물어졌으며, 교회 지도자들도 신학자들의 신학 논쟁에 대하여 경멸적인 태도를 취하기 시작하였다.

그러나 대부분의 목회자들과 전통적 신앙을 고수하고 있던 경건한 신자들은 신학 교수들을 매우 높이 존경하였다. 그리고 바로 이러한 대학교들에 대한 종교적 존경심으로부터 19세기에는 소위 학문의 자유라는 전통이 수립되었다. 이는 일반적으로 매우 낮은 수준을 유지하고 있었던 사회적, 정치적 자유에 밝히 대조되는 놀라운 모습이라 할 것이다.

이러한 성직자들이 목회하는 회중들은 거의 모두가 완전히 수동적인 모습을 보이고 있었다고 평가할 수 있다. 이들에게는 일체의 조직도 없었고, 권리도 없었으며, 경건주의의 영향을 받아 목회자의 기능에 대하여 나름대로의 주관을 가지게 된 신자들을 제외하고는 공식적인 관계 외에는 일체 성직자들과 교제를 나누는 일도 없었다. 회중들이 목회자를 청빙한다든가, 혹은 그를 거부한다든가, 치리에 참여한다든가 하는 모습들은 모두 "크립토 칼빈주의" (crypto-Calvinism, 실질적 칼빈주의)라고 하여 배척당하였다. 게르하르드나 칼로프 등 정통 루터파 학자들이 주장한 체제는 황제 교황주의였으니, 각 지역 영주들이 이제 루터파 교황과 같은 전권을 휘두르게 되었다. 일반적으로 보건대, 교회는 국가와 국가에 속한 성직자들의 분야라고 생각되어, 일반 신자들은 이에 대하여 전혀 권한이 없는 것으로 간주되었다.

그런데 뷔르템베르그 시의 모습은 이와는 약간 다르다. 여기에 진정 대의 정치 체제의 전통으로서 란트탁(Landtag, 자치의회)이 생존하고 있었으며, 공작에 대항해 그 권리를 유지하고 있었다. 이 란트탁 가운데서 성직자 계급은 14명의 고위 성직자들에 의하여 대표되어, 교회는 세속 권력으로부터 본질적으로 독립된 계속적인 유기체라는 의식이 살아있었다. 그리고 파프 재상은 '영적인 문제 자체'에 대하여는 회중들의 권리를 인정하였다. 반면에 '영적인 문제에 관련된 법적, 재정적' 문제들은 세속 권력자가 계승하는 것이라고 주장하였다. 그는 도그마, 예배, 그리고 교회 정부에 관한 문제들까지도, 역사적으로 볼 때 16세기에는 국가들이 맡고 있었음을 지적하였다. 따라서 실질적으로는 그도 역시 영주-주교이론을 주장한 자들과 마찬가지로 동일한 세속적인 통치를 정당화시켰다고 볼 수 있겠다. 그러나 여기에는 최소한 교회의 위치가 정치적인 강제력에 의해서가 아니라 자발적 제한과 언약으로 좌우되고 있으며, 본질적으로는 자치의 능력이 있다는 사실이 인정되고 있었다.

9. 대 프레데릭(Frederick the Great)

그러나 가장 강력한 루터파 국가이자, 영향력있는 정책을 수행하였던 곳은 브란덴부르그-프러시아였다. 그리고 여기서는 프레데릭 2세 아래서 교회를 세속국가의 톱니바퀴들 가운데 하나로 간주하는 견해가 발전되었으며, 이러한 이론은 18세기 말에는 독일 전체에 퍼지게 되었다. 우리들이 이미 살펴본 바처럼 토마시우스가 이미 프레데릭 윌리암 1세 아래서 이러한 정책의 대강을 이미 제시한 바 있었다. 뵈머(Boehmer) 역시 이와 마찬가지로 세속 영주가 모든 종교행위 일반에 대하여 절대적인 권력을 가지고 있다고 주장하였다. 교회는 자치를 위한 권리나, 법적 권위나, 혹은 능력을 일체 가지지 못하였다. 교회의 목사들은 교인들이 아니라, 군주들에게 책임을 졌으며, 관료제에 속한 다른 어떤 서기들이나 마찬가지로 전혀 그 독립을 주장할 권리를 갖지 못하였다.

이러한 체제는 프레데릭 2세 치하에서 극성기를 맞게 되었다. 그는 일체의 종교적 신조가 다 허위라고 생각하였으므로 모든 교파들에게 동일한 권리를 허락하였다. 따라서 다른 곳에서 존재할 수 없었던 메노나이트(Mennonites), 소시니안들(Socinians), 슈벵크펠드파(Schwenckfelders), 그리고 동방정교들(Estern Orthodox)이, 프러시아적 무관심 정책 아래서 피난처를 얻게 되었다. 그는 프랑코 장군과 마찬가지로, 예비 병력으로 사용하기 위하여 모하멧인들을 수입해들이는 방안까지도 고려하였다. 그는 다음과 같이 말했다. "그 신조를 신봉하는 신자들이 정직하기만 하다면, 모든 종교들은 다 동일하게 좋은 것이다. 그리고 만약에 터키인들이나 이교도들이 이곳에 와서 땅을 경작하고 살기를 원한다면, 이들을 위하여 모스크나 신전들까지도 지어줄 것이다 … . 거짓된 종교적 열정들은 각 지방의 인구를 감소시키는 요인이다. 종교의 자유야말로 이들을 보호하고, 발전을 약속하는 어머니와 같은 존재이다." 그리하여 우리들은 여기서, 물질적이고, 군사적 실용주의가 종교 자유를 옹호하는 모습을 보게 된다.

프레데릭은 그리하여 다른 어떤 군주들보다도 로마 카톨릭에게 더 많은 자유를 허락하였다. 로마 카톨릭 병사들의 자녀를 위하여 학교를 세우고, 베를린에는 거대한 로마 카톨릭 성당을 건축할 수 있도록 이들을 보호해 주었다. "우리 나라에서는 모든 이들이 다 자기가 선택하는 수단으로 구원을 얻도록 한다"는 것이 그의 말이었다. 그러나 그는 교회법이나 혹은 양심의 자유는 인정하지 않았다. 그는 신민들이 자기의 허락없이 수도사가 되는 것을 금지하였다. 자기가 직접 브레스라우(Breslau)의 주교와 같은 고위 성직자들을 임명하였으며, 교황은 이러한 조처를 마지못해 따를 수밖에 없었다. 그는 또한 논쟁을 일으키는 설교가들을 처벌하였으며, 제수잇들을 억압하였던 교황의 조처에 반대하였다. 학교들을 운영하기 위해서 이들이 필요하였던 프레데릭은 '도미누스 아크 레뎀프토르 노스터' 교황칙령이 출판되는 것을 금지시켰다. 그리하여 예수회는 교황에 의해선 영원히 폐지되는 처분을 받았던 반면에, 정교를 신봉하던 러시아와 프로테스탄트 프러시아에서는 존속하는 기이한 모습을 보이게 되었다.

예배 의식과 예식에 관한 법규를 제정하였던 그의 부친과는 달리, 대 프레데릭은 성직자들이 원하는 대로 이를 행하도록 조처하였다. "찬송에 관한 한, 누구든지 자기가 원하는 노래를 부를 일이다. '힘든 하루가 다 지나고' (게르하드 작으로 사람들에게 많은 사랑을 받았던 찬송)든지, 그 외에 어떤 별볼일 없는 노래라 할지라도 자기들의 취미에 따라서 부를 일이다. 그러나 설교가들은 종교는 자유라는 사실을 망각해서는 안된다. 이들이 만약 종교를 제한하고자 한다면, 이를 용인하지 않을 것이다." 또한 반기독교적인 저술들도 처벌되었다. 왕은, 볼테르와 마찬가지로, 무지한 민중들을 다스리기 위해선 종교가 필요한 요소라고 생각했기 때문이었다. 오직 엘리트들만이 회의론자가 될 수 있었다. 따라서, 이러한 종교 자유의 팽배에도 불구하고, 프러시아야말로 전유럽에서 "가장 노예상태에 물들어 있는" 지역이라고 지적하였던 레씽(Lessing)의 말에는 일말의 진리가 있는 것이다.

10. 프러시안 란트레흐트(Prussian Landrecht)

이처럼 프레데릭이 기독교에 허락하였던 경멸적이며 제한적인 종교 자유는, 그의 법률가들에 의하여 편찬되어, 그가 죽은 후 1794년에 처음 출판되었던 『란트레흐트 법전』 속에 정리되었다(제2장, 9조가 종교 문제를 다루고 있다). 이는 종교개혁 이후 개인들과 회중들을 위하여 본격적인 자유를 인정하고 있는 최초의 법전이었다. 이 법령 아래서 교회는 목회자의 청빙이나, 심사에 관한 권리를 가지게 되었으나, 일체의 변화는 미리 정부의 허가를 받아야 했다. 또한 모든 교회직원들은 국가에 의하여 임명되거나 혹은 추인되어야 한다. 새로운 교회 건물을 매매, 건축할 때에도 국가의 허가를 얻어야 했다. 교회의 치리는 그 대상자의 신체, 재산, 명예를 건드릴 수 없다. 또한 이러한 자치제도는 매우 제한된 범위로서, 그 어떤 종교단체도 "추문이나, 혹은 예배를 방해하는 행위가 없는 한, 단지 공통 신앙고백에서 벗어나는 의견을 이유로 하여" 그 구성원을 배척할 수 없었다. 실질적으로 교회는 공통의 신앙이나 혹은 치리로서 정의되지조차 않았다. 법적으로 볼 때에, 교회는 마치 공립학교와 같은 정도로 국가의 지원을 받았다. 양자는 모두 충성심과 복종심, 그리고 하나님에 대한 경외심을 주입시키기 위하여 존재하였다.

이처럼 대 프레데릭 휘하의 법률 전문가들에 의하여 수립되었던 제한적 자유의 빈약성은 그의 후계자가 유명한 1788년의 종교칙령을 통해 설립하였던 종교 재판소에서 잘 드러나고 있다. 부도덕으로 악명높았던 프레데릭 윌리엄 2세는 그가 총애하였던 무가치한 인물 뵐너(Wüllner)를 실질적인 수상으로 삼았다. 뵐너는 당시 대학교들에서 이미 자리를 잡고 있었던 이성주의와 데이스트 운동을 혐오하였다. 그리하여 성직자들과는 일체 의논조차 하지 않은 채로, 정통주의를 시행하기 위한 칙령을 반포하였다. 성서비평은 물론 이단으로 간주되었고, 자연신교, 데이즘, 소시니안주의 등을 교수하는 자는 즉각 파면하였다. 또한 엄중한 언론 검열도 실시되었다. 일체의 종교적, 학문적 인사 이동은 면밀하게 통제되었다. 모든 성직자들과 교사들은, 자기들의 개인적 확신을 불문하고, 16세기의 신앙고백을 문자 그대로 지킬 것을 서약해야 했다. 정통 성직자들과, 의심의 여지가 있는 성직자들의 명단을 작성하기 위한 위원회도 설치되었다. 이러한 숙청은 별로 실질적 성과는 거두지 못하였으며, 할레 대학생들은 동 위원회를 축출하기까지 하였다. 그러나 1797년 그의 재위가 끝나기까지, 왕은 정통주의로 선회하기 위하여 계속적 압력을 행사하였다. '란트레흐트'에도 불구하고, 루터파 교회는 20세기에 이르기까지 계속하여 궁정의 취미에 따라 신학적, 예배 의식적, 혹은 치리적인 방면에 있어서 심각한 변화들을 경험해야 했다.

18세기 말에 들어서자, 교회는 독일 절대 국가 내에서 세속 정책의 도구가 되었다. 목회자들은 각 지역 후원자들에게 부속되어 있을 때보다는 더 안전한 위치를 확보할 수 있었으나, 이들의 영적, 정신적인 자유는 소멸된 지 오래였다. 특히 변경 지방의 목사들은 중요한 통계자료들을 작성해야 했으며,

징병관 노릇도 하였고, 학교의 교장, 구제 기관장의 역할도 담당하였고, 강단에서는 세금, 공공위생, 도로교량들에 관하여, 상전들의 입장을 전달하는 도구로 전락하였다. 당시의 총감독 헤르더(Herder)는 상황을 다음과 같이 기록하였다. "이제 목회자들은, 국가 통제와 영주의 권위 아래, 단지, 도덕 선생으로서, 농부로서, 목록 작성자로서 그리고 비밀경찰의 끄나풀로서나 존재하게 되었다."

장래를 위하여 보다 더 중요한 의미를 지니게 된 것은, 교육받은 중산층이 교회들로부터 유리되었다는 사실이었다. 이는 이 세기 동안 고등교육이 일반적으로, 멜랑톤으로부터 비롯되었던 아리스토틀-루터파 형태를 일반적으로 배척한 데서 비롯되고 있다. 전통적 루터파 대학제도와 최초로 결별하였던 것은 1694년에 설립된 할레 대학교였다. 교수의 가운을 입고, 라틴어로 강의할 것을 거부하였던 최초의 인물은 토마시우스였다. 할레는 공무원들을 교육하기 위하여 실질적인 교과목들을 채택하였으며, 라틴어나 신학 대신에 수학, 자연과학, 현대 외국어들, 지리와 역사들을 가르쳤다. 볼프(Wolff)가 1740년 할레에 복귀한 후에, 계시된 권위보다는 이성에 호소하는 그의 교과서들이 널리 사용되었다. 18세기 중엽 설립된 괴팅겐(Göttingen)에서는 할레의 강경과 실용주의에 비하여 보다 인문과목들을 중시하였다. 그리하여 18세기 말, 독일의 식자층을 휩쓸 문학적 이상주의의 모습이 이미 예상되고 있었다. 그리고 이 세기 후반의 독일 대학교들은 그 수준에 있어서 마침내 홀랜드, 영국, 프랑스 등에 겨룰 수 있게 되었으며, 19세기에는 이들을 오히려 압도하는 모습을 보이게 된다. 그러나 이러한 지성적 운동의 지도자들이 종교에 대하여 가지고 있었던 일반적인 태도는 경멸 그것이었다. 종교는 시대착오적인 것으로, 후진성과 우둔성의 상징으로 평가되었다. 이들 가운데 그래도 교회를 지지한 이들은, 종교가 가져다 주는 도덕적 부산물 때문이었다. 그러나 전체 "계몽된" 계급들에게 있어서는, 신학을 거부하는 것이야말로 스스로의 자각의 기반이자, 우월감의 표현이었다.

제5장
개혁파 전통, 앵글리칸주의, 자유교회 칼빈주의

홀랜드와 프랑스 그리고 독일의 대부분 지역에서 종교전쟁의 짐을 주로 담당하였던 것은 국제적 칼빈주의였으며, 1648년까지 칼빈주의는 제국 내에서 로마 카톨릭이나 혹은 루터파와 같은 공시적 위치도 누리지 못하고 있었다. 지리적으로 볼 때에 개혁파에 속한 이들은 루터파와 교황령 사이의 무인지경(無人之境)을 점하고 있었으며, 이에 따라 그들은 보다 더 호적적인 분위기를 과시하고 있었다. 이들은 또한 프로테스탄트 진영 가운데서는 가장 국제적이요 에큐메니칼한 모습을 보여주었다. 프랑스인들, 이탈리아인들, 독일인들, 홀랜드인들, 영국인들, 그리고 스코틀랜드인들 피난민들로 가득한 도시를 수도로 삼았던 이들 개혁파들은 16세기에 프로테스탄트 진영의 연합을 위하여 가장 심각한 노력을 기울이기도 하였다. 17세기에 들어서면서 대학교들 상호간의 교류는 지속적으로 이루어졌으며, 이는 또한 대학 생활의 한 가지 정상적인 모습으로 자리잡게 되었다.

말부르그, 하이델베르그, 헤르보른 등의 대학교들은 삼십년 전쟁으로 말미암아 쇠퇴하기 이전까지 홀랜드, 스코틀랜드 그리고 프랑스의 학생들을 환영하여 받아들였다. 루이 14세의 명에 의하여 문을 닫기 전까지 프랑스 개혁파의 학당들에는 스코틀랜드 출신의 교수들과 독일, 스위스 출신 학생들이 포함되어 있는 것이 보통이었다. 뉴 잉글랜드 건설자들 가운데 일부는 바로 이러한 대륙지방의 개혁파 대학교들에서 수학하였다. 앵글리칸과 루터파와는 대조적으로, 개혁파 교회는 적어도 일부 국가들 내에서는 마치 로마 카톨릭주의처럼 세속권력으로부터 약간의 자유를 향유하는 형태의 교회를 발전시켰다. 그리고 프로테스탄트 공동체들 가운데서는 유일하게 개혁파는 네덜란드의 도르트(Dort)에서 국제대회를 개최하는 데 성공하였다(1619). 그리고 여기서 채택되었던 교회 법령은 홀랜드인들뿐만이 아니라, 앵글리칸들, 스위스인들, 스코틀랜드인들, 그리고 프랑스인들에 의해서도 수용되었다.

1. 십자가 아래의 교회들

우리가 살펴보는 1648년 이후 한 세기 반 동안의 시기에 있어서의 개혁파 전통은 서로 다른 두 가지 상황 속에서 관찰할 수 있을 것이다. 이들 가운데 첫째는 "십자가 아래의 교회들"(churches under the cross)로서, 이들은 박해와 억압 아래서 생존 자체가 당면한 문제였으므로, 내부적 발전이란 거의 불가능하였다. 합스부르그(Hapsburg)가의 역종교개혁 아래 고난을 겪었던 마자르(Magyar)의 칼빈주의자들, 그리고 삼십년 전쟁으로 폐허화되었던 스위스와 독일지방, 그리고 루이 14세의 초토 전술을 감내하였던 팔라티네이트 지방의 경우들이 다 그러하다. 특별히 루이 14세와 그 계승자들에게 박해를 받았던 프랑스의 휴그노 신도들이 그 전형적인 예라고 하겠다. 고도의 문화를 자랑하였던 수백만의 프로테스탄트 신자들을 몰살시키려 하였던 시도는 18세기 세벤네(Cevennes) 산맥 속에서 벌어졌던 카미사드(Camisard) 전쟁을 발발하게 하였으며, "광야교회"(Church in the Desert)의 연대기를 감동적인 순교담으로 가득하게 하였다. 다른 이들이 대체할 수 없는 학식과 기술들을 간직한 채, 독일, 홀랜드, 영국, 아메리카 등지로 흘러갔던 이 프랑스인들의 역사는, 갤리선에서 도주한 노예들의 이야기와 함께, 역종교개혁의 위험성을 프로테스탄트 신자들의 마음속에 영원히 새겨놓는 역할을 하였다. 종교적으로 볼 때에 이러한 일련의 투쟁들은 특유한 히스테리컬한 모습으로 나타나기도 하였는데, 그 영향은 18세기의 독일과 영국에서 볼 수 있었고, 미국에서는 '쉐이커'(Shakers) 집단을 이루기도 하였다. 또한 스코틀랜드의 언약파도 역시 복고되었던 스튜어트(Stuart) 군주들 아래서, '킬링 타임'(Killing Time, 살인시대)의 험한 시기를 겪으면서 말할 수 없는 고난을 경험하였다. 앵글리칸측의 박해는 그 정도는 약하였으나 울스터(Ulster)에서까지 실행되고 있었다. 이 모든 지역들의 개혁파는 특히 홀랜드와 영국에 의지하였는데, 여기에는 교회의 사상과 생활을 발전시킬 수 있는 안전이 그런 대로 보장되어 있었다.

2. 자유교회 칼빈주의

홀랜드, 영국, 영국령 아메리카 식민지들 안에 있던 개혁파 교회들은 새로운 발전을 기할 수 있는 여유들을 가지고 있었다. 서로 다른 시기에, 서로 다른 모양으로, 이 세 지역에 있는 교회들은 모두 제네바, 스코틀랜드, 그리고 매사추세츠 베이(Massachusetts Bay)적 형태의 칼빈주의적 교회국가들—이는 획일적이고 권위주의적이었다—에서 약간 성령파, 혹은 분파적 경향을 띠고 있는 자유교회 칼빈주의로 변형되게 되었다. 이 전통 안에서 새로운 형태의 기독교 조직이 만들어졌으며, 루터파 혹은 로마 카톨릭 영토에서는 볼 수 없었던 현대문화에로의 침투가 이루어졌다. 트뢸치(Troeltsch)가 "금욕주의적 프로테스탄트주의"라고 불렀던 사상이 결국은 모든 기독교 전통 가운데서, 지난 삼백 년 동안에 서구인들의 생활에 가장 큰 영향을 미친 것이었다.

이러한 새로운 형성의 시초는 17세기 초에 홀랜드에서 볼 수 있다. 그 결과는 17, 18세기에 영국과 영국의 아메리카 식민지에서 나타난다. 17세기에 홀랜드인들이 담당하였던 역할을, 18세기에는 영국인들이, 그리고 19세기에는 미국인들이 담당하였는데, 이는 즉 자유결사의 모형이 실행되는 모습을 보여준 것이었다. 사회 전반에 걸쳐 이러한 자유주의의 기본이 되었던 것은 칼빈주의자들이, 원래 "아나뱁티스트의 이단"(Anabaptist heresy)이라고 치부하였던 종교자유의 관념을 수용했다는 데 있었다. 이에 관련하여 침묵자 윌리엄(William the Silent)과 크롬웰(Cromwell)은 참으로 중요한 위치를 차지하고 있다. 이들은 정치적 권력가들로서 최초로 종교의 자유를 하나의 권리라고 주장하였던 인물들이다. 로마 카톨릭의 '폴리티크파'(politiques), 루터파, 앵글리칸 그리고 정통파 카톨릭들 역시 자기들이 불리할 때에는 어쩔 수 없는 압력 아래서, 편의를 좇아 종교의 자유를 인정한 일들이 있었다. 그러나 이는 동시에 종교적 확신의 약화를 의미하였다. 그러나 언론 출판, 결사의 자유와 하나의 권리로서의 현대적 종교의 자유의 유산은, 칼빈주의의 특유한 유산이었다. 그리고 이들은 이러한 종교의 자유를 약화된 종교적 확신에서가 아니라, 오히려 보다 더 강화되었던 종교적 확신 때문이었다고 주장하였다. 물론 홀랜드의 알미니우스파들(Arminians), 데이즘을 추종하였던 영국의 앵글리칸 지도자들과 같은 폴리티크파나 혹은 온건파적 인물들이 홀랜드, 영국, 미국 등에 자리잡고 있었다. 그러나 이들은 포괄적인 국교의 존재가 부여하는 사회적, 도덕적 실용성을 위하여는 교리를 희석할 용의가 항상 되어 있었다. 그러나 루터파, 로마 카톨릭, 정통 카톨릭 집단들에 공통되었던 일반적 형태들이 고수하고 있던 정체 상태를 변화시켰던 것은, 보다 강렬한 종교의식을 소유한 집단들이었던 분리파, 혹은 성령파들로부터의 지지였다.

우리들은 17세기의 홀랜드가 영국과 맞먹는 인구를 가지고 있었으며, 그 부유함에 있어서는 오히려 영국을 압도하였다는 사실을 상기할 필요가 있다. 그리고 17세기 초반에는 홀랜드가 유럽의 대학교라고 불리고 있었다. 바로 여기에 유럽 최고의 지성들이, 철학, 과학, 법률, 고전학, 예술들을 망라하여 모여있었는 데 반하여, 다른 유럽 대륙은 전쟁, 혹은 교회의 엄격한 통제에 시달리고 있었다. 정치적으로 볼 때에도, 홀랜드는 로마 카톨릭과 루터파 독재에 비교해 볼 때에, 헌법적 자유의 오아시스라고 할 만하였다. 바로 이곳에서 그로티우스(Grotius)와 알투시우스(Althusius)가 현대국가의 체제와 자연법에 기초한 국제관계를 개척하였다. 그리고 또한 신정주의적인 예정론과 알미니우스적인 에라스투스주의(Erstians) 사이의 투쟁 속에서 드디어 국가의 신앙적 중립성이 성립한 곳도 바로 이곳이었다. 레몬스트란트(Remonstrants)파의 대변인이라 할 수 있는 에피스코피우스(Episcopius)는 국가 안에 여러 교회들이 공존하는 '콜레지알리스트'(collegialist)이론을 최초로 제안하였다. 그리고 칼빈주의의 국제적 중심지였던 우트레흐트에서, 보에티우스(Voetius)는 칼빈주의의 자유교회 이론을 성립시켰다. 그러나 이러한 이론들이 어떻게 열매를 맺었는가를 알기 위해선 영국을 살펴보아야 한다.

영국적 기독교와 루터파 국가들 사이의 가장 극명한 대조들 가운데 하나는 교회의 정치와 교리에 대한 강조였다. 우리들이 이미 살펴본 바처럼 루터파 국가들은 가시적인 교회의 외부적 형태가 중요한 문제라고는 생각지 않았다. 또한 16세기 영국에서도 이러한 생각이 주도적이었다. 엘리자벳 여왕 치하의 영국은 다른 많은 프로테스탄트 국가들 가운데 하나에 불과하였다. 그녀가 감독제도를 그대로 고수하였던 것은 어떤 신학적 원칙에 근거한 것이 아니라, 단지 여왕의 선호에 따른 것이라는 의견이었다. 따라서 이는 성례의 유효성 여부와는 무관한 문제였다. 16세기의 앵글리칸들은 고전적인 프로테스탄트들로서, 39개 신조문에 의하여 개진되었던 구속관을 주장한 것이라든가, 혹은 교회는 그 조직이 아니라 신앙에 기초하여 다른 교회들과의 교제를 이룩해야 한다고 믿었던 점에서도 그러하였다. 후커(Hooker)와 휫기프트(Whitgift)들은 감독제가, 전통적이며 합리적이고 왕실에 의하여 시행되었으므로 이를 시행하는 것이라고 생각하여, 이 체제를 변호하였던 것이었으므로, 스코틀랜드나, 홀랜드 개혁파, 그리고 독일의 루터파들도 유효한 성직안수와 목회를 감당하고 있는 완전한 합법적인 교회들로서 간주하였다. 이러한 사상적 배경 아래서, 1610년 스코틀랜드에서 감독제가 실시되었다. 이때에도 감독제 아래서 임명되거나 추인된 일이 없었던 장로교 목사들이 이들의 장로교 제도에 따라서 감독제 속으로 수용되었다. 또한 비감독제 아래서 성직에 임명되었던 다른 목회자들도 영국 교회의 목회자들로서 수용되었다.

3. 청교도주의(Puritanism), 로드주의(Laudianism)의 발흥

그러나 이러한 교회 정치제도에 관한 보다 더 교조적인 태도가 영국 내에서 일어나고 있었다. 성경에 구체적인 교회 정부 형태를 제시하고 있으므로, 청교도들은 이러한 교회 정치제도가 신앙의 핵심적인 문제라고 주장하기 시작하였다. 곧 장로교적인 대회제도나, 혹은 회중파적인 독립제도를 영국 교회의 유일한 교회조직으로서 채택해야 한다고 각각 주장하는 이들이 많아지게 되었다. 그리하여 감독파들도 이에 따라 자기들의 입장을 비슷하게 주장하기 시작하였다. 로드파 성직자들은 동방정교나 혹은 4, 5세기의 교부들의 모습을 보고서, 자기들의 감독제적인 교회정부조직에 더욱더 자신감을 갖게 되었다. 이들은 개혁파들 가운데서는 소수에 속하였던 자기들의 특유한 제도를 소극적인 태도로 옹호하는 대신에, 그 장점들을 강하게 내세우기 시작하였다. 이들은 감독들이 없는 교회들을 무시하지는 않았으나, 이러한 감독의 부재는 다른 개혁파 교회들의 약점이요, 결점이라고 지적하였다. 그리고 로마 카톨릭 여왕은 앵글리칸주의가 그 정도에 있어서뿐만 아니라, 그 종류에 있어서도 차이가 있음을 주장하도록 압력을 가하였다. 그러나 로드 대주교는 아직도, 루터파 대감독(Superintendant)이 명칭만 다를 뿐, 실상은 주교(bishop)라고 받아들였으며, 종교개혁 운동을 통해 주교들이 사라진 것은 불행하게도 당시의 위기가 불러왔던 필요에 의한 사건이었다고 설명하였다. 그런데, 감독제도가 현대적인 의미에서 신수적인 권리라고 주장된 일은 거의 없었지만, 로드파는 자기들의 이론을 왕권신수설에 기초하였으며, 왕의 주교들은 바로 이러한 왕의 대리인이라고 주장하였다. 그리고 이들은 절대왕권의 기관이었던 왕실 고등법원(the Court of High Commission)을 함부로 사용하였다. 그런데 이처럼 감독제로를 왕권신수설과 결부하였던 행위는 그 후 이들에게 매우 불리한 사태를 초래하게 되었다. 1643년 주로 청교도들의 지지를 받은 의회가 절대주의를 폐기하였을 때에, 감독제도도 바로 이러한 절대왕권의 한 부분으로 간주되어서 폐지되었다.

4. 청교도 혁명

청교도 혁명과 영국의 내란을 통하여 우리들은, 소위 "현대교회사"에 있어서 중요한 전환기에 이르게 된다. 이는 한편으로는 프로테스탄트주의 제2의 영웅적 시기였는데, 그 종교생활의 풍성함과 활력에 있어서 가히 대륙의 종교개혁 시대에 비교될 만하였다. 이는 종교개혁운동과 마찬가지로, 신앙고백적 국가와 문화를 이룩해 보고자 하는 천년의 꿈을 실현하려 했던 최후의 대규모적 시도였다. 그러나 우리들의 입장에서 볼 때에, 이러한 노력의 의미는 이들이 실패하였다는 데 있다. 혹은 이들이 새로운 형태의 교회와 문화의 관계로 이전해 갔다는 데 있다고도 표현할 수 있겠다. 1640년대에 들어서면서 새로운 일단의 자유교회들, 즉, 영국 장로교회들, 회중교회들 그리고 침례교파들이 출현함에 따라서 구형태의 교회 조직의 유지는 불가능하게 되었다는 것이다. 이제 원칙적으로 볼 때에 정치와 경제는 교회의 통솔을 벗어나게 되었다. 종교 자유의 인정이 일상생활의 기반이 되었으며, 이제 윤리적인 문제들은 기독교 도덕성과 일치하는 것으로 간주되고 있었으나, 교회로부터 별개로 획득하고 추출할 수 있었던 "도덕법"을 기준으로 하여 결정하게 되었다.

5. 포괄정책 대 종교박해

비록 크롬웰의 청교도 신정정치를 계승하였던 왕정복고는 그 정치적 측면에서는 항구적인 영향을 남기지 못하였으나, 오히려 종교적으로는 더 큰 중요성을 지닌다. 왜냐하면, 현재 우리들이 볼 수 있는 영국의 교파적 구조가 대부분 이때 완성되었기 때문이다. 한편으로는 새로운 국왕뿐만 아니라, 이 국왕을 다시 불러오는 데 가장 결정적인 역할을 하였던 장로파 앵글리칸들에 의해 지원된 포괄적 국교(comprehensive national church)의 계획이 있었다. 일찍이 우셔(Ussher) 대주교가 주창하였던 입헌적 감독제도를 예배의식에 있어서 보다 더 융통성을 주면서 사용하였더라면, 아마도 거의 모든 장로교인들은 물론이거니와, 일부 독립파들까지도 기존 교회 속으로 포용할 수 있었을 것이다. 그러나 1661년의 사보이 총회(Savoy Conference)는 다른 길을 택하였다. 여기서 로드파들은 자기 집단의 주장을 관철시킴으로써, 그 이전 어느 때보다도 영국교회(the Church of England)를 협소하게 정의하였다.

이러한 사보이 총회의 실패에 뒤이어 1662년에는 통일법(Act of Uniformity)이 발효되어 청교도적인 주장을 뿌리뽑거나 혹은 이들을 교회로서 인정하지 않게 되었다. 이제 역사상 처음으로, 영국 교회에서 목회를 하기 위하여는 반드시 이들의 감독제도 아래서 성직임명을 받아야 할 것이 요구되었다. 이는 많은 성직자들에게 이들이 속한 교파를 부인하고 재안수받을 것을 요구하는 것이었다. 이와 마찬가지로, 모든 성직자들은 계획되고 있던 예배의식의 개정에 찬성할 것이 요구되었다. 그리고 마지막으로, 많은 성직자들이 서명하였던 신성동맹언약(Solemn League and Covenant)이 불법이었다고 맹세하기를 요구하였다. 이 결과 교회 내에서 보다 유능하고 헌신적이었던 1/5의 성직자들이 교회에서 축출되었던 "대축출"(Great Ejection) 사건이 발생하였다. 또한 법령이 요구하는 대로 따랐던 이 가운데 많은 숫자는 단지 외형적으로마 이에 순복하였을 뿐이었다. 그러나 어쨌든, 이러한 대규모적인 숙청으로 말미암아, 로드파는 패배하였으며, 자기와 다른 파들을 인정하고 함께 공존하지 않을 수 없게 되었다. 만약 포괄정책이 성공하였더라면, 장로교와 감독제의 박해가 모든 분파들에게 강한 효력을 발할 수 있었을 것이었다. 그러나 너무나도 많은 숫자와, 존경받는 이들이 교회를 이탈하게 되었으므로, 그러한 독점과 박해를 오랜 동안 유지하는 것은 불가능하게 되었다.

물론, 야만적인 "클러렌돈 법령"(Clarendon Code) 아래서 지나야 했던 다음 세대도 비국교도들로서는 쉬운 시기가 아니었다. 이때의 '협력법'과 '시험법'들은 국교에서 정한 예배의식에 따라 성례를 행하는 성직자들만이 각종 단체, 세속, 혹은 군사적인 기능을 행할 수 있도록 규정하였다. 대학 시험법은 성직자들이 39개 신조문에 서명할 뿐만 아니라 대학교들의 국교 예식에 의무적으로 참여할 것을 규정하고 있었다. 국교 교회당 이외의 장소에서 예배를 드리는 이들은 '콘벤티클 법'(Conventicle Acts)에 따라 추방이나 사형에 처해졌다. 그리고 5마일 법(Five Mile Act)은 이전의 청교도들이 도시, 촌락의 5마일 이내로 접근하거나, 혹은 이들이 어디서든지 교수하는 행위를 금지하고 있었다. 왕위에 복고된 스튜어트 왕조의 박해 아래서, 약 5천 명이 그 양심을 지키다가 사형당하였으며, 수천 명이 아메리카로 추방당하였다고 윌리엄 펜(William Penn)은 추산하였다. 그리하여 이는 비국교 신자들이 지하실이나 헛간에서 회집하고, "길가에는 타르를 바른 채 교수형에 처해진 시체들이 매달려 있었던" 시대였다. 존 번연(John Bunyan)은 이때 감옥에서 12년을 보내야 했다. 또한 스코틀랜드에서의 학살극은 이보다 더 참혹하였으며, 이는 루이 14세의 잔인함에 비길만 하였다. 제임스 2세는 이러한 모습을 즐거이 바라보았다. 그러나 폭군 루이 14세의 모범을 따라 영국을 다스려 보고자 하였던 스튜어트 왕조의 시도는 실패하였다. 루이의 숙적이었던 오렌지의 윌리엄이 영국의 왕좌를 차지하게 되었다.

6. 명예혁명(The Glorius Revolution)

교회사적 관점에서 볼 때에, 명예혁명은 유럽 전체에 미치는 중요성을 가지고 있다. 프로테스탄트주의를 무력으로 진압해 보고자 하였던 노력이 마지막으로 행해진 것은 1680년대였다. 당시 유럽의 최강자였던 루이 14세는 프랑스에서뿐만 아니라, 국제적으로도 이러한 박해를 실행하고자 외교적 노력을 기울였다. 이 시기에 팔라티네이트 지방은 로마 카톨릭의 수중에 떨어졌으며, 왈덴 시들을 소멸시키고자 하는 노력이 다시 시도되었으며, 수천 명의 휴그노 신자 피난민들은 프랑스에서 로마 카톨릭이 얼마나 잔인하게 프로테스탄트 신자들을 박해하는가에 관한 목격담을 영국, 홀랜드, 프러시아로 전하였다. 영국의 제임스 왕은 프랑스 왕의 지시를 따르고 있었으며, 오직 네델란드와 그 영주 윌리엄만이 이에 저항하고 있었다. 윌리엄은 영국의 왕좌를 탐해서가 아니라, 전유럽 프로테스탄트의 생존과 정치적 자유를 위하여 영국 왕좌를 받아들였다. 그 결과 영국은 이제 결정적으로 그리고 영속적으로 프로테스탄트 진영에 속하게 되었다. 그리하여 제임스 2세의 경우와 같은 교황청의 음모들은, 국왕은 프로테스탄트여야만 한다는 헌법적인 조건 때문에 그 이후로는 불가능하게 되었다.

1689년의 혁명적 조처는 다시 영국에 종교의 자유를 실현시켰는데, 이번에는 이러한 조처가 영구히 존속되었다. "비국교도"들도, 비록 시험법, 협력법들 때문에 사회적인 불이익을 받기는 하였으나, 공공예배를 위한 법적인 보호는 받을 수 있게 되었다. 또한 사전검열제도도 폐지되었다. 사보이 총회에서의 포괄주의의 패배가 어떤 의미를 지니고 있었는가 하는 것이 이제 점차 드러나기 시작하였다. 이제 영국 교회는 원래 의미에서의 국교는 아니었다. 이는 이제 많은 특권을 부여받고 있는 영국 최대의 교파에 불과하게 되었다. 이와 함께 장로교, 독립파, 침례파, 그리고 퀘이커 교파 등 자치적이고 자립적인 많은 교파들이 공존하게 되었다. 반면에 영국은 하나의 국가로서 이러한 상황이 요구하는 바에 따라, 로크(Locke)가 그의 『종교의 자유에 관한 서신들』(Letters on Toleration)에서 제안한 바처럼 신앙고백적인 중립성을 띠게 되었다.

이처럼 비국교도들이 국가의 필수적인 한 부분으로서의 새로운 위치를 차지하게 됨에 따라, 삼십 년 전처럼 타교파들을 인정하는 포괄성의 가능성이 다시금 나타나게 되었다. 틸롯손(Tillotson), 버넷(Burnet), 스틸링플릿(Stillingfleet) 등 지도적인 주교들은 비감독주의적 정체의 합법성을 인정할 준비가 되어 있었다. 그러나 많은 성직자들은 정부에 대해 적대적이었으며, 많은 주교들도 종교의 자유나 혹은 포괄정책을 반대하고 있었다. 앤 여왕의 재위 말기에는 실제로 이러한 종교자유를 방지하기 위한 법안이 통과되었다. 박스터(Baxter)와 같은 비국교도들이 국교의 존재를 인정하는 의미에서 부정기적으로 국교의 예배에 참석한다는 "부정기적인 순응"의 모습은 이제 금지되었다. 그리고 이때의 '분파법'(Schim Bill)은 모든 비국교도들의 교수행위를 금지시켰으며, 18세기의 비국교파 '학당'들의 존재를 폐지할 단계에 있었다. 그러나 마침 앤 여왕이 서거함에 따라, 이 두 개의 법률들은 1718년에 모두 폐기되었다.

7. "논쥬러 분파"(Nonjuroring Schism)

명예혁명에 의하여 성공회(감독파, Episcopalians)의 로드파가 당하였던 문제는 소위 "논쥬러"(충성 선서 거부자)들에 의해 극적으로 표현되었다. 로드파들의 가장 신성한 원칙은 왕권 신수설이었다. 왕정복고를 당하여 이들은 교회력에 두 개의 정치적인 명절을 삽입한 바 있었는데, 하나는 찰스 왕을 "순교자"로 한 것이었고, 다른 하나는 '왕정복고'를 기념한 것이었다. 성직자들은 제임스 2세에게 그 충성을 맹세하였다. 제임스가 아직 루이 14세의 궁정에 살아있는데, 어떻게 윌리엄과 메리에게 다시 충성을 맹세할 있는가 하는 것이 이들의 주장이었다. 그리고 명예혁명이야말로, 청교도들이 주장하였던바 의회와 정부의 입헌적 우위성의 실현이 아닌가? 이들은 영국의 감독파가 청교도들을 물리친 지금 다시 이들 청교도 혁명이 주장하였던 이념들을 받아들일 수는 없다고 생각하였다. 강단에서는 신적이고, 유전적이며, 파기 불가능한 왕권을 이미 한 세대 이상이나 부르짖어오지 않았는가? 이제 고파 앵글리칸 성직자들이 쉽사리 필머(Filmer)를 버리고 로크로 돌아설 수가 있겠는가? 산크로프트(Sancroft) 대주교, 그 수하 5명의 부주교들, 그리고 약 500여 명의 성직자들은 그렇게 할 수 없다고 생각하였으므로, 의회가 선출한 새 국왕에 대한 충성서약을 거부하였다. 그리하여 왕권신수설을 고수하는 로드파의 원칙은 분파의 길을 걷게 되었으며, 아일랜드, 스코틀랜드의 쟈콥당 그리고 교황파들과 함께 제임스를 옹호하는 세력에 합류하게 되었다.

스코틀랜드의 경우 감독파에서 논쥬러의 입장을 고수하였고, 다수파인 장로교는 홀랜드 장로파 출신의 왕을 기꺼이 받아들였으므로, 이제 장로교가 국경 이북에서는 국교의 모습을 차지하게 되었다. 그리하여 영국 왕실이 스코틀랜드에서는 장로교인이요, 영국(잉글랜드)에서는 감독파가 된다는 기이한 현상이 발생하였다. 1707년에 들어서야 잉글랜드와 스코틀랜드는 대영제국(Great Britain)으로서 병합하였다.

8. 고파-저파 교회(High Church-Low Church) 논쟁

영국 교회 안에서는 친로드파로서 종교박해를 지지하던 '고파' 성직자들과, 새 정부에 의해 임명되었으며, 종교자유를 지지하는 '저파' 주교들 사이에 갈등이 발생하였다. 반항적인 장로들과 이들의 주교들 사이의 논쟁은 18

세기 초에 매우 심각한 바 있었으며, 이로 인하여 1717년 교회회의가 정회되었다. 이 상황은 백년 이상이나 계속되었다. 이러한 교회회의의 정회는 교회의 자치권을 부인하는 것이라는 비판을 받았다. 그러나 만약 토리파(Tory) 성직자들이 계속 하원을 자기들의 도구로 사용하였다고 한다면, 이들은 아마 교회에 심각한 위해를 끼치는 모습으로 쟈콥파적인 반란상태를 연출하였을 것이다.

합헌적 왕조의 성립은 교회의 정치 관여의 성격에 상당한 영향을 미치게 되었다. 이제 결정권의 중심은 왕실 자체로부터 의회의 왕실과 의회 내 당파의 세력 균형으로 이전되었다. 이제 교회의 정치적 중요성은 더 이상 왕실에서 직접 고위 성직자들을 자기의 종복으로 사용하는 형태를 취하지 않았으며, 이보다는 의회 내외에서의 당파 정치의 모습을 띠게 되었다. 주교들은 상원(House of the Lords)에 자리를 잡았는데, 그 숫자가 전체의 1/5 가량이나 되어, 중요한 표결에 상당한 영향을 미치는 비율이었다. 그리하여 정부 측에서는 이러한 성직자들의 지지를 획득하기 위하여 노력을 경주해야만 하였다. 그런데 종교자유 정책의 한 가지 결과는 양파가 모두 교회외 지지를 받고 있거나 혹은, 교회가 이제 정치적인 분열상을 극복할 수 있다는 것이었다. 그런데 이에 반하여 프랑스처럼 종교자유가 없었던 로마 카톨릭 국가의 경우에는 유일한 교회당파는 정부의 당파였으며, 정치적인 야당세력은 또한 반성직자파가 될 수밖에 없었다.

영국에서는 앵글리칸 전통이 다수파요 사회적으로 우세를 점하는 것으로서 계속 유지되었다. 전통적인 교회의 구조는 이미 수백 년 동안 계속되었던 복수 성직제나 궐석 성직제의 부패상들을 보여주는 채로 유지되었다. 교회의 고위 성직들은 주로 귀족들의 작은 아들들의 차지였으며, 반면에 시골의 교구 성직자들은 저급료에 시달려야만 하였다. 18세기의 성직 임명은 과연 어느 당파의 지지를 받고 있는가에 좌우되었다. 따라서 이러한 당파에 긴밀한 연관을 맺고 있는 것이 가장 중요하였다.

9. 공식적 국교의 개념

이제 국교는 국가가 가지는 종교적인 기반을 이해하기 시작하였다. 그리고 이러한 국교 자체의 본질도, 17세기 앵글리칸들보다는 훨씬 로크에 더 가까운 모습으로 이를 자각하였다. 예를 들어 와버튼(Warburton, 『교회와 국가 사이의 동맹』(Alliance between Church and State)의 저자, 1736) 같은 이는 현대가 신앙고백적으로 중립적인 상태임을 예시했다. 그는 로크와 함께 국가는 최소한도의 유신론, 혹은 데이즘을 도덕성의 기초로서 지원하여야 하며, 로마 카톨릭은 정치적으로 위협이 되므로 배척해야 한다고 주장하였다. 그러나 이러한 범주 안에서 국가는 종교적 교리의 진리 여부에 관하여는 간섭해서는 안된다. 단지 그 사회적인 결과를 주시하고 관리해야 할 뿐이다. 그는 또한 로크와 마찬가지로, 그리고 로마 카톨릭과 루터파의 자연법주의자들과는 대조적으로 교회는 파문의 권한까지를 갖는 자치권을 장악해야 한다고 주장하였다. 그러나 이러한 교회의 권력은 강제력이나 혹은 세속적인 처벌권은 가질 수 없다고 하였다. 로크가 이러한 이론 위에서 교회와 국가의 분리를 주장한 데 비하여, 와버튼은 사회적 유용성에 기초하여 국가는 어떤 교회 단체와도 동맹관계를 맺을 수 있다고 하였다. 그러나 이러한 조처 아래서 국가의 지원과 특권을 받는 교회는 이에 상응하여 그 자유를 또한 양보해야 한다고 주장하였다. 동일한 사회적 유용성에 기초하여 국교의 존재를 정당화하였던 팔레(Paley)는 와버튼보다 한걸음 더 나아가서 모든 분파들에 대한 세속적인 평등성을 주창하였다. 그리하여 앵글리칸 교회의 대변인들은 이제 국가와의 관계에 관한 한 신학적인 기초가 아니라, 실용성에 기반하여 그 이론들을 전개하였으나, 동시에 교회는 국가와는 별개로 스스로의 존엄성과 존재를 소유해야 한다고 주장하였다.

10. 교회론

진정한 교회는 완전히 불가시적이며, 모든 교회 정부는 단지 도구와 수단에 불과하므로, 무제한적으로 개인들의 판단을 인정해야 한다고 주장하였던 호들리(Hoadley) 주교가 많은 논쟁을 불러일으킨 것은 당연한 일이었다. 윌리엄 로우(William Law)는 이러한 이론은 일체 조직된 교회의 모습을 불가능하게 만든다는 점을 지적하였다. 그리고 비록 많은 국교, 비국교파들이 가시적 기독교 사회의 존재를 선호하지 않았던 점에서는 호들리의 입장에 접근하였으나, 이러한 호들리의 견해는 대부분 저파 교회 성직자들의 입장에도 맞지 않는 것이었다. 그러나 실제로는 혁명 이후의 교회 정립 과정에서, 17

세기의 교회 내 논쟁들의 숙제였던 교회 정치 체제의 문제는 이제 더 이상 사람들의 관심을 끌지 못하고 있었다. 그리하여 영국에는 그 어떤 신학적 확신에 의거하여서가 아니라, 단지 조직적인 타성과 사회 계급에 의하여 유지되었으며, 다양한 형태로 조직되었던 일단의 교회들만이 남게 되었다.

아마도 이러한 신앙고백적인 특유성에 대한 관심의 부족 때문이었는지, 18세기의 성직자들은 신조가 다른 교파간의 관계에 있어 무수한 시도의 모습을 보였다. 웨이크(Wake) 대주교는 고올 지방의 항소파, 러시아 정교, 프러시아 루터파 교회와의 대화를 시도하였다. 특히 루터파와의 협상이 보다 더 낙관적이었는데, 프러시아 궁정 설교가인 야블론스키는 모라비안파의 지도자로서, 자파의 사도적 전승을 주장하였던 인물로서, 루터파와 앵글리칸들 사이에 보다 밀접한 관계의 정립을 꾀하였다.

11. 비국교도들

한편 비국교도들은 사회적인 경멸, 경제적인 불이익, 지성적인 고립이라는 처벌을 감수해야 했다. 1690년대에 장로교와 회중파 지도자들은 양측의 합동을 이루기 위하여 "합의 항목들"(Heads of Agreement)을 작성하였다. 그러나 1719년의 살터즈홀 총회(Salter's Hall Conference)에서 발생한 교리 논쟁으로 이러한 연합은 이루어질 수 없었다. 가시적 교회에 관한 이성주의적, 경건주의적인 이론들이 풍미함으로써 18세기에는 이러한 해결책이 불가능하였다. 경건파들과 복음주의 이론들은 교회를 선교기관으로 만들게 되었다. 또한 이성주의자들은 교회를 개인들의 판단력에 기초한 자발적 결사로 만들었다. 이러한 견해들은 감독파, 장로교 그리고 회중파 정치체제가 17세기의 갈등들을 통해서 그 존재가치를 정립하였던 기반들을 수용할 수 없었다. 그러나 이들은 자기들의 공통적인 정치적 변호를 위하여 "비국교파 대표회의"(1732)를 조직하였다. 그리고 이들은 자기들에 불리하였던 사회적 제약들에 대항한 오랜 투쟁을 통하여, 일반적으로 세속적, 정치적 자유를 주장하는 비국교파들의 경향을 보여주었다.

12. 정치적, 문화적 영향들

가장 중요한 것은 19세기에 흔히 "비국교도적 양심"이라고 불리웠던 그 일반적인 성향이었다. 교회가 통솔하는 사회를 건설하고자 하였던 17세기의 다양한 노력들은 다 수포로 돌아갔으나, 이로 인하여 전체 사회생활은 도덕법에 따라야 한다는 의무감은 남게 되었다. 또한 이러한 의무감은 대부분 청교도들에 의하여 정리된 것이었다. 이들은 일반인들의 양심을 정치적 세력으로 정립시키는 유산을 남기게 되었다. 바로 여기에 정치적 도덕주의적 경향을 보이는 앵글로-아메리칸 경향의 기초가 있는데, 이러한 모습은 각종 공공문제에 대한 루터파적 접근과는 강하게 대조되는 것이다. 이는 개인적인 의무감과 아울러, 사회참여적 행동의 조직, 그리고 법에 대한 강한 존경심들을 발생시켰다. 그 결과 정치적으로 볼 때에, 영어 사용권에서는 보수적인 민주주의가 정착하였고, 반면에 루터파와 로마 카톨릭 세계에서는 민주주의가 혁명적이고 반성직자적인 태도와 결부되었다.

비국교주의는 이 당시의 정치적 민주주의 이론에 많은 공헌을 한 반면, 앵글리칸 역시도 점차 청교도적이고 휘그(Whig)적인 국가관을 수용하기 시작하였다. 조오지 3세가 왕실의 특권에 관한 스튜어트 왕조의 사상을 복원하고자 시도하였을 때에, 대다수 영국인들은 아메리카인들이야말로 진정한 영국의 전통을 수호하고 있다고 생각하였다. 그리하여 특히 비국교도인들은 거의 예외없이 미국인들을 지지하였다. 프라이스(Price)와 프리스트리(Priestley)가 로크의 전통을 더욱 발전시켜서 그 후에 발전된 벤탐적(Benthamite) 실용주의의 기초를 놓게 되었다. 그런데 더욱 충격적인 사실은 호들리와 같은 앵글리칸 주교까지도 저항권을 변호하였다는 사실이었다.

일반인들의 생활을 보다 더 고상한 법칙에 따라 통솔하고자 하였던 청교도들의 신정정치적인 욕구는 경제생활에까지도 간접적인 영향력을 미치게 되었다. 특히 잉글랜드에서는 비국교도들이 공무원직을 박탈당하고 전문직에서 축출되었으므로, 상업과 공업에 종사해야만 했으며, 동시에 교수직에서 쫓겨난 인사들은 자기들의 학당들을 세우고 이곳에서 자연과학과 수학들을 가르치게 되었다. 그리하여 그 기술과 경제생활에 있어서 현대 영국의 모습을 형성하는 데 있어서는 비국교도들이 앵글리칸들보다도 오히려 더 큰 영향을 미쳤다고 볼 수 있는 것이다. 17세기 말엽에는 신학과는 동떨어진 자연법에 의거하여 경제생활이 조직되는 모습을 볼 수 있었다. 그러나 그 뒤에는 섭리적인 질서의 개념이 자리잡고 있었는데, 아담 스미스(Adam Smith)의 경우에 이러한 특성이 잘 드러나고 있다. 그리고 청교도들의 금욕주의적인 생활태도가 새로운 자극을 제공하였다. 칼빈주의와 청교도주의, 그리고 "자본주의적인 심리" 사이의 관계들에 관하여는 많은 학자들의 연구가 실행되었다. 루터파, 로마 카톨릭, 그리고 고파 앵글리칸 교회들의 윤리학과 경제적으로 보수주의를 고수하는 윤리학 사이에는 서로 상응관계가 있는 듯하다. 그러나 그 반면에 상업적, 과학적, 신학적, 그리고 산업적 주도권은 홀랜드, 영국, 아메리카의 칼빈주의, 청교도주의가 장악하고 있었다. 자유교회 칼빈주의는 민주주의, 자본주의, 그리고 응용과학 등의 분야에 침투하여 결국은 서로 동의어가 되었는데, 이는 다른 어떤 기독교의 전통적 교파에서도 찾아볼 수 없는 모습이었다. 그리고 물론 잉글랜드 내에서는 이들이 앵글리칸의 세력에 미치지 못하였으나, 다른 모든 영어 사용권 지역에서는 자유교회 칼빈주의가 앵글리칸 교파보다도 훨씬 더 수적으로나, 그 영향력에 있어서 우세하였다.

13. 복음주의적 신테에제

18세기 잉글랜드 교회사의 가장 중요한 부분은 복음주의적인 각성이라고 할 수 있다. 후에 이 사건을 보다 더 사세하게 다루도록 할 것이나, 그러나 여기서는 우선, 복음주의가, 필자가 묘사하였던 대로 당시에 새로 출현하고 있었던 교회와 문화의 형태를 어떻게 수용하였는가, 그리고 어떻게 이를 종교적으로 형성하였는가를 찾아볼 수 있다. 원래의 청교도적 동기와는 달리, 이들 복음주의자들은 종교적으로는 완전히 중립적인 "도덕적"이고 "자연적"인 기준 위에서, 국가관을 정립하고, 경제, 문화생활을 조직한다는 형태를 아무런 이의도 없이 받아들였다. 복음주의자들은 이러한 기준들이 기독교 윤리학과 서로 공존할 수 있다고 믿었으며, 그리하여 일찍이 청교도들이 신정정치를 수립하려 하였을 때에 동원하였음직한 정력과 조직력으로 이들을 지원하였다. 복음주의는 청교도주의보다 더 개인을 강조하였으며, 이에 따라, 역사의식, 교회의식, 그리고 공동체로서의 국가의식을 약화하고 소멸하였다. 그리하여 이에 부수적으로 예정론은 더욱더 그 신빙성을 상실하게 되었다. 이리하여 그 속에서 청교도적인 기풍이 생존할 수 있는 개인주의와 도덕주의에로의 전환을 마련하게 되었는데, 그 감정적 형태와 제2차적인 문화적 효과에서는 더욱 그러하였으나, 그 형이상학적인 기반에서는 거의 그렇지 못하였다.

제6장
해외의 청교도주의

　로마 카톨릭, 정통 카톨릭, 루터파, 개혁파들이 다양하게 공존하고 있었던 유럽 대륙에 비교해 볼 때, 북아메리카에 소재한 영국의 식민지들에서는 청교도들이 압도적이었다. 이는 청교도적 앵글리칸(성공회)파의 해외 확장이었으며, 후에 "옛 비국교도들"이라고 불리게 되었던바, 장로교, 회중파, 그리고 침례파 등의 세 교파들이었다. 17세기 초반의 식민지 건설은 대개가 중세와 종교개혁 시대의 통일된 권위주의적 국교의 형태를 취하였다. 이들 식민지 건설자들은 이곳에서 종교적인 자유라든가, 혹은 잡다한 교파를 인정하고자 하는 마음이 없었다. 단지 진정한 성경적 교회를 만들기 위하여 영국교회를 정화하는 데 필요한 유럽적 제한에 관련된 자유만을 인정하고자 하였다. 그러나 청교도 혁명, 왕정복고, 그리고 명예혁명들의 경험들은, 특히 아메리카 현지 사정에 특유하였던 일련의 발전과정과 한데 합쳐져서 원래 모습의 국교를 점차 파기하고, 자유교회 청교도주의를 형성하게 되었다.
　국교 개념에 기초한 17세기 초반의 식민지 조직은 대개 두 가지 형태로 이루어지게 되었다. 하나는 회중파 뉴잉글랜드였고, 다른 하나는 우리들이 "남부 식민주"라고 흔히 일컫는바, 버지니아로부터 남부 메릴랜드 지역에 이르는 감독파(영국 성공회처럼, 교회의 정치조직을 감독〈주교〉의 절대적인 권한을 중심으로 하여 구성하고자 하는 파)의 정착지들이었다. 그리고 세 번째 주된 집단이라고 볼 수 있는 "중부 식민주들", 즉, 펜실베니아, 뉴욕, 뉴저지 주들은, 영국 내란, 왕정복고 등에서 비롯된, 이와는 전혀 다른 후기의 관념을 대변하고 있다. 이러한 세 개의 식민지역들은 다양한 시기와 다양한 이유들을 거쳐서, 종교의 자유와 교회와 국가의 분리를 주창하는 체제로 정착하게 된다.

1. 버지니아의 종교적 의도들

앵글리칸제도가 정착하였던 남부 식민지들 가운데, 버지니아가 가장 중요하며, 또한 가장 좋은 본보기를 우리에게 제시하고 있다. 1606년과 1609년의 두 헌장들은 당시 거의 모든 식민주들이 채택하였던 반(反)카톨릭적인 성향을 강하게 보이고 있다. 이들은 최근에 영국에서 패배하였던 역종교개혁의 세력, 멕시코와 플로리다의 스페인 세력, 세인트 로렌스 계곡의 프랑스에 대항하는 프로테스탄트측의 반격으로서 생각되었다. 버지니아의 모든 정착민들은 앵글리칸의 지존법에 서약해야만 하였다. 1611년 이곳의 '데일 법령'(Dale's Laws)에 나타난 종교적인 사항들은 거의 뉴잉글랜드에 비근할 정도로 엄격하였다. 모든 주민들은 매일 두 차례씩 종교집회에 참석할 것이 강요되었다. 신성모독죄에 대한 벌칙은 사형이었으며, 앵글리칸 성직자들을 모독하는 자는 체형을 받았다. 물론 영국에서 작성되었을 것이 거의 분명한 이러한 법률들이 엄숙하게 시행된 것은 아니었다. 그러나 이 법령들 가운데서 정착민들의 종교적인 의도를 쉽게 살펴볼 수 있다.

그러나 이러한 의도들은 물리적인 난관들 때문에 점차 약화, 소멸되었다. 또한 이곳에 식민지를 구태여 유지한다는 자체가 오랫동안 논란의 대상이 되었다. 버지니아는 역사상 가장 경비가 많이 들었던 교두보였다. 제일차 이민들의 대부분은 신사 계급 출신으로서, 험악한 황무지에서 생존하기에는 적합하지 않은 집단이었다. 이들은 이곳에 도착하자마자 각종 질병들과 인디언들의 공격 아래 소멸되곤 하였다. 1624년 런던 회사가 마침내 버지니아를 왕실 식민지로 이관하였을 때에, 회사는 이미 5-6백만 달러를 이곳에 투자하였으며, 만 4천 명의 정착민들을 투입하였는데, 이 가운데 만 3천 명 가량이 이미 사망한 다음이었다.

1619년 최초의 흑인 노예들이, 아이러니컬하게도 "예수호"라는 이름의 선박에 실려 이곳에 도착하였으며, 이를 통해 식민지의 생존을 가능하게 하였던 대농장 제도(plantation)가 점차 발전되었다. 또한 이민한 사람들의 성품도 보다 더 거칠고 야성적인 인물들로 대체되었다. 이들 중에는 생존에 더 적합한 파산자들, 해적들이 포함되어 있었다. 그리하여 버지니아에서는 명예심, 정직성 그리고 신앙심이 결여된 인구들이 정착하고 있다는 불평이 발생하였다. 또한 선박이 통행할 수 있는 강들을 따라 형성되었던 버지니아의 대농장들을 대상으로 어떻게 앵글리칸의 교구제도가 정착할 수 있을지 하는 것도 의문이 아닐 수 없었다. 성직자는 한 교구민을 심방하기 위해서 무려 30 내지 100마일을 여행해야만 하였다. 1661년에는, 교회를 계속 존속시키기 위하여는 정부가 교회당을 중심으로 하여 촌락을 건설하고, 주민들이 주말에는 농장으로부터 이곳으로 와서 주말을 보내도록 하자는 제안이 있을 정도였다.

이러한 어려움들로 인하여 가장 뛰어난 성직자들은 이곳에 오기를 싫어하였다. 그리고 이외에도 또 다른 어려움들이 있었다. 신자 대표회의의 음성이 커지면서 신자 대표회의는 교회생활을 보다 더 통솔하고자 하였다. 이 체제 아래서 성직자들은 매년 신임투표를 받아야 하였다. 또한 성직자의 공식적 수임이 신자회의의 결정에 의하여 지체되면 이들은 그 급료를 받을 수 없었으며, 그의 운명은 신자들의 기호에 따라 좌우되기 마련이었다. 따라서 버지니아는 실질적으로 뉴잉글랜드에 못지않게 회중파적인 상황이었다. 그리고 제일세대와 이에 해당하였던 교회의 모습은 그 분위기가 "저파" 교회의 그것이었다. 식민주들에는 주교가 없었으며, 영국 본토로부터의 치리는 거의 이곳에서 실제로 시행하기가 불가능하였다. 1638년 로드 대부는 뉴잉글랜드 지방으로 주교와 병사들을 보낼 조처를 완료하였다. 그러나 내란이 발생하여 이러한 조처는 지연되었다. 1660년대 이르기까지 식민지의 감독 교회들과 영국의 감독들과의 사이에는 거의 아무런 연관이 없었다.

식민지 운동 초기 시대의 문학 작품들에서 그토록 강하게 드러났던 선교열이 이제는 제대로 구현될 수 없었다. 존 롤프(John Rolfe)가 포칸타스(Pochantas)와 결혼하였던 이유들 가운데는 이러한 선교적 동기가 드러나고 있다. 그러나 실제로 영국 프로테스탄트들은 로마 카톨릭 프랑스인들에 비하여 별로 성공적이지 못하였다. 프랑스인 모피 매매상들과는 대조적으로, 영국인들은 자기 여자들을 대동하고 왔으며, 삼림을 파괴하고, 농경지를 개간함으로써 사냥터를 침해하였다. 전혀 개인 소유 재산이라는 관념이 없었던 인디언들은 이러한 모습을 보고 분노하지 않을 수 없었으며, 버지니아에서 1623년, 그리고 뉴잉글랜드에서는 1675-1676년에 정착민들을 상대로 맹렬한 전쟁을 벌였다. 그 이후에는, 18세기의 대각성 운동까지 선교 활동은 거의 종식되었다.

2. 매사추세츠 베이

뉴잉글랜드 식민주들 가운데 가장 강하였던 매사추세츠 베이 지역은 버지니아에 비교해 볼 때에 위에 열거한 어려움들을 상대적으로 덜 겪었다고 볼 수 있다. 남부의 대농장 생활에 비교해 볼 때에, 이곳 식민지는 좁은 편이었으며, 주민 구성도 복잡하지 않았고, 버지니아에 비교할 때, 성직자들도 훨씬 더 우수하였다. "아마도 그 부와, 능력과, 위치에 있어서 역사상 어떤 유럽의 식민지도 매사추세츠에는 비교할 수 없을 것이다." 이들은 로드 대주교의 조처를 감수하지 못하였던 청교도들 가운데 가장 뛰어난 인물들이었다. 이들은 분파주의자들이 아니라, 아메리카 대륙에 성경적 교회를 건설하고자 하였던 회중파 앵글리칸들이었으며, 스튜어트 앵글리칸주의의 집단적 부패에 물들지 않고, 완전 하나님과 자연의 법칙에 의거한 새 언약의 가나안을 이곳에 건설하고자 꿈꾸는 이들이었다. 이들이 꿈꾸었던 질서는 1648년의 캠브릿지 플랫폼(Cambridge Platform)에 잘 기록되고 있다. 교회는 중생한 자들과 앞으로 이 "언약에 참여할" 자녀들로 구성되어야 하였다. 오직 교인들에게만 참정권을 주었다. 그리고 물론, 비교인들도 교회세를 납부해야 하였고, 예배에 의무적으로 참석해야만 하였다. 그리고 세속 관리들은 정통신조들을 강행하였다. 나타니엘 워드(Nathaniel Ward)는 『아가왐의 소박한 제화공』(Simple Cobbler of Agawam)이라는 책 속에서 아마 레오 13세에게나 적합하였을 종교자유의 모습에 관하여 기록하였다. 그는 진정한 교회는 "경우에 따라서 묵인하고 눈감아야 할 경우가 있다. 그러나 절대로 (자기와 다른 의견을) 인정하여서는 안된다"고 하였다.

그러나 이단과 분파는 뉴잉글랜드에서 사라지지 않았다. 매사추세츠 베이 식민지는 로드 아일랜드나 코네티커트의 창시자들과 같은 분파들을 분리시켜 주지 않으면 안되었다. 그리고 순교자의 면류관을 탐내었던 퀘이커 선교사들은 청교도 관리들의 지시를 듣지 않았다. 이들은 청교도들의 중심지를 찾아 교회들에 대한 경고를 발하다가 체포당하고, 주 경계로 끌려나가 처벌받기를 되풀이하였다. 그리고 제2세대 청교도들은 변경과 같은 이들의 상황에서 기존체제를 계속 유지하는 것이 어렵다는 것을 발견하기 시작하였다. 기근, 전염병, 인디언과의 투쟁으로 인하여 많은 주민들이 사망하였는데, 성직자들은 이를 뉴잉글랜드 지방이 신앙적으로 퇴보하고 있으므로, 하나님께서 내리시는 벌이라고 해석하였다. 1679년의 개혁대회는 교회와 국가를 하나님께서 요구하시는 보다 더 높은 차원으로 끌어올리고자 하였다. 그러나 "반길 성약"(half-way covenant)은 뉴잉글랜드 지방 전체에 확장되었으며 이로 말미암아 신념의 불길은 꺼지게 되었다. 이제 새로이 출현하는 세대는 그 이전의 고전적 회중파 교회에서 완전한 교인으로서의 첫째 요건이었던 개인적 회심의 증거를 제시할 수 없는 경우가 대부분이었다.

3. 중부 식민주들

남부와 뉴잉글랜드 식민주들에 비교해 볼 때에, 중부 식민주들은 대개 내란 이후에 나타난 종교자유를 인정하는 모습을 보이고 있다. 또한 이들보다 오히려 더 먼저 종교의 자유를 용인하였던 로드 아일랜드도 이들과 함께 분류되어야 한다. 로드 아일랜드의 창설자 로저 윌리엄스(Roger Williams)는 마치 내란시의 과격한 청교도였던 존 릴번(John Liburne)과 마찬가지로, 미국 내에서 종교의 자유와 민주주의를 주장하였던 인물이었다. 신정 정치를 주장하였던 매사추세츠 베이에서 윌리엄스를 추방하자, 그는 이러한 원칙들에 의거하여 로드 아일랜드를 세웠다. 스튜어트 왕조가 복고된 후에, 이와 비슷한 종교의 자유가 펜실베니아, 뉴저지, 그리고 델라웨어 등의 퀘이커 주들에 인정되었다. 또한 홀랜드인들이 주로 거주하였던 뉴 암스텔담에서는 주로 경제적인 이유로 인하여 이러한 종교의 자유가 성립되었다. 홀랜드 출신 감독관들은 1663년 퀘이커 신자들을 박해하였던 주지사 스튀베산트(Stuyvesant)를 비난하였다. 이미 뉴욕 주에서는 벌써 14개의 서로 다른 언어들이 통용되고 있었는데, 종교의 자유를 용인하지 않을 경우에는 이곳의 세계주의적인 교역 중심지로서의 특성이 도저히 유지될 수가 없었다. 이에 유사한 사업상의 고려가, 퀘이커 식민주들과 버지니아, 메릴랜드 지방의 재산 소유자들을 움직이는 동인이 되었을 것이다. 이들은 로드 아일랜드와 중부 식민주들에서 이미 실시되고 있었던 종교자유의 체제를 남부와 뉴잉글랜드에서도 실시하기 시작하였다.

4. 종교의 자유에 있어서 영국의 영향

그런데 남부와 뉴잉글랜드 식민주들은 약간 늦게, 그리고 마지못한 모습으로 비국교도들의 용인에 대한 모국의 모범을 좇게 되었다. 이보다 더 이전에도 영국으로부터는 종교박해를 억제하고자 하는 훈령들이 전달되고 있었다. 침례교도였던 오바댜 홈스(Obadiah Holms)가 1651년 보스턴에서 체형을 받았을 때, 열 명의 런던 회중파 성직자들은 이러한 종교박해적 조처는 영국 본국에서의 박해자들의 입장을 매우 불리하게 할 것이라면서, 이에 항의하는 서한을 보내기도 하였다. 1661년에는 국왕 찰스 자신이 직접 보스턴에서 교수형에 처해진 4명의 퀘이커 신자들을 위해 항의를 발하였다. 그리고 1689년 종교자유법이 발효된 후에는, 식민주의 비국교도 집단들이 이 법을 근거로 종교의 자유를 주장하였다. 장로교측의 메이크미(Makemie)는 1699년에 이 법을 근거로 항소하여 승소하였다. 그 결과 18세기에는 비국교도들이 뉴잉글랜드와 남부에서 자유를 획득하게 되었다. 그리하여 그 인구가 급증하고 있던 식민지에서 발효되었던 종교자유의 인정정책은, 이제 원래의 소수파들이 다수파를 압도할 수 있는 가능성을 열게 되었다. 그리고 바로 이러한 현상이 미국에서 발생하였던 것이다. 시간이 경과함에 따라, 남부와 뉴잉글랜드의 옛 국교도들은 비국교도들로 구성된 정치적 다수파에 의하여 그 위치를 상실하게 되었다.

5. 스코틀랜드와 독일 이민들

뉴잉글랜드와 남부 식민주들에서 이러한 비국교도 집단의 인구 증가에 기여한 두 가지 요인들이 있다. "대각성 운동"(Great Awakening)은 다수의 명목적 앵글리칸 신자들과 회중파 신자들을 당시 비국교도라고 할 수 있었던 침례교, 장로교, 감리교 신자들이 되는 데 역할을 했다. 이 문제에 관하여는 후에 보다 더 자세하게 다루어야 한다. 이는 매우 중요한 요인이었다. 두 번째 요인은 더 이상 감독파나 혹은 회중파가 다수를 점하지 않게 되었던 18세기 이민의 성격이다. 18세기에 가장 다수를 점하였던 이민 집단은 독일인들과 스코틀랜드인들이었는데, 그 숫자는 각각 10만 가량되었다. 이들 스코틀랜드인들과, 스코티시-아일랜드인들은 대부분 장로교 신자들이었다. 마치 침례교 신자들과 마찬가지로, 이들 장로교인들은 퀘이커적인 종교의 자유를 누리고 있었던 필라델피아 지역에 교두보를 마련하였으며, 후에는 서부와 남부로 진출하여 앵글리칸 지역들을 잠식하였다. 스코틀랜드인들과는 대조적으로 독일인들의 종교적인 배경은 매우 다양하였다. 물론 루터파들이 가장 많았으나, 동시에 개혁파, 메노나이트, 모라비안 그리고 슈벵크펠더들까지 포함되어 있었다. 이들 가운데 2/3 이상이 펜실베니아 지방에 정착하였는데, 이곳에서 진젠돌프(Zinzendolf) 백작은 이들을 모두 한데 모아 "성령과 하나님의 교회"(Church of god in the Spirit)로 연합해 보고자 하였으나, 끝내 성공을 거두지 못하였다.

남부 식민주들이 뉴잉글랜드보다도 이들 이민들의 영향을 더 많이 받게 되었다. 그런데 뉴잉글랜드에서의 한 가지 신기한 발전상은 영국 교회 출신자들로 이루어진 분파가 이곳에 성립되었다는 사실이다. 우리들은 이미 감독의 감독이 불가능하였던 남부에서 겪었던 앵글리칸 교회의 어려운 점에 관하여 언급한 바 있다. 18세기에는 런던 주교를 대리하여 버지니아와 메릴랜드의 성직자들을 감독하였던 일련의 "콤밋사리"(Commissaries, 감독대리인)들에 의하여 이러한 문제가 일단은 해결을 보게 되었다. 그러나 이들은 견신례나 성직 임명들의 기능들은 시행하지 못하였다. 18세기의 아메리카 대륙에 미쳤던 앵글리칸 교회의 진정한 활력은 1701년 설립되어 이곳 식민주에 무려 300여 명의 선교사들을 파송하였던 복음 전파 협회(the Society for the Propagation of the Gospel)를 통해 표현되었다. 당시의 열악한 상황으로 말미암아 이들 선교사들 다수는 앵글리칸의 남부가 아니라, 뉴잉글랜드로 향하였다. 당시 예일 대학 교장이었던 티모디 커틀러(Thmothy Cutler)와 기타 교수들, 그리고 다섯 명의 회중파 교회 목사들이 앵글리칸 교회로 개종하였던 사실은, 이러한 뉴잉글랜드 전도의 성공상과 아울러, 그 본부에서 약화되는 모습을 보였던 회중파의 몰락을 우리들에게 보여주고 있다. 그리하여 코넥티커트와 매사추세츠에서는 침례교, 퀘이커들과 함께 국교의 특권들에 도전할 또 다른 집단이 형성되었다.

미국에서 제3세대의 시절이 되자, 개척 지대 생활의 어려움은 문화와 종교의 쇠퇴를 불러왔다. 영국 국교가 비록 이론적으로는 식민지의 절반 이상에 설립되어 있었으나, 버지니아와 메릴랜드 이외의 지방에서는 거의 그 영향력이 없었다. 그리고 버지니아 주 내에서도 주민의 겨우 5퍼센트 이하밖에는 교인이 없었다. 진젠도르프는 중부 식민주들의 주민들 대부분이 '펜실베니아 교회'에 속한다는 사실, 즉 기실 어떤 교회에도 귀속되지 않고 있다는 놀라운 사실을 발견하였다. 그리고 비록 뉴잉글랜드 식민지들은 보다 더 강력한 문화적, 종교적 세력을 소유하고 있다는 인상을 주었으나, 그리고, 이들의 성직자들은 자기들의 조직을 보다 더 쉽게 수호할 수 있었으나, 원래 청교도들의 신정정치의 기반이 되었던 바로 그 확신은 거의 무너지고 있었다. 실제로 야만 상태로 돌아갈 위험성까지도 존재하고 있었던 것으로 보인다. 수세기를 두고 그 어떤 유럽인들의 집단도 기독교적 전통이나 기관과 아무런 관련을 갖지 못하고 있었다.

6. 대각성(The Great Awakening)

그런데 이 유아 상태에 있던 미국을 이러한 위험으로부터 구출하였던 것은 다름아니라, 흔히 "대각성 운동"이라 불리우는 바로 그 사건이었다. 이는 뉴잉글랜드 지방에서는 에드워즈(Edwards)와, 중부 식민주들에서는 프리링호이젠(Frelinghuysen)과 테난트(Tenant)들로부터 시발되었다. 또한 각 지역이 라이벌들을 하나의 기대한 운동으로 연합시키는 데 결정적 역할을 하였던 것은 조오지 휫필드(George Whitfield)였다. 그는 조지아 주에서 매사추세츠 주에 이르기까지 일곱 차례나 순회 부흥운동을 이끌었으며, 회중파, 장로교, 앵글리칸, 홀랜드 개혁파, 침례교, 감리교, 루터파, 퀘이커 등을 가리지 않고 자기의 설교에 귀를 기울이는 자들에게는 모두 말씀을 전하였다. 또 다른 순회 전도자들도 그 뒤를 좇아, 서로 떨어진 식민주들 사이에 공동의식을 심어주었다. "그 지역적인 특색을 불문하고, 아메리카인들이라는 자각을 심어주었던 것은, 프랭클린과 워싱턴 이전에 휫필드, 에드워즈, 그리고 테난트들이었다."

이 대각성 운동은 교육계와 복음주의 진영을 위한 열매를 맺었다. 이러한 대각성운동을 근원으로 하여 설립되었던 무수한 학당들과 대학교들 중에는 펜실베니아 대학교와 프린스턴 대학교가 있다. 후자는 다름아닌 테난트의 "통나무 대학"(Log College)으로부터 비롯되었다. 반면에 다트모스 대학(Dartmouth College)은 인디언들을 위한 학당으로부터 성장하게 되었다. 에드워즈는 스톡브릿지에 있던 선교지에서 가장 뛰어난 작품들을 저술하였으며, 그의 딸의 사위였던 데이빗 브레너드(David Brainerd)는 뉴저지와 펜실베니아 주에서 인디언 선교에 생애를 바쳤다. 또한 앵글리칸, 장로교인들, 그리고 무엇보다도 모라비안들이 또한 원주민들 사이에서 사역하였다. 이들 가운데 가장 뛰어난 이는 아마도 모라비안 출신의 데이빗 자이스버거 (David Zeisberger)였다.

대각성 운동의 가장 뛰어난 지도자였을 뿐만 아니라, 또한 식민지 당시의 아메리카 대륙에서도 가장 뛰어난 지성인이라면, 아마도 노샘프턴 (Northampton)의 조나단 에드워즈(Jonathan Edwards)를 꼽아야 할 것이다. 에드워즈는 자신의 설교가 회중들에게 큰 반응을 불러일으킨 사실에 스스로 놀라움을 금치 못하였으며, 이는 은혜와 칭의를 강조하였던 그의 복음주의적 신조를 하나님께서 인정해 주셨기 때문이라고 생각하였다. 그가 저술한『놀라운 회심의 기록들』(Narrative of Surprising Conversions)은 여러 번 재판을 거듭하였으며, 존 웨슬레가 이를 영국에서 배포하였다. 이와 함께 "종교적 열정"에 관한 그의 논문이 종교적 회심을 이해하게 해주는 요람이 된다. 실제로 대각성 운동 가운데는 우리가 특기할 만한 심리적인 표현과 사건들이 있었다. 뉴잉글랜드는 그때 이전이나 혹은 이후로 이러한 정도의 종교적인 충격과 동요를 경험한 일이 없다. 평신도들이 솔선하여, 한 번에 서너 명씩 일어나 에드워즈의 교회를 권면하였다. 순회 전도자들이 고정된 교구를 침범하였으며, 교육받지 않은 인물을 전도자로 임직하고자 하는 시도들도 있었다. 이러한 소동으로 인하여 1742년에는 코넥티커트 주의 각종 문제들을 통솔하기 위한 법률이 제정되었으며, 교회들은 여러 지역에서 "새 빛"(New Lights)과 "옛 빛"(Old Lights)이라는 두 파로 분열되었다. 그리고 중부 식민주 지역의 장로교 역시 한동안 "신파"(New Side)와 "구파"(Old side)로 갈리게 되었다.

대각성 운동은 일반적으로 교회들, 특히 소교파에 속한 교회들을 수적으로 성장시키는 효과를 가져다 주었다. 뉴잉글랜드 지방에서만 회중파 교회들이 150개 가량 새로 설립되었다. 그러나 또한 대각성 운동은 회중파 교회들, 그리고 침례교 교회들을 분열시키기도 하였다. 침례 교회의 숫자는 대각성 운동으로 말미암아 매사추세츠에선 6개에서 30개로, 코넥티커트에서는 4개에서 12개로 증가하였다. 그리하여 이곳의 기존 세력이었던 회중파 교회에 대한 심각한 대치세력을 형성하였다. 중부와 남부 식민주들에서는 침례교와 장로교가 가장 많은 유익을 얻었다. 그리고 후에 살펴보겠지만 버지니아 주에서의 결과도 매우 중요한 바 있었다.

  18세기 중엽, 아메리카 대륙의 이민 기독교 신자들은 대개 이러한 부흥운동에 대한 찬반을 기준으로 하여 분열되어 있었다. 부흥사들이 가장 활발하게 활동하였던 것은 주로 산간, 시골 지방들이었다. 그리고 "구파 칼빈주의자들"과 앵글리칸들은 해안 지방에 거주하고 있었던 보다 유복하고 정치적으로 영향력이 있는 주민들 사이에서 집중적으로 사역하였다. 이들은 원래의 완전 포괄적인 신정주의 정책을 포기하면서도 청교도적인 전통의 독특한 요소들을 각각 개발하고 이어받았다. 대각성 운동에 찬동하는 이들은 복음적인 확신과 종교적 열정을 간직하였으나, 에드워즈를 제외하고는 청교도의 보다 합리적인 특색과 문화적인 책임의식을 포기한 것이 보통이었다. 구파 칼빈주의자들과 앵글리칸들은 정치적, 문화적 소명의식을 유지하였으나, 이들의 복음에 대한 파악과 이해는 보다 도덕적이고 피상적인 형태로 흐르게 되었다.

7. 교회와 미국 독립

  식민주의 자치를 위하여 가장 노력하였던 것은, 사기들의 성지적 윤리의 전통을 실현하고자 하였던 "구파 칼빈주의자들"과 이성주의적인 앵글리칸들이었다. 미 독립 전쟁의 배경을 살펴볼 때 빼놓을 수 없는 사실은, 당시 미국에서는 성직자들이 일반적으로 가장 고등 교육을 받은 계층에 속하였으며, 강단이 여론을 형성하는 데 가장 중요한 구실을 하였다는 것이다. 전체 식민지에서 가장 강력한 성직자 집단은 회중파였으며, 그 다음으로는 중부 식민주의 장로교를 꼽을 수 있다. 그런데 이들 성직자들 가운데 정치 윤리에 관심을 가진 이들은 자연법 철학, 정치적 계약 그리고 혁명권 이론들을 따르는 경향이 대부분이었다. 로크, 밀턴 그리고 시드니가 18세기 중엽 뉴잉글랜드에서 선거와 금식날 설교에 가장 많이 등장하는 인물들이었다. 미 독립선언서 서문의 내용은 이미 오랫 동안 미국의 강단에서 설교되었던 내용들이었다.

  보스턴 제일 교회의 찰스 촌시(Charles Chauncy)는 유럽인들에게 가장 널리 읽힌 식민지인들의 권리의 주창자였다. 또한 보스턴 서부 교회의 조나단 메이휴(Jonathan Mayhew)는 특히 뉴잉글랜드 지방에서 복음전파협회(S.P.G.)를 통해 대변되었던 고파 앵글리칸 교회를 맹렬하게 공격하였다.

당시 고파 앵글리칸 교회에서는 교회법의 정치적 권위와 주교들의 "사도 전승"이론의 신수적 성격을 강하게 주장하고 있었다. 메이휴는 청교도적인 선조들의 전통에 서서, 찰스 1세를 "성자요 순교자"로 미화하고자 하는 시도를 배격하였다.

S.P.G.에서는 식민주들에서 앵글리칸 교회의 주교구를 설치하고자 하는 시도를 함으로써, 1766년부터 독립전쟁이 발발하기까지 장로교와 회중파들은 매년 공동총회를 개최하게 되었다. 청교도의 후예들은 이러한 감독 제도를 아직도 절대 왕권을 위한 교회적인 수단으로 생각하고 있었으며, 입헌주의를 선호하던 장로교는 이러한 주장을 다시 한번 강조하였다. 이러한 정부 형태에 관련된 청교도적 정치 윤리는 언약의 개념에 기초하고 있었으며, 회중파와 장로교 출신의 정치 지도자들은 이러한 이론을 자기들의 것으로 채택하였다. 또한 침례교의 경우, 평신도들의 사역을 강조하였으므로, 뛰어난 목회자들은 많이 배출되지 못하였으나, 이들의 교회전통은 영국의 내란과 존 로크의 전통과 동일한 기반 위에 서있었다.

이처럼 지도적인 교회들을 주도하였던 경향은 자연법과 정치 계약에 기초한 청교도적 전통을 지지하였으나, 이와는 다른 두 개의 조류가 있었음을 또한 살펴볼 수 있었다. 일반적으로 식민주에 감독제를 설립한다는 계획에 반대하였던 "저파"와 청교도적 앵글리칸들은 또한 일반적으로 식민지의 주장에 찬동하였다. 이것이 남부 식민주에 소재한 앵글리칸주의의 모습이었다. 독립선언서에 서명하였던 이들의 2/3가 이러한 종류의 앵글리칸 신도들이었다. 그러나 이와는 반대로, 뉴잉글랜드 지방의 앵글리칸 성직자들과 신자들은 고파 교회이자 토리파적인 경향이 강했다. 그리고 중부 식민주의 앵글리칸들은 분열되어 있었다. 그 결과, 실제로 독립 전쟁이 임박하게 되자, 앵글리칸과 감리교 성직자들이 다시 영국으로 이주하는 현상이 발생하였다. 왜냐하면, 루터파와 로마 카톨릭 성직자들도 이렇게 가르쳤듯이, 합법적으로 성립한 권위에 대하여는 수동적으로라도 복종해야만 한다는 생각이 강하였기 때문이었다.

그 두 번째 소수파는 평화주의적인 교파들로 구성되어 있었는데, 퀘이커, 모라비안, 형제파, 메노나이트 그리고 일부 감리교파들이 그것이었다. 이러한 집단들이 가장 강성하였던 지역은 물론 이전의 퀘이커 식민주들, 특히 펜실베니아 지방이었다. 퀘이커 자신들은 이미 20년 전에 발생하였던 7년 전쟁 가운데서 자발적으로 펜실베이니아와 뉴저지 주의 정치적 주도권을 포기하였다. 왜냐하면 자기들이 가장 많은 소수파를 형성하고 있었던 식민주에서의 무력항쟁이 불가피하게 되었다는 사실을 깨달았기 때문이었다. 독립 전쟁 기간 동안 이들 평화주의자들은 양측 모두로부터의 오해와 박해를 감수해야만 하였다. 이들 가운데서 가장 비극적인 운명을 맞은 것은 아마도 모라비안들에 의하여 개종된 기독교 신자 인디언들일 것이다. 이들은 식민군들에 의하여 잔혹하게 학살당하였다.

또한 당시에는 별로 주의를 끌지 못하였으나, 그 후의 역사를 통하여 중요하게 된 문제가 있다. 이는 식민주에 소재한 로마 카톨릭의 법적인, 정치적인 해방이다. 당시 식민지 주민들은 99퍼센트가 반(反)카톨릭적인 성향을 가지고 있었으므로, 이들은 그래도 가장 많은 종교의 자유가 허용되고 있었던 펜실베이니아와 메릴랜드 주에 주로 정착하였다. 그러나 독립 전쟁 중, 영국에 대항하기 위해서는 로마 카톨릭 국가들이었던 스페인, 프랑스, 캐나다의 동맹을 구하지 않을 수밖에 없었다. 그리하여 워싱턴 장군은 군대 내에서 가이 포크스 날(Guy Fwakes Day, 영국에서 처형되었던 카톨릭 출신이 반역자인 가이 포크스라는 자의 죽음을 축하하는 날)의 축하를 금지시켰으며, 수개 주에서는 반카톨릭적 법령들을 폐지하였다. 그리고, 미국의 헌법은 당시 2만 5천 명 이상에 달하였던 로마 카톨릭 신자들에게 새로운 자유를 허용하였다.

8. 헌법 속의 종교상

미국 식민주들이 독립을 쟁취하고 새로운 국가를 건설하고자 하였을 당시, 종교 문제가 가장 난제 가운데 하나였다. 그 교파라든가, 혹은 국가와 교회 사이의 관계에 관한 문제에 있어서, 수개의 신생주들은 너무나 다양한 요소들이 한데 모여 있었으므로, 도저히 이를 통일시킬 수가 없었다. 그리하여 새로운 연방 헌법은 종교에 관한 문제를 주정부들의 의견에 의뢰하였다. 그러나, 실제 헌법이 작성될 당시에는 버지니아의 의견이 가장 많은 영향력을 행사하게 되었다. 미국의 독립이 쟁취되기 직전에 버지니아에서는 침례교와 장로교의 지지를 받는 매디슨(Madison)과 제퍼슨(Jefferson)의 종교 자유의 운동이 승리를 거둔 바 있었다. 그리하여 바로 그 모습이 미국 헌법의 모범이 되었다. 이미 중부 식민주들은 백년 전에 이러한 해결책을 채택한 바 있었다. 그리고 뉴잉글랜드에서는 일반적으로 이미 한 세대 이상이나 국교 회중 교회의 모습을 고수하고 있었으나, 사실은 이곳에서도 부흥운동과 부흥 이성주의가 특정 교파의 특권을 고집하고자 하는 태도를 근본적으로 약화시킨 바 있었다. 그리하여 신생 미국은 자유교회 청교도 교파주의(free church Puritan denominationalism)라고 불리울 수 있는 주도적인 경향에 의하여 형성되었던 교회 생활을 근간으로 하여 19세기로 들어가게 되었다.

제7장
경건주의와 복음주의

우리들은 교회적 행정과 교회-국가 사이의 관계의 형태를 살펴보았다. 대부분의 경우에, 비록 외부적인 형태를 이루게 하였던 내부적 요인들이 사라진 후에도, 그 외부적인 형태가 완강하게 계속 유지되고 있음을 알게 된다. 17세기는 통일된 국교와 기독교 문화의 건설과 유지라는 이상을 가지고 출발하였다. 그러나 18세기 말에는 거의 모든 곳에서 종교적인 통솔로부터 해방된 국가와 문화의 모습을 보이고 있다. 국가, 법률, 상업과 공업, 과학, 철학, 문학, 예술 등은 모두 교회 문명의 한 측면이라는 상태에서 벗어나서, 인간과 사회의 "본성"으로부터 파생된 기준과 목표에서 구성되고 있었다. 이러한 변화는 그 시간의 일부를 비종교적인 사회생활 속에서 보내야 하는 기독교 신자들과, 또한 교회에게 어떤 의미를 가져다주는 것일까? 또한 기독교 신자의 생활 전체의 목표와 기준이 되지 못하는 "기독교"란 과연 어떤 것이겠는가?

1. 사회적 형태로서의 경건주의

한마디로 우리들은 이를 경건주의라고 부를 수 있겠다. 경건주의란 서로 다른 맥락들 가운데 서로 다른 의미들을 지니고 있다. 여기서 우리는 교회와 국가의 구조를 무시하거나, 혹은 전제하면서 종교의 개인화, 내부화를 꾀하고 그 가운데 중요한 종교적 교제를 이루고자 하는 움직임을 일컫기로 한다. 경건주의는 자주 정통적 형식주의에 대한 반동의 의미로서 사용되었다. 이들의 관심은 새로운 종교 조직을 마련하는 것이 아니라, 종교적 진리들을 개인적으로 적용하며, 주관적인 종교적 "경험들"을 강조하고, 개인들의 헌신과 금욕주의적인 생활을 실행하는 데 있다. 어떤 경우에는 묵시록적인 기대 때문에, 또 어떤 경우에는 종교적인 중립성 때문에 국가나 문화와 교회 사이의 관계라는 큰 문제는 경건주의 내에서 별로 중요한 위치를 차지하지 못하는 것이 태반이다. 또한 어떤 경우에는 경건주의자 자신이 이러한 문제들에 관한 한 이성주의적 입장을 택하여, 이러한 '세속'적인 사항들은 교회와 무관하다고 생각하기도 한다. 어떤 면에서 볼 때에 경건주의는 삶의 일부 영역을 특별히 "종교적" 분야로 지정하여 분리시키고, 오직 이 부분에만 관심과 노력을 집중하는 모습을 보이기도 한다. 17, 18세기에 있어서, 이러한 일반적 경향은 각국의 모든 교파들 안에서 다양한 모습으로 나타나게 되었다.

이처럼 정의할 때에 경건주의는 매우 다양한 모습의 구체적인 종교관들과 태도들을 다 포함하게 된다. 루터파, 개혁파 그리고 앵글리칸 교회들의 경건주의와 로마 카톨릭 잔센주의들의 주류는 복음주의적이라고 분류할 수 있을 것이다. 그러나 이 가운데는 또한 중요한 신비주의적 요소가 포함되어 있었다. 현대 독일의 신비주의자들 가운데 가장 유명한 야콥 뵈메(Jakob Boehme)로부터 시작되었던 신지학적 신비주의는 앤젤루스 실레시우스(Angelus Silesius)를 통하여 로마 카톨릭 교회로, 윌리엄 로우(William Law)를 통하여 논쥬러 앵글리칸으로 흘러들어갔으며, 프로테스탄트 영국에서는 "필라델피안파"와 "뵈메파" 등을 구성하게 되었다. 마담 귀용(Guyon)의 정적주의적 신비주의(quietistic mysticism)는 포아레(Poiret)와 터스티겐(Tersteegen), 그리고 많은 다른 인물들 가운데서 프로테스탄트적으로 대응되는 존재들을 발견하였다. 일부 분파들은 주로 천년왕국적인 기대에 의하여 움직였다. 일부는 도덕주의자이자 율법주의자였으며, 또한 다른 이들은 교회가 감당할 수 없는 반(反)율법주의자들이기도 하였다. 그러나 이러한 종교적 태도들은 이제 그 어떤 예외도 없이, 비록 자기들은 이를 인정하지 않고자 하더라도, 교회와 국가 사이의 일반적 관계에 의거한 자발적 결사단체, 혹은 콘벤티클(conventicles, 비공식적으로 모이는 종교적 집회) 등을 통하여 표현되어야만 하게 되었다는 것이 중요하다. 어떤 학자들은 경건주의가 본질적으로, 루터파, 개혁파, 앵글리칸 국교들 속에서 발생하였던 중세와 종교개혁 시대의 분파적, 성령파적, 그리고 신비주의적 동기들의 발로에 의한 부흥운동이라고 정의하기도 하였다. 이는 물론 일리가 있는 판단이라 할 수

제7장 경건주의와 복음주의 95

있겠다. 그리하여 교파적 프로테스탄트주의는 이들에 의하여 침범당하고, 비교회적인 종교성에 의하여 무너지게 되었다.

2. 개혁파적 경건주의

비록 "경건주의"라는 단어는 1689년에 루터파 진영 내에서 일어난 움직임을 경멸하는 어조로 사용되기 시작하였으나, 그 운동의 근원은 개혁파 진영에 자리잡고 있다. 그리고 이 진영 내에서는 국교로부터 자유교회 칼빈주의로 옮겨가는 과정에서 나타나고 있다. 영국 청교도주의와 홀랜드의 정밀주의(precisianism) 등은 이미 후에 경건주의에 나타날 특징들을 보여주고 있었다. 이들은 설교와 저술들을 통하여 개인들의 회심과 실질적 경건성들을 강조하였다. 이들은 많은 영적 일기와 전기들 그리고 경건서적, 금욕주의적 생활을 위한 안내서들을 남겼다. 이러한 강렬한 종교생활들은 자발적으로 모인 비밀 집회(conventicle)인 "예언회", 기도회들을 통하여 배양되었다. 그런데 17세기 초만 하여도 이들은 자기들의 방식을 통해서 국가 전체를 변화시키겠다는 소망을 가지고 있었다. 그러나 청교도들과 정밀주의자들은 이러한 계획이 실현불가능하다는 사실을 깨달은 이후에, 보다 내면적인 경건주의의 특징들이 뚜렷하게 드러나게 되었다. 그리고 앵글로 아메리카의 비국교주의자들은 경건주의 후기에 들어서서도, 전체 공동체에 대한 청교도적인 책임 의식을 포기하지 않았다.

이러한 청교도주의와 경건주의 사이의 밀접한 관계는 뉴잉글랜드 회중파의 실질적 설립자라고 할 수 있는 윌리엄 에임스(William Ames)의 경우에 잘 드러나고 있다. 비록 뉴잉글랜드에서는 에임스가 청교도로 분류되었으나, 그가 많은 영향력을 행사하였던 홀랜드에서는 경건주의자로서 존경받았다. 또한 홀랜드 경건주의의 아버지라 불리웠던 틸링크(Teelinck) 역시 영국 청교도주의와 긴밀한 관계를 가지고 있었다. 영국의 청교도주의는 왕정복고 시대의 박해와 왕정복고 후에 그 세력을 상실하였던 당시의 상황 속에서 경건주의적인 단계를 지나게 되었다. 아직도 17세기의 광범한 시야를 간직하고 있었던 18세기의 처음 세대라 할 수 있는 왓츠(Watts)와 다드릿지(Doddridge)는 보다 더 매력적인 대표자의 모습을 보여주고 있다. 그러나 이러한 시야는 복음주의 부흥운동을 통하여 편협하게 변화하였다. 홀랜드에서는 보에트(Voet)가 경건주의의 지도자였다. 그는 비록 자신이 엄격한 정통주의자였음에도 불구하고, 신학을 실질적인 기독교 생활 아래 두었으며, 경건 서적의 사용, 보다 엄격한 도덕성, 교회의 치리, 성직자들의 목회, 요리문답들을 강조하였다. 홀랜드 교회의 보다 온건한 진영과 에라스투스주의 파를 대표하는 인물은 코흐(Koch)라 할 수 있다. 코흐는 성경신학의 창시자로서, 우리가 웨스트민스터 신앙고백에서 찾아볼 수 있는 성경적 언약 이론을 대표하는 인물이었다. 홀랜드 밖의 개혁파 경건주의자들은 이러한 코흐의 언약신학을 널리 채택하였다. 예를 들어, 왓츠와 다드릿지 이전에 이미 칼빈주의자들에게 시편과 아울러 일반 찬송들을 사용하도록 권하였던 네안더(Neander)의 모습을 볼 수 있는 저지대 라인 지방이 그러하였다. 그리고 신학자 람페(Lampe)는 왓츠와 다드릿지의 시대에 이러한 경건주의적 찬송들을 더욱더 발전시켰다.

    이처럼 청교도주의와 경건주의가 밀접한 관계를 가질 수 있었던 또 하나의 이유는 루터주의와 구별되는 고전적 칼빈주의가 경건주의적 방향에서 쉽게 발전할 수 있었던 요소들을 포함하고 있었다는 사실에서 찾아볼 수 있다. 칼빈주의는 교회생활에 평신도들의 참여를 적극적으로 권장하였으며, 교회 내의 권징이나, 혹은 금욕주의적인 엄격한 생활에도 평신도들을 참여시키고자 하였다. 그리고 실제로 경건주의 운동은 개혁파 국가들 안에서는 별로 정부 당국의 심각한 방해나 통제를 받는 일이 없었다. 한 가지 예외는 홀랜드와 저지대 라인 지역에서 발생했던 라바디스트(Labadists)들의 분리주의적 운동이라 할 수 있다. 쟝 드 라바디(Jean de Labadie)는 원래 제수잇 출신으로서 칼빈주의로 개종하였던 인물인데, 한동안 제네바에서도 설교를 하였던 인물이었다. 그는 귀용 부인이나 포아레와 유사한 명상적 신비주의를 가르쳤으며, 상당 숫자의 추종자들을 거느리게 되었다. 점차 박해가 심해지자 재산 공유를 주장하는 일종의 수도사 집단을 조직하였다. 이 운동은 한동안 번창하여, 아메리카의 식민주들에서도 그 영향력을 느낄 수 있을 정도였으나, 세기 말에는 소멸되었다.

3. 루터파 경건주의

    최초로 "경건주의"라는 이름이 붙여진 것은, 알사스 지방의 목사 필립 야콥 스페너(Phillip Jacob Spener)에 의해 시작되었던 루터파 내의 움직임이었다. 스페너는 레거(Legar), 라바디 등 스위스의 개혁파 경건주의자들에게서 깊은 영향을 받게 되었는데, 그들의 엄격한 교회 권징의 시행에도 좋은 인상을 받았다. 그는 또한 영국 청교도들의 저술을 탐독하였다. 스페너는 1675년 청교도와 정밀주의자들의 종교적 교제의 형태를 힘입어 루터파의 지역 교회 제도에 도전하였다. 그의 저술 『경건한 갈망』(Pia Desideria)은 목회자들의 각성, 목회와 신학교의 개혁, 평신도들이 참여하는 성경공부를 동반한 기도회, 그리고 보다 더 활발한 경건생활과 구제활동을 주장하고 있었다. 그는 이러한 계획을 실천에 옮기기 위하여 '경건의 모임'(collegia pietatis)을 조직하였다. 그는 예수님의 재림을 매우 뜨겁게 기다리고 있었다. 따라서 그는 이 죄악된 세상을 정복하기보다는 이로부터 탈출하고 회피하는 것을 강조하였다. 또한 그는 루터파 신비주의자들의 경건서적을 많이 읽었는데, 그 가운데는 이미 유럽과 아메리카에서 고전의 위치를 차지하고 있던 아른트(Arndt)의 『진정한 기독교』(True Christianity, 1606), 아른트의 제자였던 게르하르트(Gerhardt)의 저술들, 그리고 그로쓰게바우어(Grossgebauer)의 『베흐터슈팀메』(Wächterstimme) 등이 있었다. 스페너는 1686년 드레스덴 궁정 설교가로 초빙되었으나, 얼마 안가서 이곳의 신학자들과 충돌하게 되었다. 같은 해에 프랑케(A. H. Franke)가 인근의 라이프찌히에서 또한 '경건의 모임'을 시작하였다. 이러한 비밀 집회들은 신학교수들에 의하여 금지되었으며, 스페너와 프랑케는 모두 90년대 초에 보수적인 삭소니 지방으로부터 축출되었다. 지역주의와 비밀 집회 사이의 갈등은, 비밀 집회와 개혁파 교회제도 사이의 갈등보다 한층 더 심각한 것이었다.

프레데릭 3세가 당시 유럽 전역으로부터 종교적 피난민들이 모여드는 피난처 구실을 하였던 브란덴부르그 지역에 이들을 위한 안식처를 마련해 주었다. 또한 1694년에 창설되었던 할레 대학교는 스페너가 이곳을 중심으로 하여 일할 수 있는 기회를 제공하였다. 스페너는 이곳에서 10년 동안 학교를 위해 봉사하였고, 이를 발전시켰는데, 오히려 그가 1705년 소천한 후에, 프랑케의 지도 아래서 20년 간 더욱더 놀라운 발전을 거듭하였다. 이 대학을 중심으로 하여 다른 많은 기관들이 또한 설립되었다. 빈자들을 위한 학당, 인쇄소, 약국, 성경학교 등이 각각 그 기능을 다하였다. 수천 명의 아동들이 이곳에서 교육받았다. 수많은 선교사들이 이곳에서 배출되었으며, 약 6천 명 가량의 경건주의 목회자들이 독일에서 가장 대규모였던 할레 대학교 신학부를 졸업하였다. 할레의 가장 유명한 경건주의 저술가는 보가트츠키(Bogatzky)였으며, 프리링하우젠은 찬송가로 그 이름을 떨쳤다. 또한 저지대 라인 지역의 개혁파 경건주의자들도 할레 대학교를 찾았다. 아메리카 대륙의 루터파 교회는 주로 할레 출신들로 전도되고 감독되었다.

그러나 18세기 중반에 들어서면서 할레 경건주의는 점차 활기를 잃고 나태한 모습을 보이게 되었다. 그리하여 그 지도권은 두 개의 다른 집단으로 옮겨가게 되었다. 신약 학자 벵겔(J. A. Bengel)이 이끄는 뷔르템베르그의 경건주의와, 진젠도르프 백작이 그 후원자 역할을 하였던 "형제단"(Unitas Fratrum)이 바로 그것들이었다. 뷔르템베르그 경건주의는 다른 루터파 경건주의 운동에 비하여 보다 더 대중적인 모습을 띠고 있었고 다른 경건주의 운동은 귀족층을 주로 포용하고 영국 청교도주의의 사회적 정치적 과격주의의 모습은 전혀 보이지 않고 있었다. 그리고 최고 교회회의의 일원이자 감독이었던 벵겔은 또한 경건주의를 교구 제도 안으로 이끌어들일 수가 있었다. 뷔르템베르그 경건주의는 강 건너 독일어권 스위스의 경건주의와 매우 흡사한 모습을 보이고 있었으며, 특히 바젤(Basel) 시는 19세기에, 공화정적 귀족정치 속에서 유명한 경건주의의 중심지가 되었다.

이러한 루터파 경건주의는 그 이전의 개혁파 국가에서의 운동들보다 더 많은 어려움을 겪게 되었다. 이들을 향한 음모들, 이단이라는 비난들, 재판들 그리고 출판물을 통한 싸움들이 그칠 줄 몰랐다. 1695년 프로테스탄트 스콜라 신학의 아성이라고 할 수 있었던 비텐베르그 신학 교수들은 스페너를 246개 죄목으로 고발하였다. 또한 정통파에서는 목회자들의 회심을 요구하였던 경건주의의 주장을 달가워하지 않았다. 이들은 교조적인 정통성이면 충분하다고 간주하였으며, 성직자들이 비밀 집회에 속한 평신도들을 통솔하여야 한다고 주장하였다. 경건주의자들이 주장하였던 상호간의 공동 고백보다는 비공개적인 고백과 사죄가 더 낫다고 하였으며, 개인의 회심을 강조함으로써 세례에 의한 중생이 약화되어서는 안된다는 것이 이들의 생각이었다. 생활의 성화와 완전주의를 지나치게 강조하여 이신칭의의 정통교리가 훼손되어서는 안된다는 것도 이들이 우려하였던 점들 가운데 하나였다. 또한 각종 스포츠, 극장 그리고 기타 오락에 대한 청교도적인 반응도 전통적인 루터파들에게는 매우 혐오스런 것이었다. 그리하여 이들은 경건주의자들을 아나뱁티스트들(재침례파), 퀘이커들 그리고 로스크루시안(Rosicrucians)파들에 비교하였다.

4. 모라비안파(The Moravians)

흔히 모라비안이라 불리우는 형제단(The Unity of the Brethren)은 경건주의 운동에서 파생되었던 교파였다. 스페너의 대자(godson)이었으며, 프랑케가 운영하는 소학교를 졸업하였던 진젠도르프 백작은 젊은 시절부터 경건주의 운동에 심취하였다. 그리고 1722년에는 로마 카톨릭으로 박해받던 피난민들의 일단을 헤른후트(Herrnhut)에 있던 그의 영지에 정착하도록 허락하였다. 그는 점차로 보헤미아 교회의 구성과 생활에 깊은 관심을 갖게 되었으며, 이를 그 자신의 루터파 경건주의와 결합시켜서 루터파 교회 내에서의 '친구회'(society of friends)로 조직하였다. 이는 마치 퀘이커 신도들이 교파간의 간격을 메워보고자 노력하였던 것과 동일한 시도였다. 퀘이커파와 마찬가지로 헤른후트 정착민들도 분파적이요 성령파적인 동기들을 가지고 있었다.

그러나 진젠도르프는 로마 카톨릭측의 성심(Sacred Heart)파나 혹은 앤젤루스 실레시우스에게서 볼 수 있었던 고난-신비주의를 이에 강하게 부가하였다. 그리하여 초기 모라비안 찬송가의 언어들은 매우 육감적이요, 감상적이며, 예수님의 피, 상처, 못자국들로 가득 차 있으며, 여기에 다시 신부와 신랑으로 상징되는 성적 비유들이 첨가되어 있다. 모라비안들은 애찬, 세족식, 평화의 입맞춤들이 들어있는 풍성한 예배의식과 음악을 발전시켰다. 이들 역시 퀘이커들과 마찬가지로 스스로의 독자적인 의복과 언어들을 가지고 있었다. 이들의 그리스도-신비주의는, 그리스도를 가리켜 자기들 형제단의 '수석 장로'(Chief Elder)라 일컫고, 성직자들의 임명, 혼인, 선교사 파송 등의 문제들을 사람들이 제비를 뽑아 그리스도께서 결정하시도록 한다는 지경에까지 이르게 되었다. 이는 퀘이커 제일 세대와 마찬가지로 선교를 매우 중시하는 복음주의적 운동이었다. 그리하여 모라비안파는 곧 독일로부터 홀랜드, 영국, 아일랜드, 덴마크, 노르웨이 그리고 북아메리카에까지 이르게 되었다.

또한 경건주의와 함께 이러한 선교열이 프로테스탄트 교파들 속으로 침투하게 되었다는 사실을 주지해야 할 것이다. 이는 홀랜드에서는 틸링크(Teelinck)와 로덴슈타인(Lodenstein)에 의하여, 영국에서는 복음전파협회에 의해 시작되었다. 그리고 루터파 진영 내에서는 처음에 덴마크 궁정에서 시작되었고 그 후에는 할레에서 시작되었다. 그러나 아마도 18세기 프로테스탄트 진영의 선교사들의 반 이상을 배출하였던 것은 역시 모라비안 교회일 것이다. 아마도 이들이 마치 감리교처럼 만인구원론과 자유 은혜론을 신봉하였던 것이 이러한 선교열과 관련되어 있을지도 모른다.

독일의 지역주의 아래서 모라비안파는 허락을 받은 특정 지구에 한데 모여 있었다. 그러나 종교자유가 완전 용인되었던 영어 사용권에서는 이러한 공동체가 점차 퇴락하는 경향을 보이게 되었다. 이러한 현상에 대응하기 위하여 적절한 조직 방법을 마련한 것은 감리교였다.

5. 복음주의적 각성

1730, 1740년대에 세계의 영어 사용권 지역들에서는 상당히 비슷한 모습을 가지고 있는 일련의 부흥운동들이 발생하였는데, 이 가운데 하나가 바로 감리교라 할 수 있겠다. 영국에서는 주로 휫필드와 웨슬레 형제가 이를 주도하였으며, 미국 식민지에서는 에드워즈와 텐넌트, 그리고 웨일즈 지방에서는 그리피스(Griffith)가 활약하였다. 감리교는 경건주의 운동 전체를 통하여 나타난 가장 중요한 조직적인 열매라고 할 수 있다. 어쩌면 이는 청교도 운동 이후 교회사에서 가장 중요한 사건인지도 모른다. 이는 특히 존 웨슬레의 천재적인 조직력의 결과라 할 수 있는데, 남이 흉내낼 수 없는 병렬구들을 능숙하게 사용하였던 그는 또한 대각성 시대의 뛰어난 설교가가 되었다. 감리교는 원래 영국 국교 내의 한 조직체로 시작하였으나, 그 모교회보다 더 거대한 교파로 성장하였으며, 오늘날에는 영어 사용권에서 가장 큰 교파 가운데 하나가 되었다. 혹시 대각성 운동 전체의 모습의 균형을 잃을 위험이 있을지도 모르지만, 필자는 감리교에 관하여 자세하게 살펴보도록 하겠다.

6. 감리교

감리교는 두 가지 면에서 경건주의 운동의 발전상 가운데서도 특유한 모습을 보인다. 이는 루터파 경건주의처럼 무미건조한 정통주의에 대한 반동은 아니었다. 오히려 감리교는 영국의 지도적 교회들이 이미 이성주의와 데이즘 (deism)의 물결에 굴복한 다음의 시기에 나타났다. 그 논쟁적인 측면에서 바라볼 때에, 이는 정통주의가 아니라, 오히려 이성주의에 대한 반동이라고 볼 수 있을 것이다. 그러나 감리교는 지식층에서 이성주의를 상대로 하여 경쟁하지는 않았다. 오히려 의식적으로 가난한 불신자들을 상대로 방향을 돌렸다. 이야말로 특이한 국내 선교 활동의 모습이라고 할 수 있겠다. 이는 또한 농업적, 의학적, 산업적인 수단들이 영국인들의 생활을 한창 변화시키고 있었던 18세기 중엽에 출현하였다. 영국의 자작농 계급은 산업혁명의 거대한 물결이 밀려드는 가운데서, 그 토지들을 빼앗기고, 학교나 교회의 혜택을 받지 못한 채, 공장과 광산에서 노동해야 했다. 감리교는 바로 이러한 국내에서 발생하였던 야만적 침략상을 복음화하고 문명화하고자하는 노력이었다. 그리하여 이러한 특징들에 있어서, 감리교는 그 동시대의 경건주의 운동보다는, 19세기 (유럽) 대륙의 부흥운동에서 그 유사점을 발견하게 되는 것이다. 대륙에서는 이성주의와 산업혁명의 효과가 영국보다 뒤늦게 나타나게 되었다.

7. 웨슬레의 종교적 배경

감리교는 그 기본 구조와 특징들을 찰스와 존 웨슬레 형제의 지도를 통하여 형성하게 되었다. 물론 존이 더욱더 결정적인 영향을 미쳤던 인물이었다. 이들이 1739년까지 발전하였던 모습을 보면, 18세기 경건주의와 신비주의의 조류를 알 수 있다. 이들은 고파 토리 교회의 목회자 가정에서 출생하였는데, 특히 그 어머니 수잔나가 이들의 생애에 많은 영향을 미쳤다. 그녀는 19명의 자녀들을 두었을 뿐만 아니라, 자녀들의 교육과 종교교육을 거의 혼자 감당하다시피 하였던 뛰어난 여성이었다. 이들 형제는 옥스포드에 재학하는 동안에, 다른 이들이 조소하며 '신성클럽'(Holy Club)이라고 불렀던 모임을 조직하였다. 이들은 성경과 경건서적을 탐독하고, 자주 성찬식을 가졌으며, 가난한 자들, 병자들을 힘써 방문하였다. 이는 교회적이요, 성례 중심적인 경건주의로서, 18세기 초에 고파 앵글리칸 성직자들 가운데 나타났던 것이다. 그리고 이러한 모습은 18세기 초에 있었던 "생활태도의 개혁을 위한 모임"(Society for the Reformation of the Manners, 1692), "기독교 지식을 전파하기 위한 모임"(Society for the Propagaton of Christian Knowledge, 1698), "복음 전도 협회"(Society for the Propagation of the Gospel, 1701)들과 같은 조직들의 기본 정신이었던 어떤 정신이 계속되고 있음을 보여주는 것이다. 이 클럽은 당시 옥스포드 근처에 살고 있었던 윌리엄 로우를 자기들의 고문으로 모시게 되었다. 로우는 로드의 왕권신수설을 고수하였던 고파 교회 성직자로서, 새로운 하노버 왕조에 대한 충성 서약을 거부하였던 인물이었다. 그가 저술한 『기독교인의 완성』(Christian Perfection, 1726)이라는 논문은 조직체적인 카톨릭 경건성을 추천하였으며, 거의 수도원적인 형태로 금식, 구제 그리고 자기 부정의 금욕생활을 강조하였다. 웨슬레는 로우를 영적인 자문인으로 삼고, 여러 번에 걸쳐 그의 의견을 구하곤 하였다. 특히 로우의 생활방식에 깊은 인상을 받았던 웨슬레는 한때, "광야"로 은퇴하여 명상과 정적인 생애를 보낼 것도 깊이 고려한 바 있었다. 여기에 마치 페넬론(Fenelon)을 연상시키는 개인주의적 정적주의의 모습을 찾아볼 수 있다. 그리고 웨슬레는 특히 타울러, 몰리노스, 그리고 로우가 추천하였던 '독일 신학'(Theologica Germanica)과 같은 신비주의자들의 저술을 탐독하였다. 그는 마침내 다시 로우와 의논한 후에 아메리카 인디언들을 위한 선교사가 되기로 작정하였다.

8. 웨슬레의 회심

웨슬레는 1735년부터 1738년까지 조지아 지방에서 사역하였으나, 거의 아무런 열매도 거두지 못하였다. 그의 엄격한 성직자로서의 모습, 그리고 모든 교회법령들을 일체의 예외없이 개척 지대의 험한 상황에 그대로 적용하고자 하였던 그의 태도 때문에 교인들이 거의 반란을 일으키는 지경이었다. 그는 이러한 상황 속에서 개인주의적 신비주의에 대한 자신감을 상실하게 되었다. 그러나 이보다 심각한 문제는 위기에 처하였을 때에, 그의 조직체적인 경건성은 무용하다는 사실을 그가 깨닫게 되었던 것이다. 그는 대서양을 건널 때 일단의 모라비안 신자들과 함께 항해하게 되었다. 위험한 폭풍 속에서도 이들이 전혀 동요하지 않고 하나님을 전적으로 의지하고 있는 모습에서 웨슬레는 깊은 감동을 받았다. 왜냐하면, 웨슬레는 그의 모든 종교 교육과, 선행과 훈련에도 불구하고 아직도 죽음을 두려워하고 있는 자신을 발견하였기 때문이었다. 모라비안들과의 대화를 통하여 웨슬레는 이들의 비밀이 믿음에 의한 구원의 경험임을 알게 되었다. 모라비안들은 자기들이 실질적으로는 하나님께 사랑받고 구원받을 가치나 자격이 없으나, 그럼에도 불구하고 하나님께 용서받았으며, 용납받았다는 사실을 확신하고 있었다. 그리하여 존 웨슬레는 인간의 자기의 노력만으로는 절대로 생의 위기를 극복할 수 없으며, 오직 하나님께 전적으로 의지함으로써 구원을 받아야만 한다는 확신을 간직하고 1738년 조지아로부터 귀국하였다.

그리하여 그는 스스로 이러한 이신칭의의 교리에 합당한 신앙을 자기가 소유하고 있다고 확신하기도 전이었던 1738년 초부터 오직 믿음에 의한 구원의 교리를 설교하기 시작하였다. 그리고 1738년 올더스게이트(Aldersgate)의 한 기도회에서 이신칭의에 관한 루터의 강해를 들었을 때에, 자기의 구원을 확신하게 되었다. 그리하여 그는 정적주의적 신비주의를 탈피하여 복음주의적 경건주의로 들어선 것이다. 그는 로우와 결별한 후, 비록 그의 성향은 모라비안들보다는 할레파에 가깝다고 할 수 있었으나, 독일로 가서 모라비안들로부터 배움을 얻고자 하였다.

이제 웨슬레는 자기가 모교회인 앵글리칸 내에서 청교도적인 전통의 지지를 받고 있음을 발견하게 되었다. 그는 당시 주류를 이루고 있었던 이성적 초자연주의의 대변인들에게 반발하였으며, 불(Bull) 주교나, 틸롯손(Tillotson) 대주교들이 배교자들이요, 펠라기우스주의자들이라고 간주하였다. 그러나 당시 다수 저술가들이나 설교가들은 물론 앵글리칸 교회 주류에 속해 있었으므로, 웨슬레 형제는 이제 앵글리칸 교회 안에서 고립되는 신세가 되었다. 웨슬레와 그 추종자들은 "그대들은 기독교 신앙에 대한 옛 칼빈주의적인 노선으로 돌아갔도다"라는 말을 들어야만 하였다. 그리고 실제로 존 웨슬레는 칼빈주의가 진리와 "머리카락 하나의 간격으로" 가깝다고 믿었으며, 당시의 도덕주의적이요 이성주의적이었던 앵글리칸 교회보다는 훨씬 더 올바르다고 생각하였다.

9. 야외설교

당시 대륙의 경건주의 운동에 비교해 볼 때, 이와 대조되는 감리교의 뚜렷한 특징은 1739년에 시작되었던 야외설교집회라 하겠다. 횟필드와 웨슬레는 그 복음주의 노선으로 말미암아 점차 앵글리칸 강단에서는 설교할 수 있는 기회를 박탈당하게 되었다. 이 때문에 몇몇 주교들을 찾아갔으나, 아무런 성과도 거둘 수 없었다. 교구제도와 최초로 결별하였던 인물은 횟필드였다. 그는 1739년 2월, 야외에서 브리스톨의 광부들에게 복음을 전하였다. 그리고 후에는 아메리칸 인디언들에게도 이러한 방법으로 설교하였다. 2, 3주가 채 지나지 않아서 수천 명의 군중들이 그의 설교를 듣고자 운집하였다. 예를 들어 3월 25일에 모인 숫자는 2, 3천 명에 달하는 것으로 집계되었다.

이러한 반응에 스스로 놀란 그는 웨슬레를 초청하여 조직면에서 자기를 도와 달라고 하였다. 그는 웨슬레가 이러한 면에서 뛰어난 재능을 가지고 있음을 알았기 때문이었다. 그러나 웨슬레는 거의 한 달 이상을 주저하였다. 옥스포드에서 교육받았던 웨슬레의 신사적인 배경으로는 쉽사리 받아들일 수 없는 요청이었기 때문이다. 그는 교회 밖에서 사람들을 구원한다는 것은 거의 죄악이라고까지 생각하고 있었다. 그러나 그는 결국 브리스톨로 향하였으며, 이곳에서 모라비안들의 모범을 따라 신자들을 '밴드'(Bands)로 나누어 조직하는 데 거의 한 해(1939)를 보내게 되었다.

10. 웨슬레 논쟁

그러나 성격적으로 날카로웠던 웨슬레는 곧 부흥운동에 함께 전념하였던 동료들과 논쟁을 벌이게 되었다. 특히 당시 감리교 안에서 점차 강성해지고 있었던 예정론 교리를 웨슬레는 받아들일 수 없었다. 그는 전통적인 칼빈주의와는 전혀 다른, 구원론에 있어서의 신인협력설(synergism)을 신봉하였다. 그가 1740년 이후 "값없이 주시는 은혜"(Free Grace)를 주제로 행하였던 일련의 설교들은 결국 횟필드와의 결별을 야기하였던 공개논쟁을 발발시켰다. 그러나 앵글리칸 복음주의자들은 일반적으로 어거스틴 신학을 추종하였으며, 앵글리칸 성직자들은 일반적으로 웨슬레보다는 횟필드의 입장을 지지하였다.

이와 비슷한 모습으로, 웨슬레는 같은 해에 모라비안들과도 결별하였다. 웨슬레는 이들의 런던 집회에 1740년까지도 출석하고 있었다. 이곳에서의 문제는 교회생활에 관한 것이었다. 런던의 모라비안들은 신상생활의 관행들, 공공예배, 성례들을 무시하였는데, 그 이유는 오직 성령만이 우리를 구원하시며, 성령은 우리가 기다려야 한다는 것이었다. 이들은 마치 퀘이커들처럼 침묵의 집회를 가지고 있었다. 그러나 웨슬레는 역사적이고 조직적인 은혜의 방도를 포기할 마음이 없었으므로, 이들의 펫터 래인 협회(Fetter Lane Society)를 떠났으며, 여러 명이 그를 추종하여 1740년 7월 폰드리(Foundry)에 별도의 집회를 조직하였다.

그리하여 웨슬레는 당시 기존교회의 관심이나 목회의 대상이 되지 못하여 소홀한 취급을 받고 있었던 가난한 자들, 광부들, 선원들, 공장 직공들을 위한 평생의 사업을 시작하게 되었다. 웨슬레는 의도적으로 자기의 출신 계급에 등을 돌리고 아무도 돌보는 이들이 없었던 사회적 개척 지대로 향하였다. 그 후 그는 40여 년에 걸쳐 매일 3-4차례씩 설교하는 생활을 시작하였다(첫 설교는 보통 새벽 5시에 시작되었다). 그리고 특히 처음 10년 간은 물리적인 위험을 감수해야 하는 생활이었다. 그를 대상으로 하여 발생한 난동은 50 내지 100여 건에 이르고 있다. 이러한 난동의 근원은 대개 그 지방 목회자인 것이 보통이었다. 그의 추종자들은 중상을 입었고, 살해당하는 자들도 생겨났다. 그러나 그 의지가 강철 같았던 웨슬레는 이에 굴하지 않고 술취한 폭도들을 조용한 태도로써 압도하곤 하였다. 그는 체구가 작았던 인물로서 겨우 5피트 6인치의 키에, 120파운드의 체중에 불과하였다. 그러나 직업군인들까지도 두려워하였을 상황을 그는 전혀 두려움을 모르는 대담함으로 헤쳐나갔다. 그리하여 그가 기록한 『저널』(Journal)은 극적인 사건들로 가득 차 있다.

11. 웨슬레의 조직

웨슬레는 단지 휫필드와 같은 위대한 설교가만은 아니었다. 그는 특히 조직에 비범한 재질을 가진 인물이었다. 그의 설교 후에는 항상 조직이 뒤쫓았다. 그의 개종자들은 6개월 간의 예비 기간을 거친 후에는, 각각 그 지도자가 딸려있는 10명 가량의 소그룹으로 조직되어, 매주 정기적인 집회를 가졌다. 이들에게는 신분증을 발급하였으며, 별로 의식이 투철하지 않은 구성원들은 조직에서 추방하였다. 웨슬레는 일단의 평신도들을 자신의 보조자로서 훈련시켰으며, 시간이 흐름에 따라 이들을 자신과 같은 순회 전도자로서 파송하였다. 그는 이러한 조직 전체를 거의 독재적인 개인의 권위로 통솔하였다. 그가 1780년 죽었을 때에, 영국과 미국에는 약 13만 6천 명에 달하는 감리교 신자들이 조직되어 있었으며, 최소한 백만 명이 이 운동과 연관을 맺고 있었다.

12. 감리교 신학

웨슬레의 신학적 특성은 기독교 신자의 완전에 관한 그의 견해에 달려있다. 웨슬레는 그의 추종자들에게 성령으로부터의 영적 은혜가 진정으로 증가할 것을 기대하도록 가르쳤다. 이는 회심 후에 받는 "제2의 축복"으로서, 신자로 하여금 기독교적 사랑 안에서 완전하게 만들어갈 것이다. 이것이 웨슬레 특유의 이론이며 또한 가장 많은 논란의 대상이 되었던 부분이기도 하다. 완전한 사랑과 거룩성에 대한 이러한 강조는 아마도 감리교 찬송의 가장 특이한 점이라고 할 수 있는데, 바로 이러한 찬송들이 감리교 신자들을 위한 신학 교과서와 경건을 위한 요람의 구실을 하였다. 이러한 감리교 찬송들은 주로 찰스(Charles)에 의하여 쓰여졌는데, 아마도 왓츠를 제외하고는 가장 뛰어난 영어 찬송 작가이며, 기독교 역사 전체를 통해서 보아도 가장 우수한 인물 가운데 하나임이 분명하다.

13. 앵글리칸 교회와의 결별

과연 언제 감리교 단체들이 영국 국교를 이탈하였는지 정확한 시기를 집어내기는 힘든다. 웨슬레는 끝까지 감리교 신자들은 충실한 앵글리칸 신자들일 뿐만 아니라, 또한 그렇게 계속 남아있어야 한다고 가르쳤다. 그러나 그는 이미 실질적으로 새 교파를 창설한 것이나 다름없었다. 국교는 그의 사역에 큰 장애가 되었으며, 그가 만약 반드시 둘 중에 하나를 선택해야만 한다면, 교회의 질서를 따르기보다는 복음이 전파되는 길을 택하였을 것이다. 주교들은 물론 웨슬레가 선택한 사역자들에게 안수 주기를 거부하였다. 또한 많은 성직자들은 감리교 신자들에게는 성례를 베풀기조차 거부하였다. 만약 감리교 신자들이 앵글리칸 교회에서 분리되어 나간다면 이러한 불이익을 당할 필요가 없었으며, 다른 비국교 신자들이 받고 있는 것과 동일한 대우를 요구할 수 있었다. 웨슬레는 1780년대에 들어서서, 아메리카와 아일랜드에 파송할 선교사로서 성직자들을 안수함으로써 처음 교회법을 어기게 되었다. 이들 가운데 코크(Coke)와 애즈베리(Asbury) 두 사람은 미국에서 스스로의 권위들로 "감독"(주교, bishop)이라는 칭호를 사용하기 시작하였다. 그리하여 웨슬레가 죽은 지 얼마 안되서 양 교파간의 분리는 돌이킬 수 없게 되었다. 웨슬레의 권위를 이어받은 일백 명 설교자들의 총회는 1795년 감리교에 속한 각 지방 단체들이 원한다면, 교구 교회와는 관계없이 성례를 집전할 수 있도록 의결하였다. 이제 양 교파의 공식적인 분리는 이제 형식적인 시간 문제에 불과하게 되었다.

웨슬레가 죽은 후 한 세기 동안의 영국 감리교의 역사는 웨슬레가 남겼던 권위주의적 체제가 민주화의 길을 걷는 역사라고 할 수 있었다. 1780년대부터 1850년대까지 감리교 안에서는 일련의 내부 분열이 발생하였는데, 이는 대부분이 중앙집권제였던 성직자의 통솔권을 둘러싼 것이었다. 이와 동시에 아메리카와 영국에서는 감리교 운동 전체가 매우 빠른 속도로 성장해가고 있었다. 결국은 이들 전체의 구조가 민주화되어서 분열되었던 지체들의 재연합이 가능하게 되었다.

14. 정치적, 사회적 윤리

감리교의 사회적, 정치적 효과도 이에 상응하는 과정을 겪었다. 웨슬레 자신은 평생 그의 토리주의(Toryism)를 포기하지 않았다. 그는 전통적 청교도 교파들이었던 장로교, 회중파, 침례교 등과는 달리 미국 독립과 프랑스 혁명에 반대하는 입장을 고수하였다. 그리하여 19세기 초에 발흥하였던 노동조합 운동이 감리교를 증오하였던 것은 이해할 만한 사실이다. 이처럼 감리교가 정치적, 사회적으로 보수적인 성격을 고수하였기 때문에 영국이 프랑스 혁명의 영향을 받지 않을 수 있었다고 역사가 렉키(Lecky)는 평가하고 있다. 이러한 결론은 아마도 지나친 것인지도 모르나, 감리교의 보수성이 미친 영향은 분명하게 드러나고 있다. 그리하여 19세기의 감리교가 점차 진보적인 변화를 거쳐 토리 진영으로부터 자유주의파로 옮겨가 결국에는 노동당의 주류가 되었던 현상은 매우 흥미로운 것이다. 이러한 발전상은 이미 언급하였던 교회조직 자체의 자유화와 관련되어 있다.

감리교와, 또한 영국 국교 안에 잔류하였던 복음주의파는 18, 19세기의 인도주의적 개혁운동에 막대한 영향을 미치게 된다. 우리들은 후에 노예폐지

운동, 감옥개혁, 보통교육, 금주법운동들에 이들이 공헌한 바를 살펴보게 될 것이다. 이러한 모든 분야들에서 감리교는 후기 청교도주의의 개인주의적 경향을 보다 더 발전시켰다고 할 수 있다. 이들은 사회적인 도덕보다는 개인 윤리를 중시하였고, 이기주의보다는 호색주의를 보다 더 경계하였다. 이러한 면에서 감리교는 원래의 구성원 대부분이 하류 계급 출신이었음에도 불구하고 본질적으로 중산 계층의 운동이었다고도 볼 수 있겠다. 현대의 많은 학자들이 "청교도주의"의 금욕주의와 개인주의를 비판하고 있는데, 사실 이러한 면모들은 감리교 그리고 이와 유사한 경건주의 운동들의 산물이라 할 수 있다. 원래의 감리교적인 정신은 19세기 말에 들어서서는 구세군의 사역을 통하여 부활되었다.

제 8 장
계몽주의 기독교

　우리들은 서방 기독교권 전체에 걸쳐서 16, 17세기의 정통주의 체제들이 과연 어떠한 모습으로 보다 더 강렬하고, 개인주의적이며, 전반적으로 반(反)지성주의적 경향을 보이고 있었던 경건성에 의하여 도전을 받았는지를 관찰하였다. 정통주의란 단지 형식적이고, 그 내용과 생명력이 없는 것처럼 보였다. 경건주의는 칭의와 성화이 중심적 교리들을 부흥시키는 운동이었는데, 그러나 실제적으로는 정통주의의 영역을 보다 단순화시키고 감소시키는 경향을 보였다.

1. 기독교 인도주의와의 관계

　그런데 거의 같은 시기에 그리고 같은 지역에서 정통주의를 향해 또 다른 측면에서 도전하는 사상과 삶의 운동이 발생하였다. 이는 바로 계몽주의 운동(Enlightenment)이라는 종교였다. 여러 가지 측면에서 볼 때에 계몽주의 운동은, 일찍이 피키노(Ficino), 에라스무스(Erasmus), 모어(More)와 같은 르네상스인들의 종교적 인문주의의 재생이라고 볼 수 있는 움직임이었다. 종교개혁가들이 자연적 인간들과 그 문화에 대하여 비관적인 입장을 취했던 점에 반하여(이러한 비관적인 관점은 인간의 원죄에 기원하고 있었다), 인문주의 전통은 인간의 본성이나 자연 일반에 대하여 보다 더 긍정적인 입장을 취하고 있었다.
　이는 또한 각종 문화활동의 기반에 보다 더 광범위한 종교적인 토대를 제공하고자 하는 시도이기도 하였다. 이는 윤리적인 유신론으로서 자연과 인간의 능력에 대한 질서있는 위대성으로서 경외와 예배를 시도하였던 운동이기도 하다. 비록 이러한 윤리적 유신론이 특히 어거스틴주의와 같은 기독교 정통주의로부터는 매우 심각하게 이탈되는 현상을 보이기는 하였지만, 죄와 은혜, 혹은 성경계시의 특이성 등의 중추적인 문제들에 있어서는 기독교를 공격하지 않았다. 이들의 일반적 성향은 마치 르네상스 시대의 인문주의자들과 마찬가지로 교회의 영역 안에 머물면서, 그 종교적 관심의 초점을 이동하기 위하여 기독교 도그마의 범위를 보다 더 확장시키고 영화(Spritualize)시키고자 하는 것이었다.

2. 종교 박해에 대한 반동

그런데 이러한 계몽주의적인 종교가 성장하는 데 가장 중요한 역할을 하였던 요인은 아마도 경직되었던 교의성에 대한 혐오와 반동이었을 것이다. 유럽은 이미 백년 이상의 기간 동안에 종교적인 전쟁에 의하여 황폐하고, 파괴되었던 처참한 상황에 있었다. 그리고 전쟁의 양상이 변화함에 따라서, 예를 들어 영국과 스코틀랜드에서는 양측 모두가 종교적 박해를 경험하였다. 그리고 비록 부셋(Bousset) 같은 인물은 아직도 무력을 동원해서라도 프랑스의 로마 카톨릭을 강요하였으나, 이미 영국과 홀랜드 등에서 채택되었던 종교 자유의 시행은 카톨릭 평신도들 사이에서 많은 호응을 받고 있었다. 그리하여 인간성과 자비의 이름 아래 성직자들의 광신적 열정에 제동을 거는 것이 필요하다고 생각되었다. 그리스도의 이름 아래 잘즈부르그인들, 휴그노들을 향하여 시행되었던 잔인한 박해는 수많은 양심있는 이들에게 증오와 혐오의 대상이 되었다. 또한 마녀라는 이름으로 화장 혹은 수장당하였던 나이 많은 여성들의 모습도 세인들에게 종교 박해에 대한 혐오감을 증가시킬 수밖에 없었다. 17세기로부터 19세기에 걸쳐 계몽주의 종교의 가장 유력한 주장은 종교적 정통성이란, 학살과 원정과 박해밖에는 한 일이 없다는 것이었다. 휴그노들에 대한 대박해로부터 시작하여 프랑스 혁명에 이르기까지 종교적 편견과 미신은 무신론보다도 악한 위험으로 생각되었다.

이러한 박해 대신에 계몽주의 운동은 일반적으로 종교의 자유를 주장하였다. 부정적인 측면에서 볼 때에, 이러한 성향은 서로 다른 신학들이 상대적으로 공존하는 것을 의미하는 동시에, 모든 신학들은 상대적이라는 견해를 반영하는 것이다. 특별히 서로 다른 교리들에 접할 기회가 많았던 지성인들, 상인들 그리고 병사들 사이에서는 이러한 서로 다른 종교들과 교리들의 공통점들을 찾아내어 이를 보전하고 신봉하는 동시에, 서로간의 상이한 교리들은 의심의 시각으로 보는 경향이 강하게 나타나기 시작하였다. 그리하여 종교를 단순화하고 표준화시키며, 사상과 삶에 있어서 "이성"과 "자연"에 의거하여 통일적이고 보편적인 형태들을 찾고자 하는 노력들이 각처에서 경주되었다. 특별한 계시에 대한 주장은 보편적인 도덕적 기준과 종교 의식에 따라 판단받게 되었으며, 이러한 변화의 물결을 통하여 남겨진 것은, 다양한 신앙들 가운데 포함되어 있는 일반화된 윤리적 유신론이었다.

3. 자연종교

지리적 발견들과, 특히 홀랜드, 영국, 프랑스 등 식민지 제국들의 경험은 기독교 이외의 종교들과의 대화와 비교를 가능하게 하였다. 중세와 종교개혁 시대에 있어서 기독교권은 그 역사의 중심에, 그리고 이슬람교와 유대교는 변경에 자리잡고 있는 것 같았다. 그리고 유대교와 이슬람교의 의미는 이들이 기독교에 관련된 관계에서만 파악되었다. 그러나 이제 상인들과 선교사들은, 수억의 중국인들, 인도인들 그리고 페르시아인들 등 여러 인종들이 그리스도의 이름을 들어본 적도 없다는 사실을 유럽에 전하였다. 역사적 삶의 세계는 엄청나게 확장되었으며, 이 가운데서 기독교 역사란 한 소수의 역사로서 축소되었다. 그 결과, 단지 기독교 내의 교파뿐만 아니라, 서로 다른 종교들 사이의 공통점을 찾아보고자 하는 노력들이 시도되었다.

이러한 노력들 가운데 최초로 나타난 것은, 외교가이자 군인이었던 세버리의 허버트 경 에드워드(Edward, Lord Herbert)의 모습이라 할 수 있는데, 그의 작품(*De Veritate*, "진리들에 관하여", 1624)이 실제로 막대한 영향력을 끼친 것은 영어로 번역되었던 18세기 초라고 할 수 있겠다. 이 무렵에는 키케로, 혹은 세네카 등 고전학자들의 절충주의적인 스토아 철학에 힘입어 "자연 종교"(Religion of Nature)에 관한 많은 저술들이 이미 나타나고 있었다. 이러한 자연종교의 대강은 우선, 우주의 창조주요 유일자로서의 가장 지존한 신을 인정하는 것이다. 이 신은 인간들이 그를 예배하고 경외하기를 원하시며, 또한 인간들이 이웃에게 정의를 시행하기를 원하신다. 신은 이 세상에서와 내세에서의 상벌을 통하여 이러한 의욕을 시행하도록 하신다. 바로 이것이 로마 카톨릭, 루터파, 앵글리칸, 개혁파들의 모든 신자들에게서 볼 수 있는 공통점일 뿐만 아니라, 당시 알려지고 소개되고 있었던 아시아의 다양한 종교들, 그리고 고대 스토아 철학까지도 포함하고 있었던 종교적인 교리라고 생각하였다. 이는 또한 신학에 대한 대체물로서 시작되었던 현대 철학의 기원이기도 하였다.

계몽주의는 보편적으로 인간의 자유 의지(free will)를 주장하였으며, 이를 주장하기 위해서 인간의 타락이라든가 혹은 예정론과 같은 교리는 전혀 부인될 수밖에 없었다. 인간은 일반적으로 윤리적 성취의 가능성을 가지고 있으며, 인간의 공동선을 위하여 합리적으로 살고자 노력하는 것이 가장 필요하다. 그리하여 예수는 단지 도덕적인 모범으로서 존경을 받았다. 계몽주의의 사상적 구조 안에서는 경건주의자들처럼 예수를, 인류를 구원하신 구세주로 생각하는 것은 맞지 않았다. 또한 구속과 칭의의 사상이 상실됨으로 말미암아 성례의 가장 중요한 의미를 박탈하게 되었으며, 모든 신앙고백들 가운데서는 성례의 개념들이 모두 큰 손상을 입게 되었다. 설교들은 주로 섭리나 혹은 섭리적인 도덕 윤리들을 철학화하는 것이 보통이었다. 이제 종교는 더 이상 하나님과 화해를 이루는 길이라기보다는 덕과 행복에 이르는 길로서 간주되었으며, 교회는 하나님께 영광을 돌리기 위해서가 아니라, 주로 선하고 유용한 시민들을 배출하기 위하여 존재하게 되었다.

이러한 자연종교를 구성하기 위한 중요한 원천 가운데 하나는 바로 정통주의 자체였다. 수많은 정통 신학파들, 예를 들면 토마스주의(토마스 아퀴나스 신학)들은 자연, 혹은 철학적 신학을 위한 여유를 마련하고 있었다. 아마 칼빈까지도 중생하지 않은 인간이라 할지라도 계시와는 별개로 이성과 관찰을 통하여 허버트 경의 원리들과 같은 것들을 깨달을 수 있으리라고 인정하였을 것이다. 후기 정통주의는 변증적인 수단으로써 이러한 자연 신학을 위하여 더 넓은 자리를 허용하였다. 여기서 계몽주의 신학으로 옮겨가는 것은 간단하였다. 단지 그 강조점을 바꾸어서, 이러한 사고 방식을 더 이상 계시된 신학을 보충하는 위치로 생각지 않고, 구원을 이루는 종교 지식의 독립적이요 상응하는 양식으로 생각하기만 하면 되었다. 18세기 전반기의 신학 논쟁은 대부분, 아직까지도 계시된 신학이 필수적이라고 생각하였던 다수파와, 흔히 "데이스트"(deists)라 불리웠던 과격파들, 즉 "자연종교"로서 충분하다고 생각하였던 자들 사이에서 벌어지게 되었다.

4. 새로운 우주학

그런데 17세기의 자연 신학에 무언가 새로운 사건이 발생하였다. 이는 물리학, 기계학 그리고 우주학의 거인들, 케플러(Kepler), 갈릴레오(Galileo), 데카르트(Decartes), 그리고 뉴턴의 세기였다. 기계적이요, 유물론적인 경향을 보이고 있었던 이들은 프톨레미(Ptolemy)의 우주론을 코페르니쿠스(Copernicus)의 우주론으로 대체하였다. 이들 과학자들과 철학자들의 대부분은 경건한 기독교 신자들로서 신앙을 공격할 의도는 전혀 없었다. 또한 이미 일부 학자들이 지적한 바처럼, 이들이 새로운 우주학을 주장하였던 이유도, 처음에는 미학적이고 종교적인 것으로서, 보다 인식론적이었던 옛 프톨레미 학파에 대항하려 했던 것인지도 모른다. 그러나 얼마 안되어 수학적이고 기계적인 접근은 자연에 대한 새로운 통솔로서 증명되었으며, 그리고 이러한 조작적 능력의 실질적인 관심이 새로운 과학을 지지하는 가장 큰 힘이 되었다. 이러한 실제적인 이해관계가 너무나 컸으므로, 수학자들의 고도의 추상성은 점차 현실을 판단하는 데 가장 적당한 묘사요 기록으로서 받아들여지게 되었다.

그리하여 현대인은 과학자들이 설명하는 모습의 자연을 그대로 받아들이게 되었다. 이러한 자연의 모습은 "소리없고, 냄새없고, 색채도 없는 지루한 현상으로서, 단지 끝없이 그리고 의미없이" 그러나 능히 예상할 수 있는 모습으로 운동하는 물질에 불과하였다.

데카르트, 뉴턴, 그리고 로크들에 의하여 구성되었던 이러한 우주론 위에 세워진 자연신학은 본질적으로 옛 우주론이나 혹은 옛 자연신학과는 달리 성경의 세계관과 일치하지 못하였다. 아리스토텔레스의 목적론적 물리학에서는 신적인 간섭이나 혹은 귀신들과 마녀들의 활동과 작용들이 포함될 수 있는 여유가 있었다. 그러나 신세계의 우주관이 갖는 기계적인 규칙성과는 달리 성경에서 주장하고 있는 기적들의 존재는 전에 결코 경험하지 못했던 완전히 예외적이며, 비합리적인 것으로 두드러지게 나타났다.

또한 시간과 공간의 개념 역시 너무나 엄청난 차원으로 폭발적으로 확장되었으므로, 창조로부터 시작하여 마지막 심판에 이르는 구속사의 사건은, 마치 우주라는 해변에 있는 모래알 하나의 파장처럼이나 보잘것없는 규모로 생각될 수밖에 없었다. 그러나 이러한 갈등들이 처음부터 분명하게 드러났던 것은 아니며, 프랑스와 홀랜드의 데카르트와 맬브랑쉐(Malebranche), 영국의 로크와 뉴턴, 독일의 라이프니쯔(Leibniz)나 볼프(Wolff)들은 모두들 계시신학과 자연신학 사이의 병존을 마련하기 위하여 진심으로 노력하였다. 그러나 그 후의 세대에 있어서, 뛰어난 지성들은 오직 자연신학에만 관심을 가졌으며, 이러한 움직임은 새로운 과학적 강조점들을 대폭 수용하였고, 역사와 우주에 대한 성경적인 견해들과는 보다 더 뚜렷한 갈등과 대조점들을 나타내기 시작하였다. 그러나 이러한 계몽주의적 종교관에 반대하였던 경건주의자들조차도, 이들이 자기들의 것으로 주장할 수 있는 우주관의 대안을 소유하고 있지 못하였다. 그리고 경건주의들 역시도 이들의 지성과 삶의 중요한 측면들에서는 역시 계몽주의적 인간들이 될 수밖에는 없었다.

5. 홀랜드

마치 경건주의와 같은 모습으로, 계몽주의 역시 17세기에 영국과 홀랜드의 개혁파 교회들에서 발원하여, 그 후 로마 카톨릭 프랑스, 루터파 독일, 그리고 북아메리카의 영국 식민지들로 파급되었다. 17세기의 홀랜드는 종교적 피난민들의 안식처였다. 프랑스에서 데카르트와 베일(Bayle)이, 영국에서는 로크가 이곳을 찾아왔으며, 스피노자(Spinoza) 역시 이곳의 유대인 지구에서 성장하였다. 베일이 저술한 『사전』(*Dictionary*, 1695-1697)의 "모든 계몽주의 철학의 무기고"에서 그는 종교적 박해를 반대하였으며, 성경에 대한 이성적 접근을 대중화하여, 모든 기적들을 이성적으로 설명해내고자 하였다. 베일은 데이스트(deist)라기보다는 회의론자였으며, 그의 가장 뛰어난 제자는 볼테르(Voltaire)였다. 디데로(Diderot)와 그 동료들이 편찬하였던 『백과 사전』(*Encyclopédie*)은 베일의 모범을 따른 것이었다. 그리고 그 내용들 가운데 일부는 실제로, 베일의 작품을 그대로 베낀 것에 불과하다. 독일에서 나타난 『알게마이네 도이췌 비블리오텍』(*Allgemeine Deutsche Bibliothek*)도 이와 비슷한 산물이었다. 또한 벡커(Bekker)의 『주술의 세계』(*Bewitched World*) 역시 귀신들린 현상을 부인하고, 마녀, 마술, 기적들, 혹은 사단의 존재까지도 부정하였던 홀랜드의 작품이었다.

6. 영국

한편 해협을 건너 캠브릿지의 플라톤주의자들은 청교도주의 내에서의 자연신학의 발전상을 보여주고 있다. 영국을 대표하는 인물은 이 방면에서뿐만 아니라, 다른 많은 분야들에서 18세기를 이끌었던 존 로크였다. 그는 『기독교의 합리성』(Reasonableness of Christianity, 1695)에서 주장하기를, 기독교의 정수는 그 윤리에 있는 것이며, 기독교가 종교로서 우수한 이유는 계시의 도움을 받지 않고 단지 이성에 의하여 발견되었던 사항들과 일치하는 데 있다고 하였다. 반면에 로크는 이러한 사항들이 계시에 의하여 부합되는 바를 무시할 의도가 전혀 없었다. 데이스트였던 존 톨랜드(John Toland)가 로크에게는 계시된 요소가 너무 많다고 말함으로써 로크의 주장을 공격하였을 때(『기독교는 신비스런 것이 아니다』⟨Christianity not Mysterious⟩, 1696). 로크는 이를 날카롭게 비판하였다. 로크는 자연신학의 발견들에는 무언가 모호한 점들이 있으며, 많은 경우 일반인들이 파악할 수 있는 범위를 초월하고 있다고 생각하였다. 따라서 예수 그리스도를 메시야이자 왕으로서 받아들이고, 그가 우리들에게 주시는 더 깊은 종교적 지식들을 감사한 마음으로 받아들이며, 그의 윤리적인 가르침들을 준수하는 것이 필수적이라고 하였다. 그리하여 온건파 성직자들과 평신도들의 다수는 이러한 로크의 입장을 따랐다. 당시 가장 유명한 설교가였던 틸롯슨(Tillotson) 대주교는 이와 비슷한 모습으로, 기독교의 거의 모든 핵심들은 두 개의 성례와 예수 그리스도의 이름으로 기도하는 것만을 제외하고는 자연종교들과 동일한데, 이러한 기독교의 특이한 점들이 도덕적인 요소들만큼은 중요한 것이 아니라고 하였다.

7. 데이즘(Deism)

로크와 톨랜드의 뒤를 이어 소위 '데이스트'(deist)적인 저술을 남긴 자들은 주로 아마추어 신학자들의 작품들이었다. 이들은 신학적인 전문지식들도 부족하였으며, 또한 여론의 인정도 별로 받지 못하였다. 그러나 그 반면 이들의 존재로 말미암아 로크와 틸롯슨이 추구하였던 내부적 갈등의 조화가 기실은 매우 난해한 문제라는 사실이 공개되었다. 톨랜드와 틴달(Tindal) 등은 자연신학은 기독교 계시가 없이도 그 위에 종교를 성립시키기에 충분한 근거가 된다고 실질적으로 주장하고 있었다. 그리고 제2세대 데이스트들은 새로운 우주론의 법칙들과 원칙들을 성경적 자료들에 적용시킴으로써 계시에 대한 공격을 개시하였다.

18세기의 처음 30여 년을 풍미하였던 이 논쟁에서 데이스트들에게는 한 가지 유리한 점들이 있었다. 양측이 모두 계시를 기계적으로 그리고 문자적으로 해석하고 있었다는 점이었다. 즉 마치 과학적인 발견과 동일한 성격을 갖는 일단의 진술들로 이를 받아들이고 있었던 것이다. 계시는, 이러한 계시가 없었을 경우 우리가 무지할 수밖에는 없었던 정보들이라고 생각하였다. 예를 들어 생명의 불멸성을 보자. 신앙의 수호자들까지도 일반적으로 종말론에 관한 것으로마 생각하고 있었던 이 불멸성은 자연적 지식에 위반되는 것은 아니었다. 이는 증명할 수도, 혹은 반증할 수도 없는 문제였다. 따라서, 이는 그 진술을 발하는 존재의 신빙성 여부에 의하여 증명될 수 있는 것이다. 그리하여 논쟁은 주로 예수님의 권위를 중심으로 하여 전개되었다. 이러한 종교의 외적 증거들은 대개 두 가지라고 양측이 동의하였다. 즉, 구약 예언의 성취와, 초자연적인 능력을 과시하는 것처럼 보이는 기적들의 존재이다.

그런데 로크는 성경의 영감을 전혀 의심하지 않았음이 분명하다. 왜냐하면, 예수 그리스도께서 구약의 메시야적 예언들을 다 성취하였으며, 그가 기적적으로 병든 자들을 고치고, 죽은 자들을 살리고, 물을 포도주로 바꾸었다는 사실들을 그는 전폭적으로 인정하였기 때문이다. 따라서 로크는 우리들이 그가 메시야이심을 믿어야 하고, 그의 명령을 순종해야 한다고 하였다. 특별히 그의 가르침들이 우리들의 이성이 가르치는 바와 일치하므로 더욱더 그렇게 해야 한다고 주장하였다. 또한 실제로, 그를 메시야로서 받아들이는 행위가 우리들의 일부 도덕적 부족들을 보충할지도 모른다고 하였다.

그러나 이러한 예수님의 권위인정 이론은 1720, 1730년대의 데이스트들의 비판에 의해서 침해받게 되었다. 톨랜드 이후 데이스트들의 가장 대표적 존재가 되었던 안토니 콜린스(Anthony Collins)는 예언들에 대한 맹렬한 논쟁을 시작하였다. 콜린스는 구약의 예언들을 실제로 문자적으로 엄밀하게 해석해 보면, 이들이 사실은 예수 그리스도 안에서 성취되지 않았음을 알 수 있다고 주장하였다. 이러한 논쟁 이후, 많은 "이성적 초자연주의자"들은 구약 예언에 기초한 논증을 포기한 후에, 단지 기적들에만 매달리게 되었다. 그런데 바로 이때에 다시 울스턴(Woolston)이라는 대중적인 저술가가 나타나서, 기적들에 기초한 논증들을 훼파하는 매우 날카로운 글들을 발표하였다. 그는 우리가 혹시 기적들을 신봉한다 하더라도 이는 마술사나 요술사의 작업에 불과하다고 주장하였다. 그리하여 이러한 기적들은 예수님께서 메시야였다는 사실과는 연관될 수가 없다는 것이었다. 이러한 논쟁들을 통해서도, 기적의 가능성만은, 자연법칙에 의거하여 부인되지 않았다. 그러나 설명될 수 없는 자연현상들은 하나님의 간섭의 증거로서 받아들여져야만 한다는 주장 위에서, 기적들이 실제로 발생하였다는 증거들이 의심을 받게 됨으로써, 기독교적 계시의 증거로서 기적들이 가지는 가치성들은 거의 파괴되었다. 이러한 토론의 절정을 이루었던 것은 데이빗 흄(David Hume)의 『기적들에 관한 논문』(Essay on Miracles, 1748)이었다. 그 후세대들도 성경 기록의 권위를 양측에서 모두 인정하는 전제 위에서 논쟁들을 전개하였으며, 이 양측은 모두 신비적인 용어들을 마치 과학적 관찰의 보고서인 양 취급하는 양상을 보이고 있었다.

1740년대에 영국에서는 데이스트 논쟁이 실질적으로 종료되었다. 일반인들은 대개 계시를 수호한 이들이 승리를 거두었다고 생각하였다 어떤 의미에서는 실제로 이들이 승리를 거두었다고도 볼 수 있을 것이다. 이들은 비록 데이스트들의 모든 비판에 만족할 만한 응답을 주지는 못했다 할지라도, 기독교적 계시 가운데는 계시의 존재를 부인하는 자연종교에서는 찾아볼 수 없는 활력과 능력이 있음을 논증하였다. 이들은 또한 윤리적 유신론(Ethical Theism)이 성립하기 위해서는 이러한 지지가 필요하다는 사실을 보여주었다. 왜냐하면 데이즘은 그 비판적인 모습에서는 약간의 성공을 거두었는지 모르나, 계시를 대체할 수 있는 신앙을 제시하는 데서는 실패하였기 때문이었다. 이는 마치 종이로 지은 집과 같았으며, 보다 날카로운 지성들은 이러한 헛점을 즉각 알아보았다. 데이빗 흄은 그의 저술『자연 종교에 관한 대화들』(Dialogues on Natural Religion) 속에서, "자연종교"religion of nature)가 증명이 필요한 사실들을 전제하고 있으며, 실제로 계시 종교보다 이 점에서는 전혀 나은 것이 없다는 것을 확실하게 증명하였다. 버틀러 주교(Bishop Butler) 역시 이와는 약간 다른 방법으로, 자연종교도 기독교와 마찬가지로 모호하고 신비적이라는 점을 지적하였다. 생애 말기에 야콥 뵈메(Jakob Boehme)에게 많은 영향을 받았던 신비주의자 윌리엄 로우(William Law)는 일체의 모든 자연종교를 배격하였다. 그는 인간은 마치 욥과 같은 위치에 있는 것이라고 주장하였다. 그리하여 피조물인 인간이 하나님을 향해서 과연 무엇이 이성적이고, 무엇이 불합리하다고 말할 수 있는 자격이 없다는 것이었다. 헨리 돗웰(Henry Dodwell)은 그의 『논쟁에 기초하지 않는 기독교』(Christianity not Founded on Argument, 1742)라는 작품을 통하여 이성적인 증명의 방법을 반대하면서, 기독교는 내적 조명의 종교라고 주장하였다. 그리고 에피큐리안 학파의 맨데빌(Mandeville)은 또 다른 방향으로부터 데이즘의 핵심을 비판하면서, 기독교적인 도덕에 대해서까지도 공격을 멈추지 않았다. 그리하여 영국의 지성인들은 적어도 데이즘이 안식처로 옹호되지 못한다는 사실을 깨닫게 되었다. 진정한 선택은 기독교적 계시와 완전한 회의주의 사이의 하나였다. 복음주의 부흥운동이 18세기 후반의 가장 중요한 종교적 사건이 되었으며, 흄과 같은 회의론자들은 보다 더 실질적으로 유용한 작업들로 주의를 돌리게 되었다.

8. 프랑스의 데이즘

그런데 영국에서 데이즘에 관한 논쟁이 막을 내리기 시작할 무렵, 프랑스에서 이 모습이 재연되었다. 볼테르는 영국을 방문하고 이곳이 세계에서 "가장 비종교적 국가"임을 발견하고는 기쁨을 감추지 못하였다. 그리하여 프랑스로 귀국해서는 이러한 데이스트들의 사상을 대중화하는 데 앞장서게 되었다. 물론 그는 그의 신랄한 풍자와 기지를 마음껏 발휘하였다. 영국의 계시종교에 대한 비판자들 가운데서는 아무도 볼테르만큼의 능력을 갖추었거나, 혹은 그만큼의 승리를 거둔 인물들이 없었다. 그리하여 자연종교의 주창자들은 당시에 가장 인기있는 저술가들의 위치를 차지하게 되었다. 그리고 프랑스에서는 영국의 기독교보다도, 로마 카톨릭의 정치적, 경제적, 문화적 세력이 훨씬 더 심한 반발을 사고 있었다. 그러나 동시에 로마 카톨릭적 체제의 엄격성은 영국과 독일의 "기독교적 데이스트"들이 꿈꾸었던 기독교의 축출을 불가능하게 하였다. 제수잇들에게 교육받았던 볼테르는 성직자들의 착취, 미신, 신앙적 편협성, 종교박해 등의 폐해를 익히 잘 알고 있었다. 그는 "나는 기독교 신자가 아니다. 왜냐하면, 신자로서가 아니라, 불신자의 위치에서 하나님을 더욱더 잘 사랑할 수 있기 때문이다"라고 하였다. 또한 왕정 폐지론자였던 그는 "마지막 성직자의 창자에 마지막 왕이 목매달려 죽은 모습"을 보는 것이 소원이었던 인물이었다. 이러한 증오와 폭력의 모습은 다른 프로테스탄트 국가들에서는 거의 찾아볼 수 없는 것이었다.

그러나 로마 카톨릭들 가운데는 로크와 틸롯슨에 비견할 수 있는 "이성적 초자연주의자들"이 존재하였다. 이들은 새로운 우주론과 새로운 윤리학을 한데 조화시켜 보고자 노력하였다. 이들 가운데 가장 중요한 인물들은 제수잇들이다. 18세기 초의 뛰어난 설교가였던 마실론(Massillon)은 이미 어떻게 기독교의 특색이 약화되고 있으며, 보다 "합리적, 이성적"으로 조작되어가고 있는가를 통찰하였다. 이미 살펴본 바와 같이 로마 카톨릭 신자들은 국왕을 구성하기 이전에, 하나님을 정의하고자 하였다. 기독교 전통의 주권적 하나님은 몰리니스트 신학(Molinist Theology) 속에서 완전한 우주의 건축가로서, 우호적인 세력으로서, 그리고 상당한 융통성을 지니는 인간의 재판장으로서 축소되었다. 인간의 타락은 거의 그 결과를 찾아볼 수 없을 정도로 재해석되었으며 윤리학은 인간의 자연적인 선성(善性)과 자유의지 위에 구성되었다. 잔센주의자들은 전통적 기독교의 영광과, 인간의 타락, 공포와 환희를 실질적인 것으로 받아들였는 데 반하여, 제수잇들은 이면적으로는 데이스트들과 농뉴라 할 수 있었다. 그리고 루소(Rousseau)는 당시의 "계몽된" 로마 카톨릭이나, 혹은 개혁파 성직자들과 별로 다르지 않은 것이 사실이다. 그리하여 잔센주의자들의 눈으로 보았을 때에, 제수잇들은 종교를 기꺼이 성례적인 분야로만 축소시키려 하고, 그 외 대부분의 영역에서는 인간이 전혀 기독교와는 관계없이, 자연적인 존재로서 생각하고 행동하도록 만들어가고 있었다. 제수잇들은 조직 교회의 권위를 강조하고 인간들이 고해소로 들어오기를 원하였다. 사람들이 공포에 질려서라도 고해소에 들어서도록 하기 위해서 이들은 지옥불을 강조하는 설교를 일삼았다. 그리하여 이러한 지옥에 대한 교회의 가르침이 '혹시나' 맞을지도 모른다는 공포 때문에 많은 이들은 최소한의 외형적인 교회생활을 포기할 수 없었다. 그러나 이러한 방법으로 하나님의 사랑에 접하게 된 자들은 물론 거의 찾아볼 수 없었다. 또한 18세기의 다수 부흥 설교가들에 대하여도 이와 비슷한 비판을 할 수 있을 것이다.

9. 전통의 비판

그리하여 이제 실질적으로 남겨진 계시의 핵심적 내용이 로마 카톨릭과 프로테스탄트 사이에서 상당한 차이를 보이게 되었다. 프로테스탄트들은 이제 실질적으로 전통을 별로 중요하지 않게 생각하고, "성경, 오직 성경"만을 권위의 기초로서 수용하였다. 우리들은 데이스트들이 성경을 어떻게 취급하였는가에 대해선 이미 살펴본 바 있었다. 반면에 로마 카톨릭들은 트렌트 종교회의에서 결정하였던 불안정한 이원론에서 멀어지기 시작하였다. 그리하여 로마 카톨릭 안에서는 실질적으로, 성경과 전통이 "동일한" 권위를 갖는 대신에, 점차 성경은 그 독자적인 권위를 상실하기 시작하였다. 그리고 이제 "전통" 역시 하두인(Hardouin)과 벨리에(Berryer)와 같은 신학자들 손에서 그 의미의 변화를 보았다. 이제 전통은 더 이상 고대 교부들과 교회들이 무엇을 신봉하였는가 하는 것을 파악하는 것이 아니라, 교회가 무엇이라고 가르치는가를 의미하게 되었다. 이러한 현재 교회의 가르침이 갖는 권위는 성경이나, 혹은 실질적인 전통보다 우위에 서게 되었으며, 1870년 바티칸 칙령의 모습이 이미 출현하기 시작하였던 것이다.

10. 독일의 신어구(German Neology)

전통적인 교의학과 새로운 자연신학 및 우주학 사이의 갈등들로 말미암아 발생하였던 문제들에 대한 조직적인 탐구는 주로 독일에서 발생하였다. 독일은 18세기 중엽 홀랜드와 영국으로부터 그 신학적 주도권을 옮겨받게 되었다. 독일에서는 라이프니쯔를 대중화시켰던 인물인 볼프가 영국에서 로크가 담당하였던 역할을 맡아서 계시 신학과 병행한다고 생각되었던 철학적 변증학을 제시하게 되었다. 볼프의 추방은 1730년대에 오히려 그의 학자적인 명성에 더 큰 도움을 주었을 뿐이었다. 또한 당시에 가장 널리 읽히던 시인이었던 겔러트(Gellert)가 하늘의 광활한 창공을 신적 건축가의 선언이라는 낙관적인 증거를 대중화시켰다. "독일의 틸롯슨"이라 불리운 모세임(Mosheim)은 설교에서 새로운 스타일을 낳았을 뿐만 아니라, 교회사를 위한 새로운 통로들을 열어서 기적이라든가 혹은 신적 간섭의 측면을 제거하였으며, 이를 일반 역사의 한 흐름으로 취급하였다.

또한 세믈러(Semler), 에른스티(Ernesti) 그리고 미켈리스(Michaelis) 등이 동일한 과정을 성경에 적용하였다. 영감의 교리는 계속 유지되었으나, 성령께서 그의 계시를 인간 기자들의 심리상태와 능력에 '맞추셔야만 하였다'는 이론은 인간이라는 배경 안에서의 성경기록에 대한 조심스런 역사적, 문학적 분석을 낳게 하였다. 그리하여 이들 학자들에 의하여 전통적인 알레고리와 예표적 주해들을 대체하기 위한 이러한 방법의 해석이 시도되었다. 이리하여 이전의 교의학적 주해를 개선하고 고치기 위한 성경신학이라는 학문이 발생되었다. 또한 이와 비슷한 모습으로 역사신학이라는 새로운 학문이 나타나서, 교회사에 나타난 교의(도그마)들과 교리들을 재해석하면서 교의학에 도전하였다. 이러한 독일 계몽주의 신학자들은 흔히 '신어구주의자들'(Neologians)이라고 불리웠는데, 이들은 자기들 개인들의 신앙생활에서는 매우 보수적인 것이 보통이었다. 예를 들어 세믈러 같은 경우엔 계시를 폐지하고자하는 데이스트들의 시도를 배격하였으며, 뵐너(Wöllner)의 칙령에 찬동하였다.

그런데 신학자들보다도 오히려 더 과격한 모습을 보였던 것은 설교가들이었다. 1770년대부터 계몽주의 학파에 속한 인사들은 자기들이 교회생활의 주도권을 잡고 있다고 느끼게 되었다. 스팔딩(Spalding)과 새크(Sack) 같은 이들은 강단에서 성경의 가르침은 자연신학과 도덕이라는 점을 강조하였다. 이들의 가르침 속에서 특별계시는 축소되었으며, 예배는 이러한 변증법적 설교가 그 주를 차지하게 되었다. 그러자 성찬에 참여하는 이들의 숫자는 감소하였으며, 교회의 치리는 그 자취를 감추게 되었다. 또한 성직자의 권위는 하락하게 되었고, 교인들의 교회 출석은 설교자들의 성품에 좌우되었다. 중세 카톨릭의 관습이라 할 수 있는 엑소시즘(exorcism), 성복, 개인적 고해 그리고 교회에 밝혔던 영원한 등불들도 그 자취를 감추었다. 새로운 "신경들"을 예배에 사용해보는 실험들이 시행되었으며, 찬송가들도 개정되었다. 이러한 개정의 모습은 그 내용과 형식, 언어들을 다 망라하는 것이었다. 이러한 형태의 실용주의적인 윤리적 유신론이 매우 인기를 끌었다는 사실은 스팔딩, 쯔초케(Zschokke) 같은 이들의 경건서적들이 널리 읽혔다는 점에서도 짐작할 수 있을 것이다. 쯔초케의 『경건의 시간들』(*Hours of Devotion*) 같은 책은 아른트의 저술들을 제외하고는 가장 많은 중판들을 거듭하였다. 이러한 점에서 살펴보자면 또한 루터와 폴 게하르트의 찬송가들만이 겔러트의 찬송들보다 더 널리 불렸다.

11. 독일의 데이즘

또한 독일에도 데이스트들이 존재하였다. 나이 젊은 프러시아의 군주 프레데릭 2세는 볼테르를 우상화하였으며, 그를 포츠담에 있던 그의 궁정으로 초빙하였다. 여기서 볼테르는 "베를린의 프랑스인들"의 중심적인 역할을 담당하였다. 1740년대에는 또한 틴달의 『창조와 같이 오래된 기독교』(Christianity as Old as the Creation) 등 데이스트들의 저술들이 번역되었다. 함부르그의 교사였던 라이마루스(Reimarus)가 성경의 기적들과 예언들에 대한 비판을 가하였으며, 그의 작품들 가운데 일부는 레씽(Lessing)이 『볼펜뷔텔 문집』(Wolfenbüttel Fragments)이라는 이름으로 출판하였다. 레씽 자신도 기독교적 데이스트였으며, 이러한 기독교적 데이스트들의 프로그램은 칸트의 저술 『오직 이성의 범주 안의 종교』(Religion Within the Bounds of Reason Alone, 1793)라는 책의 제목에서도 잘 나타나고 있다. 그러나 칸트는 이에 관한 논쟁을 완전히 새로운 경지로 이끌어갔던 인물이었다. 칸트에게 있어서 기독교란 예수 그리스도라는 이상형을 그 중심에 두고 있는 가장 완전한 자연종교였다. 기독교는 그 증거로서 기적이나 예언의 실현 등을 필요로 하지 않으며, 도덕 이외에는 아무런 종교적 의무나 책임을 가지고 있지도 않았다. 그러나 칸트는 신의 증명을 시도하였던 대중적인 형태의 자연신학은 배격하였다. 그리고 그는 또한 현세구복주의나 혹은 낙관론도 포기하였다. 인간은 단지 옳다는 이유만으로 옳은 일을 해야 한다. 여기에 그 동기나 이유로서 어떤 상벌이 개입되어서는 안된다고 생각하였다.

12. 초기 이상주의

그런데 그 극단적인 반대편에서 경건주의는 데이스트들과 이성적인 초자연주의자들에 대항하여 정통주의와 새로운 연합전선을 형성하고 있었다. 그러나 이들은 이들에 대치할 만한 우주론과 철학을 구비하지 못하였으므로, 전체 전선에서 싸움을 벌일 수는 없었다. 그런데 독일의 특유한 현상은, 영국과 프랑스와는 전혀 다른 모습으로, 인간의 삶과 문화를 조망하는 완전히 새로운 견해와 새로운 형이상학이 출현했다는 점이었다. 프랑스 혁명 이전부터 일단의 뛰어난 시인들, 음악가들, 예술가들 그리고 철학자들이, 우리가 독일적 이상주의라고 부를 수 있는 정신적 세계를 구축하고 있었다. 괴테

(Goethe), 쉴러(Schiller), 클롭스톡(Klopstock), 레씽(Lessing), 헤르더(Herder) 그리고 쟈코비(Jacobi) 등이 여러 가지 통로들을 열었으며, 그 운동의 철학적 절정은 칸트(Kant), 피히테(Fichthe), 헤겔(Hegel) 그리고 쉘링(Schelling)에게서 이르게 되었다. 이 운동은 종교적으로 볼 때에는 절충혼합주의적 형태를 취하였으므로, 기독교와의 관계는 복잡해질 수밖에 없었다. 이들은 마치 계몽주의 신학자들이 시도하였던 바와 동일한 종교와 문화 사이의 관계를 유지하였다. 그러나 그 종교의 본질 자체에 관한 이해에 있어서, 이상주의는 계몽주의적 도덕주의자들로부터보다는 경건주의적 전통으로부터 더 많은 것을 배웠다. 우리들이 제13장에서 살펴볼 바처럼 독일 이상주의는 현대사에 있어서 가장 중요한 기독교 사상적 혁명을 이룩하였다. 이들은 계몽주의 신학자들, 경건주의자들 그리고 정통 성경주의자들의 옛 논쟁들을 모두 압도하였다.

13. 진보의 종교(The Religion of Progress)

그러나 한편 프랑스와 영국에서는 우리늘이 이미 살펴보았던 대로, 그 관심이 자연종교로부터 다른 곳으로 옮겨가고 있었다. 가장 유능하였던 사상가들은 종교를 이성적으로 구성할 수 있다는 자신을 상실하였다. 그리하여 프랑스와 영국에서는 더 이상 데이즘이 심각한 문제가 되지 못하였으며, 1770년대의 논쟁은 계시신학과, 철저한 유물론, 그리고 헬베티우스(Helvetius)와 홀바흐(Holbach)가 주장하였던 무신론 사이에 벌어지게 된다. 그리고 "학문" 역시, 영국에서 그 예를 볼 수 있듯이, 철학과 신학으로부터 보다 일상생활과 밀접한 관련을 가지고 있는 실질적 분야들, 즉 정치이론, 경제학, 교육학, 그리고 개혁을 위한 선전 활동으로서 저술되었던 역사 등으로 초점이 옮겨지게 되었다. 초기 계몽주의의 자기만족으로부터, 점차 미래를 향하여, 즉 "진보"의 세속화된 종말론을 사람들은 기대하게 되었다. 그런데 여러 아시아의 종교들이나, 혹은 헬라인, 로마인들의 역사관과는 대조적으로, 서구의 학자들은 완성을 향하여 불반복적으로 진보한다는 유대-기독교적 역사관을 채용하게 되었다. 그러나 이들은 새 예루살렘 대신 이 세상에 건설될 사회주의적 유토피아를 꿈꾸었다. 후세인들에게 좋은 평가를 받고자 하는 욕망이 불멸의 소망을 대체하였으며, 이 때문에 인류에 대한 봉사를 그 책임으로 자임하게 되었다. 이러한 종말론적 낙관론이 사람들의 열기를 불러일으켜 결국은 프랑스 혁명을 발생시키게 된다. 프랭클린(Franklin)이나 제퍼슨(Jefferson)과 같은 미국의 데이스트들은 이러한 프랑스의 모습에 부분적으로 영향을 받게 되었다.

그러나 프랑스 혁명에서 특별히 중요한 사회학적 변화들이 분명히 드러나게 되었다. 우리들은 18세기의 신학적, 철학적 토론들이 교양있는 귀족층이 압도하였던 사회 속에서 진행되었다는 사실을 명심할 필요가 있다. 볼테르와 같은 데이스트들까지도 하류층들을 위해서는 정통주의가 더 좋다고 생각하여 자기 영지에 이들을 위한 예배당을 지어주었다. 그러나 사상의 유행은 변화하는 것이며, 그 물결은 아래쪽으로 흘러가게 마련이다. 지성적 지도자들과 귀족층은 데이즘과 자연종교를 포기하였는지 모르지만, 프랑스혁명은 이제 이러한 사상들이 일반 중류층을 움직이고 있는 동력이라는 사실을 보여주었다. 예를 들어 톰 페인(Tom Paine) 같은 인물은 마치 이미 그 시대를 놓쳤던 18세기의 데이스트 저술가들 가운데 하나가 다시 부활한 것 같은 모습을 우리들에게 보여주고 있다. 그리고 19세기 전반기에 있어서는 중류층이 이성주의, 자연종교 그리고 데이즘을 신봉하는 주 계층이 되었다. 이에 반하여 혁명에 공포를 느꼈던 귀족층은 마치 이들의 아버지나 할아버지 세대가 회의론적이었던 정도만큼이나, 공식석상에서는 외형적으로라도 경건한 모습을 보였다. 또한 1848년의 혁명들은 계몽주의 사상이 보다 더 문화적, 사회적인 하층계급으로 흘러가는 중요한 변화의 모습을 보여준다. 즉 노동계층에서 이를 받아들이게 되었으며, 이들은 20세기까지 이러한 모습을 견지하게 된다.

제 2 부

프랑스 혁명에서 1870년까지

제9장

프랑스 혁명

　비록 영어 사용권에서는 어떤 한 시대를 사건이 아닐지도 모르지만, 프랑스 혁명은 그 전체적인 의미와 간헐적인 반복성 등에서 로마 카톨릭뿐만 아니라 대륙 현대사에서 종교개혁 이래 가장 중대한 위기라고 정의할 수 있다. 이는 자유주의와 민족주의가 로마와 라틴세계 속에서 하나의 세력으로 출현하는 것을 의미하는 것이다. 이 두 세력들은 프랑스로부터 시작되어 대륙 선체와 라틴 아메리카를 휩쓸고 19세기 역사의 대부분을 주도하게 된다. 우리들이 이미 살펴본 바와 같이 자유주의는 이미 프랑스 혁명 이전에 최소한 한 세기 반 동안을 영어사용권의 청교도 교파들과 서로 접촉하고 자극하면서 열매를 맺어왔다. 그러나 로마 카톨릭주의는 정치적 자유주의를 수용하는 것이 불가능하였으며, 프랑스 혁명 이후 20세기에 이르기까지 로마 카톨릭 국가영토들은 이들의 정치적 문화적 발전을 압도하고 있었던 심각한 적대감에 의하여 일반적으로 분열되어 있었다. 이와 비슷하게 로마 카톨릭주의 자체의 내부적인 발전은, 1789년 이후의 한 세기 동안 자유주의에 대항하였던 교회의 반동으로서 그 모습이 형성되었다. 19세기의 가장 뛰어난 로마 카톨릭 역사가였던 될링거(Döllinger)가 말한 바처럼 현대 로마 카톨릭주의의 정신과 구조는 종교개혁과 프랑스 혁명의 두 사건에 대한 반응으로써 이해되어야만 한다.

1. 삼부회에서 국회로

　프랑스 혁명의 직접적인 원인은 국가 재정의 파탄이었다고 할 수 있겠다.

프랑스 귀족들은 재정문제에 있어서 루이 16세를 파산상태로 몰고 갔으며, 국왕은 "그의 사직서를 제출하면서" 175년 만에 처음으로 삼부회를 소집하였다. 이 의회의 선출과 이와 동시에 수집되었던 "각종 난제들과 충고의 보고서들"은 국민들 사이에 심대한 흥분을 자아내었고, 이러한 사건들은 직전에 발생하였던 미국 독립전쟁의 빛 아래서 해석되었다. 이러한 사상들은, 이들이 배후의 사소한 반란들로부터 서구문명의 가장 위대한 국가의 혁명이념으로 채용되기까지의 사이에 그 성격의 변화를 겪었으며, 동시에 그 규모 역시 비교할 수 없을 정도로 커지게 되었다. 그 결과, "인권"(Rights of Man)사상이 유럽 전역으로 파급되었고, 20세기에는 아시아에까지 전파되었다.

그 제1단계에서의 혁명은 제3계급이었던 부르조아층의 작업이었다. 이들은 교회와 국가를 주도하였던 귀족계급의 정치적, 법적, 경제적인 특권들에 대항하였던 금융계, 상업계, 공업계의 대표들이었다(그리고 공인들과 빈농들이 일시적으로 매우 중요한 위치를 차지하면서 이들을 도왔다). 이들의 원래 의도는 청교도 부르조아들이 영국에서 그리하였듯이 입헌군주제를 성립시키는 것이었다. 이 처음 단계의 위대한 두 가지 성취들은 그 유명한 1789년 8월 4일 밤에 일체의 봉건주의적 세금들을 폐지시킨 것과, 정치적, 재정적 평등에 기초한 새 헌법을 채용할 수 있는 길을 열었던 "인권선언"이라고 할 수 있겠다. 실질적으로 포로상태에 있던 국왕은 마지못하여 이에 서명할 수밖에 없었다.

그런데 이 혁명의 제1단계는 교구 신부들의 지지 없이는 성공할 수 없었을 것이다. 바로 이들이 두 특권계급들의 연합전선을 깨뜨리고 제3계급으로 하여금 국가를 대표할 수 있는 권리를 부여받도록 하였던 것이다. 그리하여 삼부회는 성직자들에 대한 감사와 존경의 태도를 견지하였다. 8월에 봉건세가 폐지됨으로서 교황은 그 연공을 상실하게 되었다. 동시에 모든 성직자들은 전체 교회 수입의 절반에 달하던 십일조를 상실하게 되었다. 예외없이 귀족계급 출신이었던 주교들은 이러한 특권들의 상실에 기분이 상하였으나, 많은 하층 성직자들은 보다 더 안정성이 있는 현금보상을 기대하고 있었다. 모든 교회당에서는 '테 데움'(Te Deums) 성가를 찬송하라는 명령이 내려졌다.

가장 많은 논란의 대상이 되었던 것은 "인권선언"에 들어있는 종교적인 규칙들이었다. 당시 아무도 교회와 국가의 분리를 꿈꾸고 있는 이들은 없었으며, 심지어 **철학자들**까지도 기존 로마 카톨릭 교회를 기정사실로 받아들이고 있었다. 회의는 오직 하나의 국교, 로마 카톨릭만을 인정하였다. 결과적으로 프랑스의 인권 가운데 진정한 종교의 자유는 포함되지 않았다. 이는 양심의 자유가 가장 기본적인 권리로서 인정되고 있었던 앵글로-아메리칸 국가들과는 다른 모습이었다. 그러나 프로테스탄트 신도들에게도 처음으로 공식적인 예배의 자유가 인정되었다. 당시의 공식보고서(cahiers)에는 종교자유를 인정할 것인가의 여부를 두고 그 의견들이 양분되는 모습이 기록되어 있었다.

2. 교황의 인권선언 정죄

당시 교황 파이우스 6세(Pius Ⅵ)는 자기 나름대로의 이유 때문에, 몇 개월 동안이나 연봉의 상실, 혹은 "인권선언"에 대하여 아무런 반응도 보이지 않았다. 그는 만약 국민주권제가 실현될 경우에는 그가 아비뇽과 베나씸 지방에 소유하고 있었던 영지들을 상실하게 되리라는 사실을 예상하고 있었다. 그는 1790년 3월 29일에 소집되었던 비밀회의 석상에서 "인권선언"에 대한 자기의 입장을 밝혔다. 이 발표는 19세기와 20세기에 걸쳐 자유주의와 민주주의를 반대하고 정죄하였던 여러 차례의 교황 선언문들 가운데 최초의 것이라는 점에서 매우 중요한 것이다. 교황은 구체적으로 몇 가지 권리들을 정죄하였는데, 예를 들면, 법률은 다수 대중의 뜻을 반영해야 한다든지, 모든 시민들은 입법과정에 참여할 기회를 가져야 한다든지, 개인들이 종교에 대한 권리를 가져야 한다든지, 비카톨릭 신자들도 각 지방단체, 정치계 그리고 군대에서 동일한 권리를 가져야 한다든지 하는 것들이었다. 비로마 카톨릭들에 대한 종교자유의 주장과 아울러 국민주권과 국민에게 책임을 지는 정부의 개념들도 정죄되었다. 그리하여 교황청은 절대주의와 통치권 계승주의, 전통적인 사회계급들의 유지 등을 로마 카톨릭 교회의 공식입장화하였다.

3. 교회 영지의 국유화

한편 국회(National Assembly)는 교회와 국가 사이의 관계를 근본적으로 변화시킬 다른 법령들을 통과시켰다. 우리들이 살펴본 바처럼 1789년의 십일조와 소작료의 폐지로 말미암아 성직자들은 그 수입의 거의 절반 가량을 상실하게 되었다. 그 다음으로는 프랑스 국토의 거의 1/5에 달하던 교회영지들이 모두 국유화되었다. 11월에는 모든 교회 재산을 국가가 처분할 수 있다고 규정하였던 미라보 법안(Mirabeau's bill)이 통과되었다. 이 법안에 따라서, 지방 성직자들은 이때까지 고위 성직자들이 자의로 정하였던 교회재정으로부터의 보잘것없었던 수입 대신에 국가가 지급하는 보다 나은 봉급을 약속받게 되었다. 이들은 대부분 그 수입의 배가를 의미하였던 이러한 변화를 물론 환영하였다. 그러나 성직자들 가운데 귀족층은 이제까지 재정적인 독립을 누리던 위치를 상실하고 국가공무원처럼 일정한 봉급을 받게 된 사실을 혐오하였다. 국회는 12월에는 막대한 교회 재산의 처분을 명령하였으며, 귀족 출신 성직자들의 불만은 더욱더 높아지게 되었다.

4. 수도원의 제한

당시 교회재산의 절반 이상은 교구성직자들에 비교하여 그 도덕성이나 근면성이 훨씬 떨어진다는 평가를 받고 있었던 수도사들과 수녀들에게 속해 있었다. 혁명이 발생하기 2, 30년전에 이미 위원회가 조직되어서 제구실을 못하고 있는 수도회들을 폐쇄시킬 작업을 준비하고 있었다. 국회는 1790년 2월에 1789년 10월 28일 이후의 수도서약은 무효화하였으며, 더 이상의 수도서약을 금지시키는 명령을 발하였다. 이에 수도사들은 상당한 연금을 받고 개인적으로 수도원을 떠날 수 있게 되었으며, 연고자가 없는 등 수도원을 떠날 형편이 되지 못하는 이들에게는 거처를 마련해 주었다. 이 명령은 이미 **공식보고서**에 포함되었던 당시의 세태를 반영하는 것이었으므로, 그다지 큰 혼란은 발생하지 않았다. 1790년 일체의 교회재산을 몰수함으로, 모든 성직자들은 이제 봉급을 받는 피고용인의 신세가 되었다. 그러나 수녀들만은 이러한 법률의 저촉을 받지 않았다. 당시의 여론을 반영하고 있었던 국회는 빈약한 수입으로 과로에 시달리고 있었던 교구 성직자들을 돕고, 그 대신에 부유하고 나태한 수도사들과 귀족 성직자들이 이를 부담하도록 조처하였다.

5. 성직자들의 시민헌법

1789년 국회에 의하여 새로운 헌법에 따라 교회문제를 정리하라는 명령을 받고 있었던 '교회 위원회'의 보고서가 1790년 5월에 제출되었다. 이 위원회의 위원들은 공식보고서의 지침에 따라 매우 강한 '고올주의자'들이었으며,

어떤 면에서 볼 때에 1790년 7월 12일에 투표에 붙여졌던 '성직자들의 헌법 조직안'은 15세기의 '실질적 법령'과 같은 모습을 띠고 있다고 할 수 있겠다. 동위원회는 교의에는 손댐이 없이, 모든 인간적 제도들을 제거하고 "초대교회의 치리"로 다시 돌아가기를 시도하고 있었다. 교회에 관련한 헌법의 가장 중요한 법규들은 다음과 같다.

  1. 프랑스 정부가 세금으로부터 모든 성직자들의 봉급, 연금, 주택을 부담한다. 이들 봉급의 정도가 상급 성직자들은 상대적으로 높고, 하급 성직자들에게도 공정한 것이었으니, 이는 매우 개선된 상황이라고 볼 수 있었다.
  2. 성직자들에 딸린 직원들의 숫자와 성직들의 숫자는 감소하였다. 주교구의 수도 국가의 지방조직에 맞추어 139개에서 83개로 축소되었다. 이들은 열 개의 대도시를 중심으로 하여 조직되었다. 또한 교구 성직자들의 숫자도 상당히 감소되었다. 약 50여 명의 고위성직자들이 이러한 조처에 반대한 것은 이해할 만한 일이었다.
  3. 교회의 조직은 눈에 띄게 장로교적 체제를 받아들이게 되었다. 주교들과 교구사제들은 향후 임명제 대신에 선거에 의해 선출하도록 하였다. 각 교구의 미사 후에 거행되는 이 선거에는 세속 투표권을 가진 이들은 모두 참여할 수 있었다. 이 조항은 물론 모든 프랑스 선거권자들은 다 로마 카톨릭 신자라는 것을 전제한 것이었는데, 이러한 전제와 프로테스탄트 신자들에 대한 종교자유의 용인 조항이 어떻게 공존할 수 있었는지는 확실하지 않다.

  또한 새로이 선출된 주교들은 교회법을 따라서 교황이 아니라, 해당 메트로폴리탄(Metropolitans)에 의하여 임명되도록 하였다. 이들은 교황과의 교제를 유지한다는 의미에서 편지를 보내도록 되어 있었으나, 이는 교황에게 성직임명을 구하는 의미는 아니었다. 그리하여 1516년 이후 볼로냐 콩코르닷(Concordat, 교황과 국가, 혹은 군주간의 협정)에 의하여 국왕과 교황이 공유하고 있었던 후원자 제도는 폐지되고 신자들에 의하여 그 목회자들을 뽑는 제도로 다시 돌아가게 되었다. 그리고 하급 성직자들은 그 능력에 따라 진급할 수 있는 기회를 갖게 되었다. 또한 대목들(Vicaires)의 경우에도 정당한 이유가 있을 때에만 면직될 수 있었다.
  국회에서는 이 헌법을 두고 6주간에 걸쳐 토론을 벌였으며, 마침내 이 법안이 통과되자 성직자들은 찬반 양론으로 갈리게 되었다. 하급 성직자들 가운데서는 다수가 이를 찬동하였으나, 주교들 가운데는 135명 가운데 5명만이 이에 찬동하였다. 나머지는 마치 이러한 법이 존재하지도 않는다는 듯이 자기들의 교구를 종래대로 운영하였다. 교황은 또한 루이 16세에게 이 법안에 서명하지 말도록 종용하였다. 그러나 국왕은 다른 길이 없다고 생각하여, 내키지 않았으나 이를 받아들이게 되었다. 1790년 10월 30일, 한 명의 추기경과 29명의 주교들은 선언문을 발표하여, 세속권력은 교회의 헌법을 개정할 권한이 없다고 주장하였으며, 비록 메트로폴리탄이 주교들을 임명하는 것이 전통적이기는 하지만, 16세기 이후에는 이러한 전통이 지켜지지 않았음을 지적하고, 신부들을 선거에 의하여 선출하는 제도는 교회에 분파를 만들 우려가 있다고 주장하였다. 여기에 사법적 관할권의 충돌이 발생하여, 국회의 교회 관할권을 부인한 것이었다. 이제 국회는 이 문제를 물리적으로라도 해결하기로 하고, 1790년 11월 국회에 속한 모든 성직자들로부터 "법률과 헌법"에 대한 맹세를 받아냈으며, 2개월 후에는 전체 프랑스 성직자들에게서 동일한 맹세를 받아냈다. 이러한 서약 가운데 "성직자들의 시민헌법"(혹은 공민헌법, Civil Constitution of the Clergy)의 구체적인 조항들이 포함되었는지의 여부는 확실하지 않았다. 당시 전체 성직자들의 3/5 가량이 이러한 서약을 한 것으로 기록되었다.

6. 쥬러, 논쥬러 분파(Schism of Jurors and Nonjurors)

교황은 마치 "인권선언"의 경우처럼 이에 대하여 늦은 반응을 보였다. 1791년 봄, 그는 시민헌법에 대한 불만을 표시하면서 주교들에게 이에 대한 서약을 하지 말도록 호소하였다. 그리고 이에 맹세하였던 탈레이란(Talleyrand)과 로메니 드 브리엥(Lomenie de Brienne) 주교들을 견책하였다. 2월에는 탈레이란과 고벨, 또 다른 주교 하나가 '시민헌법'에 의거하여 두 사람의 주교들을 성직에 임명하였다. 4월에 교황은 성직에 대한 일체의 선거를 무효화하고, 헌법을 "이단적이요, 분파적"이라고 비난하였으며, 이에 서명한 자들은 40일 내에 이를 철회하도록 명령하였다. 그리하여 이미 서약하였던 많은 이들이 이를 철회할 수밖에는 없다고 생각하게 되어 교회는 쥬러(서약자)와 논쥬러(비서약자)로 분열되었는데, 이 분열이 그 후 10년

간이나 계속되었다. 프랑스와 바티칸 사이의 외교관계는 단절되었으며, 팔레 로얄(Palais Royal, 왕궁)에서는 교황의 허수아비를 화형에 처하였다. 그런데 "성직자들의 시민헌법"에 대한 서약 여부가 내란의 도화선이 되었다. 그리고 진보적 경향을 가지고 있었던 하급 성직자들은 자기들의 정치적 의사와 교회의 치리 사이에 하나를 선택해야만 하는 기로에 서게 되었다. 많은 이들은 교회의 자유를 위하여 헌법주의에 대항해야만 한다고 생각하게 되었다. 탈레이란은 후에 시민헌법을 가리켜 "국회의 가장 큰 실수"라고 묘사하였다.

평신자들도 각각 쥬러와 논쥬러들을 지지하며 편이 갈리게 되었다. 그러나 평신도들 가운데 교황파는 성직자들보다 훨씬 작은 비율이었다. 그리고 많은 도시와 촌락들에서는 혁명정부들이 국회보다 더 반교황적인 경향을 보이고 있었다. 또한 파리의 여론도 교황파들이 교구 교회들을 차지하는 것을 반대하였다. 그러나 교황파를 지지하는 평신도들은 아직 논쥬러들이 차지하고 있었던 수도원의 예배당으로 몰려들었으므로, 야외나 숲속에서 성례들을 집전해야 하는 일들이 종종 발생하였다. 그런데 왕실은 교황파들을 선호함으로써, 이들이 혁명에 대한 반동집단으로 파악되도록 만들었으며, 특히 왕이 7월에 도주를 시도함으로서 이러한 경향은 더욱더 심각하여졌다. 1791년 8월, 국회는 예배의 자유를 보장하는 조항을 헌법에 삽입하였으나, 대중들의 정서는 법으로 제어될 수 없었으며, 1791년에 들어서면서 논쥬러들은 점진적으로 더욱더 그 자유를 속박받게 되었다. 11월에 들어서서 교구 교회들은 공식 예배 때를 제외하고는 문을 닫으라는 명령을 받게 되었으며, 비록 왕은 이를 추인하기를 거부하였으나, 동법령은 대부분의 지방에서 강행되었다. 보통의 시민선서를 거부하는 성직자들은 이제 그 저택으로부터 일시적으로 추방당하게 되었다.

7. 전쟁, 왕의 폐위, 전국총회

프랑스 혁명의 중요한 제2단계는 1792년에 시작되어, 전국총회를 걸쳐서 1793-1794년의 공포정치에까지 이르게 된다. 이 시기는 완전히 전쟁적인 심리상태에 빠졌던 시기라고 보아야 그 모습을 이해할 수 있다. 프랑스는 1792년 봄, 공격을 당하였으며, 세인들이 생각하기에 파이우스 6세가 주도하였던 외교, 군사 동맹에 대항하여 생존을 건 투쟁을 벌여야만 하였다. 왕은 폐위당하였으며, 공화 총회가 조직되었다. 5월에는 보다 가혹한 칙령이 반포되어, 논쥬러파 인사들은 20명이 서명한 청원서를 제출하여 추방당하게 되었다. 8월에는 "저는 자유와 평등을 유지하기를 서약합니다"라는 새로운 서약을 모든 성직자들에게 요구하게 되었다. "성직자 시민헌법"을 전혀 언급하지 않았던 이 서약에는 많은 이들이 순응하였다. 그러나 이를 거부하는 이들은 15일 내에 프랑스 영토를 떠나라는 명령이 내려졌으며, 8월 말부터 9월 초에 걸쳐 이들 이민들을 박해하고 사형(lynching)을 가하는 행태가 벌어지게 되었다. 약 1천 명에서 2천 명에 이르는 "9월 학살" 사건의 희생자들은 대부분이 논쥬러들이었다. 약 4만 명에 달하는 성직자들이 외국으로 쫓겨나 국외에서 혁명반대 운동가들이 되었다. 전국총회 정부는 1792년 9월 말에 성립되었으며, 이들은 8월 칙령을 수도원의 성직자들과 평신도 수사들에게까지 적용하였다.

총회는 고울주의적인 교회를 수립하기 위한 동기로 출범하였다. 동총회는 1792년 말에 예배를 위한 예산을 폐지하자는 동의안을 부결시켰으며, 1793년 봄에는 성직자들을 병역에서 제외하였다. 1793년 헌법은 종교의 자유를 선포하였다. 그런데 기독교를 박멸하는 방향으로 과격한 정책전환을 야기시켰던 가장 큰 이유는 1793년 봄에 발생하였던 라 벤데(La Vendée)에서 반혁명사건이었다. 자칭 "왕당 카톨릭군"의 가장 활발한 지도자들 가운데 일부는 논쥬러 신부들이었으며, 이들은 외국의 침략위협에 처해있던 총회를 배후에서 공격하였다. 만약 라 벤데에서의 반란사건만 없었다면 "이성숭배"(worship of Reason)는 발생하지 않았을지도 모른다. 이제 이들에 대한 야만적인 처벌이 시행되었다. 모든 논쥬러들은 가이아나(Guiana)로 추방되었으며, 반란에 연루된 모든 신부들에게는 사형선고가 내려졌다.

그러나 교회에 대한 가장 혹독한 박해는 여름과 가을에 발생하였다. 이 박해는 현대 세계에서는 최초로 이교도적 부족주의야말로 아마도 서구 문화 전체 다수인들의 진정한 종교인지도 모른다는 점을 보여주었다. 만약 대륙적 자유주의가 프랑스 혁명 제1단계가 남긴 항구적 유산이라고 한다면, 제2단계의 유산은 민족주의라고 할 수 있었다.

8. 국가주의 종교

애국심의 종교는 고올주의의 성립에도 불구하고, 혁명 초기 단계들을 통하여 점차 로마 카톨릭 진영에 파고들어 주도권을 잡아가고 있었다. 예를 들어 1790년 바스티유 함락은 어디서나 프랑스 국가가 의식적으로 종교적 공동체로서 언약한다는 예식으로 축하되었다. 이날 모든 촌락에서는 조국에 대한 충성의 맹세가 시행되었는데, 이는 야외에서, 미사 후에 거행되는 모습을 흔히 볼 수 있었다.

세인트 쥬느비에브 교회당은 시민 만신전으로 전환되어, 이곳에 볼테르의 유해가 안치되었다. 1792년에는 파리의 경찰들이 6월에 있는 코르푸스 크리스티 축일(Corpus Christi)을 위해서 주택들에 장식할 것을 요구하지 않았다. 가게들도 이날 문을 열었으며, 국방경비대도 행렬에 동원되지 않았다. 입법의회의 의원들은 개인적으로 원하는 경우에만 이 축제행렬에 참여하기로 하였다. 여기에 실질적인 국가의 세속화 모습이 있다. 적어도 수도에서는, 헌법적인 공인에도 불구하고 이러한 세속화가 행해졌으며, 그 대신에 조국을 종교로 하는 모습을 보이게 되었다.

지방에서 의식적으로 옛 종교를 새로운 신앙으로 대체하는 모습은 1793년 여름에 볼 수 있었다. 그 해 8월에 최초의 순수한 세속 축일이 등장하였으며, "자연"의 동상에 제주(libation)가 부어졌다. 마찬가지로 마라(Marat)와 르 펠레티에(Le Peletier)의 흉상들이 각 가정에 성자들의 조상들 대신에 놓여지게 되었다. 또한 많은 지역 대표들은 자기들이 기독교로부터 배교하였음을 공표하기 위해서, 총회의 술집(the bar of the Convention)으로 행렬하였다. 고벨(Gobel) 주교와 열한 명의 신부들은 총회장에서 십자가와 인장반지를 빼어버리고 그 대신에 혁명의 피를 상징하는 모자를 착용하였다. 또한 총회에 참석하였던 프로테스탄트 목회자들을 비롯한 대부분의 성직자들은 이러한 모범을 좇았다. 말론(Marron) 목사는 4개의 성찬잔을 총회장으로 가지고 들어와서 신학을 저주하고, "사실과 도덕성의 영원 불멸의 원칙"(eternal and immortal principles of fact and morality)에 경의를 표하였다. 단지 그레고레(Grégoire) 수도원장만이 특이하게 총회장에서의 광태에 휩쓸리기를 거부하였다. 그리하여 프랑스 전국에서는 사임하는 대목들과 목회자들이 속출하게 되었다. 총회는 "하나의 우주적 종교… 우리의 어머니이시며 우리의 신이신 조국의 제단"을 추천하였던 세르니에(Chenier)의 연설문을 출판하였다.

공화적 월력 개정 위원회가 1793년 10월에 제출하였던 보고서는 부분적으로 반그리스도적 경향을 띠고 있었다. 이들은 기독교적 역사철학의 상징들이라고 간주되었던 주일과 성자들의 축일을 폐지하고, 그 대신에 "진정한 국가적인 부와 재산"의 목적물들인 순수한 자연물들을 위한 휴일을 제정할 것을 추천하였다. 외국인들은 이러한 모습에 공포를 금하지 못하였다.

9. 국립 교육

반로마 카톨릭적인 선전활동의 중심에는 공공 교육 위원회(Committee of Public Instruction)가 자리잡고 있었다. 이 위원회는 더 이상 성직자들이나 수녀들이 교사직을 맡는 것을 금지하는 국가적인 교육제도를 조직하고 있는 중이었다. 그리하여 이 조직을 기점으로 하여, 거의 모든 서구 국가들에서 교회와 국가 논쟁의 가장 중요한 논제가 되었던 국립교육제도가 시작되었던 것이다.

이러한 움직임들은 결국 교회들을 "이성의 신전들"로 전환하였던 행위에서 그 절정을 이루게 되었는데, 이러한 이성의 신전들이란 보다 정확하게는 "국가민족주의의 신전들"이라고 부를 수 있을 것이다. 이 운동은 파리 노틀담 사원의 유명한 의식에서 암시받은 것이었다. 이제 동정녀의 조상 대신에 푸른 옷을 입은 여배우가 자리를 잡고, 그녀에게 다음과 같은 세르니에의 찬가가 불리워졌다.

> 성스런 자유여 오셔서, 이 신전을 채우시고
> 프랑스 인민의 여신이 되소서.
> (Come holy liberty, inhabit this temple
> Become the goddesss of the French people).

파리 콤뮨(communes, 시 행정구)이 노틀담 사원을 영구적으로 "이성의 신전"으로 전환하도록 해달라고 요청하였을 때 총회는 이를 수락하였다. 그리고 전체 의식이 총회에서 다시 재현되었으며, 총회장과 서기가 "자유의 여신"을 포옹하였다. 약 2천여 개의 촌락들이 이와 비슷한 모습으로 자기들의 교구 교회들을 "이성의 신전들"로 전환하였으며, 다른 많은 부락들도 이러한 모습을 따랐다. 파리에서의 의식은 상당한 장난기가 섞인 것이었다. 그러나 지방에서는 심각하게 데이즘과 애국심을 강조하는 의식이 되었으며, 이성의 여신이야말로 부르조아의 꽃과 같은 위치를 차지하였다. 그리하여 총회는 이 운동을 이끈다기보다는 추종하는 양상을 띠게 되었다.

로마 카톨릭의 예배는 겨울 동안에 개인들의 채플에서 드려졌으며, 이러한 개인 채플들이 1794년에 금지되자, 비밀리에 계속되었다. 어떤 촌민들은 학교 교사를 찾아가 찬송을 부르기도 하였다. 그러나 대부분의 프랑스인들은 기독교의 전통적 예식들을 포기하였으며, 이러한 상실에 대하여 별로 관심조차 두지 않는 모습이었다.

1794년에는 로베스피에르(Robespierre)에 의하여 새로운 종교의식이 창안되었다. 이 데이즘적인 향연에는 다음과 같은 점들이 나타나고 있었으며, 이는 무신론에 대한 반발을 담고 있었다. (1) 하나님과 그 섭리 (2) 불멸성 (3) 상과 벌 (4) 사회계약과 법률의 존엄성들이었다. 그러나 사람들은 이성의 숭배와 시존사에 대한 예배 사이를 구분하지 않았다. 그 어떤 경우에나 이들의 숭배의 대상은 변함없이 조국이었다. 이들 소위 "신전들"에는 새로운 명문들이 나타나게 되었다. "프랑스 국민은 지존자의 존재와 영혼의 불멸을 신봉한다." 예술가 데이빗이 창작한 유명한 축제 가운데서 무신론을 상징하는 조상이 불태워졌고, 그의 쟈코방 동료들이 비웃고 야유하는 가운데 로베스피에르는 교황으로서의 대관식을 가졌다. 이 축제 후에 기독교 교회당들을 폐쇄하는 것은 더욱더 증가하였다. 총회장에서는 오직 그레고레 혼자서, 수 개월 전에는 국교였던 그 종교를 수호하고 있었다.

10. "경멸적인 종교의 용인"(Disdainful Toleration)

1794년 말 교조적인 데이스틱 국가주의에 의한 기독교에 대한 직접 공격이 새로운 단계에 접어들게 되었는데, 이는 곧 종교의 자유를 인정하는 가운데 이루어진 미국에서의 교회와 국가의 분리를 닮고 있었다. 마치 20세기의 소련이 깨달았듯이, 총회는 지나치게 반종교적인 모습을 보이지 않는 것이 외국과의 협상에서 보다 더 유리하다는 사실을 깨닫게 되었다. 그리하여 문화적으로 기독교의 목을 졸라 교살하고자 하는 새로운 정책이 고안되었다. 공포정치의 와중에서도 계속 지급되고 있었던 성직자들의 봉급이 1794년 9월에 중단되었다. 또한 가장 결정적인 압력은 이제 교육분야에서 가해져서, 새로운 무상, 의무교육을 실시하던 국민학교에서는 일체의 종교교육을 제거하게 되었다. 그 대신에 "인권선언", 헌법, "공화국의 윤리" 등을 교수하였다. 보통학교(고등학교)와 기술학교들도 이러한 제도를 완성하기 위하여 조직되었다. 그리하여 이처럼 새 세대에 대한 교육을 독점함으로써 루소가 말했던 "시민종교"의 형태로서 기독교를 대체하고자 하였다. 이러한 '경멸적 종교용 정책'은 1795년 법률로서 시행되었던 분리법(Law of Separation)의 내용을 보면 잘 알 수 있다. 이 정책에 따르면 더 이상 교회에 보조금을 지급하지 않으며, 동시에 공공예배를 경멸하거나 멸시하지도 못하도록 금지하였다. 9월에 종교의 자유와 정교분리의 원칙은 재확인되었으며, 어떤 한 교회가 득세하는 것을 금지하기 위한 조항들이 마련되었다. "제3년" 헌법도 제354조에서 이러한 분리정책을 정의하고 있었다.

이러한 체제가 7년 간 계속되었는데, 반성직주의자들에 의한 약간의 종교 박해가 없었던 것은 아니다. 그러나 이로 인하여 종교가 번성하는 것을 막을 수는 없었다. 종교 박해의 한 가지 방법은 달력을 10일 한 주로 개정하여 주일날에도 노동하도록 강요하는 것이었다.

11. 종교부흥

그런데 이러한 정권 아래서 1794-1795년 겨울에 시작되는 놀라운 부흥이 발생하였다. 그레고레가 총회석상에서 예배의 자유에 관한 장문의 연설을 행한 것이 그 시발점이 되었으며, 그의 교구 교회들은 1795년 정월 초하루에 다시 문을 열게 되었다. 거의 자발적인 로마 카톨릭의 부흥운동이 각처에서 벌어졌는데, 이는 그레고레가 이끄는 헌법파 성직자들과, 전반적으로 볼 때 보다 더 열정적이며 자금의 여유가 있었던 논쥬러파 성직자들을 다 망라한 것이었다. 그레고레가 다시 주교로서의 직무를 재개하였던 최초의 인물이 되었으며, 기독교와 혁명의 화해를 선언하였던 그의 목회서신은 센세이션을 일으켰다. 헌법파 성직자들은 시민헌법과 고올주의 4개 신조들을 기반으로 하여 재조직되었는데, 단지 국가의 지원만은 없었다. 이들은 1797년 전국 협의회를 소집하였다. 부르조아 계급은 헌법파 성직자들을 선호하였는데, 이에 반하여 일반 대중들, 특히 빈농들은 교황파 성직자들을 더 좋아하였으므로, 이제 외국으로 피난하였던 성직자들이 다시 귀국하기 시작하였다. 또한 프로테스탄트 신자들도 다시 공공 예배를 드리기 시작하였다. 그리하여 1797년 경에는 이전의 교구들 대부분이 다시 복구되었다.

그러나 교황파 성직자들은 루이 18세 지지파들과, 혁명을 수용할 용의가 있는 파들로 분열되었다. 그리하여 정교 분리의 체제 아래서 세 개의 서로 다른 로마 카톨릭 집단들이 성립하였다. 또한 개혁파, 루터파, 유대인, "유신론적 박애주의자", 그리고 조직된 자유 사상가들이 이들과 공존하였다. 그리고 이들 위에는 세속적인 종교중립적 국가가 새로운 국민학교들 속에서 이성주의적이요, 국가주의적인 이념을 유지하며 존재하고 있었다. 바로 이것이 보나파르트(Bonaparte)가 이어받아 7년 만에 파괴하였던 체제였다. 그는 자기의 개인 목회자로 삼기 위한 목적으로 교황의 위치를 다시 복원시켜 주었다.

제10장
나폴레옹과 콩코르닷

프랑스 혁명은 로마 카톨릭 교회와 로마 카톨릭 진영의 유럽 최강국 사이의 유기적 통일성을 훼손하였다. 그러나 이러한 거대한 변화에 또 다른 두 가지 차원을 첨가하였던 것은 다름아닌 나폴레옹(Napoleon)이었다. 첫째, 그는 전유럽을 정복하고자 하였던 야망으로 말미암아, 다른 많은 나라들 가운데 프랑스 혁명의 사상들을 심어놓았다. 그리하여 프랑스에서 발생한 사건들은 대륙 전체의 재조직을 위한 모델이 되었다. 둘째로, 나폴레옹은 혁명적인 작업들과 구체제의 조직을 하나로 화합시킨 **생활양식**을 제공하였는데, 이는 여러 가지 측면에서 그 후 여러 세대를 두고 계속될 것이었다. 19세기 전반기처럼, 유럽의 현대사가 오직 한 사람의 업적으로 인하여 좌우되었던 적은 없다. 토크빌(Tocqueville)이 말한 바처럼 나폴레옹은 "덕이 없는 인간으로서는 그래도 가장 위대한 인간이었다."

1. 혁명의 확장

물론 1799년에 나폴레옹이 혁명에 성공하기 이전에 이미 프랑스 혁명의 사상들은 다른 곳으로 파급되고 있었다. 프랑스의 혁명정부와 총회가 벌어려움 없이 유럽의 열강들에 대항하여 전쟁을 벌일 수 있었다는 사실 자체가 이들은 프랑스 외에서도 효과적이었던 사상과 세력들을 대변하고 있음을 우리들에게 보여주고 있는 것이다. 군사적으로 볼 때에도 징병 시민군이라는 새로운 형태는 다른 영주들의 용병들보다 훨씬 더 강한 모습을 보였다. 프랑스는 전투정부의 형태를 띠고 있었는데, 이 정부는 대부분 혁명사상들에 동조하였던 시민들을 같은 편으로 가지고 있었다. 서부 유럽의 상당한 지역이 프랑스와 유사한 문화적, 사회적 변화를 겪고 있었다. 이탈리아, 라인란트, 네덜란드, 스위스의 많은 지식인들이 이미 혁명 이전부터 프랑스의 계몽주의 사상에 물들어 있었다. 이들 각국들에는 영향력있는 상업, 공업 계급들이 존재하였으며, 농노가 아니었던 농민들이 존재하였던 이들 나라들에는 교회와 국가의 봉건적 특권들에 대한 반감이 뿌리깊게 자리잡고 있었다. 특히 이탈리아와 벨지움 등은 외국의 영주들에 의하여 통치되고 있었는데, 이러한 통치는 현지인들에게 반감을 사고 있었다.

그리하여 프랑스군은 어느 정도 자신들을 해방군으로서 제시하는 데 성공하였으며, 이들의 장군들은 프랑스의 외곽에 일단의 위성적인 혁명지역들을 구축하는 데 성공하였다. 오스트리아령 네덜란드와 라인강 좌편에 있던 독일령들은 프랑스에 병합되었으며, 후에 피이트몽 지역도 같은 모습을 보이게 되었다. 그뿐 아니라, 홀랜드는 "바타비안 공화국"(Batavian Republic)으로, 스위스는 "헬비틱 공화국"(Helvetic Republic)으로 변모하였으며, 이탈리아의 경우에는 북부에 "시살핀"(Cisalpine)과 "리구리안"(Ligurian) 공화국늘이 성립하게 되었고, 남부에는 나폴리와 시실리의 옛 왕국들에 또 다른 공화국이 자리잡게 되었다. 이러한 모든 국가들에서는 모두 헌법적인 변화를 추구하였으며, 프랑스 혁명의 영향은, 어차피 발생하였을 이러한 변화들을 더욱 가속시키고, 확장시키는 요인으로 작용하였다. 그러나 나폴레옹이 이들을 병합하고 연합시키기 전에 이러한 새로운 국가제도들은 아직 안정을 찾지 못하고 있었다.

2. 벨지움

이러한 병합과정은 벨지움(Belgium)에서 보다 잘 찾아볼 수 있을 것이다. 프랑스가 간섭하기 이전에 이미 오스트리아령 네덜란드에는 종교분쟁이 있었다. 벨지움인들은 이들의 황제 요세프 2세가 실시하였던 이성적 개혁들이나 혹은 잔센주의들을 별로 좋아하지 않았다. 이들은 1781년의 황제의 종교자유 칙령에 반대하였다. 다음해에 요세프는 서로 다른 교파들간의 혼인을 허락하고, 이러한 결혼식을 집전한 목회자들을 임명함으로써 이러한 불만을 가중시켰다. 그는 또한 신학교육에도 간섭하여, 각 주교구의 신학교들을 억압하고, 루우뱅(Louvain)에다가 정부가 감독하는 중앙 신학교를 설립하였다. 그 결과 로마 카톨릭 초강경파와 리에게 출신 자유주의자들 사이에 말리네스(Malines)의 자유주의적 대주교가 이끄는 기이한 동맹이 1789년에 성립하여 오스트리아인들을 축출하였다. 그러나 이들 사이에 계속 분열이 발생함으로서, 1790년에는 레오폴드(Leopold)가 다시 이 지역을 장악하게 되었다. 1795년에는 합스부르그 왕가와 교전상태에 있었던 프랑스가 오스트리아령 네델란드를 점령하고 이들을 프랑스 공화국으로 병합해 버렸다.

혁명정부는 프랑스의 교회법령들을 이 새로운 피점령 지역에 그대로 적용하였다. 이들은 수도회를 억압하였고(단지 교육과 구제활동만을 제외하고), 교회의 재정권을 박탈하였다. 정부는 저항세력들에도 불구하고 모든 신학교들, 성당의 참사원들, 루우뱅 대학교들을 폐지시키고, 신부들에게 군주제를 부인하고 증오하거나 혹은 추방당하는 두 가지 길 가운데 하나를 택하도록 강요하였다. 주교들은 영국으로 도주하였다. 1798년에 발생하였던 농민반란에 성직자들이 연루되어서, 약 400명 이상의 신부들이 추방되었다.

3. 이탈리아

한편 이탈리아의 혁명운동은 다름아닌 교황과 대결하였다. 혁명 전야의 북부지방에서는 고올주의적인 교회법학자들과 잔센주의자들이 교회 안에서 많은 세력을 가지고 있었다. 대학교들과 많은 지성인들은 계몽주의에 물들어 있었으며, 볼테르와 루소를 존경하였다. 저명한 법률가 벡카리아(Beccaria)는 종교재판과 고문들을 비판하였다. 반면 정치적으로, 행정적으로 최악의 상태에 있었던 지역들은 교황의 영지들이었다. 우리들은 이미 파이우스 6세가 시민들의 자유와 인권문제들에 관해 어떤 태도를 취하였으며, 그의 입장이 반혁명 세력의 구심점이 되었다는 사실을 살펴보았다. 교황청에서는 프랑스 대사에게, 대사관이 사용하였던 백합꽃의 왕실문장이 "소위" 새로운 공화국의 문장으로 변화한 것을 유감으로 생각한다고 통고하였다. 대사는 1793년, 한두 명의 신부에게 사주받은 군중들에게 거리에서 린치를 당하였다. 그러나 반면 북부의 교황령에서는 프랑스 혁명에 동조하는 폭동들이 발생하였다.

당시 이탈리아에 주둔하고 있던 프랑스군 사령관은 보나파르트였다. 그가 사르디니아와 오스트리아에서 1796년에 승리를 거두자, 혁명정부는 그에게 로마를 점령하고 교황을 폐위시키도록 명령하였다. 교황청에서는 협상을 요청하였다. 그런데 이에 대하여 혁명정부는 단지 전쟁보상금뿐만 아니라 교황이 혁명에 대항하여 발하였던 일체의 칙령들을 취소하도록 요구하였다. 파이우스 6세는 이를 받아들이기를 거부하고 오스트리아에게 프랑스를 침공할 것을 호소함으로써 휴전은 깨지게 되었다. 나폴레옹은 즉시 교황령 안으로 더욱 깊이 침입하고 더 엄격한 조건들을 내세웠다. 그리하여 프랑스는 교황령 대부분을 차지하고, 막대한 전쟁보상금을 받아내게 되었다. 이러한 교황령 압류가 세속적 세력으로서의 교황의 위치를 종식시키는 시발점이 되었는데, 19세기 전체에 걸친 교황세력 약화의 시작이었다. 보나파르트 장군은 북부 이탈리아 일부를 "시살핀"과 "리구리안" 공화국들로 재조직하였다.

그런데 로마에서 다른 폭동이 발생하여 프랑스 대사관에 주재하고 있던 장군 하나가 살해되었다. 프랑스군은 로마로 진격하였다. 이 기회를 타서 로마의 일부 과격파들이 교황제의 폐지를 선포하고 자유와 평등에 입각한 새로운 정부의 수립을 시도하였다. 이들은 로마에 소위 '자유의 나무'라는 것을 세우고 파이우스에게 스스로 물러나고 이들의 "로마 공화국"을 인정하도록 요구하였다. 교황은 이를 거부하였다. 이들은 바티칸을 점령하고 48시간 내에 교황이 로마를 떠나도록 명령하였다. 그리하여 교황은 로마를 떠났으며, 성 베드로 대성당에서는 그의 퇴위를 기념하는 '테 데움' 성가가 울려 퍼졌다. 이 사건에는 일부 추기경들도 가담하고 있었다. 교황은 북부로 피신하여 발렌스에서 1799년에 사망하였다. 당시 프랑스 공화국의 시민 등록부에는 다음과 같이 그의 죽음을 기록하였다. "시민 존 브라시. 직업: 교황."

4. 파이우스 7세와 나폴레옹

그의 후임자를 선출하기 위한 추기경회의는 오스트리아가 그 비용을 부담하여 당시 오스트리아령이었던 베니스에서 열렸다. 보나파르트가 이집트로 원정을 가있는 동안 교황령을 탈취하였던 오스트리아인들은 이러한 상황을 기정사실로 인정할 교황이 필요하였던 것이었다. 그러나 이 회의 전야에 보나파르트 장군은 프랑스로 돌아가서 실질적인 군사독재 정권을 장악하고, 스스로 "총독"(Consulate)이 되었다. 그리하여 이제 오스트리아가 아니라, 나폴레옹이 실권을 쥔 인물임을 간파하였던 추기경들은 친프랑스적인 경향을 가진 "종교적"인 인물을 파이우스 7세로 선출하였다. 그리고 이 새 교황이 로마로 귀환하기 전에 나폴레옹은 이탈리아로 진입하여 마렌고 전투에서 승리를 거두었다.

이 시점에서 나폴레옹은 세인을 놀라게 하는 정책전환을 시사하였다. 즉, 교황과의 화해를 요청하고, 정부의 확고한 기반이 될 수 있는 토대는 로마교라고 확신한다는 것이었다. 교황청은 이에 즉각 반응을 보이고, 양측간에 협상이 재개되었는데, 즉 1801년의 콩코르닷(Concordats)이었다. 이러한 양측의 화해는 나폴레옹이 로마 카톨릭 세계에서 새로운 생활양식을 안정시켰음을 의미하므로, 이러한 각도에서 이를 분석해야 한다.

5. 나폴레옹의 종교정책

그러나 이러한 나폴레옹의 정책전환이 그의 신앙적 회심을 의미하는 것은 물론 아니었다. 그는 개인적으로 볼테르주의자였으며, 어떤 역사적 종교도 신봉하지 않았던 인물이었다. 그러나 종교를 정치에 이용하는 데는 뛰어난 감각을 가지고 있었다. 예를 들어 이집트 원정에 나서기 1,2년 전, 아시아와 아프리카를 포함하는 대제국의 건설을 낭만적으로 꿈꾸고 있을 때에는 이슬람교에 관심을 가지기도 하였다. 그는 일찍이 파리는 미사를 지불할 가치가 있다고 하였던 앙리 4세에게 전적으로 동의하였다. "동방을 정복하고, 전체 아시아를 복속시킬 수만 있다면, 머리에 터번을 쓰고, 발에는 슬리퍼를 신을 가치가 있지 않을까?" 하는 것이 그의 말이었다. 그는 실제로 대모스크에서 아랍인 족장들과 가진 회담에서 프랑스군 전체를 이슬람으로 개종시키는 문제를 심각하게 의논한 일도 있었다. 그러나 일부다처제, 노예제도, 할례 등과 특히 금주령 등이 프랑스인들로서는 받아들이기 힘든 문제였다. 그는 유럽으로 돌아와서도 이와 비슷한 모습을 보인다. 그는 이집트에서는 모슬렘, 영국에서는 프로테스탄트, 프랑스나 이탈리아에서는 기꺼이 로마 카톨릭이 되었다. 종교란 인민들을 위해 필요한 아편이었다. 사회에서 부의 불평등이 발생하는 것은 불가피한 일이며, 이러한 불평등을 발생시킨 권위있는 존재와 내세에서의 이에 대한 보상 약속이 없이는 부의 불평등이 존재할 수 없다.

나폴레옹으로 하여금 교황에게 접근하도록 한 것에는 적어도 세 가지 이유가 있었다. 그는 교황을 "루이 18세"로부터 격리시켜서 왕당파들이 왕정복고를 꾀하지 못하도록 해야만 했다. 베니스에 모인 추기경들은 루이에게 "프랑스 국왕"이라는 칭호를 사용하였으며, 프랑스 국내외를 막론하고 왕당파의 성공여부의 가장 중요한 요소는 교회의 지지여하에 달려있었다. 또한 모험가요, 반역자였던 나폴레옹의 입장에서는 종교적인 지지보다도 그에게 더 합법성을 부여할 수 있는 것은 없었다. 또한 그는 앞으로 스스로 군주의 자리에 오를 야심을 가지고 있었다. 라파엣(Lafayette)은 나폴레옹이 원래 "그 늙은 여우"라고 불렀던 교황을 이제 "가장 거룩하신 아버지"라는 이름으로 불렀다는 소리를 듣자, 곧 나폴레옹의 속셈을 알아차렸다. 그는 "머리 위에(대관식의) 성유를 바르고 싶다고 솔직하게 고백하지 그래"라고 야유하였다.

또한 프랑스 국내의 안정을 위해서도 나폴레옹으로서는 헌법파와 논쥬러 교회들 사이의 분쟁을 종식시켜야 할 필요가 있었다. 그렇게 되면 전체 교회를 자기 정책의 수행을 위하여 이용할 수 있게 될 것이었다. 만약 필요하다면 그는 헌법파 교회를 이용하고자 하였으며, 이를 위해서 콩코르닷을 위한 협상을 벌이는 와중에서 그들이 파리에서 전국회의를 개최하는 것을 허락하였다. 그러나 헌법파 교회의 범위는 프랑스 국내에 국한되어 있었으며, 나폴레옹의 꿈은 이보다 훨씬 더 광활하였으므로, 헌법파 교회들만으로는 성에 찰 수 없었다. 그는 스스로 후에 고백하였듯이, 자신은 하나님으로부터 유럽 전체의 황제로서 불리움을 받았다고 느끼고 있었다. 스페인, 이탈리아, 남부 독일 주민들 대부분은 로마 교황의 권위를 인정하였으므로, 나폴레옹은 교황이 매우 "유용한 도구"가 될 수 있다고 확신하였다. 나폴레옹은 또한 준정치조직으로서 존재하고 있었던 로마 교회의 모습에, 하나의 뛰어난 통치기구로서 존경의 염을 품고 있었다. 그리하여 그는 내키지 않은 그의 장군들, 행정가들 그리고 입법부를 강제하여 콩코르닷을 인정하도록 하였다.

그러나 국가의 측면들로부터 이러한 동기들로 성취되었던 콩코르닷은 교회의 역사상 완전히 새로운 존재였다. 그 이전의 콩코르닷들, 예를 들어 15세기의 콩코르닷들은 교황청과 카톨릭 영주들 사이의 문제들을 정리하고 결정하였으며, 이는 하나의 기독교 공동체 속에 소재한 이중적인 직원들로 간주되고 있었다. 그러나 이제 국가가 더 이상 카톨릭이나 기독교 국가라고 할 수 없었다. 또한 이 콩코르닷에서 작성되었던 문서에서도 로마 카톨릭을 "국교"라거나 혹은 "우월한 종교"라고도 인정하지 않았으며, 단지 "프랑스 국민

다수의 종교"라는 통계적 정의를 시도하였을 뿐이었다. 물론 국가의 수장은 카톨릭이라는 허구적 진술을 포함하고 있었으나, 사실 이 콩코르닷은 기독교적인 혁명 후 국가와 교회 사이의 조약이었다. 19세기 전반기의 가장 뛰어난 프랑스어 프로테스탄트 역사가였던 알렉산드르 비네(Alexandre Vinet)는 이를 가리켜 이제 나이든 혁명과, 그 오래된 종교로 대변되는 옛 프랑스 사이의 "편의를 위한 결혼"이라고 묘사하였다. 그리하여 구체제 아래서 국가와 유기적 연합의 모습을 보였던 옛날과는 상이한 교회의 모습이 있었다.

1801년 콩코르닷은 교회 재산의 박탈과 성직자들의 급료를 지불할 권한이 정부에게 있음을 기정 사실로 정당화해 주었다. 그리하여 혁명으로 말미암았던 교회의 재정적 피해는 다음 세기에 안정되었다. 그리고 국가 내에서 한 "계급"으로 인정받았던 성직자들의 헌법적 위치는 이제 사라지게 되었다. 이제 그들은 종교적으로 중립적인 국가의 법 앞에서 다른 일반시민들과 전혀 차이가 없는 평범한 시민들에 불과하였다. 예배의 자유가 확립되었다. 그뿐 아니라 "루이 18세"의 저항에도 불구하고 교황청은 이제 독재자 나폴레옹에게 옛 체제가 가지고 있었던 주교들의 임명권을 주었다. 또한 주교들에게만 충성의 서약을 요구하였던 과거와는 달리 이제 모든 성직자들은 다 국가에 대한 충성을 서약해야 했다.

분열을 종식시키기 위해서 나폴레옹은 교황에게 모든 주교들의 사임을 받도록 요구하였다. 이는 교황에 대한 충성 때문에 많은 박해를 받았던 논쥬러파 주교들의 희생을 의미하는 것이었다. 그러나 교황의 입장에서 보건대 전례가 없는 국가 전체 주교들을 해임시킬 수 있다는 사실은 울트라몬탠파적인 교회의 세력강화를 의미함으로 기꺼운 일이었다. 이때 논쥬러파 주교들 가운데 거의 반 이상이 그 주교구를 포기하기를 거부하였다. 그러나 이들은 모두가 추방상태에 있었던 인물들이었다. 이들은 한곳에 모여 분파를 조직하였으나, 프랑스 내에서 나폴레옹은 교회를 숙청할 수 있었다. 또한 그는 헌법파 성직자들 가운데 열 명을 새로운 주교들 속에 포함시켰다. 이들은 마지못해 자기들의 이전 입장을 철회할 것을 다짐한 후에 교황의 추인을 받았다. 교황의 입장에서 볼 때 이제 분열이 종식되었으며, 프랑스 교회는 다시 한번 교황청과의 연합 상태에서 그 작업을 개시할 준비가 된 것이었다. 또한 실질적으로 볼 때 교황은 오직 나폴레옹과의 협력할 때에만 서구 유럽의 재조직 작업에 참여할 수 있었다.

6. 유기적 조문들

그런데 나폴레옹은 콩코르닷 조약본문에 일련의 행정규칙들을 첨가하여 이 협약의 성격을 실질적으로 바꾸어 놓았다. 이러한 "유기적 조문들"의 삽입은 혁명 후 국가의 입장에서 볼 때 바티칸과의 콩코르닷이 서로 동등한 양편 사이의 조약이 아니라, 주권국가에서 일방적으로 변경할 수 있는 일련의 교회 법규들에 불과함을 의미하고 있었다. 이러한 조문들을 통하여 네 개 고올주의 신조문들을 모든 신학교에서 가르칠 수 있게 되었으며, 일체의 교회회의들─교구 내, 메트로폴리탄 혹은 전국회의들을 막론하고─정부의 허가를 받아야 했으며, 일체의 교황 회람들, 사절들 혹은 전체 종교회의의 결정사항들이 프랑스에서 실시되기 이전에 정부의 동의를 얻어야 했다. 또한 교회의 치리에 불만이 있을 경우에는 세속법정에 항소하도록 하였다. 수도회들은 여전히 엄격한 통제하에 놓여 있었다. 혼인도 세속법정의 허가를 얻은 후에야 교회에서 식을 올릴 수 있었다. 교황은 이러한 유기적 조문들에 대하여 항의를 하였고, 특히 이 조문들이 일방적으로 통고된 사실에 대하여 불만을 표시하였으나, 이 때문에 콩고르낫 자체를 파기할 입장은 못되었으므로, 이러한 교황의 불만은 별성과를 얻지 못하게 되었다.

정부관리들은 대부분이 이 콩코르닷을 지지하지 않았으나, 국민 다수의 지지를 얻었던 것은 확실하다. 나폴레옹은 이제 프랑스 내에 다시 로마 카톨릭교를 수복하였다는 칭송을 받게 되었다. 그런데 콩코르닷이 교회 내에서 야기시켰던 움직임은 나폴레옹이 원래 의도하였던 바와는 정반대였다. 그는 교황세력을 최소한으로 줄이면서 고올주의적인 교회를 수립하고자 하였다. 그러나 국가의 심대한 압력에 반발하였던 프랑스의 주교들은 점차 교황 측으로 기울어지는 모습을 보이게 되었다. 그리고 콩코르닷에 포함된 몇 조항들은 울트라몬탠주의자들의 입장을 효과적으로 강화시켜 주었다.

7. 나폴레옹 제국의 확장

이제 나폴레옹의 제국주의적 야망은 더 확실하게 드러나게 되었다. 이탈리아의 피이드몽 지방은 1802년 프랑스의 한 지방으로 병합되어서 콩코르닷 시행지역 안으로 흡수되었다. 1801년에는 나폴레옹이 직접 "시살핀 공화국" 헌법을 작성하여 이곳의 실권을 장악하였다. 이 공화국을 위하여 새로운 콩코르닷이 협상되었는데, 로마 카톨릭을 이 지역의 국교로 지정하였으므로, 교황의 입장에서는 이전보다 유리한 것이었다. 그러나 이 콩코르닷 역시 이전과 마찬가지로 요세프적인 성격을 지닌 유기적 조문들을 포함하고 있었다. 1805년 나폴레옹은 롬바르디 지방의 왕위에 올랐으며, 그 후에는 그가 몰락할 때까지 이탈리아를 지배하였다.

마찬가지로 홀랜드 지방에서도 프랑스 세력이 점차 더 강성해졌다. 1795년 국왕 윌리엄 5세가 도주하였으며, 국회는 공화정체를 표방한 헌법을 제정하고, 국교제도를 폐지하였으며(이제까지는 개혁파 교회가 국교의 위치를 차지하고 있었음), 로마 카톨릭 신자들에게도 동등한 참정권과 공민권을 부여하였다. 프랑스의 본을 딴 혁명정부(Directory)가 1798-1801년까지 집권하였으며, 그 후에는 나폴레옹이 쿠데타를 조종하여, 자기가 직접 실권을 장악하였다. 결국 1806년에는 자기 동생 루이 보나팔트를 통치자로 세웠다. 프랑스에서와 마찬가지로 국립교육제도가 수립되었고, 국민학교에서는 도덕과 종교사를 교수하였으나, 그 외의 종교교육은 폐지시켰다.

스위스도 홀랜드와 마찬가지로, 국가의 성격이 혁명적인 변화를 겪으면서 이곳의 개혁파 교회의 위치가 흔들리게 되었다. 이곳에는 마치 연방헌장 아래서 미국이 그러하듯이, 각각 주권을 가진 캔톤(Canton)들이 한곳에 모여 연맹체를 이루고 있었다. 이러한 캔톤들은 귀족적인 붕당들에 의하여 다스려지고 있었다. 인구가 많고 진보적인 캔톤들은 주로 개혁파 교회에 속해 있었고, 반면에 전체 인구의 2/5 가량이 속해 있는 "삼림 캔톤들"은 로마 카톨릭에 속해 있었다. 1790년대 혁명운동의 결과로 "헬비틱 공화국"이 성립하여 공민 평등권과 양심의 자유를 보장하였으며, 대부분의 봉건적 부담들을 폐지시켰다. 혁명정부가 이에 간섭하여 스위스를 악랄하게 착취하였다. 나폴레옹은 정부의 부정부패와 혼란을 조장하여, 1803년 자기가 내정에 간섭할 수 있는 기회를 포착하였다. 그의 "조정법"(Act of Mediation)은 전통적인 연방제와 새로운 통일국가의 체제를 교묘하게 타협시킨 것으로서, 스위스는 나폴레옹이 몰락할 때까지 프랑스의 위성국가 신세를 면치 못하였다.

8. 독일

잡다한 군주들이 복잡하게 한곳에 모여있었던 독일에서도, 나폴레옹의 출현은 웨스트팔리아 화약 이래 가장 중요한 변화를 가져오게 되었다. 라인강 좌편 지역은 벨기움과 같이 1814년까지 프랑스로 병합되었다. 이들은 거의 독일에 대한 애국심이 없었으며, 단지 봉건제도의 종식을 환영하였으며, 이에 따른 경제적인 부유를 누리게 되었다. 이들은 프랑스의 경우와 동일한 종교적 상황에 처하게 된다. 그런데 루네빌 조약(The Treaty of Lunéville, 1801)은 이러한 프랑스의 병합책으로 말미암아 영토를 상실하였던 독일 영주들은 라인강 동편의 교회 영주들의 영토를 차지할 수 있다는 원칙을 포함하고 있었다. 나폴레옹은 이를 통하여 독일 내의 동맹자들을 만들고자 하였던 것이다. 다이엇(독일제국의회)은 교회 영주들의 반대에도 불구하고 이러한 원칙을 받아들이게 되었다. 그런데, 실질적인 노획물의 분배는 파리에서 경매의 형식으로 이루어지게 되었다. 나폴레옹은 개별적으로 영주들과 조약을 맺고 이들의 영지들을 할양해 주었다. 이러한 조처는 1803년 다이엇에서 법안으로 통과되었다.

이러한 조처의 결과 독일 인구의 1/6과, 1천7백 평방마일 가량의 영토가 재분배되었다. 3백만(이는 당시 미합중국 전체의 인구보다 많은 숫자였다) 이상의 인구들이 비교회영주 지역으로 옮겨갔는데, 이들은 주로 프로테스탄트 정부 아래 놓이게 되었다. 쾰른과 트리에르의 대주교구는 폐쇄되었으며, 29개의 주교구들및 다수의 수도원들도 같은 운명에 처하게 되었다. 1806년에는 거의 2백 개 이상의 영주국들이 지도에서 사라져서, 겨우 100개 이하가 잔존하게 되었다. 이로 인하여 가장 이익을 본 것은 바바리아, 바덴, 뷔르템베르그, 그리고 특히 웨스트팔리아 지방에서 5십만 이상의 인구증가를 보았던 프러시아였다. 그리하여 합스부르크 왕가의 위치는 격하되었으며, 선거후들 가운데는 프로테스탄트가 다수를 차지하게 되었다. 대부분의 옛 독립 영주 귀족들은, 교회 영지들과 동일한 신세로 그 영토들을 상실하였으며, 중세 독일의 봉건제도는 실질적으로 그 종말을 고하였다.

이 과정은 나폴레옹의 재촉에 따라 이들 영주국들이 프랑크푸르트 다이엇에서 세속적인 "라인 연맹"(Confederation of the Rhine)을 결성함으로 절정에 달하게 되었다. 이들은 신성로마제국으로부터 이탈하였다. 그리하여 황제로서는 샤를마뉴 대제 이후 로마 카톨릭 교회를 독일의 정치체제로 묶어놓았던 제국을 해산할 수밖에 없었다.

이러한 정치적 변화들로 말미암아 독일의 종교적 재조직이 필요하게 되었다. 프로테스탄트와 로마 카톨릭 영지들 가운데 종교적 소수집단들이 포함됨으로, 영주의 종교가 그 지역의 종교가 된다는 원칙(cuius regio, eius religio)이 무너지게 되었기 때문이었다. 그리하여 이제 종교자유와 동등권의 인정은 불가피한 상태였다. 로마 카톨릭적인 교회-국가들은 사라지게 되었으며, 이와 함께 영주-주교 체제를 주창하였던 페브로니우스주의도 막을 내리게 되었다. 프랑스에서와 마찬가지로, 이러한 조치는 수년 후에 울트라몬태니즘을 앙양시키게 되었다. 로마 카톨릭 교구들은 재정리되고, 새 정부들과의 협상에 임하지 않을 수 없게 되었다. 그러나 이러한 협상들은, 과연 각 국가들이 개별적으로 교회와 회담을 벌여야 하는지, 아니면 전체 제국을 위하여 한 개의 콩코르닷을 개최할 것인지의 문제로 지연되었다. 요세프주의가 강세를 보이고 있었던 바바리아 지방에서는 프랑스와 같은 콩코르닷, 즉 "철학과 종교 사이의 공식적인 동맹"의 형식을 선호하였다. 마인즈의 전임 선거후 대주교였으며, 나폴레옹이 전독일의 최고 성직자로서 임명하고자 하였던 달베르그(Dalberg)는 전체 독일을 위한 단일 콩코르닷을 원하였다. 그러나 오스트리아의 황제는 자기 혼자만이 독일 영주들의 문제를 해결해야 할 것이라고 주장하였다. 교황은 독립된 독일 국교가 출현할 가능성과 아울러 나폴레옹이 독일 콩코르닷에 결정적인 영향을 미쳐 그 성격을 결정해 버리지나 않을까 우려하였다. 그러나 나폴레옹만이 독일 내의 실질적인 세력이었으므로, 그의 의사 외에는 아무것도 실현될 수가 없었다. 이러한 각 세력들의 이해관계가 얽히고설켜서 협상은 수년간이나 지체되었다.

나폴레옹 통치하에서의 혁명적 전통은 마지막으로 라틴 아메리카에 어떤 영향을 미쳤는가? 스페인으로부터의 독립을 선언하였던 일련의 움직임들은 구체제의 귀족층이나 군주제도와 불가분하게 유착되었던 로마 카톨릭 교회에 대한 전형적인 반동의 모습을 보여주고 있다(제24장, "라틴 아메리카" 항 참조).

한편 나폴레옹은 프랑스에서 1804년 세습황제의 자리를 차지하였다. 그가 샤를마뉴의 묘소를 참배한 데서도 나타나듯이 그는 단지 프랑스를 통치하는 군주가 되고자 하였던 것이 아니었다. 그는 합스부르그가 프랑시스의 반대와, 왕당파 드 마이스트르(de Maistre)의 비판에도 불구하고 파이우스 7세 교황에게 대관식에 참석하여 자기에게 제관을 씌워주도록 요청하였다. 그러나 이때에도 나폴레옹은 교황의 손에서 황제의 관을 받아쓰는 대신에, 자기

제10장 나폴레옹과 콩코르닷 151

손으로 제관을 머리 위에 씌움으로서 교황의 상징적 명예마저도 빼앗는 행동을 하였다. 그리고 제위세습에 관련하여 필요하였던 이혼을 교황이 인정하기를 거부하자, 일찍이 영국의 헨리 8세가 그렇게 하였듯이, 프랑스의 고위 성직자들을 시켜서 이를 선포하도록 하였다.

9. 교황과 교황령의 압류

유럽 대륙 전체를 통치하고자 하였던 나폴레옹의 야망은 그로 하여금 교황령들을 다른 세속영지와 동일하게 취급하도록 만들고 말았다. 교황 파이우스가 영국, 스웨덴, 러시아군에 대항하여 교황령의 항구들을 봉쇄하기를 거부하자, 프랑스군이 진주하여 이러한 봉쇄령을 실행하였다. 그 후에는 로마의 외항이었던 키비타 베키아(Civita Vecchia)도 점령하였다. 마지막으로 1809년에는 교황령들을 합병하여, 교황의 세속적 권력은 막을 고하게 되었다. 나폴레옹은 오랫동안 이러한 방향으로 교황을 몰아가고 있었으며, 자기가 비록 교황의 영적인 권한은 인정하지만, "나는 당신의 황제"라고 하였다. 그는 교황이 파리에서 자기 옆에 기하면서 유럽의 로마 카톨릭 문제들을 자기가 원하는 대로 지시해 주기를 원하였다. 그는 마치 콘스탄틴이나 테오도시우스와 같은 위치를 차지하고자 하였다.

파이우스가 프랑스 점령에 대항하여 파문령을 내리자, 나폴레옹은 그를 납치해다가 프랑스에 연금하였다. 이제 나폴레옹의 포로로서 그가 가진 무기 중의 하나는 일체의 교회를 위한 업무를 시행치 않는 것이었다. 특히 공석이 된 주교좌에 황제가 지명하는 인물을 임명하기를 거부하는 것이었다. 거의 5년 간이나 이 노인은 이렇게 황제에게 대항하였다(1809-1814). 그는 결정적인 문제들에 있어서 황제에게 일단 굴복한 적들도 있었으나, 항상 그 후에는 마음을 바꾸어 이를 취소하였다. 그 동안 나폴레옹은 100명 이상의 이탈리아와 프랑스 성직자들이 모인 회의를 위협하여 자기의 뜻을 관철시킬 수가 있었다(1811). 이처럼 교황이 국가에 의연히 대결하는 모습은, 18세기 도덕적 나태에 빠져있던 교황직을 구원해내어, 19세기의 새로운 울트라몬태니즘을 일으키는 데 한 몫을 담당하였다. 1814년과 1815년의 나폴레옹의 몰락과 함께 교황은 16세기 이후 소유하지 못하였던 새로운 특권과 명예를 가지고 다시 출현하였다. 그러나 로마 카톨릭 교회와 유럽 여러 국가들의 관계를 분석해 볼 때, 복고주의의 갖은 노력에도 불구하고 이제 구체제는 완전히 사라진 것이 분명하였고, 콩코르닷이 이러한 새로운 시대의 상징이라고 할 수 있었다.

제11장
개혁파 교회와 국가들

　19세기의 개혁파 교회들은, 국가들의 세속화 압력으로부터 벗어나고자 최대의 노력을 기울인 면에서 루터파나 앵글리칸보다도 로마 카톨릭에 더 가까운 모습을 보였다. 아마도 이러한 교회와 국가 사이의 갈등에 몰입해야만 하였던 때문인지, 개혁파 교회들은 이 시대에 뛰어난 신학적 업적을 이루지는 못하였다. 이 점에서도 로마 교회와 비슷하다.
　18세기 말엽 개혁파 교회들은 그 종교적 활력에 있어서 최저의 상태에 달하였는데, 특히 프랑스 혁명이 이들 위에 밀어닥쳤을 때 대륙에 있던 개혁파 교회들은 더욱더 취약한 상태에 있었다. 이들은 19세기 초의 각성운동으로 원래의 모습을 회복하게 되었다. 이 각성운동은 모라비안 세포조직에 근거하기도 하였으나, 그 주된 자극을 제공하였던 것은 영국의 복음주의였다. 교회의 강단들, 신학교 교수직, 교회의 행정직은 주로 도덕적 이성주의자들이 차지하고 있었으므로, 그 부흥운동은 웨슬레가 영국에서 경험한 바와 같은 정도의 박해를 이겨내면서 진행되었다. 일단 세력을 장악한 신학적 자유주의는 신학적 보수주의에 못지않게 편협한 태도를 보였으며, 자기들과 다른 의견과 사상을 가진 이들의 양심의 자유를 인정하지 않았다. 로마 카톨릭뿐 아니라 프로테스탄트 정부들 역시 부흥운동에 의하여 새로이 수립되었던 교회 권위의 영적 원천에 대한 존경심 없이 교회문제를 제한하고 다스리고자 하였다. 그리하여 각처에서는 교회와 국가 사이의 갈등이 발생하게 되었다. 대부분의 지역들에서는 정부조직으로부터 교회들이 분리되어 국교와 함께 자유교회들이 공존하는 모습이 나타나게 되었다. 그러나 남아있는 국교들 안에서도 일반적으로는 영적 독립의 원칙이 주된 형태로 성립하였다.

여기서는 독일과 독일어 사용권 스위스에 소재한 개혁파 교회들에 관한 것은 다루지 않기로 한다. 이는 아마도 독일 루터파 교회의 모습에 관련하여 취급하는 것이 더 편리할 것이다. 그리고 헝가리와 트랜실베니아 지방의 개혁파 진영(이는 아마도 스코틀랜드, 홀랜드, 프랑스나 스위스보다 더 큰 세력이었을 것이다)의 역사는 주로 로마 카톨릭측의 박해에 저항하던 암울한 시대의 기록이었다. 마리아 테레사(Maria Theresa) 치하에서의 박해가 너무나 극심하였으므로, 그 반동적인 복수극을 염려하였던 교황이 그녀에게 지나친 조처를 삼가하도록 종용할 지경이었다. 요세프 아래서의 종교정책은 프로테스탄트들에게 약간의 종교의 자유를 인정해 주었으며, 다수 카톨릭 신자들도 계몽주의의 영향을 받게 되었으므로, 메테르니히(Metternich)와 복고시대에는 로마 카톨릭 평신도들이 프로테스탄트에 대한 정부의 정책에 반대할 정도가 되었다. 그러나 1848년 발생하여 실패로 끝났던 헝가리 독립운동의 결과로 가장 혹심한 처벌대상이 되었던 것은 역시 프로테스탄트 신자들이었다. 1850, 1860년대에 성립하였던 성직자들의 정부하에 기독교들은 마리아 테레사 시대에 못지않게 혹심한 박해를 다시 감수해야 했다. 사도와(Sadowa)에서 오스트리아가 패전한 후에야 헝가리의 프로테스탄트 신자들에게는 종교의 자유가 주어졌다. 이러한 상황 속에서, 프로테스탄트 책자들은 출판이 금지되고, 신학생들은 외국으로 유학해야 했고(신학생들이 만약 있다고 하면), 교회의 통일된 조직체는 와해되어(1840년대 잠깐을 제외하고는), 교회는 고작 생존을 위하여 투쟁하는 것이 고작이었다. 프랑스에서와 마찬가지로, 헝가리에서도 개혁파 교회는 현대교회사에 있어서 가장 혹심한 박해를 감내하였던 종교집단으로서 그 이름을 남기게 되었다. 거의 모든 촌락에 소재하였던 교인들이 예외없이 박해를 경험하였으며, 신자들은 겔리 선에 노예로 잡혀가고, 자녀들은 납치되었으며, 재산은 박탈당하고, 폭도들의 사형과, 법률에 의한 처벌들을 감수하였다. 그런데 비교적 온건한 박해 아래서 로마 카톨릭들이 보잘것없는 소수파로 남게 되었던 아일랜드와는 대조적으로, 헝가리와 프랑스의 억압받는 개혁파 교회는 그 근면성, 교육, 문화, 재산 등에 있어서 이웃의 로마 카톨릭들을 항상 압도하는 모습을 보여주었다.

1. 프랑스 혁명과 나폴레옹이 미친 효과

　프랑스, 스위스 그리고 홀랜드의 개혁파 교회들은 모두 프랑스 철학자들로부터 많은 영향을 받았으며, 로마 카톨릭과 함께 프랑스 혁명과 나폴레옹의 종교정책하에서 많은 피해를 감수해야 했다. 계몽주의의 일차적 효과는 종교의 자유와 기존세력의 약화를 의미하는 것이었다. 1787년에는 혼인, 장례, 개인적인 예배 등에 있어서 프랑스 프로테스탄트들에게 보다 많은 권리가 주어졌으며, 1789년의 혁명을 통해서는 공무원이 될 수 있는 권한을 얻게 되었다. 그런데 제네바와 홀랜드에서는 이제까지 개혁파 교회 신자들에게만 주어졌던 공무원 자격을 로마 카톨릭에게도 허락해 주었다. 이러한 법 앞에서의 종교적 평등의 원칙은, 국가의 종교적 중립성의 원칙이, 비록 항상 실제로 준수된 것은 아니라 할지라도, 그 후 프랑스 법에서는 영구히 간직되었다.

　공포정치의 반(反)종교적 단계에서는 프로테스탄트들도 로마 카톨릭과 비슷한 고초를 겪게 되었다. 또한 개혁파 교회가 다수를 차지하고 있었던 홀랜드와 "바타비안 공화국"에서는 프랑스 혁명의 반성직자주의의 피해를 더욱 크게 입어야만 하였다. 그리고 프랑스에서는 개혁파 교회가 나폴레옹의 패배 이후 "백색 공포"의 가장 큰 피해자가 되었다. 거의 수개월 동안 정부는 남부 프랑스의 폭도들이 프로테스탄트 신자들을 학살하고, 부녀자들을 폭행하도록 방관하였으며, 모든 프로테스탄트 예배는 중지되었다.

　이러한 모든 국가들에서 개혁파 교회의 주류는 이성주의적 도덕주의라 할 수 있었다. 따라서 교회의 회복은 적극적으로 시도되지 않았으며, 주된 열망은 단지 평화를 유지하고자 함에 불과하였다. 당시 교회들의 성격이 어떠했는가는 이들이 기꺼이 받아들였던 정부정책들에서 짐작할 수 있다. 나폴레옹의 콩코르닷과 유기적 조문들은 로마 카톨릭뿐 아니라, 개혁파 교회들에도 그대로 적용되었다. 독재자 나폴레옹은 독립 교회를 두려워하였다. 그는 회중들의 조직을 억압하고, 각 지역 혹은 전국적인 회의들을 금지시키고 신앙고백적인 기반들을 일체 교회를 위하여 남겨두지 않았다. 그 자체의 권위의 기반을 가진 자치적인 공동체가 되는 대신에 프랑스 개혁파 교회는 그 후, 국가가 지명한 부유한 시민들로 구성된 이사회에 의하여 지도되는 수동적인 평신도들의 단체가 되었다. 목회자들은 국가에서 봉급을 받게 되었으며, 회중들의 조직이 부재하였으므로, 신자들보다는 오히려 정부에 더 의지하는 모습을 보이게 되었다. 그런데 흥미로운 것은 프랑스 프로테스탄트들이 아무런 저항없이 이러한 조처들을 수용하였으며, 마침내 자기들이 로마 카톨릭과 동등한 위치에 서게 되었다고 생각하였기 때문인지 이러한 정부 정책을 고맙게 생각하게 되었다는 점이었다. 이들이 다시 깨어나, 자기들의 마비 상태를 깨닫고, 콩코르닷에 의하여 수족이 묶여있었다는 사실을 발견하기까지는 수년의 기간이 소요되었다.

네덜란드에서도 이와 마찬가지로, 무력한 개혁파 교회는 국가의 교회 내정 간섭에 대하여 별다른 저항을 하지 않았다. 1795년 이후 20년 동안, 프랑스 정부는 강압적으로 교회들을 취급하였으며, 이 기간에 네덜란드에서 가장 인기있던 저자들은 페인(Paine)과 프리스트리(Priestley)였다. 비엔나 의회는 오렌지가를 다시 영입하였으며, 윌리암 1세 국왕 통치하에서 벨지움과 홀랜드를 병합하였다. 이는 또 다른 프랑스측의 침략에 대비하여 중간의 완충지대를 마련하려는 의도였다. 그리고 국왕 윌리엄은 비록 명목상으로는 개혁파 신자였음에도 불구하고, 나폴레옹과 다름없는 독단적 종교정책을 시행하였다. 그는 1816년에는 새 헌법을 마련하여 스스로 개혁파 교회의 대표자가 되었다. 이에 따라, 새 정부에 의하여 임명되었던 "레글멘트"(Reglement)라는 기관이 루터파의 '당회'(consistory)를 대체하는 모습을 보이게 되었다. 왜냐하면 개혁파 교회의 대회는 교회에 의하여 선출되었기 때문이었다. 그리고 새 헌법하에서 최초로 소집된 대회는 목회자들에게 새로운 서약을 요구하였는데, 이는 교회가 표방한 신앙고백에 대한 책임을 면제하도록 고안되어 있었다. 암스텔담 노회는 이러한 국가의 간섭에 대하여 반대하였으나, 아무런 성과도 거둘 수 없었다. 그리고 국가기관인 "예배성"(the Ministry of Worship)이 로마 카톨릭을 제외하고는 모든 교회들에 대하여 무제한적인 권한을 행사하였다. 그리고 프랑스에서와 마찬가지로 국가의 통솔체제가 마련되었는데, 이 때문에 수 세대를 두고 논란이 그치지 않았다.

2. 스위스

스위스에서도 이와 마찬가지로 개혁파 교회는 혁명과 나폴레옹 시대를 거치면서 국가에 의존하는 형태가 되었다. 이러한 경향은 특히 프랑스어를 사용하는 캔톤들에게서 더 심하게 나타났다. 정부는 주권국가들의 연맹체와 같은 형태였으며, 교회들은 네덜란드의 총회와 같은 전국적인 조직체를 갖추지 못하고 있었다. 제네바는 개혁파 이성주의의 본부가 되었다. 18세기 초에 칼빈주의 신경들에서는 죄와 은혜에 관한 부분들이 삭제되었으며, 루소와 볼테르는 "수치심에 가득 찬 소시니안들"이라고 제네바 목사들을 모욕하였다. 혁명시기 중에 교회에 대한 존경심은 사라지게 되었다. 1805년 제네바는 성경을 이성주의적으로 재해석하여 발간하였으며, 프랑스 개혁파 교회들은 이를 사용하기를 거부하였다. 이제 자가세습적인 귀정정체의 모습을 띠고 있었던 목사회는 보다 장려한 예배의식으로서, 상실된 신앙적 내용을 메우고자 하였다. 그러나 대륙의 부흥운동이 시작되었던 것은 바로 이 유니태리아니즘(Unitarianism, 그리스도의 신성을 부인하는 일신론)의 중심지로부터였다.

3. 부흥운동: 스코틀랜드

제네바와 프랑스의 부흥운동을 이루었던 가장 중요한 자극이 스코틀랜드에서부터 왔으므로, 우리들은 이 나라의 부흥의 모습을 먼저 살펴보도록 하자. 스코틀렌드의 복음직 부흥운동의 시삭은 1790년대로부터 볼 수 있을 것이다. 부유한 평신도였던 홀데인(Haldane) 형제는 전도운동, 예배당 건축, 주일학교, 그리고 스코틀랜드 각처에 콘벤티클을 세웠던 평신도 지도자들이었다. 1799년 교회 내의 "온건파"들이 순회전도자들에게 강단을 주지 않는다는 법안을 통과시켰다. 그런데 영국의 경우와 마찬가지로 이곳에서의 복잡한 이해관계가 기존 국교 아래서는 새로운 교구의 성립을 거의 불가능하게 하였으므로, 일반 신자들의 대중적인 신앙운동을 제대로 돌볼 수 없었으며, 이에 따라 영국에서와 마찬가지로 부흥운동의 유익을 얻은 것은 기존 국교가 아니라, 다양한 분파들이었다. 부흥운동의 가장 뛰어난 설교가였으며, 교회행정가였던 토마스 챌머스(Thomas Chalmers)는 1811년 도덕적인 "온건주의"에서 복음주의로 전향하였던 인물이었으며, 1815년에는 글래스고우 최고의 설교가로 불리우고 있었다. 그는 주일학교의 대변자였을 뿐만 아니라, 글래스고우와 에딘버러 빈민가에 교구 빈민구제제도를 창안한 인물이기도 하였다. 그의 구제제도는 국가의 구제제도보다도 더 우수한 모습을 보이고 있었다. 그의 제도는 집사제도를 대규모적으로 응용한 것이 기초하고 있었으며, 빈민가에서 실질적인 공동체적이요, 상호원조적인 구호활동을 활발하게 펴나

갔다. 독일의 내지선교운동(German Inner Mission) 역시 챨머스의 사역에 영향을 받은 것이었다. 1790년대에 온건파들에 의하여 주도되었던 총회에서 부결되었던 해외선교활동은 1820년대에 가결되었으며, 알렉산더 더프 (Alexander Duff)가 스코틀랜드 교회의 찬란한 해외선교사의 제1장을 열게 되었다. 그 후, 주일학교운동, 금주운동 그리고 기독교청년회(Y.M.C.A.) 등이 복음주의 물결을 타고 계속되었다. 1834년에는 온건파들 대신에 복음주의자들이 총회를 장악하여 스코틀랜드 기독교의 주류가 되었다.

4. 제네바

한편 제네바에서는 1810년 모라비안들의 영향을 받았던 일단의 대학생들이 신앙단체를 조직함으로서 부흥의 첫 표식이 되었다. 1813년 순회전도자가 되어 짜르 알렉산더의 "신성동맹"(Holy Alliance)을 결성시키는 데 결정적인 역할을 하였던 러시아 공주 크루데너(Krudener) 부인이 이곳을 방문하여 새로운 자극을 주었다. 그러나 가장 중요한 사건은 로버트 홀데인을 비롯한 일련의 영국 복음주의자들이 이곳을 방문하였던 것이다. 로버트 홀데인은 신학생들을 대상으로 하여 세미나를 열고, 이들이 펠라기우스주의자였던 교수들로부터는 일찍이 들어보지 못하였던 복음주의적 교리들을 소개하였다. 그리하여 그 후 수십 년 간 프랑스, 프랑스어권 스위스, 벨지움, 홀랜드 그리고 독일 등지에 심대한 영향을 미칠 일단의 목회자들이 이곳에서 양성되었다. 1817년에 회심한 카이저 말란(Caesar Malan)이 부흥운동의 가장 유명한 설교가요, 찬송가 작자가 되었다. 주일학교를 세웠다는 이유로 국교회에서 추방당한 그는 페르니(Ferney)의 변경지방으로 이주하여, 영국과 스코틀랜드의 도움으로 복음주의적 교회를 개척하였다. 그는 목사직도 박탈당하였으므로, 18세기에 어스킨(Erskine)이 창설하였던 스코틀랜드의 분파교회에 가입하였다. 그는 1820, 1830년대에 프랑스, 홀랜드, 독일, 영국, 스코틀랜드 등지에서 순회전도활동을 벌였다. 부흥운동의 또 다른 유명한 인물은 군인출신의 펠릭스 네프(Felix Neff)였다. 그는 런던에서 안수를 받고, 거칠고 황량한 프랑스령 알프스 산맥 지방에서 전도하였다. 그는 알사스 지방에서 활동하였던 오벨린(Oberlin)처럼, 그의 교구민들에게 전도함과 동시에 이들을 교육시키고, 각종 문명, 문화를 전달해주는 작업도 동시에 수행하다가,

31세의 나이로 과로사하였다.

복음주의자들은 '목사회'의 존재로 말미암아 해외에서 안수를 받아야 했다. 목사회는 모든 목회자들과 목사후보생들에게 그리스도의 신성, 죄와 은혜, 그리고 예정론들에 관하여는 설교하지 않겠다는 약속을 받아내어 부흥운동을 중단시키고자 하였다. 그리하여 이러한 조처에 반대하는 목사들은 1817년 제네바 자유 복음주의 교회(Free Evangelical Church of Geneva)를 결성하였다. 이들은 폭도들에게 습격을 받고, "모라비안들", "감리교 신자들"이라는 명칭들로 불리우는 모욕을 겪어야만 하였다. 그러나 영국과 프랑스 프로테스탄트들은 복음주의자들에게 동정적이었으며, 프랑스에서는 목사회의 서약서에 서명한 자들은 목회자로서 받아들이기를 거부하였다. 선교단체들이 조직되었으며, 캔톤 내의 교회에서도 1831년에는 복음주의적 단체들이 조직되었다. 1841년에는 복음주의자가 하나 대학교의 신학교수로 채용되어, 그 신학적 물결을 바꾸어 놓기 시작하였다. 그러나 19세기 말까지도 복음주의자들은 목사회에서 다수를 점하지 못하고 있었다.

5. 프랑스

한편 프랑스에서는 다시 왕위에 오른 부르봉 왕조 아래서 부흥운동의 모습이 최초로 나타나기 시작하였다. 말란, 네프, 모노드(Monod) 등 홀데인의 여러 제자들이 이곳에서 영향력을 미쳤다. 스콧, 챌머스, 어스킨 등 스코틀랜드와 영국의 복음주의 서적들이 널리 읽혔으며, 이전 프랑스 개혁파들의 저술도 다시 출판되었다. 복음주의 진영의 새로운 자발적 단체들도 조직되었다. 1819년에는 프랑스 성서협회가, 1821년에는 신앙서적협회가 조직되었다. 1822년에는 최초로 복음주의 선교협회가 형성되어 자기 이웃에게는 전도활동이 금지되었던 프로테스탄트가 남아프리카에 선교사를 파송하게 되었다. 마치 영국이나 미국에서와 마찬가지로 평신도 지도자들이 이러한 단체들에서 활약하였으며, "프랑스의 윌버포스"라 불리웠던 어거스트 드 스탈(August de Staël) 후작, 베어-후엘(Ver-Huell) 제독들이 두각을 나타내었다. 7월 왕조가 성립될 즈음에는 스위스와 마찬가지로 프랑스 프로테스탄트 진영도 양분되어서, (그 적수들에 의하여) 각각 "감리교도들"과 "이성주의자들"이라는 이름으로 불리우게 된다.

6. 네덜란드

　네덜란드의 경우, 부흥운동이 부분적으로는 토착운동이었으며, 부분적으로는 제네바의 자극을 받은 것이었다. 이들은 우선 암스텔담과 헤이그의 귀족층 그리고 식자층에서 드러나게 되었다. 시인이요, 역사가였던 빌더다익(Bilderdyk)이 과거의 영웅적 칼빈주의를 부흥시켰다. 1820년대에는 두 사람의 개종한 유대인들, 다 코스타(da Costa)와 카파도스(Capados)가 달변으로 당시 교회의 상황을 비판하였다. 그리고 제네바의 영향 아래서, 부흥운동의 지도자역을 맡게 된 그로엔 반 프린스터러(Groen Van Prinsterer)가 회심하였다. 홀랜드 복음주의자들의 인도적 사역들은 영국인들의 그것에 못지않았으며, 다양한 자선기구들, 다섯 개의 선교기구들, 성서협회 그리고 내지 선교회들을 통하여 맹렬한 활동을 벌였다. 그런데 국립 대학교들에서 양성되었던 목회자들의 대부분은 19세기 중엽까지도 부흥운동에 반대하였으므로, 부흥운동을 지도하였던 인물들은 대부분이 평신도들이었다. "레글멘트"에 속하였던 총회, 기타 교회의 행정지도기관들은 대부분이 이성주의자들이었다. 그러나 성직자들 가운데 흩어져 있었던 복음주의자들은 특히 농촌지방에서 따스한 환영을 받았는데, 이곳 주민들은 정부에 의하여 임명된 "불신" 목회자들을 혐오하고 있었다.

　1830년대 스위스, 프랑스, 스코틀랜드 그리고 홀랜드의 개혁파 교회들은 모두 교회의 신조와 치리에 관한 문제로 격렬한 논쟁에 휩쓸리고 있었다. 이 모든 경우들에서 새로이 부상하고 있던 복음주의자들은, 교회는 구체적인 신앙고백이 있어야 하며, 또한 국가의 관료제와는 별개로 그 자체의 행정기관들을 가져야 한다고 주장하였다. 그리고 이런 교회들은 모두 이러한 주장에 반대하는 이들에 의하여 통솔되고 있었다. 또한 복음주의자들도 자기들끼리 신조문제에 관하여 의견의 일치를 본 것은 아니었다. 예를 들어 영국에서도 예정론, 구속론, 성경의 영감들에 관한 이견들이 공존하고 있었다. 어떤 이들은 전통적인 정통주의를 회복하여, 예를 자면 도르트 신경과 같은 신앙고백을 온전하게 시행하고자 하였다. 그러나, 대부분은 십자가와 부활을 통한 죄와 구속의 기본적인 교리만으로 만족하고 있었다. 이들은 또한 국가와 교회 사이의 관계 문제에 있어서도 그 의견들을 달리하였다. 한편에는 원칙적으로 국가와 종교의 분리를 주장하는 이들이 있었으며, 다른 한편에는 교회의 독립을 요구하면서도, 국가로부터의 완전한 분리는 원하지 않는 이들이 있었다. 이러한 차이점들은 이 세기의 교회와 국가 사이의 논쟁을 통하여 잘 나타나게 된다.

7. 혼란

복음주의자들이 최초로 이성주의적 교회 지도층에 대하여 반란을 일으킨 것은 1830년대 초 홀랜드에서였다. 드 코크(de Cock)라는 이름의 젊은 목사가 엄격한 칼빈주의를 설교하였으며, 다른 교구 출신의 어린이들에게 세례를 주고 견신례를 베풀었다. 그는 또한 1807년 교회당국에서 출판한 찬송가를 비판하였다. 스코틀랜드에서와 마찬가지로 대부분의 홀랜드 시골 신자들은 시편만을 찬송하였다. 드 코크는 정직처분을 받았으며, 이에 순응하지 않자 면직되었다. 그의 회중들은 1834년 그를 좇아 국교에서 분리하였으며, 곧 다른 이들도 그 뒤를 따르게 되었다. 이 운동은 1834년의 총회가 성직자들을 위한 신앙고백을 거부함으로써 정당화되는 듯하였다. 이러한 거부는 곧 분리주의자들이 옳았다는 것을 증명하는 듯하였다. 당시 프러시아 지방에서와 마찬가지로(제12장의 "루터파 반동" 항을 보라), 국가는 우선 이러한 분리의 권한을 부인하고, 벌금, 투옥, 군대주둔 등을 통하여 이들 분리주의자들을 억제하고자 하였다. 이러한 박해하에서 분리주의자들은 거의 5만 명 이상으로 증가하였다. 분리주의자 지도자들 사이에 의견충돌이 생기자 숄테(Scholte)와 반 랄테(Van Raalte) 등이 상당 숫자를 거느리고 미 대륙의 아이오와 주와 미시간 주로 이주하였다. 이들은 그곳에서 독립교파를 세우고, 다른 개혁교파들과 밀접한 관계를 유지하고 있는데, 이는 마치 미주리 대회가 다른 아메리칸 루터교 교회 주류와 유지하고 있는 관계와 비슷하다. 그러나 그로엔 반 프린스터러와 같은 부흥운동 지도자들은 이러한 분리를 선호하지 않았으며, 부흥운동의 영향을 받은 대부분의 인물들은 대개가 국교 안에 남아서 이의 개혁을 시도하였다. 정부는 결국 1839년에 이들 분리파들을 정식으로 인정하였다.

이보다 훨씬 더 중대한 영향을 미쳤던 것은 1843년 스코틀랜드의 "혼란"(Disruption)이라는 위기였다. 스코틀랜드 개혁파 교회 안에서 볼 수 있었던 그 이전의 분열들과 마찬가지로 이 "혼란"은 후원자 제도(Patronage

System)를 두고 발생한 것이었다. 앵글리칸이나 루터파와 다른 개혁파 교회의 특색은 목회자가 해당 회중들에게 '청빙'을 받고 받아들여져야 한다는 점에 있었다. 그리하여 성직에 임명되기 위하여는 회중들의 동의가 필요하였다. 그런데 앤(Anne) 여왕 고파 앵글리칸 정부는 단지 스코틀랜드인들에게 본을 보여주자는 욕심으로, 이들에게 1712년 앵글리칸 교회 행정조직식으로 에라스투스(Erastus)주의의 후원자 제도를 강요하였다.

1834년 총회를 장악하였던 복음주의자들은 후원자 제도를 부분적으로나마 개혁하고자 하였다. 이 총회에서 통과되었던 "거부법"(Veto Act)은 회중이 후원자가 지명한 후보를 거부할 수 있도록 하였다. 그리하여 다른 후보를 고려할 수 있도록 하는 자격을 주는 것이었다. 그런데 회중투표에서 287대 3으로 거부당한 한 후보가 이 문제를 세속법정에 항소함으로 교회법령의 유효성 여부가 판단을 받게 되었다. 법정은 그의 편을 들어서 판결하였으며, 다시 이 문제가 상고되었던 영국 상원에서는 1838년, 회중이나 노회에게는 각 교구를 담임할 목회자의 자격을 심사할 권한이 없다고 결의하였다. 이러한 판례에 힘입은 성직자들은 교회법을 무시하였으며, 곧 이에 관련된 법원의 강제명령 요청들이 홍수처럼 쏟아져 들어오게 되었다. 그리하여 교회는 자격없는 성직자들을 치리하거나 혹은 면직시킬 수 없게 되었다. 그리하여 마치 프랑스, 홀랜드, 스위스에서 행정부가 그리하였듯이, 영국에서는 사법부가 교회의 독립성을 침해하고 있었다.

1842년 스코틀랜드 교회의 총회는 "법원의 위헌적이요 불법적인 권한 침해 행위"에 대항하여 엄숙하게 "권리의 요구"(Claim of Right)문을 발표하였다. 그러나 영국 의회는 스코틀랜드인들에게 비동정적이었고, 당시 앵글리칸 교회 내에 존재하였던 트랙터리안(Tractarians, 제14장의 트랙터리안 운동 항을 보라)들에게 교회의 독립에 대한 어떤 선례도 남기기를 두려워하여, 이에 대한 법률적 구제를 거부하였다. 그 결과 교회는 복종과 반항 중 양자택일을 해야 하는 처지에 이르게 되었으며, 바로 이 문제를 중심으로 1843년 총회를 위한 총대들이 선출되었다.

회의 벽두에 총회장은 현정부의 입장이 교회가 자유스럽게 총회를 열 수 없도록 만들었다고 선포하였다. 그는 영국 여왕의 대표에게 절한 후, 공식 항의문을 탁자 위에 올려놓고 회의장을 떠났으며, 그 뒤를 따라 거의 1천 명의 총대들이 함께 퇴장하였다. 거의 5백 명의 목회자들이 일체의 봉급, 사택 그리고 연금을 포기한다는 서약서에 서명하였다. 이들은 자기들이 부양해야 할 가족들의 운명과, 하나님의 지도하에 교회가 가져야 할 치리권 사이에 하나를 택해야 할 것을 알고, 이러한 결단을 내렸던 것이었다. 또한 이러한 "혼란"을 택하기로 결정한 회중들의 숫자는 또한 이보다 더 많았다. 729명의 목사들은 기존 교회에 잔류하였으나, 사람들은 가장 뛰어난 목회자들과 회중들은 이곳을 떠났다는 사실을 다 알고 있었다. 교회에 속한 모든 해외선교사들은 이 "혼란"에 동조하였으며, 각 교구 학교들에 속해 있던 4백 명의 교사들도 같은 길을 택하였다.

이러한 분열은 조심스럽게 준비되었다. 수개월 동안 행정과 조직력이 뛰어난 챌머스가 자유 교회를 위한 재정문제의 계획을 세우고 있었다. 그리하여 자유 교회는 1843년 6백여 회중들이 단 하나의 교회 건물도 없는 채로 시작하였다. 다행히도 그 해 여름의 날씨는 온화하였다. 5년 내에 이들은 7백 개의 교회당 건물을 건축하였다. 각 목사들에게 최소한의 봉급을 지급하기 위한 '비상기금'이 마련되었다. 1868년 자유 교회는 거의 천 개의 회중, 800개의 교회, 650개의 목사관, 600개의 학교들, 그리고 세 개의 대학들을 설립하였다.

이러한 당시의 '분리'는 사실, 1790년 이후의 분열교회와 회중파나 침례파 등과 같은 분리주의(스코틀랜드에서는 '자발주의'〈voluntaryism〉라 칭함)에 의거한 것은 아니었다. 챌머스는 말하기를 "우리들은 분리주의자들이 아니다. 우리들은 이미 오염된 기존 교회에 남아있지 않기로 결정하였던 것이다. 그러나 언제라도 순수한 교회로는 다시 돌아갈 것이다"고 하였다. 그는 이전에 기존 교회의 원칙을 능변으로 변호한 일이 있었다. 교회의 영적 자율권이 보장되고, 전체 교회 공동체에 속한 모든 영혼들을 목회할 수만 있다면, 그는 이러한 교회를 지지한다고 하였다. 이제 원칙적으로 자유 교회주의를 수용한다는 것은, 이전의 이러한 책임을 포기하는 것을 의미하였다. 반면에 분리주의자들은 국가가 그 어떤 종교활동도 재정적으로 지원해서는 안 된다고 주장하였다. 바로 이러한 문제들로 말미암아, 1860년대에는 자유 교회와 연합 장로 교회(United Presbyterians) 사이의 합작문제가 상당히 낙관적으로 진행되었으나, 1873년에는 부결되어, 그 후 한 세대 동안 다시 거론되지 못하였다. 또한 기존 교회와의 재연합이 가능하기까지는 이보다도 더 오랜 시간이 흘러야만 하였다. 그러나 1874년 의회에서 후원자법

(Patronage Act)이 통과됨으로써 가장 중요한 난관은 제거된 셈이었다. 이 법에 의하여, 후원자에게 약간의 보상을 해주고, 목회자의 선택은 전통적인 개혁파 교회의 형태를 따라 회중들이 결정하도록 하였다.

이러한 "혼란" 사건의 영향은 1840년대에 매우 심대한 것이었다. 심지어는 스웨덴 교회까지도 이에 자극을 받아 보다 더 많은 종교의 자유를 인정하게 되었다. 그리고 스위스와 프랑스에서는 이 모습이 즉각 재현되었다. 예를 들어 바우드(Vaud) 캔톤에서는 1820년대 이후 계속하여 복음주의자들의 콘벤티클들을 박해하고 있었다. 그 한 가지 중요한 결과는 이 때문에 알렉산더 비네가 종교의 자유를 변호하는 뛰어난 저술들을 남기게 되었다는 점이었다. 1830년에는 민주파가 정권을 잡았다. 그러나 이들은 민주주의도 군주제만큼이나 독재적일 수 있다는 사실을 보여주었다. 1839년 정부는 독단적으로 교회의 교리와 치리 두 가지 모두를 전복시켰다. 헬비틱 신앙고백과 함께 교회의 연결조직은 폐지되었으며, 국가의 통제를 받는 교회들이 고립된 교구 교회들의 형태로 남게 되었다. 비네는 사임하였으나, 정부가 목사들의 부흥회를 1845년에 금지시키기까지는 그 뒤를 따른 이들은 거의 없었다. 위원회는 바우드 교회는 "교회의 정부에 대한 굴종"을 뜻하는 것이라고 표현하였다. 결국은 이 대결에서 140명의 목사들이 탈퇴하여 겨우 89명만이 그 자리에 남게 되었다. 로잔 대학교의 신학교수들 대부분, 그리고 거의 모든 신학생들도 탈퇴하였다. 그러나 스코틀랜드에서의 현상과는 대조적으로 대부분의 평신도들은 목회자들을 따르는 대신 기존 교회에 잔류하였다. 정부는 이제 국교 밖의 모든 종교 집회를 금지시키고자 하였다. 그리고 어떤 경우에는 폭도들이 자유 교회의 예배를 방해하기도 하였다. 그럼에도 불구하고 자유 교회 대회가 소집되었으며, 비네의 지도 아래 교단 결성을 위한 준비 위원회가 회집하였다. 1847년 헌법과 신앙고백이 채택되었으며, 상당한 기금이 모이게 되었다. 스위스 밖으로부터도 재정원조가 답지하였다. 스코틀랜드 자유 교회에서도 동조하는 편지가 전달되었으며, 독일, 프랑스의 교회들, 그리고 앵글리칸 교회 내 약 400명의 목사들로부터도 지지를 표명하는 서한들이 도착하였다. 1851년에는 종교의 자유가 법적으로가 아니라 할지라도 사실상 보장되었다.

또한 제네바와 프랑스에서도 이즈음에 주로 교리 문제를 중심으로 하여 교회의 분열이 있었다. 제네바 의회가 신앙고백을 폐지하자, 이곳 복음주의학파의 지도자들이었던 메를 다비네(Merle d'Aubigné)와 가우센(Gaussen)

들이 1849년 제네바 자유 교회를 설립하였다. 한편 프랑스에서는 비네의 사상이 7월 왕조의 기간 동안 복음주의협회와 "르 세머"(Le Semeur)지를 통하여 널리 퍼지게 되었다. 1848년 혁명시에는 1763년 랭귀독(Languedoc)에서 비밀회담이 개최된 이후 최초로 프랑스 개혁파 교회의 전국 대회가 열렸다. 대회에서는 프랑스 교회를 위한 새로운 헌법을 마련하였으며, 이 당시 국회에서는 프랑스 제2공화국의 헌법을 기초하고 있었다. 나폴레옹의 조직과는 대조적으로 대회는 장로교 노회를 중심으로 하여 교구를 재구성할 것을 제안하였으며, 노회는 모든 신자들에 의하여 선출되도록 하였다. 또한 각 지역과 전국 대회를 제안하였는데, 전국 대회는 매3년마다 모이기로 하였다. 그러나 다수파는 국가로부터의 봉급을 포기할 마음의 준비가 되어 있지 않았다. 교리적인 문제에 있어서 매우 심각한 분열상을 보였으므로, 결국 신앙고백에 관한 토론은 무기 연기하기로 하였다. 이 모습에 실망한 일단의 복음주의자들은 카운트 드 가스파린(Count de Gasparin), 드 플레센스(E. De Pressense), 프레데릭 모노드(Frederick Monod) 등의 지도 아래 따로 분리되어 자유 대회, "프랑스 복음주의 교회 연합"(Union of Evangelical Churches of France)을 결성하였다. 이는 그 교회 조직에 있어서는 실질적으로 회중파적이었으나, 매우 복음주의적인 교리를 고수하였으며, 중앙에는 항구적인 중앙 위원회를 두고 있었다.

8. 1852년 헌법

그러나 정부측은 1848년 대회의 행위들을 전혀 인정한 적이 없었으며, 당시 교회의 조직으로 살펴볼 때 기존 교회나 혹은 다른 대회가 정식으로 교회를 대표할 수는 없도록 되었다. 그러나 동 대회의 활약은 전혀 헛된 것은 아니었다. 왜냐하면 1852년 루이 나폴레옹(Louis Napoleon) 정부가 새로운 교회 조직을 선포하였기 때문이었다. 이 새 헌법은, 각 위원회들을 갖는 지방 회중들의 재조직이라는 측면에서 1848년 대회의 추천들을 받아들였으며, 이러한 위원회와 지역노회들의 조직은 신자들의 선거로 구성하도록 하고 있었다. 이들 노회들이 예배와 재정을 주관하도록 하였으며, 또한 각 지역에 흩어져 있는 프로테스탄트들을 책임지고 돌보도록 하였다. 이는 소수의 부유한 인사들이 자기들끼리 거의 세습적으로 교회를 지도하였던 나폴레옹의 교회 행정에 비교해 볼 때에는 매우 발전된 모습이라고 할 수 있었다. 그러나 교회 전체의 의견을 대변하고 의논할 전국대회에 관하여는 아무런 조처도 없었다. 그 대신에 국가가 임명하는 "중앙 위원회"(Central Council)가 존재하게 되었으며, 이들이 프로테스탄트 신자들의 입장을 정부에 대변하였다. 또한 교회의 신앙고백의 문제가 아직도 미제로 남아있었다. 1802년 당시의 상황과는 달리 이제 교회의 자유가 침해를 받고 있는 사실에 대한 강력한 항의가 생겼는데, 이는 교회 신자들에게 새로운 자각이 생겼다는 증거라 할 수 있었다.

그 후 20년 간 루이 나폴레옹의 집권 동안에 교회의 태도는 점차로 분리의 방향으로 나가게 되었으며, 전국 대회를 향한 요구도 점차 높아지게 되었다. 지방관리들과 정부로부터의 사소한 박해도 계속되었다. 학교들이 일방적으로 폐교되었으며, 성경들을 판매할 수 없었고, 프로테스탄트 집회들은 형법 아래 금지되었다. 또한 명목적인 로마 카톨릭 신자들을 프로테스탄트로 개종시키는 것도 위법행위였다. 그러나 프로테스탄트들의 숫자는 증가하였으며, 이들의 주일학교나 혹은 내지 선교들도 활발해졌다. 결국 나폴레옹이 실각한 후 1872년에 "소"(the Little) 전국대회가 소집되었다. 여기서 신자들과 목회자들이 무엇을 원하고 있는가 하는 점은 확실해지게 되었다. 상당한 다수가 다시 라 로셸 신앙고백(the Confession of La Rochelle)을 채택하기를 원하였다. 또한 이들은 분리를 원하였다. 소수파 자유주의자들은 보다 효과적이고 독립적인 교회 조직과 신앙고백을 반대하였으며, 대회의 합법성과 권위에 도전하였다. 양자 사이의 분열이 너무 심각하여 그 후 수년 간은 전국대회를 다시 개최할 수 없었다.

9. 교육과 자선사역

홀랜드에서도 프랑스와 마찬가지로 1848년 혁명은 국가로부터의 약간의 자유를 얻어낼 수 있도록 하였다. 물론 이러한 자유는 홀랜드의 로마 카톨릭들의 획득에 비교하여 볼 때 별로 대단한 것은 못되었다. 1852년의 새로운 "레글멘트"는 회중들이 자기들의 목회자를 초빙할 수 있는 권한을 보다 더 확대해 주었으며, 대회는 정부관료조직으로부터 더 많은 자유를 얻게 되었다. 그러나 평신도들은 아직도 제대로 그 입장이 대변되지 못하였으므로, 그 결과 "자유주의자"들이 교회를 확실히 장악하게 되었다. 이러한 상황에서 많은 사람들이 분리된 자유 교회들로 이전해 갔다.

이 시기에 있어서, 홀랜드에서 발생하였던 가장 흥미롭고 특이한 발전이라고 한다면, 개혁파 정당이 출범하여 교육과 사회복지의 문제를 교회의 손으로 유지하고자 했다는 점일 것이다. 프랑스, 독일 그리고 저지대 일대의 로마 카톨릭들이 시도하였던 이 계획을 지도하였던 인물은 그로엔 반 프린스터러였다. 그로엔 반 프린스터러는 1795년의 국가 내의 시민적 자유들과 종교 자유의 평등권에 관한 결정을 수용하였다. 그는 챌머스와 마찬가지로 자체의 치리와 신앙고백을 가지고 있는 독립 교회를 꿈꾸고 있었다. 그는 비록 공식적인 교회의 분열은 원하지 않았으나, "기독교 국가"로서의 홀랜드의 전통을 유지해야 할 필요성을 절감하고 있었다. 그는 국가가 비록 신앙고백적으로는 중립을 유지해야 하고, 세속적일 수 있으나, 근본적으로는 기독교적 본질을 유지해야 한다고 주장하였다. 그리고 챌머스와 마찬가지로 자선과 교육은 본질적으로 국가가 아니라 교회의 할 일이라고 생각하였다.

스코틀랜드에서는 '혼란'의 과정을 겪으면서, 빈민구제와 교육이 교회로부터 국가의 손으로 옮겨간 바 있었다. 1840년대까지만 해도, 빈민구제는 교회에서 걸었던 자선금으로 행하는 것이 일반적이었다. 그러나 도시화 과정이 나타나면서 이러한 방법에 문제가 생겼으나, 챌머스는 대도시의 빈민가에서까지도, 세속행정기구보다 훨씬 더 효과적으로 이러한 작업을 시행할 수 있었다. 그러나 교회의 분열상이 심각해짐에 따라, 1844년의 '빈민구제법에 관한 보고서'는 의무적인 국가제도를 수립할 필요성을 분명하게 보여주었다. 교육 방면에서의 이러한 변천은 보다 더 완만하고, 소극적인 모습으로 나타나게 된다. 자유 교회는 기존 국교회의 학교들에 부가하여 수백 개 학교들을 운영하고 있었으며, 이 결과는 영국에서의 그것보다 훨씬 더 고무적인 것이었다. 1847년에는 기준에 달하는 모든 학교들에게 보조금이 지급되었다. 그러나, 이곳의 분파 교회들은 종교교육을 교회와 가정에 맡기도록 촉구하였다. 그리하여 1872년의 교육법이 타협책을 제시하였다. 모든 기존 국교회들의 교구 학교들과, 자유 교회들이 운영하던 대부분의 학교들은 국립 교육 제도 안으로 통합되었다. 이 체제에 의하여 성경 및 요리문답들은 특별한 시간에 시행되었으며, 이를 원하지 않는 학생들이 참여할 필요가 없게 되었다. 그리하여 공립교육이 여론에 맞추어 "기독교" 교육으로 남게 되었다.

그러나 그로엔 반 프린스터러는 프랑스 혁명에 의하여 시작되었고, 자유주의자들에 의하여 지지받고 있었던 국가의 교육독점이라는 문제에 부딪치게 되었다. 이러한 체제 속에서는 유대인들과 기독교인들이 모두 찬동할 수 있는 종교적 견해들, 즉 데이즘만이 교수될 수 있었다. 1842년에는 스스로 그 비용을 부담할 수 있는 이들이 기독교 여부를 불문하고 사립학교에 진학할 수 있게 되었다. 그러나 자유주의자들은 부모들의 소원에 관계없이 의무적으로 공립학교 취학을 주장하고 있었다. 1848년의 혁명은 인구의 2퍼센트 가량에게 참정권을 허락하였으며, "자유주의적"인 상인들과 은행가들이 제2회의장(the Second Chamber)에 들어갈 대표들을 뽑도록 하였다. 시민적 자유와 아울러 "교육의 자유"가 선포되었다. 보수적인 교회단체들은 이를 통하여 학교 안에서의 종교교육의 자유도 실시되어야 한다고 주장하였다. 1857년에 타협이 이루어져서, 스코틀랜드 제도와는 달리, 공립학교들을 세속적인 교육지침을 지키도록 하고, 원하는 이들은 자기가 비용을 부담하여 사립학교들에 진학할 수 있도록 하였다. 기독교 신자들은 이러한 해결책이 결국에는 "이중과세"를 의미하는 것이라고 공격하였으며, 기독교 학교들을 위한 국가보조를 요구하기 시작하였다. 결국 두 세대가 지난 1917년에야 이들은 승리를 거두게 되었다.

1840, 1850년대에 개혁파 정당인 "반혁명당"에서 의회의 의석을 차지하였던 인물들은 반 프린스터러와 그 외에 한두 명에 불과하였다. 그러나 압도적 의석을 점하고 있었던 자유주의자들이 그에게 많은 주의를 기울인 것을 보면, 그가 아직도 참정권을 얻지는 못하고 있었으나, 국민의 다수를 차지하고 있던 계층을 대표하고 있었음을 우리에게 가르쳐주고 있다. '미라리 보스'(mirari vos) 칙령(제16장의 "자유주의파 로마 카톨릭의 정죄" 항을 보라)에도 불구하고, 로마 카톨릭들은 자유주의와 합세하여 40, 50년대에 프린스터러에 대항하였다. 그러나 학교 정책이 이러한 연대를 보다 더 어렵게 만들어가고 있었다. 1864년의 실라부스(Syllabus, 로마 교황 피우스 9세가 발포한 80명제의 유론표)는 더 이상 로마 카톨릭들이 자유주의자들과 연합할 수 있는 여유를 주지 않았으며, 1868년 홀랜드 주교들은 세속 공교육의 위험성에 대한 경고문을 발하였다. 1870년 자유주의적인 교육법은 교파학교들에 대한 국가보조금 지급을 거부하였으며, 이를 본 로마 카톨릭들은 자기들의 정책을 전환하였다. 이들은 "반혁명당" 프로테스탄트 보수파와 "괴이한 연합"을 결

성하여 1887년 다수파를 구성하였고, 이에 따라 교회 학교들에 대한 정부의 보조금 지급을 결정하였다. 그리하여 오늘날까지도 홀랜드 대부분에서 시행되고 있는 대로, 학동 다수가 교파 학교에 진학한다는 형태가 구성되었다.

제12장

루터파 교회:
궁정 교회와 인민 교회 사이의 선택

나폴레옹에 의하여 해외로 전파되었던 프랑스 혁명은 루터파 교회가 주류를 이루고 있었던 독일과 스칸디나비아 제국의 역사에 중요한 영향을 미치게 되었다. 이 지역의 중대한 정치적 변화들은 또한 교회적인 재조직을 불러오게 되었다. 이 지역에서도 프랑스나 영어 사용 국가들에서와 마찬가지로 기독교 부흥의 모습을 볼 수 있었다. 이는 혁명의 과격성과 프랑스의 독일점령에 대한 반작용으로 나타난 보수적 정치 경향과 연결되어 있었다. 그러나 루터파 진영 내에서는 이러한 부흥운동이 일반적으로 새로운 독립이나 비기독교적인 움직임들에 대한 기독교 세력의 집중이라는 형태로 나타나지는 않았다. 적어도 독일에서 그 가장 중요한 결과는 교회가 점진적으로 더 세속적 권력에 복속되고 일반 인민들로부터는 유리되는 모습으로 표현되었다.

1. 스칸디나비아 인민들의 교회

스칸디나비아 루터파 진영의 경험은 이러한 발전상이 반드시 루터파와 연관된 것만이 아니라는 사실을 우리들에게 가르쳐 준다. 예를 들어 덴마크는 나폴레옹 전쟁 때문에 프러시아보다도 더 많은 고통을 겪었다. 덴마크는 끝까지 나폴레옹을 편들었는데, 이로 말미암아 평화회담에서 노르웨이를 상실하게 되었다. 독일에서와 마찬가지로 덴마크의 부흥운동도 새로운 민족주의 의식과 긴밀하게 연결되어 있었다. 그러나 프러시아 궁정이 이를 정치적으로 이용하였는 데 반하여 덴마크에서는 그렇게 하지 못하였다. 부흥운동의 일파는 경건주의적이었으나, 다른 일파는 역사가이자 찬송가 작자였던 그룬트비히(Grundtvigian)의 영향을 받아 새로운 교회의식의 거대한 중생을 의미하고 있었다. 그룬트비히주의는 고파 교회적이요, 성례주의적 경향을 지니고 있었지만 당시에 이와 비슷한 여러 운동들, 예를 들면 앵글리칸의 트랙터리안주의와는 달리 성직자들의 외식주의에 심한 반발을 보이고 있었다. 그리하여 이는 진정한 교회의 대중적인 부흥을 형성하였으며, 놀랄 만한 영향력을 행사하고 있었고 이들이 세운 민중학당들을 통하여 이제까지 억압과 압제에 눌린 농민들을 애국적이고, 진보적인 농부들의 공동체로 변화시키고 있었다. 그룬트비히파 루터교도들은 유능하였을 뿐만 아니라, 프러시아의 루터교도들과는 달리 그 어떤 적대감이 없이 자유주의적인 입헌사상을 받아들였다. 또한 그 영향력의 범위와 정도는 떨어졌으나 노르웨이의 하우게(Hauge)가 주도하였던 평신도 경건주의적 "독자 운동"(reader's movement) 역시 교회가 신자들의 공동체라는 의식을 고양해 주었다.

그러나 스칸디나비아 교회들은 그 규모가 작아서, 루터파 진영 내에서는 비교적 영향력이 적은 집단이라고 할 수 있었다. 역시 루터파 진영의 모습을 결정한 것은 독일이었다. 그리고 이곳에선 복고시대의 교회가, 대중으로부터의 지지와 참여를 받는 민중적 교회를 이루고자 하였던 모든 노력들을 좌절시켰다. 반면에 이곳 루터파 교회는, 교회를 세속 정부의 관료제에 복속시키려는 18세기의 경향을 계속하였을 뿐만 아니라, 이러한 경향을 더욱더 증가시켰던 것이었다. 국가와 사회가 세속화될수록 교회의 경계를 더 확실하게 그었던 로마 카톨릭 교회와는 달리, 독일 루터주의는 교회 자신의 입장을 표명할 수 있는 기관들을 더 박탈당하였다. 이에 대한 반작용은 마치 앵글리칸 교파에서처럼, 여러 루터파 교회들에서의 성직자들의 권위를 더욱 고양하고자 하였던 준로마 카톨릭적 경향이라 할 수 있었다.

2. 프러시아: 부흥운동

독일의 지도적인 프로테스탄트 지구였던 프러시아 지방에 부흥운동이 나타났던 것은 나폴레옹 점령 시기였다. 가장 뛰어난 루터파 정치가였던 슈타인(Stein) 후작의 지도 아래 이곳에서는 도덕적 물리적인 중생이 발생하였다. 프랑스군의 진주로 할레 대학교는 문을 닫았고, 젊은 신학교수였던 프리드리히 슐라이어마허(Friedrich Schleiermacher)는 베를린으로 옮겨간 바 있었다. 그는 이곳에서 트리니티 교회의 설교가로서, 종교개혁 이후 가장 뛰어난 독일의 정치적 설교가로서의 모습을 드러내었다. 그는 이 강단에서 슈타인의 개혁정책들을 적극적으로 지지하면서 국민들 사이의 저항의식을 고무하는 데 가장 중요한 역할을 담당하였다. 사람들은 다시 성경을 읽고 기도하기 시작하였으며, 일찍이 이성주의자들이 너무나 유치하고 감정적이라는 이유로 제외시켰던 보다 더 감동적인 찬송가들을 부르기 시작하였다. 그리고 프랑스군이 러시아에서 참패하였을 때, 프러시안인들은 이를 사단적인 나폴레옹의 독재에 대한 하나님의 심판으로 받아들였다. 프러시아는 다시 무기를 잡고 일어섰는데, 이때에는 승리를 거두게 되었다. 대부분의 장군들은 칸트와 피히테 등 인본주의적 계율이 가르치는 의무감에 의지하였으나, 대부분의 인민들에게 자유를 위한 투쟁은 문자 그대로 종교적 의미를 지니고 있었다. 교회에서 무기들을 위해 축복기도를 하였으며, 전장에서는 옛 찬송들이 울려퍼졌다. 라이프찌히 전투에 참전하였던 많은 이들은 이들을 이집트와 그 노예상태로부터 해방해내었던 하나님을 기억하였다.

비엔나 의회를 통하여 프러시아는 틸시트(Tilsit) 조약에서 상실하였던 것보다 더 많은 지역을 차지하게 되었는데, 이 가운데는 상당한 로마 카톨릭 지구들이 포함되어 있었다. 프러시아는 또한 이제 프러시아 지방으로 병합된 지역 속에 자리잡고 있었던 몇 개의 지방적 프로테스탄트 분파 교회들도 돌보아야만 하였다. 슈타인은 슐라이어마허에게 프러시아를 위한 새로운 교회헌법을 기초하도록 부탁하였다. 그 원칙은 마치 슈타인의 정치적 개혁에서 볼 수 있듯이, 교회와 국가를 다 망라하는 웨스트팔리아 지방의 헌법적 구조를 모든 프러시아 지역에서 실시하고자 하는 것이었다. 슈타인은 원래 옛 당회적인 통치구조를 변경하여 평신도들이 보다 활발하게 교회생활에 참여할 수 있도록 각지에 노회와 대회들을 조직하기를 원하였다. 그러나 이러한 체제는 엘베 강 동부에 살고 있었던 많은 문맹자들에게는 적합하지 않은 것처럼 보였다. 또한 절대군주론자였던 프리드리히 빌헬름 3세도 이를 싫어하였으며, 헤겔주의자였던 알텐슈타인 수상도 이를 혐오하였다. 그리하여 화친 이후에는 슈타인과 슐라이어마허가 실시하였던 개혁조처들에 대한 정치적 반동이 심하게 나타났다.

특히 프러시아에서 루터파와 개혁파 교회들을 하나로 연합시키고자 하는 시도가 있었을 때 교회의 조직과 교회-국가 관계에 관한 서로 다른 의견들이 표면에 나타나게 되었다. 당시 많은 이들은 이러한 연합에 깊은 관심을 표하고 있었다. 경건주의와 이성주의는 고래의 신앙고백적 문제들이 다 부차적이고 혹은 불필요한 것이라는 인상을 심어주었다. 또한 물리학 이론의 변화로 말미암아 성찬에 있어서의 그리스도의 임재의 양식 정의에 관한 전통적인 논쟁은 이제 비현실적이요, 골동품적이라는 인상이 강하게 생기게 되었다. 모든 독일 지방들에서 이 양파는 상당한 신자들을 가지고 있었는데, 상당한 노력으로 이러한 연합시도는 계속 진행되었다. 낫소, 팔라티네이트, 바덴, 헷세, 뷔르템베르그 등 대부분 교회 직원들은 이성주의자들이었으므로 이러한 연합 작업은 더 용이하였다. 그러나 루터파가 압도적이었던 삭소니, 바바리아 지방들에서는 이러한 연합이 현실성이 없는 것이었다. 그리하여 새로이 그 영토가 확장되었던 프러시아 각지에서는 상당한 논란들이 발생하였다.

3. 프러시아 복음주의 교회

프러시아의 프리드리히 빌헬름 3세 왕은 루터의 95개 신조문 발표 3백 주년이 되는 해에 이 연합을 완성하고자 원하였다(1817). 그는 합동 성찬식 예배를 드려서 이를 기념하자고 제안하였다. 슐라이어마허가 의장으로 있던 베를린 목사들은 이러한 군주의 제안을 받아들여, 베를린과 포츠담에서 이러한 예배가 거행되었다. 이제 목사들은 더 이상 루터파나 개혁파라는 이름 대신에 단지 "복음주의"라는 명칭만을 사용할 용의가 되어 있었다. 그런데 왕의 새로운 예배의식서가 제출되었을 때에, 성직자들은 거의 만장일치로 이를 반대하였다. 이로 인하여 왕 자신도 큰 충격을 받게 되었다. 그는 스스로의 종교적 "특권들"을 주장하면서, 성직자들이 교회 회의석상에서나 혹은 출판물을 통하여 그의 예배의식을 비판하는 것을 금지시켰다. 1821년에는 군인들을 위하여, 그리고 다음해에는 전체교회들을 위한 예배의식서가 출판되었다.

왕은 신학적 이성주의의 발흥과 함께 나타났던 교회 예식의 혼란상태와, 설교들의 내용이 사소한 문제들에 사로잡혀 있는 모습에 많은 실망을 느끼고 있었다. 그러나 그의 해결책은 주로 시대착오적인 예배의식에 불과하였다. 그는 설교를 짧게 하고, 자유기도를 제거하고자 하였다. 또한 전체 회중 대신에 성가대만이 찬양하도록 되어 있었다. 이러한 왕의 예배의식은 브란덴부르그 예배의식(1640)에 기초한 것이었다. 그리하여 매우 다양하였던 개혁파 교회의 예배와는 대조적으로 모든 교회들이 동일한 의식을 좇을 것이 강요되었다. 반면에 종교개혁시대의 가장 중요한 문제였던 신조와 교리들은 부차적으로 취급되었다. 이러한 방법으로 종교적 차이점들이 극복되고 영적 생활이 보다 더 심오해지리라는 왕의 생각에 동의하는 이들은 거의 없었다.

그러나 가장 결정적인 문제는 교회의 조직에 관한 것이었다. 과연 군주는 이러한 문제들에 있어서 얼마나 개인적으로 관여할 수 있는가? 수상 알텐슈타인은 국왕의 특권에는 한계가 없다고 하였다. 그리하여 왕은 의회나 기타 다른 정치 기관들에 의한 인정을 받을 필요가 없는 교회 문제에도 그 종교적인 특권을 행사할 수 있다고 하였다. 그 제1단계에서 그의 가장 큰 적수는 슐라이어마허였다. 그는 왕의 금령에도 불구하고(가명으로) 세속영주의 종교적 권한을 비판하는 글을 출판하였다. 그는 일단 베를린 성직자들과 연명으로, 국왕에게 항의문을 전달하였으나, 왕은 이를 "건방지고" "쓸데없는" 소행으로 일소하였다. 거의 1년 동안 슐라이어마허는 사법적 처벌의 위협을 받았으며, 결국 다양한 양식이 허락된다는 조건으로 그 예배 의식을 받아들였다.

4. 개혁파 교회의 저항

그러나 라인란트 일대에서는 저항이 더 오래 지속되었다. 이곳에서 연합에 반대하는 움직임이 있기 때문은 아니었다. 반대로 이곳의 프로테스탄트들 가운데 다수를 점하고 있었던 개혁파 신자들은 경건주의의 영향을 강하게 받아 루터파보다 더 열렬하게 연합을 지지하였다. 그러나 이들은 오직 그리스도만이 교회의 수장이 된다는 원칙 아래 유지되고 있었던 교회의 독립성을 중요시하였다. 쥘리히(Julich), 베르그(Berg), 마크(Mark), 클리브(Cleve) 등지에서 이들은 계속하여 홀랜드 개혁교회와 같은 노회와 대회 조직들을 유지하고 있었다. 과연 이들은 이를 포기하고 프러시아 군주의 개인적인 통치에 순종할 것인가? 그뿐 아니라, 로마 카톨릭 지경에서 소수의 위치에 있었던 이들은 성복, 관 모양의 제단, 무릎꿇기 등의 중세적 유산이라 할 수 있는 관습들에 대한 왕의 선호를 받아들일 수 없었다. 클룸마허(G.

D. Krummacher)의 지도 아래 엘버펠트(Elberfeld) 지방은 연합은 교회의 본질을 부정하는 것이라는 이유로 이를 부인하였다. 이는 물론 예외적인 강경한 모습이었으나, 이 지역의 대회들은 1820년대 전체에 걸쳐서 왕의 예배의식에 반대하였다. 결국 이들은 1829년에서야, 순응하지 않을 경우 동부 지방에서와 마찬가지로 대회들을 폐지해 버리겠다는 위협 아래, 약간 변경된 예배형식을 받아들이게 되었다. 그러나 이들이 유지하는 데 성공하였던 대회의 모습이란 궁정에서 파견하는 당회들과 감독들 아래서 자문역을 맡는 데 불과한 것이었다. 그리하여 경찰력에 의하여, 국교 혹은 슐라이어마허가 보다 더 정확하게 표현하였듯이 '궁정 교회'가 강제로 실시되었다.

5. 루터파의 저항

루터파 측에서도 역시 이에 대한 저항은 발생하였다. 이는 처음에는 프러시아 밖(키엘, Kiel)에서, 북부 독일의 가장 뛰어난 설교가였던 하름스(Harms)로부터 왔다. 하름스는 연합에 반대하는 "95개 신조문"을 발행하여, 만약 루디가 말부르그 회의를 거부하였다면, 그 후계사들도 1817년에 이와 같은 길을 택해야 한다는 주장을 폈다. 이 토론에 관하여 수백 개의 팜플렛들이 나타났으며, 전통적 루터파 지역들이던 북부와 동부 독일에서는 하름스의 주장에 동조하는 이들이 많이 나타났다. 거의 개혁파 교인들이 없었던 이 지역에서는 구태여 연합의 이유를 발견할 수 없었다. 삭소니와 실레지아 지방에는 아직도 17세기의 쓰라린 전통에 따라 칼빈주의를 이교도처럼 생각하였던 특유의 교조적 루터주의가 존재하고 있었다. 이 지역의 루터파 신자들은 대회의 존재가 "성령에 의하여 금지된 것"으로 생각하였다. 또한 브레슬라우의 모든 목회자들은 왕의 예배의식을 사용하기를 정면으로 거부하였다. 1830년에는 목사가 예배의식을 채용하기를 거부하였다는 혐의로 면직되자 브레슬라우의 가장 큰 교회가 국교에서 탈퇴하겠다는 요청을 내었다. 이 요청은 거부되었다. 또한 다른 곳으로 이주하겠다는 다른 회중들의 청원들 역시 거부되었다. 그리하여 목회자들은 투옥당하거나 혹은 망명하는 길을 택하였다. 병사들이 이러한 "옛 루터파들"을 잡아들였다. 이러한 상황은 결국 프리드리히 빌헬름 4세가 1840년 이들에게 이주권을 허락하기까지 계속되었다. 이들 "구파 루터파"(Old Lutheranism)의 역사는 이들이 버팔로, 오하이오, 미주리 대회들을 결성하였던 아메리카 대륙에서 계속된다. 그러나 독일 국내에서는 이들 구파 루터교도들이 궁정 교회에 대항하여 별진전을 이루지 못하였다. 이처럼 개혁파와 루터파의 저항에 대항한 정부는 결국 프러시아의 전체 프로테스탄트 교회들을 통괄하는 국가기관을 설치하였다. 그리하여 당시 세계에서 가장 큰 프로테스탄트 교파라 할 수 있는 프러시아 연합 복음주의 교회(the United Evangelical Church of Prussia)는 극심한 내부문제들이 있었음에도 불구하고 계속 유지되었다.

한편, 바바리아나 맥클렌부르그와 같은 엄격한 루터교 지역에서는 여러 가지 측면에서 앵글리칸의 트랙터리안 운동과 유사한 모습을 보였던 고파 교회적 경향이 강하였다. 1830년대의 교회중심적 부흥운동의 중심인물은 노이엔뎃텔사우(Neuendettelsau)의 빌헬름 로에헤(Wilhelm Loehe)였다. 그가 저술한 『교회에 관한 세 가지 저술』(Three Books of the Church, 1843)은 뉴먼(Newman)이나 푸세이(Pusey)를 압도하였으며, 개인 고해나 혹은 병자를 위한 성유식 등 옛날의 예식적 전통을 부흥시키는 데 가장 중요한 역할을 담당하였다. 그는 또한 엄격한 루터파 진영에 여집사 제도를 처음 소개한 인물이기도 하였다. 그는 또한 미합중국의 미조리, 아이오와, 오하이오 대회를 결성하는 데 중요한 역할을 담당하였다. 멕클렌부르그의 클리포스(Klieforth), 헷세의 빌마(Vilmar) 등도 성직자주의와 성례주의의 경향을 보였다.

6. 봉건적 종교 정치들

프러시아의 교회 논쟁 과정 가운데 정치적 동맹관계들이 명백하게 드러나게 되었다. 남부 독일 지방에서의 경건주의 부흥은 대부분 비정치적이었으며, 입헌주의적 경향까지도 보이고 있었다. 그러나 프러시아에서는 궁정의 종교에 대한 깊은 이해관계가 교회들의 정치참여와 이념정립을 고무하고 있었다. 이미 1820년대에 프러시아 귀족출신의 겔라흐(Gerlach) 형제들은 봉건제와 정통 루터주의를 대변하였다. 특히 1830년 혁명 이후에 봉건주의는 장원과, 길드, 부족장적 권위에 기초한 사적인 법률들을 포함하였던 기독교적 중세의 제국 생활을 낭만적으로 제시하였다. 프러시아에서는 1848년까지도 귀족들이 법률적으로 특별한 취급을 받았으며, 길드도 아직 그 기능을 발휘하고 있었다. 1840년의 프리드리히 빌헬름 4세의 즉위와 함께 봉건당의 세력은 강화되었다. 왜냐하면 그는 태자시절, 1830년대에 겔라흐들의 당파와 밀접한 관계를 가지고 있었기 때문이었다. 1837년 서로 다른 교파간의 혼인 문제가 대두되기까지는(제16장의 "프랑스" 항 참조) 이들은 로마 카톨릭으로 부터 지원도 받을 수 있었다. "복고"(Restoration)에 관련한 각종 정책들은 로마 카톨릭으로부터 개종한 할러(Haller)의 작품이었으며, 국왕의 가장 가까운 고문들 가운데 한 사람인 라도빗츠(Radowitz)는 로마 카톨릭 신자였다. 그리하여 신학적 보수파들은 봉건당으로 기우는 경향이 있었다.

교회 지도자들 가운데 이 경향의 중심적 위치는 베를린 대학교 구약학 교수였던 헹스텐베르그(Hengstenberg)가 출판하고 있었던 "복음주의 교회신문"이었다. 헹스텐베르그는 축자영감설과 대속의 교리를 벗어나는 모든 이론들과 아울러, 입헌군주제를 혹심하게 비판하였다. 그는 교회의 각종 임직에 중대한 영향을 미치기 시작하였다. 1830년대에는 신학적 이성주의자들과, 자유주의자들이 대학교단에서 숙청되었던 시대였으며, 정치적으로 자유주의이면서 복음주의자가 되기는 점차 더 힘들게 되었다. 헹스텐베르그는 그리하여 거의 모든 정통 프로테스탄트 성직자들을 왕정주의로 모으고, 이들을 중요한 교직들에 임명할 수 있게 되었다. 그리하여 이들은 입헌운동에 반대하는 입장을 취하도록 하였는데, 입헌운동은 점차 1848년 혁명을 향하여 치닫고 있었다.

프리드리히 빌헬름 4세는 로마 카톨릭들까지도 포함하여, 국제적으로 이성주의와 불신앙에 대항할 연합전선을 결성하고자 하였다. 그의 눈으로 볼 때, 이 목적을 이루기 위하여는 프로테스탄트적 신앙고백과 카톨릭적인 교회 예식과 계급제도를 겸하고 있던 영국 국교가 전략적인 중도 위치에 있음을 파악했다. 그는 이를 위하여 영국 국교와의 관계 개선을 도모하였다. 1842년에는 앨버트 공과 빅토리아 여왕을 방문하고 황태자의 대부역을 맡았다. 그리하여 두 지도적인 프로테스탄트 세력의 접근이 이루어졌다. 또한 빌헬름은 예루살렘에 앵글로-독일 감독교구를 창설하여 앵글리칸측에서 주장하였던 "사도전승"을 보전하고자 하였다. 감독 자리는 영국과 독일 출신들이 교대로 차지하되, 그 임명은 항상 앵글리칸 교회의 손으로 이루어지도록 하였다. 그는 또한 독일의 모든 프로테스탄트들을 망라한 감독제도를 계획하기도 하였다. 마그데부르그 대주교가 수석 성직자가 되고, 영국과 스웨덴의 제도를 채택한다는 고안이었다. 그에게 이러한 의견을 진술한 인물은 보수적인 루터파 교회의 중심지였던 에르렝겐(Erlangen) 출신의 법률가 슈탈(F. J. Stahl)이었다. 외교관이었던 분젠(Bunsen) 역시 앵글리칸의 교회 예식을 매우 동경하였으며, 교회의 감독제도를 선호하였다. 단지 후자에는 반드시 형이상학적인 필요성이 있는 것은 아니라고 하였다. 왕은 일단 그가 제안하였던 감독제도대로 교회가 조직된 후에는 교회의 일반 행정들을 이들에게 넘겨주기로 의도하고 있었다. 물론 앵글리칸 교회에서와 마찬가지로 그가 원할 때에는 교회 문제에 언제라도 간섭할 권한을 갖고자 하였다.

7. 1846년 전국대회

그러나 궁정 외에서는 이러한 감독제도에 찬성하는 이들의 존재를 찾아볼 수 없었다. 1846년 국왕은 교회 정부 체제를 의논하기 위한 프러시아 전국대회를 소집하였다. 당시 가장 많은 동의를 얻고 있었던 의견은 신학자 니체(Nitzsch)의 안으로서 교회의 의사를 대변할 수 있는 노회와 대회들을 조직하자는 것이었다. 그러나 이는 국왕이 가장 싫어한 것이었으므로, 그는 회의를 정회시켜 버렸다. 이런 점에서는 그가 1840년대의 교황과 비슷한 모습을 보이고 있다고도 하겠다. 양자는 모두 자기들이 이루지도 못할 개혁에 관하여 언급함으로써, 사람들에게 자기들이 충족시켜주지 못할 기대를 갖게 하였다. 그리고 양자는 모두 1848년의 대폭발 이후에는 조직적인 반동세력들로서 존재하게 되었다.

그러나 한 가지 면에서는 "기독교 국가"를 꿈꾸었던 궁정의 노력이 부분적 성공을 이루게 된다. 이 시대의 교회생활에 평신도들이 참여하였던 것은 주로 "내지 선교"라는 통로를 통해서였다. 이는 일찍이 할레의 경건주의운동에서 볼 수 있었듯이, 일단의 박애주의적이고 복음주의적인 기독신자들이 벌였던 움직임을 총체적으로 일컫는 것이다. 그리고 이전의 경건주의와 마찬가지로 이들의 활동 역시, 스위스, 홀랜드 특히 영국의 영향을 많이 받았던 남부 독일과 하부 라인 지방에서 먼저 나타나게 되었다. 1830년에는 대부분의 독일 도시들에 선교회가 조직되었다. 대륙에서는 바젤이 가장 중요한 선교기지가 되었으며, 1820년에는 젤러(Zeller)가 설립하였던 일단의 구제소의 본부가 베욱겐(Beuggen)에 설치되었다. 전쟁과 외국군의 주둔은 다수의 고아들과 집 없는 아이들을 배출하였으므로, 이러한 구제소들이 이들을 돌보게 되었다. 한편 하부 라인 지방에서는 플리드너(Fliedner)가 카이저스베르트 (Kaiserswerth)에 있던 그의 소교구에 일련의 구제소들을 설치하였다. 이들 가운데 가장 중요한 것은 그의 병원과 여집사들의 숙사였다. 플리드너는 홀랜드의 메노나이트파와 로마 카톨릭의 '자비의 자매들'(Sisters of Mercy) 수녀회, 그리고 신약의 모범을 좇아 여집사제도를 설치하여 이들이 교회 사역에 참여할 수 있는 길을 열었다. 동시에 함부르그에서는 아말리 시브킹 (Amalie Sieveking)이 직업적 간호부들을 양성하였다. 플로렌스 나이팅게일(Florence Nightingale)도 플리드너의 사역을 연구하였으며, 1850년대에는 거의 모든 독일의 대도시들에 여집사들의 숙사가 설치되었다.

8. 위체른(Wichern)

이러한 사역의 가장 중요한 대변자요, 조직가는 함부르그의 위체른(J. H. Wichern)이었다. 그의 후원자였던 행정관 시브킹(Sieveking)이 1833년 부랑 소년들을 위해 '러프 하우스'(Rough House)를 지어주었다. 그러나 위체른은 젤라나 플리드너보다도 이 사역을 더욱더 발전시켰다. 그리하여 이 러프 하우스는 이러한 청소년들을 위한 직업학교가 되었다. 위체른은 1844년 이후 이곳으로부터 그의 메세지를 전할 전도자들을 파견하였으며, 스스로 여러 곳을 찾아다니며 강연회도 하였다. 그는 뛰어난 목회자였을 뿐만 아니라 천성적으로 조직적인 능력을 갖춘 인물이었으며, 그의 지도 아래 여행객들을 위한 값싼 여관, 도시 내 전도소들이 설립되었다. 1848년에는 위체른의 '내지 선교' 아래 1,500개 이상의 기관들이 나타나게 되었다.

그런데 위체른의 내지 선교는 단지 좁은 의미의 복음전도만을 의미하는 것이 아니었다. 그는 교회가 특히 실제 행동을 통하여 모든 방면에 걸친 복음을 전하기를 시도하였다. 그는 사회의 모든 계층에서 "하나님으로부터 소외된 상태"에 있는 인간들을 다시 복음화하고자 하였다. 기독교적 사상을 통해서 교구는 진정 살아있는 공동체가 되어야 하며 귀족과 빈농, 장인과 도제 등이 모두 기독교 신자로서의 상호 책임 아래 하나로 단결되어야 한다. 만인 제사장설의 교리가 이러한 모습으로 구현되어야 하고, 그리하여 진정한 신자들의 교회는 교회 행정조직의 살과 뼈로 옷입혀져야만 한다. 당시 고조되고 있었던 사회적 불만을 감지하였던 프러시아 궁정은 위체른의 사역을 보조하였고, 그의 운동이 빨리 각처로 전파되도록 응원하였다. 그런데 비록 위체른이 프롤레타리아(무산) 계급의 영혼을 두고 공산주의와 벌여야 할 투쟁을 가장 먼저 감지한 인물들 가운데 하나이며, 물질적인 상황과 사회적 환경, 그리고 기독교적 양육들 사이의 관계를 최초로 파악한 인물들 가운데 하나이기는 하였으나, 그는 전통적인 사회계급제도와 절대군주적 통치체제 이외의 다른 정치, 사회적 구조를 생각하지는 못하였다. 그리하여 그의 "기독교적 사회주의"는 이러한 봉건적 맥락 속에서 고안된 것이었다.

그러나 1840년대의 혼란은 통일 독일을 희구하는 민족주의적 야망뿐만 아니라, 공화정체와 입헌주의를 요구하는 방향으로 표현되고 있었다. 이러한 정치적 자유주의는 신학적으로는 18세기적 전통의 이성주의를 표방하고 있었다. 혹은 칸트나 피히테 등의 이상주의에 기초하고 있었다고도 볼 수 있을 것이다. 또한 1840년대에 들어서면서부터는 점차 좌익 헤겔주의의 노선으로 기울어지고 있었다. 헹스텐베르그는 거의 모든 정치적 자유주의자들을 교회로부터 몰아내는 데 성공하였다. 이들 가운데 일부는 자기들만의 자유 교회를 조직해보고자 시도하기도 하였다. 그리고 일반적으로 입헌주의 운동이, 교회적으로는 교회와 국가의 분리를 요구하고 있었다. 이러한 분리가 이루어지면, 이제까지 수세대 동안을 법률적 제한에 묶여있었던 '분파' 교회들이 지역교회에 도전할 수 있다고 생각하였기 때문이었다.

9. 키르켄탁(Kirchentag, 교회회의)

이러한 위협에 직면한 지역교회들은 하나로 단결하게 되었다. 마침내 혁명이 발생하였을 때, 일부 인사들은 하나의 통일된 민족국가뿐만이 아니라, 하나의 통일된 프로테스탄트 교회를 꿈꾸고 있었다. 로마 카톨릭 주교들은 뷔르즈부르그에 회집하였으며, 프로테스탄트의 대규모 교회회의는 비텐베르그에 소집되었다. 1846년의 전국대회를 사회하였던 베트만-홀웩(Bethmann-Hollweg)은 그 회의에서 해결되지 못했던 숙제들을 다시 안건으로 내놓았다. 그러나 비프러시아 루터교도들은 독일 프로테스탄트 교회들의 동맹을 원하고 있었으며, 일부는 완전한 교회적인 자치권을 요구하고 있었다. 베트만-홀웩에 의하여 이 회의에 참석하였던 위체른은 프로테스탄트적 통일성은 어떤 교회조직이라든가 혹은 신앙고백의 혼합이 아니라, 기독교적인 협력의 차원에서 이루어져야 한다는 감동적인 설교를 행하였다. 그리고 실제로 "내지 선교 중앙위원회"는 교회회의에서도 가장 실질적인 에큐메니칼(교회연합운동)한 업적이라고 할 수 있었다. 그리하여 2, 3년 뒤에는 매년 교회회의를 소집하고 집행하는 역할이 바로 이 중앙위원회의 손으로 들어오게 되었다.

위체른은 기꺼이 프러시아 궁정파의 지원을 받아들였으며, 베트만-홀웩과 슈탈 등이 중앙위원회 감독관들로서 일하는 것도 기쁘게 생각하였다. 그러나 비프러시아 루터파들은 이러한 내지 선교에 매우 부정적이었으며, 이들은 이 내지 선교 자체가 프러시아 군주와 연합된 교회의 선봉에 불과하다고 생각하였다. 그리하여 바바리아, 한노버, 삭소니, 그리고 멕클렌부르그 지방의 루터교도들에 의하여 라이프찌히에서는 교회회의에 대항할 회의가 소집되었다. 물론 에를랑겐의 루터교도들은 내지 선교운동을 지지하였으며, 로에헤는 노이엔데텔사우에서 이를 본딴 루터교 조직을 결성하였다. 그러나 일반 루터교 신자들은 1860년대에 이르기까지도 일체의 자발적인 기독교적 사회활동을 거부하였다. 한편으로 많은 루터파 목회자들은 마치 플리드너처럼 보다 적극적인 목회의 소명을 느끼면서도, 다른 한편으로는 자기들이 직접 감독할 수 없는 평신도들의 사역을 의심하고 질투하였으며, 이러한 기독교적 활동은 모두 칼빈주의의 소산이라고 매도하였다.

10. 1848년 혁명

프러시아 지방이나 독일 전체에 걸쳐서 1848년 혁명이 프로테스탄트주의에 미친 결과는, 가히 프랑스 혁명이 로마 카톨릭에 미친 영향에 비교할 만하였다. 독일 프로테스탄트주의는 실질적으로 정치적인 절대주의와 경제적인 지주주의와 동일시되었다. 이와 대조되는 새로운 사회계급들, 그리고 자유주의, 입헌주의, 사회주의, 공산주의들은 반교회적인 운동으로 매진하게 되었다. 새로이 출현한 독일국가의 정당들은 이러한 양극화 현상을 따라 조직되었다. 이는 마치 프랑스 혁명이 프랑스를, 그리고 청교도 혁명이 영국을 정의하였던 바와 유사한 현상이었다. 그런데 영국의 휘그파와는 달리, 프러시아의 정치적 자유주의자들은 이성주의와 이상주의의 산물이었으므로, 반교회적인 경향을 강하게 띠고 있었다. 반면, 보수적 정당들은 "기독교" 정당들이었으며, 이중 일부는 로마 카톨릭이었고, 일부는 프로테스탄트로서, 이들은 프러시아와 오스트리아에 가까운 모습을 보이고 있었다.

이러한 긴장관계 가운데 위체른이 꿈꾸었던 인민들의 교회는 단지 조직된 자선단체의 형태로 전락하게 되었다. 산업혁명 이후의 사회형태가 정립되는 과정에서 독일 프로테스탄트주의는 도시의 대중들에게 등을 돌렸다. 1850년대에는 별로 대중적인 정치활동들을 볼 수 없었으나, 1860년대에 들어서면서, 노동조합의 조직이 놀랄 만큼 급속한 속도로 진행되었으며, 이들은 라살(Lassalle), 베벨(Bebel), 그리고 리이브크네흐트(Liebknecht) 등의 반기독교적인 세계관을 채택하게 되었다(제19장의 "독일 루터주의" 항을 참조). 또한 독일 프로테스탄트 진영은 그 군국주의와 민족주의로 인하여 점차 더 정부에 의존하는 모습을 보이게 되었다.

제13장
독일의 프로테스탄트 사상

　비록 독일 프로테스탄트주의가 그 신자들의 공동생활이나 혹은 사회윤리의 면에서는 별로 창조적이지 못한 모습을 보이고 있었지만, 그 지적인 측면에서는 전혀 다른 면모를 보이고 있다. 다른 프로테스탄트 전통들이나 혹은 로마 카톨릭주의는 일반적으로 볼 때에 그 전통적 신학을 다른 고등문화와는 전혀 다른 범주에 제한시키고 있다. 그러나 오직 독일 프로테스탄트주의만이 현대의 기독교 신자들을 위하여 하나의 일관성있는 지성적 세계를 성취시키기 위한 용기있는 노력의 모습을 보였다. 이러한 움직임의 근원을 파악하기 위해서는 라이프니츠(Leibnitz)까지 거슬러 올라가야 한다. 그러나 그 업적은 18세기 말에 출현하였던 한 세대의 사상가들과 시인들이 이루었으니, 이들은 독일 문화를 단순한 프랑스 문화의 흉내로부터 탈피하게 하였던 것이다. 이들 예술가들과 지식인들은 독일을 여러 가지 방면들, 특히 철학과 역사학의 분야에서 지도적인 위치에 올려 놓았으며, 모든 서구인들의 스승과 같은 역할을 하도록 인도하였다. 이러한 기독교 신앙과 문화 사이의 신테에제를 구성하고자 하는 작업에는 물론 많은 위험이 뒤따르고 있었다. 그리고 실제로 많은 시도들은 성공하지 못하였다. 그러나 이는 역시 모든 전통들 가운데서도 현대의 지적 생활을 관통해 보고자 하였던 가장 용기있는 노력을 보여 주고 있다. 이들 대표적 인물들이 표현하였던 기독교적 동기들과 관심들은 다양하다. 기이하고 새로운 맥락들 가운데 경건주의, 도덕주의 그리고 신비주의의 흐름들이 나타나곤 하였다. 왜냐하면 이러한 절충혼합주의의 성격상 기독교적인 성질들은 집단적인 기독교나 혹은 교리들로부터 분리되어야만 했기 때문이다. 역사가들과 신학자들은 이미 오랫동안 독일 이상주의로부터 종교적 성질을 분리시키고자 하였다. 그러나 이들 모두가 이러한 작업에 필요한 종교적, 학문적 능력과 노력이 엄청나게 거대하다는 사실을 인정하지 않으면 안되었다.

가장 주류를 이루는 철학적인 기반은 이상주의(Idealism)이었다. 이 이상주의의 전통이라는 맥락에서만 그 뒤를 이은 유럽의 신학을 제대로 이해할 수 있다. 특히 자연과학에 경도하였던 인식론 위주의 앵글로-아메리칸적 경향에 비교하여 볼 때에, 독일 철학은 인간의식의 본질을 파악하고자 하는 내면적인 성찰의 발견들로부터 출발하였던 것이 사실이며, 이들은 보다 인문과학들의 영향을 더 강하게 받았다. 독일의 지도자들이 서거하였던 19세기 중엽에는 이와 동일한 사상적 형태를, 영어사용권에서는 콜리지(Coleridge)와 "초월주의"에서 찾아볼 수 있었다. 이 새로운 역사비평주의는 독일에서 시작된 지 한 세대 후를 전후하여 영미권에 도달하게 되었는데, 그 시기는 19세기 말이라고 할 수 있겠다. 그리하여 제국시대를 앞서는 독일의 종교사상의 진로는 그 후 모든 프로테스탄트 진영의 모습을 미리 예고하였다. 로마 카톨릭주의와 동방정교 역시 이러한 독일 프로테스탄트 신학과 철학으로부터 많은 것을 배우게 된다.

1. 칸트(Kant)

우리들은 우선 철학 분야를 검토하는 것으로서 이러한 연구를 시작해야 하겠다. 여기서의 시발점은 마땅히 칸트일 수밖에 없다. 비록 그의 전반적인 지적 배경이 계몽주의의 이성적 도덕주의에 속해 있으나, 계몽주의의 익숙한 주제들을 열심으로 심오하게 다루었기 때문에, 새로운 지적인 출발이 불가피하게 만들었다. 한편으로 칸트는 흄의 철학적 회의론을 이어받으면서 이를 더욱 깊이 추구하였던 인물이었다. 칸트에 의하면, 우리들의 지식은, 우리들의 감각이 수용하는 현상계에 제한되어 있을 뿐만 아니라, 공간과 시간과 같은 현상계의 구조 자체가 우리들의 감각활동에 의하여 제한되는 것이다. 사물 "그 자체"들은, 칸트가 그의 결정적인 예로서, 하나님의 존재에 관한 전통적인 토마스주의의 이론에 대한 그의 뛰어난 비판에서 증명하였듯이, 영원히 우리들의 지적인 파악을 초월하여 존재하는 것이다.

그러나 반면에 칸트는 또한 계몽주의 자연신학, 하나님, 자유 그리고 불멸성의 기본적 신조들을 인증하는 새로운 길을 발견하였다. 칸트가 "순수이성"의 형이상학적인 능력에 관하여 얼마나 회의적이었는가를 불문하고, 그는 과연 그의 의무가 무엇인가에 관하여는 직접적이고 부정할 수 없는 확실성을 소유하고 있었다. 그는 의무의 위대한 철학자, 가장 엄격한 종류의 스토아학파 학자가 되었다. 그리고 바로 이러한 점에서 그는 독일의 공공생활, 특히 군부의 생활을 통솔하는 법규를 형성하는 데 가장 큰 영향을 남긴 인물이라 할 수 있을 것이다. 이러한 "당위"(ought)의 일차적 확실성으로부터 칸트는, 인간의 자유, 의무적 행동의 성공을 보장하는 하나님, 도덕적 완전성을 향한 계속적인 성장을 허용하는 죽음 이후의 한계없는 생명 등을 자명한 사실로서 간주하였다. 그리하여 칸트는 현상계 배후에 있는 사물들, 인간적이고 신적인 자유 행위자들에게 뒷문을 통하여 접근하였다. 그러나 그의 후계자들 가운데 이러한 하나님과 인간에 대한 우리들의 지식에 만족한 이들은 거의 없었다. 이들은 그 감각 의식의 법칙들을 현실의 객관적 형상에 대한 관건으로 삼고, 여기에서 출발하는 것이 보통이었다.

종교에 관한 한 칸트는 완전히 도덕적이었다. 그는 교회를 도덕 교육의 학당으로 생각하였으며, 예수님을 그 구체적인 모범으로서 제시하였다. 그의 견해를 따르면, 기도는 우리들의 도덕적 이상에 초점을 맞추기 위한 방도로서 필요하다. 그러나 도덕적인 진보에 따라서 이러한 방법들이 점차 불필요하게 된다. 진정 선한 인간은 단지 그의 양심의 법칙을 준수하면서, 이러한 보조도구들 없이 생활할 수 있어야 한다.

우리들이 이미 시사한 바처럼, 칸트의 뒤를 따랐던 이상주의자들은 칸트가 발견하였던 범주들은 객관적인 상응을 가지고 있다는 확신 속에서 그의 인식론적 회의주의를 대부분 부인하였다. 예를 들어, 피히테, 쉘링, 슐라이어마허 그리고 헤겔은 모두 상이한 체제들을 구성하였으나, 이들은 서로 한 가족 같은 유사성을 가지고 있다. 이들 대부분은, 마치 그와 같이, 스피노자를 이어받아, 흔히 범신론적이라는 비판의 대상이 되었던 신비주의적 경향을 띠고 있는 단자론적 이상주의 철학을 구성하였다.

2. 헤겔(Hegel)

이러한 새로운 체제들 가운데 가장 치밀하고 일관성 있으며 영향력을 남긴 것은 아마도 헤겔의 체제일 것이다. 그의 체제는 대학교에서 실질적으로 공식적인 철학이 되었으며, 많은 이들은 그가 철학을 완성하였다고까지 생각하였다. 그가 철학의 완성자였다는 이해는 아마도 헤겔 자신의 역사적 자의식과도 관계되었던 것으로 생각된다. 그의 사상의 뛰어난 특색 가운데 하나는, 헤겔의 사상이, 시간을 무시하는 세계 가운데서 이루어졌던, 존재에 관한 일종의 신플라톤주의적 사다리와는 달리, 헤겔의 존재에 대한 파악의 단계가 시간적이었으며, 진화론적 진보의 체제 속에서 이루어졌던 역사적 과정을 포함하고 있었다는 것이라고 할 수 있겠다. 그 이전의 어떤 형이상학도 구체적인 역사를 이처럼 심각하게 취급한 적은 없었다.

헤겔은 혼란에 가득 찬 인간역사 가운데, 형이상학적 필요성으로 연결되었던 일련의 의미들을 내포하고 있는, 최소한의 특정한 중요 사건들과 단계들을 분리시키는 데 성공하였다. 기타 다른 헤겔 사상의 창조물들과 마찬가지로, 이러한 필요성의 양식은 추론과 추리의 동태성, 정의, 대조, 신테에제의 끝없는 과정들이라고 할 수 있겠다.

모든 존재의 근본적인 역사적 혹은 여타 구조는, 비록 비이성적인 우발적인 사건들에 의하여 혼란을 겪는 수가 있다 할지라도, 결국은 이성적인 것이라고 하였다. 객관적 이성의 역사적 과정의 목표는 인류 가운데의 자의식의 승화라 할 수 있다. 이 목표는 자유라고 묘사될 수가 있는데, 이 자유는 그 존재를 결정하는 필요성들을 의식하고 받아들이는 인간지성의 자유이다. 헤겔은 이러한 필요성들을 그의 시대의 프러시아 교회와 사회에서 매우 구체적으로 보았다. 과연 어떻게 모든 인간의 노력과 시도들이 필요한 단계들을 통하여 이러한 절정에 이르게 되는가를 설명하였던 그의 역사철학은 또한 그 자체가 최후의 철학이 되어야 한다고 생각하였다.

이처럼 궁극적 의미들은 역사적 투쟁들의 흐름들로부터 파악되어야 한다는 확신을 가지고, 헤겔은 또한 이전의 이성주의 철학자들보다 더 가깝게 유대교와 기독교의 역사적 개별성에 접근할 수 있었다. 그리고 전체 시대들의 중요성을 신학적인 각도에서 판독함으로써, 헤겔은 문화와 일상생활의 모든 측면들에 대한 종교의 관계에 대한 의식을 자극하였는데, 이는 종교를 따로 구분하여 칸을 막아버리는 경향이 있었던 경건주의와는 대조되는 모습이었다. 이러한 관념은 또한 정치뿐만 아니라 종교생활의 집단적 성격이라는 의식을 부흥시키게 되었다. 비록 헤겔은 역사의 과정에 있어서 그 전기를 이룩하였던 위대한 인물들을 강조하였으나, 이는 그들이 시대를 대변한다는 면에서 그러하였던 것이지, 역사적 인류의 운명들과 동떨어졌던 개인으로서의 중요성 때문에 그리하였던 것은 아니었다. 그리하여 헤겔주의자들은 종교의 공동체인 교회를 다른 경건주의자들이나 혹은 이성주의자들보다도 더 중요하게 생각하였다.

그러나 기독교의 사회적 역사적 성격을 새롭게 파악하였음에도 불구하고 헤겔은 어쩔 수 없이 주지주의적인 인물이었다. 그에게 있어서 신학이란 단지, 철학적 진리들을 원시적이고 비조직적이고 신화적으로 진술하는 하나의 방법에 불과하였다. 비록 순수사상을 개진할 능력이 없는 이들을 위하여 필요하기는 하지만, 원칙적으로 신학이란, 일단 헤겔이 그 지적인 내용을 따로 구별하여 고립시켜 놓은 후에는 더 이상 무용한 존재였다. 그리고 헤겔은 바로 자기가 이러한 작업을 이루었다고 믿고 있었다. 그는 시적인 언어로 인하여 감추어졌던 진리를 다시 진술함으로써 신앙을 수호한다고 생각하였다. 예를 들어 타락(the Fall)의 사건은 인간 속에 있는 도덕적인 자유의 의식을 대변하고 있다. 예수는 인간 속의 절대자의 성육신을 대변하며, 구속은 이들의 화해를 표현하고 있다(Jesus embodied the idea of the Incarnation of the Absolute in man, the Atonement that of their reconciliation). 결국 이러한 모습으로 신학적 교리들은 일반적이고, 필요한 철학적 진술들로 축소되었으며, 신학은 종교철학으로 대체되고 말았다.

3. 슐라이어마허

칸트에게 있어서 종교는 단지 도덕성이었고, 헤겔에는 지성이었는 데 반하여 젊은 슐라이어마허는 종교를 이해하기 위한 새로운 접근방법을 소개하였다. 그는 헤르더(Herder)와 마찬가지로, 도덕적이고 관념적인 종교는 그 본질을 파악하지 못하는 것이라고 생각하였다. 쉴레겔을 중심으로 하고 있던 일단의 시인들(아테네인 〈Athenaeum〉들이라는 모임)과 가까웠던 슐라이어마허는 '문화적으로 기독교를 경멸하는 자들에게 주는『종교에 관한 담화들』(*Speeches on Religion to its Cultured Despisers*, 1799)이라는 저서를 통하여 무한자와의 교제로서의 종교의 탐미적이고 낭만적인 이해를 개진하였다. 이렇게 정의해 볼 때에, 종교는 신학과 교의 이전에 이미 존재하는 것이다. 이는 무한한 다양성의 제1차적인 경험이다. 아무도 절대자에 대한 모든 계시를 다 소유하고 있다고는 말할 수 없다. 기독교나 또 다른 어떤 종교도 절대적인 위치를 차지할 수 없다. 종교는 심리적인 능력으로서, 거의 무수한 숫자의 구체적인 종교들을 통하여 표현될 수 있는 것이다. 이처럼 매우 개인주의적인 관념에 입각하여, 서로 유사한 사상들을 가진 이들의 유동적이요, 단명한 모임들이야말로 가장 적당한 사회적인 조직들이 될 것이다. 따라서 국교체제는 생명이 없는 조직에 불과하다고 슐라이어마허는 주장하였다.

그러나 20년에 걸친 전란, 교회와 국가, 신학계에서 중요한 직위를 맡아 수행하는 동안에 슐라이어마허의 낭만주의는 변화하는 모습을 보이게 되었다. 1821년 그는 『기독교 신앙』(Christian Faith)을 저술하여 칼빈 이후 최고의 신학자라는 명성을 얻게 되었다. 이 작품은 새로운 프러시아 연합 교회의 교의학이자 프로테스탄트 전체를 대변하는 진술로서 저술된 것이었다. 그는 교회의 자치성 혹은 택정론 등에서만 그의 개혁파적인 배경을 드러내보이고 있다. 슐라이어마허 자신이 스스로 밝혔듯이 그는 "보다 더 우수한 모라비안"이라는 묘사가 바로 '기독교 신앙'의 배경에 자리잡고 있는 종교적 경험을 잘 이해하게 하는 관건이 될 것이라고 할 수 있다.

그러나 슐라이어마허의 초기 작품들 가운데 이미 드러났던 주제, 즉 종교는 본질적으로 교리적이거나 혹은 윤리적인 것이 아니라는 주장은 계속 유지되었다. 종교란 우리들의 의식의 본질 혹은 경향, 특별한 형태의 경험인 것이다. 그리하여 그의 접근은 보다 더 심리적이다. 그는 일찍이 개혁가들처럼 복음이나 혹은 그리스도로부터 시작하는 것이 아니라, 모든 인간들 가운데 자리잡고 있는 일반적인 종교성으로부터 시작한다. 이 경험의 내용이 무엇인가를 보다 더 깊이 추구하게 되면, 이는 우리들의 절대적 의존성의 자각(the awareness of our absolute dependence)이라고 묘사되었다. 이러한 관념은 하나님과 인간 사이의 관계를 스피노자가 주장하였던 바와 비슷한 단순한 인과관계로 축소시키게 된다. 우리들이 이미 관찰한 바처럼 이 교리는 기독교보다도 오히려 이슬람에 의하여 보다 더 효과적으로 표현된 바 있었다. 헤겔은 이 점이 개(dog)에게서 가장 잘 나타난다고 생각하였다. 모호하게 일반화된 신지식적 의식은 죄와 죄악으로부터의 구속이나 혹은 절대적 성결성과 사랑과의 화해와는 전혀 다른 것이다.

반면에 슐라이어마허는 또한 그리스도 중심적이기고자 노력하였다. 그는 세월이 흐르는 동안에 종교의 사회적 성격에 관하여 많이 연구하였으며, 이제는 기독교를 가리켜 종교라는 속(gesus)에서 가장 뛰어난 종(species)라고 생각하였으며, 이 가운데서 그 의존적 자각은 구주로서의 예수 그리스도를 향한 신앙으로 정의된다고 하였다. 구원이란 무엇인가? 반란으로부터의 회복이 아니라, 우리들의 하나님에 대한 자각을 모호하게 하는 감각-의식 속의 침잠으로부터의 회복이라고 하였다. 예수님은 바로 이러한 일체의 영적, 정신적인 모호성 없이 완전하게 하나님의 의식 속에서 사셨던 분이었다. 여기서 슐라이어마허는 예수님께 아무런 도덕적 갈등이나 혹은 지적인 모호성이 없었음을 보여주고 있는 요한복음을 그 예로서 제시하고 있다. 그리하여 이는 결국 도덕적 영향에 의한 대속의 이론이 된다. 성령이란 무엇인가? 이는 삼위일체의 삼위격이 아니라, 단지 고양된 신-의식(God-consciousness)으로서의 기독교 공동체의 정신이다. 이 마지막 측면에서 슐라이어마허는 그가 교회를 단지 조직체가 아니라, 서로에게 봉사하고 섬기는 살아있는 공동체로서의 신자의 교제로서 깊이 파악하였음을 보여준다. 그 결과 그리스도와 교회에 대한 이해에서, 슐라이어마허는 차세대의 신학자들에게 많은 영향을 주게 되나, 비록 이러한 강조점들이 그가 정의한 종교나 신의 관념과는 상당한 갈등을 보이고 있음에도 불구하고 그의 영향은 심대하였다. 20세기에 들어서 그가 그리스도 안에 있는 궁극적이고 절대적인 진리를 제대로 파악하고 개진하지 못했다고 심각하게 비판을 받을 수밖에 없었다. 그러나 칼 바르트 자신도, 우리들은 그를 비판하면서도 또한 그의 제자일 수밖에는 없다고 하였다.

19세기 제2세대에 나타난 가장 중요한 지성적 경향들은 헤겔과 슐라이어마허에게 연결되어 있다. 슐라이어마허의 제자들 대부분은 그 스승보다 오히려 더 전통적인 모습을 보이고 있다. 이들은 정통주의를 보다 더 조심스럽게 취급하면서도 새로운 관념과 조직의 방법들을 이용하였다. 바로 이러한 점들 때문에 이들은 "중재적 신학자들"(mediating theologians)이라고 불리웠다. 또한 교회적으로 볼 때에 이들 대부분은 슐라이어마허와 마찬가지로 개혁파-루터교 연합을 지지하였다. 이 반면 헤겔주의자들은 심각한 내분을 보였다. 이들 가운데 일파는 헤겔을 보다 보수적으로 사용하여 도그마를 합리화함으로써 교회들을 위한 새로운 변증을 마련하고자 하였다. 그러나 그 과격파는 막스의 표현대로 하면 '헤겔을 거꾸로 뒤집어서' 교회와 국가에 관련된 가장 혁명적인 이론들을 발전시켰다.

4. 포이에르바하와 막스(Feuerbach and Marx)

막스는 이러한 좌파 헤겔주의자들 가운데 가장 유명한 인물이다. 그러나 그의 이론은 포이에르바하의 종교관을 의존하고 있다. 포이에르바하는 에를랑겐 대학에서 철학을 교수하기 시작하였으나, 그의 대부분의 업적은 개인적으로 성취되었다. 그는 원래는 헤겔의 제자였으나, 헤겔주의의 절대정신(Absolute Spirit)이란 결국 어떤 측면들에 있어서의 인간 본질의 가정화 혹은 인격화에 불과하다고 확신하게 되었다. 따라서 이는 어떤 독자적이고 독립적인 존재를 소유하지 못하는 것이다. 또한 모든 종교적 관념들에 관하여도 같은 말을 할 수 있다고 생각하였다. 이들은 모두가 우리들의 욕망이나 노력의 형상화에 불과하다.

종교는 허상(illusion)이라고 생각하였으므로, 포이에르바하는 그 후의 막스와 마찬가지로, 마치 고대 로마의 시인이었던 루크레티우스(Lucretius)와 같은 열정으로 종교에 반대하는 운동을 벌였다. 사제들이나 신학자들은 모두, 인간들이 진정 이루어야 할 과업들로부터 그 에너지를 다른 데로 뽑아가는 아편들을 매매하는 장사꾼들이라고 간주하였다. 포이에르바하와 막스는 자기들이 살고 있던 시대의 국가-교회제도에 깊은 배반감을 맛보았다. 이들의 눈으로 보았을 때에 그곳의 조직된 종교들은 시급한 개혁을 필요로 하고 있었던 기성 사회제도를 지지하고 있었을 뿐만 아니라, 이러한 개혁을 이룰 수 있었던 대중들의 에너지를 다른 곳으로 우회시켜 내보내는 안전관과 같은 역할을 하고 있었다.

막스는 이해관계가 서로 대립되는 사회계급들의 갈등을 통하여 그의 '사상'을 체계화하였다. 그러나 여기서 가장 근본적인 개념은 포이에르바하의 것을 빌어온 것이었으며, 이 때문에 포이에르바하는 "마치 철학에서 흄이 그 자리를 차지하듯이, 신학의 고전적 회의론자"의 위치를 차지하게 되었다. 그런데 막스에 의해서 계급이론은 드디어 구속의 기독교적 드라마와 결합하게 된다. 즉 원래의 무죄와 형제애의 상태로부터 사유재산과 착취라는 죄가 야기시켰던 내부적 사회갈등으로 변화하였다는 역사적 철학관이 성립되었던 것이다. 그리고 이러한 갈등을 통하여 프롤레타리아 계급의 승리와 계급투쟁의 종식을 따라 평화와 조화의 세계가 실현된다는 이론이었다.

5. 쉘링

원래 헤겔 사상의 진보를 위하여 공헌하였던 인물로부터도 공식적 헤겔주의에 대한 비판이 제기되었다. 쉘링은 헤겔과 마찬가지로 튜빙겐에서 교육받은 스와비아인으로서 원래는 이상주의자였다. 그러나 쉘링은 1806년경에 헤겔의 주지주의에 반발하였다.

그는 논리적이거나 혹은 이성적일 수 없는 현실의 측면들에 관하여 깊은 관심을 가지고 있었다. 그는 우주를 동태적 창조성의 과정으로서 파악하였으며, 이 가운데서는 특히 개성이 진정한 자유와 비합리성의 전달자라고 생각하였다. 그리하여 그는 유한한 존재에 관해 보다 더 현실적인 관점을 시도하였으며, 이러한 쉘링의 후기 형이상학은 흔히 "실존적 변증법"이라는 명칭으로 불리우게 되었다.

쉘링의 철학은 그 구체적인 신학적 측면에 있어서 역사적 종교들과 계시를, 단지 영원한 이상주의적 개념들로 축소하지 않으면서 확고하게 파악하고자 하였다. 여기서는 신화와 전설들이 대중들의 심성 속에 자리잡고 있었던 신적 임재의 표현이라는 헤르더의 관념을 기반으로 하여 더욱 발전시켜갔다. 당시 세대의 모든 뛰어난 형이상학자들 가운데서 아마도 쉘링이야말로 신학을 위하여 가장 유용하고, 밀접한 관련을 가지고 있는 학자일 것이다. 그러나 그의 영향은 출판을 싫어하였던 그의 성품과, 그의 언어의 난해성 때문에 매우 제한되었다. 그러나 그가 1841년 강의를 하기 위해 베를린에 왔을 때에는, 마침 많은 미국 교수들이 다 은퇴한 후였으며, 그의 강의는 사람들에게 깊은 충격을 주었으며, 헤겔주의의 독점을 훼파하는 구실을 하였다.

6. 키에르케고르

그러나 헤겔의 주지주의와 문화적 혼합절충주의에 대하여 보다 더 철저한 비판을 가한 것은 천재적이고 특이한 덴마크 철학자였던 키에르케고르였다. 그는 사람들에게 널리 알려지지 않았던 덴마크어를 사용하였으며, 매우 특이한 사고를 전개하였으므로 덴마크 밖에서는 두 세대 동안 거의 알려지지 못하였다. 그러다가 20세기에 들어와서 철학자들과 신학자들은 그를 "실존주의"의 가장 중요한 예언자로서 재발견하게 되었다.

그는 중요한 진리들이란 개인적인 결단으로서의 인간의 전체 존재를 다 망라하는 것들이며, 이러한 결단들로 인하여 형성된 세계는 이성적이거나 혹은 조화를 이루는 우주가 아니라, 위험과 기회들로 가득한 계산할 수 없는 소용돌이라고 하였다. 특히 종교생활은 믿음의 생활을 의미한다. 이는 이성과 안전을 뛰어넘어 활동하는 모험이다. 이처럼 종교에서의 개인적 결단의 중요성을 강조함으로써 키에르케고르는 이상주의에서 거의 무시되었던 요소를 회복하였다. 그러나 그 자신은 실질적으로 교회의 의미라든가 혹은 역사 속에서의 하나님의 사역을 무시하였다.

7. 네안더

뛰어난 철학자들과 신학자들에게 체계적으로 발전되었던 통찰력들은 또한 교회사와 성경학의 분야들에서도 찾아볼 수 있다. 18세기 말 낭만주의가 풍미하던 시절에 한 젊은 유대인이 플라토와 슐라이어마허의 '담화들'의 영향으로 인하여 개종하였다. 그는 네안더(Neander)라는 이름을 스스로에게 붙이고 슐라이어마허의 강의를 들으러 할레(Halle)로 갔다. 프랑스군의 진주로 할레가 문을 닫게 되자, 그는 당시 교회사 연구의 중심지였던 괴팅겐을 향해서 갔다. 그는 여기서 이성주의적이고 실용주의적인 역사관의 대변자였던 플랭크(Planck)의 강의를 들었다. 1813년 '배교자 쥴리안'에 관한 그의 논문이 채택되어, 베를린 대학으로부터 초빙되었으며, 1850년 숨지기까지 이곳에서 강의하였는데, 그는 슐라이어마허 이후 새로운 신학적 낭만주의의 대표자의 위치를 차지하였다. 그는 수많은 신학적 논문들 외에도 전10권으로 된 교회사를 저술하였다. 그는 특히 개인적 종교경험들을 강조하였는데, 그는 이러한 경험들을 신학적 정통성이나 혹은 교회체제에의 순응성 여부에 관련없이 매우 동정적으로 해석하였다. 개성이 매우 강하였으며, 비세속적이었던 네안더는 19세기 독일학계에 가장 중요한 영향을 미친 인물이었다. 그는 학생들을 위해서 최선을 다하였으며, 그의 강의실에는 수백 명씩 모여드는 것이 보통이었다. 그는 당시의 베를린 대학교 교수들 가운데 가장 뛰어난 인물이었으며, 가장 인기있고 사랑받는 인물이었다.

8. 바우어

그런데 네안더는 그보다 젊은 동료였던 헹스텐베르그와는 교리적 정통성의 문제로 충돌하였으며, 또한 반면에는 범신론적 경향을 가지고 있었던 종교철학자들, 특히 헤겔주의자들과도 충돌할 수 밖에 없었다. 그러나 이 세기의 가장 위대한 교회사가가 된 바우어(F. C. Baur)는 바로 후자들 가운데서 출현하였다. 바우어는 1826년부터 1860년까지 튜빙겐에서 역사신학을 교수하였으며, 19세기 후반에 가장 영향력있는 학자라는 평가를 받는다.

그의 왕성한 집필활동과 교사로서의 뛰어난 재질은 그의 주위에 일단의 학자들을 모았는데, 바로 이들이 신약연구에 혁명적인 변화를 가져왔던 "튜빙겐 학파"(Tübingen School)이다. 바우어 자신도 교의의 역사에 관한 일련의 논문들을 발표하였는데, 주로 헤겔의 용어들을 사용하고 있다. 그러나 말년에는 주로 교회사에 전념하였다. 1852년 그는 처음으로 교회사의 역사와 그 정확한 정의에 대한 본격적인 분석에 관한 글을 집필하였다. 이에 이어 교회사를 전5권으로 직접 집필하였는데, 이는 현대 역사과학의 비평적 인식론을 처음으로 일괄성있게 채용한 작품이었다. 네안더에 비교해 볼 때에 바우어는 한 시대의 주제가 되는 사상들을 파악할 줄 알았으며, 이들이 그 후의 세대들을 통하여 어떻게 표현되는가를 내부적으로 일관성있는 논리로 추구할 줄 알았다.

9. 슈트라우스(Strauss)

교회의 역사를 단지 인간적인 기관으로서 취급하고, 일반적으로 사회생활과 동일한 양식으로 발전하는 대상으로서 다루는 것과 동일한 양식을 성경적 자료들에 적용할 때에 이는 훨씬 더 충격적인 것이었다. 이러한 분야에서 "튜빙겐 학파"는 그 악명을 떨쳤으며, "고등비평"의 전형이 되었다. 이러한 계획은 이미 18세기 말에 세믈러, 헤르더, 레씽, 아이호혼 그리고 게이블러 등에 의하여 일차 묘사된 바 있었다. 그러나 이를 적어도 신약에 관한 한 처음 실질적으로 실천에 옮기고 적용하였던 이들은 바로 튜빙겐 학파였다.

이들의 기관지는 젤러(Zeller)가 편집하였던 "신학연감"(Theologische Jahrbücher)이라는 잡지였다. 세인들은 처음에는 슈트라우스가 아니라, 그의 제자들의 글을 통하여 이들의 동향을 파악하게 되었다. 1835년 슈트라우스(D. F. Strauss)는 『예수의 생애』(Life of Jesus)라는 저술을 통해 교회 안에 상당한 공포감을 조성하였다. 처음으로 복음서들의 역사성이 날카로운 도전을 받게 되었다. 복음서의 기록들은 헤겔식의 영원한 진리들을 내포하고 있는 신화와 전설들로서 해석되었다. 대부분의 신학자들은 이미 성경기록들 가운데 가장 믿기 힘든 사건들을 알레고리(비유)라고 치부거나 혹은 이성적으로 설명하는 경향들을 보이고 있었다. 그러나 아직까지도 복음서의 기록들은 이를 직접 목격하였던 이들의 증언으로 받아들이는 것이 일반적인 경향이었다. 슈트라우스는 이처럼 일반적으로 받아들여지고 있었던 해석방법이 일관성을 결여하고 있으며, 이를 증명할 수도 없다고 주장함으로써, 신앙의 기초 자체를 위협하였다. 그는 튜빙겐에서 면직당하였으며, 쥬리히의 정부가 그를 교수로 초빙하고자 하였으나, 이곳에서 이에 반대하는 거의 폭동상태가 발생하여 이 계획도 무산되었다. 슈트라우스는 후의 로이시(Loisy)와 마찬가지로, 교회들로부터 이러한 대접을 받으면서 그의 신앙을 상실하게 되었다.

슈트라우스는 신약에는 역사적으로 믿을 수 없는 부분이 상당히 포함되어 있다는 것을 강력하게 주장하였다. 이러한 요소들을 평가하기 위해선 이들이 작성되었던 상황들과 아울러 성경의 여러 기록들을 보다 더 면밀히 조사하는 것이 필요하게 되었다. 이러한 작업을 위하여 새로운 방법을 개척하였던 것은 역시 바우어였다. 그는 복잡한 복음서의 역사적 문제들에 뛰어드는 대신에, 신약 가운데 가장 명료하다고 생각되었던 일단의 저술들, 즉, 바울서신들을 분석하였으며, 이들로부터 이들 복음서들이 쓰여졌던 기독교 공동체의 성격을 파악해 보고자 하였다. 그는 바울의 '목회서신들'은 사실 실제 바울에 의하여 쓰여진 것이 아니며, 단지 제2세기 교회의 영지주의에 대항한 투쟁들을 반영하는 것이라고 하였다. 반면 바울의 저술들은 베드로에 의하여 대표되는 유대주의자들과의 갈등과 투쟁을 반영하는 것이라고 하였다.

바우어는 또한 사도행전은 이 거대한 내부 투쟁을 극소화하고 호도하기 위한 시도의 산물이라고 평가하였다. 당시 신학자들이 가장 선호하였던 요한복음에 관한 연구에서도 바우어는 새로운 장을 열었다. 그는 요한복음은 다른 세 공관복음과는 전혀 다른 성격을 지니고 있음을 지적하면서, 이는 일종의 기독교적 영지주의로서, 후기에 저술된 것이라 하였다. 이는 또한 전통적으로 요한의 저술로서 알려지고 있었던 계시록과는 전혀 다른 사상적 세계를 보여주고 있다고 주장하였다. 그러나 바우어는 다른 공관복음들의 비평에서는 별성과를 거두지 못하였다. 그는 마가복음의 역사성을 매우 의심하였다.
이러한 기독교 발생에 관한 전체적인 재정리는 쉬베글러(Schwegler)에 의하여 보다 과장된 모습으로 발표되었으며, 바우어 자신의 『처음 3세기 간의 기독교회의 역사』(History of the Christian Church of the First Three Centuries, 1853)라는 책에서 정리되었다. 그의 추종자들과 반대자들에 의하여 다양한 논리들이 전개되었으나, 바우어가 이전에 니이버(Niebuhr), 볼프(Wolf), 그리고 랑케(Ranke) 등이 일반 역사와 고전철학의 분야에서 이미 시행하였던 전거비평(혹은 원천비평, Source Criticism)의 방법들로서 성경 연구에 혁명을 이루었다는 사실은 분명하다. 그러나 이러한 방법론들의 전이는, 계시와 영감의 본질과 성격에 관하여 그 이전에 볼 수 없었던 문제를 제기하였던 것이다. 이때에는 아직 구약분야에서는 이에 비견할 만한 상황이 발생하지 않았다. 이러한 비평의 시작은 학자주의적 랍비적인 학자들을 대변하였던 헹스텐베르그의 권위로 인하여 압도되었던 것이다. 거의 1870년대에 가서야 바우어에 비교할 수 있는 연구가 구약에 적용되었다.
비평사의 새 방법론들에 관한 토론 외에도, 19세기의 중엽은 주로 1848년 혁명을 전후한 정치적, 교회적, 그리고 사회적 문제들에 관한 문제들의 토론으로 점철되어 있었다. 따라서 이 시대의 신학자들의 일반적인 분류는 신학적이라기보다는 교회적이라 할 수 있다. 여기에는 세 그룹들이 있었는데, 흔히 자유주의자들, 신앙고백적 신학자들 그리고 소위 "중재파" 집단들로 분류될 수 있겠다.

10. 자유주의

비록 신학자들 사이에서는 그 자취를 감추었으나, 계몽주의의 이성주의적인 도덕주의가 아직 목회자들이나 중산층에서는 강세를 보이고 있었으므로, 자유주의자들은 그 세력을 널리 펴고 있었다. 정치적으로 이러한 옛 자유주의는 1840년대의 헌법주의(입헌주의) 운동과 동일시되고 있었다. 이들은 개혁파 루터 교회들의 연합이라는 범주 안에서, 회중들과 평신도들의 권리와 종교의 자유를 수호하고자 하였던 "프로테스탄트 협회"를 조직하기도 하였다. 그런데 이 협회는 사실상 진정한 종교의 자유를 주창하였던 것은 아니며, 국가의 교회 통제에 관한 지역적 통제를 대변하였던 것이었다. 당시에는 신앙심이 깊었던 리차드 로테(Richard Rothe) 같은 인물까지도 교회가 단지 윤리적인 기관으로 변모하리라고 생각하고 있었다. 그리하여 자유주의자들까지도 자기들의 주장을 펴기 위해선 국가에 의존하고 있었으며, 예배와 교육의 목회를 장악하기 위한 파벌정치에 관련되어 있었다.

11. 권위주의

그러나 이러한 음모 속에서 자유주의자들이 패배하리라는 것은 기정 사실이었다. 부흥운동의 근본주의적 경건주의자들은 이미 종교적 권위주의와 정치적 권위주의 사이에는 본질적인 동질성이 존재함을 궁정들에게 주지시켜 놓았다. 1820년대부터 루터교도였던 부일롯(Veuillot, 제16장의 "프랑스" 항 참조)과 헹스텐베르그는 정치적, 신학적 자유주의자들에게 언론매체를 통하여 독설을 퍼붓고 있었다. 특히 1848년 이후의 반동적인 상황은 헹스텐베르그까지도 따라갈 수 없는 교회적 권위주의의 발흥을 발생시켰다. 대부분의 궁정들에서는 앵글리칸 교회의 트랙터리안 운동에나 비견할 수 있는 신앙고백적, 성직자적 권위주의가 경건주의적 근본주의들을 대체하였다.

슈탈(F. J. Stahl)은 프로이센의 데 마이스트르(de Maistre)라고 묘사될 수 있는 인물로서(제16장의 "복고" 항을 참조), 프로이센 상원의 성직자-봉건주의 당의 지도자였으며, 왕권신수설을 주장하였고, 융커(프로이센 지방의 지주 귀족들) 계급의 이익을 대변했으며, 교회를 감독체제로 통치하도록 주장하였다. 맥클렌부르그에서는 킬리포스(Klieforth)가, 그리고 헷세에서는 빌마르(Vilmar)가 반동운동을 지도하였는데, 이들은 모두 조직체의 권위에 관한 한 본질적으로 로마 카톨릭적 견해를 가지고 있으면서, 말씀에 대조되는 성례의 자체적 권위를 강조하고, 성직자들의 권한 신수설, 그리고 신앙고백의 모든 세밀한 사항들에 대한 절대적 복종을 주장하고 있었다. 비록 이러한 고파 성직 중심 루터주의 집단은 극단적인 경우라고도 할 수 있으나, 신학교수직과 강단을 정통주의의 대변자들로 채워서, 목회자 후보생들도 이러한 방향으로 이끌고자 하는 모습을 쉽게 찾아볼 수 있었다.

12. 에를랑겐

그러나 이러한 정치적 간섭은 신학 연구의 분야에서는 뛰어난 결과를 산출할 수 없을 것이 당연하였다. 그러나 이에도 불구하고, 특히 루터교 진영에서는 신앙고백을 자기들의 입장으로서 고수하면서도 학문적으로 존경받았던 일단의 신학자들이 있었다. 특히 에를랑겐의 바바리아 대학 교수들은 이 세기를 통하여 전통을 유지하였다. 이들은 슐라이어마허로부터 자기들 입장의 목표를 전통적인 로사이(Loci)의 목록표적인 방법이 아니라, 일관성있고 유기적인 작업으로 해야 할 것을 깨달았다. 그리고 이들은 또한 새로운 성경비평학의 결과들을 일부 받아들여 특히 기독론에 있어서 '케노시스'(kenosis)의 이론을 널리 연구하였다. 이처럼 성육신 시에 영원한 그리스도의 '스스로를 비움'(self-emptying)의 이론은 그 이전의 고대 신경들보다 더 심각하게 예수의 인성에 대한 성경기록을 연구하도록 만들었다.

호프만(Hoffmann)과 토마시우스(Thomasius)는 19세기의 중엽에 나타났던 에를랑겐 신앙고백주의의 뛰어난 대표자들이었다. 이들의 전통주의는 어떤 면에서 이들을, 자기들이 대변한다고 주장하였던 종교개혁이나 신약보다도 오히려 조직주의자 혹은 '카톨릭'에 가까운 모습으로서 보여주고 있다. 또한 앵글리칸 진영 내에서도 웨스트콧(Westcott), 고어(Gore), 호르트(Hort)들의 사역들은 에를랑겐 학파와 유사하다고 할 수 있을 것이다. 비록 이들은 본질적으로 전통을 고수하였고, 성경비평에 대하여 싸웠으면서도, 마찬가지로 '케노시스' 기독론을 실험하였다.

13. 중재파

이 세 번째 집단은 헤겔파보다는 루터파들에 보다 더 가깝다. 이들은 그 교회적인 기반을, 특히 프러시아 지방에서의 연합교회들(Union Churches)에게서 찾고자 하였으며, 바로 이러한 이유의 때문에 루터교도들보다는 덜 경직된 신앙고백적 기반을 소유하고 있었다. 이 양자들 사이의 논쟁의 초점은 특히 성찬을 둘러싼 성례신학에 관련되었던 분야였다. 이들 "중재파"는 또한 변증학적 문제들을 보다 더 날카롭게 깨닫고 있었으며, 자유주의자들에게 보다 더 많은 양보를 하였다. 그러나 이러한 과정 속에서 중재파 신학자들은 헤겔보다는 슐라이어마허나 네안더의 노선을 좇았다.

라인 지방 프러시아(Rhenish Prussia)에서 이들의 지도자는 본의 니체(Nitzsch of Bonn)였는데, 그는 1848년 혁명 직전에 베를린으로 이주하여 그곳에서 루터파들에 대항하여 교회연합을 주장하였다. 베를린에서 그와 합세하였던 도너(Dorner)는 키엘(Kiel)에 거주하던 당시 덴마크의 마르텐센(Martensen) 주교와 교류하였는데, 마르텐센 주교 역시 중재파로서 분류될 수 있을 것이다. 할레의 툴록(Tholuck)과 쥴리우스 뮐러(Julius Müller) 역시 저명한 학자들이었다. 그리고 비록 이 그룹의 전형적인 인물은 아니지만, 이들 가운데 가장 독창적이고 매력적인 인물은 하이델베르그의 리차드 로테라 할 수 있다. 이 "중재적인 신학자들"이라는 명칭은 울만(Ullmann)이 맡아 편집하였던 이들의 주된 기관지 역할을 하였던 "신학연구와 교회"(1828)의 한 프로그램에서 비롯되었다. 그러나 이들은 그 본질상 학문적인 성격을 유지하였다.

  정부는 권위를 보다 더 명확하게 정의하기를 원하였지, 성경적 학문이나 혹은 철학적 사상에 양보하고자 하지 않았다. 또한 평신도들은 요리문답에 관한 자료들이나 이성주의적 도덕주의들만을 의식하고 있었다. 개혁파와 루터파 사이의 연합도 주로 정치적 이유로 인하여 찬반의 대상이 되고 있었으며, 종교적 혹은 신학적인 전반적 이해는 시행되지 못하고 있었다.

제14장
앵글리칸주의와 영국의 자유 교회들

로마 카톨릭이었던 프랑스는 17, 18세기에 있어서 유럽의 정치와 문화를 주도하였던 세력이라고 할 수 있다. 그러나 나폴레옹이 패퇴한 뒤, 프랑스의 주도권은 여러 가지 면에서, 전통적 숙적이었던 대영제국으로 넘어가게 되었다(영국은 잉글랜드와 아울러 스코틀랜드와 웨일스 지방, 그리고 북부의 영국령 아일랜드까지도 국가적으로 통칭하는 이름이다). 그리하여 1815-1914년 사이의 세기는 많은 면에서 볼 때에, 옛날 팍스 로마나, 즉 로마의 평화시대에 견줄 수 있었던 팍스 브리타니카(pax Britannica, 대영제국의 평화)라고 할 수 있는 시대였다. 이미 18세기 영국의 생산성과 사회구조를 변화시켰던 산업혁명은 나폴레옹 시대에도 계속하여 급속히 진전되었다. 영국은 세계의 공장이자, 은행으로서의 역할을 하였던 점에서 그 지도권을 확실하게 장악하고 있었다.

1. 프랑스 혁명의 결과

영어사용권에서 프랑스 혁명은 대륙의 여러 나라들에서 미쳤던 것만큼의 영향력을 행사하지는 못했다. 이곳에서는 장기간에 걸쳐 성장하고 있었던 내부적인 변화가 아니라, 단지 외부로부터의 위협에 불과하였으며, 어떤 장기적인 결과를 야기시키지는 못했던 침략에 불과하였다. 실제로 교역과 생산업에 미친 자극을 제외한다면, 프랑스 혁명의 효과는 사회적 정치적 변화를 가속화하기보다는 오히려 지연시켰다고 볼 수 있다. 1780년대에 곧 성취될 것처럼 보였던 사회적, 헌법적 개혁은 쟈코뱅파라고 이름붙여질 수 있는 일체의 상황에 대한 신경질적인 반동으로 말미암아 거의 한 세대 동안이나 지연되었다. '인신보호법'(*Habeas Corpus*)은 보류되었으며, 1800년도의 '조합법'(Combination Acts)은 노동조합의 결성을 금지하였다. 전후의 실업상태와 정체상태에서, 호전적인 경찰들에 의한 '페털루 학살사건'(Peterloo Massacre)이 발생하였으며, 언론의 자유를 제한하기 위한 6개조 문법이 발효되었다. 미국인들의 독립전쟁을 지지하였던 "칼빈주의" 자유 교회들조차도 이제는 웨슬레와 앵글리칸들의 보수주의로 경도하게 되었다. 또한 상류계급 출신의 많은 숫자가 국교회(앵글리칸 교회, 혹은 성공회라고도 함)의 성직자로 들어갔으므로, 국교회 성직자들의 사회적 계급이 눈에 띄게 높아질 정도였다. 1820년대에야 영국은 그 자연적 발전과 진보를 지속할 수 있는 자유를 회복하게 되었다. 그리고 1689년에 성립되었던 체제를 급변시킬 변화의 위기는 1828-1836년 간의 개혁기에 발생하였다.

종교자유법에 의해 정의되었던 교회구조는 19세기 초에 약간 수정되었다. 콘벤티클법이나 조합법들에 규정된 벌칙들이 더 이상 그다지 엄격하게 시행되지 않았던 것이다. 영국 국교회는 국가와 지배계층의 교회로서의 위치를 사회적 관습에 의하여 계속 유지하였다. 그리고 교회의 분계선은 신학적이라기보다는 사회학적으로 성립되었다. 앵글리칸들은 도시와 촌락의 주민들 그리고 공직과 전문직을 독점하고 이를 통해서 대학교를 통솔하였던 신사계급이었다. 장로교 신자들은 주로 상인들과 은행가들이었다. 독립교파(Independents)는 중하층이었으며, 침례교 신자들은 가난한 공인들과 서기들을 포함하고 있었다. 특히 장로교인들은 만약 자기들의 종교만 아니면, 능히 국가와 사회의 주류에 속하였을 것을 의식하였으므로, 이로부터 소외감과 불만을 강하게 느끼고 있었다. 이들의 숫자는 원래 모든 비국교도의 2/3를 차지하였으나, 18세기 말에는 거의 찾아볼 수 없게 되었다. 한편 침례파와 회중파 신자들은 이러한 유혹을 별로 느끼지 못하였으나, 일반적으로는 가족단위로 그 직업이나 사회계급의 변화에 따라 교파를 바꾸는 모습을 흔히 볼 수 있었다. 또한 그 정도는 물론 교파들에 따라 차이가 있었으나, 모든 교파들은 이성주의에 의하여, 그리고 그 후에는 복음주의 부흥 운동의 영향을 받고 있었다. 이들의 신학적, 윤리적인 공통의 전통은, 사회적, 문화적 방면이 아닐지라도, 상호간에 종교적인 교류를 가능케 하였으므로, 대서양을 가운데 두고 대여섯 개의 교파들은 루터교, 로마 카톨릭 혹은 정교들에서는 볼 수 없는 교회적인 성좌를 이루고 있었다.

2. 교파 체제의 정치적 효과들

그런데 영국의 이러한 교파적인 분립은 중요한 정치적 결과를 낳게 되었다. 양당제도는 양자가 다 기독교인 국교와 비국교의 양대교회 제도에 기초하고 있는 것이었다. 그리하여 궁극적 원칙의 변화 없이 정책과 행정의 변화를 이룰 수 있는 여유가 있었으며, 고통의 전제 속에서는 항상 자유로운 토론이 가능하였다. 그리하여 보수적인 사회는 지방분권적이면서도 놀랄 만큼 안정적으로, 영어 사용권 내에서 정치적 민주주의를 유지할 수 있는 능력이 있음을 보여주었다. 이는 루터교나 로마 카톨릭 혹은 동방정교의 사회들이 혁명과 독재정치를 낳았던 것과는 전혀 다른 모습이었다. 청교도적이요, 휘그파의 정치적 전통 위에 복음적 부흥운동이 덧입혀짐으로써 이는 19세기의 자유민주주의를 낳게 되었다. 역사가 할레비(Halevy)는 이 부흥운동에 관하여 다음과 같이 기술하였다. "우리들은 현대 영국의 기적을 바로 이 운동에 의하여 설명할 것이다…이는 무정부주의이면서도 질서적이며, 실질적이고 사업적이나 동시에 종교적이고 경건주의적이기까지 하다."

3. 인구의 증가와 비국교

이 시대 영국 기독교에 가장 큰 영향을 미쳤던 사건이라면 복음주의 부흥운동을 꼽을 수 있다(제7장, "앵글리칸과의 분열" 항을 참조). 그 주요한 지도자들은 이를 영국 국교회를 다시 부흥시키는 것으로서 생각하였으나, 이로 인하여 더 큰 유익을 얻은 것은 비국교들이었다. 이 이유 중 하나는 국교회의 입장으로서는 이처럼 새로운 사회적 변화에 재빨리 적응할 수 없었다는 것이다. 의회의 입법을 통해서만 교구를 재조정하는 것이 가능했는데, 여기에 얽힌 각종 이해관계들이 이러한 법안의 통과를 불가능하게 하였다. 그리하여 새로운 산업지구들은 한촌들과 동일한 교회조직으로 운영해야만 하였다. 예를 들어 리버풀의 경우, 인구가 9만 4천이었는데, 교인이 앉을 수 있는 자리는 겨우 2만 1천에 불과하였다. 맨체스터의 경우에는 8만 명 인구에 교회의 좌석이 1만 1천이었으며, 백만 명 이상의 인구를 자랑하던 런던에는 겨우 8만의 수용 능력밖에는 갖추지 못하고 있었다. 따라서 새로운 산업인구의 3/4은 국교회에 수용되는 것이 불가능하였으며, 이러한 문제를 곧 시정할 수 있는 해결책도 없었다. 그리하여 새로운 교인을 낳은 부흥사들은 이들을 침례교나, 독립파 회중 혹은 앵글리칸의 감리교식의 개척교회로 이들을 조직하는 것이 훨씬 용이하였다. 그러나 목회자들이나 교인들은 단지 "개척교회"의 위치로 머무는 것을 싫어하였다. 만약에 감리교가 국교로부터 분리되어 나오지 않았다면 아마도 더 많은 교인들을 비국교파에 빼앗겼을 것이다. 나폴레옹 전쟁이 끝날 즈음엔, 아마도 영국의 프로테스탄트 신자들 가운데 반 가량은 비국교파에 속했던 것으로 추산된다. 1811년 상원에서는 이미 비국교파가 다수가 될 것이라는 예측이 있었다. 그리하여 미국에서와 마찬가지로, 새로운 사회영역의 개척은 곧 자유, 자발적 교회들의 성장을 자극하였다.

4. 국교회 안의 복음주의자들

한편 국교회 안에서 복음주의적 경건주의는 평신도들 사이에서 계속 증가하였으며, 이보다 완만한 속도로 성직자들 가운데 점증하고 있었으며, 보다 고위 성직자들과 행정가들 사이에서는 이보다 더 느린 속도로 증가하고 있었다. 그러나 1830, 40년대까지는 실질적으로 다른 종교적 선택의 여지가 없었으며, 종교에 대한 반대는 종교를 단지 사회적인 모임으로서 취급하고자 하였던 계층으로부터 왔다. 성직자들은 자기들의 승진에 영향을 미칠 수 있었던 계급이었던 신사계급들의 비위를 맞추기에 급급하여, 복음주의적 열정에 냉담하였다.

1815년에 최초로 복음주의적 인물이 주교직에 임명되었을 때에는 이에 대한 반발이 강하게 일기도 하였다. 그는 흔히 "신앙적 주교"라는 이름으로 불리우게 되었다. 그러나 1850년대에는 주요한 비국교파들 가운데서뿐만 아니라 앵글리칸 내에서도 상당한 위치를 차지하게 되었는데, 이는 미합중국과 유사한 상황이었다. 그러나 미국에서와 마찬가지로 영국에서도 복음주의자들 사이에는 상당한 문화적, 계층적 차이가 있었다. 신사계급의 경우에는 복음주의적 열정이 일정한 범위 아래서 질서있게 진행되고 있었으나, 제대로 교회생활에 익숙하지 못하였던 빈곤층에서는 "원시적인 감리교"가 야외 부흥회로부터 비롯되어 확산되었다.

복음주의의 또 다른 결과는 비국교파와 국교가 보다 더 근접하게 되었다는 점이었다. 우리들이 본 바와 같이 부흥운동 이전에는 교회의 본질에 관한 온건주의적 입장이 그 차이들의 신학적 근거를 약화시키고 있었다. 그러나 부흥운동은 신앙을 개인화하고, 그 교회조직들을 상대화하였다.

예를 들어 휫필드 같은 경우, 자기의 교파뿐만 아니라(앵글리칸) 스코틀랜드의 장로교회나 뉴잉글랜드의 회중파 교회 등에서도 서슴없이 설교하였다. 수많은 부유한 앵글리칸 평신도들은 독립파 교회들을 지원하였으며, 앵글리칸 교파에서 담당하지 못하였던 부흥운동을 지원하기 위하여 독립파의 신학교까지도 지원하였다.

5. 복음주의적 단체들

부흥운동의 특질적인 표현 가운데 하나는, 모든 교파 중에서 교파를 초월하는 자발적 단체들이 탄생하게 되었고, 각종 복음주의적, 인도주의적 목적들을 위한 협회들이 조직되었다는 점일 것이다. 그리하여 새로운 선교단체들이 케리(Carey)와 침례교로부터 시작되었으며, 런던 선교협회(London Missionary Society, 1796), 그리고 "교회" 선교협회(Church Missionary Society, 1799)들도 조직되었다(제24장, "영국의 시작" 항을 보라). 1799년에는 종교 선교문서 협회가 설립되었으며, 1804년에는 영국과 해외 선교문서 협회(The Religious Tract Society)도 나타나게 되었다. 그리고 소수의 부유하고 헌신적인 은행가들과 상인들의 모임이었던 소위 "클랩햄파"(Clapham Sect)가 수많은 협회들에서 중추적인 역할을 담당하였다. 예를 들면 쏜톤(Thornton) 같은 이는 그 수입의 6/7을 이러한 기관들에 헌금하였다. 의회에서 오랫동안 이들을 대변하였던 인물은 윌버포스(Wilberforce)였다. 미국의 경우에는 탭판가(Tappans)가 이와 비슷한 역할을 행하였다.

부흥운동의 특징들 가운데 하나는 엄격한 안식일주의였다. 1787년에는 복음주의파의 요청에 따라 국왕이 주일을 범하는 것, 신성모독적 언사, 술취함, 음란한 서적 그리고 부도덕한 오락들을 금하는 칙령을 발하였다. 이러한 계획들을 실천에 옮기기 위한 단체가 시작되어 1802년에 재조직되었는데, 그 명칭은 "악덕 억제협회"(Society for the Suppression of Vice)였다.

이와 비슷하게 투계, 황소나 곰과 개들에게 싸움을 붙이는 오락들을 금하여 동물학대를 방지하고자 노력하기도 하였다. 아동들에게 굴뚝청소를 시키거나 혹은 공장에서 노동하게 하는 것을 금지하는 운동도 일게 되었다. 고아들을 보호하고, 극빈자들을 교육하며, 감옥을 개선하기 위한 단체들도 생기게 되었다.

윌버포스는 이에 관하여 다음과 같이 말했다. "우리들의 자유사회에서는 특히 자발적인 단체와 협회들을 통하여 이러한 목적들을 달성하는 것이 시급한 일이다. 왜냐하면 이전에는 정부의 직접적 보호 아래 있었던 도덕적 원칙들을 단지 이러한 방도로마 보호할 수 있기 때문이다. 이는 마치 오래 전의 검열제도와 같이 인민들의 종교와 도덕의 수호자가 된다." 그리하여 옛날처럼 경찰력에 의하여 직접적인 통제를 하던 대신에 이러한 보다 개방적인 도덕적 설복을 통하여, 복음주의자들은 1830년까지 영국 인도주의에 있어서 놀라운 변화를 이룩하였다.

이러한 움직임 가운데 매우 중요한 측면은 교육에 대한 관심이라고 할 수 있다. 1780년 이후, 주일학교의 개척자로서 거명되는 인물은 로버트 라이크스(Robert Raikes)이다. 원래 이러한 학교들은 교과서로 성경을 사용하여 책읽기를 가르치고, 경우에 따라서는 간단한 산술도 교육하였다. 그러나 하류층이 지나친 교육을 받는 것을 두려워하였던 토리파 정치가들은 이를 반대하는 것이 보통이었다. 그리하여 앵글리칸들보다는 비국교파가 이 주일학교 운동에 더욱 열심을 냈다. 이들이 1807년에 설립한 영국과 해외 주일학교 협회(British and Foreign School Society)에 대응하여 국교측에서는 1811년에 앵글리칸 국립협회(National Society of the Anglican)를 설립하였다. 얼마 안되어 서로 다른 프로그램들을 내세우면서 양파가 대립하는 양상을 보이게 되었다. 비국교파는 교파를 초월한 국립 교육제도를 주장하였으며, 앵글리칸들은 국교가 교육을 감독하고 통제할 것을 주장하였다. 이러한 앵글리칸 측의 반대로 말미암아 영국은 다른 국가들보다 비교적 늦게 공립학교제도를 실시하게 되었다. 1870년의 포스터법(Forster Act)에 의거하여 국립교육제도가 시행되었으며, 이때 앵글리칸 학교들도 공공재정에 포함되었다(제20장의 "포스터 교육법" 항을 보라).

6. 노예제도 폐지

복음주의적 자발적 단체들이 이룩한 가장 위대한 사회개혁의 승리는 노예매매의 폐지, 그리고 최종적으로는 노예제도 자체를 폐지시킨 것이었다. 여기서 가장 중요한 역할을 한 인물은 쾌활한 성품의 귀족 출신이었던 윌리엄 윌버포스였다. 그는 1784년, 친구들의 경악에도 불구하고 회심하였으며, 그 후 의회에 진출하여 바로 이 노예제도의 폐지를 위하여 장기간 활약하였다. 미국에서와 마찬가지로, 노예제도 반대운동을 가장 처음 시작한 이들은 퀘이커교도들이었다. 또한 이성주의자들과 정통주의를 막론하고 구분파(Old Dissent)측에서 점차 이들을 지지하였다. 만약에 프랑스 혁명에서 나타났던 지나친 행위들만 없었다면, 아마도 노예제도에 대한 정치적 반대운동, 그리고 비국교도들과 로마 카톨릭 신자들을 위한 종교자유의 인정 등은 더 일찍 1790년대에 그 열매를 거두었을 것이다. 이 시기에 노예매매 폐지안이 무려 열한 차례나 의회에서 부결되었다. 그러나 1805년에는 핏트(Pitt) 수상이 영국의 새로운 식민지에 노예들을 수입하는 것을 금지하였으며, 1806년에는 제도 자체를 폐지하는 운동을 벌여 다음해에 성공을 거두었다. 전쟁이 계속되어, 프랑스 식민지가 영국의 손에 들어올 때마다 노예매매는 감소되었으며, 평화회담이 개최되었을 때에는 하원이 만장일치로 내각의 의견을 좇아 유럽의 모든 군주들에게 즉각적이고 전반적인 노예매매의 금지를 종용하기로 의결하였다. 그리하여 이에 미온적 태도를 보이던 정치가들이 큰 충격을 받게 되었다. 이러한 매매금지가 결정된 후, 이제 노예제도 자체의 폐지는 시간문제가 되었다. 그리하여 윌버포스의 위업을 이어받은 벅스턴(Buxton) 아래서 드디어 1833-1834년에 전면폐지가 이루어졌다. 물론 복음주의자들, 앵글리칸 그리고 비국교도들 등 기독교 신자들이 독자적으로 이를 이룩한 것은 아니었으나, 이들의 도움이 없었으면 전혀 불가능하였을 것이다. 또한 영국이 아프리카의 많은 지역을 식민지로 획득하기 한 세대 전에 이러한 조처가 취해졌기 때문에 우리들의 상상을 초월하는 수많은 잔학상들을 피할 수 있었다.

7. 복음주의 동맹(Evagelical Alliance)

복음주의 자발적 단체들 가운데 또 하나의 중요한 형태는 보다 에큐메니칼한 관심을 가지고 있었던 "복음주의 동맹"의 조직이었다. 19세기의 부흥운동은 교파들간의 국내외적 연대를 공고히 해야겠다는 필요성과 의식을 사람들에게 심어주게 되었으며, 독일, 미국, 스코틀랜드 그리고 영국 등지에서는 복음주의자들의 국제 회의 혹은 연맹체를 조직해야 한다는 운동이 일게 되었다. 1845년 이를 위한 준비회의가 개최되었으며, 1846년에 창립총회가 이루어져서, 그 후 영국이 계속 이 운동을 주도하게 되었다. 이 연맹 가운데는 앵글리칸 복음주의자들과 다양한 비국교도들이 다 참석하고 있었다. 이러한 움직임이 유럽 대륙에서는 루터파보다는 개혁파측 교회들에 의하여 보다 잘 받아들여지게 되었다. 왜냐하면, 복음주의자들은 종교의 자유를 주장하였으며, 이에 따라 동방정교, 로마 카톨릭들뿐만 아니라, 루터파 등의 국교제도를 비판하였기 때문이었다. 그러나 이 연맹은 원래 설립자들이 의도하였던 교파들간의 연합은 성취하지 못하였으며, 단지 관심있는 개인들의 결사조직으로서 남게 되었다. 우선 이 연맹은 중앙조직, 직원, 구체적인 계획들을 결여하고 있었다. 그럼에도 불구하고 전세계에 걸친 기도주일, 다양한 간행물들, 부정기적으로 열렸던 대규모 집회들을 통하여 전세계적인 에큐메니칼 의식을 심어주는 데 가장 효과적인 역할을 하였던 19세기의 조직체였다. 노예제도의 존재로 말미암아 미국에서는 남북전쟁 이후에야 지회가 조직되었다. 그러나 1873년 뉴욕에서 열린 대회가 사상 최대의 규모를 자랑하였다.

8. 입헌적 개혁

대영제국 내 교회들의 위치는 마침내 헌법적인 변화를 가져왔던 수많은 법률적 개혁들로 인하여 크게 바뀌게 되었다. 우선 성만찬을 공직자들의 조건 중 하나로 규정하고 있었던 시험법(Test Act)이 폐지되었다(1828). 그리하여 후커(Hooker)가 시도하였던 엘리자베스 여왕 시대의 국교적 이상은 불가능하다는 것이 공식적으로 인정되었다. 그러나 지도층은 아니었지만 대부분의 앵글리칸들은 동 법안의 폐지를 반대하였다. 이들은 또한 그 다음해에 로마 카톨릭 해방법(Roman Catholic Emancipation)에도 반대하였으나, 아일랜드에서의 반란 위협이 강하게 일어나는 통에 겨우 통과되었다(제16장, "소수파 로마 카톨릭의 전략" 항을 참조). 이러한 법률들을 통해 비국교도들이 의석을 차지하는 것이 가능해졌으므로, 의회가 영국 국교회를 다스린다는 비정상적인 행태는 종막을 고하게 되었다.

그리고 1850, 1860년대에는 교회 운영을 위한 주교회의들이 다시 소집되기 시작하였다. 치열한 논란의 대상이 되었던 공민권 확대가 1833년에 개혁법(Reform Bill)을 통해서 효력을 발하게 됨으로써 비국교도들이 소재하고 있었던 공업지구에서 보다 많은 의석들을 차지하게 되었다. 주교들과 옥스포드 대학교 그리고 각 촌락과 도시마다에 주재하고 있었던 국교회의 대리인들은 이러한 모든 개혁들을 끝까지 반대하였다.

앵글리칸들이 이러한 개혁들을 완강하게 반대한 이유들 가운데 하나는 개혁가들이 종내는 국교회 자체도 손을 댈 것이라고 굳게 믿었기 때문이었다. 국교는 그 반동적인 성향 때문에 많은 인기를 상실하고 있었다. 주교관 정문 앞에서 주교들의 허수아비를 화형에 처하는 모습들을 흔히 볼 수 있었다. 또한 '흑서'(Black Book)등 대중적인 서적들을 통하여 국교회의 부정들은 혹심한 비판을 받았다. 교회 봉록을 둘러싼 불평 등이 너무나 심하였으며, 국교회에 내는 세금을 비국교도들이 못마땅해 할 것은 당연하였다. 이들은 국교회야말로 정의와 공공자유에 대한 방해물이라고 생각하고 있었다. 국교 성직자들의 반 이상이 궐석하고 있었다. 많은 지식층들은 "인간의 능력으로는 현재 상태의 교회를 구할 수 없다"는 아놀드(Arnold)의 말에 동의하였다. 그러나 그 해결책은 헌법의 기초 위에 비국교회들과 완전 통합하여 다시 한 번 진정한 국교회를 이룩해야 한다는 그의 의견에는 별로 동조하는 이들이 없었다.

1831-1835년 간에 운용되었던 교회 위원회(Ecclesiastical Commission)는 개혁과 재조직을 집중적으로 연구하였으며, 궐석제도나 혹은 재정적 불평 등에 관한 약간의 개선을 이루는 데는 성공하였다. 비록 국가와의 관계는 이제 뚜렷하게 비논리적이었으며, 점차 그 기반을 상실해가는 과정은 점진적으로 시작되었다고 하고 있으나, 실질적으로 국교회의 가장 중대한 위기는 지난 셈이었다. 이러한 시대상의 한 단면으로서, 비국교도들은 1868년 오랫동안의 교회세에 대한 투쟁에서 성공을 거두었다.

이러한 개혁입법안을 둘러싼 논쟁 가운데 앵글리칸 교회 안에는 새로운 당파가 윤곽을 드러내게 되었다. 루터파 삭소니와 바바리아 그리고 칼빈주의 홀랜드와 스코틀랜드에서와 마찬가지로 부흥운동은 옛 신앙고백과 교회의 형식에 새로운 활력을 불어넣었으므로, 앵글리칸 진영 내에서도 1830, 1840년대에는 고파 진영 안으로 복음주의의 열정들이 스며들게 되었다. 그리고 이곳에서도 다른 곳에서 볼 수 있었던 것처럼 새로운 신앙고백주의는 국가 관료제도의 이성주의적 경향과 대결하게 되었다. 앵글리칸 진영 내에서 이러한 움직임을 가장 유창하게 대변하였던 인물은 존 헨리 뉴먼(John Henry Newman)이었다. 그리고 앵글로-카톨릭 운동은 다른 곳에서의 이러한 움직임보다도 더 큰 영향력을 행사하게 되었다.

9. 트랙터리안 운동(Tracterian Movement)

뉴먼은 옥스포드 운동의 시작을 1834년 "국가적 배교"(National Apostasy)라는 제목의 케블(Keble)의 설교로부터 보고 있다. 케블은 아일랜드 내 앵글리칸 교회의 합당한 의회주의적 재조직을 이처럼 배교로서 평가하였던 것이다. 케블의 입장에서 보건대 가장 중요한 점은 의회가 주교직을 '억압'한다는 것이었다. 그와 뉴먼 그리고 일단의 동료들은 이미 5, 6년 전에 프랑스에서 라므네(Lamennais) 일파가 도달하였던 것과 동일한 결론에 도달하게 되었다. 즉, 교회의 독립은 기존 체제의 가치들보다 더 중요하다는 것이었다. 바로 이러한 주장을 폈기 때문에 이전의 청교도들은 앵글리칸 지도자들로부터 그토록 준엄한 비판과 박해를 받아야 했었다.

이들은 '시대를 위한 트랙(종교적인 소논문이나 소책자)들'(Tracts for the Times)이라는 제목의 일련의 소책자들을 발간하여 이들 반에라스투스주의자들은 자기들의 입장을 앵글리칸 성직자들 앞에 제시하였다. 이들은 철저하게 성직자 중심적인 기반 위에서 그 주장을 폈는데, 즉 교회의 권위는 사도들의 시대부터 주교들의 임명을 통하여 유전되었던 역사적 계승 속에 제한되어 있다는 것이었다. 오직 이처럼 합법적인 권위가 동반할 때에만이 성례들은 '유효'하고 교회의 치리는 합법적인 것이라고 하였다. 그러나 주교들, 옥스포드 당국자들 그리고 교회 일반은 이러한 주장에 대하여, 마치 프랑스 주교들이 라므네에게 보였던 바와 동일한 반응을 보이게 되었다. 그런데 뉴먼이 트랙 제90호에서 39개 신조문을 로마 카톨릭적으로도 이해할 수 있다고 주장함으로써 위기가 닥치게 되었다. 그리하여 '트랙터리안'들이 교회의 치리 대상이 되면서, 뉴먼은 "카톨릭" 앵글리칸 이론(앵글리칸 교회가 사도적인 전승을 보유하고 있다는 이론)은 단지 종위 위의 이론에 불과하다고 확신하게 되었다. 그리고 또한 『교회의 발전에 관한 에세이』(Essay on Development)에서는 원시교회의 형태들 가운데 일부를 시대의 상황에 맞추어서 변경하고 적응시키는 행위는 합법적이라는 결론에 도달함으로써, 로마 카톨릭 교회의 입장을 온전히 받아들일 수 없도록 하였던 마지막 장애물이 제거되었다.

1845년 그는 로마 교회에 가입하였으며, 그를 따라서 영국에서 50여 명, 그리고 미국에서 다섯 명 가량이 로마 교회로 합류하였다. 그 후 계속하여 고파 앵글리칸 교회의 일부 신자들이 로마 교회로 유입되는 모습을 보이게 되었다. 그러나 앵글리칸 교회 대부분은 계속 그 교파를 고수하였으며, 자기들이 주장하였던 사도전승 이론을 계속 지지하고 옹호하였다.

이처럼 뉴먼이 로마 카톨릭으로 '망명' 한 후에 옥스포드는 신학논쟁을 회피하는 경향을 보였으며, 그 후 일 세대는 과학이나 혹은 밀(Mill)의 실용주의 철학에 보다 큰 흥미를 보이게 되었다. 그리고 1850년대에 들어서는 드디어 비국교파들도 옥스포드와 캠브리지에 입학하여 학위를 받을 수 있도록 허락되었다. 한편 앵글로-카톨릭들은 실천목회와 교구에서의 직접 사역들에 열심으로 종사하였다. 영국 국교 내에도 수녀단들이 조직되어 루터파 교회에서 플라이드너(Fleidner)의 여집사들이 담당하였던 사역들을 영국에서 수행하였다. 그리고 일단의 "빈민굴 신부들"(slum-priests)은 앵글로-카톨릭주의의 '예배의식주의적' 인 모습을 과시하였다. 원래 뉴먼이나 푸세이(Pusey)는 성직자들의 제복, 예배당의 화려한 조명, 장려한 장식 그리고 예배의식들에 별로 관심을 가지고 있지 않았다. 그러나 이제 보다 카톨릭적인 의식과 예식들을 선호하는 "동향적 입장"(Eastward position)을 취하는 이들이 나타나게 되었으며, 이들은 제단의 조명, 꽃장식, 제복을 걸친 성가대, 향불, 십자가 장식 그리고 고딕식 의식들을 교회 안으로 도입하였다. 아마도 당시 가장 중요한 논란의 대상이 되었던 문제는 성찬전의 성례적 신앙고백이었다고 할 수 있겠다. 특히 로우더(Lowder)와 맥코노치(Mackonochie) 등 빈민굴 신부들이 끝없는 논쟁들을 불러일으키고 있었다. 교회 안에서 볼상사나운 난동들이 발생하였으며, 이미 실질적으로 폐지되다시피 하였던 교회법정들에는 많은 소송사건들이 회부되었다. 일반적인 여론은 새로운 예배의식들에 반대하는 경향이었으나, 성직자들 사이에는 많은 추종자들이 발생하고 있었다. 그리고 이처럼 본격적인 "예식중심주의"를 떠나서도, 앵글리칸-카톨릭운동을 통하여 예배의식의 일반적인 분위기, 성직에 대한 관념, 그리고 성례에 대한 존경심들은 매우 고양되었다고 볼 수 있다. 그러나 반면에, 복음주의 주류와 이러한 앵글리칸-카톨릭 경향이 충돌하게 되면서, 영국 국교회와 자유 교회들 사이의 간격은 더 넓어졌다고 볼 수 있다.

한편 사회, 경제적인 분야에서는 트랙터리안들이나 복음주의자들은 모두 별로 중요한 지도적 입장을 제시하지 못하였다. 푸세이는 경건한 복음주의자들이나 마찬가지로 개인적으로는 자선과 구제기관들에 상당한 헌금을 하였으나, 전체 옥스포드 집단은 원칙적으로 정치적으로는 반동적 입장을 취하였으며, 사회적으로는 신사계급과 깊이 연계되어 있었다. 한편 복음주의자들도 주로 토리당이었으며, 영국에서나 미국에서나 노예제도 폐지 이후에는 어떤 중요한 사회적 문제를 지도하고 이끈 일이 없었다. 후에 샤프츠버리 백작이 되었던 애쉴리 경(Lord Ashley)이 윌버포스를 뒤이어 대표적인 복음주의 개혁가가 되었다. 그는 1830, 40년대에 열 시간 노동제를 위하여 적극적인 운동을 벌였으며, 정신병자들의 보호, 굴뚝 청소의 위생문제, 그리고 공공보건을 위하여 노력하였다. 그러나 그는 또한 노동조합이나 공립교육을 반대하는 입장을 취하고 있었다. 또한 복음주의자들 가운데서도 그의 입법개혁적인 노력을 지지하고 찬성하는 성직자들은 거의 찾아볼 수 없었다. 당시 사회의 일반적인 생각은 각 개인들이 각자의 이익을 추구하고 열심히 노력하기만 하면, 전체적인 모습을 무시한다 할지라도, 모든 것이 제대로 조화를 이루고 움직여 가리라는 것이었다. 즉 각 부속품들이 그 최선을 다할 때에 가장 효율적으로 움직이는 기계와 사회는 동일하다는 것이 지배적인 사회적, 정치적 사상이었다. 윌버포스는 이 사상을 그의 '실천적 견해'(Practical View) 가운데서 다음과 같이 표현하였다. "따라서 만약 모든 개인들이 자기가 처한 상황과 위치 속에서 맡은 임무와 책임들을 성실하게 수행하기만 한다면, … 문명생활이라는 기계 전체는 아무런 방해나 무질서없이 제대로 작동하게 될 것이다. 그리하여 그 운동하는 과정과 방향은 마치 천체의 질서있고 조화스러운 운행과 동일할 것이다."

10. 비국교와 실용주의

산업 영국과 그 문제들에 보다 많은 공헌을 하였던 것은 앵글리칸들보다는 비국교도들이었다. 비국교도 복음주의는 한편으로는 현대 자연과학과 자본주의 그리고 다른 한편으로는 노동조합과 긴밀한 관계를 맺게 되었다. 할레비(Halevy)라는 역사가는 다음과 같이 논평하였다.

"비국교도 신자들은 국립대학교들로부터 소외되었다. 또한 새로운 인구중심지, 산업중심지들로부터도 소외되었다. 그러나 바로 이들이 새로운 시대를 위한 각종 기관들을 낳았으며, 실용주의적이고 과학적인 문화를 제공하였다. … 복음주의적 종교의 감정적인 경건성과 실험적 지식을 위한 갈구는 동시에 발전하였으며, 거의 동일한 강렬함으로 동일한 사회적 배경 속에서 나타나게 되었다."

19세기 영어 사용권에서 주류를 이루었던 대중적인 철학은 제레미 벤담(Jeremy Bentham)과 제임스 밀(James Mill)로부터 비롯되었던 실용주의였다. 그리고 이 사조의 솔직한 비종교성, 계몽주의적인 이기주의 그리고 기계적 세계관들에도 불구하고, 이 철학사상은 비국교도와 이율배반적이면서도 영구적인 동맹관계를 결성하게 되었다. "영국적 개인주의는 온건한 개인주의이다. 이는 거의 그 분석이 불가능하게 하나로 조합된 여러 인자들의 혼합이다. 즉 복음주의와 실용주의의 복합이라고 볼 수 있다."

두 가지 면에서 복음주의와 실용주의는 공통점을 가지고 있다. 이들은 모두 개인주의인 동시에 개혁적인 정신을 가지고 있다. 벤담주의자들은 인간을 보다 기계적인 모습으로 개인적으로, 사회적으로 분석하였으므로 이들이 도달하였던 결론은 환경을 제대로 재구성하고 재배치하기만 하면 완전한 인간과 국가를 성취할 수 있다는 것이었다. 따라서 이들은 패놉티콘에 모범적 형무소를 그리고 란카스터 지방에는 모범적 학교들을 지었으며, 벤담이 고안하였던 법률들과, 로비트 오웬(Robert Owen)의 모범적인 공장을 주장하였다. 이들은 이러한 수단들이야말로, 자동적으로 덕과 행복을 산출해낼 수 있는 독창적인 도덕적 발명들로 생각하였다. 그리고 당시의 개혁 운동들에 참여하였던 인물들 가운데는, 원죄와 오직 은혜에 의한 성화를 신봉하는 복음주의자들과 아울러, 사회적인 기관들을 변화시킴으로써 완전한 사회를 만들 수 있다고 확신하였던 실용주의자들이 공존하는 신기스런 모습을 발견할 수 있다. 아마도 이러한 흥미로운 동맹관계는 각 집단이 단지 진리의 반만을 소유하고 있으므로, 이러한 동맹을 통하여 다른 반쪽을 보완하고자 하는 무의식적인 깨달음에서 야기되었는지도 모른다.

벤담은 만약 자기가 실용주의자가 아니었다면 감리교 신자가 되었으리라고 말한 적이 있으며, 극단적으로 정통주의자였던 고모의 손에 성장하였던 로버트 오웬은 입법을 통하여 사회를 개혁하였던 윌버포스에게 그의 처음 저서를 헌정한 바 있었다. 이러한 모든 변화는 말투스(Malthus)와 리카르도(Ricardo)의 "임금의 철칙"(iron laws of wages)을 전제로 하고 있었다는 점을 항상 기억해야 할 것이다. 그리고 또한 자유 시장의 법칙에 대한 존중심은 수백 명의 비국교도 목회자들로 하여금 코브덴과 브라잇(Cobden and Bright)의 반(反)옥수수법안 동맹을 지지하도록 하였다. 이는 농업을 지원하기 위하여 곡물에 세금을 붙여서, 이를 산업노동자들에게 부담시키려는 정부의 정책에 반대하는 것이었다.

11. 교회지도자 콜레지와 사회윤리

경쟁이야말로 사회가 움직이는 법칙이라는 주장에 대한 한 가지 중요한 반대는 콜레지(Coleridge)의 추종자들, 특히 모리스(Maurice), 러드로우(Ludlow), 킹슬리(Kingsley) 등의 '기독교 사회주의자들'로부터 제기되었다. 이들은 복음주의자들의 기계적 개인주의와 아울러 트랙터리안들의 기계적 성직자주의를 수정하고자 하는 국가와 교회의 공동체의 본질에 대한 이해를 제시하였다. 후기 앵글로-카톨릭들은 트랙터리안들 이상으로 모리스를 근거로 하여 교회와 성례의 본질에 관한 이론들을 전개하게 된다. 또한 앵글리칸 이외의 다른 교파들도 모리스의 많은 이론들을 추종하게 되었다.

한편 기독교 사회주의자들은 사회 윤리의 방면에서도 새로운 시대를 열었다고 볼 수 있다. 러드로우는 1840년대에 파리에 체재하였는데, 이곳에서 당시에 주장되고 있었던 수많은 공동체주의적인 이론들을 체득하게 되었다. 앵글리칸 "사회주의자들"은, 노동자층의 챠리스트(Charist) 운동에 대항하여, 루이 블랑(Louis Blanc)의 협동 공작창 형태를 도입하여 이를 조직함으로써, 자기들이 주장하였던 인간사회의 본질에 대한 견해를 실질적으로 표현하였다. 이들 기독교 사회주의자들이 주장하였던 생산자 조합, 성인 교육, 공공 위생, 그리고 이와 유사한 운동들은 그다지 광범위하게 실질적인 성과를 이룬 것은 아니었다. 그러나 이들은 19세기 말에 영국 국교가 새로운 사회윤리를 건설할 수 있는 이론적 기반을 마련하였다고 볼 수 있다.

19세기 중엽의 중요한 발전 하나를 반드시 언급해야 하겠다. 1840년의 대기근으로 말미암아 로마 카톨릭 아일랜드의 인구 절반 이상이 영국, 스코틀랜드, 미국의 산업도시들로 이주하였다. 이때까지 로마 카톨릭 신자의 숫자가 미미하였던 이러한 지역들로 대거 이민이 이루어짐으로써 각종 문제들이 발생하게 되었다. 우선 영국과 미국에서는 해당 지역마다 반카톨릭적 감정이 팽배하게 되었다. 이로 인하여 폭도들이 난동을 일으키거나, 혹은 로마 카톨릭 신자들의 권리를 제한하기 위한 입법조치가 마련되기도 하였다. 이러한 폭력사태들은 얼마 안가서 진정되었다. 그러나 프로테스탄트 정신에 의하여 형성되었던 자유민주사회와 성직자 독재주의적인 양 체제 사이의 갈등은 시간이 흐름에 따라 점차 더 심각해져갔다.

제15장
미국의 이민들과 개척지대의 교회들

아직 신생 국가였던 미합중국의 종교사는 당시에 이루어졌던 대규모의 사회적 확장의 배경에서 이해되고 파악되어야 한다. 1790년 당시의 인구는 모두 4백만에 달하였는데, 이 가운데 단지 5퍼센트 가량만이 애팔래치아 산맥 서쪽에 거주하고 있었다. 이때부터 남북전쟁 당시까지 총인구수는 매20년마다 두 배로 증가하였으며, 지리적인 중심지도 점차 서쪽으로 옮겨가게 되었다. 전쟁 발발시 인구는 총3천만 명에 달하였는데, 이는 이미 영국 인구를 능가하고 있었고, 인구의 분포상태는 옛 해안지방과 새로운 미시시피와 오하이오 계곡 일대의 정착지대로 양분되고 있었다. 후자는 1803년에 제퍼슨이 나폴레옹에게서 구입하여 "루이지애나"라고 이름을 붙였다. 여기에 다시 플로리다, 텍사스, 오레곤 지방들과 1848년 전쟁 이후 멕시코로부터 영토를 할양받았으며, 개스덴 구입지(Gadsden Purchase)까지 합하여, 원래의 13개 주는 33개로 증가하였다.

18세기의 통신과 교통수단으로는 이처럼 광대한 지역을 하나로 유지하는 것이 불가능하였을 것이다. 그러나 이때 마침 철도, 전신, 증기선들이 발명되어 종내의 운하나 도로들과 함께 사용되기 시작되었다. 원래부터 그 인구가 그다지 많지 못했던 원주민 인디언들은 이러한 발전에 거의 저항하지 못하였다. 그리하여 원래 식민지 시대에는 위험하고 불안하였던 변경 지대가 막대한 자원과 기회를 제공하게 되었다.

특히 유럽인들에게는 안성맞춤이었던 이러한 대륙의 개척은 거의 외부로부터의 방해나 간섭이 없이 시행되었다. 미합중국은 잠깐 나폴레옹 전쟁에 관여한 일이 있었으나, 그 후 얼마 안되어 대영제국 자체가 미국 내정에 불간섭한다는 정책을 수립하였으며, 미국은 또한 '몬로 독트린'(Monroe Doctrine) 정책을 선포하여, 유럽제국들이 대륙의 일에 간섭하는 것을 거부하였다. 그리하여 1814년 이후 미국인들은 유럽 일에는 관심을 두지 않은 채 자체의 사회건설과 대륙개척에 전념하였다.

이처럼 외부로부터의 예외적인 불간섭과 자유로 말미암아 사회적 확장의 가능성이 발생하였으며, 이전에 볼 수 없었던 정치적, 경제적 개인주의가 팽배하게 되었다. 미국인들은 이미 독립전쟁을 통해 쟁취하였던 공민적, 정치적 자유에 대한 의무와 책임감을 깊이 느끼고 있었으며, 이러한 정신에 기초하여 헌법을 제정하게 되었다. 경제, 사회, 도덕, 종교적인 모든 사회 내의 요소들이, 정부의 간섭 없이 개인들과 집단들의 자발적이고 능동적인 발전들을 통한 가장 건전하고 조화스런 성취를 약속하고 있었다.

1. 주요 교파들의 복음주의

당시 이러한 상황에서의 주류를 이루고 있었던 종교 형태는 가장 개인주의적인 프로테스탄트 신앙이었다. 즉 청교도 교파 내의 성건수의적인 복음주의라 할 수 있었다. 독립전쟁 당시 미국 내에서 가장 큰 교파는 회중파로서, 이들은 약 800개 교회를 거느리고 주로 뉴잉글랜드 지방에 자리잡고 있었으며, 정부의 보조 아래 미국에서 훈련받은 목회자들이 이 교단을 이끌고 있었다. 이 다음으로 중요한 것은 신조적으로 이들과 근사하였던 장로교단이었다. 약 500개 교회를 거느리고, 주로 중남부 주들에 소재하고 있었다. 세 번째는 침례교파로서 거의 장로교와 비슷한 지역들에 소재하고 있었으며, 교회의 숫자는 500개 이하였다. 네 번째로는 성공회로서 400여 회중들을 포함하고 있었으며, 역시 중남부 주들에 많이 퍼져 있었다. 그리하여 가장 큰 세 교파들과 성공회의 많은 부분 역시 청교도적 전통을 이어받고 있었으며, 신학적으로는 웨스트민스터 신앙고백과 캠브리지 플랫폼의 사상을 이어받고 있었다고 평가할 수 있다. 그런데 이들이 유지한 이러한 전통은 18세기의 대각성운동을 통하여 일단 정리된 전통의 모습이라고 할 수 있을 것이다.

과연 이러한 교회들은 어떻게 우리가 살펴보고 있는 이 시기의 신속한 확장과 서진운동들에 적응하였을까? 뉴잉글랜드 지역 외에는 정부의 지원이 없었으며, 1780, 90년대의 종교적 소멸기를 통하여서는 과연 이러한 교회들이 오직 자발주의적 기반 위에서 생존해 남을 수 있을지조차도 확실하지 않았다. 인구의 10퍼센트 이하가 교회에 등록되어 있었으며, 한때는 이마저도 저하되는 모습을 보였다. 당시의 마샬(Marshall) 대법원장은 교회가 다시 부흥되기는 힘들다고 판단하였으며, 벤자민 플랭클린은 교회가 오래 지속되지는 못할 것이라고 예견하였다. 그러나 1790년경에 모든 교회들은 새로운 변화가 발생하는 것을 감지하였다. 프랑스의 불신앙이 유럽의 종교와 사회들을 전복시키고 있을 바로 그 시기에 미국에서는 새로운 일단의 부흥운동의 물결이 일었는데, 이를 가리켜 곧 "제2차 각성운동"이라고 부른다. 그리고 그 이후 두 세대에 걸쳐 이들 부흥운동들은 거의 중단이나 휴식이 없이 지속되었다. 그리하여 새로운 개척지로 번져나가서 이곳의 정착민들을 국가의 지원을 일체 받지 않는 자발주의적 교회로 끌어들이게 되었다. 그 결과 당시의 높은 인구성장률에도 불구하고 이 시기의 등록교인은 인구의 15퍼센트에 이르게 되었다. 이처럼 위대한 '내지선교' 운동이야말로 이 시기 미국 기독교의 아름다운 모습이라고 할 수 있을 것이다.

　이 각성운동은 영국의 같은 움직임에 상응하고 있었으며, 초기에는 여러 가지 면에서 영국에 의지하고 있었다. 최초의 미국 초교파 선교협회는 바로 런던 선교협회를 모델로 하고 있었다. 런던 선교협회에서 파송된 선교사들은 아시아와 남방으로 가는 길에 미국에 들러서 이곳에서 선교열을 자극하였을 뿐만 아니라, 재정지원을 받기도 하였다(제24장의 "미국" 항을 보라). 영국에서와 마찬가지로 "여인들의 동전 하나" 혹은 "동전 한 푼" 등의 명칭을 가진 협회들이 조직되었다. 모국으로 보내는 영국 선교사들의 편지들은 영국에서뿐만 아니라 미국의 여러 잡지들에도 소개되었다.

　선교사들을 위한 "기도의 콘서트"가 대서양을 건넜으며, 기도회와 주정 기도모임들이 미국의 부흥을 이룬 가장 주요한 모체가 되었다. 또한 사람들간에 퍼져있던 종말론적 기대가 이러한 부흥을 이루는 데 중요한 역할을 담당하였다. 프랑스 혁명으로 말미암아 발생하였던 로마 카톨릭 교회의 박해는 계시록에 기록되었던 바벨론에 관한 묵시로 받아들여졌으며, 주님의 재림을 앞당기기 위하여 이방인들과 유대인들을 위한 기도운동이 일어나게 되었다. 홉킨스(Hopkins), 드와이트(Dwight), 비처(Beecher), 모르스(Morse)와 같은 정통주의 전도자들뿐만 아니라, 프리스틀리(Priestley) 같은 유니태리안까지도 임박한 종말을 주장하였다.

2. 교회의 교육적 사명

　동부 전체와 뉴잉글랜드 지방 전체에는 각 지방별로 선교협회들이 조직되었다. 인디언들과, 특히 개척민들에 대한 전도가 해외선교보다 더 시급하고 중요한 사명이라고 생각되었다. 그리고 회중파와 장로교는 아직도 기독교적인 양육과 문화건설을 위한 사명감을 간직하고 있었다. 이들의 눈으로 볼 때에 단지 '회심'만으로는 부족한 것이었다. 라이만 비처(Lyman Beecher)의 "서부개척지를 위한 호소"와 호레이스 부시넬(Horace Bushnell)의 "가장 위험한 야만주의" 등은 단지 개인주의적인 '신앙' 뿐만 아니라 보다 더 폭 넓은 문화적, 정치적 관심을 우리들에게 보여주고 있다. 그리고 아직 미성숙한 상태로 모든 것이 황량하고 거칠었던 서부가 정치적, 문화적 영향력을 행사하기 시작하는 데 대한 불안감도 있었다. 우리들이 살펴본 것처럼, 비록 교회들은 이 시기에 초등교육 분야를 국가에 넘겨주었으나, 이들은 고등교육을 위한 학당들과 대학들을 설립하는 데에는 열심이었다. 1780년에서 1860년 사이에 미합중국 내에는 아마도 4백여 개의 대학들이 설립된 것으로 추산된다. 이 가운데 반 가량이 오늘날까지 계속 존재하고 있다. 이들 대학들은 대부분 성직자, 교회들에 의하여 설립되었다. 27개가 정부나 혹은 지방 자치단체의 손에 의하여 설립되었는 데 반하여 154개가 6개 교파에 의하여, 이 중 1/3이 가장 교육에 깊은 관심을 가지고 있었던 장로교에 의하여 설립되었다.
　각성운동을 이끌었던 가장 주요한 신학 사상은 에드워즈와 홉킨스의 "일관성있는 칼빈주의"였다. 이들이 매사추세츠와 코넥티커트 선교협회들을 주도하였으며, 특히 "신학파" 장로교인들 간에 적극적으로 활약하고 있었다. 이들은, 앤도버 신학교(Andover Seminary)의 설립에서도 볼 수 있듯이, 점차 "구파 칼빈주의자"들 사이에서도 선교열을 높이게 하였는데, 바로 이 신학교로부터 밀스(Mills), 리차드(Richard), 저드슨(Judson) 등 선교분야에서 새로운 경지를 열었던 선교사들이 배출되었다. 이들은 하나님의 영광과 그 피조물에 대한 봉사를 강조하여, 자기 자신의 구원까지도 중요하게 생각하지 않는 무조건적 봉사와 헌신을 강조하였다. 또한 이에 못지않게 어려운 환경 속에서 영웅적인 봉사를 실행하였던 이들은 감리교의 순회감독관들이었다. 이들의 신학은 장로교와는 극단적으로 다른 혼합절충주의로서 거의 완전주의에 가까운 모습을 보이고 있었다.

3. 대중들의 교회(Popular Churches)

이들 감리교인들이 이 시기에 가장 놀라운 성장률을 기록하였다. 1771년에 천 명 이하였는데, 남북전쟁 직전에는 가장 큰 프로테스탄트 교파로 성장하였다. 같은 시기에 두 번째의 위치를 차지하였던 것은 침례교였다. 이러한 성장의 모습은 이들이 장로교, 회중파, 성공회보다 훨씬 더 성공적이었던 서부와 남부에서 볼 수 있었다. 또한 이러한 성장은 주로, 부흥회를 근간으로 하는 전도의 기술에 의하여 결정되었다. 감리교인들, 침례교인들 그리고 "제자파"(Disciples)나 "기독자파"(Christians) 등의 개척지대 교파들은 교회의 사역을 단지 영혼구원에만 국한시키는 극단적 단순화를 통하여 서부에서 가장 많은 대중들의 교회가 되었다.

이들은 그 조직에 있어서는 중앙집권과 지방자치라는 양극의 제도들을 다 포함하여 활용하였는데, 한 가지 교육받은 성직자들의 제도를 포기한다는 데는 의견의 일치를 보고 있었다. 그리고 단지 회심을 이룩하기 위한 복음의 설교에 모든 정력을 쏟음으로써 기독신자의 계속적인 양육이라는 측면도 무시하게 되었다. 미시시피 계곡 상부에서 활약하였던 피터 카트라이트(Peter Cartwright)라는 감리교 기마순찰사(Circuit Rider)의 회고록을 보면, 학식을 자랑하고, 원고에 쓴 설교를 위주로 하였던 장로교와 회중파 선교사들에 대한 서부인들의 혐오감을 잘 알 수 있다. 따라서 서부의 대중적이었던 감리교와 침례교의 부흥회들은 주로 교회 중심이었던 동부의 회중파나 장로교의 부흥운동과 대조된다고 할 수 있겠다. 서부의 부흥회들은 자연발생적으로서 어떤 제한도 받지 않은 채로 진행되었다. 그리하여 당시 이곳을 방문하였던 유럽인들은 이러한 광경을 보고 공포를 금치 못하였다. 그러나 이러한 부흥회들은 또한 다른 방법으로는 복음에 접촉하지 못하였을 수천 명들에게 도달하였다.

이 새로운 세기의 제2세대에 이르게 되자, 서부의 분파의식은 문화와 계급 간의 갈등과 밀접하게 연결되어 교회들 안에서 명백하게 나타나게 되었다. 서부인들은 동부 출신의 선교사들의 손에 복음화되기를 싫어하였다. 이들은 보다 오래된 식민 정착지들의 문화적 귀족층과는 대조적으로 대중들을 기반으로 하는 잭슨적인 민주주의를 지지하고 있었다. 예를 들면, 제자파들은 일체의 신경이나 신앙고백들을 비롯하여, 무식한 개척민들이 성경으로부터 직접 추출해 낼 수 있는 이외의 일체의 이론에 반대하였다. 수많은 미국의 프로테스탄트 신도들은 장구한 기독교 역사발전을 무시하고서, 직접 신약의 세계 속으로 도약하고자 하였다. 피니의 부흥운동은 바로 이러한 갈등들을 우리에게 보여주고 있다.

4. 피니(Finney)의 부흥회

피니(Charles G. Finney)는 당대의 가장 유명한 부흥사였다. 혹은 위대한 미국의 부흥사들 가운데 최초의 인물이라고도 할 수 있다. 그는 독학으로 교사와 변호사가 되었으며, 1821년 29세에 회심하여 당시 미개척지였던 뉴욕 주 상부 지방에 장로교 선교사로서 파송되었다. 그는 장대한 체구(6피트 2인치), 날카로운 눈빛, 법정 변호사로서 갈고 닦은 웅변술 등으로 선교에서도 뛰어난 성공을 거두었다. 그의 부흥회 기술은 흔히 "새 방법"(new measures)이라고 불렸는데 회중 가운데서 개인의 이름을 지칭하여 불러낸다든지, 큰 목소리로 감정을 넣어 기도한다든지 혹은 여성들의 감정적 흥분 상태를 조장하는 등이 다 여기에 속한다. 피니는 유티카, 롬, 로체스터 등 당시의 대도시들에 초청받았으며, 후에는 문화적, 경제적 중심지들에도 가게 되었다. 원래 그에게 반대하였던 라이만 비처(Lyman Beecher)까지도 종내는 그를 보스턴에 초청하였다. 피니는 잭슨이 백악관으로 들어갈 무렵 뉴욕시를 정복하였는데, 이 두 인물은 교회와 국가에 병존하였던 문화적 변화를 의미하는 것이었다. 피니는 뉴욕의 거상이었던 탭판가(Tappans)의 지지를 획득하였으며, 이들 탭판가에서는 막대한 거금을 투자하여 부흥집회를 지원하였고, 각종 도덕적 개혁운동을 도왔다.

5. 교회체제와 부흥체제

비록 피니는 주로 장로교와 회중파 교회들 속에서 사역하였으나, 신학적으로는 감리교에 기울었으며, 완전주의를 신봉하는 듯한 모습을 보였다. 그의 사역은 교회질서, 기존신학, 예배의식을, 감정적인 부흥운동으로 약화시키는 결과를 가져왔다. 부흥사들은 신학을 매우 저속하게 비웃곤 하였다. 또한 하나님께서 조직된 교회에 역사적으로 은혜의 방편들을 부여하셨다는 개념은 더욱더 약화되었다. 예를 들면 피니는 선한 사람들이 단결하여 예수 그리스도를 "전우주의 대통령으로 선출해야 한다"고까지 말하곤 했는데, 이는 교회를 개인들의 자발적 단체로서 표현하는 극단적인 모습이라고 할 수 있겠다.

이러한 위험들은 호레이스 부시넬과 존 네빈(John W. Nevin)들에 의하여 배척받았다. 후자는 "교회체제"와 "부흥회체제"를 대조시키기도 하였다. 부시넬은 또한 하나님과 그 백성들 사이의 관계를 단지 회심의 위기적 경험으로 축소시키는 행태를 비판하였다. 그리고 고파 앵글리칸들도 이와 비슷한 반대를 발하였다. 그러나 한창 부흥회의 열기가 휩쓰는 가운데 이들 보다 교회중심적 음성들은 소수파의 입장이 될 수밖에 없었다. 장로교와 같은 교파들은 부흥회주의를 제한하고, 보다 더 학적으로 훈련받는 교역자들을 유지하고자 하는 노력 때문에 교단이 분열되는 양상을 보이기도 하였다. 이때에 컴벌랜드(Cumberland)와 새빛파(New Light)가 분열되어 나갔다. 반면에 각 개교회가 독립적으로 운영되고 있었던 침례교에서는 최초로 보다 실질적인 유대가 마련되어 침례교 선교협회(Baptist Missionary Society)가 조직되었으며, 부흥회 동안에 회중파들은 다시 "반길 성약"(half-way covenant)을 탈피할 수 있었다(제6장, "매사추세츠 베이" 항을 참조).

그리고 대영제국이나 혹은 유럽대륙에서와 마찬가지로 각성운동은 그 초기단계에서 초교파적 협동을 발생시켰다. 이러한 협력관계의 전형적 모습은 전도, 선교, 인도적 사업을 위한 자발적인 초교파 단체의 조직들이었다. 즉 해외선교를 위한 미대표위원회(American Board of Commissioners for Foreign Mission, 1810-1812), 교육협회(Education Society, 1815), 미국 주일학교 연합(the American Sunday School Union, 1824; 초기 주일학교들은 또한 초교파적이었다), 아메리카 내지 선교협회(American Home Missions Society, 1826) 등과 금주협회나 반노예제협회(1828)들도 다 이러한 예들이었다.

가장 강력하였던 두 교회들이 내지 선교를 위하여 힘을 합쳤다. 코넥티커트, 매사추세츠, 뉴 햄프셔, 버몬트 등지의 회중파는 장로교 총회와 자매관계에 들어가게 된다. 요나단 에드워드 2세가 "합동계획"(Plan of Union, 1801)을 작성하였는데, 후에 이를 기초로 하여 서부에서의 협동도 실천되었다. 대부분의 회중파 신자들은 교회로서의 기능을 제대로 발휘하기 위하여서는 대회적인 체제를 갖추어야만 한다고 생각하고 있었다. 그러나 1830, 40년대에 고조되었던 교파주의는 유럽에서와 마찬가지로 대부분의 협동관계 혹은 초교파 조직체들을 분열시키게 되었다.

6. 자선과 개혁

영국에서와 마찬가지로 인도주의적이거나 혹은 자선을 목적으로 하는 단체들은 복음주의적 윤리의 매우 개인주의적인 특성을 발휘하였다. 이들 가운데 대다수는 맹인, 청각장애자, 걸인들, 광인들, 고아들, 기타 사회의 도움이 필요한 약한 자들을 위한 사업들을 벌이게 되었다. 또한 개혁운동 역시 대부분, 범죄자들이나 혹 알콜중독자, 창녀 등 개인들을 향한 것이었다. 이 시기에 금주운동이 나타나기 시작하였다. 그리고 교회들은 성적 문란이나 가정문제들에 관하여 치리를 강행하기 시작하였다. 반면, 사회구조를 개혁하고자 하는 제안들에 대하여는 별로 동조하는 이들이 없었다. 즉 세계평화, 여성인권, 공공교육, 노예제폐지 운동이 이러한 사회개혁 운동들이었다.

영국에서와 마찬가지로 이러한 목표들을 미국에서 달성하고자 하는 방법은 새로운 것이었다. 코넥티커트에서 국교제폐지(disestablishment)의 상황에 처했던 라이만 비처는, 이러한 상황에서 교회가 사회의 도덕적 지도역을 담당할 수 있는 방법은 여론을 움직이는 것밖에 없다고 주장하였다. 그는 스스로 직접 각종 구체적인 사회적 도덕적 개혁을 위한 일련의 운동들에 참여하였다. 그가 회심하게 한 이들을 어떻게 돌볼 것인가 하는 문제에 봉착하였던 피니 역시 개혁운동에 정력을 쏟았다. 그리하여 부흥회에서 나타났던 감정적 흥분과 각종 기술들이 이제 사회적 개혁 활동들에 동원되었다. 이러한 경향은 특히 사회책임의식이 강한 전통을 가지고 있었던 회중파와 장로교에서 더 강하게 드러나게 되었다.

모든 개혁운동들은 선전단체들을 시작하여 동조자들을 구하고자 하였다. 이들은 마치 부흥회에서 사람들에게 구체적인 시간에 공개적인 고백을 요구하였던 것과 같은 방법을 동원하였다. 예를 들면 웰드(Weld) 같은 이는 "반노예제부흥회"를 개최하였다. 그리고 알코올 중독자 출신들로서 다른 알코올 중독자들을 구제하는 것을 목적으로 조직되었던 워싱턴주의자들도 이와 동일한 방법들을 사용하였다. 그런데 이러한 선전단체들이 다수를 점할 즈음에 이르게 되자, 이들은 과연 자기들에 반대하는 소수파들을 다스리기 위하여 공권력을 사용해야 할 것인가의 여부를 두고 고민하게 되었다. 바로 이 문제로 말미암아 가장 중요한 개혁운동이라 할 수 있었던 금주운동과 노예제폐지 운동들은 내부분열을 겪게 되었다.

금주법협회(temperance society)는 1826년 16명의 지도자들로 시작되었다. 1834년에는 모든 주들에 지부를 두었으며, 백만 명 이상이 이에 참가하였다. 이 운동은 알코올 소비에 대한 고래의 전통을 완전히 변화시키게 되었다. 실제로 청교도들은 상당한 양의 럼주와 포도주들을 소비하였다. 또한 교회들은 성직 안수식이나 혹은 결혼식 등에서 상당 양의 주류를 제공하는 것이 관습화되어 있었다. 그러나 이 19세기의 금주운동이 너무나 효과적이었으므로 미국 내 대부분의 프로테스탄트 교회들은 오늘날까지도 성찬식 때에도 포도주 대신에 쥬스를 사용하는 것이 보통으로 되어 있다. 1836년에 이 운동은 몇 개의 출판물까지를 발간하게 되었다. 그리고 1836년에 과연 이 운동을 수행하기 위하여 입법조치를 취해야 할 것인가의 여부를 놓고 전국 총회에서 최초의 분열이 발생하였다. 이러한 입법적 강제조처가 최초로 시행되었던 것은 1851년 메인의 금주법이었다.

7. 노예제도 폐지운동

또한 금주운동이 가지고 있던 바와 동일한 문제로 말미암아 1816년 노예폐지 입법론자들로부터 "식민협회"(colonization society)가 떨어져 나왔다. 식민협회는 노예폐지를 위하여 입법조치를 마련하는 데는 소극적이었으며, 단지 흑인들을 인도적 견지에서 다시 아프리카에 정착시키고자 하였다. 이들은 입법 조처를 취할 경우에 주정부와 연방정부 사이에 법적 관할권을 두고 혼란이 생겨서, 정작 노예 폐지운동이 효과적으로 수행될 수 없을 것이라고 생각하였다.

물론 우리가 아는 바처럼, 노예제 여부의 문제는 모든 이들에게 가장 심각한 문제로 등장하여 전국을 양분시키게 되었다. 또한 이로 말미암아 미국 교단들도 갈라지게 되었다. 이 논쟁을 사이에 두고 침례교와 감리교가 1844년에 분열하였으며, 신학파 장로교파(New School Presbyterians)가 1857년에 그리고 구학파 장로교파(Old School Presbyterians)가 1861년에 분열했다. 그리고 1837년 회중파와 장로교 사이의 "합동계획"이 종식된 것도 이 문제와 상당한 관련을 가지고 있었다. 실제로 노예문제를 두고 분열을 겪지 않았던 유일한 대교단은 성공회와 로마 카톨릭들이었는데, 이들은 도덕적 문제에 대한 입장을 취하기를 회피하였기 때문이었다.

노예제 반대운동에 있어서 가장 뛰어난 지도자들 가운데 하나는 개리슨(Garrison)과 같은 세속적 이상주의자들이었다. 그러나 이 운동을 위한 가장 강력한 후원은 교회들, 특히 피니와 웰드 같은 설교가들의 추종자들이었으며, 번(Byrne) 같은 인물이 재정적으로 개리슨을 지원하였다. 로버트 오웬이나 패니 라잇(Fanny Wright)과 같은 세속주의자들은 교육과 도덕적 노력 혹은 환경의 개선만으로도 인간은 완전해질 수 있다고 믿었다. 교회지도자들은 적어도 중생하고 회심한 인물들은 눈에 띄는 도덕적 성장을 이룰 수 있다고 생각하였다. 그리고 실제 상황에서 이들은 사회개혁에 이러한 요소들을 종합하고자 하였다. 대부분의 미국인들은 실정법보다 더 높은 자연법이 존재한다고 믿었으며, 각 주와 정부들, 모든 실정법들은 이러한 자연법과 일치하도록 노력해야만 한다고 생각하였고 모든 시민들은 국가가 이러한 도덕법을 준수하고, 이에 합치되도록 영향을 미칠 의무와 책임이 있다고 생각하였다. 모든 헌법적이고 정치적인 논쟁들은, 로크로부터 이어받았던 바로 이러한 자연법의 보편적 전통의 구조 안에서 이루어졌다. 민주주의적 신앙과 프로테스탄트적 기독교는 이 시기에 각 신조마다 서로 상응하는 모습을 보였으며, 특히 그 공동체에서 기본적인 자연법을 구현시켜야 할 책임이 각 개인들에게 있다고 믿었던 점에서 더욱 그러하였다.

우리들은 이미 부흥운동 속에 널리 퍼져 있었던 묵시록적인 분위기와 천년왕국적인 기대에 관하여 언급한 바 있다. 몇 가지 구체적 움직임들이 이러한 분위기를 잘 반영하고 있다. 윌리엄 밀러(William Miller)는 재림 일자를 1843년 3월로 계산했다가, 후에 1844년 10월로 변경하였는데, 각 교파의 많은 교인들이 그의 말에 귀를 기울였다. 재림이 이 시기들에 이루어지지 않자 물론 많은 실망이 있었으나, 밀러라이츠(밀러의 추종자들, Millerites)는 계속하여 주님의 임박한 재림을 고대하고 기대하는 운동을 유지하였다. 이들은 오늘날 "제칠일 재림교파"로서 가장 활발한 선교활동을 벌이고 있는 집단들 가운데 하나가 되었다. 이는 복음주의적 각성운동에서 야기한 선교활동의 중심에 있었던 활력을 오늘날까지도 반영하는 것이라고 할 수 있겠다.

8. 이상주의적 공동체들

또한 이 시기에 발생하였던 몇몇 프로테스탄트 공동체 운동의 배후에도 바로 이와 비슷한 종말론적 기대가 자리잡고 있다. 예를 들면 독신주의를 고집하였던 셰이커들(Shakers), 랍파잇들(Rappites)과 일부다처제를 주장한 몰몬들(Mormon)이 바로 이러한 집단들이었다. 이들은 여러 가지 모습으로, 그리스도께서 바로 이 지구상에 천년의 통치를 곧 시작하실 것이라고 믿고 전파하였다. 이들이 남긴 예술, 공예품들 특히 셰이커들의 작품들은 오늘날 많은 호사가들의 수집대상이 되고 있다. 그런데 전통적인 사유재산제나 혹은 가족제도를 부인하는 실험을 시도하였던 공동체들은 대개 개척지대에서만 유지되었다. 노에스(Noyes)의 오네이다(Oneida) 공동체는 완전주의적 부흥운동의 산물이었는데, 버몬트로부터 이주해 나갔으며, 한 세대가 채 지나지 않아, 뉴욕 주 상부지역에서 다시 전통적인 부부관계를 따를 수밖에는 없었다. 또한 몰몬신자들도 이와 비슷하게 뉴욕 주로부터 일리노이스로, 다시 네브라스카를 거쳐 솔트 레이크와 유타 지방까지 이전해가지 않을 수 없었다. 만약 당시 미국에 미개척 정착지역들이 없었다면, 일찍이 종교개혁 시대에 뮌스터(Münster)의 운명을 면치 못하였을 것이다.

서부는 미합중국뿐만 아니라, 유럽 프로테스탄트 진영의 변경이라 할 수 있었다. 많은 유토피아적 사상들과 이를 뒤이어 세속주의가 유럽으로부터 직접 유입되었다. 이는 셰이커나 몰몬들이 많은 부분을 차지하였던 조지 랩(George Rapp)과 잰슨(Jansson)의 정착지들에 다 해당되는 말이다. 예를 들면 잰슨의 이주민들은 영국 혹은 스칸디나비아 지역으로부터 직접 유타로 이주하였다.

천년왕국주의보다 세속적인 상응현상은 1830, 40년대의 유토피아주의라고 할 수 있다. 이들 역시 일단의 이상주의적 공동체들을 설립하였다. 일 세기 후의 관점에서 보건대, 1840년대 이상주의자들의 행태는 낭만적일 뿐 아니라 약간의 광기를 띠고 있는 것처럼 보인다. 그러나 당시에는 이러한 분위기가 널리 퍼져 있었다. 에머슨(Emerson)이 말한 바 있듯이, 글을 읽을 수 있는 모든 이들은 저마다 이상적인 사회의 모습을 꿈꾸고 있었다. 1840년대만 해도, 유럽의 유토피아적 사회주의자들이었던 푸리에(Fourier), 카벳(Cabet), 오웬(Owen), 바이트링(Weitling)들의 이론을 실험하기 위한 공동체들이 40여 개나 미대륙에 건설되었다. 이러한 작업들의 실패와 미국 출신 초월주의자들의 실패는 그들의 신학에 영향을 미치게 되었다. "호프랜드"(Hopelands, 희망의 나라)라는 이상사회를 건설하고자 하였던 한 인물은, 그 구성원들의 "덕과 지혜"가 부족하였기 때문에 그러한 이상사회의 건설에 실패하였다고 하였다. 루이자 메이 알콧(Louisa May Alcott) 여사는 『초월적 야생 귀리』(*Transcendental Wild Oats*)라는 작품을 통하여 "과실 나라"(Fruitlands)라는 이상공동체를 건설하는 데 실패하였던 한 설립자의 우울한 심정을 묘사하고 있다. 소설가 호손(Hawthorne)도 그의 『블리드데일 로맨스』(*Blithedale Romance*)라는 작품 가운데 이러한 운동의 실패상을 묘사하였는데, 그는 이러한 실패에도 불구하고, 이 "아름다운 꿈" 속에는 "진실이어야만 하는 실재"가 자리잡고 있다는 향수어린 표현을 하였다. 그런데 몰몬들은, 비록 그 개인적인 성경의 해석에서는 오류가 있을지 모르나, 역시 성경적 현실주의를 가지고 인간세계에 직면하여 생존하였을 뿐만 아니라 사막에 꽃을 피워낸 인물들이라고 할 수 있겠다.

9. 새 이민들

30, 40년대에 들어서서 청교도적 전통은 비로소 미국 문화와 사회의 지도적 역할을 담당하는 데 심각한 도전을 받게 되었다. 이때에 아일랜드와 유럽대륙으로부터 갑자기 거대한 이민의 물결들이 닥쳐오게 되었다. 1830년대에 약 6십만 명이, 그리고 1840년대에 백7십만 명이, 1850년대에는 1백6십만 명이 밀려들었다. 1850년대의 이민들은 아일랜드의 흉작과 1848년 혁명의 실패가 그 주원인이었다. 1860년대에 미국에는 아일랜드 출신이 백5십만 명, 독일 출신이 백만 명이나 자리잡고 있었다. 1830년대까지만 해도, 미국인구의 97퍼센트는 비로마 카톨릭이었다. 그러나 남북전쟁 당시 로마 카톨릭은 이미 미국에서 가장 큰 교파의 위치를 차지하였으며, 그 후 이러한 모습은 계속되고 있다. 로마 카톨릭에 비교해 볼 때에, 루터교 이민의 숫자는 떨어졌을 뿐만 아니라, 뉴욕, 보스턴, 필라델피아, 신시네티, 시카고 등 대도시에 정착하였던 카톨릭 신자들과는 달리, 루터교도들은 중서부 농업지대에 자리잡았으며, 언어적, 문화적, 종교적 장벽으로 말미암아 주위 사회와는 격리된 상태로 생활하였다. 그러나 역시 이 새로운 루터교 이민의 유입은, 보다

전통적인 미국의 루터교 교회가 당시에 팽배했던 부흥회적 경건주의와 복음주의 주류의 이성주의의 물결에 휩쓸려 소멸되는 것을 방지해 주었다고도 할 수 있겠다.

10. 공립학교 운동

이처럼 서로 경쟁관계를 이루는 전통들이 미국에서 나타난 사건이 공립학교 제도의 형성시기와 같은 시점이었다는 사실은 중요하다고 하겠다. 식민지 시대에 가장 발전된 교육제도를 가지고 있었던 이들은 회중파가 득세하였던 뉴잉글랜드 지방이었는데, 이들의 학교들은 공공비용으로 운영되었으며, 목회자들이 감독하는 예배와 요리문답 학습을 포함한 종교적 학과목들을 보유하고 있었다. 그런데 19세기에 미국 인구가 증가하고 공민권을 가진 시민들의 숫자가 늘어남에 따라, 공립교육은 민주주의를 위한 사회적 정치적 필수 조건이라고 생각하는 이들이 늘어나게 되었다. 그리고 남북전쟁에 이르기까지 교육지도자들은 기독교야말로 공립학교 과목의 중심이 되어야만 한다고 생각하였다.

그런데 문제는 과연 어떠한 기독교를 지칭하는가 하는 것이었다. 무상 보통교육을 최초로 실시하였던 주는 매사추세츠였는데 이곳은 회중파가 주류를 점하고 있었으나 그 분파의 발생으로 말미암아 원래의 청교도적 신학에 대한 반대의 모습을 찾아볼 수 있었다. 그러나 1827년 무상 보통교육에 관한 법안이 최초로 통과되었던 1827년까지 매사추세츠 주는 아직 프로테스탄트가 압도적 다수를 점하고 있었다. 이 법안은 모든 교사들이 "경건" 훈련을 실시해야 한다고 규정하였으나, 동시에 회중파의 분열을 둘러싼 교리적 논쟁을 회피하기 위하여 특정한 교리는 가르치지 않도록 하였다. 당시 주요한 교파들은 모두 청교도적 전통에서 비롯된 것이었으므로, 이러한 "비교파적" 프로테스탄트적 기독교의 계획은 아직도 실현 가능성이 있는 것이었다. 남북전쟁 발발까지 공립학교들의 주된 형태는 이러한 형식을 답습하였다. 그리하여, 성경강독, 찬송, 기도들과 아울러 상당히 노골적인 종교적 설교가 행하여졌다. 그러나 당시 매사추세츠 주에서 이러한 프로그램을 시행하고자 하였던 호레이스 맨(Horace Mann)에게 가해졌던 비판에서 이미 볼 수 있듯이, 당시의 프로테스탄트 지역 내에서도 이에 관한 논란은 시작되고 있었다.

한편, 많은 로마 카톨릭 신자들이 집중하여 거주하고 있었던 뉴욕에서는, 휴스(Hughes) 주교를 중심으로 하여, 초교파적이라고는 하지만, 프로테스탄트적인 경향이 농후하였던 공립학교들에 대한 비판이 가해졌다. 이때까지 일부 로마 카톨릭 신자들은 공립학교를 지원하고 있었다. 그러나 1840년 뉴욕의 로마 카톨릭 교구학교들은 공립학교협회의 지원금을 자기들에게도 할애해주도록 요구하였다. 이러한 요청이 거부당하자 이들은 의회에 항소하였다. 그리하여 의회는 시교육위원회를 조직하여, 일체 교회에서 운영하는 학교들에게는 보조금을 주지 않는다는 원칙을 세우게 되었다. 그러나 로마 카톨릭 교회의 입장에서 볼 때에, 각주를 달지 않은 성경을 봉독하는 자체가 이미 교파적인 행동이었으므로, 이들은 공립학교에서의 일체의 종교적 표현을 비판하였다. 이처럼 공립학교를 세속화시키고자 하는 로마 카톨릭 진영의 노력은 동부의 모든 주요 도시들에서 시도되었다. 1848년, 보스턴의 소학교에 재학하는 학동들의 반 가량이 이민들의 자녀들이었으며, 이들 가운데 로마 카톨릭 신자의 비율은 매우 높았다. 그리하여 1850년대에 로마 카톨릭측은 공립학교에서 성경을 사용하는 것에 대하여 대대적인 반대운동을 전개하였다. 또한 이는 로마교회의 정치적 태도와도 관련되어 있었다(제16장의 "소수파 로마 카톨릭의 전략" 항을 참조).

그리하여 새로운 소학교들에서 자기들이 원하는 종교교육을 시킬 수 없다는 데 불만을 품었던 로마 카톨릭과 프로테스탄트측은 모두 교구학교들을 운영하기 시작하였는데, 이것이 독립전쟁 이전 중부지역에 소재한 주들의 일반적인 모습이었다. 구학파 장로교인들은 1847년 총회에서 이러한 형식을 채택하기로 결의하였다. 그리고 이에 29개 주에서 250여 개의 학교들이 속속 설립되었는데, 이는 가장 야심에 찬 프로테스탄트측의 시도였다. 그러나 장로교인들 대부분은 여전히 공립학교제도를 지지하였으며, 이와 별도로 학교제도를 설립할 것인가에 대하여 아직 결정하지 못하고 있었다. 결국은 남북전쟁의 발발로 별개 학교제도를 수립하기 위한 노력은 막을 내리게 되었다. 로마 카톨릭측의 학교들도, 주로 교사들의 부족으로 말미암아 별다른 성과를 거두지 못하였는데, 남북전쟁 이후, 교육을 중시하는 수도회들이 대거 유럽에서 미국으로 유입됨으로써 드디어 로마 카톨릭 교회는 효과적으로 학교들을 운영할 수 있었다. 또한 부흥운동의 여파로서, 프로테스탄트 교파들은 점차 교회학교들이나 혹은 공립학교들에서도 지도적인 역할을 유지할 수 없게 되었다. 반지성주의적인 경건주의가 마침 미국의 교육제도가 형성될 그 시기에 교육에 대한 열의에 찬물을 끼얹게 하였다.

이 시기에 새로운 주헌법들과, 수정법들 그리고 각종 법규들이 제정되면서 교회와 교육 사이의 관계가 정치적으로 정립되었는데, 이는 연방헌법 다음으로 교회와 국가 사이의 관계에 중요한 영향을 미치는 것들이었다. 대부분은 공공자금을 교회학교의 운영에 사용하는 것을 금지하고 있었으며, 또한 많은 주들은 공립학교에서 특정 교파의 가르침을 전하는 것도 금하고 있었다. 그런데 과연 이 특정 교파의 의미를 정의하는 것이 그 후 법정에서 가장 중요하고 심각한 문제로 등장하였다. 그러나 남북전쟁 이전에는 연방헌법이나 혹은 주헌법들도 공립학교에서 기독교를 가르치는 것이 여기에 해당된다고는 일반적으로 생각지 않고 있었다.

11. 남북전쟁

그런데 남북전쟁이 발발하였다. 비록 전쟁 기간 동안에 일련의 부흥회를 통하여, 그리고 중요한 인도적 사업들을 시행함으로써 교회들은 그 영향력이 증대하게 되었으나, 전쟁 자체가 야기시켰던 윤리적 문제들에 대응할 수 있는 준비를 교회들은 아직 갖추지 못하고 있었다. 이러한 문제는 링컨(Lincoln)의 예에서도 볼 수 있다. 그는 매우 종교심이 강한 인물이기는 하였으나, 그 어떤 교파와 교회에서도 안정을 찾지 못하였다. 부흥운동을 통하여 발생하였던 개인주의적 도덕주의는 모든 선택들이 다 부분적으로 악을 동반하고 있었던 비극적 상황 속에서 과연 인간은 어떻게 살아야 할 것인가에 대한 질문에 만족할 만한 해답을 주지 못했던 것이다. 링컨은 테오도어 파커(Theodore Parker)의 글을 읽고서, 전통적 청교도주의의 권력에 대한 책임성을 발견하였다. 전래의 노예 소유주였던 귀족층들에 대항해 승리를 거두기 위해서는 새로운 금융, 산업계 출신의 재벌들에게 권력을 주어야 했던 사실은 바로 링컨의 비극이었다. 이제 산업자본주의의 도래와 함께 이전 미국 민주주의의 기반이 되어 왔던 농경사회는 사라져가고 있었다. 원래 정치적으로 권력을 박탈당하고 있었던 모든 대중들을 섭렵하였던 교회들의 개인주의적 경건주의는, 이제 새로이 대륙을 석권하게 된 중산층의 도덕적 지침으로 전혀 부적당하다는 것이 증명되고 있었다.

제16장
혁명에 대한 울트라몬탠 반작용

프랑스 혁명은 로마 교회의 신정정체적 통치를 약화시켰으며, 정치적으로 이에 대항하는 정치적 신앙을 창조하였다. 이는 인도주의적 자유주의, 국가주의, 그리고 본질적으로는 사회주의라고 말할 수 있었다. 그 이후 국가와 사회들 가운데 로마 카톨릭 교회가 차지하는 위치는 더 이상 일반적으로 받아들여지는 당연한 것이 되지 못하였으며, 국가의 징치적 편의에 따라 엄밀하게 계산된 법적 계약에 좌우되는 신세가 되었다. 나폴레옹은 그의 콩코르닷을 통하여 이러한 선례를 남겼고, 그 이후 각국에서 그의 모범을 흉내내는 인물들이 그치지 않고 등장하였다. 이러한 불확실한 상황에서 교회는 과연 어떤 행동을 취해야 할 것인가?

1. 복고

최초의 반응은 마치 혁명과 나폴레옹은 한갓 악몽에 불과하였다는 듯이 치부하고, 앵시앵 레짐(*ancient régime*) 즉 구체제를 원래의 모습대로 복구하고자 하는 것이었다. 교황령에서 시행되었던 일체의 프랑스적 개혁조처들은 가로등에서부터 시작하여 예방접종 그리고 세속행정부에서의 평신도의 사용에 이르기까지 모두 폐지되었으며 제수잇들이 원래 차지하고 있었던 위치로 복원되었다. 이와 비슷하게 프랑스에서도 30명에 달하는 새로운 주교들이 임명되었다. 그리고 수도회들은 거의 전례를 찾아볼 수 없을 정도로 성장하였으며, 부흥 집회가 프랑스 전국에 걸쳐 개최되었다. 라므네, 드 매스트르 그리고 드 보날드 등 "과거의 선지자"들이 프랑스의 카톨릭교를 20년 이상 풍미하게 된 "전통주의"를 위한 근거를 제공하였다. 이는 루소의 사상과 정반대되는 모습으로서, 인간의 이성과 덕목에 대한 완전한 회의였으며, 단지 신학과 정치 양 분야에 걸쳐서 권위에 대한 무조적인 맹종을 의미하는 것이었다.

나폴레옹 전쟁이 끝난 이후 1848년 혁명에 이르기까지 "복고"야말로 이들의 구호가 되었다. 외교적으로 가장 중요한 인물은 오스트리아의 재상이었던 메테르니히(Metternich)였는데, 그는 이전 신성로마제국의 역할을 하기 위하여 최선을 다하였다. "합법성"이라는 단어가 정치적 슬로건이 되었으며, 로마교회는 특히 일체의 자유주의적 혹은 민주주의적 경향에 대항하여 영적 경찰로서의 역할을 다하도록 재구성되었다.

그러나 이러한 교회의 모습은 신실한 기독교적인 확신이 아니라, 그 정치적인 통일을 위한 계산에서 비롯된 것이었다. 그리고 예를 들어 프랑스에서 이전에 교회가 차지하고 있었던 독립성은 복구되지 못하였다. 성직자들은 더 이상 헌법상 그 위치를 인정받는 국내의 제일 계급이 되지 못하였다. 이제 그들은 국가에서 봉급을 받는 신세가 되어, 이전처럼 막대한 영지를 소유하고 이곳으로부터의 봉록을 받아들이는 특권을 누리지 못하였다. 세속 입법들은 이들의 사법적 특권을 박탈하였으며, 학교들은 아직 성직자들이 교사로서 가르치고 있었으나, 국가가 교육제도를 주관하게 되었다. 무수한 방법으로 로마 카톨릭 성직자들은 국가 기관들에 의하여 그 권리를 제한받게 되었다. 그러나 이들은 이처럼 변화한 상황을 즉각 깨닫지 못하였으며, 비엔나 평화회담이 종료된 지 한 세대가 지나서야 이를 실감하게 되었는데, 이때는 이미 그 결과가 나타난 후였다.

2. 울트라몬태니즘(Ultramontanism)

로마 카톨릭 교회 내의 생활 속에서 계속되었던 혁명의 결과는 고올주의, 패브로우스주의, 요셉주의의 종식을 의미하였으며, 교황권의 중앙집권을 주장하는 울트라몬태니즘의 고양을 의미하였다. 주교들은 더 이상 교황에 대항하여 독립노선을 견지할 수 있는 경제적, 정치적 발판을 소유하지 못한 상태에 있었다. 세속통치자들의 권력이 증대되고 종교적 확신은 감소함에 따라 주교들은 로마로부터의 지원에 의존할 수밖에 없었다. 그리고 로마 교황청은 그 정치적 영향력이 감소함에 따라서 교회 조직 내에서의 지배력을 강화함으로써 이를 보상하고자 하였다. 그리하여 나폴레옹 이후 두 세대의 이야기는 로마 카톨릭주의의 울트라몬탠적인 정복의 이야기라고 정리할 수 있을 것이다.

3. "자유주의적 카톨릭주의"

그러나 이러한 혁명 후 울트라몬태니즘의 성격 또한 변화하게 되었다. 스페인, 피이드몽 그리고 시실리 지방들에서는, 교황령과 마찬가지로 영주들을 통한 교황의 신정정체적 통치가 옛날과 다름없이 다시 복원되었다. 그러나 복고된 부르봉 왕조가 성직자들의 권력행사를 별로 좋아하지 않았던 프랑스의 경우에는 무언가 새로운 방도를 연구하지 않을 수 없었다. 왕조에 대항하여 울트라몬태니즘과 혁명 사이의 동맹을 주장하였던 라므네(Lamennais)는 이런 의미에서 선지자와 같은 인물이라고 하겠다. 그리하여 그는 1830년 국제적으로 등장하였던 "자유주의적 카톨릭주의"의 아버지라고 불리운다.

대부분의 경우 로마 카톨릭들이 힙법직 군주들에게 대항하여 자유주의적 혹은 민족주의적 사상에 호소하였던 영역은 대개 군주들이 로마 카톨릭 신자가 아닌 지역들이었다. 이리하여 로마 카톨릭 폴란드인들은 짜르에 대항하였으며, 로마 카톨릭 벨지움인들은 저지대의 홀랜드 출신 칼빈주의자 국왕에게 대항하였으며, 로마 카톨릭 아일랜드인들은 대영제국의 프로테스탄트 국왕에게 대항하였다. 어떤 의미에서 볼 때 라므네는 혁명 후 프랑스에서 로마 카톨릭 교회는 국가 '안에서의' 정당의 위치를 차지해야 한다고 함으로써 이러한 국가들에 프랑스의 상황을 적응하고 있었다고 볼 수 있겠다.

이제 명목상 카톨릭 국가에서 최초로 로마 카톨릭 지도자가 교회와 국가의 분리를 주장하고, 콩코르닷의 보조금을 거부하면서, 헌법적이고 자유주의적 사상을 지지하고 있었다. 라므네가 그의 친구들인 라코르데(Lacordaire)와 몽탈름베르(Montalembert)와 함께 출판한 『라브니어』(L'Avenir)에서는 종교, 언론, 집회, 결사, 교육의 자유와 함께 보통선거권과 아울러 폴란드인들, 벨지움인들 그리고 아일랜드인들의 민족자결권을 주장하고 있다.

그러나 이 "자유주의적 카톨릭주의"는 그 목적에 있어서 울트라몬탠적 경향이 강하였으며, 단지 그 전술에 있어서만 자유주의적이었을 뿐이었다. 그 진정한 의도는 국민들 가운데 철저한 로마 카톨릭 신자들을 질서있는 세력으로서 규합하여 운용하려는 것이었다. 라므네가 간파하였듯이, 강단에 서고, 고해소에서 신자들의 고해를 듣는 신부들의 권위는, 로마 카톨릭 교회로 하여금 자유주의적인 배경 속에서도 본질적인 권위적 기반 위에서 활동하는 것이 가능하게 하였다. 그는 이처럼 프랑스 내에서 조직된 로마 카톨릭 신자들의 유권자들이 성직자들로 하여금, 이전에 군주나 귀족들과의 연계를 통하여 이룰 수 있었던 것보다도 오히려 더 효율적으로 프랑스라는 국가를 조종할 수 있게끔 할 것이라고 내다보았다. 그리고 어쨌든 이러한 울트라몬탠적인 프로그램은 단지 형식적으로만 로마 카톨릭에 불과하였던 국가로부터 교회를 해방시킬 수 있을 것이었다.

4. 자유주의 카톨릭주의의 정죄

그러나 대부분의 프랑스 성직자들은 아직도 고올주의적 경향이 강하였으며, 이들은 교회의 안전은 군주의 보호에 달려 있다고 믿고 있었다. 마찬가지로 교황도 그 자신의 영역에서 자유주의적이고, 민족주의적인 혁명이 발생할 가능성에 공포심을 갖게 되었다. 그리하여 폴란드인들에게까지도, 군주에게 복종할 것을 명령하였다. 교황 그레고리 16세는 그의 '미라리 보스' (*mirari vos*) 칙령(1830) 칙령 속에서 "자유주의적 카톨릭주의"를 정죄하였다. 정치적, 공민적, 그리고 종교적 자유는 정죄되었다. 라므네가 군주제를 호되게 비판함으로써 이 칙령에 대하여 반항하자, 교황은 다시 '싱굴라리 보스'(*singulari vos*)(1834) 칙령(1834)을 발하여 그의 이름을 구체적으로 지적하여 정죄하고 어떤 로마 카톨릭 신자도 정치적 자유주의를 지지해서는 안 된다고 엄명하였다.

로마 법원과 대부분의 로마 카톨릭 신자들은 교황이 직접 이탈리아의 영지를 통치하는 것만이 국제적인 교회의 독립적 교황청을 유지할 수 있는 실천가능한 기반이 된다고 생각하였다. 그러나 성직자들에 의한 정부는 비능률적이요, 독재적이요, 독선적이다. 1831년 5대 강국들은 역사상 최초로 교황령의 상황을 비난하는 통지서를 보냈다. 그러나 대부분 로마 카톨릭 신자들은 이러한 교황청의 비능률은 교회 전체의 유익을 위해선 마땅히 지불해야 하는 대가라고 생각하였다. 그리고 이러한 교황의 통치권을 유지하기 위해서 교황들은 다른 군주들과 연합하여, 모든 자유주의, 입헌주의 그리고 민족주의적인 개혁운동에 대항할 수밖에 없다고 믿었다. 특히 교황청은 오스트리아로부터의 군사적인 도움에 의존하고 있었다. 이를 통해서 권력을 유지하고 있었으므로, 교황들은 메테르니히의 외교정책에 동조하였다. 교황 영지가 존속되는 한(1870년까지) 이러한 고려 사항들이 교황정책을 좌우하였다.

5. 소수파 로마 카톨릭의 전략

그리하여 이 새로운 울트라몬태니즘은 그 주변, 로마 카톨릭이 소수파였던 국가들로부터 명목상으로는 교황의 정책에 반하여 로마 카톨릭 교회 안으로 침입하였다. 1830년 혁명은 로마 카톨릭이 자유주의자들과 동맹하여 홀랜드 출신의 국왕이었던 윌리암으로부터 독립을 쟁취하였던 벨지움에서 승리를 거두었다. 그러자 이 신생국은 대륙에서 가장 자유주의적인 헌법을 제정하였다. 이는 자발적으로 자유주의를 수용하였던 최초의 로마 카톨릭 국가였다. 아일랜드에서도 이와 비슷하게, 내란을 위협하였던 오코넬(O'Connell)은 그 이진의 제인에 있었던 국가의 간섭이 없는 로마 카톨릭의 해방을 얻어내었다.

정치적 자유주의에 대한 교황의 정죄는 라므네의 정책과 계획을 보다 더 추종하였던 이러한 로마 카톨릭 소수파들로서는 받아들이기 힘든 것이었다. 일부 벨지움의 로마 카톨릭 정치가들은 '미라리 보스' 칙령 이후 정치계를 떠나기도 하였다. 미합중국에서는 '본토주의' 운동가들이 로마 카톨릭 신자들은 자유 헌법 아래서 충성스런 국민이 되는 것이 불가능하다는 점을 지적하기도 하였다. 이러한 나라들에서 성직 계급은 타협책을 좇아서 헌법적 자유를 추구하는 것을 허락할 수밖에 없었다.

6. 프랑스

프랑스에서도 역시 루이 필립의 입헌군주제 아래서 라므네의 친구들, 라코르데 그리고 몽탈렘베르는 로마 카톨릭 정당을 조직하기 시작하였다. 이들이 내세운 가장 중요한 문제는 교회가 독자적으로 자기들의 학교를 운영해야 한다는 것이었다. 로마 카톨릭 신문이 창간되었으며, 이를 통하여 울트라몬탠파 언론인이었던 부요(Veuillot)는 막강한 영향력을 발휘하여 한 세대 동안 마치 프랑스에서 평신도 교황과 같은 위치를 누리게 되었다. 로마 카톨릭 유권자들이 동원되었으며, 로마 카톨릭 의회지도자들도 양성되었다. 그리고 결국 이 새로운 정당은 종내 그 세력을 인정받게 되어, 결국은 주교들까지도 이를 이용하게 되었다.

한편 로마 카톨릭 독일에서는 로마 카톨릭 정당에 비견할 수 있는 기관이 조직되었다. 이곳에서의 논쟁의 초점은 신구교 신자의 결혼에 관한 입법의 문제였다. 18세기에 들어서서 이 문제에 관한 한 많은 이들은 교회법을 무시하고 있었으며, 이러한 문제들은 독일 세속정부들이 일반적으로 결정하고 있었다. 나폴레옹 전쟁 이후 프러시아는 프로테스탄트들에게 유리하게끔 이러한 교파간 결혼문제를 조정하고자 하였다. 이에 따라 장기간의 논쟁이 계속되었다. 그런데 정부측에서 1837년 드로스테-비시체어링(Droste-Vischering) 대주교를 체포함으로써 이 문제는 그 절정에 이르게 되었다. 이는 많은 이들의 관심과 흥미의 초점이 되었으며, 선동가 고엘르스(Goerres)가 계속 사람들을 자극하였고, 정부로부터 분리된 기관으로서의 교회에 대한 의식이 이 문제를 상징으로 하여 분명하고 명료하게 드러나게 되었다. 1848년의 혁명이 발발하였을 때, 프러시아와 홀랜드의 로마 카톨릭들은 라므네의 주장과 벨지움의 예를 실질적으로 수용하였다. 1850년의 프러시아 헌법은 자유 교회로서의 독립과 아울러 공공자금의 혜택을 로마 카톨릭에게 부여하였다. 이 시기에는 전체 독일의 카톨릭 성직자들이 울트라몬태니즘에 근거하여 자유주의적 사항들을 요구하고 있었다.

프랑스의 경우 1848년 혁명이 역시 많은 숫자의 신부들과 주교들의 지지를 받고 있었다. 이는 이들이 거의 만장일치로 1830년 혁명에 적대적이었던 것과는 반대되는 현상이었다. 200명 이상의 로마 카톨릭 대의원들이 수명이 짧았던 1848년의 공화국 의회에 선출되었다. 그러나 이 정부는 사회주의자들의 요구와 파리 노동자층의 시위에 공포를 금치 못하였다. 그리하여 로마 카톨릭당은 하룻밤 사이에 보수당으로 변하여 루이 나폴레옹의 쿠데타를 지지하였다. 그가 독재정권을 수립하자, 교황을 비롯하여, 몽탈렘베르에 이르기까지 각계각층 로마 카톨릭들의 축하를 받았으며, 그의 정권은 전통적인 로마 카톨릭의 권위와 계급제도 원칙들의 모델로서 칭송받았다. 중류층은 다시 교회로 돌아왔는데, 이는 제1차 혁명시 입헌주의에 대한 공포가 귀족들을 다시 교회로 돌아오게 하였던 것과 동일한 모습이었다. 그리고 이제 프롤레타리아 계급은 교회를 착취자들의 가장수단으로 여기게 되었다.
　라틴 계통의 여러 나라들에서 칼 막스보다도 오히려 이들을 더 잘 대변하였던 인물은 프루동(Proudhon)이었는데, 그 역시 교회에 대한 적개심에는 별다름이 없었다. 푸르동은 다음과 같이 약속하였다. "만약 민주주의가 다시 한번 이루어진다면, 나는 약속하겠다. 프랑스의 카톨릭주의가 완전히 종식되리라는 것을." 이처럼 20세기 프랑스의 비기독교화는 이미 예언되고 있었다.

7. "자유주의적 교황"

　이탈리아에서는 프랑스와 마찬가지로 1848년의 첫번째 단계에서는 로마 카톨릭들이 이에 동조하였다. 1846년에 선출되었던 교황은 "파이우스 9세"였는데, 그는 많은 이에게 그가 이탈리아 반도를 자유민족주의적으로 재조직하는 데 지도적 역할을 담당할 것 같은 인상을 주었다. 그리고 1848년의 반란이 발생하였을 때 그는 프랑스와 피이드몽, 투스카니 그리고 나폴리 등지의 이탈리아령의 모범을 좇아서 헌법을 제정하는 데 동의하였다. 그는 더욱이 민족주의자들에게도 동의하는 모습을 보여서 이탈리아로부터 오스트리아군을 쫓아내는 데 교황군을 동원하는 것까지도 찬성하였다. 그러나 전쟁으로부터 철수하고자 하였을 때, 정부가 압도적인 민족주의자들의 물결 앞에서 전복당하고 말았다. 파이우스는 변장한 채, 로마에서 도주하였으며, 도시는 혁명군의 손에 들어가고 말았다. 루이 나폴레옹의 군대가 개입하여 겨우 구조되었으며, 나폴레옹은 그에게 다시 교황령을 점령하여 돌려주고, 일단의 군대를 그의 손에 붙여주었다. 그러나 사르디냐-피이드몽은 자신의 헌법을 포기하기를 거부하였으며, 카부르(Cavour)의 영도 아래 1850, 60년대에 계속하여 크리미아, 오스트리아 전쟁을 수행하였고 교황령을 박탈해서라도 통일 이탈리아를 이룩하고자 하였다.
　카부르는 "자유주의 카톨릭" 노선에 근거하여 이탈리아 내의 교회-국가 문제를 해결하고자 하였으며, "자유국가 내의 자유교회"라는 몽탈름베르의 구호를 주장하였다. 그러나 교황청은 이러한 모습에 경악하지 않을 수 없었다. 소수파 전력은 "카톨릭 국가"에서는 적용될 수 없었다. 부요가 표현하였듯이, "우리 카톨릭들이 소수파일 때는 그대들의 원칙에 의거하여 자유를 주장한다. 그러나 우리가 다수파일 때는 우리들의 원칙에 의거하여 이를 거부할 수밖에 없다"는 것이 카톨릭 교회의 입장이었다. 이러한 두 가지 형태의 전략은 모두 교회를 성직자 계급이 장악하고, 교회를 통하여 사회 전체를 장악한다는 것이었다. 혁명 전 시대들의 주류를 이루었던 고올주의에 비교하여 볼 때, 이 양자는 모두 매우 강한 울트라몬탠적인 경향을 띠고 있었다. 그리고 이들은 보다 강력하게 교황을 중심으로 한 중앙집권주의를 목표로 하는 것이었다.

 1846-48년의 자유주의적 실험이 실패로 돌아가자, 이에 대한 교회의 반동이 너무나도 세찼기 때문에 이탈리아인들은 그의 잔여 재위 기간을 가리켜 "제2교황시대"라고 부른다. 그는 1849년의 피란상태에서 주로 제수잇들을 중심으로 한 일단의 고문들을 모아 '키비타 카톨리카'(*Civilta Cattolica*)라는 위원회를 조직하였다. 이들은 그의 재위기간 동안에 가장 중요한 세 개의 교회칙령들을 발표하였다. 즉 신앙고백으로서 모든 로마 카톨릭 신자들이 따라야 하는 성모무염시태의 교리와, 사회정치적인 이단들의 목록작성과, 그리고 교회와는 별개로 교황 자신의 무오성 교리였다. 이탈리아의 민족주의와 입헌주의에 포위된 상태에 있던 교황령의 절박한 상황은 교회 안에 비상계엄을 선포하게 하였으며, 이러한 위기에서 충실한 카톨릭 신자들은 교회의 극단적인 조처에 대하여 아무런 반론을 제기할 수 없었다. 그리하여 교황의 주장들은 로마 카톨릭주의를 울트라몬탠적으로 구성하는 데 사용되었다.

8. 성모무염 시태(Immaculate Conception)

 원래 마리아가 원죄에 물들지 않은 상태로 잉태되었다는 성모무염시태의 이론은 뚜렷한 교리의 위치를 차지하지 못한 채 신자들 사이에 퍼져 있었던 '경건한 의견'에 불과하였다. 이는 마리아에 대한 숭배가 심해지면서 널리 확장되었다. 물론 성경적 근거는 없을 뿐만 아니라, 모든 교부들과 아울러, 버나드, 아퀴나스, 인노센트 3세와 같은 중세의 학자들도 이 이론에 강하게 반대하고 있다. 따라서 성경과 전통 모두가 이 교리에 대치되고 있었다. 그러나 교황의 신학위원회는, 성경이나 역사적 전통에 상관없이, "어떤 일정기간의 교회에서 일반적인 동의"만 있으면 구원에 필요한 도그마를 정의할 수 있다고 주장하였다. 이러한 기반에서 주교들의 회의도 거치는 과정이 없이, 역사상 처음으로, 교황이 단독으로 칙령 '이네파빌리스'(*Ineffabilis*, 1854)

를 통하여 새로운 신앙의 도그마를 반포하였다. 이 행위는 다음과 같이 중요한 두 가지 신학적 선례를 남기게 된다. 우선, 로마 교회의 핵심적인 도그마의 형성이, 성경이나 전통에 구애받지 않은 채, 교회의 일시적인 여론에 의하여 결정된다는 것이다. 그리고 교회와는 별개로 도그마를 정의할 수 있는 교황의 권한이, 아직 교황무오성의 도그마가 정식으로 성립하기 이전에 행사되었다는 점이다. 그리하여 현대 로마 카톨릭주의는 트렌트 종교회의의 범위를 초월하여 진행되었다.

9. 실라부스(Syllabus, 금서목록)의 작성상황

"오류 실라부스"(오류목록, *Syllabus of Errors*) 이후 10년 만에 출판되었던 현대적 오류와 이단들의 목록은 그 반포 직전에 발생하였던 세 가지 사건들을 살펴보면 그 모습을 더 확실하게 파악할 수 있다. 1863년에 두 개의 로마 카톨릭 회의들이 제수잇파에 도전하였다. 로마 카톨릭 교회의 지성적 수도였던 뮤니히에 모인 일단의 학자들은, 기독교 변증학에 관련된 스콜라적 신학에 대항한 역사적 탐구와 학문의 사유를 부르짖게 되었다. 한편 밀린네스(Malines)에서는 또 다른 회의가 로마 카톨릭 교회를 위한 프로그램으로서 정치적 자유주의를 변증하는 몽탈름베르의 말에 귀를 기울이게 되었다. 그는 종교재판을 비판하면서 로마 카톨릭 교회가 보통선거권, 평등권, 언론, 교육, 결사, 양심의 자유를 지지해야 한다고 주장하였다.

그리하여 신생 이탈리아 왕국에서 자유주의가 교황청의 존재 자체를 위협하고 있을 때, 정치적, 학문적 자유주의가 로마 카톨릭 교회 안에서 주장되었던 것이다. 그런데 당시 1859-1860년간의 프랑스-오스트리아-이탈리아 전쟁은 사르디냐-피이드몽 소왕국을 확장하여 이탈리아 왕국을 건설한 바 있었다. 일부 교황령도 이에 병합되었으며, 교황의 신민들 가운데 다수가 나머지 교황령도 "이탈리아"에 합병되기를 바라고 있었다. 당시 로마에서 교황의 주권이 유지되고 있었던 유일한 이유는 단지, 이곳에 주둔하고 있었던 일단의 프랑스군들 때문이었다. 이처럼 포위된 상태에 있었던 교황청으로서는 "자유주의"가 무엇보다도 교황청의 숙적이었던 민족주의의 입헌주의 이탈리아 왕국의 프로그램을 의미하고 있었다.

10. 실라부스(Syllabus)

그리하여 이처럼 다양한 입헌주의와 학문의 자유주의의 표현에 대항하여, 1864년의 실라부스가 반포되었다. 이 실라부스는 이전의 교황정죄 사항들의 목록으로서, 교회와 국가에 관하여 파이우스가 가지고 있던 생각을 조직적으로 요약한 것이라 할 수 있었다. 교황은 일련의 진술들을 종합하여, 교회의 정치적 기능에 관한 진정한 로마 카톨릭적 견해에 반하는 오류들로서, 로마 카톨릭 세계에 발표하였다. 그는 자기의 치하에 있던 영지가 혼란에 빠진 것을 예감하고 그의 주장을 명백하게 내세운 것이었다. 그는 사회적 계급체제, 군주적 절대주의 그리고 교회적 독점주의로 구성되었던 구체제 즉, 복고적인 정치 체제가 로마 카톨릭주의와 불가분리의 관계에 있다고 주장하였으며, 교회 내에서의 울트라몬태니즘을 촉구하였다.

파이우스는 그 서문에서 밝히기를 우선 가장 전반적인 오류는 현대 사회가 공공문제를 통솔할 수 있는 계급적인 권위를 무시하고 있는 것이라고 하였다. 그리고 그 세부사항들을 실라부스 속에서 일일이 열거하면서 정죄하였다. 정부들과 국가들은 성직자들의 신정정치적인 통솔에 복속되어야 한다고 주장하였다. 한편으로는 황제교황주의(Caesaropapism)에 대항하고, 한편으로는 교회와 국가 사이의 사법적 관할을 조정하기를 거부하면서, 로마 카톨릭의 입장은 국가의 우위에 있는 성직자들의 통치임을 분명히 밝혔다. 특히 성직자주의에 대항하였던 이들이 주장하였던 교회와 국가의 분리는 매우 분명하게 정죄되었다. 이러한 분리의 뒤를 따르는 종교의 자유는 원칙적으로 정죄되었을 뿐만 아니라, 교황은 또한 전통적으로 로마 카톨릭 국가들 안에서 이와 다른 형태의 종교를 인정하는 것이 편리하지 못하다고 하였다. 또한 비성직자적인 프로그램들, 교회의 인사문제와 행정문제에 국가가 간섭하는 행위도 구체적으로 정죄되었다.

교회가 국가와 그 입장을 달리하는 다른 구체적 사안들 가운데는 교육, 혼인, 재산의 통솔 그리고 교회와 성직자에 관련된 세속법률의 문제들이 있었다. 이러한 문제들 모두에 있어서, 성직자주의가 실라부스에 의하여 변호되었다. 카톨릭 신자들은, 카톨릭 성직자들에 의하여 감독, 통제되지 않은 공립교육제도를 지지해서는 안된다고 금지시켰다. 결혼과 이혼에 관한 세속법은 교회법과 동일하지 않은 한 무효라고 선언하였다. 국가는 교회의 재산,

부동산 취득을 일체 제한할 수 없다고 하였다. 세속법정은 로마 카톨릭 성직자들을 재판할 수 없으며, 성직자들이 군무에 복역하도록 요구해서도 안된다. 반대로, 교회는 최종적 권위를 가지는 법정을 소유하며, 그 결정 사항을 실행하기 위한 직접적, 간접적 경찰력을 행사할 권한이 있다. 이 마지막 요점을 특히 강조하기 위해서 파이우스는 종교재판소의 두 재판관들을 로마 카톨릭 교회의 성인으로서 시성하였다.

교황이 역사상 단 한번도 그 권한을 넘어서 행동하거나 혹은 도덕 분야의 정의에 관련하여 오류를 범한 일이 없음을 주장하기 위해서, 교회는 그의 선임자들이 시행했거나 혹은 용인하였던 모든 행위들을 정당한 것으로 판결하였다. 이러한 행위들 가운데는, 역사가 액톤 경(Lord Acton)이 지적한 것처럼, 종교재판소의 고문과 악형, 프로테스탄트들과 이단들의 학살, 군주들의 폐지와 같은 행위들이 다 포함되어 있었다. 그는 또한 "로마 교황이 진보, 자유주의 그리고 최근의 문명들과 화해할 수 있거나 혹은 화해해야 한다"는 일체의 주장들을 정죄하였다. 즉 이미 로마 카톨릭주의는 이전 형태의 사회와 문화와 조화를 이룩하였던 만큼 이제 다시 새로운 문화와 타협할 수는 없다는 각오의 표현이었다.

그러나 로마 교황청이 공민들의 자유나 헌법들에 관하여 어떻게 생각하고 있었는가를 막론하고, 단지 영어 사용 국가들뿐만 아니라, 프러시아, 홀랜드, 벨지움 그리고 프랑스와 이탈리아들은 이들을 계속 유지할 각오로 있었다. 그리하여 양심적인 로마 카톨릭 신자들은 우려를 금치 못하였다. 교황청에서는, 벨지움인 카톨릭 신자들에게, 이들이 "비카톨릭" 헌법 아래서 이들의 권리와 의무를 이행하는 것이 허용된다고 안심시켜야만 하였다. 프랑스 정부는 한동안 교황 회칙과 '실라부스'가 프랑스 헌법에 위배된다는 이유로 출판을 금지시켰다. 보다 자유주의 국가들에 거주하고 있었던 지도적 로마 카톨릭 신자들은 '실라부스'의 의미를 제한하거나 축소하거나 혹은 원래의 의도와는 달리 해석해 보고자 갖은 노력을 기울이기도 하였다. 영국의 뉴먼과 독일의 케틀러(Kettler)는 각 정죄조항들은 원래 이들이 발해졌던 특수한 상황들에 비추어 이해되어야 한다고 하였는데, 물론 이러한 상황은 오직 전문가들에게만 알려진 것이었다. 그리하여 이들은 보편적인 금언으로서 일반화될 수 없다고 하였으니, 이는 물론 실라부스를 반포한 교회의 원래 의도와는 다른 것이었다. 가장 유명한 "해석"은 프랑스 주교 두판룹(Dupanloup)

의 것이었다. 그가 사용한 가장 중요한 방법은 절대적 진리("명제", the thesis)와 부수적 필요사항들("가설들", hypothesis)들을 우선 구분하는 것이었다. 그는 교회가 전자에 있어서 타협하지 않는 한, 후자에 있어서는 얼마든지 융통성을 보일 수 있다고 하였다.

물론 교황은 이러한 해석들을 좋아하지 않는 것이 당연하였다. 그는 실라부스에 나타난 그의 명료한 의미를 그대로 뜻하고 있었다. 그리고 파이우스의 가장 큰 관심 가운데 하나는 그가 반포한 '실라부스'가 정확무오한 말씀으로서 영원히 로마 카톨릭의 양심을 통솔하도록 하는 것이었다. 그러나 그는 이러한 면에서는 종내 성공을 거두지 못하였다. 왜냐하면, 그 후에 정의된 교황 무오설의 교리에 이 실라부스가 해당되는가에 대한 의심이 그치지 않았기 때문이었다. 그러나 무오한가의 여부에 불문하고, 그의 실라부스는 모든 로마 카톨릭 신자들의 복종을 요구하였으며, 이들이 내부적으로 이에 순복하기를 요구하고 있었다.

11. 바티칸 공회(Vatican Council)

파이우스 재위 기간의 극치를 이루었다고 할 수 있는 1869-1870년의 바티칸 공회는, 이미 로마의 중앙집권적인 통치 앞에서 무력화되었던 성직자들이 최후의 독립성을 포기하고, 신앙의 도그마에 관하여 교황에게 완전 복속하도록 만들기 위한 사건이었다. 여기에서 반포된 두 가지 법령들, 즉, 모든 교구에 교황의 권한이 직접 적용되어야만 한다는 조항과 교황권의 정확 무오성의 법령은 일체의 법률적 제한이나 책임이 없이 로마 카톨릭 교회를 절대군주제로 변화시켰다. 이 바티칸 공회는 폐회하지 않은 채 단지 정회되었을 뿐이었다. 그러나 이를 다시 속회할 필요성도 없었다. 왜냐하면, 그 칙령들의 의미는 주교들의 회의가 과거에나 현재나 미래에 일체 교회의 행정과 통치에 있어서 아무런 역할을 하지 못한다는 것이었기 때문이었다. 그 문자적 의미로 해석하자면 이때의 바티칸 공회야말로 모든 회의를 종식시키는 회의의 의미를 가지고 있다. 그 칙령들은 마치 종교적 독재자의 무제한적 권력을 인정해주기 위하여 자기 스스로의 권한을 포기한 의회와 같은 의미들을 가지고 있었다.

동 의회는 로마 카톨릭 교회를 대표한 것도 아니었으며, 또한 자유스러운 토론을 진행할 수 있었던 것도 아니었다. 보다 지성적인 독일과 프랑스의 성직자들은, 보다 교육수준이 낮고 무지하였던 이탈리아, 스페인, 라틴 아메리카 출신의 성직자들에 비교하여 볼 때 어처구니 없을 정도의 소수만이 참석할 수 있었다. 그리하여 소수파들의 주장이 더 도리와 이론에 맞아서, 처음부터 토론을 주도하였다. 그러나 이들은 일체 중요한 위원회에는 참석하지 못하였다. 이들은 교황의 칙령에 의하여 자유스럽게 회집할 수도 없었다. 또한 본국 신학자들의 자문을 구하는 것까지도 금지되었다. 이들은 로마에서 자기의 의견들을 출판할 수도 없었다. 교황은 개인적으로 회의에 간섭하여, 교황무오론자들을 지지하고, 반무오론자들을 박해하고 모욕하였다.

그뿐 아니라, 울트라몬탠주의자들은 이미 일 세대 이상이나 신학교들을 장악하고, 제수잇들이 주장하는 교회 역사에 의거하여 교과서들을 개작한 바 있었다. 교황 무오설의 교리를 지지하기 위하여, 카톨릭의 기도서들은 이미 수정되었고, 요리문답들도 개작되었으며, 공식적인 대회의 기록들까지 이미 개작된 바 있었다. 대부분의 주교들은 학자가 아니었으므로, 이들이 신학교에서 교과서를 통해 배운 내용만을 알고 있었을 뿐이었다. 이들은 별로 학식이 없으면서도, 경건한 성직자들로서 박해받고 있는 교황에게 충성을 보인다는 마음가짐으로서 공회에 참석한 것이었다. 이들은 교황의 세속적 주권이 침해를 받고 있는 당시의 상황에 소박한 분노를 금치 못하고 있었다.

다수파의 이론은 성모무염시태의 경우와 별로 다를 바 없었다. 따라서 이들은 성경이나 전통에 의거한 논리에 귀를 기울이려고조차 하지 않았다. 예를 들어 한 교황(호노리우스)이 이미 세 개의 전체 종교회의에서 이단으로 정죄된 바 있으며, 적어도 55명의 교황들이 이러한 처분에 동의하였으며, 이에 대한 저주금령이 수세기 동안에 걸쳐 라틴 교회에서 매년 신부들이 읽는 기도서의 봉독을 통하여 낭독되어 왔다는 사실은 여실히 증명될 수 있었다. 그러나 무오론자들은 이에 대하여, 현재의 교회의 정서가 역사와 전통을 압도한다는 것이었다. 구이디(Guidi) 추기경이, 교황의 독자적인 무오설은 14세기 이전에는 찾아볼 수 조차 없는 이론이라고 반문하자, 파이우스는 "내가 곧 전통이다"는 말로서 이를 일축하였다. 즉 교회는 이론을 증명할 의무나 책임이 없다는 것이었다.

이에 대한 반대파의 주축이었던 액톤 경은 교리적 무오성보다도 도덕적 무오성이 더욱 심각한 문제라고 생각하였다. 액톤은 교황의 권위를 존중하

사람이었으나, 역사가였던 그는 교황이 역사상 흉악한 범죄들을 자행하였던 것이 사실이며, 도덕적인 교사로서의 모범이 되지 못했다는 것을 익히 알고 있었다. 또한 파이우스 역시도 교리적 측면보다 오히려 이러한 실질적인 측면에 더 큰 흥미를 가지고 있었다. 그는 그의 "실라부스"가 가지는 권위를 확고히 하고자 하였다. 그는 주교들에게 종교의 자유를 불인정한다는 공식적인 선포만으로도 만족하겠다는 의사를 표시하기도 하였다.

표결은 거의 날치기에 가까운 모습으로 행해졌다. 곧 프랑코-프러시아 전쟁이 발발하여, 회의는 정회되었으며, 로마에 주둔하고 있었던 프랑스군은 귀환하였고, 로마는 함락되었다. 1870년부터 1929년까지는 교황령이 존재하지 않았으며, 분노와 울분에 찬 교황은 바티칸을 떠나지 않으면서, 이탈리아 정부가 제시하는 타협책을 계속 거부하였다. 그러나 새로운 교리에 관한 한 교황은 승리를 거둔 셈이었다. 회의 정회 후 수개월의 기간 동안에 소수파 주교들은 하나씩 굴복하였다. 동 회의의 칙령을 끝끝내 수용하기를 거부하였던 '구파 카톨릭'(Old Catholic)들 가운데는 많은 저명한 학자들이 포함되어 있었다. 그러나 소수파 주교들 가운데는 아무도 이러한 용기를 가진 인물이 존재하지 않았다.

제 3 부

1870년에서
제1차 세계대전까지

제17장
국제적 쿨투르캄프

바티칸 공회가 종료된 후 로마 교회는 몇몇 유럽 강대국들을 상대로 피나는 투쟁을 벌이게 되었다. 왜냐하면 실라부스에 나타났고, 그 후 바티칸 공회의 칙령들에 의하여 주장되었던바, 교회가 세속 국가들을 다스릴 권한을 가지고 있다는 주장이 점차 현대국가의 절대주의적인 경향과 대치되었기 때문이었다. 그리하여 이 갈등은, 당시 독일에서의 논쟁에서 나타난 용어를 빌리자면 "문명의 성격을 규정하는 투쟁"이 되었다. 영어 사용권 프로테스탄트 국가에서는 앵글리칸 진영에서의 약간의 예외를 제외하면, 상호협조적인 주권영역과 상호간의 자주성을 인정하는 체제가 교회와 국가 사이에 발전되었다. 여기서는 성직자들이 정부를 통솔하고자 하거나 혹은 세속국가가 교회의 영역을 완전히 제압하고자 하는 모습을 찾아볼 수 없게 되었다. 그 결과 이러한 국가들 안에서는 로마 카톨릭 신자들이 경험하게 되었던 교회와 국가 사이의 폭력적인 대규모 투쟁들을 찾아볼 수 없었다. 이제 우리들은 이탈리아, 독일, 프랑스에서 발생하였던 '문화적 투쟁'(kulturkampf)에 관하여 살펴보기로 하자.

1. 이탈리아와 교황령의 통일

제1차 세계대전이 발발하기 10년 전까지도 로마 카톨릭 교회와 이탈리아 사이의 관계들은, 이전의 교황령 문제를 어떻게 처분할 것인가 하는 것이 주를 이루고 있었다. 이를 흔히 "로마 문제"라고 일컫는다. 수세기에 걸쳐 교황청은 이탈리아의 통일을 반대하고 있었다. 왜냐하면 이탈리아가 국가적으로 강력해지는 경우에, 교황청의 세력이 상대적으로 약화될 것을 우려하였기 때문이었다. 그러나 19세기의 민족주의, 국가주의는 이탈리아인들을 단결시켰을 뿐만 아니라, 교황의 신민들 가운데 압도적 다수가 교황의 통치를 반대하고, 국민들과 이들이 거주하고 있었던 영역을 새로 탄생한 신생 이탈리아에 병합하는 것을 찬성하도록 만들었다.

1849년 이후, 불합리한 행정에 시달리고 있었던 교황청은 외국군의 세력에 의존하여 겨우 휘하의 신민들을 복속시킬 수 있었다. 1859년 오스트리아와의 전쟁과 남부에서의 가리발디(Garibaldi)의 등장으로 말미암아, 1861년에는 새로이 "이탈리아 왕국"이 건국되었으며, 이에 따라 교황령은 2/3로 감소하였고, 그의 신민의 숫자 역시 3백만에서 7십만으로 감소하였다. 그 이후, 베니스와 로마를 다시 회복하고자 하는 민족주의적 열기는 더욱더 거세어가고 있었다. 1866년 오스트리아의 패배로 베니스를 수복하였으며, 1870년의 프랑코-프러시아 전쟁은 로마에 주둔하였던 프랑스군의 귀환을 불가피하게 만들었다. 이들 프랑스군의 진주로 말미암아 그때까지는 로마 시가 이탈리아 왕국에 병합되지 못하고 있었다. 1870년, 드디어 형식에 불과하였던 교황군의 저항도 끝이 나고, 드디어 이탈리아 왕국군은 고도 로마를 점령하게 되었다. 이때 시행되었던 국민투표는 압도적으로 로마의 병합을 찬성하였으며, 교황의 로마는 새로운 이탈리아 왕국의 수도가 되었다. 또한 교황의 독립을 보장하겠다는 서약서가 강대국들에게 보내졌다.

그러나 교황과의 타협협상은 완전히 결렬되고 말았다. 교회의 독립을 국제적으로 보장한다는 방안은 교황 자신에 의하여 거부되었다. 교황은 지역적 주권만을 고집하고 있었다. 또한 로마 카톨릭 국가들은 이미 실질적으로 영토가 병합되었다는 사실이 협상의 기반이 되어서는 안된다고 주장하였다. 교황은 이전의 상태로 복고되는 이외의 모든 타결책을 반대하고 있었으므로, 이탈리아 의회는 일방적으로 "보장법"(Law of Guarantees, 1871)을 통과시켜 이 문제를 해결하고자 하였다. 이 법은 그 후 2세기에 걸쳐 이탈리아 내 교황청의 입장을 정의하게 되었다. 그러나 파이우스 9세는 즉각 이 법을 정죄하였으며, 이에 대한 저항의 표시로서 스스로를 "바티칸의 포로"라고 선언하였다. 그와 그의 후계자들은 이곳으로부터 교회를 약탈한 이탈리아에 대항하는 항의문들을 전세계로 발송하였다.

이 보장법은 주로 카부르(Cavour)에 의하여 작성되었다. 카부르는 한편으로는 성직자들에 대항하면서, 다른 한편으로는 과격한 반성직자주의에 대항하여, 일찍이 몽탈름베르가 주창하였던바 "자유국가 내의 자유교회"라는 자유주의적인 카톨릭 개념을 이탈리아에서 실현하고자 하였다. 상실된 교황령에 대한 보상으로 재정적 보상을 해주겠다고 하였으나, 교황은 이를 '유다의 대가'(Judas Money)라고 거부하였다. 교황에게는 바티칸과 이에 부속된 특정 지역들을 영속적으로 세금없이 아무런 간섭 없이 사용할 수 있는 권리가 주어졌으며, 교황은 개인적으로 한 나라의 국왕에 해당하는 위치를 부여하였다. 그에게는 적극적이고, 소극적인 일체의 외교권이 부여되었고, 교황회의에게는 완전한 자유가 보장되었다. 그러나 이러한 조처도 교황을 만족시키지는 못하였다. 왜냐하면, 해당 지역과 재산들에 대한 사용권만이 주어졌을 뿐, 완전한 소유권이 주어진 것은 아니었고, 또한 이러한 조처가 입법적인 것으로서, 기술적으로 볼 때에는, 언제라도 이탈리아 의회의 결의에 의하여 다시 개정되거나 혹은 철회될 수 있는 것이었기 때문이었다.

2. 반이탈리아 "원정"과 농 엑스페딧(Non Expedit)

성직자들의 완강한 고집으로 인하여 반성직자파들의 입장은 더욱더 강화되었다. 파이우스 9세는 외국의 로마 카톨릭 신자들에게 구원을 요청하였으며, 오스트리아, 독일, 프랑스의 로마 카톨릭 신자들은 격렬하게 이탈리아 원정의 가능성을 의논하고 있었으므로, 1870년대에 이탈리아 정부는 심각하게 전쟁을 준비하지 않을 수 없었다. 이러한 교황에 대한 동정심은 "베드로의 자금"(Peter's Pence)라는 헌금의 형식으로 나타나게 되었으며, 얼마 안 되어 외국에서 답지하는 교황을 위한 자금의 액수는 이전 교황령의 수입을 훨씬 능가하게 되었다. 또한 신자들을 격앙시키기 위하여 교황의 '지하감옥에 있는 침대'에서 뽑아내었다는 볏짚과, 원정군들을 위한 붉은 색의 천들이 배급되었다. 또한 교황은 이탈리아의 로마 카톨릭 신자들이 이탈리아 왕국의 정치계에 참여하는 것을 금지시켰다. 선거에 후보로 나서거나 혹은 투표하는 것까지도 금지되었다. 그는 이러한 로마 카톨릭 신자들의 '연좌농성'을 통하여 이탈리아 정부가 그의 조건을 수락할 것을 강요하고자 하였던 것이다. 이러한 교황의 '방해공작'(Non Expedit)정책은 이탈리아의 로마 카톨릭 신자들이 교회에 복종하든가 아니면 애국의 길을 택하든가, 둘 중 하나를 선택할 수밖에는 없도록 만들었다. 많은 이들은 후자를 택하였다. 교황 레오 13세는 이러한 방해공작 정책을 20세기까지 사용하였다. 그러나 이러한 정책은 결국 정부 내에 과격하고, 사회주의적인 분자들의 입지만 결과적으로 강화시켜 줄 뿐이라는 것이 명백하게 되었다.

이탈리아 좌파는 1875년 비스마르크가 보장법에 대한 개정을 이탈리아 정부에 강요하였을 때에, 비스마르크의 편을 들었다. 교황은 독일의 메이법(May Laws)에 대항하는 회칙(encyclical)을 반포하였는데("메이법" 항을 보라), 이때 비스마르크는 이탈리아 영토에서 이처럼 적대적인 행위가 발생하였다고 하여, 이탈리아 정부에 그 책임을 물었다. 보장법이 이 위기는 넘기게 되었으나, 다음해에는 이탈리아 좌파가 권력을 장악하여, 정치적인 로마 카톨릭주의에 대항하여 문화적 투쟁을 개시하였다. 가장 세인들의 관심을 집중시켰던 것은 "성직오용법"(Clerical Abuses Bill)이었는데, 이는 영적 영향력을 이용하여 이탈리아 정부를 비판하고 공격하는 성직자들을 처벌하고자 하는 것이었다. 1877년에는 프랑스의 로마 카톨릭들이 이 문제에 간섭할 모습을 보였으므로, 이탈리아는 군사적인 대비책을 마련해야 할 정도였다. 그러나 장기적으로 볼 때에 가장 중요한 것은 같은 해에 반포되었던 콥피노 교육법(Coppino education law)이었다. 세속 정부는 교회가 교육시키는 것을 반대하였던 문맹대중에 관심을 갖고, 모든 이들에게 3년 간의 초등교육을 실시하고자 하였다. 이러한 국립학교 내에서는 부모들이 원하는 학동들에 한하여 종교교육을 부여하고자 하였다. 그러나 이러한 요청을 하는 부모들의 숫자는 소수였으며, 신부들은 이 경우에도 교육시키기를 거부하였다. 그 결과 결국은 이탈리아 교육이 세속화되었다. 대학교 수준에서 로마 카톨릭 신학교육은 문을 닫았으며, 국가의 고등 문화와, 로마 카톨릭 신학의 방법과 결론들은 서로 아무런 상관을 갖지 못하게 되었다.

3. 레오 13세의 외교

1878년 레오 13세가 교황위를 계승하였다. 그 후 그는 25년에 걸쳐 이전의 교황령을 복고해 보고자 노력하였으나, 그의 꿈은 이루어지지 않았다. 그는 비스마르크, 프란즈 죠세프 그리고 심지어는 프랑스 제3공화국의 힘까지를 빌어 이탈리아 왕국에 대항하고자 하였다. 레오는 거의 60차례에 걸쳐 교회의 재산이 박탈당한 데 대하여 공식적 항의를 발하였으며, 20세기에 이르기까지도 방해공작 정책을 포기하지 않았다. 레오의 이탈리아에 대항한 적대 정책 때문에 이탈리아는 국제적인 지위를 공고히 하기 위하여 3국동맹(Triple Alliance, 1882)에 가입하였다. 양자간의 적대 관계는 1889년, 교황의 손에 희생당하였던 르네상스 철학자였던 지오다노 부르노(Giordano Bruno)의 동상이 로마에 세워지고, 성직자들의 정치적 행동을 제한하는 새로운 형법이 통과되었을 때에 극치에 달하였다. 10년 후에 이탈리아는 교황이 헤이그 평화회담에 참석하지 못하도록 조처하는 데 성공하였으며, 제1차 세계대전 때에도 이탈리아인인 교황이 베르사이유 회담에 참석하지 못하도록 하였다.

레오는 비록 다른 나라들과의 외교관계를 정립하는 데는 실패하였으나, 로마 교구를 위하여 새로운 도덕적 영향력을 이룩하는 데는 성공하였다. 사회적, 정치적 문제들에 관한 그의 회칙들은 국가를 초월하여 영향을 미치게 되었는데, 이는 자기들의 개인적인 이익만을 추구하였던 교황, 군주들이 수백년 간이나 누리지 못하였던 것이었다. 레오가 사망하였을 때에(1903), "로마 문제"는 더 이상 많은 이들의 관심이 되지 못하였으며, 교회와 이탈리아 정부 사이의 관계에 있어서도 중요한 문제가 되지 못하였다. 이보다 더 중요한 문제들은, 교육, 혼인에 관한 법령들, 언론의 자유, 재산권의 문제들이었다.

4. 독일 제국에서의 쿨투르캄프

독일에서의 쿨투르캄프(문화적 투쟁)는 이탈리아보다는 단기간에 정리되었다. 1878년 레오 13세가 즉위하였을 때에 이미 화해(détente)의 조짐이 보이기 시작하고 있었다. 그런데 독일에서의 갈등과 투쟁에서도 역시 같은 문제들이 제기되고 있었는데, 이는 새로이 이룩되었고 아직 그 미래가 확실치 못한 국가적 통일에 대한 교회의 이해관계였다. 이탈리아에서는 "로마 문제"가 국가의 영토 문제와 직결되어 있었다. 독일의 경우에는 1870년에 성립되었던 프러시아를 중심으로 한 호헨졸러른 제국(Hohenzollern Empire)이, 로마 카톨릭 교회가 독일령 폴란드, 알사스-로렌, 그리고 남부 독일에서 "국가적 권리"를 주장하지나 않을까, 그리하여 독일국가의 혼란을 가져오지 않을까 우려하고 있었다. 비스마르크의 가장 중요한 적수들이었던 오스트리아,

프랑스, 폴란드 등은 모두 로마 카톨릭 국가들이었다. 비스마르크는 바티칸의 외교정책이, 이제 신성로마제국의 뒤를 이은 새로운 독일 제국을 내부적으로 혼란시킬 것을 겁내고 있었다. 또한 비스마르크 자신은 루터교도 보수파와 같은 생각을 가지고 있었으나, 독일 민족의 통일을 지향하였던 그의 지지세력은 "자유주의" 당파였으므로, 이 당파에서 주장하고 있었던 엄격한 반성직자 노선을 채택하는 것이 유리하다고 생각하였다. 그런데 비스마르크와 로마 교회 사이에 공개적인 적개심이 노출되었던 것은 제1차 국회에서 나타난 '중도당'(the Center Party)의 성직자주의의 의회세력 때문이었다. 당시 "로마 카톨릭 독일의 무관의 제왕"이라고 불리웠던 윈드홀스트(Windhorst)의 지도 아래, 비스마르크가 가장 두려워하였던 모든 반대세력이 집결하였으며, 중도당은 교황을 위하여 이탈리아 문제에 간섭할 것을 주장하였는데, 이는 국가 이익보다는 자기분파의 이익을 우선적으로 생각하였던 모습이 분명히 드러난 것이었다.

5. "구파 카톨릭들"

그런데 독일의 갈등은 바티칸 공회의 칙령들을 받아들이기를 거부하였던, 주로 독일과 스위스인들로 구성되었던 "구파 카톨릭"의 분파로 말미암아 보다 더 복잡한 양상을 띠게 되었다. 바티칸 공회 이전과 그 회기 중에 독일과 오스트리아 고위성직자들은 교황무오설이 정의되는 것을 방지하고자 시도하였다. 로마 교회 안에서 가장 지성적으로 뛰어났던 것은 독일 카톨릭이었으며, 또한 이곳에서는 교황 무오설에 대한 역사적 반증들이 가장 잘 알려지고 있었다. 그러나 일단 공회 결과가 나타나자, 모든 주교들은 이에 복종하기를 약속할 수 밖에 없었다. 그러나 당대의 가장 유능한 로마 카톨릭 교회사가였던 될링거(Döllinger)의 뒤를 따르는 다수 대학교수들은 분명한 허위와 오류에 서약하기를 거부하였다. 이들 반란자들은 파문당하였는데, 이들은 자기들 나름대로의 프로그램을 마련하고 라인켄스(Reinkens)를 주교로 선출하고 암스텔담의 잔센주의파 교회로부터 주교로서의 성직임명을 받아냈었다(제3장, "유니게니투스와 교회의 분열" 항을 참조). 그리고 1873년에는 콘스탄스에서 총회를 소집하고 교회를 조직하였다. 이 구파 카톨릭 교회는 프러시아, 바바리아, 오스트리아, 바덴, 헷세 정부들로부터 공인받았으며, 교회 건물과 재산도 할당받게 되었다. 또한 스위스 정부에서도 이들을 공인하였다. 그리하여 바티칸주의자 성직자들은 추방당하였다. 스위스에서는 헤르족(Herzog)이 주교에 임명되었다. 교황청이 회칙을 통하여 정부를 공격하자(1873), 스위스는 교황청과의 외교관계를 단절하였다. 그러나 비록 구파 카톨릭 교회에 많은 저명인사들이 속해 있기는 하였으나, 대중적인 영향력은 제한되어 있었으며, 또한 성직자들도 제대로 공급되지 않았다. 예를 들어 바바리아 지방의 경우, 한 성직자가 열다섯 개의 교회를 담당해야만 하였다. 이들의 교인 수는 1878년에 약 5만 명으로서 최대에 달하였으며, 그 후에는 점차 쇠퇴하게 되었다. 이들은 1874-1879년의 본 회의를 통하여 동방정교와 앵글리칸 교회와 외교관계를 맺었다.

이러한 분열은 국가의 지원을 받는 독일의 로마 카톨릭 학교들에게 영향을 미치게 되었다. 교사들이 바티칸의 지시를 거부하는 학교에서는, 주교들이 교사들을 파면시키거나 혹은 파문시켰다. 그러나 정부측에서는 이들이 국가에 의하여 임면되는 것이라고 주장하여 이들을 보호하였다. 교육을 둘러싼 또 다른 논쟁은 독일령 폴란드에서 과연 독일어를 사용할 것인가, 아니면 폴란드어를 사용하는가의 문제였다. 레도쵸우스키 대주교는 정부의 지시를 어기고 폴란드어로 종교교육을 실시하였는데, 후에 그는 폴란드어만을 사용하는 사립학교들을 설립하였다가 당국에 체포당하였다.

이러한 문제들을 둘러싸고, 주민들의 감정은 격앙되었으며, 프러시아 정부는 로마 카톨릭측의 저항을 분쇄하기 위한 강경책을 계속 사용하였다. 강단법(Pulpit Law, 1871년 12월)은 성직자가 헌법에 반대하는 설교를 하는 것을 금하였다. 바티칸측에서 호헨로헤(Hohenlohe) 추기경을 대사로서 받아들이기를 거부하자, 제수잇 수도회를 탄압하기 위한 법안이 통과되었으며(1872년 7월), 이에 따라 제수잇과 긴밀한 관련을 가지고 있는 다른 수도회들도 제국 내에서 축출되었다. 그러나 이러한 응급책은 로마 카톨릭측의 단결만을 부추긴 결과를 가져왔으며, 양자간의 적대감을 더욱 첨예하게 만들었을 뿐이었다. 교황청은 제국이 하루빨리 멸망하기를 고대하였으며, 뮤니히 주재 바티칸 대사는 노골적으로 "우리들은 당신들의 이 독일 제국을 좋아하지 않는다. 우리들은 단 한번도 당신들을 인정한 적이 없다"고 하였다.

6. 메이법들(The May Laws)

　비스마르크와 그의 교육, 종교상이었던 포크(Falk)는 이제 교회의 내정에 간섭하는 것을 규정하도록 프러시아 헌법(15, 18조)을 수정하고자 하였다. 이는 1873년의 "포크법" 혹은 "메이법"이라고 불리우는데 성직자들의 훈련과 배치를 규정하고 있었다. 성직자들은 이제 김나지움(Gymnasium)졸업생들로서 종합대학교에서 3년 간의 신학수업을 마쳐야만 하게 되었다. 또한 교회의 신학교들은 국가에서 파견하는 장학관들의 검열과 감독 아래 놓이게 되었다. 모든 성직자 후보들은 국가에서 시행하는 국가시험(Kulturexamen, 교양, 문화시험)을 거쳐야만 하였다. 또한 일체의 교회적인 성직임명이나 전보들은 먼저 지방정부의 허락을 받도록 되어 있었다. 교회는 이제 순전히 영적인 분야만 담당하도록 되었으며, 교회의 치리에 불만이 있는 이들은 국가의 최고 종교법원에 항소할 수 있도록 되었다.

　다음과 같은 "뉴욕 트리뷴"(New York Tribune)지의 논평을 보면 이러한 법안이 가져온 결과를 알 수 있을 것이다. "미국에서 이러한 법안이 통과되었다고 생각해 보라. 즉 모든 장로교 목사들은 국가가 감독하는 특정한 교육을 마쳐야 하며, 그 후에 다시 국가에서 시행하는 시험을 통과해야 하고, 단지 국가가 허락할 때에만 "청빙"을 수락할 수 있으며, 그가 목회상 발생한 모든 문제들은 특별한 국가법원에서 소송해야 한다면, 아마도 대부분의 장로교 목사들은 이러한 법안에 강하게 반대하고 말 것이다."

　예측했던 대로 대부분의 로마 카톨릭 성직자들은 이러한 메이법들에 반대하였으며, 이에 저항하는 성직자들을 투옥, 추방하는 것이 새로운 문제로 등장하게 되었다. 공석이 된 교구들을 운영하고, 새로운 사제들을 선출하기 위한 조처가 마련되어야만 하였다. 또한 정부에 불순종하는 사제들이 집전한 결혼식의 유효성 여부에 대한 문제가 발생하여 정부에서는 이제 세속정부가 결혼식을 주관하도록 하였는데 이는 많은 루터교도들의 반대를 받게 되었다. 로마 카톨릭 교회에 더 많은 압력을 가중하기 위하여, 성직자들의 병역면제를 폐지하였으며, 바티칸 주재 독일 대사관도 문을 닫게 되었다. 비스마르크는 바티칸에 대항하여 이탈리아와 프랑스 정부의 협조를 얻고자 하였다. 그리고 한 로마 카톨릭 신자가 비스마르크 암살을 시도하였다.

　1875년 파이우스 9세는 세 명의 주교가 체포당했던 사건을 맞아 "쿼드 눔

쿠암"(Quod Numquam) 칙령을 발하고, 메이법들은 '무효'라고 선언하였다. 이는 프러시아 주권에 대한 도전으로서 해석되어, 그 출판이 프러시아 내에서는 금지되었다. 간호 사역에 종사하는 이들을 제외한 모든 수도회들은 축출되었다. 국가에 대한 충성을 맹세하지 않는 성직자들에게는 급료를 취소하였다. 이리하여 로마 카톨릭들은 독자적 재정을 마련하지 않으면 안되었다. 바덴, 헷세, 삭소니 등지에서도 이와 비슷한 투쟁들이 벌어지고 있었다.

7. 데탕트(Détente)

1878년 레오 13세가 즉위하였을 때, 이러한 전쟁이 이미 7년 간이나 계속된 뒤였다. 9개의 주교구들이 공석이었으며, 5십만 명 이상의 로마 카톨릭 신자들은 제대로 돌봄을 받지 못하고 있었다. 2천 명의 사제들이 벌금형을 받았다. 교회의 재정수입은 단절되었으며, 세속법정에서의 결혼이 의무화되었다. 학교들, 대학교들 그리고 수도회들은 탄압의 대상이 되고 있었다. 종교에 대한 일반적인 존경심도 약화되었는데, 이는 막시스트들에게는 참으로 좋은 기회를 제공해 주었다. 비스마르크는 특히 막시스트들의 세력확장을 보면서 우려를 금치 못하였다. 그리하여 이미 1874년경 부터 교회와 다시 화해할 용의가 있었으며, 1878년에는 이를 위하여 교회에 조심스럽게 접근하기 시작하였다. 또한 많은 이들은 교회가 사회주의에 대항할 것을 촉구하였던 레오의 "휴마눔 게누스"(Humanum genus) 회칙도 이러한 모습을 보이고 있다고 해석하였다. 그리하여 종교에 대한 법률들은 폐지된 것은 아니나, 1880년 비스마르크는 이들을 실시하는 데 재량권을 부여받게 되었다. 그리고 7년 후에는 대부분의 법률들이 폐지되었다. 비스마르크와 레오는 여러 가지 점에서 양자의 이해관계가 일치함을 발견하게 되었다. 그리고 과거의 투쟁은 독일 로마 카톨릭 진영을, 세계에서 가장 잘 조직되고, 정치적으로 효과적인 로마 카톨릭 교회로 변모시킨 바 있었다. 그리하여 제1차 세계대전 이전의 4반세기동안 중도당이 독일에서의 세력균형을 유지하는 것이 보통이었다.

8. 로마 카톨릭주의와 프랑스의 군주주의

새로운 독일 제국과 마찬가지로, 프랑스 제3공화국 역시 1870년의 프랑코-프러시안 전쟁의 결과로 출현하였다. 그리고 제1차 세계대전까지는 프랑스 정계에서의 가장 중요한 분기점은 바로 로마 카톨릭 교회였다. 여기서 이들이 결정해야만 했던 것은, 공화정체제를 택할 것인가 아니면, 로마 카톨릭이 될 것인가 하는 것이었다. 로마 카톨릭 성직자들과 평신도 지도자들은 로마 카톨릭주의는 곧 왕정을 의미하는 것이라고 생각하고 있었다. 그리고 만약 1880년대에 서로 적대관계에 있었던 4, 5개의 왕정지지 정당들이 공존하지 않았다면, 실제로 프랑스는 제3공화국을 이루지 못했을지도 모른다. 공화정 체제가 채택되었던 것은 단지 임시방편으로 프랑스인들을 가장 덜 '분리시키는' 방책이라고 생각되었기 때문이었다.

1879년에 가서야 실제로 공화정치에 확신을 가지고 있었던 인사들이 정부를 장악하게 되었는데, 이들은 즉, 반성직자파들이었다. 그 사이에 프랑스는 로마 카톨릭 왕정주의자들을 혐오하게 되었다. 왜냐하면 그들이 프랑스가 다시 독일과의 승산없는 전쟁을 하도록 이끌어가고 있었기 때문이었다. 이는 물론 교황이 이탈리아 문제로 구원을 요청하였던 것에 대한 이들의 반응이었다.

의회가 원래 개회될 당시에는 그 이전의 40년보다는 훨씬 더 친성직자주의적이었다. 의회는 교회 예산을 인상해 주었으며, 정식 성직자들의 숫자도 증가해 주었고, 교회가 자선, 구제 사역을 담당하도록 조처하였으며, 국립 교육 제도도 다시 교회의 손에 옮겨주었으며, 교회가 대학교를 설립하는 것을 허용하였다. 그러나 이러한 공식적인 이점들에도 불구하고, 종교적인 활력은 이에 미치지 못하였다. 공공예배에 참석하는 숫자는 보잘것없었으며, 성직을 지원하는 숫자도 감소하였고, 전통적인 프랑스적인 경건은 보다 더 미신적이고, 대중적인 이탈리아적 경건의 스타일로 대체되고 있었다. 그리고 친성직 왕정파들의 정부는 유권자들로부터 멀리 떨어지게 되었으니, 1877년의 쿠데타 후에 갬벳타(Gambetta)는 "성직자주의가 우리의 대적이다"(Le cléricalisme, voilà l'ennemi !)라는 슬로건으로 선거에 승리하였다. 또한 평신도들은 정부와 국가 이익에 반대되는 음모의 중심지였던 교회를 떠나가고 있었다.

9. 교육분야의 세속적인 독점

레오가 교황위를 차지한 후에 공화파는 의회의 상하원을 다 장악하였으며, 이에 따라 프랑스에서의 카톨릭을 향한 쿨투프캄프가 시작되었다. 가장 결정적인 시기는 1879년에서 1889년까지이다. 이 시기에 프리메이슨들(Freemasons)이 이끄는 반성직자주의자들은 교육, 자선 그리고 신문들에 강한 영향을 미치고 있었던 수도회에 자기들의 노력을 경주하였다. 이들은 무엇보다도 세속적인 공립학교 체제를 구축하고자 하였다. 수도회에 관련된 콩코르닷의 조항들을 엄격하게 적용하고 시행함으로써, 프랑스 전국에서는 성직자들이 강제로 퇴거당하는 모습을 연출하였으며, 이에 대하여 국민들은 아무런 관심도 보이지 않고 있었다. 종합대학교들에 자리잡고 있었던 다섯 개의 로마 카톨릭 신학교들은 탄압받았으며, 교회가 주관하였던 고등교육기관들은 "종합대학교"(University)라는 칭호도 사용하지 못하게 되었고, 정식학위도 부여할 수 없게 되었다. 국가에서 주관하는 고등학교들과 여학생들을 위한 중등학교들이 설립되었다. 공립교육 행정에 대한 교회적인 영향력은 사라지게 되었다. 그리고 무엇보다 중요하게도, 무상교육(1881), 강제교육(1882) 그리고 세속교육(1886)을 실시하기 위한 법안들이 마련되었다. 종교교육은 정식 수업 시간 외에만 실시하도록 하였다. 로마 카톨릭 진영은 이러한 단계마다 저항하여 싸움을 벌였으나, 마치 벨지움에서처럼 이로 인하여 내란이 발생할 정도는 아니었다. 이 양국가에서는 모두 로마 카톨릭측이 국립교육제도에 대항하기 위하여 거대한 사립 교회학교들을 설립하게 되었다.

레오 13세는 독일의 경우에서와 마찬가지로 프랑스와도 화해를 시도하였다. 그의 특사 착키(Czacki)는 공화주의 지도자들과 유대를 도모하는 동시에, 프랑스 로마 카톨릭 진영이 왕정주의와는 분리되도록 기술적인 외교를 진행하였다. 그러나 당대 가장 뛰어난 설교가였던 페레 디돈(Père Didon)은 교황의 지도를 너무나도 충실하게 따랐기 때문에 1886년부터 1892년까지 설교하는 것이 금지되었으며, 부랑거(Boulanger) 장군의 경우 등, 공화정에 대항한 많은 음모를 로마 카톨릭측은 기꺼이 지지하였다. 로마 카톨릭 신자들이 어떻게 실제적으로 자유주의나 비왕주의파들과 협력할 수 있을까를 논하였던 레오의 "임모탈레 데이"(*Immortale dei*, 1885)나 "리베르타스 프라이스탄티시맘"(*Libertas praestantissimam*, 1868) 등의 회칙에 나타난 지시사항들은 프랑스에서 별로 받아들여지지 못하였다.

1890년대에 레오는 다시 라비게리(Lavigerie) 추기경을 통하여 공화국에 접근을 시도하였다. 그리고 최종적으로는 "아우 밀리에우 데스 솔리치투데스"(*Au millieu des sollicitudes*, 1892)를 통하여 실질적인 목표를 위하여 공화정을 받아들인다는 교황의 공식적인 "연합전선"의 입장을 정립하였다. 이제 많은 프랑스의 로마 카톨릭 신자들은 레오가 '회심'하기를 기도하였다. 그러나 어쨌든 레오는 이제 프랑스 로마 카톨릭 진영이 공화정에 대하여 공식적으로 적대적인 관계에 있는 현상을 타파한 것이었다. 1887년 람폴라 (Rampolla)가 재상이 되었을 때에 카톨릭 정책은 새로운 전환을 맞았다. 이제 이탈리아에 있는 원래의 교황령들을 수복하기 위하여 교황청은 친불정책을 쓰게 되었다. 그러나 이를 위하여서는 우선 국가에 대항하고 있었던 프랑스 로마 카톨릭 신자들의 입장을 우선 변화시켜야만 하였다.

10. 드레퓨스 사건(Dreyfus Affair)

그러나 람폴라의 치밀한 준비작업들도, 1890년 후반에 드레퓨스 사건이 터짐으로써 무위로 돌아가게 되었다. 다음과 같은 이유들로 인하여, 군사비밀을 누설하였던 이유로 유죄판결을 받았던 드레퓨스에 대한 재판은 다시 이루어져야 한다고 모든 중립적인 관찰자들은 생각하고 있었다. 드레퓨스 반대측의 가장 중요한 증인이었던 헨리라는 자는 자기의 증언이 허위였음을 고백하고 자살하였고, 드레퓨스 지지자들이 진짜 범인으로서 지적하였던 에스터헤이지라는 자는 조작된 군사재판에서 무죄판결을 받았음에도 불구하고 외국으로 도주하였다. 그러나 국방부, 군부, 반유대주의자들, 왕정파 그리고 로마 카톨릭들은 드레퓨스에 대한 재심을 반대하였다. "라 크로아"(La Croix)라는 로마 카톨릭 신문을 발행하였던 어슘션파 신부들(Assumptionist fathers)은 드레퓨스, 유대인들 그리고 모든 공화파들을 혹평하였다. 제수잇들은 "유대인들은 스파이로 사용되기 위하여 하나님에 의해 창조되었다"고 주장하면서 모든 프랑스 유대인들로부터 공민권을 박탈하라고 촉구하였다. 레오의 '레룸 노바룸'(Rerum novarum)에 자극받은 "카톨릭 민주주의자들"은 반유대주의를 가장 중요한 노선으로 책정하고, 드루몬트(Drumont)의 '리브리 파롤'(Libre Parole)에 못지않게 증오와 폭력을 주장하였다. "라 크로아"지와 '리브리 파롤'들은 자살한 위증자 "순교자" 헨리를 위하여 자금을 마련하였으며, 마울라스(Maurras)가 조직하였던 "프랑스 국가 연맹"은 무신론적이자 성직자적인 파시즘을 주창하였던 '악숑 프랑세즈'(Action Française)의 모체가 되었다. 그리고 이러한 방법으로 로마 카톨릭 교회(특히 수도회들)는 증오, 편견을 조장하고 있었는 데 반하여, 소설가 졸라 (Zola) 등 세속 공화주의자들은 진리와 정의를 위한 영웅적인 증인의 역할을 담당하고 있었다.

11. 결사법(Law of Associations)

드레퓌스 사건을 통하여 로마 카톨릭 광신주의가 진정한 기독교 정신을 배반하는 모습은 반성직자주의자들이 보다 적극적으로 활약할 수 있는 기회를 제공하게 되었다. 카톨릭 교회의 모습에 식상하였던 여론은 반성직자주의적 정부가 권력을 장악하도록 만들었으며, 이에 따라, 프랑스의 '쿨투르캄프' 제2단계가 시작되었다. 이들은 우선 카톨릭 수도회들을 국가적 수치를 야기시킨 장본인들이라는 이유로 속죄양을 삼았는데, 이는 상당한 근거가 있는 비난이었다. 1901년의 '연계법'은 1870년 이후 가장 결정적으로 반성직자주의적인 법안이었다. 이 법안은 일반적인 결사와 단체 조직에 보다 많은 자유를 허용하고 있었다. 그러나 프랑스인들과 외국인들이 연합한 조직체들이나 이들이 공동재산을 취득하고 소유하는 면에서는—쉽게 말해서 로마 카톨릭 수도회들—정부의 허가를 받도록 규정하였다. 법적으로 이미 공인되었던 다섯 개의 수도회를 제외한 모든 수도회는 이러한 허가를 받아야만 하였으며, 허가를 받지 않은 회중들의 구성원들은 학교에서 가르치거나 혹은 학교를 감독할 수 있는 권리를 박탈당하였다.

1902년 선거의 결과는, 보다 더 반성직자적이었던 챔버(Chamber)와, 이전에는 울트라몬탠주의자였으나 이제는 반성직자주의자가 된 콤브(Combes)가 프리메이슨들로 구성된 정부를 영도하도록 하였다. 콤브는 결사법을 입안한 이들이 의도하였던 것보다도 더 엄격하게 이 법을 시행하였다. 그는 정부의 허가를 받지 않은 수도회들이 운영하고 있었던 수천 개의 학교들을 폐쇄하였다. 또한 의회의 허가를 받을 수 있었던 수도회들의 숫자는 불과 얼마 되지 못하였다. 많은 로마 카톨릭은 무력을 사용해야만 굴복하겠다는 입장을 표현하였으며, 정부는 이를 사용하는 데 주저하지 않았다. 그리하여 1903년 봄, 이러한 카톨릭 공동체들은 거의 모두가 해산되었다. 교회는 여론에 호소하였으나, 별성과를 거두지 못하였다. 왜냐하면 일반 국민들로부터 수도회들은 별동정을 받지 못하고 있었기 때문이었다.

12. 분리법(Law of Separation)

그 다음해, 새로운 교황 파이우스 10세는 프랑스 대통령 루우베(Loubet)가 로마로 이탈리아 국왕을 방문한 것을 "성교구에 대한 모독"이라고 비난하였으며, 그 결과 프랑스와 교황청 사이의 외교관계는 단절되었다. 파이우스 10세는 콤브에 못지않은 교조주의자였으며, 프랑스 공화국은 사단적인 세력이라고 정의하였다. 이러한 로마 교회와 프랑스 세속주의의 정면 충돌의 결과, 1905년 '분리법'이 제정되어 나폴레옹의 콩코르닷은 결국 최후를 고하게 되었다. 비록 반성직자주의자들에 의하여 입안되기는 하였으나, 이 법안은 브리앙(Briand)이 주도하였던 의회에서의 논의과정 가운데서 국가적 이해를 대표하는 성격을 띠게 되었으며, 프랑스 성직자들의 대부분은 이에 찬성하였다(1906년 5월). 이 법안의 핵심은 교회가 정부의 간섭 없이 주교들을 선임하고 집회하는 자유를 획득하는 대신에 공공보조금과 법적인 특권들을 포기한다는 것이었다. 그리하여 교회재산을 운영하고, 종교적인 목표들을 위한 운영자금을 조달하기 위하여 이사회를 조직하였다.

그러나 교황은 이러한 조처들을 수용하지 않았다. 그는 프랑스 성직자들의 조처를 부인하고, 일련의 회칙들을 통하여 자유 국가 안에서의 자유 교회의 분리라는 개념을 비난하였다. 특히 그는 이사회에 법적 권한을 부여함은 곧 교회의 법적인 계급구조를 부인하게 된다는 사실에 반대하였다. 정부는 일련의 양보안들을 통하여(1907, 1908) 이러한 반대를 회유해 보고자 하였으나, 파이우스는 일체의 타협책을 거부하였는데, 그 결과 로마 카톨릭 교회는 1920년대까지 프랑스에서 아무런 합법적 기반을 소유할 수 없게 되었다. 교황은 이러한 국가에 대항한 투쟁을 통하여, 막대한 재정적인 피해를 감수하였으며, 성직자들의 학문적, 사회적 위치를 격하시키게 되었다. 그러나 동시에 그가 완전히 울트라몬탠적으로 교회를 통솔하는 데는 성공하게 되었다. 한편 프랑스 국가 다수는 로마 카톨릭 교회에 대한 일체의 관계나 지지를 포기하게 되었다. 그리고 실제로 제1차 세계대전 발발시에는 바티칸의 정치적, 외교적 영향력이 매우 저하되어, 이곳에는 외교관들을 보호하기 위하여 병장이 거느리는 일단의 병사들이 상주하였을 뿐이었다.

제18장
카톨릭의 행동

　로마 카톨릭측의 국제적인 '쿨투르캄프'는 이 교회가 이제 서구문명을 장악하게 되었던 새로운 정치적 민주주의와, 자제적인 문화적, 경제적 변화에 제대로 적응하지 못하였던 무능함과 긴밀하게 연결되어 있었다. 정치적 민주주의와 자본주의적 개인주의와 긴밀한 연관을 발전시켰던 것은 앵글로-아메리칸 복음주의였다. 이러한 복음주의는 민주주의와 자본주의 양자 모두에게 윤리적 극기심과 책임감을 불어넣어 주었는데, 이는 원칙적으로 볼 때, 로마 카톨릭이나 루터교도 사회에서는 찾아볼 수 없는 것이었다. 루터교 교회는 경제적 전통주의와 정치적 권위주의에서 종내 벗어나지 못하였다. 이들이 주도하였던 사회에서는 민주주의와 자유시장 경제가 성직자들의 도움없이 발전하였으며, 어떤 경우에는 교회가 왕정주의, 봉건주의 그리고 산업 이전 사회를 고집하여 이들의 발전을 방해하기도 하였다. 우선 로마 카톨릭 교회가 정치적 자유주의와 민주주의에 대하여 어떠한 태도를 취하고 있었는지 살펴보기로 하자. 그리고 그 사회적, 경제적 정책을 살펴보도록 하자. 첫번째 프랑스와 미합중국이 문제를 제시하고 있으며, 두 번째 경우에는 독일과 중앙 유럽이 그 무대가 된다.
　이 시대의 로마 카톨릭 세계에서 프랑스의 특이성은 이 나라가 공화국이 되었다는 사실이었다. 당시 유럽에서 아직 로마 카톨릭이 주류를 이루었던 다른 나라들에서는 합법적 군주제도가 지지를 받고 있었다. 그리하여 프랑스에서도 이와 마찬가지로, 성직자와 평신도들을 망라하여 대다수 로마 카톨릭들이 정치적 왕정주의를 자기들의 신앙과 동일시하였으며, 20세기에 이르기까지도 제3공화국을 전복시키고자 하는 많은 시도들은 항상 카톨릭 신자들의 지지를 얻고 있었다. 1890년대까지도 프랑스 정치계에서는 누군가 공화파이거나 민주주의자라면, 당연히 반성직자라는 통념이 횡행하고 있었다. 그러나 정치적 이유로 인하여 국민들 대다수가 공화정을 지지하였으므로, 로마 교회는 이러한 자신의 정치적 반동의 경향 때문에 많은 고통을 감수하게 되었다.

미합중국이 이와 비슷한 예를 제공하고 있다. 여기서는 1830년대에 상당한 숫자의 로마 카톨릭 이민들이 이주해오기 이전에 이미 청교도적 프로테스탄트의 영향 아래서 공화정체를 따르는 헌법적 구조와 민주적 정치 형태가 자리잡고 있었다. 그러나 19세기에 발생하였던 로마 카톨릭 이민의 규모는 거대하였으며, 제1차 세계대전 당시에는, 비록 국가 내에서의 전체적 영향력은 떨어졌지만 미국의 로마 카톨릭 신자의 숫자가 프랑스의 그것을 능가하고 있었다. 어쨌든 이곳에는 로마 카톨릭들에 의하여 건국된 민주주의 정치체제의 나라 안에서 많은 숫자의 로마 카톨릭 신자들이 거주하는 상황이 연출되었다. 그러나 프랑스인들과는 달리, 미국의 로마 카톨릭 신자들은 거의가 공화국을 지지하였으며, 공민권과 종교의 자유, 그리고 교회와 국가의 분리에 대한 헌법적인 보장까지도 지지하고 있었다.

1. 레오 13세의 정책

이탈리아 왕국에 대항하기 위한 외국의 원조를 얻기 위하여 레오 13세는 그의 전임자들보다 더 많은 양보를 할 용의가 있었다. 그리고, 1880년대 말엽에, 다른 중앙유럽 국가들보다는 프랑스의 도움을 받기로 마음을 결정한 후에는, 프랑스의 로마 카톨릭주의를 정치적 자유주의, 공화주의, 그리고 민주주의들과 화해를 마련하는 것이 필수적인 요건이 되었다. 그는 자기의 특사의 활동들을 통하여, 그리고 성직자들의 임명과 일련의 공식적 성명서의 발표들을 통하여 로마 카톨릭과 제3공화국 사이의 화해를 시도하였다. 특히 그가 재위 말기에 반포하였던 회칙들이 중요한 의미를 지니고 있다. 왜냐하면, 이들은 20세기 중엽까지도, 로마 카톨릭들이 정치적 민주주의에 적응하는 합리성을 부여하는 역할을 하였기 때문이다.

레오의 정치는 두판룹(Dupanloup)이 '실라부스'의 정치적 의미를 연구하면서 고안하였던 "명제"(thesis)와 "가설"(hypothesis) 사이의 구별을 이용하여 보다 더 쉽게 분석될 수 있다. 이러한 이중 사상은 프랑스인들과 미국인들에게 개별적으로 적용될 수 있다. 민주주의적인 성향을 가진 미국의 로마 카톨릭들에게는, 로마 교회는 정치적 자유주의나 민주주의, 교회와 국가의 분리, 그리고 공민적, 종교적 자유에 반대한다는 "명제"를 확고하게 주지시켜야만 한다. 레오가 그의 재위 시작 때에 "나는 현대 사회가 조만간에 '실라부스'의 목표들을 다 이해하고 이에 승복하기를 바란다"고 말한 것은 그의 진심이었다. 그러나 반면에 프랑스의 로마 카톨릭 반공화주의자들의 우둔한 고집에 대항하여서 레오는 교회의 이해를 위하여 일시적으로 타협하라는 가설을 재촉하였다. 그리하여 그는 많은 프랑스의 로마 카톨릭 신자들에게 사단적인 공화국을 결국은 기정사실로 받아들이라고 명령 함으로써, 이들의 신앙에 어려운 시험을 준 것이었다.

2. 정치적 민주주의와 공민적 자유에 대한 레오의 입장

레오는 당시 프랑스 로마 카톨릭들간에 널리 퍼져있던 의견에 대항하여, 로마 교회는 그 어떤 특정한 통치형태만을 고집하지는 않는나는 것을 분명히 하였다. 즉 왕정, 과두정치 혹은 민주정치체제 가운데 어떤 것이라도 로마 카톨릭들은 받아들일 수 있다는 것이었다. 그러나 그의 입장을 보다 더 면밀하게 분석해보면 그가 현대적 민주주의의 배후에 자리잡고 있는 도덕적 전제들을 받아들이지 않고 있었다는 사실을 알 수 있다. 현대의 자유 민주주의는 17세기의 청교도 혁명 속에서 탄생하였는데, 이는 "개인의 양심"이라는 새로운 정치적 세력에 기반하고 있는 것이다. 그러나 레오는 개인이 책임있는 정치행위를 할 수 없으며, 단지 그 상급자들에게 복종해야만 한다는 전통적인 로마 카톨릭적 관념을 대표하는 인물이었다. 이 견해에 따르면, 정치적 권위는 인민으로부터 나오거나, 혹은 인민들에게 책임을 질 필요가 없는 것으로서, 이는 하나님께서 직접 통치계급에게 맡기신 것이다(*Diuturnum illud*). 그리고 또한 민주주의를 수호하기 위하여 필요한 조건이라 할 수 있는 혁명의 권리를 레오는 혹시 이전에 언젠가 존재하였다 할지라도, 지금은 적용될 수 없다고 선포하였다. 이러한 정치윤리에서 성장하였던 로마 카톨릭 신자들이 혹시 외형적인 정치적 민주주의 형식을 받아들일 수는 있을지 모르지만, 이를 실제적으로 운용하는 데 필요한 공헌을 능동적으로 제공할 수는 없는 일이었다.
 문제의 핵심은 또한 이보다 더 깊은 데 있다. 자유민주주의는 자유스러운 토론과 전체 시민들의 결단을 통하여 정책을 결정하게 된다. 그런데 자유토론은 사실과 사상의 자유스런 유통을 전제로 한다. 따라서 이는 종교, 양심, 언론 그리고 결사의 자유가 공존해야 비로소 가능한 것이다. 그러나 이러한 모든 자유들은 원칙적으로 로마 카톨릭 교회의 금지목록과 종교재판, 검열 등에 대치되는 것이었다. 여기서 레오는 다시 '미라리보스'와 '실라부스'를 통하여 그 전임자들의 입장을 지지하였다. 로마 카톨릭주의는 그 사상과 원칙에 있어서 공민적, 그리고 종교적 자유를 정죄하는 것이다. 그러나, 레오는 그 원칙에 있어서는 프랑스의 로마 카톨릭들과 동의하면서, 실제로는 권리 장전의 자유들이 "정당한 이유가 있는 곳에서는 용인되어야만 한다"는 미국인들의 입장을 그들에게 강요하고자 하였다. 그러나 물론, 로마 카톨릭 신자들이 대다수를 점하는 상황에서는 이처럼 '용인'할 이유가 없어지는 것이다.

3. 성직자들의 지존성

 또한 교회와 국가의 관계에서도 같은 문제를 살펴볼 수 있다. 자유 민주주의는 정치에서 성직자들의 지존성을 부인하는 데 기초하고 있다. 만약 성직계급에 의하여 정책이 결정된다면 민주주의는 성립할 수 없다. 그리고, 실제로, 자유민주주의는 미국에서 볼 수 있는 것처럼 정면으로 교회와 국가 사이의 분리를 주장하거나 아니면, 영국에서처럼 이에 가까운 입장을 취하고 있었다. 그러나 이러한 행위야말로 '실라부스'에서 전폭적으로 정죄하고 있는 바, 정치적 자유주의와 민주주의라는 근본적 이단인 것이었다.
 이리하여 레오는 모든 국가들은 로마 교회에게 공식적으로 특권을 갖는 위치를 줄 수 있는 권리가 있다고 주장하였다. 그러나 실제적으로는, 그는 교회가 "그 어떤 선을 위하여, 혹은 악을 억압하기 위하여" 이단적인 분파들을 허용하는 통치자들을 정죄하지는 않을 것이라고 선언하였다. 그런데, 미국헌법의 경우와 같은 철저한 정교 분리는 "가설"이라는 이름으로 용인될 수 있는 정도를 넘은 것이었다. 그리하여 미국의 자유주의적 로마 카톨릭들이었던 기본스(Gibbons) 대주교와 아일랜드(Ireland)가 특정한 국교보다는 차라리 정교분리가 더 낫다고 공식적으로 주장하자, 흥미스런 상황이 벌어지게 되었다. 기본스는 로마에 가서도 이러한 주장을 폈으며, 설혹 그에게 그러한 힘이 주어진다고 하더라도 미국 헌법을 바꿀 의도가 없다고 선포하였다. 교황은 비록 개인적으로는 기본스를 좋아하였으나, 이러한 프로테스탄트적 이단이 계속되는 것을 보고만 있을 수는 없었다. 그는 미국에서 시행되는 헌법적인 정교분리가, 설혹 현재는 아무리 좋은 것처럼 보인다 할지라도, 원칙적으로 로마 카톨릭 교회와는 맞지 않으며, 로마 카톨릭 교회는 "공공적인 권위를 통솔하기 위하여 노력을 기울인다"(Longingue oceami)고 통지하였다.

이러한 기록을 감안해 볼 때, 교황의 명령(Au Milieu des Sollicitudes, 1892)을 따라 많은 숫자의 프랑스 로마 카톨릭들이 갑자기 민주주의로 돌아선 모습을 프랑스의 민주주의자들은 아무 의심도 없이 받아들일 수 없었다. 왜냐하면 이들의 진심과 신념을 의심하지 않을 수 없었기 때문이었다. 이러한 강제적인 회심은 그 이전의 정직한 반대보다도 오히려 민주주의에 대한 더욱더 크나큰 모독이라고 생각되었다.

4. "카톨릭 민주주의"의 정의

그러나 우리가 살펴본 것처럼 드레퓨스 사건이 몰고온 열풍으로 말미암아 레오와 프랑스 민주주의 사이의 접근은 무효화되었다. 그리고 그는 그의 마지막으로 중요한 회칙(그라베스 데 콤뮤니, 〈Graves de communi〉, 1901)을 통하여 그가 이미 '레룸 노바룸'(Rerum novarum)과 '아우 밀리에우 데스 솔리키튜데스'(Au Milieu des Sollicitudes)에서 조장하였던 것처럼 보였던 민주주의적 경향에 확실한 제한을 가하였다. 그는 "민주주의"란 단어의 의미를 인민의, 인민을 위한, 그러나 권위자들에 의한 정부로서 정의하였다. 그리하여 교황은 "만약 어딘가에 완전한 민주주의가 존재한다면, 이는 교회 안에서 찾아볼 수 있을 것이다"고 하였다. 그리하여 1901년 이후의 "카톨릭 민주주의"란 결국 너그러운 독재를 의미하는 것이었다. 로마 카톨릭의 "민주주의"는 정치적 민주주의를 의미할 수 없으며, 합법적인 군주들에 대한 충성심을 전혀 감소시킬 의도는 애초에 없는 것이었다. 또한 사회적으로 볼 때에도, 계급제도와 가부장주의는 민주주의적인 사회계급 유동과 기회균등의 원칙에 대조적으로 주장되었다. 그리고 무엇보다도 중요한 것은 레오가 모든 로마 카톨릭적인 정치적 행동을 성직자들이 통솔할 것을 주장하였으며, 이리하여 정책의 민주적 결정을 이미 처음부터 부인하고 있었다는 점이다.

그런데 이 시기에, 로마 카톨릭 국가들 안에서, 로마 카톨릭 신자들에 의한 두 개의 중요한 민주주의적 움직임들이 있었다. 이들은 로몰로 물리(Romolo Murri)가 이끄는 이탈리아인들의 움직임과, 프랑스에서의 마크 생니에르(Marc Sangnier)가 주도하였던 '실론'(Sillon)이라는 움직임이었다. 그런데 카톨릭 지성인들과, 지도적 인사들 사이에서 더 큰 영향을 미쳤던 것은 마울라스(Maurras)의 '악숑 프랑세즈'(Action Française)였는데, 이는 새로운 세기에 최초로 나타난 파시스트 운동이라고도 할 수 있겠다. 그리고 파이우스 10세 아래서 모든 "현대주의"를 축출하였던 움직임 가운데, '악숑 프랑세즈'는 바티칸을 통하여 로마 카톨릭들 사이에 있던 민주주의를 "정치적 현대주의"라는 이름으로 축출해 버렸다. 수년 간에 걸친 이 철저한 숙청을 통해서 우리는 가장 권위있는 진술로서, 1910년 '실론'을 정죄하였던 교황의 회칙을 들 수 있을 것이다.

5. '실론'의 정죄

교황은 "실론파"의 이상주의적 민주주의를 조직적으로 분쇄하였다. 생니에르를 따르던 인사들은 하나님께서는 인민들에게 정치적 권위를 부여하셨는데, 인민들은 이를 다시 자기들이 뽑은 통치자들에게 위임하였다고 생각하고 있었다. 그러나 파이우스는 이러한 주장이 로마 카톨릭적 진리에 어긋난다고 지적하였다. 그는 권력은 보다 높은 사회적 계급으로부터 아래로 흘러내려가는 것으로서, 피지배자들의 동의에는 일체 기초하지 않는다고 하였다. 그리고 또한 그는 민주주의의 도덕적 전제라고 할 수 있는바, 자유 토론을 통하여 정책을 결정하는 다수의 책임감있는 자율적인 개인들의 집단이라는 개념 역시 정죄하였다. 자유스럽고 책임감있는 개인들의 집단이라는 개념은, 신부들이나 혹은 성인들과 같이 보다 우위에 있는 인물들에 대한 복종을 주장하였던 로마 카톨릭적 이상에 상치되는 것이었다. 또한 이러한 자유스런 개인들 가운데서의 우애를 호소한다는 것은 현실과는 동떨어진 환상적인 상상에 불과하다고 하였다. 왜냐하면, 기독교적 사랑밖에는 진정한 우애나 형제 관계가 존재할 수 없기 때문이다.

'실론파'가 비로마 카톨릭들과 협력관계를 가졌던 것은 매우 위험한 방탕적 행위로서, 오직 교회적 통로를 통하여 사용되었어야만 할 에너지를 낭비하였던 형태라고 정죄되었다. 그뿐 아니라, 이보다 더 악한 것은 '실론파'가 실질적으로 그 정책 결정에 있어서 성직자들의 특권을 존중하지 않은 채, 마치 사제들이 자기들의 동지인 양 동등한 위치에서 이들과 의논한 것이라고 하였다. 교황은 로마 카톨릭이 민주주의자가 될 수 있다는 사실을 부인하는 것은 아니었으나, 동시에 로마 카톨릭 민주주의자들은 이러한 '실론파'의 오류에 절대로 물들어서는 안된다고 하였다. 물론, 실제로 그 어떤 로마 카톨릭 운동도 '실론파'만큼 자유 민주주의에 가까운 것은 없었다.

6. 중앙유럽의 사회정책

이에 특히 프랑스에서 진행되고 있었던 정치적 생활의 형태와 움직임을 떠나서, 이와 관련되었던 사회적, 경제적 정책의 분야를 살펴보기로 하자. 프랑스에서는 정치적 논쟁이 너무나 과열되어 오히려 이곳의 광범한 발전을 저해했던 것처럼 보이고 있다. 반면, '농 엑스페딧'(방해공작) 정책에 의하여 로마 카톨릭 신자들의 정치활동이 금지되었던 이탈리아와, 로마 카톨릭 소수파들이 갖은 방법을 다 동원하여 자기들의 공동운명을 수호하고자 노력하고 있었던 독일에서는, 오히려 로마 카톨릭의 사회활동이 보다 더 눈에 드러나는 결과를 내게 되었다. 또한 산업혁명이 이제 이들 국가들에게까지 닿고 있었다는 사실도 중요할지 모른다.

벨지움과 프랑스는 이미 산업화되었으며, 이곳에서의 로마 카톨릭 신자들은 영어사용권에서와 마찬가지로 주로 자본가들이요, 개인주의자들이었다. 그러나 이들은 기업에 관한 종교적 소명의식은 가지고 있지 못하였다. 그러나 반면 중앙유럽에서는 전산업혁명적인 경제, 사회질서가 아직도 기계의 도입에 대항하여 투쟁하고 있었다. 이곳에서의 대부분 로마 카톨릭 사회활동과, 교황의 사회적 회칙들은 마치 경제적 원시주의로 보여진다. 즉 중세적인 길드 제도로의 귀환을 꿈꾸며, 장원에서의 규칙들을 주장하고, 대규모 산업에 대한 저항의 모습들인 것이다. 이러한 레오 13세의 태도를 영어사용권 세계 속에서 찾아본다고 할 것 같으면, 이는 아마도 세기 초에 발생하였던바,

카알라일(Carlyle)과 러스킨(Ruskin)의 중세를 향한 향수에 젖은 사회적 저항의 모습들일 것이다. 그리고 레오 13세의 모습은 영어사용권에서 찾아볼 수 있는 그 어떤 형태보다는 비스마르크와 같은 귀족주의 루터교도들의 가부장주의적 사회정책에 보다 가까왔다.

　중부유럽에서 루터교도들과 카톨릭들은 모두 반민주주의적이요, 반자본주의적인 의식구조를 가지고 있었던 지주 귀족계급들의 지도를 받고 있었다. 이들은 물론 자기들의 이해관계에 따라서, 유동자산이 가지는 새로운 세력에 반대하였으며, 토지와 법률 그리고 길드 조직들이 대변하는 정체적(Static) 체제의 전통적인 사회 계급제도를 유지하고자 하였다. 법적 특권들과 독점제도에 의하여 성립되었던 체제에 익숙하였던 이들은 새로운 자본주의적 단계로 이전한 사업에 국가가 간섭하는 것을 당연하게 생각하고 있었다. 이리하여 케틀러 주교 같은 이도 경제적 개인주의와 자유보다는 라살(Lassalle)의 사회주의적인 구조를 보다 더 선호하였다. 따라서 미합중국보다 50년 전이나 빨리 국가 사회보험제도를 채택하였던 것은 루터교 독일이었다. 루터교와 로마 카톨릭들은 모두 생산과 임금을 통제하는 길드의 규칙들을 국가에서 제정하는 것을 찬성하고 있었다. 마찬가지로 오스트리아의 경우에도 로마 카톨릭 봉건귀족들은 법률을 이용하여 가격, 생산, 직업선택의 자유들을 길드 규칙을 통하여 제한하고자 하였다. 여기에서도 또한 반자유시장적 프로그램이 의회제도나 민주주의에 대한 반대와 하나로 유착되었다. 데 문(De Mun)이 이끄는 몇몇 프랑스 로마 카톨릭들은 '실라부스'를 실천에 옮기기 위하여 부르봉 왕조를 복원시키고 중세의 길드 제도를 다시 부활시키고자 하였다. 그러나 프랑스에서는 이미 이러한 제도를 부활시키기에는 시대가 이미 변하고 있었다. 이러한 국가들에서는 모두 일반 보통선거에 의해서가 아니라 이러한 길드들에 기초하여 입법기구들을 조직하고자 하는 관념들을 심각하게 고려하게 되었는데, 이러한 모습은 후에 뭇솔리니(Mussolini)의 "협동체적 국가"라는 형태로 나타나게 된다. 레오 13세는 1880년대에 로마 카톨릭 보수파들 가운데 나타나고 있었던 이러한 동향들을 매우 면밀하게 관찰하고 있었으며, 당시, 프랑스, 벨지움, 영국, 미국의 로마 카톨릭들 사이에서 다수를 이루던 자본주의적 개인주의보다는 이러한 개념들을 더욱더 선호하였다. 특히 그는 길드 제도의 부활과 대의적 민주주의보다는 길드에 기초한 입법기구의 마련을 꿈꾸고 있었다.

7. "레룸 노바룸"(Rerum Novarum)

1891년 교황은 유명한 회칙 '레룸 노바룸'을 발하여 교회를 중앙유럽인들과 같은 진영에 위치시켰다. 레오는 사유재산의 불가침성과 아울러, 부자와 빈자 사이의 계급적 차이는 변화시킬 수 없는 것이라는 입장을 택함으로써, 그의 이론을 확고하게 보수적인 기반 위에 올려 놓았다. 그는 이러한 기본 구조 속에서 국가가 너그러운 가부장주의를 따를 것을 추천하였다. 그러나 노동조건이나 노동시간 등의 규정과 같은 문제들은 국가에서 간섭하기보다는 각 산업별 길드들이 결정하기를 선호하였다. 그리고 노동자들과 자본주들이 단결하여 단체를 결성하는 것은 "자연적인 권리"라고 하여 수호하였다. 그리하여 서부유럽과 미국들에서는 노동자들의 조합조직이나, 국가의 산업에 대한 제한 조처들이 바로 이 바티칸에서 발표한 선언들에 그 기초를 두고 마련되었다. 이는 물론 많은 이들을 놀라게 하기에 충분하였다. 그리고 유럽대륙에서는, 레오의 회칙이 로마 카톨릭들 가운데서 각종 사회활동을 발생시키는 데 많은 자극을 주었다.

8. "카톨릭 활동들의 조직"

여러 가지 다양한 상황 속에서 로마 카톨릭 사회조직들은 이미 활발하게 진행되고 있었다. 남부 유럽, 서부 유럽, 그리고 독일과 벨지움 등에서는 이미 농부들의 농업협동조합, 신용조합들이 다수 조직되고 있었다. 그리고 로마 카톨릭 노동조합들은 노동자들을 막시스트들의 사회주의적 조합들로부터 구해내려는 시도이기도 하였다. 독일, 이탈리아 그리고 프랑스에서는 사회적 문제들에 관한 정보와 책자들을 배포하기 위한 각종 서기국들이 조직되어 있었다. 이러한 조직체들과 다른 많은 단체들이 적어도 독일, 홀랜드, 벨지움에서는 성직자들에 의하여 감독되고, 운영되고 있었으며, 후에는 로마 카톨릭 정당들로 발전해 갔다. 이러한 점에서 볼 때, 전체 로마 카톨릭 신자들은 성직자 계급들에 의하여 감독되고 조종되어, 민주주의적 정치 체제 속에서도 성직자들의 신정정치에 매우 강한 영향을 미치고 있었다고 평가할 수 있을 것이다. 프로테스탄트 진영에서도 거의 동일한 종류의 사회활동들을 수행하고 있었으나, "카톨릭 진영의 활동"에 비견할 만한 차원의 협동과 조정은 이루어지지 못하고 있었다.

그러나 1890년대의 사회문제들로 인하여 거의 군사적 조직을 방불케 하였던 로마 카톨릭 활동도 붕괴될 지경에 처하게 되었다. 로마 카톨릭 노동자들과 일부 사제들은 '레룸 노바룸' 속에 나타난 일부 관념들을 적어도 약간의 산업적 민주주의를 용인하는 것으로서 해석하였는데 로마 카톨릭 정당들의 지도계급이었던 귀족들과 고용주들은 이를 전혀 찬동할 수 없었다. 이탈리아와 벨지움의 경우 로마 카톨릭 조직체들은 전반적으로 분열되었으며, 교황은 이들을 새로운 기반 위에서 재조직하고자 하였다. 프랑스에서는 이러한 논쟁이 더욱더 가열되었다. 왜냐하면 산업, 사회적 민주주의자들이 대부분 공화국과의 화해를 시도하였던 교황정책을 지지하는 층이었으며, 이 때문에 사회적, 경제적 보수파들과 아울러 왕정파들에 의하여 미움받고 비판받았기 때문이었다. 이러한 논쟁을 해결하기 위하여 '그라베스 데 콤뮤니'(*Graves de communi*) 회칙이 반포되었는데, 우리들이 이미 지적한 바와 같이 이 회칙은 로마 카톨릭 사회 활동 가운데서의 일체 정치적 민주주의를 배격하고 있었다. 따라서 '레룸 노바룸'은 경제적 민주주의가 아니라 오히려 가부장적 자선주의의 배경에서 해석되어야만 한다.

9. 파이우스 10세하에서의 반동

파이우스 10세는 이 분야에서뿐 아니라, 또 다른 모든 영역들에서 이러한 반동의 모습을 더욱더 강하게 보였다. 그는 그의 숙청을 통하여 19세기에 나타났던 이러한 제3차의 자유주의적 로마 카톨릭주의의 물결을 완전히 억누르게 되었다. 제1차 세계대전 이후, 보수적 로마 카톨릭 사회 이론은 성직자적 파시즘의 형태로 새로운 활력을 보이게 된다.

제19장
대륙의 프로테스탄트주의

제1차 세계대전이 발발하기 이전 45년 간 (유럽) 대륙 프로테스탄트 진영의 장점은 무엇보다도 그 뛰어난 신학적 발전에서 드러나고 있는데, 이 점에 관하여는 별개의 장으로 다루도록 하겠다. 이와는 대조적으로 교회생활은 영국과 미국을 비교해 볼 때 그 활력이나 혹은 창조성에서 뒤떨어지는 모습을 보였다. 따라서 우리들은 루터교도들과 개혁파들의 보다 더 뚜렷하게 드러나는 점들을 한 장으로 다루도록 한다.

1. 독일의 루터교

독일 루터교로부터 이야기를 시작하도록 하자. 왜냐하면 이들이야말로 대륙에서 가장 다수를 차지하는 프로테스탄트이며 동시에 이 시대의 새로운 사회적, 정치적 동향과 가장 밀접한 관계를 맺고 있기 때문이다. 루터교 스칸디나비아 제국의 교회들은 어떤 의미에서 볼 때 보다 더 "정상적"이거나 혹은 건전하였다고 묘사할 수 있다. 이들의 이러한 정상적 모습은 이들이 아직도 자본주의, 사회주의 그리고 호전적인 제국주의의 문제들에 당면하지 않았기 때문이었다. 1870년의 프랑코-프러시아 전쟁에서 승리를 거두었던 독일의 호헨졸러른 제국은 정치적, 경제적으로 대륙에서 가장 강력한 국가였다. 따라서 새로운 세계의 동향과 루터교가 대결하는 무대가 되었던 것도 바로 이 제국이었다.

우리들이 취급하는 시대의 처음 25년 동안의 루터교를 정치적, 사회적으로 대변하는 가장 뚜렷한 인물들은 비스마르크 수상과 프러시아의 궁정 설교가였던 아돌프 스토엑커(Adolf Stoecker)라고 볼 수 있다. 이들은 모두 경건주의적 정통주의와 복고적 루터교의 정치적 반동을 대변하는 인물들이었다. 이들은 자연히 전통적인 루터교 사회사상, 즉 지주 신사계급과 국왕들이 하층민들을 너그럽게 다스리는 독재적인 사회질서를 당연한 것으로 생각하고 있었다. 이들은 죄악으로 타락한 이 세상에서는 영주들이 국내외에서 당연히 무력을 사용해야만 한다고 생각하였다. 따라서 이들이 당연시하였던 이러한 체제 내에서의 기독교적 요소라면, 영주와 주민들, 주인과 하인들, 부모와 자녀들 사이에 존재하는 너그러움과 개인적 충성의 요소였다. 즉 정체적인 농경사회를 전제로 한 사회관이라고 할 수 있겠다.

바로 이것이 이제 산업주의의 사회적 효과들에 대응해야만 하는 독일 루터교도들의 전통적 윤리관이었다. 1850년까지도 독일은 1750년대의 영국보다도 더 봉건적이요, 농경적이었다. 농민들의 생활은 그 이전 농노들보다 별로 나을 것이 없었으며, 노동자들은 아직도 중세의 길드 제도에 의하여 규제되고 있었다. 그러나 철도가 출현하였으며, 석탄, 철, 강철 생산량은 획기적인 확장을 보였으며, 이에 따라서 공장제도에 사회적 결과를 야기하게 되었다. 1860년대에 들어서자 전체 인구 3천5백만 가운데 약 7명 중 하나가 새로운 프롤레타리아(무산) 계급에 속하게 되었다. 또한 그 반대쪽에서는 금융계와 산업계의 거두들이 국가에 대한 영향력에서 전통적인 귀족, 기사계급들에 도전하고 있었다.

주로 농민계급 출신이었던 이들 새로운 프롤레타리아 계급들은 별로 정치적 권력에 대한 관심이 없었으며, 스스로 복종하는 것을 당연하게 생각하는 계층이었다. 그러나 인구집중을 필요로 하였던 공장지대에서는 일체의 개인적인 가부장적 권위라든가 혹은 개인적인 충성심이 사라지게 되었다. 이곳에는 단지 비인간적이고 추상적일 수밖에 없는 고용주와 피고용인들 사이의 관계밖에 존재할 수 없었는데 이 관계는 불평등과 착취의 관계이기가 보통이었다. 그리고 1860년대의 짧은 기간 동안에 독일의 프롤레타리아 계급은 이러한 관계를 정확하게 파악하였다. 그리하여 라살(Lassalle)의 선동이 이들에게 흡수되기 시작하였으며, 리카르도(Ricardo)가 주장한 "임금의 철칙"이나 막스의 "잉여가치설"이 일반화되었다. 막스는 1864년 국제 노동자 연맹(International Workmen's Association)을 장악하고, 다음해에는 독일에 라이프크네흐트(Lieibknecht)를 보내어 노동자들을 조직하고 선동하기 시작하였다. 라이프크네흐트는 당시 25세의 베벨(Bebel)을 포섭하였는데, 그는 곧 독일에서 가장 중요한 막스적 사회주의의 선동가가 되었다. 1867년에는 보통선거권이 주어졌으며, 1871년에는 제국 전체에서 공인되었다. 그러나 아직도 상류계급들이 복수선거권을 갖는 형태였다. 그리하여 호헨졸러른 제국이 성립되었던 시점에는 모든 독일 노동운동이 정치권력을 장악하는 데 집중되고 있었으며, 이들은 기성 국가나 프로테스탄트 교회가 이들의 압제자들을 위한 도구에 불과하다고 확신하고 있었다. 이러한 사회제도는 하나님께서 주신 "질서"라고 설명하였던 루터교 교회의 공식적인 입장은 단지 계급제도를 정당화시키고자 하는 합리화 이론으로밖에 받아들여지지 않았다. 그리하여 독일 사회 안에서 완전 소외 혹은 개별적인 세력권으로 존재하였던 이들은 호헨졸러른 제국의 가장 심각한 내부문제가 되었다. 제1차 세계대전 발발시 세계에서 가장 큰 막시스트당은 독일에 존재하고 있었으며, 이 현상은 우리들이 이미 살펴본 것처럼 독일 루터교 교회와 국가 사이의 구조, 사회윤리, 계급관계와 밀접한 관계를 가지고 있었다.

2. 유내-기독교적 이단으로서의 막시즘(Marxim, 막스주의)

20세기와는 달리 당시에는 아직도 막스주의가 진정한 의미에서 볼 때에 유대-기독교적인 이단이라는 사실이 일반적으로 알려지지 않고 있었다. 젊은 막스의 초기 저술들은 당시 유행하던 좌익 헤겔주의의 흐름을 좇은 신학적인 것이 대부분이었다. 그리고 막시즘의 호소력은 주로 성경적 전통, 특히 공의와 박애를 주장하였던 특정한 예언적 성격들을 강조하는 데 있었다. 막스가 예언하였던바, 이들을 실현시킬 역사의 "변증법"은 단지 역사의 주님(the Lord of History)에 헤겔적인 의복을 입힌 것에 불과하였다. 그리고 사유재산의 침입으로 말미암아 타락하게 된 원시 에덴동산의 관념이라든가, 특히 오랫동안의 고통과 갈등이 지난 후에 메시야적 종인 프롤레타리아 계급이 계급없는 사회와 평화와 박애에 가득 찬 새 예루살렘을 이룩하게 되리라는 역사관들은 모두 기독교적 문화의 배경이 아니면 불가능한 이론이었다. 그리하여 막스주의자들은 바로 이러한 성경적 확신의 이름으로 교회들에 대항하여 투쟁하였다. 이들이 비록 말로는 "종교는 개인적인 문제"라고 부르짖곤 하였으나, 이는 저들의 진정한 확신을 표현한 것은 아니다. 기성 기독교와 긍정적인 관계를 유지하는 막시스트는 아무도 당에서 책임있는 직책을 맡을 수 없었다.

3. 민족주의와 활력주의

이 시대의 루터교 교회의 윤리에 미처 예상치 못한 압력을 가중시켰던 것은 산업혁명과 함께 도래하였던 민족주의의 물결이었다. 옛 루터교 윤리는 주로 '사회적' 윤리로서 중세적 사회구조를 영속화시키고자 하는 것이었으나, 국가권력 자체에 대하여는 별로 상관이 없었다. 그러나 비스마르크는 새로운 역사의 힘에 스스로를 적응시켜 국가권력에 대한 절대적 헌신의 사상으로서, 합법성, 국제적 정의, 개인에 대한 충성들의 원칙들을 짓밟았다. 그리하여 온갖 강제력을 사용해서라도 사회질서를 유지해야 한다고 주장하였던 전통적인 루터교의 입장이 산업화된 민족국가의 제국주의에 적용되었을 때에는 또다시 새로운 차원이 나타나게 되었다. 사회정책과 아울러 국제정책에 있어서도 루터교의 가부장주의는 불의, 착취, 침략을 정당화시키는 것으로밖에 보이지 않았다. 그리하여 인간생활에서 불가피한 악에 대한 비관적 양보로서 원래 고안되었던 이들의 사상은 점차 기독교와는 전혀 관계없는 권력들과 경향들에 대한 적극적 긍정으로 나타나기 시작하였다. 주로 사회개혁에 대한 제안들이 나타났을 때 루터교는 비관적이고 정적주의적 태도로 후퇴하였던 것이다.

이러한 상황 속에서 비스마르크가 주어진 상황에 대한 루터교의 적응을 대변하는 인물로 나타나게 되었다. 그는 서로 상이한 두 가지 형태의 윤리를 가지고 있는 은혜와 자연의 두 영역을 구분하였던 루터교의 이론을 더욱 더 확장하였다. 개인생활에서 기독교 신자는 산상보훈을 그 행동기준으로 삼아야만 한다. 그러나 그 공적인 문제에 있어서는 자기가 맡은 직책이 주는 의무를 이행해야만 한다. 이들 두 가지를 공공직책의 윤리 가운데 서로 조화시킬 수 있는 가능성은 없으므로, 기독교 신자는 아무런 양심의 가책도 없이 사회적 다원주의의 법칙을 따를 수 있다는 것이었다. 이와는 약간 다른 모습으로 에를랑겐(Erlangen)의 루터교 신학자들도 동일한 형태의 이중윤리를 주장하였다. 그들은 이 세상에서의 활동을 바스마르크처럼 적극적으로 인정하지는 않았으며, 이보다는 정적주의와 종말론적 기대를 가르쳤다.

그러나 이들은 동시에 "철혈정책"(blood and iron)에 대하여 아무런 저항도 발하지 않았으며, 개혁파와 청교도 국가들 혹은 로마 카톨릭들 사이에서도 유지되었던 자연법전통, 민중주권, 사회계약 등에 관하여 아무런 언급을 하지 않았다.

또한 철저하게 반(反)기독교적이었던 사회주의자 진영 외에도 식자층에는 기성교회에 대한 혐오감이 널리 퍼져있었다. 아마도 이 시대에 기독교에 대한 반감을 가장 깊게 표현하였던 인물은 프레데릭 니체(Frederick Nietzsche)였을 것이다. 그는 어떤 면에서는 막시스트들과 마찬가지로 기독교는 사회적 굴종을 성취시키기 위한 "노예들의 윤리학"이라고 생각하였다. 그는 그의 생각으로 볼 때 기독교가 갖는 인위적인 금령들을 벗어버리고 무신론적 활력주의의 기반 위에서 새로운 인간생활의 차원들을 마련하고자 하였다. 비록 니체 자신은 민족주의, 제국주의, 반유대주의들을 경멸하는 태도를 가지고 있었으나, 그의 귀족적인 자기표현과 창조성의 규율들은 바로 이러한 프로그램들을 지지하는 데 천박하게 이용되었다. 그리고 그의 일반적인 사상은 20세기에 들어와서는 프로이드주의라는 형태의 가종교(pseudo religion)로서 널리 퍼지게 되었다.

산업도시화와 중산층, 종교적 일반성에 대한 보다 덜 극단적인 반작용은 세기의 전환점에서부터 보다 더 활발하게 나타났던 독일 청년운동이었다. 바로 여기에 자연신비주의와 활력주의와 함께, 민중문화, 노래, 춤 그리고 자연에 가까운 생활을 추구하는 사교(cult)가 있다. 청년들은 공동으로 전국을 도보여행하고 노동하면서 계급간의 장벽을 허물고 집단적 친밀성을 이룩하게 되었다. 비록 제1차 세계대전이 발발하기 이전 이에 참여하였던 숫자들은 별로 많지 않았으나, 이는 수많은 독일 젊은이들이 부르조아 사회와 그 교회 안에서는 소명이나 환상을 발견하지 못하였음을 보여주는 하나의 증후라고 할 수 있었다.

또한 종교적 운동의 성격을 띠고 있었던 것들은 민족문화, 민족정신, 민족적 제국주의라는 사교들이었다. 리차드 바그너(Richard Wagner)가 고대 독일적 신화에 근거하여 민족적 정신과 영혼을 추구하고 해석하고 발전시키고자 하였던 오페라들을 제작함으로써 이러한 운동에 상당한 공헌을 하였다. 이러한 분위기 속에서 고비누(Gobineau) 백작과 휴스턴 스튜어트 챔벌린(Houston Stewart Chamberlain)의 인종주의적 이론들은 다른 서구제국들에서 이러한 이론들이 얻었을 것보다 더 많은 호응을 얻고 있었다. 그리하여 사람들이 일반적으로 기독교와는 순전히 명목적인 관련만을 가지고 있었던 상황 속에서 민족주의적이고 인종주의적 낭만주의의 기반이 널리 마련되었다. 이러한 기반 위에 국가사회주의가 출현하게 된다.

그리하여 독일 국교회들은 상당히 불안한 기반 위에 그 위치를 점하게 되었다. 또한 이 교회들은 주로 한 계층과 정치 단체의 이해관계와 관점만을 대변하고 있었다. 명목적 기독교는 일반적인 에티켓의 한 부분에 불과하였다. 독일인들의 95퍼센트가 기독교적 세례를 받았으며, 교회에서 결혼하였다. 교회에 참석하지 않는 것은 사회적인 금기였으며, 교회와의 관계를 끊도록 선동하였던 막시스트들의 선전은 1900년부터 전후에 교회에 대한 혐오감이 대규모적으로 나타나기 이전까지는 겨우 3천 명에서 2만 명 사이의 숫자에 영향을 미쳤을 뿐이었다. 기존 체제를 전복해야 한다는 주장은 기존 체제를 유용하게 사용하였던 정부나 성직자들로부터 별호응을 받지 못하였다. 그러나 이미 지적하였던 것처럼 국민 대다수의 기독교 신앙이란 순전히 형식적인 것에 불과하였는데, 이러한 모습은 실제 교회에 참석하였던 이들의 숫자에서 잘 나타난다.

예를 들면 1880년 베를린의 경우 교회의 좌석은 도시 인구 30명당 하나에 불과하였다. 그리고 실제로 신앙심을 가지고 있었던 이들은 기성교회 밖에서 그 출구를 찾았던 것 같다. 1890년대 이후의 "공동체 운동"이라든가, 혹은 다양한 영지주의적, 신지학적, 신비주의적이고 민족주의적인 사교들이 그 예라고 할 것이다.

영국이나 미국과는 대조되는 국교 독점의 형태는 또 다른 기독교적 선택을 허용하지 않고 있었다. 독일 내 자유교회에 속한 인구는 약 1퍼센트에 불과하였다. 독일의 생활 안에서는 "비국교적 양심"에 상응할 만한 모습을 찾아볼 수 없었다.

4. 독일 교회들의 조직

이제 이 기존 프로테스탄트주의의 헌법적인 구조를 잠시 살펴보도록 하자. 1871년에 이루어졌던 독일인들의 정치적 통일은 교회에까지 미치지는 못하였다. 프러시아의 경우를 제외하고 몇몇 주들의 지역교회들은 각각 독자적인 행정기구를 유지하였다. 프러시아는 새로운 제국을 구성하는 데 주도적인 역할을 하였듯이 프로테스탄트 교회의 구조도 함께 장악하고 있었다. 확장된 프러시아 국가는 그 안에 있던 프로테스탄트 교회의 행정을 통일시켰으며, 이에 따라 모든 독일의 프로테스탄트들 가운데 약 절반을 포함하였던 프러시아 교회는 서류상으로 볼 때 세계에서 가장 큰 프로테스탄트 교회였다. 일반적으로 독일 프로테스탄트 신자들의 공동체적 의식은 주로 '내지선교', '해외선교', '구스타프 아돌프 베레인'(Gustav Adolf Verein) 등과 같은 자발적 단체들을 중심으로 하여 이루어지고 있었다. 이들은 적어도 개인적으로는 구체적인 공동의 사업들을 중심으로 하여 엮어지고 있었다. 또한 지역교회들은 1852년 이후 아이제나흐 총회(Eisenach Conference)에 그 대표들을 파송하였는데, 이 총회의 성격은 순수하게 자문적인 역할을 하는 데 불과하였다. 1903년 이후에는 상임이사회를 설치하여 군목 제도, 성경의 새 번역, 종교교육, 교회건축들의 공동관심사에 있어서 보다 더 효과적으로 협력하게 되었다.

5. 프러시아 연합교회(Union Church of Prussia)

20개 이상이나 되었던 독일 프로테스탄트 교회들 가운데 가장 중요하고 거대한 교회는 아마도 프러시아 복음주의 연합교회(the Evangelical Union Church of Prussia)라고 할 수 있을 것이다. 이 교회의 구성은 1850년 이후의 프러시아 왕국과 마찬가지로 절대군주제를 지지하기 위한 하나의 수단으로 국가에서는 교회가 자치적으로 운영되고 있는 것처럼 보이도록 조직한 것이었다. 그리하여 교회에서는 원하지도 않았는데, 회중중심제와 대회의 조직을 국가에서 교회에 강요할 지경이었다. 1869년 각 지역의 대회들이 소집되었으며, 1873년에는 다음과 같은 교회 헌법이 마련되었다. 회중들은 그전보다도 장로들과 목사들의 선택을 위해 더 많은 권한을 갖게 되었다. 1911년 이 교회는 9개 지역에 약 만 개의 회중들을 거느리고 있었다. 각 지역들은 6백 명의 감독들과 24명의 총감독들을 가지고 있는 구역들로 다시 나누어져 있었다. 그러나 전체적으로 볼 때 폰티펙스 막시무스(Pontifex Maximus), 즉 카이저(Kaiser, 황제)의 명령에 따르는 복음교회 최고 위원회(the Supreme Evangelical Church Council)가 교회를 통솔하고 있었다. 그뿐 아니라 황제들은 자기들의 교회에 관한 책임을 심각하게 생각하였으며, 빌헬름 2세 카이저는 신학논쟁에 간섭하기도 하였고, 공공문제들에 관한 교회 정책들을 수차례에 걸쳐서 수정하였으며(이에 관해서는 다음에 살피도록 한다), 자기가 스스로 예배를 인도하기까지 하였다.

6. 스토엑커(Stoecker)

이 교회의 처음 수십년 동안의 공공정책은 카이저, 수상, 아돌프 스토엑커를 예로 보면 잘 알 수 있을 것이다. 아돌프 스토엑커는 1874년 궁정 설교가로서 베를린에 초빙되었다. 그는 융커(Junker)파적인 경향의 인물로서 자유의회주의를 타락한 제도로 생각하였고, 자본주의는 배금사상이요, 유대인들의 산물이라고 생각하였던 복고 루터교 사상을 가지고 있었다. 그는 도시화와 산업화가 빈자들에게 미치는 영향에 깊은 관심을 가지고 생애의 많은 부분을 도시 선교, 구제 사역에 헌신하였다. 그는 베를린 도시 선교회(Berlin City Mission)를 재조직하였으며, 혁명적 사회주의가 파급되는 위험에 대하여 교회의 의식을 각성시키는 데 많은 노력을 기울였다. 또한 1878년에는 노동자들을 막시스트들로부터 다시 포섭해들이기 위하여 사회민주당(Social Democratic Party)에 대항할 "기독교 사회 노동당"(Christian Social Labor Party)을 조직하였다. 그는 또한 노동자들을 보호하기 위한 법안들을 지지하고 사회보장제도를 역설하였다. 그러나 그를 야유하고 방해하는 사회주의 군중들 앞에서의 그의 연설은 대개 경찰들이 나서서 군중들을 정리하는 것으로 끝나고 그의 정당은 대개 상류층, 중산하층 그리고 아직도 전통적인 사상을 추종하고 있던 노동자들의 호응만을 받았을 뿐이었다. 그리고 그의 주장 가운데 대중들의 지지를 받았던 것은 겨우 유대인 자본가들과 재벌들에 대한 비판뿐이었다.

7. 비스마르크의 "기독교 사회주의"

비스마르크는 노동법입안과 사회보장제도의 필요성에 관하여 스토엑커에 동의하였다. 왜냐하면 가부장주의적 루터교도들은 당시 미국과 영국들과는 달리 정부가 경제문제에 간섭하는 것에 관하여 아무런 거리낌이 없었기 때문이었다. 그러나 비스마르크와 대부분의 루터교도들은 프로테스탄트 교회가 사회, 정치문제들에 간여하지 않기를 바랬다. 기독교 자선의 역사를 전공한 울흐른(Uhlhorn)은 스토엑커에 대항하여, 루터교 교회는 단지 예배를 위해 모인 모임이라고 주장하였으며, 평신도들은 이 문제에 관하여 소극적이었고 성직자들은 성례와 말씀에만 상관할 뿐 일체의 공공문제들은 정부관리들에게 맡기고자 하였다. 그리고 비스마르크는 사회보장제도를 통하여 프롤레타리아 계급을 회유하고자 하였으나, 이들에게 정치권력을 할양해 줄 의도는 전혀 없었다. 모든 정책은 기독교 호헨졸러른주의자들과 이들의 수상 비스마르크로부터 나오고 있었다. 그리고 수상은 이 정책을 가리켜 "기독교 사회주의"라고 불렀다. 프로테스탄트들의 정치조직이나 정치활동은 용인하지 않을 방침이었다. 1879년 최고 교회 위원회는 모든 목사들에게 정치활동을 포기하도록 명령하였다.

우리들이 이미 살펴본 바처럼 막시스트 사회주의의 발흥으로 말미암아, 비스마르크는 로마와의 '쿨투르캄프'를 포기하게 되었다. 그는 이제 로마 카톨릭들에 대항하여 사용하였던 것과 같은 예외적인 입법들을 통하여 사회주의를 억압하고자 하였다. 그리고 다른 한편으로는 1880년대의 중요한 사건들 가운데 하나였던 사회보험제도를 소개함으로써 기독교 군주제의 유익을 주지시키고자 하였다. 그러나 사회주의자들은 마치 로마 카톨릭들과 마찬가지로 박해 아래서 더욱 힘을 얻었다. 1887년부터 1890년까지 이들을 지지하는 투표자들의 수는 배가하였으며, 1890년에는 황제정부가 노동자들을 위한 새로운 노력을 경주하겠다고 발표하였으며, 반사회주의 법들은 철회되었다.

8. 복음적 사회주의 의회

이러한 사태의 변화는 또 다시 루터교 사회주의 정치를 위한 출구를 제공하는 것처럼 보였다. 그리고 스토엑커는 다른 인사들과 함께 "지식인들과 노동자들을 한곳으로 모으기 위하여, 그리고 노동자들이 종교를 단지 이들을 향한 착취의 수단으로 생각하는 것을 방지하기 위하여" 베를린에 "복음적 사회주의 총회"를 소집하였다. 그러나 실질적으로 볼 때에, 그 후 매년 모였던 의회는 매우 학문적이었으며, 많은 저명한 교수들이 그 위원회에 들어가 있었다. 예를 들면 위대한 신학자요, 역사가였던 아돌프 하르낙(Adolf Harnack)이 수년간 의장직을 맡기도 하였다.

한편 스토엑커는 그의 정치활동 때문에 궁정설교가직을 박탈당하였다. 그가 자기의 관심을 농업노동에까지 확장하였을 때 지주들의 이해 관계를 대변하는 보수당은 그의 당적을 박탈하였다. 그리고 복음적 사회주의 의회 내에서도 젊은층은 그보다는 보다 좌익에 속했던 프리드리히 나우만(Friedrich Naumann)의 말에 귀를 기울이고 있었다. 1896년에는 최고감독 윌리엄 2세가 공개적으로 그를 정죄하였다.

"내가 이미 수년 전에 예언하였던 바처럼 스토엑커는 이미 끝났다. 정치목사란 말이 되지 않는 것이며… '사회주의적 기독교'도 어불성설이다…목사들은 신자들의 영혼을 돌보아야 하며 자선사역에 종사해야 한다. 그러나 정치는 이들이 간여할 문제는 아니다"는 것이 그의 말이었다.

9. 나우만(Naumann)

프리드리히 나우만은 프로시아 루터교 사회윤리의 분야에서 가장 중요한 인물로서 비스마르크와 스토엑커의 뒤를 잇게 된다. 나우만은 보수적 루터교 출신이며 1880년대에는 위체른의 "불우청소년의 집"에서 일한 적이 있었고, 그 후에는 공장지대의 교구에서 사역한 경험으로 말미암아 '내지선교' 관점으로부터 스토엑커의 정치적 관심으로 기울어지게 되었다. 그러나 스토엑커와는 달리 나우만은 교회와 군주를 위하여 노동자들을 설복시키는 데에 별로 관심이 없었다. 그는 더 이상 프로시아의 지주 귀족계급이었던 융커(Junker) 계급의 이해관계에 관심이 없었으며, 오히려 산업시대의 새로운 세력구조를 감안하여 정치적 자유주의의 입장을 취하게 되었다. 원래 융커계급 출신이었던 비스마르크 자신도, 교육받은 식자층에 그 기반을 두고 새로운 사회의 산업가들과 금융가들이 이끌고 있었던 자유당에 상당한 양보를 하였다.

그러나 자유주의에 루터교 정치윤리를 맞추는 행위는 이를 농업주의적인 보수주의에 맞추는 것보다는 어려운 것이었다. 자유주의의 기독교적 근원은 개혁파요, 좌익이었으며, 자유주의가 독일로 들어왔을 때에는 세속주의적 형태를 띠고 있었다. 그 정의 자체가 '기독교적'이었던 보수주의와는 대조적으로 자유주의는 세속국가를 주장하였으며, 종교를 각 개인들의 특유한 취미에 따라 결정되어야 할 "개인적 문제"로 취급하였다. 이와 비슷하게 문화, 교육, 경제생활들도 세속적이고 독자적인 문제로 다루었다. 그리하여 자유주의로부터 '기독교적' 정치윤리를 추출하는 것은 불가능하였다. 이웃에 대한 기독교적 사랑이 자유주의적 정치를 통하여 가장 잘 구현될 수 있을 것이라고도 주장할 수는 있겠으나, 대부분의 루터교 신자들에게는 이러한 연관관계가, 기독교와 보수주의적 정치와의 연관관계만큼 필수적이거나 불가분한 것은 아닌 것으로 보일 수밖에 없었다.

또한 자유주의적 민족주의와 사회적 관심을 하나로 연결시키는 것 역시 이에 못지않게 어려운 문제로 보였다. 나우만은 노동자의 심리를 꿰뚫어보는 재능이 있었으며, 이를 매우 유창하게 식자층들에게 전달하였다. 그는 『사회주의적 기독교란 무엇을 말하는가?』(*What does Social Christian Mean?*, 1894)라는 저서를 통하여, '사회주의적 기독교'의 유일한 기반은 노동자들의 의식과 고통 — 특히 대규모적 빈곤에 대한 노동자들의 의식과 고통이며 막시스트 사회주의에 대응하기 위해서 기독교 신자들은 무산계급을 이해하고 이들의 관점으로부터 이를 관측해야만 한다고 주장하였다. 이러한 관점에서 볼 때에 개인적인 자선사역은 거의 효과가 없으며, 오직 정치적인 실제행동만이 효력이 있음을 알 수 있을 것이라고 하였다. 산업사회에 있어서도 개인들이 이상(ideal)이 되어야만 한다. 복음적 사회주의 의회의 총무였던 그의 동료 폴 궤레(Paul Goehre)는 『공장노동자요 견습공으로서의 3개월 간의 생활』(*Three months as a Factory Laborer and Apprentice Workman*, 1891)이라는 저서를 통하여 아직까지 성직자들이 알지 못했던 세계를 이들에게 전하였다. 1895년 교회 최고 위원회는 정치계에서 활동하는 성직자들에 대하여 또 하나의 경고를 발하였다. 그리하여 나우만은 스토엑커와 마찬가지로 정치, 사회적인 사역을 계속하기 위하여 성직을 사임하였다.

나우만과 궤레는 '국가 사회주의 연맹'(National Social Union)을 조직하였다. 그러나 이들의 추종자들은 별로 정치적 영향력을 갖지 못한 지식인들이 대부분이었다. 자유주의자들에게 사회적인 관심을 촉구하는 것은 전혀 가능성이 없는 일처럼 생각되기도 하였다. 궤레는 결정적인 조처를 취하기로 마음먹고 1899년 사회민주당(막스주의)에 가입하였다. 그는 이 때문에 "목사"라는 칭호를 사용하는 것이 금지되었으며, 성례를 집전하는 것도 금지되었고, 성직자들에게는 혐오를 받았다. 대부분의 성직자들이나 평신도 지도자들은 과연 어떻게 진정한 루터교 신자라면 사회주의자나 민주주의자가 될 수 있는지 이해할 수 없었다. 그들은 교리적인 이단보다도 사회주의자들을 더욱 더 경원하였다. 나우만은 국가 자유당(National Liberals)에 가입하여 1907년부터 1918년까지 의회에서 활약하였다.

나우만의 후기 생애는 신앙과 문화에 관한 루터교의 이율배반적인 긴장관계를 잘 보여주고 있다. 그는 루돌프 솜(Rudolf Sohm)의 영향 아래서 점차 교회는 순전히 영적인 단체라는 확신을 갖게 되었다. 그리고 1898년의 팔레스타인 방문을 통해서 예수님이 살던 시절과 현대 산업 사회 사이의 크나큰 대조를 뼈저리게 깨닫게 되었다. 또한 사회학자 막스 베버(Max Weber)는 신약성경이 20세기의 문제들에는 적용될 수 없다는 점을 설복하였다. 예수님은 전산업적 문화 가운데서 거룩하고 종말론적인 윤리를 제시하였을 뿐이라고 생각하게 되었다. 그러나 우리들은 이제 "유럽의 경우 군국주의가 모든 정치질서와 인간생활의 번영의 기본이 되는" 거대한 민족주의 국가들의 시대에 살고 있다. 사회적 개선은 오직 산업확장과 군사력을 통하여 자신을 유지하고 다른 나라들에까지 진출할 수 있는 민족국가 내에서만 가능하다. 우리들 기독신자들은 "자유스런 상태 아래서는" 산상보훈에 따르는 생활을 하여야 한다. 그러나 대부분의 사회적인 상황 속에서는 벗어날 수 없는 다른 철칙들에 묶여 있다. 그리하여 나우만은 카이저의 해군정책을 열렬히 지지하였으며, 1918년의 패전시에는 승자들에 대한 수동적 저항을 주장하였다. 당시 독일인들의 대부분은 이러한 그의 주장에 기독교가 매우 중요한 요소가 된다는 사실을 이해할 수 없었다. 그러나 20세기의 인물이었던 나우만은 마치 루터 자신이 초월적인 그리스도에게 사로잡혀 있었듯이 이 세상적인 문화에 기본적으로 사로잡혀 있었던 것은 분명하다. 그가 주장한 것은 자유주의적 기독교 인도주의였으며, 또한 그것이 그의 세대의 주된 경향이었다.

10. 제1차 세계대전의 결과

그러나 1919년 독일 군주들의 몰락과 함께, 루터교 지도자들이 교회의 영도권을 소위 "기독교" 군주 국가들에게 넘겨주었던 행위는 종말을 고하게 되었다. 바이마르 공화국 시대의 루터교 교회는 머리도 골격도 없는 조직으로, 그 이전 교회에 명백한 정책과 명령을 시달하였던 카이저 시대로 귀환하기를 간절히 고대하는 형편이었다. 그리고 동시에 이들의 특유한 약점들을 통하여 또한 이들의 강점들이 드러나게 되었다. 왜냐하면 이 패전의 시대에 기독교권 전체를 위한 지침이 독일의 학문적 신학에서 나타났기 때문이었다. 1917년 루돌프 오토(Rudolf Otto)가 『성결의 개념』(the Idea of Holy)을, 그리고 1918년에는 프리드리히 하일러(Friedrich Heiler)가 『기도』(Prayer)를, 1919년에는 칼 바르트(Karl Barth)가 그의 『로마서 주석』(Commentary on the Letter to the Romans)을 출판하였는데, 이들은 모두 다음 세대의 의식을 변화시킬 작품들이었다.

11. 개혁파 교회들

대륙의 개혁파 교회들은 루터교 교회들보다는 산업주의와 민족주의에 보다 더 효과적으로 융통성있게 잘 대응하였다. 영어사용권에서와 마찬가지로 대륙의 정치적, 경제적 자유주의는 이들 교회들에 의하여 침투되고 형성되었다. 루터교 교회가 거의 획일적으로 군주정체, 귀족주의, 수동적 순종을 주장하였는 데 반하여, 개혁파 교회들은, 비록 적극적이지 못하였는지 모르나, 자유주의, 개인주의 그리고 민주주의, 평화운동, 사회개혁 혹은 사회주의들과도 광범한 관계를 맺고 있었다. 그리하여 이들의 문제들은 루터교들의 그것과는 상당히 달랐다. 우리들은 프랑스, 스위스, 그리고 네덜란드 개혁교회들의 중요한 발전상만을 우선 살펴보는 데 만족할 수밖에는 없겠다.

프랑스의 프로테스탄트들은 1905년 반로만 카톨릭적 조처였던 분리법의 부산물로서 그 자유를 획득하게 되었다. 그러나 자유교회였던 개혁파는 아직도 보다 자유주의파와 신앙고백적 진영들을 하나로 단결시킬 수 없었다. 프랑스어권 스위스는 프랑스의 예를 추종하였으며, 당시는 19세기 이민들로 인하여 로마 카톨릭이 주민의 다수를 구성하고 있었던, 칼빈의 도시 제네바까지도 1907년에는 종교예산을 폐지하였다. "제네바 국립 프로테스탄트 교회"는 1908년에 새로운 헌법을 받았다. 당시 뉴샤텔(Newfchatel)은 이와 비슷한 헌법을 거부하였다. 그러나 1911년 바젤(Basel)은 부분적인 국교 폐지에 우호적으로 동의하였다. 로마 카톨릭, 사회주의자, 기타 주민들의 대다수는 공공자금으로 프로테스탄트 교회를 지원하고 이를 통하여 일상생활에 영향을 미치게 하였던 국교제도의 폐지를 주장하고 있었다.

12. 종교적 사회주의

뷔르템베르그와 스위스에서는 여러 지류들로부터 지원을 받는 중요한 새로운 흐름이 출현하였는데, 이는 곧 "종교적 사회주의"이다. 원래 스와비안 경건주의 출신이었던 크리스토프 불름할트(Christoph Blumhardt)는 19세기 중엽에 신유와 축귀(exorcism) 등의 놀라운 은사를 드러냈던 묏틀링겐 지방 목사의 아들이었다. 바드 볼(Bad Boll)에 자리잡은 요양원에서 불름할트의 부친은 기독교를 단지 개념이 아니라 이 세상을 변화시키는 능력으로서 파악하였던 기독교 생활을 대변하는 운동의 중심이 되었다. 이와 마찬가지로 그의 아들 역시 경건주의에 반동하여 부활생명의 능력으로 사회 안에서 하나님의 통치를 주장하는 신앙으로 전환하였다. 그는 목회, 설교, 신유를 계속하면서 1900년경에는 그리스도 안에서의 하나님에 대한 그의 신앙에도 불구하고(혹은 바로 이러한 신앙 때문에) 막시스트 사회주의자들과의 공동적인 정치활동에 투신하게 되었다. 그는 저술은 별로 없었으나, 라가즈(Ragaz)와 쿳터(Kutter)에게 막대한 개인적 영향을 미쳤다.

라가즈는 스위스 프로테스탄트 자유주의 출신이었는데, 사회주의 운동과 같은 역사 속에 살아계시는 하나님에 대한 의식으로 이를 더욱 깊이 발전시켰다. 전직 신부였던 쿳터(Kutter)는 사회주의의 신학적 해석으로 『그들은 행동해야 한다』(They Must!, 1905)라는 저서를 출판하였다. 다음해에 라가즈는 그의 선언문을 발간하였는데, 이는 곧 "복음과 현재의 사회적 투쟁"(Gospel and the Present Struggle)이었으며, 종교적 사회주의자들이 조직되기 시작하였다. 사회주의 정치를 얼마나 지지할 것인가의 범위에 대하여는 상당한 이견들이 있었다. 불름할트는 수년 동안 뷔르템베르그 의회에서 봉사하였다. 라가즈는 스위스 정계에서 활약하였다. 그러나 쿳터는 1912년의 쥬리히 파업시에 라가즈와 그 입장이 다르다고 공표하였다. 그는 "하나님의 나라"와 교회를 상치시켰던 미국의 로쉔부쉬(Rauschenbusch)를 포함한 다른 이들과는 달리 교회를 떠나지 않았다. 라가즈는 협동조합들, 민중학교들, 정착지들, 그리고 특히 제1차 세계대전 중에는 평화주의운동들을 주창하였다. 그리고 한동안 종교적 사회주의자들은 스위스 노동자들을 전적으로 의지하였다. 쿳터의 보다 조용하고 종말론적인 경향은 전쟁의 효과 아래서 칼 바르트라는 젊은 스위스 목사를 새로운 선지자로 산출하게 된다.

13. 홀랜드의 네오 칼빈주의

　네덜란드에서도 스위스의 종교적 사회주의 운동과 유사한 움직임들이 있었다. 그러나 가장 중대한 사태의 발전은 칼빈주의 신앙고백주의에서 나타나게 되었다. 1870년 전직 현대주의 목사였던 아브라함 카이퍼(Abraham Kuyper)는 암스텔담으로 이주하여 네오 칼빈주의 "반혁명당"의 지도자로서 그로엔 반 프린스트러의 뒤를 계승하였다. 이들은 연방주의적, 지방분산적인 유기적 사회의 옛 모습으로 돌아가는 것을 꿈꾸었다. 이들은 거대한 숫자의 개인들에 대치되어 있는 획일적인 현대 국가에 대항하여, 국가는 가족, 촌락, 지방자치단체, 교회, 길드, 대학교 등 독립적인 소규모 사회 집단들의 협의체에 불과해야 한다고 주장하였다. 이 가운데서 인간들은 개인적인 관계로 연결되어야 한다는 것이었다. 왜냐하면 국가와 경제 생활 속의 "자유주의적" 사회관계들은 비개인적이요, 비인간적으로 변모하여 잔인한 경쟁과 계급투쟁들을 야기시키기 때문이다. 이러한 의미에서 볼 때 국가사회주의는 자유주의 논리적인 결과이며, 모든 체제의 종말은 독재정치가 될 것이라고 하였다. 카이퍼는 노동법 조항들의 입안과 사회보장제도의 필요성에 관하여는 사회주의자들의 의견에 찬성하였다. 그러나 그는 그 대신에 길드를 부흥시키리라고 생각하였던 국유화에 보다 더 큰 관심을 갖고 있었다. 그가 1913년 은퇴할 때까지 그가 원했던 대부분의 사회적인 프로그램들은 법으로 제정되었다. 그는 기독교 민주당, 혹은 반혁명당을 대중화시키는 데 성공하였으며, 이 정당은 로만 카톨릭과 연계하여 그 후 대부분의 기간 동안 정권을 장악해 왔다. 그는 1901-1905년까지 수상을 역임하였으며, 지난 세기의 홀랜드 정계에서 가장 영향력있는 인물이었을 것이다.

　카이퍼의 가장 지대한 관심은 사회문제들 외에도 종교교육에 있었다. 반혁명당은 신앙고백적 학교들을 위하여 공공자금을 얻기 위해 투쟁하였으며, 1870년에는 이를 실현하기 위하여 로만 카톨릭과의 "괴이한 동맹"(monstrous unity)을 이룩하였다. 이 동맹은 자유주의자들을 물리치고 1887년 교회학교들을 위한 국가 보조금을 얻어내는 데 성공하였다. 이와 유사한 논쟁을 거쳐 고등교육기관으로서는 칼빈주의적인 암스텔담의 자유대학이 설립되었다. 이러한 사태발전의 결과 네덜란드는 신앙고백적으로 무수하게 세분된 교육제도를 가지게 되었다.

자유대학교 및 기타 문제들에 관련된 갈등으로 카이퍼는 국교회에서 다시 분열하여 1885-1886년 간의 "비통교회"(Mourning Church)를 조직하였다. 그 후 몇년 내에 이 그룹은 복고시대의 분열파들과 하나로 합쳐서 "네덜란드 개혁교회"(1892)가 되었다. 그 신도 수는 30만에서 50만 가량 되었다. 또한 국교였던 개혁파 교회 안에도 정통주의적 경향은 강하게 남아 있었다.

제 20 장

영국의 기독교

 빅토리아 여왕 재위의 마지막 시기에는 그 이전의 종교적 운동들이 계속되는 한편 이와 함께 에드워드 시대의 중대한 새로운 방향전환을 불가피하게 하였던 거대한 사회적, 문화적 변화들이 발생하게 되었다.

1. 복음주의자들

 앵글리칸과 자유 교회를 막론하고 1870년 영국 교회의 주류는 아직도 "복음주의"였다. 이는 개인주의적 경건주의의 앵글로-아메리칸적인 형태라고 할 수 있었다. 울스터에서 시작되었던 "제2차 복음주의 대각성"이 1860년대에는 영국으로 파급되었다. 1873-1875년 사이에 무디(Dwight L. Moody)는 영국에서 사람들을 회심시키기 위한 부흥회들을 개최하여 미국에서와 마찬가지로 큰 성공을 거두었다. 당시 가장 위대한 설교가는 침례교였던 스펄전(Spurgeon)이었는데, 그는 스스로를 휫필드의 전통에 서는 인물이라고 생각하였으며, 6천 명이 앉을 수 있는 런던의 메틀로폴리탄 테버나클(Metropolitan Tabernacle) 교회에서 설교하였다.
 우리들은 또한 다른 장에서 이러한 운동이 거두었던 해외선교의 성과에 관하여도 살펴보도록 할 것이다. 여기서는 단지 복음주의자들, 특히 자유 교회에 속한 복음주의자들이 많은 공헌을 했다는 점만을 우선 지적하도록 하자. 또한 이에 못지않은 국내선교의 성공도 찾아볼 수 있다. 이 당시의 Y.M.C.A. 운동은 도시의 청년들에게 복음을 전하기 위한 복음주의적 전도활동이었다. 각종 도시 "선교"들이 활발하게 운영되고 있었다. 윌리엄 부스

(William Booth)의 저서 『칠흑 같은 영국』(*In Darkest England*, 1890)은 국내선교의 열기를 "칠흑 같은 아프리카"에까지 파급시켰다. 그리고 당시의 많은 외국 선교사들과 마찬가지로 부스는 복음을 단지 구두로 전파하는 것은 특정한 사회적 상황들, 예를 들면 현대의 빈민굴에서는 맞지 않다고 생각하게 되었다. 당시 감리교의 관료층에게 자기의 주장을 설복시키는 데 실패하였던 그는 1877년 "구세군"(Salvation Army)을 창설하였다. 구제소, 노동자 구호운동, 기타 이와 비슷한 사역들을 통해서 구세군은 빈민들과 죄인들, 현대 도시의 하층 10퍼센트에 대한 가장 효과적인 사역을 감당하였다.

2. 앵글로-카톨릭들

복음주의자들 외에도, 이들의 숙적 입장에 있었던 앵글로-카톨릭들도 여러 방면으로 그 사역을 확장하여 이 시기에 점차 교세를 강화하게 되었다. 이처럼 다양한 견해들의 유입으로 인하여 영국 교회 안에는 게릴라전의 양상이 벌어졌을 뿐만 아니라, 이전에 가능하였던 앵글리칸들과 자유 교회인들 사이의 협력이 점차 더 어렵게 되었다. "펀치"(Punch)지는 앵글로-카톨릭들의 예배의식주의에 대한 대중들의 혐오감을 표현하였으며, 빅토리아 여왕 역시 이처럼 '비영국적' 표현에 대한 그녀의 불편한 심사를 자주 나타냈다. 캔터베리 대주교는 점차 증가하는 고해성사의 사례들에 대한 경고를 발하기까지 하였다. 그러나 무수한 소송건들과 교회의 규칙들은 이들 앵글로-카톨릭들을 더욱 자극하여, 의식중심적인 경향의 신부들은 영국 전역에 걸쳐 그 동안 시행되지 않고 있었던 각종 예식들을 교구에서 실시하였다. 또한 "빈민굴의 사제들"도 적어도 자기들이 사역하는 상황에서 예배의식주의가 복음적 효과를 과시하고 있음을 주장하였다. 그리고 우리들이 살펴본 바와 같이 앵글로-카톨릭들은 이 시기에 영국 기독교의 사회윤리 분야의 주도권을 복음주의자들로부터 획득하게 된다. 그리고 복음사역과 예배의식 사역에서와 마찬가지로, 부활수도회나 성역수도회와 같은 새로운 수도회들이 점차 더 중요한 역할을 담당하게 되었다. 이 시기 말에 앵글로-카톨릭당은 영국 국교회의 성직자들 가운데 약 1/6을 장악하였으며, 교인들 가운데는 1/20을 포함하고 있었다.

3. 자유 교회의 예배와 교회 정치

이러한 복음주의자들과 앵글로-카톨릭파들 사이의 괴리는 앵글리칸들과 자유 교회주의자들 사이의 긴장을 더욱 고조시키게 되었다. "젊은 감리교인들"(Young Methodists)을 지도하였던 휴스(Hughes)와 회중파 지도자 베리(Berry)가 1892년 전국 자유 교회 협의회(the National Free Church Council)를 조직하였을 때 이들의 공통 관심사는 "성직자중심주의"(sacerdotalism)의 점증하는 위험이었다. 동시에 협의회는 앵글로-카톨릭주의를 산출하였던 것과 동일한 종류의 힘이 자유 교회 안에서 표현된 것이기도 하였다. 협의회는 "가시적인 카톨릭 교회"를 존중하는 "복음적 자유 교회 요리문답"을 작성해낼 수 있었다. 또한 이 시기에는 자유 교회 안에서 공공 예배의식에 대한 관심의 부흥이 있었다. 이 운동은 "카톨릭 사도 교회"(Catholic Apostolic Church)로부터 근원하였으며, 프로테스탄트 예배의식에 관한 확실한 연구가 진행되었던 스코틀랜드 교회로부터 많은 지원을 받아 강화되었다. 비록 그 초기 단계에서 낭만적인 절충주의의 경향을 보이기도 하였으나, 그 결과는 프로테스탄트 예배가 어떤 형식도 갖추지 못했다는 의미에서의 "자유스런" 예배는 아니며, 매우 확고한 구조를 갖추고 있고 집단적 찬양의 비할 바 없는 전통을 가지고 있다는 의식이었다. 그리하여 이 운동은 스코틀랜드와 영국에서 예배의식서들을 생산하기 시작하였다.

4. 종교적 평등을 위한 투쟁

그런데 자유 교회 인사들과 앵글리칸들 사이의 관계를 불편하게 하였던 것은 무엇보다도 이들을 위한 자유와 사회적, 공민적 평등성을 쟁취하기 위한 정치적 투쟁이었다. 복음적 각성 운동들로 인하여 자유 교회들은 그 숫자가 날로 증가하고 있었다. 특히 당시 교회의 출석신자들 수로 볼 때에 20세기 초, 모든 자유 교회 신자들을 합한 숫자는 국교회의 그것을 능가하였다. 또한 영국 헌법이 점진적으로 민주화됨에 따라서 이들이 갖는 정치세력도 함께 증가하게 되었다. 우리들이 살펴보고 있는 이 시기의 시초에는 아직도 자유 교회 인사들에게 불리한 제한사항들이 많아서 이들은 사회적으로 추방당하고 국민생활의 주류에 참여하지 못하고 있었다. 미알(Miall)과 데일(Dale) 같은 이들이 이끌었던 그들의 "자유화 협회"(Liberation Society)는 면세 혜택,

일류 대학과의 연계, 전문직과 사회적 위치들의 획득, 결혼, 장례, 출생신고 등에 있어서 평등권을 쟁취하기 위하여 오랫동안 피나는 투쟁을 벌였다. 이들의 궁극적인 목표는 영국의 국교 제도를 폐지하고 완전한 종교의 자유를 획득하는 것이었다.

1867년 보통선거권의 확장은 자유당의 주류가 되었던 자유 교회 소속 인사들의 위치를 강화시켰다. 이들은 1868년 교회에 대한 과세를 폐지하였다. 1871년에는 옥스포드와 캠브리지가 이들에게 개방되었으며(단지 행정직은 차지할 수 없었다), 10년 후에는 신학교만을 제외하고는 행정직에도 임명될 수 있게 되었다. 1869년 자유 교회 인사들은 아일랜드의 국교를 폐지하고, 이곳의 앵글리칸들에 대한 보조금을 중지하는 글래드스톤의 법안을 지지하였다. 당시 카톨릭 신자들이 압도적이던 이곳 아일랜드의 앵글리칸 신자들은 인구의 1/8에 불과하였다. 또한 인구 5명 중 4명이 자유 교회에 속해 있었던 웨일스 지방에도 같은 조처를 취하도록 요구하였으나, 앵글리칸 측에서는 제1차 세계대전까지 이곳에서의 국교제도를 완강하게 수호하였다.

5. 포스터 교육법(Forster Education Act)

그러나 이 시기의 가장 중요한 논란은 공립학교에서의 종교교육에 관한 문제였다. 대륙이나 혹은 미국에서의 상황과는 달리 영국에서는 공립교육이 매우 늦게야 도입되었다. 19세기 말까지도 교육은 개인적인 사업으로 주로 교회에서 실시하였으며, (1833년 이후에는) 의회로부터 약간의 보조금을 받고 있었다. 이러한 학교들의 대다수는 앵글리칸이었으며, 자유 교회 인사들은 비분파적인 공립교육의 실시를 위한 운동을 벌였다. 예를 들면 이들의 주장으로 인하여 런던 대학교와 다른 지방자치단체들의 초교파적 학교들이 설립되었던 것이다. 초등교육의 차원에 있어서는 1867년의 선거권 확장으로 말미암아 교회에서 감당할 수 있는 차원을 초월하는 범위의 공립교육이 시급하다는 의식이 일어나게 되었다. 그리하여 1870년의 포스터 교육법은 지방 교육국 체제를 설립하여 이들에게 세금을 징수할 권한과 필요한 시설을 마련할 책임을 규정하였다. 이러한 공립학교제도는 당시에 이미 기존하고 있었던 자발적인 앵글리칸 학교들을 보충하려고 고안되었지, 이를 대체하고자 하는 체제는 아니었다. 그리하여 이중적인 교육체제가 마련되었으며, 초등교육이 의

무화되었을 때에는(1880), 부모들이 원하는 바에 따라 학교를 선택할 수 있었다. 물론 시골에 학교가 하나밖에 없는 경우에는 이러한 선택이 불가능하였다. 1895년에는 교회학교에 있는 학생 4명당, 공립학교에는 3명이 재학하고 있었다.

이러한 공립학교들이 세속주의적인 교육을 실시할 것은 아무도 원하지 않았다. 그러나 이들의 종교교육은 법에 의하여 "비교파적인" 문제들에 국한되어 있었는데 이는 앵글로-아메리칸적인 교파 집단들이 대부분을 차지하고 있었던 나라들에 특유한 현상이다. 기도, 찬송, 성경읽기는 보편적으로 실시되었다. 종교교육에는 대개 주기도문, 십계명, 그리고 사도신경이 포함되었다. 이러한 현상에 대부분의 자유 교회 인사들은 만족하는 모습을 보였다. 반면 스코틀랜드의 경우에는, 대륙의 경우에서와 마찬가지로 프로테스탄트와 로마 카톨릭을 막론하고 학교들의 종교교육은 매우 교파적이었다. 그러나 주로 교회행정 면에서는 차이가 있으나, 교리 면에서는 일치하는 앵글로-아메리칸적인 교파들이 다수 존재하는 지역들, 미국, 캐나다, 오스트레일리아, 남아프리카에서는 "비교파적" 교육이 이 시기에 가장 흔히 볼 수 있는 형태로서 자리잡았다. 캐나다에서는 교회학교들에도 공공자금을 보조하여 주는 영국식 제도를 일부 도입하였으나, 미국과 오스트레일리아에서는 금지되었다. 그러나 이들 각국에서는 교회나 다른 사회단체가 국가나 주정부의 규제를 받음없이 자유스럽게 학교들을 설립할 수 있었다. 이는 프랑스나 독일처럼 국가가 교육을 독점하였던 대륙의 모습과는 전혀 판이한 것이었다.

6. 1902년의 교육법

이러한 이중적 교육제도 아래서 교회에서 운영하는 학교들 — 이 중 9할은 앵글리칸, 1할은 카톨릭이었다 — 은 공립학교들에 비교해 볼 때 재정적으로 불리한 위치에 있다는 사실을 발견하였다. 그리하여 상당히 날카로운 논쟁을 거쳐 이 두 그룹들은 1902년 교육법을 통과시키는 데 성공하였으며, 이에 따라 교회학교들도 교육세 가운데 상당한 몫을 차지하게 되었다. 이 법에 의하면 교회학교들은 아직도 자기들의 건물을 마련하고 교사들을 임면하였다. 그리고 종교교육의 내용도 스스로 결정할 수 있었다. 그러나 학교의 유지비와 교사의 급료들은 세금으로 지급할 수 있었다. 그러나 겨우 한 세대 전에 앵글리칸에 십일조를 납부하는 상황에서 해방되었던 자유 교회 인사들은 이 법안이 과거의 불공정한 조처를 부활시킨다고 생각하였다. 그러나 앵글리칸들은 로마 카톨릭들과 자기들이 차지하였던 이러한 이익을 공개적으로 축하함으로써, 자유 교회 인사들을 자극하였으며, 존 클리포드(John Clifford)의 지도 아래 이들 자유 교회들은 양심의 자유를 내세워 교육세 납부를 거부하였다. 그리하여 수천 명이 재판에 회부되었고, 많은 이들이 감옥에 갇히게 되었다. 그 결과 여론은 이들에게 동정적이었으며, 특히 교육전문가들은 일체의 종교교육을 경원하는 모습을 보이게 되었다. 교회학교 재학생들의 숫자는 격감하였으며, 공립학교에서는 종교교육을 축소하거나 혹은 폐지하게 되었다.

7. 진화론과 사회적 다윈이즘(Evolution and Social Darwinism)

이처럼 교육부문에서 기독교적 교훈이 약화되었던 것은 이러한 교파간의 대결뿐만 아니라 사회적, 문화적인 다른 요인들이 작용하였기 때문이었다. 이 시대 초에 진화론을 둘러싼 대논쟁이 벌어지게 되었다. 라이엘(Lyell), 다윈(Darwin), 스펜서(Spencer), 헉슬리(Huxley)가 이 이론을 대중화시켰는데, 이는 사회적, 윤리적, 심지어는 형이상학적인 견해로서까지 이해되고 있었다. 그리고 이는 기독교적인 개념과 쉽게 공존할 수 있는 것이 아니었다. 진화론자들은 보다 발전되지 못한 사회로부터의 전통이나 계시를 존중할 수 없었다. 만약에 인종의 자연적 개선에 의하여 해결될 수 있다면 죄의 문제가 그다지 중요한 것은 아니라고 생각하였다. 그리고 비록 일부 인사들은 진화과정 속에서의 협동과 사회적 덕목들을 강조하였으나, "적자생존"의 원칙은 일반적으로 오직 힘이 정의라는 식의 잔혹한 경쟁을 정당화시키는 형태로 이해되고 있었다. 테니슨(Tennyson)과 같은 생각이 깊은 이들은 "피에 젖은 이빨과 짐승의 갈고리와 같은 손톱들이 지배하는 자연"의 모습에 깊은 불안을 금치 못하였으며, 불가지론자로 화한 문학가와 사상들은 더 이상 기독교적 가르침들을 잊을 수도 존중할 수도 없었다.

1880년대까지도 대중들에게 가장 많이 읽혔던 책들은 종교분야였다. 그러나 19세기 말에는 다른 부문의 서적들이 더 많은 독자들을 끌고 있었다. 대중들은 특히 "과학"이야말로 생명과 구원의 원천이라고 생각하게 되었다. 과학이 보다 선하고 편리한 생활을 창조해 줄 것이었다. 그리하여 점차 세속적인 유토피아주의가 사상적 주류를 이루게 되었으며, 이는 인도주의적이었고, 자연인의 도덕적 노력과 과학적 기술을 통하여 진보를 이룰 것을 자신하고 있었다. 그리고 인생의 목적에 관한 생각들, 특히 기독교적인 관점으로부터 이에 관하여 생각하는 것은 점차 더 드물었다.

8. 성경비평

인간의 자기 충족성과 낙관주의 외에도, 과학적 사고의 한 가지 특수한 적용이 기독교의 입장에 매우 큰 피해를 가져오게 되었다. 독일인들의 성경에 대한 역사비평이 이 시기에 대중적인 효과를 가져왔으며, 특히 이는 자유 교회와 스코틀랜드 학자들을 통하여 널리 소개되었다. 모든 주요 교파들이 이에 관한 논쟁으로 분열상을 보였고, 그 결과 성직자들과 평신도들은 성경에 대한 자신감을 상실하게 되었다. 평신도들은 이제 더 이상 성경을 읽지 않았으며, 이를 자녀들에게 가르치지도 않았다. 그리고 설교가들은 성경 자체에 성실하기보다는 사회적, 도덕적인 주제들에 관하여 설교하기 마련이었다. 그 결과 20세기의 처음 세대들은 아마 종교개혁 이후 가장 성경의 영향을 받지 않은 세대라고 할 수 있겠다. 그리고 교회 안에 있던 모든 문제들을 해결하는 것도 더욱 힘들게 되었다. 왜냐하면 이제 더 이상 공통적으로 논쟁의 기준을 삼을 권위가 없어졌기 때문이었다. 이는 특히 복음주의자들에게 심각한 피해를 주어, 지성적이고, 교육받은 이들의 충성을 계속 유지하는 것이 힘들게 되었다.

20세기의 처음 20년 동안 기독교 신앙과 새로운 비평학이나 과학관들을 중재하기 위한 자유주의적이고 "현대주의적"인 많은 시도들이 행해지게 되었다. 가장 주된 경향은 창조 행위에서의 하나님의 내재성을 강조하여 그를 진화론적 원칙 가운데 포용하고자 하는 것이었다. 모든 인간의 도덕적 능력들을 강조하였던 행위는 예수 그리스도를 구속주로서가 아니라, 단지 도덕적으로 이해하도록 만들었다. 또한 "예수의 종교"는 "예수에 관한 종교"에 대치되었으며, 예수는 바울에 대치되었다. 세기 초에 보다 더 극단적인 현대주의를 대변하였던 인물은 런던 시티 템플(the London City Temple) 교회의 캠벨(R. J. Campbell)이었다. 그의 진보적인 세계관에서 볼 때 예수님은 단지 모범적 사회개혁가, 혹은 자선가에 불과하였다. 구속을 설명하기 위해서 그는 하원에서 노동자들을 위한 정의를 부르짖고 있었던 케어 하디(Keir Hardie)를 지적하였다. 타일렐(Tyrrell)과 폰 휘겔(Von Hügel)처럼 프로테스탄트 신자들 사이에서 영향력을 가지고 있었던 로마 카톨릭 현대주의자들은 자유 교회 지도자들이었던 포사이드(Forsyth)나 오만(Oman)들처럼 하나님의 초월성을 보다 더 강조하였다. 그러나 이 세대는 매우 복잡하고 거대한 신학논쟁으로 점철되어 있었다. 이러한 상황은 아마도 1913년 동료 주교 두 사람을 이단으로 고소하였던 웨스턴(Weston) 주교의 모습에서 가장 잘 나타나고 있다고 하겠다. 흔히 "키쿠유 논쟁"(Kikuyu controversy)이라고 불리우는 이 사건은 앵글리칸주의 안에 있었던 신앙고백주의-현대주의파와 프로테스탄트-카톨릭파의 교회관을 둘러싸고 발생하였다. 당시의 대주교는 협상과 회유를 통하여 교회의 대대적인 분열을 방지하였으나, 이 사건은 당시의 폭발 직전 상황을 잘 보여주고 있었다.

한편 사회적, 정치적 발전상도 영국 교회에 새로운 문제들을 던져주고 있었다. 우리 시대의 시초에 앵글리칸주의는 지주계급의 신사들과 그 지지자들과 입장을 같이하고 있었다. 그리고 정치적으로는 보수적 입장을 견지하였다. 반면에 전문직 종사자들, 상인들, 산업계층 가운데 교회에 속한 이들은 대부분 자유 교회에 속해 있었으며, 정치적으로는 자유주의적이었다. 그런데 이러한 정치적인 성향은 대륙과는 다른 점이었다. 왜냐하면 대륙에서 이에 상응하는 계층은 일반적으로 반성직자적 자유주의나 혹은 무신론적 사회주의적 경향을 가진 것이 대부분이었기 때문이었다. 반면에 미국에서는 반성직자적 자유주의자들이 존재하지 않았다. 따라서 여러 가지 전통들이 영국 내에 존재하고 있었다는 사실은 교회들에게 많은 융통성을 제공하게 되었다. 영국에서는 귀족주의, 군주주의, 가부장주의 등만이 아니라 민주주의, 자유주의 그리고 사회주의도 모두 교회의 영향을 깊이 받고 있었다. 또한 교회 내의 분열 양상도 세속화과정을 지연시키는 데 상당한 공헌을 한 것으로 보인다.

9. 복음주의적 윤리

이 시기에 노동자들에 대한 책임과 의무감을 강하게 의식하고 있었던 것은 주로 자유 교회들이었다. "이러한 비국교적 양심"을 표현하였던 정치적, 경제적 이론들은 로크와 아담 스미스들로부터 연원되었던 실용주의적 개인주의 였으며, 이는 그 후 두 세대가 지나서는 미국의 허버트 후버(Herbert Hoover)를 통하여 다시 표현되었다. 이 이론의 이상은 정치와 사업계에 종사하는 자유스럽고 책임감있는 개인이었으며, 복음주의적 프로테스탄트주의는 이러한 개인들이 역사상 유래없이 많이 존재하는 사회, 고도의 진취성과 유연성을 가지고 있는 사회를 산출하는 데 한몫을 담당하였다. 이 이론은 국가의 기능을 최소화하였으며, 반면에 개인들의 진취적 의욕이 최대의 기회를 가지도록 하였다. 예를 들어 이웃을 돕는 자선사역의 경우에도 이를 공공기관을 통하여 하기보다는 개인적으로 하도록 하는 것이 보다 더 효율적이라는 것이었다. 또한 이웃을 돕는 이유도 하루빨리 그가 자립할 수 있도록 하기 위하여 그렇게 해야 한다는 것이었다.

이러한 복음적 사회 윤리로부터 나온 활동들은 개인의 자제심, 성실성 그리고 책임감들을 보존하고 앙양하기 위한 목적을 가지고 있었다. "비국교도적 양심"이라는 단어는 감리교의 휴스가 공공인물 – 이 경우에는 파넬(Parnell) – 의 혼인부정을 용인하는 것에 대하여 저항하는 과정에서 나타나게 되었다. 이와 비슷하게 "금주운동"도, 18세기에 웨슬레가 진(gin) 술을 공격한 이래 복음주의자들의 한 가지 특징이 되었다. 많은 기관들이 19세기 말에 금주운동에 관심을 보이고 있었으며, 대부분의 자유 교회들과 거의 모든 감리교도들은 이에 동조하고 있었다. 또한 복음주의적 윤리에서 볼 때 도박이나, 안식일을 범하는 것 역시 매우 중대한 악덕이었다.

10. 셋틀먼트, 인스티튜서날 교회, 교파적 기구들

복음주의자들은 특히 여러 가지 형태의 자선사역들을 수행하고 있었다. 이들은 고아원 및 이에 비슷한 기구들을 널리 지원하였다. 도시 빈민 구제 기구들 외에도 이 시기에는 다양한 빈민굴에서의 사역을 함께 감당하기 위한 중심으로서 "셋틀먼트"(settlement)라는 일종의 기지가 조직되었다. 이 셋틀먼트는 흔히 대학교들과 관련을 가지고 있는 여러 개혁가들이 함께 모여, 일정 기간 동안 가난한 자들과 계속 접촉하여 이들의 생활에 관해 배우는 것이었다. 1884년 이후 토인비 홀(Toynbee Hall)에서의 사무엘 바넷(Samuel Barnett)의 사역은 여러 사람들이 본받았으며, 제1차 세계대전이 시작될 때까지 영국과 미국에서 점차 그 영향력을 더해가고 있었다. 제1차 세계대전 전야에 시그문트 슐체(Siegmund Schulze)는 이를 독일에까지 이식하였으나, 이곳에서는 계층간의 구분이 더 엄격하였으므로 사업이 힘들었다. 소위 "인스티튜셔널 교회"(institutional church)라는 형태 역시도 이처럼 도시가 빈민굴화 되어가던 시대에 관련된 한 가지 현상이라 할 수 있다. 즉 황폐화되어가는 지역의 교회는 더 적극적인 교육적, 사회복지적, 위락적 사역들을 갖추어 지역사회의 수요를 충족시키고자 함으로써 "인스티튜션"(기관)화 하게 된다는 것이었다.

이러한 복음주의적 사회활동에 종사하였던 자유 교회 지도자들 가운데는 도시 선교사역에 적극적이었으며 전국 자유 교회 협의회의 초대 의장을 지냈던 휴스가 포함되어 있었다. 그리고 저명한 학자이자 교육가였으며 맨스필드 대학의 설립자였던 버밍험의 데일(Dale of Birmingham), 그리고 유니태리언 출신의 챔버레인(Chamberlain)들도 다 이에 속하는 인물들이었다. 그 정치적인 활약상으로 볼 때 이러한 저명인사들은 전국적인 무대보다도 개인적인 인품이 매우 중요한 역할을 하였던 지방자치단체의 정부에서 더 효과적인 활약을 할 수 있었다. 20세기 초에 자유 교회들은 1905년 스콧 리드젯(Scott Lidgett)이 이끌던 '웨슬레안들'(Wesleyans)을 필두로 하여 공식적으로 "사회봉사"의 영역에 뛰어들었다. 또한 존 클리포드와 실베스터 혼이 각각 침례교회 회중파들을 이끌었다. 1911년 이들 여러 교파기구들은 고어(Gore)를 의장으로 하여 초교파 사회봉사 연맹 총회(Interdenominationl Conference of Social Service Unions, I.C.S.S.U.)를 조직하였다. 이 총회의 가장 중요한 기능들 가운데 하나는 매우 유능한 인사들이 지도하였던 연구 세미나였던 "콜레지움"(Collegium)이었다. 앵글리칸 출신의 윌리엄 템플(William Temple)이 그 의장직을 맡았으며, 퀘이커 출신의 루시 가드너(Lucy Gardener)가 서기직을 담당하였다. 1924년 버밍험에서 개최되었던 기독교 경제, 정치, 시민권에 관한 총회(Conference on Christian Economics, Politics and Citizenship)는 주로 I.C.S.S.U.가 그 준비를 담당하였다(제30장, "템플과 사회윤리" 항을 참조). 또한 앵글리칸들과 자유 교회 교인들이 함께 공동으로 참여하였던 지회들도 조직되었다.

1870년대 초 영국은 빅토리아 시대의 번영을 한껏 누리고 있었으며, 이러한 번영은 노동자들까지도 느낄 수 있었다. 그러나 70년대 중엽 이후 오랫 동안 경기침체가 계속되면서, 많은 이들은 복음주의와 실용주의의 개인주의는 산업사회의 위기에 대처하는 데에는 충분치 못하다는 생각을 갖게 되었다. 그리하여 이러한 문제들에 관하여 정부들이 보다 더 적극적이고 광범위한 기능을 담당해야 한다는 의식이, 자유 교회의 사업가들이 아니라면, 적어도 가부장주의적 전통을 간직하고 있었던 지주계급들 사이에서 널리 퍼지게 되었다. 가장 확실한 새 사회계획은 파비안 사회주의자들(Fabian Socialists)의 그것이었는데, 즉 민주주의적 과정을 통하여 중요한 생산수단들은 국유화해야 한다는 것이었다. 이러한 견해는, 그때까지도 진보적 정치의 지도적 역할을 담당하였던 자유 교회 인사들보다 앵글리칸들 사이에서 더 많은 호응을 얻게 되었다.

11. 교회 사회주의 연맹(Church Social Union, C.S.U.)

1890년대에 가장 중요한 사회 교육과 활동을 위한 기구가 되었던 것은(앵글리칸) 교회 사회주의 연맹이었다. 스콧 홀랜드(Scott Holland)가 그 조직 책임자였으며, 고어와 웨스콧 등이 그 기독교적 파비안주의 프로그램을, 그 이전 세대에 모리스(Maurice)가 교회와 성례에서 발견하였던 사회적으로 함축되었던 의미에 연결시켰다. 이러한 선전의 주된 대상은 어차피 앵글리칸 교회가 별로 접촉점을 갖지 못하고 있었던 사업가들이나 노동자들이 아니라, 영국 국교회의 성직자들, 특히 불변하는 보수주의의 전통적 기둥들이라고 할 수 있었던 주교들이다. 람베스 주교 회의(the Lambeth Copnference of Bishops)가 최초로 1888년 사회문제들에 대해 상당히 소극적인 모습으로 언급하였다. 그러나 1897년에 모였던 다음 회의에서는 경제적, 사회적 질서에 관한 도덕적 책임을 인정하고 모든 교구들에 사회봉사기구들을 조직할 것을 제안하였다. 1908년 람베스는 모든 산업들은 "생활임금"을 지급하는 것이 가장 일차적인 책임이라고 하였다. 제1차 세계대전 발발 시에는 약 열네 명의 주교들이 C.S.U. 회원으로 되어 있었다. 1918년에 출판되었던 "기독교와 산업 문제에 관한 대주교 위원회"의 "제5차 보고서"는 C.S.U. 연구의 30년 전통을 망라한 것으로 당시에 이 문제에 관한 교회의 작품으로서는 가장 원숙하고 유능한 분석과 프로그램을 갖춘 최고의 것이라고 할 수 있다. 이는 영국 교회들이 이 시기에 공공문제들에 관련하여 보여준 가장 혁명적인 진로 재조정의 한 측면이라고 하겠다.

이러한 재조정의 또 다른 측면은 자유 교회들과 노동자들 사이의 변화하는 관계였다. 19세기에는 노동자들에 대하여 가장 많은 관심을 보였던 것은 자유 교회들, 특히 원시 감리교파(Primitive Methodists)였다. 70년대에는 노동조합 지도자들의 70퍼센트가 이러한 출신 배경을 가지고 있었다. 광부들을 위한 조합지도자였던 토마스 버트(Thomas Burt), 농업 노동자 조합의 창시자였던 조셉 아치(Joseph Arch)가 그 예라고 할 수 있다. 그리고 케어 하디나 아더 헨더슨 같은 인물들은 자기들의 자유 교회적 배경에서 나온 이상주의를 20세기의 노동당으로 유입시켰다. 대륙의 호전적 막시즘과는 너무나 대조되는 영국 사회주의의 자유주의적 인도주의의 측면은 주로 이러한 원천에서 나온 것이다.

그러나 20세기 초에 변동이 발생하였다. 자유주의-노동당 정부가 1905-10년 간 정권을 잡았는데 이 시기를 자유 교회의 정치적 영향력의 절정이라고 할 수 있겠다. 그러나 양자간(사회주의자와 교회들)의 동맹은 이미 균열되는 징조를 보이고 있었다. 이제 주요한 자유 교회 교파들은 그들이 주장하던 평등권을 이미 대부분 획득한 상태였다. 이들은 주로 점잖은 중산층 출신들이었으며, 그 지도자들 가운데 새로운 노동당이나 노동당의 목표에 동조하는 이들은 별로 찾아볼 수 없었다. 이들은 아직도 "금주운동"이나 안식일 엄수 등을 가장 중요한 문제로 생각하고 있었다. 그리하여 이제 노동 정치계에서 더 적극적인 역할을 담당하기 시작하였던 것은 앵글리칸 성직자들이었다. 정열적인 사제 노엘(Noel) 신부가 이끌던 (앵글리칸) 교회 사회주의자 연맹(C.S.L.)은 "기독교라는 종교의 실천은 사회주의다"고 부르짖었다. 1908년의 범 앵글리칸 총회는 기독교와 사회주의 사이의 관계에 대하여 열띤 토론을 벌였다.

1909년 C.S.L.은 런던에서 벌어졌던 대규모 실업자 시위를 조직하였다. 1912년에는 당시 의장이었던 조지 란스버리(George Lansbury)가 당시 교착상태에 있었던 노조협상에서 미지근한 태도를 보이고 있었던 주교들의 결단을 촉구하여 광부들의 편에 서도록 하기 위해 웨스트민스터 다리를 건너 시위를 벌였다. 그러나 이 운동은 내부적으로는 막시스트, 파비안주의자, 그리고 길드사회주의자들 사이에 분열을 겪고 있었다. 또한 앵글로-카톨릭파가 뛰어들어 신학적인 분열상도 보이고 있었다. 전쟁 후에 C.S.L.은 세 개의 단체들로 분열되었다. 그러나 자유 교회들에서는 아직도 이에 비견할 만한 움직임을 찾아볼 수 없었다. 즉 사회주의 정치계의 주도권은 이제 앵글리칸 쪽으로 넘어간 셈이었다.

한편 영국제도의 로마 카톨릭측 주도권은 아일랜드인이 장악하고 있었다. 아일랜드 안에서의 농업문제는 영국과의 관계에 마찰을 가져왔으며, 양자는 종교적인 차이점으로 어려움을 겪고 있었다. 정치적인 로마 카톨릭측의 세력이 더 강성해지고 있었다. 1903년에 결성되었던 "카톨릭 협회"는 불매운동 등 각종 경제적 압력으로 아일랜드로부터 프로테스탄트들을 축출해 내고자 하였다. 이러한 행동은 북부 아일랜드에 살고 있었던 프로테스탄트들로 하여금 아일랜드가 이곳을 차지할 경우 프로테스탄트들은 멸망할 수밖에 없을 것이라는 확신을 갖게 하였다. 1914년 남부의 북부 아일랜드는 군사적으로 서로 대치하게 되었으며, 유혈투쟁을 통하여 겨우 아일랜드 자유국(Irish Free State)이 건국되었다.

12. 로마 카톨릭과 사회윤리

한편 수백만의 아일랜드인들은 영국, 스코틀랜드, 미국의 빈민가로 이주하였다. 그리하여 이들 나라들 안에서 상당한 세력을 가진 로마 카톨릭 세력권을 형성하게 되었다. 이리하여 1865년 대주교직에 오른 맨닝(Manning)은 이러한 아일랜드인들의 외국 진출을 위한 총사령관의 역할을 맡게 되었다. 그는 재임 초기에 바티칸 공회의 준비를 위해 가장 적극적으로 활약한 인물이었으며, 그는 이 공회에서 교황무오파를 위한 각종 책략에 앞장서곤 하였다. 그 후에는 주로 공공문제에 열성을 쏟아서 금주운동을 지지하고, 노동법을 제정하고, 자선사역을 실시하는 등 당시의 복음주의자들과 같은 사역에 헌신하였다. 그는 아일랜드 노동자들을 지휘하여 1889년의 대부두파업을 통해 노동자들이 "추기경의 평화" 협상의 유익을 누릴 수 있도록 했는데, 이는 이러한 이민 노동력을 통하여 로마 카톨릭이 정치적 세력을 장악하고 사용하게 되는 20세기의 현상을 미리 보여주는 사건이었다. 그러나 제1차 세계대전 이전의 영국 로마 카톨릭들은 대부분 정치적, 사회적 문제들에 무관심하였다. 단지 1909년에 설립되었던 카톨릭 사회주의 길드는 이러한 무관심의 분위기에 한 가지 예외를 보여주는 사건이라 할 수 있었다.

영국 로마 카톨릭 진영에서 지성적으로나 영적으로 뉴먼의 지도적 위치를 이어받았던 인물들은 타일렐과 본 휘겔이었다. 이들에 관하여는 후에 다시 언급하도록 한다. 프란시스 탐슨(Francis Thompson), 코벤트리 팻모어(Coventry Patmore), 홉킨스(G. M. Hopkins)는 글재주가 뛰어나서 그들의 활약으로 영국의 로마 카톨릭 교회는 새로운 존경을 받게 되었다. 20세기에 들어서는 체스터톤(Chesterton)이나 벨록(Belloc) 같은 이들이 더 대중적인 차원에서 이 사역을 계승하게 된다. 공공문제들에 있어서 이들은 중세의 농경주의, "아름다운 농민들", 그리고 길드 체제로 돌아가자는 로맨틱한 프로그램을 주장하였으나 동시에 보다 비판적인 면에 있어서는 대규모 자본주의와 사회주의에 대항하여 매우 잘 정리된 철저한 비판을 발하였는데 그 한 가지 예가 벨록의 유명한 작품인 『노예국가』(Servile State)였다. 1914년에는 로마 카톨릭 교회가 영국 내에서 정식 위치를 차지하는 교회로서 자리잡게 됨으로 형식적인 로마 카톨릭주의가 가능하게 되었다.

한편 일부 앵글리칸-카톨릭들은 "앵글리칸 방식에 의하여 시행된 성직 임명은 절대무효이다"라는 레오 13세의 1896년의 결정에 깊은 실망을 감추지 못하였다. 이는 즉 앵글리칸 교회에는 진정한 주교나 사제들이 존재할 수 없다는 성명이었기 때문이다.

13. 연합 자유 교회와 세속 법정

스코틀랜드에서 발생하였던 한 사건을 마지막으로 취급할 필요가 있다고 생각되는데, 이는 스코틀랜드 교회들의 재결합 과정과 이로부터 야기되었던 교회와 국가 사이의 관계에 관한 논쟁이다. 1902년 자유 교회(이들은 1843년의 "대혼란" 사건으로부터 연유한다)는 연합 장로 교회에 합류하였다. 그러나 이에 반대하였던 완강한 "위 프리스"(We Frees, '우리 자유인들'이라는 의미) 분파는 자유 교회의 재산을 차지하기 위하여 세속 법정에 소송하였다. 그런데 최종법원이었던 영국 상원에서는 모든 재산을 얼마 안되는 소수인 잔류파들에게 주어야 한다고 판결함으로 이곳에서 거의 내란을 초래하게 되었다. 당시 상원에서는 영국법원들에서 흔히 볼 수 있었던 경향대로 교회들에게는 자결권이 없다는 입장을 그대로 따른 것이었다. 이들은 교회들이 살아있는 유기체로서 자신들의 신조를 발전시키고 정의하며 살아있는 머리 (Head)에 순종하여 생활한다는 것을 인정하고자 하지 않았다. 이보다는 교회를 신탁물로서 간주하여 과거의 기준에 따라 기계적으로 처분하고자 하였다. 또한 이 과정 속에서 의회는 과연 웨스트민스터 신앙고백에 합당한 발전 사항들이 무엇인지의 여부를 판단하는 위치에 섰던 것도 사실이다. 그리하여 영국 사법부가 스코틀랜드 교회들에게 천부적 권리와 권위가 있음을 다시 한 번 부인함으로써 "대혼란" 시대의 모든 문제들에 관한 논란이 다시 재개되었다. 이 논쟁을 통하여 결국은 보다 공정한 타개책을 마련하는 입법안이 마련되었다. 이와 동시에 교회들의 권리에 관한 보다 더 심중한 문제가 1921년의 스코틀랜드 교회법(The Church of Scotland Act)에 의하여 정의되었다. 이 법은 스코틀랜드 교회를 "우주 보편 교회의 일부분으로" 인정하였으며, "하나님이시자 왕되신 머리로부터, 그리고 오직 그분으로부터만 아무런 세속 권력에도 복속되지 않는 권리와 권력을 받으며, 교회 안의 신조, 예배 그리고 치리에 관한 모든 문제들에 관하여 법률을 제정하고, 이를 판결할 권리와 권력을 받는다"고 하였다. 연합 자유 교회들과 스코틀랜드 국교회 사이의 재합동을 위한 협상은 1909년에 시작되었으며 제1차 세계대전 후에 성공적 결말을 맺게 되었다.

제21장
미국의 사회복음과 신학적 자유주의

　미국의 남북전쟁은 종교적인 측면에서 볼 때 어떤 획기적인 사건은 되지 못하는데, 이 점은 제1차 세계대전 역시 마찬가지이다. 19세기 초의 복음적 각성운동으로부터 1890년대에 이르기까지 미국의 종교사는 본질적 연속성을 지니고 있다. 그리고 이 시기에 재정의되었던 문제들과 사건들은 1930년대에 이르기까지 계속되었다. 그리하여 이 장과 세계대전 사이의 미국 기독교에 관한 장에서는, 그 가장 중요한 본격적 분수령이 이 시대의 중간에 위치하고 있다는 사실을 전제로 하여 기록하도록 할 것이다. 또한 미합중국은 워낙 거대한 나라이므로 그 북동부에서 발생한 사건에 기초한 시대의 구분은 또한 남부, 서부의 시대를 구분하는 데는 적당하지 않을 수도 있다는 사실을 명심해야 하겠다.

1. 칼빈주의의 몰락

　남북전쟁 이후 미국을 주도하였던 기독교는 그 이전과 마찬가지로 영국의 비국교파와 밀접하게 관련되어 있던 4, 5개 교파들로 대변되는 복음주의적 프로테스탄트주의라 할 수 있겠다. 그런데 몇몇 교파적인 특성들은 18, 19세기의 부흥운동의 와중에서 보다 약화되었으며 서로의 공통점을 찾으려는 노력이 경주되었다. 우리들은 이러한 공통점을 가리켜 일반적으로는 감리주의적 경향이라고 정의할 수도 있을 것이다. 남북전쟁에서 제1차 세계대전에 이르는 시기에 미합중국 프로테스탄트주의는 "알미니우스주의"와 만인구원설의 물결 앞에 칼빈주의가 점차 후퇴하는 양상을 보이고 있었다. 남북전쟁 말기

장로교, 회중파, 침례파의 대부분과 성공회의 상당부분은 웨스트민스터 표준문서들에 나타난 '언약신학'의 입장을 굳게 고수하고 있었다. 그러나 1890년대에 들어서자, 회중파들은 물론이요, 많은 장로교인들이 더 이상 이러한 웨스트민스터 표준문서가 표방하는 신앙고백에 만족하지 못하였다.

이들 교회들 안에서는 더 이상 '유기'는 물론이고 '택정'의 교리에 대한 설교를 들을 수 없었다. 교회들은 더 이상 이러한 문제들을 중요하게 생각하지 않았으므로, 장로교는 반(反)예정주의였던 쿰버랜드 대회와 1906년에 합동할 수 있었으며, 북침례교는 1909년 자유의지파 침례파와 합동하였다. 그리하여 회중파의 "베리알 언덕 선언"(Burial Hill Declaration, 1865)과 "캔사스 시티 신경"(Kansas City Creed, 1913) 사이에는 엄청난 신학적 차이를 볼 수 있다. 즉 1890년경 주요 교파 내 신학적 지도노선이 급격하게 변화함으로 그때까지 미국 프로테스탄트주의에 가장 중요한 모습을 결정하였던 특징들을 포기하게 되었던 것이다. 실제로 이러한 움직임은 많은 면에서 볼 때 단지 웨슬레의 펠라기우스주의를 뛰어넘는 모습이었다.

2. 부흥운동의 종말

그런데 이러한 경향의 대부분이 부흥운동의 결과인 인간중심적 종교에 기초하고 있었음에도 불구하고, 이 시대에 부흥운동은 그 발판을 상실하게 되었다. 19세기 마지막 4분기에 있어서, 영어사용권 세계에서 가장 유명하였던 인물은 물론 무디(Dwight L. Moody)였을 것이다. 그러나 그의 후계자 대부분은 부자연스런 인위적 방법을 사용한다는 인상을 주게 되었다. 그리하여 19세기 말 교양있는 대부분의 성직자나 교인들은(당시는 교양이 무엇보다도 중요시되던 시기였다) 아마도 필립 브룩스(Phillip Brooks)를 가장 모범적인 목사로 손꼽았을 것이다. 회중파들은 부쉬넬의 '기독교인의 양육' 이론을 좇아 특별히 구별되어 모인 신자들의 집단이라는 교회관을 포기하고, 종교개혁시 보다 우익적인 교회관을 채택하였으나, 이러한 "신신학"의 본질은 종교개혁의 신학들과는 거리가 먼 것이었다. 이들의 주도적 경향은 인간의 죄와 구속과 회심의 중요성을 보다 약화시키는 것이었다. 무디는 그 이전의 피니와 마찬가지로, 회심한 신자들에게서도 많은 문제가 계속 존재한다는 사실을 깨닫기 시작하면서, 말년에는 신자들의 양육과 교육에 보다 많은 노력을 기울이기 시작하였다. 그러나 이러한 종교적 양육이 힘든다는 사실을 거듭하여 깨닫게 되었다. 부흥운동으로 말미암아 교회들은 신학교육, 질서있는 예배, 그리고 성례들을 포기한 상태에 있었으며, 신신학과 신윤리학은 신앙 외적 근원들, 특히 대중적인 과학에 크게 의존하기 시작하였다.

3. 진화론

1859년에 출판되었던 다윈(Darwin)의 『종의 기원』(Origin of Species)은 남북전쟁 이후, 1870년대, 1880년대에 들어서야 비로소 미국에서 널리 논의되기 시작하였다. 처음에는 성직자들과 과학자들이 다 같이 이를 격렬하게 반대하였다. 1870년대에도 더 이상 폭력적이지는 않았으나 이에 대한 반발은 매우 자심한 것이었다. "다윈주의"는 창조주로서의 하나님에 관한 성경적 교리에 어긋나고, 인간의 특유한 종교적, 도덕적 본질을 박탈할 뿐 아니라, 추론적으로는 성경의 영감과 계시를 원칙적으로 부인하는 것으로 간주되었다. 그 결과의 인간관은 인간의 도덕적 책임감을 비도덕적 습관들과 "적응"으로 대체시키는 듯하였다.

그러나 곧 이들을 조화시키고자 하는 노력들이 경주되었다. 1876년 존 피스케(John Fiske)의 '우주철학'(Cosmic Philosophy)은 "진화는 하나님께서 사역하시는 한 방법이다"라고 주장하였다. 북동부에 위치한 도시들의 교육받은 평신도들의 성향이 어떻게 변화해가고 있었는가는 '위대한 풍향계'라고 불리웠던 헨리 워드 비처(Henry Ward Beecher)가 1880년대에 진화론을 수용한 것에서 알 수 있다. 그는 중요한 복음주의적 목사들 가운데 최초로 진화론을 수용한 인물이었다. 90년대에 들어서자 학식있는 프로테스탄트 지도자들은 진화론에 대한 반대를 포기하였다. 플리머스 교회에서 비처의 자리를 계승하였으며, 당시 가장 영향력있었던 기독교 잡지였던 "아웃룩"(Outlook)지의 편집자였던 라이만 애봇(Lyman Abbott)은 그의 저서 『진화론자의 신학』(Theology of an Evolutionist, 1897) 속에서 전형적인 미국식 기독교 이상주의적 진화론을 개진하였다. 진화론은 "하나님께서 역사하시는 방도"로서 설명되었으며, 따라서 섭리의 개념과 조화될 수 있다고 하였고, "진보"에 관한 신앙을 매우 강화시켜 주게 되었다. 죄는 "우리들의 야만적인 유산"이라고 표현되었으며, 인간은 "원숭이와 호랑이들이 죽도록" 방관해야 한다고 하였다. 인식론적 역사과정은 인류의 점진적 구속과 성화의 단계로 이해되었다.

이러한 전체적 신학발전은 곧 17세기 이후 앵글로-아메리칸 프로테스탄트주의를 특징지어왔던 고립적인 경건주의-이성주의적 경향의 쇠퇴를 의미하는 것이었다. 1890년경부터는 독일 이상주의가 로크적 인식론을 제치고 주류를 이루는 학문적 구조로서 계시신학과 연결되었다. 이제 슐라이어마허와 콜레지를 좇아 하나의 통일되고 일관성있는 기독교 사상을 이룩하려는 노력이 경주되었다. 이제 인간은 계시된 하나님보다는 인간 자신의 종교적 경험에서부터 신학적 탐구를 시작하며(이 종교적 의식의 연구 가운데서 부쉬넬을 좇아 종교적 긍정의 상징과 "시적"인 특성이 강조되는 것이 보통이었다) 또한 성경적 상징들이나, 진화적 우주관의 관념들도 동일한 종교적 통찰에 관한 보다 선택적인 상징으로 취급될 수 있었다.

4. 고등비평

적어도 제1차 세계대전 이전에는 이러한 사상들이 일부 시성인늘 사이에만 국한되어 있었다. 그러나 성경에 대한 "고등비평"에 의하여 중대한 문제가 대두되었다. 이제 계시도 역시 진화적 혹은 "진보적"인 것으로 이해되었다. 모세가 오경의 저자가 아니며, 적어도 두 개의 이사야서가 존재하였다는 주장으로 인하여 구약은 많은 권위를 상실하게 되었다. 그리하여 이미 영국에서 30년 동안이나 계속되었던 종류의 이단 재판을 연상시키는 재판들이 나타났으며, 이에 부수하여 심각한 논쟁들이 발생하게 되었다. 가장 먼저 이러한 투쟁을 거친 것은 뉴잉글랜드의 회중파 교회였다. 예를 들어 앤도버 신학교와 뭉거(Munger)와 고든(Gordon)의 경우를 생각할 수 있다. 그리고 1890년대에는 장로교단에서 찰스 브릭스(Charles Briggs)와 헨리 프리저브드 스미스(Henry Preserved Smith)와 역사가 맥기퍼트(A. C. McGiffert)를 둘러싼 논쟁들이 뒤를 잇게 되었다. 20세기 초 감리교에서는 바운(Bowne) 미첼(Browne Mitchell) 그리고 성공회에서는 크렙세이(Crapsey) 등의 문제를 다루게 되었다. 침례교파와 제자교파들은 제1차 세계대전 이후에 이러한 문제에 휘말리게 된다. 이러한 연대기는 각 교단들의 상대적 신학적 감수성을 보여주는 것이나, 동시에 정통성을 계속 고수하고자 하는 각 교단들의 서로 다른 형태의 방법들도 여실하게 나타나게 되었다. 이들 "이단자들" 가운데 그 입장을 철회한 이들은 거의 없었으며, 많은 이들은 이 때문에 그 소속 교단을 바꾸는 방법을 택하였다. 교단의 압력을 받고 있던 신학교들은 차라리 독립하는 방법을 택하기도 하였는데, 당시 개인들로부터 많은 기부금들을 답지하였으므로, 이러한 독립이 가능하게 되었다. 예를 들어 유니온 신학교가 장로교단으로부터 벗어난 것은 바로 이 시기였다. 그리하여 보다 보수적인 교단들에서는 신학교를 불신하는 풍조도 나타나게 되었다.

5. 근본주의(Fundamentalism)

신학교와 대교회 강단에서 점차 자유주의적 복음주의자들의 숫자가 증가함에 따라, 이에 반발하는 보수 진영도 조직을 서둘게 되었다. 이들 가운데, 엄격한 의미에서의 정통파들이 나타나게 되었는데, 곧 루터교 진영의 미주리 대회와, 개혁파들 가운데 일부 홀랜드, 스코틀랜드인들이 이러한 인물들이었다. 그러나 각 교파들 가운데 이보다 더 널리 보급된 모습들은 1870년 후반부터 발전되었던 각 지역별 "사경회"(Bible Conferences)들의 모습이었다. 이를 구성한 인물들은 대부분 경건주의적, 부흥주의적 경향을 보이는 전천년주의자들이었다. 이러한 사경회들 가운데 하나였던 1895년의 나이아가라 집회는 복음주의적 경건주의자들의 소위 "근본주의"의 발전 근거를 마련해 주게 되었다. 이들이 내세우고 고수하고자 하였던 다섯 가지 근본 원칙들은 다음과 같다. 즉 성경의 무오설, 예수 그리스도의 신성, 동정녀 탄생, 예수 그리스도의 대속적 죽음, 육체적 부활과 임박한 주님의 재림 등이었다. 그리하여 사경회들, 부흥회들, 정기 간행물들, 팜플렛 등을 통하여 이러한 원칙들이 모든 프로테스탄트 아메리카 전역에 걸쳐 설교되고 전파되었다. 그 절정을 이루었던 것은 아무래도 뛰어난 논문들로 이루어졌던 12권의 『근본원칙들』(The Fundamentals)이라고 할 수 있다(1909-1915). 스튜어트라는 이름의 두 부유한 로스앤젤레스 출신 석유업자들이 무려 이 책자 3백만 부를 모든 설교가들, 목회자들, YMCA 직원들, 각 교파 직원들에게 무료로 배부하였다. 몇몇 중요한 예외를 제외하고 근본주의적 목회자들은, 자유주의적 목회자들에게 비하여 그 교육 정도에서 떨어졌으며 보다 가난한 회중들의 교회를 담임하게 되는 것이 보통이었다. 그러나 이들은 평교인들과 가까운 위치를 유지하였으며, 특히 남부, 중서부 그리고 태평양 연안 등 광활한 지역을 장악하고 있었다. 제1차 세계대전이 발생할 즈음에는 바로 이 자유주의-보수주의 사이의 대결이 복음적 프로테스탄트 진영을 양분하는 가장 중요한 문제가 되었다. 각 교파들의 종내 차이점들은, 모든 교파들을 양분하였던 이 문제에 비교해 볼 때 별로 대수로운 것이 되지 못하였다. 만약 전쟁이 발생하여 이 문제를 둘러싼 대결을 1920년대까지 지연시키지 않았다면, 아마도 대규모적인 폭발적 사건이 그 이전에 발생하였을 것이다.

6. 사회적 변화들

미국의 프로테스탄트 진영이 이처럼 과학의 진보 – 주로 진화론 – 에 의한 신학적 차이점들로 인하여 혼란된 상태에 있었을 때, 거대한 사회적, 경제적 변화들 역시 복음주의적 윤리의 분야에서 새로운 질문들을 제기하였다. 원래 주로 농업적 민주주의 체제에 맞추어 형성되어 있었던 미국 프로테스탄트 진영은 새로운 신입사회, 도시적 과두체제의 도래 앞에서 제대로 대응할 수가 없었다.

사회적 변화들이 너무나 신속하게 진행되었으므로, 미국민의 대부분은 과연 어떤 사건들이 발생하고 있는지, 또한 이러한 사건들이 어떠한 의미를 가지는지 제대로 파악하지 못하고 있었다. 윌슨 대통령이 퇴역군인들에게 행했던 한 연설 속에서 한탄하였듯이, "당신들이 현재 살고 있는 나라는, 당신들이 위해서 싸운 나라가 아니었다." 예를 들어 인구가 1860년에는 3천1백만이었는데, 1880년에는 5천만으로, 그리고 1900년에는 7천6백만으로 증가하였다. 따라서 채 두 세대가 지나기 전에 인구가 세 배로 증가한 양상이었다. 이들 새로운 인구 가운데 많은 이들은 농지를 차지하게 되었다. 최초의 대륙 횡단 철도는 1869년에 완성되었다. 70년대에는 대영제국과 스웨덴을 합친 것만큼이나 거대한 영토가 새로 농지로 전입되었다. 1900년에는 1860년도에 미국토 전체에 살고 있었던 인구보다도 더 많은 숫자들이 농지에 거주하고 있었다. 그리하여 거의 아무런 법적 제재나 내심의 양심에 의한 제한을 받지 않는 이들이 자기들의 이기적인 목적을 위하여 자연 자원들을 마구 착취하였다. 아직 남아있던 소위 '개척지대'도 성급하게 개간되었으며, 이러한 과정 가운데 원주민 인디언들과 버팔로들이 희생되었다. 위스콘신 주 삼림의 반 이상이 뚜렷한 효용도 없이 남벌되었던 사실은 이러한 "강도 후작들"의 모습을 너무나 여실히 보여주고 있다. 그리고 이러한 움직임 속에서 미시시피 서쪽에 대부분 교회들이 개척되었던 것이다.

그러나 이러한 개척지대의 농업적 확장보다도 미국인의 생활에 더 중요한 영향을 미쳤던 것은 이와 동시에 발전되었던 도시들의 성장이다. 바로 이 도시들이 그 후에는 점차 농경지들을 통제하게 된다. 남북전쟁에서 승리를 거둔 북부는 그때까지 농업위주의 서부와 남부에 의해 눌려 있었던 세력들을 분출시켰다. 이들의 금융적, 산업적 자본주의가 사회뿐만 아니라 정부도 장악하게 되었다. 1890년대에는 인구의 1/3이상이 주민 4천 명 이상의 도시들에 거주하게 되었다. 1900년대에는 이러한 비율이 전인구의 40퍼센트를, 그리고 1910년에는 다시 45퍼센트로 증가하였다. 이러한 비율증가는 도시 인구가 다시 교외로 빠져나가기 시작하였던 1910년대까지 꾸준히 계속되었다. 이제 드디어 메트로폴리탄이라는 형태의 새로운 문명이 출현하였던 것이다. 도시적 사고방식이 점차로 전체 문명과 문화를 압도하게 되었다. 도시민들은 일반적으로 농부들을 '촌놈'이라고 생각하게 되었으나, 사실 농부들은 이제 농촌에 자리잡은 기업가의 모습으로 변신하고 있었다.

7. 로마 카톨릭 이민

이러한 문화적, 종교적 형태는 또한 유럽으로부터 밀려들어온 이민들에 의하여 급격한 변화를 겪게 되었다. 바로 이러한 이민들이 인구의 급증을 이룩한 가장 중대한 이유가 되었다. 이 새로운 이민들은 주로 남부와 동부 유럽에서 이주해 왔다. 이러한 변화는 기존의 앵글로-아메리칸 프로테스탄트 사회 속에 상당한 세력의 로마 카톨릭 진영이 형성되었음을 의미하고 있다. 그 결과, 미국 내에는 복음주의적 프로테스탄트 진영에 잠재적으로 대항할 수 있는 중요한 종교적 상대로서 로마 카톨릭의 비영어 사용 주민들의 존재를 의미하게 되었다. 1866년 볼티모어에 전국 의회가 개최되었을 때, 미국 내 로마 카톨릭의 인구는 한 세대만에, 인구 백 명당 한 명에서 백 명당 열 명으로 증가해 있었다. 1920년에는 로마 카톨릭 주민들의 숫자가 천8백만으로 증가하였는데, 이는 여섯 명당 한 명을 차지하는 비율이었으며, 이러한 추세는 이러한 대규모 이민이 중지되기까지 계속되었다.

이 기간 동안 로마 카톨릭 교회는 프로테스탄트에 비하여 문화적으로 낙후된 상태에 있었다. 그 역사는 다양한 언어와 문화, 관습을 가지고 있는 신자들을 내부적으로 결속, 통일, 조직시키기 위한 갈등이었다고 볼 수 있다. 당시의 가장 중요한 두 가지 문제는 우선, 종교적 통일성을 마련하는 것이었다. 특히 프랑스, 독일, 아일랜드, 이탈리아, 폴란드인들을 하나로 묶어 일관성있게 통솔할 수 있는 계급조직을 준비하는 일이었다. 그리고 둘째로는, 주로 프로테스탄트 경향을 강하게 지니고 있었던 공립교육의 확장에 대비하여 안전한 로마 카톨릭 교육을 실시하도록 하는 것이었다. 이 시기 동안 로마 카톨릭 신자들의 대부분은 스스로 미국 내에서 '국외자'라는 자의식을 가지고 있었다. 실제로 제1차 세계대전이 발생할 때까지도 이들 가운데 절반 이상은 아직도 외국어를 사용하는 교회에 속해 있었다. 1908년에 들어서야 로마 카톨릭 교회는 미국을 비선교지역으로 분류하여 자율권을 부여하게 되었다. 그리하여 19세기 말의 이민들로 주로 구성되어 있었던 로마 카톨릭 교회는 미국의 보다 더 전통적인 프로테스탄트 교회들과는 전혀 다른 문제들로 씨름하고 있었다. 프로테스탄트 교회들 가운데 오직 루터교만이 이와 동일한 몇 가지 어려움들을 겪게 되었다.

이들 이민들은 주로 교육수준이 낮은 빈농이었으며, 이들은 새로운 공장들에서 직공으로 일하는 것이 대부분의 모습이었다. 예를 들어 1900년, 뉴잉글랜드 지방의 공장들이나 펜실베니아 지방의 광산에서 일하는 노동자들은 90퍼센트 가량이 외국에서 출생했거나 혹은 외국에서 출생한 이들의 자녀들이었다. 그리하여 미국의 로마 카톨릭 교회는 도시 노동자들의 교회가 되었으며, 이와는 대조적으로 프로테스탄트 신자들 가운데는 공장들, 광산들 혹은 빈민굴을 직접 경험한 이들이 별로 없었다. 그리하여 공업주의가 몰고온 계급의 골은 종교적, 언어적, 문화적 차이에 의하여 더욱더 깊어지게 되었으며, 이에 따라서 각종 새로운 사회 문제들에 대한 교회, 교단들의 반응도 달라지게 되었다. 침례교, 제자파, 루터교 등 주로 시골지방에 자리잡은 프로테스탄트 교파들은 이 당시의 산업사회가 몰고온 문제점들을 별로 의식하지 못하였다. 가장 학식있고 진보적인 개혁가들을 배출하였던 교파들은 회중파, 성공회, 장로교들이었다. 그러나 정작 이민들 자신의 교회라 할 수 있었던 로마 카톨릭 교회는 아직도 주위 환경에 대한 경계적 태도를 버리지 못하여 각종 사회문제들에 대하여 매우 보수적인 태도를 견지하였던 것으로 보인다.

8. "부유의 복음"(Gospel of Wealth)

남북전쟁 직후 사회적인 분위기는 상당히 나태한 것이었다. 그 이전에 볼 수 없었던 경제적인 기회의 증대, 개척지대의 개발, 사회적 유동성을 경험하였던 미국인들은, 무제한적인 개인들의 활동이야말로 가장 활발한 경제적 발전을 이룩하게 될 것이며, 각자의 능력과 정력에 거의 비례하는 보상을 당연히 받을 것으로 생각하게 되었다. 남북전쟁 이전의 세대 중에서 프로테스탄트 경제학자들은 그러한 경제이론을 일반적으로 섭리의 교리와 동일시하였을 것이다.

이러한 풍조를 배경으로 앤드류 카네기(Andrew Carnegie)는 당대의 프로테스탄트 기업가들을 대변하여 1889년 소위 "부유의 복음"을 설파하였다. 그의 이론에 따르면, 운영의 재능은 재산증식을 위한 자유 경쟁을 통해 가장 많은 보상을 축적하는 것이 당연하게 된다는 것이라 하였다. 그리고 비록 이러한 경쟁의 과정에서 일정한 대가를 치러야 하는 것은 당연하지만, 이러한 경쟁은 생의 모든 부문에서 가장 유능한 자의 생존을 보장할 것이라고 하였다. 더욱이 매사추세츠의 로렌스 주교 같은 이는 운영과 경영의 재능이 도덕적 성품과도 관련이 있다고 생각하여 "장기적으로 볼 때, 가장 도덕적인 인간들이 결국은 재산을 획득하게 된다"고 주장하였다.

이러한 자연적 귀족주의 이론이 가져온 결과는, 부자는 그 재산을 관리하는 데 있어서 신에게는 책임을 져야 하지만, 보다 무능한 다른 인간들에게는 책임이 없다는 풍조였다. 록펠러(Rockefeller)는 그리하여 "내게 돈을 준 것은 하나님이었다"고 말했다. 필라델피아 레딩 철도회사의 주인이었던 바에르(G. F. Baer)는 1902년 이 점을 더욱 조야하게 표현하였다. "노동자들의 권리와 이익은 보호될 것이다. 그러나 이를 보호하는 것은 노동조합 선동가들이 아니라, 기독교 신자들에게 의해서이다. 하나님께서는 그의 무한한 지혜 가운데 이 나라의 재산을 관리하도록 맡기셨다." 그러나 1902년에는 기독교 언론들도 이러한 바에르의 '재권 신수설'적인 입장을 가히 비판적으로 취급할 만큼 성숙해 있었다.

교회 지도자들과 신학자들은 기업가들에게 노동자층을 돕고 자애를 베풀 것을 촉구하는 동시에 이러한 자애심으로 인하여 재산획득을 위한 경쟁이나 혹은 임금 수준의 결정이 영향을 받지 않도록 하라고 경고하였다. 예를 들면 부쉬넬은 "장로교 쿼터리"(the Presbyterian Quarterly)지를 통하여 일반적으로 빈곤은 악덕의 결과이므로 이는 범죄로서 취급해야 한다고 주장하였다. 헨리 워드 비처(Henry Ward Beecher)는 적어도 미국에서 빈곤으로 고생하는 자들은 모두 자기 자신의 죄 때문이라고 자신있게 주장하였다. 그러나 물론 노동자들은 이러한 중산층 기독교 경제학을 그대로 받아들이지는 않았다.

1866년에 이미 "감리교 크리스천 애드보케이트"(Methodist Christian Advocate)지는 감리교인들이 원래 자기들의 출신 사회 계급을 벗어났다고 하였는데, 이는 경고라기보다는 오히려 자기 만족의 색깔을 띠고 있는 논평이었다. 그러나 시간이 경과함에 따라 교회 지도자은 점차 이러한 "보다 부적합한 자들" 사이에 신앙심이 결여되고 있는 경향에 우려를 표하게 되었다. 각종 구제협회, 구세군 그리고 미합중국 자원봉사자 협회들은 모두 이러한 관심을 표현하고 있었다.

그러나 일련의 폭력적인 사회적 난동현상이 발생함으로써 보다 양식있는 프로테스탄트 신자들은 자기들이 더 이상 이러한 이론들이 쉽게 통할 수 있는 개방적인 농업사회에 살고 있는 것이 아니라는 사실을 깨닫게 되었다. 1869년에 "노동자들을 위한 기사단"(the Knights of Labor)이 결성되었으며, 1877년에는 "미합중국 최초의 노동문제의 다이너마이트의 폭발"이라고 불리웠던 철도 노동자 파업이 발생하였다. 많은 도시들에서 노동자들은 경찰, 군대들과 격렬하게 충돌하였다. 1886년에는 시카고의 헤이마켓 광장의 노동자 집회에 폭탄이 투척되어 유명한 '무정부주의자들'에 대한 재판이 벌어지게 되었다. 1892년 홈스테드 제강회사의 파업시의 충돌에서는 10명이 죽고 60명이 부상하였으며, 8천 명의 주 정부군이 투입되었다. 이와 마찬가지로 1894년 클리블랜드 대통령은 시카고의 풀만 파업(the Pullman Strike) 때 "우편을 보호하기 위하여" 2천 명의 군대를 투입하였다. 미국 내의 산업 파업들은 그 어떤 유럽 국가들에서 볼 수 없는 양상으로 폭력적인 양상을 보였는데, 이는 아마도 계급간의 계층의식이 더 희박하였기 때문이었는지도 모른다.

가장 양식있는 프로테스탄트 신자들까지도 이러한 양상을 맞아 공포에 질려 군대의 도움을 요청하는 것이 보통이었다. 대기업체들과 이들을 지지하는 정부는 일체 노동자들의 요구를 고려하기를 거부하였다. 법원들은 노동조합을 불법화하는 판결들을 내렸다. 의회는 1894년 기업들의 이익을 보호하기 위하여 관세를 더 높이 책정하였다. 대법원에서는 1895년 수입세 법안이 위헌이라는 이유로 기각시켰다. 그리고 1893년 시카고 만국 박람회는 이러한 경쟁 사회의 이념을 축하하는 행사였다. 그러나 1890년은 또한 이러한 조류가 반전되는 모습을 보인 해이기도 하였다. 새로운 사회윤리학파의 출현은 국가와 사회 사이의 이성적 자연법 윤리학을 분리시켰던 복음적 프로테스탄트주의에 도전하는 모습을 보였다.

9. 국내 선교와 사회 활동

사회적 필요에 대한 가장 전통적인 반응은 자선과 구제이다. 성장하고 변모하는 도시의 양상에 반응하여 나타난 한 표현은 '종합적인 교회'의 모습이다. 뉴욕의 뮬렌버그와 엘미라의 비처(T. R. Beecher)는 각 개교회들에 사회복지제도, 오락, 교육 센터들을 조직하였던 이러한 노력의 개척자들이라고 할 수 있다. 20세기 초에 이러한 부문에서 가장 괄목할 만한 모습을 보인 것은 세인트 조지 교회(뉴욕)였는데, 이 교회에는 당시 미국에서 가장 유명한 평신도였던 몰간(J. P. Morgan)이 출석하고 있었다. 레인스포드(Rainsford)는 그 회원수를 75명에서 1906년에는 4천 명까지 증가시켰으며, 13명의 전담직원들을 두게 되었다. 필라델피아에 있던 러셀 콘웰(Russell Conwell)의 침례교 템플 교회도 유사한 모습을 보였다. 그러나 비록 이러한 교회들이 당대에 많은 반발을 받기도 하였고, 전국에 걸쳐 수많은 "교구 교회들"을 설립하기도 하였으나, 결국 교회들은 장기적으로 볼 때 이러한 사역들은 Y.M.C.A., 각 지역 구제소, 지방 자치단체, 정착단체에 맡기는 것이 더 효과적이라는 사실을 깨닫게 되었다.

영국에서 시작되어 미국으로 도입되었던 정착사업운동은 대학생들과 빈곤층들을 연계시키려는 시도였다. 그리고 영국에서는 50개의 정착단체들이 조직되었는데, 미국에서는 그 숫자가 400개에 달하였으며, 이들 가운데 많은 숫자가 아직도 그 기능을 발하고 있다. 원래 영국에서 시작되었던 Y.M.C.A. 운동도 미합중국에서 더욱더 대규모적으로 발전하는 모습을 보였는데, 이는 1880년 미국에 도입되었던 구세군 역시 마찬가지였다.

도시에 자리잡은 새로운 이민들의 필요를 충족시키기 위한 프로테스탄트 미국 교회들의 노력은 상당한 열매를 맺은 것으로 평가되었다. 가장 잘 알려진 기구들은 "정착촌", "종합교회" 혹은 "구역 가택"들이었다. 이들은 거의 비슷한 범위의 교육, 오락, 사회복지 활동들을 제공하였다. 이러한 사역들을 담당하였던 자금, 지도자, 직원들은 주로 전통적인 프로테스탄트 교회들이 제공하였다. 또한 이들이 봉사하였던 대상들은 주로 로마 카톨릭 신자들이나 유대인(특히 뉴욕 시의 경우) 이민들이었는데, 이러한 교파적 이해관계에 상관없이 사역이 시행된 것이 보통이었으며, 이들을 구태여 이러한 구제사역을 통해 개종시키고자 하는 노력은 하지 않았다. 이 사역에 프로테스탄트 교회들이 투입한 금액은 그 인력을 제외하고도 1933년 1억 달러로 추산되었다. 이들 대상자들을 위한 신앙교육은 유대교와 로마 카톨릭에 의해 제공되었으나, 적어도 프로테스탄트들이 그들의 사회적, 교육적 경향에는 상당한 영향을 미쳤다고 볼 수 있다. 1920년대에 이민이 정지되고 1930년대에는 동일한 사역들을 세속정부에서 맡아 시행하기 시작함으로써 교회들의 이러한 사역은 격감되었다.

10. 사회복음

그러나 '사회복음' 운동은 단순한 자선과 구제의 영역을 뛰어넘어 사회구조 자체와 '자유방임주의'적 경제체제 자체의 정당성과 합법성에 대한 의문을 제기하였다. 이 부문에서 역시 그 신학적 탐구에서와 마찬가지로 회중파들이 가장 많은 숫자의 개척자들을 배출하였다. 최초의 "사회복음주의" 목사들 가운데 제일 잘 알려졌던 워싱턴 글래든의 제안은 사실 매우 온건한 것이었다. 그는 노동조합의 조직을 위한 "극렬한 권리"를 용인하고자 하였으며, 일부 노동자들이 협동조합과 이윤분배제도를 통해 생산에 참여하도록 하고자 하였다. 그는 또한 철도, 전기, 수도, 수력발전, 광산 등 독점산업들을 국유화하거나 혹은 공공 통제할 것을 주장하였다. 1890년대의 가장 선풍적인 예언자였던 조지 헤론(George Herron)은 주로 농업부문의 개혁 운동에 참여하였다. 그는 그린넬 대학교수였으며, 주로 상부 중서부에서 많은 지지를 얻고 있었다. 피바디(F. G. Peabody)와 엘리(R. T. Ely) 역시 대학교수로서 '사회복음운동'의 주창자들이었으며, 월터 로셴부쉬(Walter Rauschenbusch)는 로체스터 신학교의 역사학 교수가 되었다. 이 운동의 지도자들은 모두 목사들이었으며, 이들은 저서, 강연, 신문기고문들, 잡지 기사들을 통하여 많은 이들의 호응을 얻게 되었으나, 평신도는 물론이고 동료 성직자들의 지원을 매우 점진적으로 획득할 수 있었다. 로셴부쉬가 후에 회상하였듯이, 1900년 이전의 시기는 고독을 이겨내며 광야에서 소리를 질러야 했던 시대였다. 그러나 바로 이 '사회복음주의' 운동이야말로 테디 루즈벨트와 우드로우 윌슨들이 주도하였던 "진보적" 시대에 있어서 가장 중요한 이상주의적 개혁 정열의 모습이라고 볼 수 있었다.

이 '사회복음 운동'은 상당한 의미에서는 바로 하나의 신학을 추구하던 움직임이라고 할 수 있다. 이 점은 로셴부쉬의 저서 『사회복음을 위한 신학』(*A Theology for the Social Gospel*, 1917)이라는 제목에서도 잘 드러나고 있다. 이는 한편으로는 매우 구체적인 인간의 필요와 사회부조리에 대한 인정에서 나타났던 것이며, 보다 고상한 도덕적 이상주의의 발로라고 볼 수 있다. 그리고 바로 이러한 필요성이 표출되었던 바로 그 시기에 진화론과 성경 비평의 도전들이 신학에 영향을 미치고 있었다. 어떤 의미에서는 많은 목회자들이 사회적 문제들에 몰입하였던 이유들 가운데 하나가 신학적인 복잡성으로부터의 도피적 성격을 띠었다고도 볼 수 있다. 이들이 과연 어떤 신조를 신봉하느냐를 불문하고, 사회복음 운동에 나타난 신자로서의 의무와 책임은 구체적이고 확실한 것이었다.

그 결과 비록 완전하지는 않았으나, 일반적으로 신학적 자유주의를 "사회복음"과 동일시하는 현상이 나타나게 되었다. 대부분의 지도자들은 개인주의적 복음주의에서 탈피하여, 새로운 사회적 관심을 표현하기 위해 교회 밖에 머물러, 자기들의 신앙을 진보와 합류시키게 되었다. 이들의 호소는 이제 주로 예수와 선지자들의 "사회적 교훈"에 중점을 두었으며, 용서를 통한 갱신의 근본적 문제라든가 혹은 은혜의 방편이나 신자들의 교제를 통한 신앙적 양육의 문제는 등한시하게 되었다. 당시 영국의 사회 윤리 분야를 이끌고 있었던 고파 교회의 사회적 과격주의를 방불케 하는 모습을 미국에서는 전혀 찾아볼 수 없었다. 이 동전의 다른 면은 미국 내의 보수적 경건주의와 정통주의가 일반적으로 계속해서 전통적인 자유방임주의 경제학을 지지하였으며, 경제적 생존을 위한 무제한적인 경쟁을 지지하고 있었다는 점이다. 자유주의자들은 신학 내에서 생물적 진화론을 받아들였으며, 그 반면 보수주의자는 '사회적 다윈주의'를 통째로 포용하였다.

20세기에 들어 처음 15년 동안에 '사회복음주의 운동'은 프로테스탄트 교회들의 공식적 구조 속에 정식으로 자리를 차지하게 되었다. 1901년 회중파와 성공회는 각각 공식적인 사회 봉사 프로그램을 마련하기 위한 발걸음들을 내딛게 되었다. 이를 위한 전담 총무를 마련하였던 교파는 장로교였는데, 그 직책을 차지한 찰스 스테즐(Charles Stelzle)은 같은 직무를 담당하기 위해 연방 위원회에 들어가 일하였다. 감리교단의 "사회적 신경"(Social Creed, 1908)은 1912년 연방 위원회 "신경"의 모체가 되었다. 그때쯤에는 모든 주요 교파들이 다 일종의 공식적 프로그램들을 마련하고 있었다. 로센부쉬는 많은 젊은 목회자들이 사회적 재건이야말로 교파들의 목적이라고 생각하고 있음을 발견하게 되었으며, 보다 나이많고 보수적인 성직자들도 점차 이러한 경향을 받아들이고 있음을 보게 되었다. 그리하여 이제 각 회중들이 얼마나 살아있는가는 얼마나 열심히 기도회에 모이는가 하는 것이 아니라(이 기준으로 보아도 교인들은 나태한 상태에 있었다) 이들이 얼마나 적극적으로 사회적인 프로그램에 참여하는가 하는 것이 되었다. 그리하여 사회복음 운동에는 보수주의자들이 부흥회를 통해서나 대응할 수 있는 열정과 열심이 있었다. 그리고 이러한 부흥회는 점차 사람들의 관심을 잃어가는 중에 있었다. 어쨌든, 대부분의 미국 프로테스탄트 신자들에게 그들의 책임 한계를 느끼도록 하였던 것은 바로 "사회복음" 운동가들의 공헌이었다.

11. 초교파적 협동

1890년대에, 개척지대가 사라지고 관심의 초점들이 변경지방에서 도시 쪽으로 옮겨간 사실은 여러 프로테스탄트 학교들에 막대한 영향을 미치게 되었다. 19세기의 농촌지방의 완전한 지방주의와 분파주의는 더 이상 유지가 불가능하였다. 1872년 국제 주일학교 교과 위원회는 "통일된" 공과를 발간하기 위한 계획을 시작하였다. 교파들의 외국 선교 기구들은 1893년부터 합동 연례 회의를 갖기 시작하였다. 마찬가지로 자기들이 물려받은 작업이 매우 혼란스럽고 제대로 조직되지 못한 상태에 있음을 깨달았던 내지 선교회들 역시 힘을 모아 협력하기 시작하였다. 1908년에는 내지 선교 위원회가 결성되었으며, 여성 위원회도 이와 연계되었다. 그리고 이제 여러 교파들이 새로운 "사회봉사"에 관한 위원회들과 아울러 종교교육부들을 설치하고 있었으므로, 1910년에는 복음주의 교파 주일학교 위원회(Sunday School Council of Evangelical Denominations)가 조직되었다. 교파간 사회봉사 활동들을 조정하는 것을 그 목표들 가운데 하나로 하는 연방 교회 위원회(Federal Council of Churches)가 1908년에 마련되었다. 처음 6년 동안 이 연방 위원회는 부족한 예산으로 별로 사람들의 눈을 끄는 사업을 이루지 못하였다. 아직도 미국 프로테스탄트주의는 지방적이고, 분파적인 성격이 강하였으므로 이러한 연합, 협력기구들이 별 큰 성과를 거둘 수 있으리라고는 믿지 못하고 있었다. 결국은 제1차 세계대전의 경험을 통해서만이 여러 교파들은 공동 보조를 취해야 할 필요성을 절감하게 되어 연방 위원회를 프로테스탄트 연합운동을 위한 기구로서 본격적으로 활용하기 시작하였다.

제 22 장
유럽의 프로테스탄트 신학

　20세기 중반으로부터 과거 3세대 동안의 유럽 프로테스탄트 신학을 살펴본다면, 이는 주로 독일 신학을 의미하는 것이다. 물론 예외적으로 다른 국가들의 상황을 살펴보는 것이 필요하기는 하다. 프로테스탄트 독일 대학교의 교수들은 다른 모든 여타 국가들의 신학 연구들을 합친 것보다도 더 중요한 위치를 차지해 왔다. 이들 독일 학자들은 다른 나라들과는 달리 그 교회와의 관계에 있어서 학문적인 자유를 향유해 왔다. 독일의 학문체계는 매우 경쟁적인 것으로서, 학자들은 다른 학자들의 출판물이나 저서들을 매우 세심하고 주의깊게 살펴보고 있다. 그 결과 물론 평신도들의 신앙을 불안케 하거나 위태롭게 하는 경우도 있었고, 목회자들의 훈련을 위하여 가장 최선의 분위기를 제공하였다고는 수 없다. 그러나 이들은 역시 신학의 가장 많은 분야에 걸쳐 가장 다각적인 접근과 연구를 이루는 데 성공하였다. 이러한 학자들의 연구 결과로 말미암아 우리가 살펴보는 이 시대는 가히 현대 교회사에 있어서 신학연구의 황금시대라고 할 수 있었다.

　물론 이들의 세계는 어떤 창조적인 독창성보다는 "학문"을 주로 하는 세계였다. 비스마르크 시대에는 칸트, 헤겔, 슐라이어마허, 쉘링의 뒤를 이을 만한 독창적인 학자들은 나타나지 못하였다. 산업주의와 권력지향적 정치는 사변적인 학문과 사고에 대한 믿음을 상실케 하였다. 이 당시를 풍미하였던 신학방법은 실질적 실재론이라 할 수 있으며, 이들이 내세웠던 가장 일반적인 접근방법은 "과학적"이라는 각도였다. 이 나라의 문화는 더 이상 기독교나 혹은 이상주의에 의해 주도되지 않았다. 사상의 세계가 보다 더 전문화되고 세분화됨에 따라 철학과 신학은 다른 학문들 가운데 하나로서의 위치를 차지하는 데 불과하게 되었다. 어떤 "체계"보다 그 전거가 되는 문서들이 더 중요하였고, 사변보다는 "사실들"이 더 중요시되었다. 하욱-헤르조그(Hauck-Herzog)의 『종교 백과사전』(*Realenzyklopaedie*)과 20세기에 나타난 『과거와 현재의 종교』(*Religion in Geschichte und Gegenwart*) 등의 백과사전들은 모두 이러한 사실을 여실히 보여주는 증거들이라고 할 수 있다.

1. 릿츨(Ritschl)

1860년대의 세 신학파들(제13장을 참조)은 모두 피로하고 정체된 모습을 보이고 있었다. 그리하여 이전에 바우어의 제자였던 릿츨이 신약과 초대 교회사로부터 그 분야를 옮겨 조직신학에 관한 작품을 내기 시작했을 때, 많은 젊은 신학자들의 열렬한 환영을 받게 되었다. 알브레흐트 릿츨은 70, 80년대에 보다 더 중요한 신학자로서의 위치를 굳히게 되었으며, 교의학 분야뿐만 아니라 교회사, 성경주해, 실천신학의 분야들에 있어서도 중대한 질문들을 제시하였다. 릿츨의 명성을 좇아 학생들은 괴팅겐으로 모여들었다. 그리고 그의 저술들, 특히 『칭의와 화해에 관한 기독교 교리』(*Christian Doctrine of Justification and Reconciliation*, 1870-1874)는 더욱 그의 성가를 높여 주었다. 이 새로운 집단의 입장을 대변한 것은 "크리스챤 월드"(Christian World)라는 잡지였다. 그리하여 역사가인 하르낙(Harnack)과 신학자 헤르만(Herrmann)이 릿츨의 가장 유명한 추종자들이 되었다.

릿츨의 학설은 부분적으로는 종교철학, 특히 헤겔이 신학에 미쳤던 영향력에 대한 반발이라 할 수 있다. 이러한 새로운 관심은 실질적이었으며, 특히 기독신자의 생활에 직접적으로 관련된 분야에 의식적으로 그 범위를 제한시키고 있었다. 이 학파의 주장에 따르면 기독교 신학은 신자가 가치를 두는 과목들을 연구해야 한다고 하였다. 그리하여 이제까지의 전통적인 도그마와 사변적인 종교철학은 이러한 범위에서 벗어나는 것이었다. 이와 유사하게 그 방법으로 볼 때에도 릿츨은 절대자 하나님으로부터 그 사고를 개진한 것이 아니라, 구체적인 역사적 사실 가운데 계시된 하나님으로부터 시작하였다. 그는 이러한 경향으로 실재적이고, 사실에 주된 관심을 가지고 있었던 그의 세대인들에게 많은 공감을 얻게 되었으며, 또한 성경신학 분야의 막대한 발전을 신학적으로 지원하게 되었다. 사실 성경에 대한 역사적 이해라는 방법론은 릿츨의 방법론과 같은 시기에 매우 밀접한 관련을 가지며 수립되었던 것이다. 형이상학의 불가지론과 역사학적인 연구에 대한 자신감이 이 시대를 특징짓고 있었다.

그의 가장 중요한 저서의 제목이 잘 보여주고 있듯이 릿츨은 용서를 가장 중요한 중심에 두었다. 이를 위하여는 슐라이어마허가 파악하였던 것보다 더 초월적이요, 개인적인 하나님이 필요하였다. 그는 또한 구원의 중재로서의 신자들의 공동체인 교회를 올바로 파악한 것도 사실이었다. 그는 의식적으로 자신을 성경과 루터에 일치시키고자 하였다. 그리하여 중도학파나 혹은 우익들의 비판을 중화시키는 데 성공하였다. 실제로 대부분의 중도파들은 그에게 찬성하고 합류하는 모습을 보였다.

그러나 릿츨의 구원관에는 균형을 잃은 모습이 뚜렷하게 나타나고 있다. 그는 원죄의 교리를 부인하고 인간은 선을 향한 경향이 있다고 하였다. 따라서 그는 인간들의 문화적 성취를 진보의 측면에서 보다 낙관적으로 생각하였다. 하나님 역시 이와 비슷하게, 단순한 사랑으로 파악하였다. 성경과 종교개혁에서 주장하였던 성결과 분노의 속성들은 약화되었다. 또한 인간과 그 문화에 대한 심판이라는 의식도 전혀 존재하지 않는다. 신자들을 하나님께 데려가는 예수 그리스도의 사역은 단순히 도덕적 목표의 왕국들로 이끌어가는 것에 불과하게 된다. 이 왕국은 도덕적 진보와 인류의 통일에로 향해가는 하나의 단계에 불과한 것으로 보인다. 릿츨은 도덕적으로 완전한 생활을 할 수 있는 가능성이 있다고 생각하였으며, 이 점에서는 우리들과 예수님 사이에 아무런 실질적 차이도 없다고 보았다. 그리하여 릿츨주의는 대부분 자유주의적인 사회복음 운동을 지지하는 기본구조가 되었고, 인간의 인생을 주관하기 위한 프로그램이 되었는데, 이러한 주관을 위하여 하나님의 도움을 받을 수도 있다고 파악하였던 것이었다. 릿츨은 현대문명의 내부적 타락에 대한 관념이 없었다. 그러나 당시에 이미 막시스트들이 이러한 현대문명의 타락을 설파하고 있었으며, 신학계에서는 릿츨의 동료 라가르데(Lagarde), 그리고 "불신의 신학자"라고 불리웠던 니체의 친구 오베르벡(Overbeck)들도 이를 전파하고 있었다.

2. 하르낙(Harnak)

기독교에 관한 릿츨의 이해는 역사적으로 아돌프 하르낙의 명저 『교의의 역사』(History of Dogma, 1886-1889)를 통해 뛰어나게 설명되었다. 하르낙은 그 뛰어난 기백과, 비록 자기와 의견을 달리하는 부분에 있어서도 보다 동조적인 기술을 해내는 재능과 거의 무한한 박식을 동원하여, 그가 생각하였던 대로의 순박하고 단순하였던 나사렛 예수의 소박한 영적, 윤리적 종교가 고대 교회의 교의의 성장과정 속에서 보다 더 복잡해지고 막연해졌는가를 보여주었다. 성경에 대한 역사적 접근 방법이 마침내 정착되고 있던 그 시대에, 하르낙은 이와 비슷하게 헬레니스틱한 맥락 속에서 고전적 신경들을 배치하여 이들이 가지고 있었던 무조건적인 권위를 박탈하였다. 바우어 등 헤겔주의자들은 기독교 역사를 필연적인 이성적 발전으로 파악했는 데 반해, 그 대신 하르낙은 헬레니즘에 의하여 원래의 복음이 타락하고 보다 불순해졌다고 평가하였다. 그는 자기 의견에 동조하지 않는 자들까지도 신경들의 전통적 철학적 범주들에 의하여 제한받지 않는 용어들로 기독교 신앙을 재진술해야 한다는 점에 찬성하도록 설복하였다.

하르낙은 릿츨 이상으로 윤리화된 기독교와 그의 시대의 고등문화를 동일시하였다. 그리하여 19세기 말, 그는 단지 대학세계의 지도적 신학자라는 위치를 차지하였을 뿐만 아니라, 학계 일반을 가장 뛰어나게 대변하는 인물이라는 평가를 받게 되었다. 실제로 교육제도, 도서관, 복음주의 사회 의회(상황이 허락하는 한), 교회들에서 활발한 활동을 벌였던 그는 일종의 보편적 학자였다고 할 수도 있다. 그의 활동을 통해 교리사는 그 이전에 볼 수 없었던 모습으로 신학적 토론의 중심적 위치를 차지하게 되었으며, 하르낙과 경쟁적인 위치에 있던 보다 의식적인 루터교도 학자 라인홀드 제베르그(Reinhold Seeberg, 라인홀드 시버그)는 중세 및 현대 신학에 대한 탐구로 하르낙의 고대 교회사 연구를 보충하였다고 할 수 있겠다. 또한 하르낙의 제자였던 루프스(F. Loofs) 역시 역사 신학을 더욱 발전시키는 데 공헌하였다.

3. 벨하우젠(Wellhausen, 웰하우젠)

이 시기 역사학 연구는 성경학, 특히 구약학에 더 심대한 영향을 미쳤던 것으로 평가된다. 마치 한 세대 전 바우어가 신약분야의 대표적 인물이 되었듯 이제 쥴리우스 벨하우젠이 대표적 인물로 등장하였다. 그라프(Graf) 백작, 그의 스승 레우스(Reuss), 홀랜드 출신의 쿠에넨(Kuenen)이 모두 이 방면의 개척자들이었으나, 결국은 벨하우젠이 그 결과들을 종합하여 구약을 전체로서 이해할 수 있는 방법을 제시하게 되었다('이스라엘의 역사', 1878). 일찍이 바우어가 그렇게 했듯이, 벨하우젠은 역사분석의 원자료들을 제공하는 가장 오래된 시기로부터 거슬러 연구하였다. 이 경우 그 시기는 8세기가 되었다. 그는 당시 시대를 좌우하였던 상황들로부터 보다 오래된 발전에 관한 문헌들을 해석하고자 시도하였다. 그 결과 히브리 역사의 전체적 개념은 가히 혁명적이었다. 벨하우젠은 그때까지 사람들이 당연히 받아들이고 있었던 사건의 순서들 대신에, 오히려 선지서가 율법서 이전에 형성되었으며, 시가서들은 가장 늦게 형성되었다고 주장하였다. 그리하여 모세의 업적은 이제 완전히 다른 각도에서 파악되어야 했으며, 모세 이전의 전통들은 대부분 하나의 전설로 치부되었다. 선지자들은 이러한 재해석으로 보다 깊은 종교적 의미를 부여받았으며, 이러한 모습은 둠(Duhm)과, 영어 사용권에서는 조지 아담 스미스(George Adam Smith)가 더욱 명백히 제시하였다 그리하여 모세로부터 여호와 종교의 발전이 처음으로 심리적으로 이해받을 수 있게 되었다. 그러나 바로 이러한 이유 때문에 이에 대한 강렬한 반발들도 있었다. 1880년대와 1890년대에 성경계시가 역사적 발전과 관계없이 일단의 신탁으로 형성되었다고 생각하였던 이들은 이에 반발하였다. 스코틀랜드에서는 로벗슨 스미스(Robertson Smith)가 그리고 미국에서는 브릭스(Briggs)가 벨하우젠의 히브리 역사관을 주장하였다는 이유로 이단 재판에 걸리게 되었다. 그러나 1890년 독일에서는 더 이상 새로운 세대 가운데 전통적 이론을 고수하는 이들을 찾아볼 수 없게 되었다. 그러나 이러한 "발전적 계시"와 성경적 영감에 대한 새로운 견해가 시사하는 점들에 대한 신학적 문제들이 새로 나타나게 되었다.

한편 이 시기 신약학 연구에서는 이에 비견할 만한 획기적인 새 해석들이 나타나지 않고 있었다. 튜빙겐 학파는 이미 역사방법론으로 처음의 시도들을 끝낸 바 있었다. 이 세대에는 공관복음서가 요한복음보다 역사적 자료로서 더 우수하다는 것과, 공관복음을 위한 '두 원천 학설'이 대부분에게 수용되고 있었다. 캠브릿지 대학교의 웨스트콧과 호르트(Westcott and Hort)판 신약성경이 1881년에 출간되었다. 그러나 해석상 주류를 이루고 있었던 경향은 1860년대에 르낭(Renan), 슈트라우스(Strauss) 그리고 제리이(J. R. Seeley)들이 저술하였던 일련의 "예수의 생애"에서 찾아 볼 수 있을 것이다. 이들은 모두 교의적인 진술에 별로 관심을 가지지 않고 나사렛 예수의 구체적인 역사적 인성을 강조한 모습들을 우리들에게 보여주고 있다는 점에서 릿츨의 사상과 병렬적인 관계에 있다고 볼 수 있다. 많은 이들은 신경에 나타난 그리스도를 뛰어넘어 "역사의 예수"를 파악하고자 하였다.

4. 종말론

그런데 바로 이 시점에서 학문의 발전이 1890년대의 매우 심각한 난제를 제시하였다. 오베르벡은 초대 기독교의 피세적인 정신과 릿츨이나 하르낙 같은 인물들이 제시하였던 낙관적인 역사관을 대조시키는 데 큰 관심을 가지고 있었다. 그의 견해로 볼 때에 릿츨, 하르낙 같은 이들은 단지 기독교의 환상을 유지하는 데 급한 것으로 평가되었다. 릿츨은 아마도 예수가 항속적인 공동체를 이룩하고자 하였다는 점을 전혀 의심해보지 않았던 것으로 보인다. 그러나 요한네스 바이스(Johannes Weiss)는 "하나님의 왕국에 관한 예수의 설교"(1892)라는 팜플렛을 통하여 복음서에 나타난 종말론적 요소들을 심각하게 파악하여 자유주의자들이 내세웠던 것과는 전혀 다른 모습의 "역사적 예수"를 내세웠다. 앨버트 슈바이처(Albert Schweitzer)는 1906년 "역사적 예수의 탐구"라는 논문을 통하여 이러한 연구를 요약하였다. 그의 과격한 예수관은 스스로 생각하기에 예수의 사상 가운데 중심적 위치를 차지하고 있는 종말론을 받아들일 수 없었기 때문에, 자기 자신의 종교적 목적에 실질적으로 접속되지 않는 예수의 모습을 발견하고 있다.

이처럼 예수의 생각 속에서 명백하게 판이한 요소들이 발견된 사실은 90년도에 보다 젊은 릿츨주의자들을 번민시키기 시작하였다. 이들은 사변으로부터 벗어나기 위한 노력으로서 "역사의 예수"를 추구하기 시작하였다. 하르낙은 예수에 관한 증언으로부터 예수의 교훈을 격리시켜 보고자 하였다. 그러나 점차 많은 숫자의 학자들은 과연 "역사의 예수"를 성경적 그리스도에서 추출해낼 수 있는가 자체에 관하여 의문을 가지기 시작하였다. 그뿐 아니라 이러한 작업이 설혹 가능한 것이라 할지라도 이 역사적인 인물은 자동적으로 "나의 주, 나의 하나님"이라는 가치 판단을 일으키지 않겠는가? 과연 역사를 통하여 종교적 천재이자 선지자 이상의 인물을 밝혀낼 수 있겠는가? 또한 과연 이러한 작업이 도덕적 확실성이나 혹은 높은 개연성 이상의 실질적 확실성을 가질 수 있겠는가? 과연 이러한 기반 위에 기독교적 신앙은 존재하고 있는 것일까? 신자들의 믿음의 그리스도와 역사적 예수 사이의 상관관계는 어떠한 것인가?

5. "종교사" 학파(The "History Of Religion" School)

또한 또 다른 방향에서 릿츨과 하르낙의 견해들은 1890년도에 도전받게 되었다. 만약 역사적 발전의 관념이 성경적 종교를 이해하는 관건으로 사용될 것 같으면, 왜 이를 보편적 관점으로 확장시킬 수 없을 것인가, 그리하여 성경의 종교를 다른 근동의 고대종교들과 연결시킬 수 없겠는가 하는 질문이었다. 즉 릿츨주의자들은 교만한 지방주의자들이라는 비난의 대상이 되었다. 예를 들면 이집트, 앗시리아, 페르시아 등의 영향을 구약 속에서 찾게 되었으며, 예수, 바울의 종교는 신비밀교들과 각종 동양, 유대사교들로부터 영향을 받았다고 추론되었다. 기독교는 그리하여 '혼합절충석'인 송교로서 묘사되었고, 성경정경이 가지는 특유한 특질과 권위는 점차 약화되게 되었다. 이러한 운동은 릿츨의 동료 라가르데와 함께 괴팅겐에 그 본부를 두고 있었다. 라가르데는 학식있는 동양학자였을 뿐만 아니라 일종의 종교적 예언자이기도 하였다. 그는 자기 시대의 종교들의 양식들, 특히 프로테스탄트주의가 활력을 잃고 고갈되었다고 생각하였으므로, 새로운 독일적 "우주적 복음"을 고안하고자 하는 생각을 품고 있었다. 여기에는 성경의 권위와 교회의 전통을 파손시키고자 하는 의도적인 시도가 자리잡고 있었다. 그리하여 "종교사" 학파의 사상을 대중화시키기 위한 저서들이 나타나게 되었는데, 궁켈과 부셋이 그 지도자들이었다.

6. 트뢸치(Troeltsch)

다른 종교들에 관련한 성경적 종교와 기독교에 대한 접근은 90년대의 다른 현상들과도 관련을 맺고 있다. 즉 자연종교 혹은 일반적인 종교에 대한 흥미의 부활이었다. 릿츨이 불필요한 것이라고 주장하였던 종교의 철학과 심리학이 다시 사람들의 주의를 끌게 되었으며, 특히 그중에서도 슐라이어마허가 다시 많은 학자들의 연구대상이 되었다. 아마도 슐라이어마허의 유산을 가장 제대로 이어받고 "종교사" 학파의 가장 중요한 체계적 사상가로서는 아마도 에른스트 트뢸치라고 할 수 있을 것이다. "종교"란 인간 속에 자리잡은 보편적 능력으로서 무수한 사회적 상황에 따라 불확정하게 다양한 모습으로서 나타난다는 슐라이어마허의 견해는 이제, 지난 백년 간의 다양한 역사적 연구를 힘입어 다시 주장되었다. 기독교는 다른 많은 종교들 가운데 하나에 불과하며, 이 모든 종교들은 그 시대와 상황에 따른 상대적인 것이며, 그 어떤 한 특정 종교도 시대와 공간을 뛰어넘어 궁극적이거나 혹은 최종적일 수 없다는 것이 이들의 주장이 되었다. 물론 트뢸치는 헤겔의 목적론적 발전의 관념을 상당히 유지하였다. 그는 이러한 발전과정 속에서 기독교는 인격의 종교를 향한 결정적인 방향전환이라고 생각하였으며, 이보다 더 높은 차원의 종교도 상상할 수는 없었다. 트뢸치는 그의 풍성한 사상과 지식을 일관성있는 체계로 정리하기 전에 세상을 떠나게 되었다. 그리하여 그의 사역은 미완성된 모습을 이루고 있다. 그러나 그는 20세기의 처음 20년 동안에 가장 중요한 개인이자 지성적인 존재로서 존재하였다. 그는 종교철학자나 신학자로서보다는 역사가로서 더 많은 업적을 남겼다. 특히 그의 뛰어난 작품인 『현대 프로테스탄트 기독교와 교회들』(*Modern Protestant Christianity and Churches*, 1909)과 『기독교회들의 사회적 교훈들』(*Social Teachings of The Christian Churches*, 1912)은 그 후의 학자들이 세부적인 사항들을 더욱더 정확하게 보완하기는 하였으나, 아직 이를 대체하지는 못하였다. 그의 마지막 작품이라 할 수 있는 『역사주의와 그 문제점들』(*Historism and Its Problems*, 1912)은 그 사상의 최종단계를 보여주고 있으나, 완성된 것은 아니다.

7. 헤르만(Herrmann)

20세기 초 트뢸치와 전연 상이한 입장에 섰던 인물은 릿츨의 제자들 가운데 가장 뛰어난 신학자였던 빌헬름 헤르만(Wihelm Herrman)이었다. 다방면에 흥미를 가지고 있었던 트뢸치와는 달리, 그는 오직 그리스도 안에서의 화해의 의미를 추구하는 데에만 집념하였다. 릿츨과 마찬가지로 그는 종교를 형이상학으로부터 해방시키고자 하였으며, 예수 그리스도의 존재 속에서 그의 객관적인 기초를 찾을 수 있었다. 그러나 그에게 있어서 그리스도는 단지 왕국의 역사적 설립자가 아니었다. 그는 하나님께서 성육신하셨던 인간 예배의 직접적 대상이라고 생각하였다. 그의 저서 『기독신자와 하나님 사이의 교제』(The Communion of the Christian with God, 1886)라는 작품은 부활하신 주님과의 현재적이고 개인적인 관계를 기독교 신앙의 토대로 제시하고 있다. 영어 사용권의 릿츨주의자들, 즉 스코틀랜드의 덴네이(Denney)와 맥킨토쉬(Mackintosh)나 영국인 포사이스(Forsyth)는 특히 헤르만에게 경도하게 되었다. 또한 칼 바르트 역시 그를 자기의 스승으로 꼽고 있다.

교회사가 칼 홀(Karl Holl)은 릿츨의 자극을 받아 루터를 연구하게 되었으며, 그는 헤르만과 유사한 종교적 힘으로서 그의 역사적 연구들을 파악하기까지 칭의의 종교적 의미를 집중적으로 파고들었다. 그는 루터를 중세인으로 분류하여 현대인의 생활과는 무관하다고 정의하였던 트뢸치의 입장을 강하게 비판하였다.

8. 제1차 세계대전의 영향

제1차 세계대전의 참담한 경험으로 유럽의 프로테스탄트 사상은 새로운 전기를 맞게 되었다. 제1차 세계대전의 결과 유럽제국은 심각한 경제적 침체를 경험하게 되었고, 이에 볼쉐비키 혁명까지 가중되었다. 슈펭글러(Spengler)의 『서구의 몰락』(Decline of the West)은 당시 유럽의 문화가 무너지고 있다는 위기의식을 보여주는 여러가지 징조들 가운데 하나에 불과하였다. 이러한 몰락의 분위기는 문화계와 아울러 신학계에도 전달되었다. 그리하여 "문화-프로테스탄트주의", 자유주의, 현재주의 등 기독교 신앙을 이에 연관된 사회적, 정치적, 철학적, 윤리적 문제들과 혼동하였던 모든 사조들에 대한 강력한 반작용이 발생하였다. 신학적 토론에서는 종말론이 매우 중요한 위치를 차지하게 되었다. 어떤 이들은 제1차 세계대전이라는 재난을 하나님의 심판으로 해석하였으며, 신학운동은 내면적으로 그 방향을 전환하여 죄악에 찬 인간에게 주시는 하나님의 계시에 대한 기독교 신앙 속에서 그 기반들을 찾고자 시도하였다. 이러한 움직임을 촉발한 것은 칼 바르트의 『로마서 주석』(Commentary on Romans, 1919)이었다. 만약 전쟁 전의 신학

상황이 트뢸치와 헤르만의 양립에 의하여 정의되었다고 한다면, 이러한 변화는 전자의 경향이 후자에 대하여 날카로운 반발을 보인 것이라고 할 수 있겠다. 우리들은 시계추가 헤르만을 지나, 변증학적 작업을 삼갔던 성경적, 신앙고백적 신학자들에게로 옮겨갔다고 할 수 있겠다.

헤르만과 트뢸치는 전쟁 직후 세상을 떠났으나, 전쟁 전에 등장하였던 루돌프 옷토(Rudolf Otto), 칼 하임(Karl Heim), 라인홀드 제베르그(Reinhold Seeberg), 칼 홀(Karl Holl)은 이제 학자로서의 위치가 가장 극성기에 이르렀다. 하르낙이나 캇텐부쉬 같은 릿츨주의자들도 아직 살아있었다. 거의 10년 동안 이들 신학자들이 학문적으로 선두를 달리고 있었다. 왜냐하면 전쟁의 위기를 통하여 그 사상이 결정되었던 인물들이 아직 그 이론들을 조직적으로, 이론적으로 정리하지 못하였기 때문이었다. 그러나 역시 새로운 신학자들, 특히 젊은 세대들 가운데는 일반적으로 구신학을 배격하고, 이와 아무런 관계없이 분리되고자 하는 의식적인 노력을 볼 수 있었다. 그리고 또 다른 편에서는 하르낙이 새로이 출현하는 바르트주의자들을 이해할 수 있는 준비가 되어 있지 않음을 슬픈 충격으로 깨닫고 있었다.

그러나 역시 신학분야에서 가장 성공적이었던 일부 운동들, 예를 들면 성경학의 "양식-비평"과, 교회사의 "루터 르네상스" 등은 전쟁 이전의 발전과 직접적으로 연결되어 있었다. 이들 가운데는, 일반적인 신학 연구와 마찬가지로, 상대적으로 완전 객관적이었던 역사적 연구로부터 보다 의식적으로 신학적 관점을 가지고자 하는 그 강조점의 변화를 볼 수 있었다. 이러한 경향은 역사 연구에서도 마찬가지였다.

9. 역사학 연구들

새로운 방향 전환에 가장 적은 영향을 받은 분야는 교회사와 역사신학이었다. 하르낙, 제베르그, 루프스 등을 대체할 수 있는 위대한 학자들은 등장하지 않았다. 그러나 반면 이들의 분야는 학문의 중심에서 밀려나 별로 많은 학생들을 끌지 못하였던 변경으로 밀려나고 있었다. 바로 이 시기의 끝에 리에츠만(Lietzman)이 초대교회사에 대한 중요한 작품을 남기기는 하였지만, 이 세대의 전형적인 흥미는 종교개혁과 19세기의 역사였으며, 특히 신학적으로 명료한 기술을 주로 하는 움직임이었다. 루터 르네상스는 루터의 젊은 시절과, 루터가 하나님과 칭의 등의 개념 때문에 어떤 갈등을 겪었는가를 주로 다루고 있었다. 칼 홀, 라인홀드 제베르그, 루프스, 캇텐부쉬, 뵈머 등을 그 지도자들로 열거할 수 있다. 다른 종교개혁가들에 대한 연구도 시행되었으며, 독일에서 과거 어느 때보다도 칼빈에 대한 연구가 심각하게 진행되었던 것도 바로 이 시기였다. 19세기에 대한 연구의 초점이 되었던 인물은 슐라이어마허와, 소위 '위기 신학자들'이 신학을 오염시킨 장본인으로 몰아세웠던 지도적 이상주의자들이었다. 교회사의 의미도 그 이전에 볼 수 없던 정도로 활발하게 파악되기 시작하였는데, 이러한 연구는 주로 철학과 역사학의 일반적 토론에 연계되어 실시되었다. 이러한 일반적 조류에서 상상할 수 있듯이 비기독교적 종교들에 관한 연구는 별로 이루어지지 않았다. 이 분야에 관한 연구는 주로 비독일학자들, 스칸디나비아 출신의 쇠더블롬(Soderblom)과 레만(Lehmann), 그리고 홀랜드 출신의 반 데어 레우브(Van der Leeuw)들이 이루어내었다.

반면 성경학 연구는 제1차 세계대전 이후 매우 중요한 발전을 계속 이루고 있었다. 객관적인 "무전제"(presuppositionless)를 내세우는 학자들에 대한 반발이 신학적인 자의식을 자극하게 되어 성경신학의 부흥을 이루게 되었다. 여기에 포함되는 중요한 인물들은 구약의 아이크로트(Eichrodt)와 코엘러, 신약의 디벨리우스(Dibelius), 쉬미트(K. L. Schmidt)와 불트만(Bultmann) 등이다. 보다 극단적인 경우들에는, 비쉬에르(Vischer)처럼 성경해석에 있어서 과거의 교의적-알레고리 방법을 부활시키고자 하였던 경우도 찾아볼 수 있다.

10.. 교의신학(Dogmatic Theology)

조직신학의 분야에서 놀라운 발전은 교의신학이 다시 재흥되고 종교철학이 쇠퇴하였다는 점이었다. 종교에 관한 사변적 철학을 계속 주창하는 학자들도 물론 찾아볼 수 있었는데, 루돌프 옷토, 폴 틸리히(Paul Tillich), 리차드 크로너(Richard Kroner) 등은 각각 칸트, 쉘링, 그리고 헤겔의 유산들을 계속 발전시켰으며, 칼 하임(Karl Heim)은 신학을 자연과학의 새로운 조류들과 연결하였다. 이 당시 가장 널리 읽힌 신학서적은 루돌프 옷토의 『성결의 개념』(The Idea of the Holy, 1917)이었다. 그러나 가장 많은 영향을 미쳤던 사조는 주로 칼 바르트, 투르나이젠, 브룬너, 고가르텐들의 "변증법적 신학"이 주창하였던 교의학 분야였다. 이들은 철저한 심각성으로 하나님의 주권사상을 받아들였으며, 인간의 이상들이나 혹은 종교적인 감정이 아니라 말씀에 포함된 그의 계시로부터 신학적 사고를 전개하였다. 그리하여 드디어 키에르케고르가 브룸하트와 도스도예프스키와 함께 자신의 사상을 정립하게 되었다.

1923년부터 이들 일단의 기관지는 '중간시대'였다. 그러나 그 구성원들은 서로 다른 다양한 방향으로 각자의 사상들을 추구하였다. 독일민족주의와 아울러 개혁파-루터교도 간의 갈등이 고가르텐과 바르트를 갈라놓았으며, 브룬너와 바르트는 그리스도 안에서의 계시로부터 추출되지 않은 자연신학이 과연 성립할 수 있는가 여부를 두고 격렬한 논쟁을 벌였다. 이들 변증법적 신학자들은 이 히어쉬(E. Hirsh)가 이끌던 나치당의 "독일 기독교단"에 대항한 지성인들의 저항운동의 핵심을 구성하였다. 또한 바르트주의자들의 개혁파적 특색에 대항하여 엘레르트와 알트하우스 루터교도들은 자기들 나름대로의 특색을 유지하였다. 이들은 나이그렌과 아울렌 등 스칸디나비아인들과 매우 밀접한 관계를 유지하고 있었다. 대중적인 차원에서는 과거의 신앙고백적 경향을 다시 부활시키고 성경적 문자주의를 강화하고자 하는 경향이 이 세대의 특색을 이루고 있었다.

제 23 장
로마 카톨릭의 신학적 자유주의

　제1차 세계대전 이전의 30년 동안 로마 카톨릭 교회는 괄목할 만한 신학적 발전을 이루었다. 19세기의 제3사기는 세속권력과 교황의 무오성 사이의 관계에 대한 논쟁에 휘말려 있었으므로 다른 문제들은 거의 취급하지조차 못하였다. 세기의 전반기에 특히 독일에서 발생할 것처럼 보였던 로마 카톨릭 학자들의 활동은 파이우스 9세에 의하여 그 싹이 잘리고 말았다. 리틴 제국들의 카톨릭측의 신학교육과 학문은 참으로 한심한 상태에 있었다. 아마도 대부분의 신학교들은 성경이나 교회사를 교수하지 않았으며, 철학이나 신학교과서들도 보잘것없었던 것으로 보인다. 그 내용은 절충주의적이거나 혹은 데카르트적 성향을 지니고 있는 것이 대부분이었다. 로마 카톨릭 진영은 르낭이나 콩트의 저술들을 금지시키는 외에는 별다른 변증을 행하지 못하였다. 교육문제를 두고 발생한 논쟁들로 인하여 많은 로마 카톨릭 학자들이 대학교의 신학과에서 쫓겨났으므로, 그 학문의 정도도 매우 초보적인 차원을 벗어나지 못하였다. 이러한 학문이 레오 13세(1878-1903) 아래서 다시 앙양되었으므로, 거의 한 세기에 걸친 프로테스탄트 신학자들의 성경과 역사 분야의 학문을 갑자기 대응해야만 하게 되었다. 미국의 프로테스탄트주의도 이와 비슷하게 매우 늦게야 원숙한 신학 방법론에 접하게 되었으며, 로마 카톨릭측에서 "현대주의" 논쟁이 발생하였던 바로 그 시기에 미국 프로테스탄트의 이단재판들이 일어나게 되었다. 새로운 로마 카톨릭 학자들은 프로테스탄트들이나 혹은 이전에 실패한 로마 카톨릭 자체의 노력을 의지하지 않고 있다고 주장하였으나, 실제로는 간접적으로 그리고 반의식적인 상태에서 이들을 기반으로 하여 그 위에 학문을 형성하게 되었다.

소위 "현대주의" 신학의 발흥에 가장 책임이 있는 인물은 바로 교황 자신이었다. 레오는 로마 카톨릭 교회의 학문적 빈곤성을 잘 깨닫고 있었으므로, 이를 고쳐보고자 하는 노력을 기울이게 되었다. 그는 이제까지 아무에게도 열려지지 않았던 바티칸의 고문헌 저장고를 역사가들에게 공개하였다. 그는 신학과 철학 방면에서 데카르트파, 스코투스파, 플라톤주의자들에게 대항하는 입장에 서 있었던 신토마스주의자들을 지원하였다. 그는 특히 성경연구를 격려하였다. 이러한 그의 모습은 매우 순진한 그의 신학적 신념을 보여주는 것이라고도 할 수 있는데, 그는 일반적인 신학 연구가, 그가 고립된 상태에서 받아들였던 교육을 통하여 도달하였던 바로 그러한 결론들에 도달하게 될 것으로 믿고 있었다.

1. 토마스주의의 부흥

그의 회칙 "아이테르니 파트리스"(Aeterni Patris, 1879)는 신학교와 대학들에서 토마스주의의 연구를 거의 필수적인 것으로 만들게 되었다. 많은 로마 카톨릭 학자들은 중세 신학자들 가운데 "왕자요, 군주"의 위치를 차지하였던 토마스 아퀴나스가 영속적으로 기독교 철학의 이상을 정의했다고는 믿지 않았으나, 교황은 이 방향으로 카톨릭 신학자들의 연구를 밀어부쳤다. 토마스주의를 교수하는 대학교들은 보조금을 받게 되었으며, 이를 위하여 정기 간행물들도 창간되었고, 교과서들도 다시 집필되었으며, 교수들은 특히 토마스의 『숨마』(Summa)를 연구할 경우 추기경직에까지 오를 수 있다는 암시를 받게 되었다. 물론 다른 학파의 연구는 별로 지원을 받지 못하였다. 이러한 여러 가지 움직임들의 결과로 토마스주의에 반대하는 학파들도 토마스의 해석에 준하여 스스로의 입장들을 정의하게 되었고, 많은 카톨릭 사상가들이 공통의 용어들을 사용하게 됨으로써 결국 토마스주의는 전체 문화계에서 상당한 세력으로 자리잡게 되었다. 더욱이 토마스 자신의 사상에 대한 강조는 한편으로는 종교에 대한 역사적 접근이라는 당시의 주류적인 조류에 균형을 제공하는 동시에, 다른 한편으로는 심리적, 인식론적 접근방법에 대치되는 균형도 제공하게 되었다.

로마 카톨릭 학문 연구의 중심지들 가운데 프랑스가 다시 중요한 위치를 차지하게 되었으며, 이곳에서는 1875년 고등교육을 위한 다섯 군데의 학교들을 인가하였다. 프랑스 학자들은 독일적인 방법론과 관념들에 크게 의존하고 있었으나, 이 시기에 로마 카톨릭 독일은 그 성경학에 있어서 프랑스의 적수가 되지 못하였다.

2. 파리 로마 카톨릭 학당

그 초기 단계에 있어서 이 새로운 학문의 중심지는 1878년에 문을 열었던 파리 로마 카톨릭 학당이었다. 이곳에는 저명한 네 명의 학자들이 자리잡고 있었다. 이들 중 교회사가 루이 두케스네(Louis Duchesne)는 열렬한 울트라몬태니스트였으며, 교황무오설 주장자이기도 하였으나, 1870년대에 교회사를 공부하는 과정 중 이러한 자기의 입장을 바꾸게 되었다. 그는 자기의 후계자 알프렛 로이지(Alfred Loisy)를 도와 그가 1881년 히브리어 교수로 임명되도록 하였다. 이 두 사람은 1880년대 말까지 매우 밀접한 관계를 유지하며 공동작업을 벌였다. 두케스네는 1년 동안 정직당했으나(1885-86), 그 후에는 다시 복직되었다. 한편 로이지는 르낭의 이론을 공박하기 위한 방법을 알아내기 위해 그의 대학강의를 청강하였다. 르낭은 스트라우스나 바우어가 주장하였던 과격한 독일 프로테스탄트 성경비평학을 일반화, 대중화시켰던 인물이다. 1890년대 초, 두케스네와 로이지는 프랑스 성직자들과 교구 신학교들에 상당한 영향을 미치게 되었다. 이들은 자기들의 강의와 "비평학 신문"(Bulletin critique)을 통해 이를 이룩하였다.

물론 성경에 대한 역사비평의 적용은 성경의 영감과 무오설 교리에 문제를 일으키게 되었다. 과연 성경의 일부 역사적 혹은 과학적 진술들의 정확성에 의문을 제기하는 것이 가능하겠는가? 로이지와 같은 일부 성경학자들은 가능하다고 생각하였다. 그리하여 제1차 위기는 1892-93년에 발생하였다. 그 해에 성 설피케(Saint Sulpice) 신학교 교장은 학생들이 로이지의 강의에 참석하는 것을 금지시켰다. 그의 과격한 창세기 주해 때문이었다. 카톨릭 학당의 학장 둘스트(d' Hulst)는 "성경의 난제"(The Biblical Question)라는 소논문을 통해 로이지의 입장을 변호하려고 하였으나, 이러한 변증이 오히려 전통주의자들의 더 심한 반발을 자아내게 되었다. 그리고 어쨌든 로이지는 둘스트가 주장하였던 과학 분야와 종교, 윤리 분야 사이의 구분을 받아들이기를 거부하였다. 로이지는 이러한 구분은 성경을 "신적인 진리와 인간적인 오류들의 모자이크"로 만들어버린다고 생각하였다. 이러한 논쟁의 결과 로이지는 면직되었으며, 그 후 5년 동안 어느 여학교의 교목일을 보게 되었다. 그리고 교황은 "프로비덴티시무스 데우스"(Providentissimus Deus, 1893) 회칙을 통해 트렌트 종교회의에서 결의한 근본주의적인 성경무오설의 교리를 재확인하였다.

3. 교의의 발전(Development in Dogma)

같은 해에는 교회사와 역사신학의 분야에서도 이와 비슷한 문제들이 표출되었다. 교황은 역사학 연구를 격려하였으나, 이를 통하여 드러난 역사적 증거들이 이제까지의 교회 전통에 반하는 결론들을 주장하게 되면 이를 어떻게 처리할 것인가? 증거의 여부를 불문하고 로마 카톨릭 학자들은 이제까지 교회에서 전통적으로 가르쳐왔던 교훈을 그대로 수용해야 할 것인가? 두케스네는 프랑스의 교회 기원에 대한 전설들을 비평함으로써 많은 이들의 의혹을 사게 되었다. 또한 니케아 이전 교부들의 신학적 견해에 대한 그의 연구는 이보다 더 심각한 것이었다. 과연 부셋(Boussuet)이 쥬리에유(Jurieu)에 대항하여 주장하였듯이, 로마 교회는 처음부터 그 신앙을 정체적이고 불변으로 계속하여 수호하고 유지해 왔는가? 교리, 교의, 혹은 성례 등의 분야에서 변화와 발전이 실제로 존재하였다는 사상을 받아들여야 할 것인가? 발전에 관한 다양한 관념들이 제안되었다. 프란젤린(Franzelin)처럼 보다 신중한 이는 원래의 교리로부터 추출되었던 논리적 설명만을 받아들이자고 제안하였다. 뉴먼의 추종자들은 보다 융통성있는 변증법적 발전상을 제안하였다. 그리고 그 극단적인 반대쪽 위치에서 레 로이와 틸렐은 불변의 요소들은 하나님과 인간 사이의 개인적 관계에 존재하는 것이며, 이는 다양한 교의적 혹은 교리적 정의를 통해 표현될 수 있다고 주장하고 있었다.

4. 철학과 신학

물론 이처럼 과격한 입장에는 스콜라 신학과는 사뭇 다른 철학적, 신학적 시사점들이 포함되어 있다. 그리고 1890년대에는 바로 이러한 종류의 새로운 조류들이 존재하였다. 과거 2, 30년 동안 라틴 문화를 주도해왔던 이성주의적 적극주의에 대해 1890년에는 새로운 자발적, 본능적, "실용주의적" 경향들이 도전하고 있었다.

베르그송(Bergson), 포앙카레(Poincaré) 그리고 부트로(Boutroux) 등이 영향력있는 인물들이었다. 적극주의적 과학은 파산당했다고 선포되었으며, 기독교 신학과 철학의 새로운 화해가 가능하게 되었다. 그러나 이러한 화해는 교의주의적 스콜라 신학을 배제해야만 가능하였다.

'에콜 노르말'(ecole normale)의 철학 교수 올레-랍프룬(Ollé-Laprune)이 바우텡(Bautain)과 그랏트리의 플라톤적 경향을 추구하는 일단의 중심 역할을 했다. 그의 학생들 가운데 하나였던 블론델(Blondel)은 1893년 "행동의 철학"에 관한 논문으로 큰 센세이션을 일으켰다. 블론델의 주논문은 매우 모호하고 난해하였으나, 사람들을 자극하는 보다 짧은 에세이들도 출판하였으며, 래버토니에르(Laberthonnière)가 그 사상을 대중화시켰다. 그는 계시, 영감, 신앙들은 개인적인 대결의 용어로서 이해되어야 하는 것이지, 정체적인 아리스토틀적인 범주로서는 이를 적합하게 표현하는 것이 불가능하다고 하였다. 신앙에서의 지성적 요소는 인간 전체를 망라하는 관계에서 겨우 한 요소에 불과하다는 주장이었다. 종교는 단순한 교리가 아니라, 삶 지체이며, 성경과 교회의 전통은 최종적이고 폐쇄적인 계시에 의해서가 아니라 바로 이러한 삶의 해설로서 이해되어야 한다고 하였다. 파리 프로테스탄트 신학교장이었던 오구스테 사바티에르(Auguste Sabatier)의 『종교의 철학』(*Philosophy of Religion*)이라는 저서는 수많은 로마 카톨릭 자유주의자들의 사상에 우호적이었으며 이러한 사상들을 전파하는 데 도움을 주었다. 동시에 독일에서는 쉘(Schell)이 이와 유사한 어거스틴적 동태주의를 주장하면서 성직자들의 권위주의에 반대하고 있었다.

이러한 대부분의 새로운 조류들은 1888년에서 1900년 사이에 개최되었던 국제 로마 카톨릭 과학 의회에서 사람들에게 발표되었다. 다양한 국가 출신의 학자들이 모여 열렬한 토론을 벌였으며, 많은 국지적인 장애들이 이를 통하여 제거되었다. 그러나 당국자들은 로이지나 혹은 폰 휘겔(von Hugel) 같은 이들에게 발언권을 주기를 주저하였다. 그리하여 1900년 뮤니히에서 동 의회는 역시 같은 도시에서 1863년의 의회가 겪었던 바와 동일한 운명을 겪게 되었다(제16장, "실라부스의 작성상황" 항 참조).

5. 폰 휘겔

1897년의 프리보르그 의회에서 폰 휘겔 남작은 6경(Hexateuch)의 다원적 근원에 대한 논문을 발표하여 '프로비덴티시무스'의 명백한 의미에 대해 도전하였다. 폰 휘겔은 국제적으로 뛰어난 연락망과 신학적인 관심으로 인하여 1890년대에 새로이 나타난 조류들을 개인적으로 대표하는 인물이다. 1871년 이후 런던에 정착하여 영국 여성과 결혼하였던 남작은 신학 연구에 전념하여 역사상 가장 뛰어난 평신도 로마 카톨릭 신학자가 되었다.

그는 장래가 촉망되는 로마 카톨릭 신학자들을 방문하려 유럽 전역을 여행하였다. 파리 학당에서 그는 둘스트, 로이지, 두케스네 등을 만났으며, 프랑스 성직자들 가운데 가장 중요한 신학자였던 미그노를 리비에라에서 만났다. 로마에서의 "현대주의"는 폰 휘겔이 90년대 초 이곳에 머물면서 성경비평학과 신비주의 신학을 열렬하게 토론하였던 때로부터 시작되었다고 할 수 있다. 로마에서 폰 휘겔은 브론델의 『행동』(L'Action)이 1894년 금서목록에 올라가지 않도록 노력하였다. 그는 또한 쉘 등 다른 독일 카톨릭 자유주의자들과도 교제를 나누었고, 아일랜드 출신의 제수잇 조지 틸렐을 "현대주의" 사상의 주류로 끌어들였다. 낭만적 프로테스탄트 자유주의자 폴 사바티에르(Paul Sabatier)가 프로테스탄트 진보주의자들 가운데 이와 비슷한 역할을 담당하여, 이들의 주장을 후원하고 이들이 서로 교제할 수 있도록 조처하였다.

역사적이고 신학적인 이 새로운 지성적 조류는 당대의 정치적, 사회적 운동들과 연계되어 매우 복잡한 양상을 띠게 되었다. 레오가 산업 노동자들을 지원하였던 정책은 "카톨릭 민주주의자"들을 고무하였으나, 이로 인하여 카톨릭 왕정주의자들은 실망하게 되었다. 특히 많은 불신자들을 상대로 하여 그 의견을 진술해야 할 기회가 많았던 이들 카톨릭 민주주의자들은 요나와 고래, 노아의 대홍수, 이브와 뱀들의 이야기를 피할 수 있는 기회를 제공해준 새로운 성경비평에 매력을 느끼게 되었다. 비록 예외가 없는 것은 아니었으나 기독교 민주당원들은 새로운 사상을 보다 더 쉽게 수용하는 경향을 가지고 있었다. 또한 극단적인 정치적 반동주의자들 사이에는 신학에 대해 극히 회의적인 인물들이 많이 있었다. 그러나 이러한 "무신론적 카톨릭"들은 공식적으로는 '실라부스'를 지지하고, 자기들과 정치적 견해가 반대되었던 이단적 자유주의 카톨릭 신자들을 공격하였다.

6. 권징

1899년 로마 법정으로부터는 제2차적인 경고들이 발해졌다. 뷔르즈부르그의 교수 쉘(Schell)은 지옥불의 영속성에 대한 의문을 제기함으로써 금서목록에 오르게 되었다. 같은 해에 레오는 '유령의 이단'인 '아메리카주의'를 정죄하였다. 그런데 이 사건은 엘리옷이 지은 헥커의 전기 서문을 둘러싸고 프랑스에서 벌어진 논쟁에서 야기되었으므로 이는 미국적이라기보다는 프랑스적인 것이라 할 수 있다. 이 책이 카톨릭 민주주의자들에 의하여 사용되었으므로 프랑스 반동주의자들의 분노를 사게 되었다. 그러나 미국에서도 기본스(Gibbons) 추기경과 그의 자유주의적 지지자들을 반대하였던 밀워키 지방의 주교들은 교황이 이 문제에 간섭해 줄 것을 요청하였다. 그러나 이보다 더 중요했던 것은 일체의 중요한 "현대주의적" 경향을 금지하였던바, 프랑스의 성직자들에게 보낸 레오의 서신이었다. 성경비평가들에게는 '프로비덴티시무스 데우스'의 경고가 다시 반복되었다. 철학자들과 신학자들은 "프로테스탄트적 기원"을 가진 주관주의와 형이상학적 불가지론을 조심하라는 충고를 받았으며, "아이테르니 파트리스"에 나타난 아리스토델레스적 노선을 따르도록 권유받았다. 마침내 "카톨릭 민주주의자"들에게는 더 신중하라는 경고와 함께 권징의 예고를 받게 되었다.

물론 자유주의자들은 1899년의 억압으로 침묵하지 않았다. 이들의 입장을 최초로 밝히는 선언문을 발표한 것은 성경비평가 로이지였다. 로이지는 폰 휘겔이 그에게 추천해 주었던 뉴먼의 도움을 받아 특히 프로테스탄트 자유주의자들인 하르낙과 오구스테 사바티에르 등을 호되게 비판하는 글을 쓰고 있었다. 그러나 그가 가명으로 쓴 소논문들 가운데 하나는 교회 당국의 비판을 받게 되었으며, 로이지의 가장 가까운 친구들이었던 미그노와 폰 휘겔들이 그가 금서목록에 오르지 않도록 손을 써주었다. 이러한 "성경학에 관한 난제"의 복잡한 문제에 골치를 앓던 레오는 이러한 문제들을 다루기 위하여 세 명의 추기경들과 열두 명의 자문위원들로 구성된 특별 성경 위원회(Biblical Commission)를 조직하였다(1902). 이 자문 위원들 가운데 일부는 자유주의적 경향을 가진 인물들이었다. 바로 이 시기에 후탱(Houtin)이 신랄한 문체의 "성경난제"(Question Biblique)지를 발간하여 대홍수, 창조 등의 사건을 해석하는 성직자들의 불합리한 방법들을 폭로하고 이를 무자비하게 비판하였다.

7. 복음과 교회

폰 휘겔과 미그노로부터 격려를 받은 로이지는 아직 출판되지 않았던 그의 변증학 논문을 대중성있게 요약하여 발간하기로 하였다. 그들은 이 글이 그가 원하였던 성직을 얻는 데 도움을 줄지도 모른다고 생각하였다. 그리하여 하르낙의 『기독교란 무엇인가?』(*What is Christianity?*)에 대한 응답격이었던 『복음과 교회』(*The Gospel and Church*, 1903)가 등장하였다. 그는 "하나님의 왕국"을 본질적으로 개인적이요, 내부적으로 해석함으로써 기독교를 낙관적인 인도주의로 격하시켰던 자유주의 프로테스탄트의 경향을 반박하여, 로이지는 신약에 드러난 종말론을 심각하게 취급하였다. 그는 말하기를 예수가 단지 "하나님의 부성"(fatherhood of God)만을 설파한 것은 아니라고 하였다. 오히려 이보다는 객관적인 미래적 메시야의 왕국을 전파하였다는 주장이었다. 그러나 그 왕국이 즉각 실현되지 않았던 결과, 교회가 조직되었으며 도그마가 이 중간기에 복음을 보전하기 위해 필요한 도구로서 정의되었다고 하였다. 새로운 신학자들이 이 주장을 중심으로 하여 모여들었다.

비록 미그노 주교는 이 책을 인정하였으나, 대학교들이 이를 비판하였으며, 8명의 프랑스 주교들은 이 책을 자기들 교구에서 금지시켰다. 금서목록 위원회에서도 이 책을 금지하기로 하였으나, 레오가 서명을 거부하였다. 로이지는 이제 『작은 책자의 주위』(*Autour d'un petit livre*)라는 책을 통해 자기의 입장을 명백히 밝히고자 하였다. 그런데 바로 이 시기에 노령의 교황이 서거하였으며, 그 후계자는 레오와 같은 융통성이나 회의가 없는 인물이었다. 그리하여 1903년 말 성경 위원회는 매우 보수적인 경향으로 다시 조직되었으며 로이지의 책들 가운데 다섯 권이나 금서목록에 걸리게 되었다.

이와 마찬가지로 사회적, 정치적 "카톨릭 행동"에 관한 "모투 프로프리오"(motu proprio) 회칙은 "사회적 현대주의"를 강하게 제한하였다. 파이우스 10세는 신학적 혹은 정치적으로 특이한 의견들을 혐오하는 인물이었다. 그러나 그 후 3년 동안은 1905년의 분리법을 낳았던 프랑스 제3공화국과의 정치적 논쟁에 말려들어감으로써 다른 데 신경쓸 겨를이 없어 그가 1903년에 예고하였던 신학적 숙청은 1906년과 1907년까지 연기되었다.

8. 포가자로와 틸렐(Fogazzaro and Tyrrell)

바로 이 시기에 이탈리아에서 "현대주의"라는 단어가 널리 사용되기 시작하였다. 이 단어는 "자유주의"라는 용어를 대체하여 동일한 형태의 신학과 정치적 경향을 표현하게 되었다. 또한 이 과도기에 새로운 인물들이 전면에 등장하게 되었다. 로이지와 틸렐은 은퇴한 상태에 있었으며 후자는 가명으로 계속 저술 작업을 계속하였다.

또한 저명한 이탈리아인 평신도였던 상원의원 포가자로가 『성자』(The Saint)라는 소설을 썼다. 그런데 이 소설의 한 장면에는 그 주인공이 비밀리에 교황을 만나 교회의 네 가지 악덕들 - 허위, 성직자주의, 탐욕, 정체성 - 에 관해 이야기를 나누는 장면이 나온다. 이 악덕들은 모두 포가자로의 스승이었던 로스미니(Rosmini)의 "상처들"을 연상시키는 것이었다. 이 장면은 많은 현대주의자들을 위한 프로그램을 만드는 근거가 되었다. 포가자로는 또한 현대주의자들의 평론지였던 "일 린노바멘트"(Il Rinnovamento)지를 창간하는 데 중요한 역할을 담당하였으며, 이로부터 1년 반 후에는 자유주의적인 "데맹"(Demain)지가 리용에 출현하였다. 포가자로는 또한 그 서사를 밝히지 않은 영어 작품 『인류학 교수에게 보내는 편지』(Letter to a Professor of Anthnopology)를 이탈리아어로 번역하였다. 이 저술은 로마 카톨릭 회의론자들에게 현대 과학이 밝혀낸 많은 문제들에도 불구하고 계속 교회 안에 남아있을 것을 종용하는 내용이었다.

이 『편지』는 틸렐의 손에 의하여 쓰여진 것으로 알려지게 되어, 그는 1906년 초 제수잇 수도회에서 쫓겨나게 되었으니, 이는 그 후 행해진 일련의 처리들 가운데 최초의 것이었다. 포가자로의 『성자』와 라베르토니에르의 저술들은 그 후 몇 달 안되어 모두 금서목록에 오르게 되었다. 한편 성경위원회에서도 일련의 결정 사항들을 반포하였다. 예를 들어 로마 카톨릭 신자들은 외경의 영감이 완전하며, 따라서 외경들은 모두 무오하다는 사실을 믿어야 한다고 판결하였다. 또한 제2막카비서도 요한복음에 비해 전혀 그 권위가 떨어지지 않는다는 점도 반포되었다. 오경 대부분은 다 모세에 의하여 집필된 것이며, 창조설화 역시 문자 그대로의 역사적 사실로 받아들여져야만 한다고 하였다. 이와 마찬가지로 "사랑받은 제자" 요한이 제4복음의 저자이며, 복음서에 등장하는 장문의 설교들도 모두 진정한 역사적 기록으로 받아들여야 한다고 판결하였다. 우리들은 이곳에서 이미, 1911-1912년 간에 동 위원회가 공관복음서들의 "2대 문서가설"(Two-document Hypothesis)을 전면 부인하고, 처음 세 복음서들은 모두 서기 70년 이전에 마태, 마가, 누가의 순으로 집필되었다는 결정을 내리리라는 사실을 능히 예상할 수 있겠다. 또한 히브리서는 1914년 바울 서신들 가운데 하나로 결정되었으며, 1915년에는 주님의 재림이 예수님 자신은 물론이고 제자들에 의해서도 임박한 사건으로 받아들여지지는 않았다는 판결을 내린다.

9. 라멘타빌리(Lamentabili)

1905년과 1906년 파이우스는 또한 이탈리아 카톨릭 민주주의자들에 대한 일련의 공격을 시작하였으며, 1907년 초에는 물리(Murri)를 정직시켰다. 르 로이(Le Roy) 교수의 『교의와 비판』(Dogma et Critique)에 나타난 실용주의는 1907년 5월에 금지되었다. 그리고 그 해 여름에는 또한 오류의 실라부스 "라멘타빌리 사네 엑시투"가 등장한다. 이 회칙에서는 약 65개의 진술문들이 정죄받았는데, 이 가운데 50개는 로이지의 주장을 의식하였던 것이 분명하며, 다른 진술들은 미그노, 틸렐, 르 로이, 후텡, 그리고 뉴먼 추기경들의 것이었다. 이러한 진술들이 공식적으로 이단이라는 판결을 받은 것인지 아니면 단지 그 표현에 결함이 있었다는 것인지는 분명치 않다. 그리고 이 진술들에 대한 묘사는 이 진술들이 주장하였던 바를 보다 신랄하게 비판하기 위하여 극단적으로 진술되어 있었다.

10. 파스켄디(Pascendi)

그러나 "현대주의" 이단을 정식으로 정의하고 정죄하였던 것은 그 다음달에 반포되었던 "파스켄디" 회칙이었다. 제수잇이었던 빌롯(Billot)과 전-현대주의자 베니그니(Benigni)의 손에 집필된 것이 분명한 이 장문의 회칙은 현대주의가 교회 안에 이단적인 체계를 파생시키려는 음모라고 정의하고 있다. 또한 현대주의자들의 역사학적, 성경학적 연구의 배후에 있는 체제의 "철학"을 폭로하고 있다. 이러한 현대주의를 박멸하기 위하여 영웅적인 치리의 방법을 사용할 수밖에 없음을 주장하여 각 교구마다 "경계 위원회"를 설치, 신자들의 신앙 상태에 관한 정보를 수집할 것을 결정하였다. 그 결과 거의 모든 교구들은 자기들이 '적발' 한 이단 사건들을 빠짐없이 보고하였다. 이러한 고소건들과 탐문으로 인하여 교회가 얼마나 안으로 약화되었는가는, 7년 후 파이우스의 후계자가 교황청을 차지하게 되었을 때, 그의 책상 위에서 바로 자기의 정통신앙 부재를 고발하는 고소장을 발견하였다는 일화에서 익히 찾아볼 수 있다.

이러한 "파스켄디" 회칙에 대한 가장 눈에 드러난 답장은 틸렐과 (가명으로 쓴)부오나이우티로부터 왔다. 후자는 현대주의자들의 음모나 현대주의자 철학이 처음부터 전혀 존재하지 않았음을 여실히 증명하였던 『현대주의의 프로그램』(The Program of Modernism)의 저자였다. 실제로 소위 "현대주의자들" 가운데는 매우 다양한 견해들이 존재하고 있었으므로, 이들 대부분은 문제의 회칙이 자기들의 주장과는 아무런 상관이 없는 것이라고 능히 양심적으로 고백할 수 있었다. 또한 이 『프로그램』은 종교적 학문을 위한 국제적 교제의 존재를 선언하였다. 한편 틸렐은 회칙을 공박하는 두 장의 긴 편지를 "런던 타임즈"지에 기고하여, 다수 집단은 비록 파문령을 감수하면서도 계속하여 독재적이고 무지한 지도자들에 대하여 수동적인 저항을 시도하면서 교회 안에 남아있을 것이라고 예언하였다.

그러나 실제로 틸렐이 주장하였던 이처럼 영웅적인 진로를 택한 인물들의 숫자는 극히 적었다. 각종 빈번한 고발로 인하여 로마 카톨릭 세계 속에서는 광범한 숙청이 시행되었으며, 이러한 공격 아래서 대부분의 현대주의자들은 로마에 복속하던가 혹은 이를 떠나서 프로테스탄트 진영으로 옮겨가던가, 아니면 사회주의자나 세속주의자의 길을 택하였다. 로이지, 물리, 미노크치들은 모두 로마를 등졌다.

물론 교회와 대학교들에 아직도 상당수의 로마 카톨릭 교수들이 남아있었던 독일의 경우에는 중요한 잡지들이 "파스켄디" 회칙을 게재하기를 거부하였으며, 콥 추기경은 교황에게 이 회칙을 시행하는 것은 매우 심중한 위험을 동반하는 일이라는 내용의 편지를 보냈다. 이 나라에는 경계 위원회가 설치되지 않았으며, 공관복음서의 임박한 재림설이나 혹은 요한복음의 풍유적 성격을 수용하고 있었던 쉬닛쩌(Schnitzer) 같은 교수들도 치리를 받지는 않았다. 그러나 다른 곳에서는 이러한 숙청이 광범위하게 실시되었다.

미국의 경우엔 던우디에 있던 뉴욕 교구 신학교의 드리스콜(Driscoll)과 "뉴욕 리뷰"지의 편집자가 그 직위를 박탈당하였고, 주교들은 『카톨릭 백과 사전』을 계속 존속시키기 위해서 싸움을 벌여야 하는 형편이었다. 미국에서 가장 잘 알려진 현대주의자 '폴리스트' (Paulists)의 윌리엄 설리반 신부는 유니태리안이 되었다. 1909년 6월 틸렐이 세상을 떠났을 때, 저항정신은 사라졌으며 거의 모든 잔여 현대주의자들은 지하로 숨어들었다.

11. 반(反)현대주의 서약

그러나 이처럼 지하에 숨어든 "현대주의"의 잔재를 소멸시키기 위하여 파이우스 교황은 1910년 그 유명한 반현대주 서약을 강행하였다. 모든 성직자들과 교사들은 이 서약을 하든지 아니면 그 직책을 박탈당했다. 이 서약의 내용은 "라멘타빌리"와 "파스켄디" 회칙들에 들어있는 정죄조항들을 전면적으로 수용한다는 것이었다. 그뿐만 아니라 모든 성직자들은 하나님의 존재를 증명하기 위한 우주론적 이론이 올바르다는 것과, 기독교의 신적 기원을 증명하는 가장 확실한 증거는 우리들의 시대에도 역시 기적과 예언 등 외부적 이론들이라는 것을 인정해야만 했다. 이들은 교회사나 성경 가운데 교회가 받아들이고 있는 견해 외에 단지 증거들에 의존하는 일체의 해석을 부정할 것과, 특히 교의의 진화라는 이단적 관념을 부인할 것을 강요당했다. 전세계에 걸쳐 주교들은 휘하의 신부들과 교사들을 소환하여 서약시켰다.

이러한 서약은 수많은 로마 카톨릭 신자들에게 양심의 시련을 강요하였다. 어떤 이들은 이러한 서약을 한 후 익명으로 신문사에 편지를 내어 자기들은 순종하는 마음으로, 어떠한 확신도 없이 이 서약을 했다고 밝히기도 하였다. 1911년 이탈리아의 카톨릭 성직자들에 관하여는 다음과 같은 묘사가 남아있다. "40세 이상되는 백 명의 성직자들 가운데 60명은 자기들의 개인적인 서랍 속에 가장 뛰어난 현대주의자들의 저술을 아직도 간직하고 있다." 몇 명은 서약을 끝내 거부하고, 파문당한 로마교 신부가 되는 길을 택하였다. 이는 문자 그대로 굶어죽는 운명이었다.

이 서약이 로마 카톨릭 신자들의 양심에 가책을 준 시련은 서약서에 서명하라는 호출을 받았을 때 틸렐 신부의 전기를 집필 준비하고 있었던 모데 페트르(Maude Petre) 양의 경우에서 잘 알 수 있다. 영국에서 가장 저명한 로마 카톨릭 가문 출신이었던 페트르 양은, 자기가 이러한 서약을 할 수 있는 세 가지 길을 가정하였다.

첫번째는, 개인이 자기의 양심과 확신에는 상관없이 단지 상급자의 명령에 복종한다는 의미에서 이러한 서약을 행할 수 있다. 어떤 이들은 이 방법이 합법적이라고 생각하고 있었는데, 당시 어떤 고통이나 피해를 받지 않고 이 난관을 통과하는 데 가장 편리한 길이었다. 페넬론의 경우가 여기 그 선례를 보여주고 있다. 그러나 페트르 양은 자기의 양심상 이 길을 택할 수는 없다고 밝혔다.

두 번째 길은, 문서가 원래 의도하고 있는 의미를, 고의로 왜곡하여 해석하는 궤변가의 방법이다. 액톤 경이 '그 영광스런 궤변가'라고 불렀던 뉴먼이 바로 이 방법을 택하였다. 그리하여 뉴먼은 앵글리칸이었을 때에는 39개 신조문을 좇았으며, 로마 신자가 되었을 때에는 '오류 실라부스'와 바티칸의 칙령들을 따를 수 있었다. 그러나 페트르 양은 이 길도 택할 수 없다고 하였다. 칙령과 회칙은 그 본래 의도된 의미대로 받아들이던가 아니면 이를 거부해야만 한다. 만약에 이 서류들에 그녀가 서명한다면 이는 문자와 아울러 정신 첫 줄부터 마지막 줄까지를 받아들이는 행위이어야만 한다. 그녀는 이처럼 엄숙한 결정을 내리기 이전, 그녀의 주교로부터 과연 여기에 관련된 모든 진술들이 '신앙에 관한' 문제이며 항상 '신앙에 관한' 문제가 될 것인지를 알고자 하였다. 그녀는 이 신앙을 위해서는 마치 사도신경을 위한 신앙처럼 자기의 생명을 걸겠다고 하였다. 이 질문에 대해 주교는 답변조차 하지 않았으나 비밀리에 페트르 양에게 성찬을 시행하지 말라는 명령을 내렸다. 그러나 이러한 페트르 양과 같은 경우는 드물었다. 로이지가 이미 지적하였듯이 로마 카톨릭 교회는 이러한 정도의 성실성을 유지할 수 있을 만큼 양심을 훈련시키지 못하기 때문이다.

로마 카톨릭 내의 현대주의는 왜 이처럼 단시간에 무너지게 되었는가? 우선 카톨릭 교회 안에 있던 현대주의자들의 수는 항상 수백 명을 초과하지 못하였다. 비록 이 가운데는 틸렐, 폰 휘겔 그리고 부오나이우티처럼 당대의 가장 심오한 종교정신을 가진 인물들도 있었으나, 또한 이 가운데는 깊은 기독교 신자로서의 확신을 소유치 못하였던 단지 이성주의자, 인문주의자 혹은 민주주의자들이 섞여 있었다. 그러나 가장 중요한 사실은 당시 라틴 제국의 로마 카톨릭 신자들 가운데서는 과연 이것이 얼마나 중대한 문제인지를 제대로 깨달을 수 있는 신학적 이해를 가진 사람들의 숫자가 별로 얼마되지 못하였다는 것이었다. 보다 종교심이 강했던 세대에 보다 혹심한 압력 속에서도 수세대를 버텨낼 수 있었던 잔센주의도 20세기 초 교회에서는 마치 현대주의처럼 짧은 시간 안에 무너졌을 것이다. 그러나 또한 잔센주의는 구원이라는 핵심적 문제를 동반하고 있었는 데 반하여, 대부분 현대주의 논쟁은 보다 가벼운 변증학적 문제들을 둘러싸고 있었다. 보다 넓은 일반적 교회의 역사라는 관점에서 바라보건대, 폰 휘겔과 같은 주요한 현대주의자도 그 자신의 교회 안에서보다는 프로테스탄트 진영, 특히 앵글리칸 진영 안에서 더 큰 영향력을 가지고 있었다는 사실도 한 가지 이유가 될지 모른다.

제 24 장

프로테스탄트 선교, 1796-1914

　16, 17세기에 걸쳐 프로테스탄트주의는 생존에 전력을 쏟아야만 하였다. 그리하여 스페인과 포르투갈이 주도하였던바 역종교개혁 운동의 거대한 선교 활동에 비견할 만한 움직임은 전혀 찾아볼 수 없었다. 종교개혁의 교파들 가운데서는 아나뱁티스트(재침례파)가 그래도 선교적 사명을 가장 잘 이해하였던 집단이라고 할 수 있겠다. 이들의 이러한 소명감은 그 후 18세기에 들어서서 주로 대륙의 경건주의자들 특히 할레의 루터교도와 모라비안들에 의하여 계승되었다. 물론 영국인들은 자기들의 기독교를 식민지들, 특히 북아메리카에 이식하고 있었다. 그러나 이들은 독일인들에 비하면 비유럽인들에 대한 선교에서는 뒤지고 있었다. 18세기 말까지만 해도 프로테스탄트는 주로 북서 유럽 주민들의 종교로만 제한되어 있는 모습을 보였으며, 그 외의 유럽 지방과 유럽 외 지역에는 겨우 수백만의 신도들이 흩어져 있을 뿐이었다. 실제로 1836년까지도 와이즈만 추기경은 프로테스탄트가 지역적으로나 문화적으로 국한되어 있기 때문에 진정한 그리스도의 몸의 일부라고 볼 수 없다고 비판할 정도였다.

1. 영국과 미국의 복음적 선교들

　그러나 이러한 판단을 내렸던 와이즈만 추기경은 그 상황분석에 있어서 한 세대나 뒤져 있었다. 왜냐하면 프랑스 혁명 당시 영어사용 복음주의자들에 의한 선교운동이 본격적으로 시작되었으며, 이러한 확장은 제1차 세계대전시까지 모든 기독교 선교 운동을 주도하게 되었으며, 세계 역사상 가장 획기적인 사상의 확산을 이루어냈기 때문이다. 또한 19세기에 영국을 중심으로 하고 있었던 이러한 움직임을 신생 미국이 바로 이어받아 대륙의 프로테스탄트 교회들에게까지도 새로운 자극을 주었기 때문이었다. 비록 19세기에는 그 인원이나 재정적 지원의 면에서 영국이 이러한 노력의 선봉에 서 있었으나, 제1차 세계대전 종전 후 채 십 년이 지나지 않아 미국이 프로테스탄트 선교의 앞장을 서게 되었다. 예를 들자면 1900년도 총 만 3천6백 명의 프로테스탄트 선교사들 가운데 5천9백 명이 영국 출신, 4천 명이 미국 출신들이었다. 그리하여 영어 사용권 출신들이 전체 프로테스탄트 선교사들의 3/4을 점하고 있었으며, 그 결과 그 세기에 널리 확장되었던 기독교는 주로 영어사용권에서 우세하였던 복음주의적 프로테스탄트 사상이었다. 이러한 움직임이 가져온 가장 중요한 결과들 가운데 하나는 20세기에 들어와 진정한 프로테스탄트 신자들의 에큐메니칼한 세계적 공동체가 형성될 수 있었다는 점이었다. 이는 19세기 이전에는 사람들이 상상할 수도 없던 현상이었다.

　복음주의 특유의 특징들이 일반적으로 이처럼 새로운 선교 운동의 성격과 방법들을 결정하게 되었다. 이들 선교사들은 역사상 다른 어떤 집단들보다도 출신 국가와의 관계에 있어서 더 자유스러운 모습을 지니고 있었다. 물론 대영제국은 가장 광활한 식민지를 점유하고 있던 국가였다. 또한 당시 세계 최고의 상업 중심지이기도 하였다. 그리고 이러한 선교활동은 정치적, 경제적 제국주의와 관련되어 있는 것이 사실이었다. 그러나 영국 정부의 지원은 동방 정교나 혹은 로마 카톨릭의 선교보다는 간접적인 것이었으며 영국 선교사들은 식민지의 행정관들이나 상인들과 그 이해 관계가 상충되는 것이 보통이었다. 그리고 미국 선교사들의 대부분은 본국 정부가 별로 정치적 이해관계를 가지고 있지 않은 지역에서 활약하였으며 별로 중요한 본국과의 상업적 관계가 없던 지역에서 활동하였던 것이 사실이다. 선교사들의 활동은 어떤 경우에는 서방 제국주의의 도움을 받았고, 어떤 경우에는 방해를 받기도 하였다. 그러나 이들 선교사들 대부분의 중심적 동기는 그리스도께서 위해서 죽은 영혼들을 위한 열정이었으며 가능한 지역에서는 최선을 다하여 이들에게 접촉하고자 노력하였던 것이었다.

　앵글로-아메리칸 복음주의는 또한 다른 어떤 선교운동보다도 교회적인 조직이나 교리로부터 자유로웠다. 대륙의 프로테스탄트주의는 그 신앙고백적 정통성에 있어서 엄격하였으며, 고파 앵글리칸 교회는 복음주의자들보다 교회적 질서에서 엄격한 태도를 견지하고 있었다. 그러나 수많은 복음주의 협회들은 초교파적이었다. 런던 선교협회는 1795년부터, 그리고 미국 해외 선교협회는 1810년부터 성공회, 감리교, 회중파, 장로교 그리고 침례교 출신들을 다 포용하였다. 이는 그들이 확신과 신념을 결여하였기 때문이 아니었다. 이들은 개인주의적인 성경의 신자들로서 전심적이고 개인적인 헌신과 그리스도에 대한 회심을 추구하였으며 이러한 구원의 메시지에 필수적인 정도로마 교리나 교회의 직제를 중요시하였다. 회심자들에 관한 한, 개인적인 확신과 도덕적 기준을 위한 요구는 그 어떤 이전의 선교적 확장보다도 더 철저하였다. 윌리엄 케리(William Carey)로부터 존 모트(John R. Mott)에 이르기까지 이 운동은 문자 그대로 전세계 인류들을 자기의 책임으로 삼았으며, 이러한 중심되는 확신을 가진 신자들과는 기꺼이 협력하고자 하였다. 학생 자원 운동(the Student Volunteer Movement)의 슬로건이 바로 이처럼 철저한 목표를 잘 나타내 보여주고 있다. "우리들 세대에 세계의 복음화"가 바로 그것이었다. 네 세대에 걸쳐 세계의 끝까지 기꺼이 가서 그리스도 안에서 하나님께서 이루셨던 복음을 전하기 위하여 그곳의 원주민들 사이에 생명을 바쳤던 이들 수천 명의 남녀들을 말하지 않고는 아무도 19세기 앵글로-아메리칸 복음적 프로테스탄트의 진면목을 정확하게 이해할 수 없다. 이들의 신학이나 사회윤리 혹은 교회 정치에 관하여 어떻게 평가하든 간에 그 종교적인 진실성과 위력에서 우리들은 배울 것이 분명히 있다.

2. 영국에서의 시작

복음주의 선교의 가장 중요한 개척자라고 할 수 있는 케리는 식민지 미국의 인디언들 사이에서 사역하였던 존 엘리옷(John Elliot)과 데이빗 브레너드(David Brainerd)의 기록을 읽고 마음에 깊은 영감을 받았다(제6장, "대각성" 항 참조). 이 기록들과 아울러 '쿡 선장의 항해기'가 어울려 그는 모든 인류들에 대한 선교를 꿈꾸게 되었다. 케리의 사역을 지원하기 위해 1792년에는 한 영국 침례교도 협회가 성립되었다. 1795년에는 런던 선교협회가 형성되었는데, 이는 주로 그의 영감의 결과였으며, 여러 교회들의 복음주의자들, 주로 회중파 신자들이 노력한 결과였다. 4년 후에는 윌버포스, 그랜드, 손톤들이 중심이 된 채프만 그룹의 앵글리칸 복음주의자들이 교회 선교협회

(Church Mission Society)를 조직하였다. 같은 사람들이 1804년에는 영국과 해외 성서협회를 조직하였다. 한편 그 이전 1799년에는 초교파적인 종교 트랙 협회(Religious Tract Society)가 이미 결성되어 있었다.

18세기가 끝나기 이전 스코틀랜드에서 역시 이처럼 새로운 조류가 스코틀랜드 선교협회를 결성시켰으며, 글래스고우 선교 협회도 결성되어 있었다. 따라서 전형적인 형태는 기존 교파로부터 독립된 모습을 갖는 자발적인 단체들이었다.

3. 미합중국

대서양을 건너 미국에서도 이와 비슷한 움직임을 볼 수 있었다. 각 지역의 선교협회들이 조직되어 불신자들의 회심을 위해 헌금을 걷고 기도하였다. 최초의 미국 선교협회에게 영국측은 자기들의 보조기관이 되어 주도록 요구하였다. 그러나 이러한 계획은 별로 실질적인 것이 되지 못하였다. 1810년에 미합중국 위원회가 결성되었는데, 이에 참여한 것은 주로 회중파와 장로교였다. 이들은 저드슨을 1812년 인디아에 파견하였다. 그리고 저드슨이 침례교로 개종하자 그를 돕기 위해 아메리칸 침례교 선교협의회(American Baptist Missionary Convention, 1814)가 조직되었다. 1816년엔 아메리카 성서협회가, 그리고 다음해에는 영국 복음주의자들의 1787년 시에라 레온 사역의 모범을 딴 아메리칸 식민지화 협회가 결성되었다. 얼마 안되어 몇몇 교파들이 공식적인 선교부를 조직하기 시작하였다. 이러한 대규모 기관들과 아울러 100개 이상의 각 지역별, 각 주별 성서협회와 선교협회들이 조직되었다.

4. 대륙의 프로테스탄트들

이처럼 미국에서 대규모적 협회들이 조직되기 이전에 이미 런던 선교협회의 열성들은 대륙에 새로운 발전상을 불러일으키게 되었다. 1797년에 설립되었던 네덜란드 선교협회는 거의 런던 선교협회(L.M.S.)의 보좌기관이라 할 수 있었다. 베를린에서는 새로운 복음주의 운동이 보다 오랜 모라비안과 할레의 선교 전통과 접목되었으며, 이곳의 보헤미아 교회 목사였던 애니케(Jänicke)는 영국으로부터 일부 재정지원을 받아 선교사 훈련학교를 설립하였다(1800). 대부분의 첫 졸업생들은 런던 선교협회, 교회 선교협회 혹은 네덜란드 선교협회의 이름으로 파송받았다. 1815년에는 바젤에 또 다른 유명한 훈련학교가 설립되었으며, 이들은 애니케 학교의 졸업생들과 마찬가지로 영국 협회들의 소속으로 파송되었다. 그러나 동 세기의 제2사분기에는 일련의 독일 선교협회들이 조직되었으며, 바젤 학교 역시 독자적으로 선교지를 개척하였다.

이 시기에 관련하여 우리들이 기록하였던 기독교 부흥운동의 전파는 프로테스탄트 프랑스와 스칸디나비아 지방들에서의 복고시대에 그 효과를 파급하고 있었다. 1818년에는 파리 성서협회가 나타났으며, 10년 후에는 파리 복음주의 선교협회가 결성되었다. 덴마크 선교협회가 조직되었던 것은 1821년이었으며, 1840년대와 1850년대에는 노르웨이, 스웨덴 그리고 핀랜드 등지의 루터교도들 가운데 이와 비슷한 기관들을 볼 수 있었다. 우리들이 이미 언급한 바처럼 각종 다양한 독일측의 협회들도 조직되었다. 라인 혹은 바르멘 협회가 1828년, 헤르만부르그 협회가 1849년 그리고 드레스덴(후에 라이프찌히로 개칭) 선교협회가 1836년에 나타났다. 미국의 오하이오 루터교 대회는 헤르만부르그 그리고 미주리 대회는 라이프찌히 협회를 통해 사역하였다.

이는 유럽과 미국에서 수십만 명의 평신도들을 동원하였던 수천 개의 프로테스탄트 협회들을 매우 간략하게 살펴본 것이다. 이제 이러한 거대한 선교 활동이 서방에 어떤 영향을 미쳤는가 그리고 이러한 복음의 사자들이 직접 활동하였던 현지에서의 영향은 어떠했는가를 살펴보기로 하자. 일반적으로 말해서, 이 세기의 처음 두 세대들은 기초를 쌓은 시기라고 볼 수 있을 것이다. 선교 기지가 정착되었고, 현지 언어를 익혔으며, 성경을 번역하고, 현지 당국과의 접촉들이 이루어졌으나, 실제 회심자들의 숫자는 그다지 많지 않았다. 이는 또한 위대한 개척자들의 이름이 그 추종자들에게 영감을 제공하였던 시대이기도 하였다. 인디아의 윌리엄 케리와 헨리 마틴, 중국의 로버트 모리슨, 아프리카의 로버트 모팻과 데이빗 리빙스턴, 태평양의 존 윌리엄스(마지막 네 사람은 모두 L.M.S.의 선교사들이었다) 등의 이름이 영국과 미국 신자들의 가정들에 익히 알려지게 되었다. 특히 오세아니아 지방에서는 제1세대 때 많은 순교자들이 있게 되었다.

마지막 제3분기에 들어서서 상당한 결과를 목격할 수 있게 된다. 선교사들의 숫자가 상당히 증가하고, 자금들도 넉넉해졌으며, 선교협회들의 숫자가 증가함과 정치적 변화로 말미암아 복음전파의 기회가 보다 많이 열리게 되었다. 1860년경 발생한 세포이(Sepoy) 반란은 인디아에 새 정권을 세웠다. 새로운 조약들이 체결되어 중국 선교의 길이 열리게 되었다. 페리 제독은 일본인들의 문호를 개방하였다. 이제까지 미지의 세계였던 아프리카 내륙도 선교사들과 탐험가들에게 열리게 되었다. 이러한 모든 이유들 때문에 선교활동의 템포도 1860년대부터 제1차 세계대전 발발시까지 더욱더 빨라지게 되었다. 이 시기 말 미국의 프로테스탄트 진영이 선교사 모집의 새로운 방법, 자금의 모금, 전세계를 무대로 하는 프로테스탄트 선교활동의 체계적 조직 등에서 주도권을 잡게 되었다.

5. 인디아

우선 인디아의 모습을 살펴보기로 하자. S.P.C.K.의 지원을 받는 루터교 경건주의의 선교활동이 18세기 초에 시작되었으며(제7장, "웨슬레의 종교적 배경" 항 참조), 복음주의 각성운동의 산물이었던 유명한 개척자, 침례교 출신의 제화공 윌리엄 케리가 프랑스 혁명 중에 이곳으로 파견되었다. 세포이 반란(1857)이 발생하기 이전의 수십 년 동안 영국 동인도 회사(British East India Company) 아래서 거의 모든 본격적 선교협회들—S.P.C.K., 런던 선교협회, 교회 선교협회, 미국 선교협회, 스코틀랜드 선교협회, 바젤 협회, 라이프찌히 선교협회, 미국 침례교, 장로교들이 다 이곳에 기지를 마련하였다. 그러나 반란 사건 당시 이곳에 있던 선교사들의 숫자는 500명이 채 되지 못하였으며, 주로 마드라스 지역에 집중되었던 신자들의 수효도 겨우 십만 명 가량에 불과하였다. 미국 협회에서는 의식적으로 복음전파에만 주력하였는데, 그 외의 활동은 교육 방면에 치중하였다. 스코틀랜드 교회는 고등교육을 전문으로 하였으며, 챌머스의 제자들 가운데 하나였던 알렉산더 더프(Alexander Duff)는 영국 문학, 정치, 도덕 사상에 기초한 교육제도의 설립에 공헌하였다. 이는 20세기의 인디아 국가 생활에 막대한 영향을 미치게 된다.

반란 후 영국 왕실이 직접 이곳을 지배하게 되었으며, 그 아래서 선교활동도 급속하게 진전되었다. 이제 정부에서는 의료, 교육, 자선활동 등을 적극적으로 지원하였다. 인디아 사회의 특성상 여성이 여성을 진료하는 것이 매우 효과적이었다. 그러나 고아원의 필요성은 별로 없었다. 회심자들의 대다수는 정령숭배자들 혹은 사회의 최하층 계급 출신들이었으므로 강력한 현지인 지도자를 양성하는 것이 지체되어 유럽인들의 가부장적인 지배가 한동안 계속되었다. 그러나 상류층 힌두교도들은 여러 가지 방면에서 기독교적인 영향을 도입하여 다양한 개혁운동을 추진하였는데, 브라마 사마지(Brahma Samaj)와 라마 크리슈나 미션(Rama Krishna Mission) 등이 이러한 것들이었다. 이들은 카스트제도, 조혼, 우상숭배 등 힌두적인 악습들을 폐지시키고자 하였다. 또한 자선과 개혁운동들은 인디아에 일반적으로 팽배해있던 절망과 숙명주의와는 전혀 다른 인생관을 낳게 되었다. 인구의 90퍼센트가 농업에 종사하고, 극빈 상태에 있던 현지의 사정으로는 농업기술의 발전 역시 시급한 문제였다.

이 세기에 프로테스탄트 선교는 로마 카톨릭보다 훨씬 빠르게 진행되어, 신자들의 숫자도 1914년에는 약 백만 명에 이르게 된다. 이러한 프로테스탄트 신자들 가운데 4/5는 집단적 개종형태를 통해 이루어진 회심이라 한다. 프로테스탄트 진영의 조직적인 다양성 역시 종합되는 모습을 보이게 된다. 우선 예양 지역 분할 협정이 성립되었고 비슷한 교파들은 합동하였으며 마침내 1908년에는 스코틀랜드 장로교, 미국 개혁파 그리고 영국과 미국의 회중파들이 모여 남부 인디아 연합교회를 결성하게 되었다. 이보다 더 포괄적인 계획들도 진행되어 1914년 이후 전국 기독교 협의회(National Christian Council)가 결성되었다. 아자리아, 고레, 챠터르지와 K. T. 폴 등 제1세대의 뒤를 잇는 인디아인 지도급 인사들도 급속하게 성장하고 있었다. 20세기 인디아에서 출현하기 시작하였던 민족주의의 발흥은 이러한 지도역 교체를 불가피하게 만들었다.

6. 인도네시아

인디아 이동의 프로테스탄트 교회들은 프랑스령 인도차이나를 제외하고는 다들 비슷하게 조직되었으며, 1914년에는 이곳에 자리잡은 프로테스탄트 교회들의 숫자가 중국, 일본, 한국의 로마 카톨릭을 능가하게 되었다. 그러나 극동의 경우 프로테스탄트 신자들의 숫자가 가장 많았던 곳은 네덜란드령 인디아였다. 우리들은 인도네시아를 먼저 살펴보도록 하자. 이곳은 17, 18세기에 이미 놓여진 기반으로 인하여 19세기에 도움을 받았던 동시에, 이 때문에 피해를 입기도 하였던 유일한 지역이었다. 인도네시아 혹은 말레이 제도는 지리적으로 필리핀을 포함하고 있다. 필리핀에서는 로마 카톨릭 스페인인들이 먼저 이곳을 차지하였으며, 보다 남부의 섬들—특히 자바, 보르네오, 수마트라 그리고 셀레베스와 뉴기니 등은 주로 홀랜드 등 프로테스탄트 제국주의 수중에 떨어지게 되었다. 이곳 대부분의 인구들이 사용하였던 언어는 말레이어였으며, 여러 섬들에는 정령숭배를 하는 부족들이 주로 거주하고 있었다. 인구밀도가 높은 자바 섬에 인구의 3/4이 거주하고 있었는데, 가장 중요한 종교는 모슬렘이었다. 아프리카와 마찬가지로 동남 아시아의 여러 지역에서는 이들 정령숭배자들을 교화하기 위한 이슬람과 기독교 사이의 경쟁이 벌어지고 있었다.

17, 18세기에 시행되었던 집단 세례식들로 말미암아 나폴레옹 전쟁 후 홀랜드 정부가 홀랜드 동인도 회사로부터 이곳을 인수받았을 때, 인도네시아에는 약 10만 명에 달하는 명목상의 프로테스탄트 신자들이 자리잡고 있었다. 그러나 19세기 초반 정부는 원주민들을 심하게 착취하였으므로 선교활동에는 오히려 저해가 되었다. 라틴 아메리카나 필리핀의 스페인령들에서 볼 수 있듯이 국가 가부장제도가 오랫동안 이곳에서도 실시되었으므로 교회는 그 생기를 잃고 있었다. 1817년 프러시아 연합의 전례를 따라 홀랜드 국왕은 인도네시아의 개혁파와 루터교 교회를 하나로 연합하여 총독이 관할하는 국교로 재조직하였다. 이 교회는 1914년 이후까지도 홀랜드측의 지도에만 의존하여 별다른 활력을 발휘하지 못하고 있었다.

그러나 유럽의 새로운 선교열은 주로 홀랜드와 독일 출신의 새로운 선교사들을 아직 교화되지 못한 원주민들에게 파송하였다. 네덜란드 선교협회는 바젤과 애니케 학교 출신들을 이곳으로 파송하였다. 이 세기의 후반에 홀랜드에서 발생하였던 신학논쟁으로 말미암아 이곳에는 주로 홀랜드 칼빈주의에서 파생된 선교기관들이 무려 여덟 개나 활동하고 있었다. 홀랜드 정부 역시 카이퍼 정부 아래서 그 식민지 정책을 수정하였다.

놈멘센(Nommensen)과, 후에 요한네스 바르넥(Johannes Warneck)가 지도하였던 독일 라인 협회는 수마트라의 내지로 침투해가는 데 성공하였다. 이 그룹은 1914년까지는 바탁족을 교화하여 16만 명의 교세를 가진 바탁 교회를 설립하는 데 성공하였다. 이와 비견될 수 있는 획기적인 성공의 모습을 셀레베스 지역, 특히 알리파르스와 토라드자스 부족들 사이에서 볼 수 있었다. 한편 자바 섬에서는 이러한 모슬렘족들의 개종이 발생하지 않았다. 아마도 오늘날까지도 모슬렘 교도가 기독교로 개종하는 것보다는 그 반대의 경우가 더 많은 것 같다.

기독교를 전파하기 위해 자바의 인형극과 음악을 채용하였으며, 1914년까지는 만 명 내지 만 2천 명을 헤아리는 교회가 성립하게 되었다. 1914년 인도네시아 프로테스탄트 신자들의 총수는 아마도 30만 내지 50만 가량에 달하였을 것이다. 다른 지역에서와 마찬가지로 문맹퇴치, 의료, 과학적 영농, 여성지위 향상 등의 사업들이 진행되었으며, 적의 머리를 자른다든지 식인, 마술, 요술, 주술 등의 관습을 억제하였다. 1918년 인도네시아는 "연방"의 일부가 되어 기독교는 그 후 계속 급성장하게 되었다.

7. 필리핀 제도와 라틴 아메리카

한편 북부의 필리핀에서도 프로테스탄트주의가 급성장하고 있었다. 1898년까지도 이 섬에서는 프로테스탄트가 용인되지 못하였다. 그러나 15년 후에는 204명의 선교사들과 5만에서 10만 명 사이에 달하는 신자들이 있었다. 이곳의 프로테스탄트 신앙은 완전 미국에서 온 것이었다. 비록 그 출신 교단들은 달랐으나 선교사들은 처음부터 밀접한 관계를 유지하고 상호협력하였으며, 장래 필리핀 복음주의 교회를 이미 준비하고 있었다.

우리들은 필리핀에서 태평양을 건너 스페인과 포르투갈령 라틴 아메리카를 살펴보기로 하자. 식민지 시대에 영국령 북아메리카 대륙에서 로마 카톨릭이 배제되었던 것보다도 더 심한 정도로 프로테스탄트는 이곳에서의 선교가 금지된 상태에 있었다. 그러나 19세기에 로마 카톨릭이 미국으로 침투하였듯이, 한두 세대 후에는 프로테스탄트들도 라틴 아메리카로 들어가게 되었다. 처음 이곳으로 들어간 것은 프로테스탄트 상인들이었는데, 주로 독일 출신들과 남북전쟁시 남부의 동조자들이 대부분이었다. 아직도 이곳에는 수백만의 인디언들이 어떤 형태의 기독교에도 아직 접촉되지 않은 채 살고 있었다.

마지막으로 제대로 신앙생활을 하지 않고 있는 형식상의 로마 카톨릭 신자들이 있었는데, 거의 모든 상류층과 새로이 등장하는 노동자층이 이에 속하였다. 이 노동자층에서 활약하였던 것은 주로 미국 출신의 선교사들이었다. 왜냐하면 비록 로마 카톨릭측은 프로테스탄트 지역에 대한 일체의 양보심이 없었음에도 불구하고, 앵글리칸들은 로마 카톨릭이 강한 지역에서는 선교활동을 삼갔기 때문이었다. 이들은 바로 이러한 이유로 1910년의 에딘버러 선교 총회에서 라틴 아메리카를 선교지에 포함시키지 않았다.

일반적으로 프로테스탄트 공동체들은 주로 인디언들, 혼혈인들 그리고 하류층에 자리잡게 되었으며, 많은 지역에서 선교사들은 이들을 위한 교육기관을 창설하였다. 어떤 경우에는 프로테스탄트 학교들이 후에 공공교육 기관제도의 기초가 되기도 하였다. 페루, 에쿠아도르 그리고 콜럼비아 등에서 프로테스탄트들은 처음 그 발판을 마련하기가 어려웠다. 서해안에 있던 프로테스탄트 선교사들 반 이상은 칠레에 자리잡고 있었으며, 이곳의 노동자 계층에서는 특히 오순절파가 강세를 보이고 있었다. 아르헨티나보다 많은 숫자의 공동체가 소재하고 있었는데, 특히 부에노스 아이레스의 경우 1905년에 자립한 앵글리칸 교회의 숫자가 다섯이었으며, 가장 큰 그룹이었던 감리교는 이곳에 신학교를 운영하고 있었다. 그러나 역시 라틴 아메리카에서 가장 프로테스탄트가 강하였던 지역은 역시 브라질이었다. 또한 이곳으로 가장 많은 숫자의 프로테스탄트 신자들이 또한 이민으로 모여들었다. 1914년에는 라틴 아메리카에서 복음적 공동체가 매우 신속하게 성장하는 모습을 보여 약 12만명의 신자들이 있었으며, 앞으로의 통합을 준비하기 위하여 라틴 아메리카 협동 위원회가 결성되었다.

8. 극동

1914년에는 일본, 한국, 중국 등지에서도 역시 미국 출신 선교사들이 주류를 이루었다. 일본의 경우 프로테스탄트는 로마 카톨릭처럼 그 발판으로 삼을 만한 이전의 공동체나 잔여 신자들을 가지고 있지 못하였음에도 불구하고 성장 속도가 곧 로마 카톨릭측을 압도하게 되었다. 이들은 주로 중산층과 새로운 도시의 지식인들 사이에 보급되었으나, 봉건적인 농촌 사회에는 별로 파고들어가지를 못하였다. 그러나 제1차 세계대전 이전 1.6세대 전에 프로테스탄트는 협동조합들, 병원들, 사회봉사, 여성운동 그리고 각급학교들을 통해 막대한 영향력을 행사하고 있었다. 그러나 보다 안정된 일본 고유문화로 말미암아 프로테스탄트의 영향은 중국에서의 그것에는 채 미치지 못했다. 1914년 프로테스탄트 공동체의 숫자는 10만에 달했는데, 이는 일본 로마 카톨릭 교회 신자의 숫자의 절반 가량에 달하는 것이었다. 프로테스탄트 신자들의 3/4은 각각 앵글리칸, 장로교, 개혁파, 회중파 그리고 감리교 선교회에서 파송되었던 네 개의 교파들에 속해 있었다.

마찬가지로 한국에서도 프로테스탄트 선교는 1880년대에야 시작되었다. 그러나 1914년에는 이미 더 활발한 의료사업과 교육사업에 힘입어 로마 카톨릭의 선교활동을 앞지르고 있었다. 1914년 10만 명에 달하였던 프로테스탄트 신자들 가운데 3/4은 장로교, 1/4은 감리교에 속해 있었다. 1910년 한국인들의 의사와는 관계없이 강제로 행해졌던 일본과의 합병 이후 일본 정부의 압제하에 놓이게된 한국의 기독교 신자들은 일본 정부에 대해 매우 비판적 입장을 가지고 있었다.

마지막으로 중국은 1807년 최초의 프로테스탄트 선교사였던 로버트 모리슨이 이곳에 발을 들여놓았을 때부터 매우 활발한 선교의 무대가 되었다. 당시 중국에는 이미 20만 가량의 로마 카톨릭 신자들이 자리잡고 있었다. 모리슨은 1834년에 죽기까지 열 명의 중국인들에게 세례를 베풀었으며, 1934년까지는 천 명에게 세례를 베풀 수 있도록 되는 것이 그의 꿈이었다. 1850년 태평천국의 난 발생시까지만 해도 회심자들의 숫자는 채 백 명에 미치지 못했다. 그러나 고든(Gordon) 장군이 반란을 평정하고 1858-1860년의 영중전쟁 이후 중국 내륙이 열림으로써 교회의 확장은 박차를 가하게 되었다. 1877년에 이미 개종자들의 숫자가 1만 3천 명에 달하였다. 많은 수의 선교사들과 수십 개의 선교기관들이 각국으로부터 이곳으로 왔다. 그리하여 대학교, 중고등학교, 병원들이 문을 열었으며, 의과대학까지 설립되었다. 모리슨이 처음 중국을 찾은 뒤 백년 만에 상해에서 선교회의가 개최되었다. 당시 중국에는 63개 기관에서 파송되었던 3,445명의 선교사들이 있었으며, 매우 빠른 속도로 성장하고 있던 33만 명의 중국인 신자들을 10만 명의 현지인 목사들과 교사들이 봉사하고 있었다. 로마 카톨릭의 숫자는 적어도 세 배는 되었으나 문화와 공공생활의 분야에서는 프로테스탄트만큼 영향을 미치지 못하고 있었다. 그리하여 역사가 라틀렛(Latourette)은 "새로운 의료직과 간호직을 창조하고, 공공보건 계획을 창달하고, 서양식 중고등교육을 도입하고, 신생활운동 등의 예에서 볼 수 있는 바와 같은 일반적 도덕 운동을 고취시킨 것은 로마 카톨릭이 아니라 프로테스탄트였다"고 기록하였다.

그런데 중국의 프로테스탄트 교회는 다른 아시아의 복음주의 기독교보다는 교파적으로나 신학적으로 더 다양한 모습을 보이고 있었다. 우리가 언급하였던 문화적 영향은 아마도 티모시 리차드(Timothy Richards)와 미국식 사회복음 운동의 신학적 자유주의와 인도주의에서 발로되었던 듯하다. 중국의 다른 프로테스탄트 신자들, 선교사들은 매우 개인주의적이고 "피세적인" 종교를 강조하였다. 이러한 두 가지 강조점은 각각 중국의 유교와 불교 사상과 맞아들었기 때문에 더욱더 뚜렷하게 드러난 것으로 보인다.

중국에서 가장 크고 널리 사역한 기관은 중국 내지 선교회(China Inland Mission)이었다. 이 기관은 프로테스탄트 복음주의에 속한 일종의 "믿음 선교"(faith missions) 형태를 띠고 있었다. 이 기관은 어떤 특정한 교회조직의 후원을 받지 않은 채 모든 교파들을 망라한 복음적 기독교 신자들로부터 인원들이나 재정적인 지원을 받고 있었다. 선교사들은 일정한 봉급이 없이 단지 "주님께서 필요한 것을 공급하신다"는 신념 하나만을 가지고 지정된 임지로 향했다. 그 이전 어느 때도 볼 수 없었던 정도의 독신 여성들이 사역에 참여하고 있었다. 이들 중국 내지 선교회원들은 교회를 개척하기 위하여 한 곳에 머무는 일도 없이 단지 복음적인 말씀전파에 몰두하였다. 이들은 전인미답의 지경으로 들어가면서 중국인들과 동일한 의복을 입고 같은 생활을 하였다. 이 기관은 1905년 프로테스탄트 선교에 가장 완강하게 반대하는 모습을 보였던 호남 지방의 수도 장사에서 세상을 뜬 허드슨 테일러(Hudson Taylor)가 창설하였다. 그리고 또한 중국 내지 선교회의 외국 선교사들이 의화단 사건(박서 반란, Boxer uprisings)시 다른 어느 선교기관보다 더 많은 피해를 받았으나, 이들은 보상금을 권유받았을 때에도 이를 거부하였다. 1895년 당시 전체 선교사들 가운데 이들의 숫자가 40퍼센트에 달하였으며, 그 후에는 이 비율이 점차 감소하였다. 1914년 장로교는 다른 어느 교파보다도 많은 숫자의 프로테스탄트 신자들을 망라하고 있었으며, 그 선교사들의 숫자 역시 가장 많았다. 또한 1914년에는 후에 중국 전국 기독교 협회(Chinese National Christian Council)를 결성하게 되었던 과정이 진행되기 시작하였으며, 이들은 십여 개의 각 지역 협의회를 두게 되었다.

9. 북아프리카와 근동, 중동

인디아에서 서쪽으로 바라보면 페르시아 만에서 지중해, 북아프리카를 거쳐 지브롤터 해협에 이르는, 주로 모슬렘 신자들의 지역을 발견할 수 있다. 19세기 이 지역의 정치적 핵심은 오토만 터키 제국이었으며, 그 통치 구역은 발칸반도를 지나 유럽에까지 이르고 있었다. 그 가장 중요한 국가들은 터키, 페르시아, 이집트 그리고 아라비아 등이었다. 이곳에는 다양한 소수의 기독교 소수 집단들이 자리잡고 있었는데, 총숫자는 약 백만 가량에 이르게 되며, 그 가운데 가장 많은 숫자를 차지하는 것은 네스토리안들, 콥트파, 희랍정교, 아르메니안들, 그리고 마론파들이었다. 이들은 모슬렘 이전의 공동체들이 남긴 유산으로서 매우 수동적이고, 극단적으로 보수적이며 정체된 집단의 모습을 보이고 있었다. 모슬렘 통치하에서는 전혀 기독교 복음사역이 허락되지 않고 있었으므로, 프로테스탄트와 로마 카톨릭을 막론하고 이들의 사역은 주로 교육, 의료, 자선사역 들에 국한되어 있었다. 이 당시 다시 교인으로 등록된 이들은 대개가 옛날 기독교 집단 출신들이었다. 전체적으로 볼 때 이 세기에는 이 숫자들이 이민과 학살 등으로 실질적으로는 감소하였다고도 생각할 수 있다.

근동에서의 프로테스탄트 선교는 주로 미국 위원회에서 보낸 미국인 선교사들에 의하여 시행되었으며, 1870년 이후에는 이 위원회에서 독립하였던 장로교인들을 통해 이루어졌다. 이들은 해당 지역에 현대 의료시설을 소개하였으며, 터키와 시리아 지방에 많은 학교들을 세웠다. 1860년대에 교육 사역의 초석들이라고 볼 수 있는 두 개의 대학들이 세워졌는데, 이들은 곧 콘스탄티노플의 로버트 대학(Robert College)과 베이루트의 시리아 프로테스탄트 대학(현재의 아메리칸 유니버시티, American University) 등이었다. 주로 독일인들로 구성되었던 교회 선교협회는 몰타, 스머르나(서머나), 카이로, 그리고 팔레스타인 등에서 적극적으로 활동하였다. 앵글리칸들은 예루살렘의 앵글로-프러시안 합동 감독구를 이어받았는데, 이 때문에 옥스포드 트랙터리언들이 크게 반발하였다(제12장의 "봉건적 종교 정치학" 항을 참조). 동쪽으로는 교회 선교협회와 미국 위원회(1870년 이후는 장로교)들이 네스토리안, 아르메니안, 페르시아 지방의 유대인들 사이에서 사역하였다. 그리고 남쪽으로 이집트에서의 프로테스탄트 사역은 거의 전적으로 앵글리칸들과

(특히 교회 선교협회) 미국 연합 장로교회들에 의하여 시행되었다. 후자는 주로 콥트파들 사이에서 활동하였다. 이 전체 지역에서 세기 초반 프로테스탄트측의 전략은 역사가 오랜 다른 교회들을 로마 카톨릭처럼 자기 진영으로 개종시키려 하였던 것이 아니라, 그들을 더욱 강화하고 활력을 주고자 함이었다. 그러나 대부분의 경우 동방 교회들은 이러한 시도에 저항하여 새로운 사상에 영향을 받은 이들에게 출교 처분을 내렸으므로, 이 세기의 후반에는 독자적인 복음적 공동체들이 형성되었다. 그러나 이처럼 경멸을 받고 있는 소수파들과 보조를 같이함으로써 서방의 선교사들은 모슬렘들 사이의 사역에서 더 비효과적인 모습을 보이게 되었다. 물론 제1차 세계대전은 근동 터키제국의 정치적인 와해를 불러일으켰다.

10. 아프리카

최후로 중요한 선교 지역이 아직 남아 있는데, 이는 즉 사하라 사막 남쪽 아프리카 지역이다. 19세기 초반까지도 광활한 적도 고원지대와 내륙의 평원은 아직 지리학자들에게 제대로 알려지지 않고 있었다. 이처럼 "가장 어두운" 검은 대륙 아프리카를 선교하고자 하는 열정은 19세기 중엽 많은 서방 선교사들의 상상력을 자극하였으며, 이 지역에 거주하고 있는 수백만 명에 달하는 원주민들은 기독교 확장의 가장 낭만적인 지역으로 오세아니아 지방의 뒤를 잇게 되었다. 그러자 1870년 이후 유럽 여러 나라들은 제국주의를 표방하게 되어 겨우 20여 년 안에 거의 아프리카 전지역이 유럽제국의 보호령 혹은 식민지가 되었다. 대영제국과 프랑스가 가장 많은 몫을 차지하였으며, 프로테스탄트 진영 가운데는 영국이, 그리고 로마 카톨릭 진영에서는 프랑스가 가장 지도적인 위치를 점하고 있었다.

이 거대하고 광활한 지역 가운데 남아프리카를 살펴보자. 사하라 사막 남부에 살고 있는 기독교 신자들의 반 이상이 바로 이곳에 소재하고 있다. 또한 사하라 이남 지역이 유럽인들의 주된 정착지역이 되기도 하였다. 그러나 백인들의 수는 원주민 여섯에 하나 꼴밖에 되지 못하였으며, 사하라 이남의 아프리카의 유색인종 기독교 신자들 가운데 2/5는 또한 잠베지 아래에 살고 있었다. 흑백인을 막론하고 신자들 중에는 프로테스탄트 신자들이 압도적이었다. 말레이, 중국 그리고 인디아 출신의 이민들로 말미암아 당시 세계에서

제24장 프로테스탄트 선교, 1796-1914 355

가장 심각한 인종 대결문제가 제기되었다. 보어인들(Boers, 남아프리카의 네덜란드계 백인)과 영국인들 사이에 가장 심각한 쟁점은 원주민들에 대한 선교, 원주민들의 위치 등이었다. 보어인들은 한때 데이비드 리빙스턴의 기지를 불태워버린 일도 있었다. 바로 이러한 상황 속에서 간디가 처음으로 제1차 세계대전 이전에 무저항 운동의 전술을 사용하여 많은 영국계 기독교 신자들의 동조를 받게 되었다.

남아프리카의 현대 선교는 네덜란드 선교협회에 의하여 시작되었다. 로버트 모팻과 데이비드 리빙스턴들은 모두 L.M.S. 출신의 선교사들이었다. 스코틀랜드 선교협회도 초기부터 이곳에서 활발한 활동을 벌였으며, 러브데일(Lovedale)에 농경 훈련센터를 설치하여 그 후 남아프리카의 모습을 형성하는 데 크게 공헌하였다. 그 지조직으로 세워졌던 것이 니아사(Nyasa) 호수가의 리빙스터니아(Livingstonia) 마을이다. 이들 두 기관들은 마치 미국의 투스케지(Tuskegee)를 연상시키는 사역을 벌였다.

일반적으로 볼 때 프로테스탄트 선교사역은 보다 자립적인 현지 교회들을 그리고 로마 카톨릭은 보다 더 굴종적인 교회들을 설립하였다. 그러나 제2세대에 앵글리칸들, 특히 S.P.G.가 가장 잘 조직된 사역을 마련하였다. 이들 가운데는 앵글로-카톨릭주의가 강하였으며, 직원들 대부분은 앵글리칸의 수도사들, 수녀들 혹은 여집사들로 구성되어 있었다. 그 외에도 파리 복음 선교협회, 바젤 협회, 라인 협회, 라이프찌히 협회, 기타 대륙의 지도적인 선교기관들이 다 이곳에서 사역하였다. 1896년 프랑스가 마다가스카르를 점령하자 영국인들은 이곳의 사역을 파리 복음 협회에 넘겨주었다. 남아프리카는 미국 선교사들이 극히 소수에 불과하였던 특이한 지역들 가운데 하나이다. 전체적으로 볼 때, 사하라 이남의 아프리카 지방은 가장 성공적이었던 프로테스탄트 선교지들 가운데 하나였다고 할 수 있으며, 1914년에는 약 150만의 신자들이 급성장하는 공동체를 이루고 있었다.

11. 일반적 특성들

세계 전역에서 프로테스탄트주의는 사회개혁, 교육, 의료, 기타 분야에서 로마 카톨릭보다 더 많은 중요한 영향을 미쳤으며, 변화 상태에 있었던 문화들에도 공헌하였다. 그들은 종교적 공동체를 조직하는 데 온 정력을 다 쏟았던 것은 아니었다. 그러나 프로테스탄트주의 역시 시대의 제한성을 극복할 수는 없었다. 강력한 현지 교회들이 출현하기 전까지 그 문화적 영향은 계속 밀려드는 선교사들에 의하여 좌우될 수밖에는 없었다. 또한 전쟁이나 혁명 시에는, 보다 조용하고 고립적인 로마 카톨릭 공동체들보다는 프로테스탄트 선교 지역이 보다 더 큰 피해를 받았다.

다양한 프로테스탄트의 선교 사역을 종합하고 조정해야 할 필요성으로 말미암아 선교사들을 보내는 국가들이나 이들을 받아들이는 국가들에서는 일련의 회의들을 개최할 수밖에 없었다. 이러한 회의들은 1850년대에 시작되어 1893년에는 북아메리카 해외 선교 대회(Foreign Missions Conference of North America)를 결성하게 되었고, 1912년에는 영국과 아일랜드에서 이와 유사한 회의가 열렸으며, 1900년에는 뉴욕에서 소위 "에큐메니칼 선교 대회"(Ecumenical Missionary Conference)가 개최되었다. 이 운동은 1910년의 에딘버러 총회에서 그 절정에 달하였는데, 바로 이 회의에서 선교사는 에큐메니칼 운동으로 연결되었다. 이 대회의 상임 위원회가 영구적인 국제 선교 협회(International Missionary Council)를 마련하였는데, 이 기구는 로마 카톨릭의 선전청에 대응하는 것이자, 에큐메니칼 운동 최초의 기관 부분이라 할 수 있다.

제 25 장
로마 카톨릭의 선교, 1814-1914

　복고시대에 로마 카톨릭 선교의 부흥이 시작되었는데, 이는 프로테스탄트 측보다는 약간 극적인 면에서 떨어지는 한 세대 이후의 사건이었다. 이는 주로 당시 가장 중요한 로마 카톨릭 국가였던 프랑스를 중심하고 있었는데, 바로 이곳으로부터 제1차 세계대전 이전 전세계로 파송되었던 전체 로마 카톨릭 선교사들 가운데 반 이상이 배출되었다. 로마교의 선교 신부들 가운데 2/3 내지는 3/4 그리고 수녀들과 교사 수사들의 4/5가 바로 프랑스 출신들이었다. 또한 19세기에 선교지에서 죽은 119명의 신부들 가운데 95명은 프랑스 출신들이었다.
　그 외에는 이탈리아인들, 독일인들, 벨지움인들 그리고 홀랜드인들이 있었다. 비록 이 시기에 아일랜드의 이민들이 상당수 영국, 미합중국, 캐나다 그리고 오스트레일리아 등지로 이주하여 이 국가들에서 놀랄 만한 로마 카톨릭 세력의 신장을 준비하고 있었으나, 이 시기에는 아직 영어 사용 로마 카톨릭 신자들이 별로 선교에 참여하지 않고 있었다. 그리고 스페인과 포르투갈은 별로 이렇다 할 만한 종교적 열정을 보이지 않고 있었다.
　로마 카톨릭 선교사들은 그 이전의 오랜 세월에서 볼 수 있던 것처럼, 독신자 수사들 혹은 각종 다양한 수도회 출신의 성직자들로 구성되어 있었다. 한때 해산되었던 제수잇들이 가장 중요한 역할을 하였으며, 그 뒤를 오블레이트, 성령 수도회, 나사렛 수도회, 마리아 수도회, 도미니크파, 프란시스칸, 카푸친, 백수사들, 그 외의 여러 수도회들이 뒤를 이었다. 특히 세속 성직자들을 해외 선교를 위하여 훈련시키는 데는 파리의 '외방 선교 협회' (Société des Missions Etrangèrs)에 속한 신학교가 특히 뛰어난 모습을 보이고 있었다. 그러나 이 세기의 새로운 특색이라고 하면 주로 수녀들인, 여성들의 역할이 눈에 띄게 증가되었다는 점이었다. 제1차 세계대전까지 이들의 수는 전체 선교사들의 절반 가량을 차지하였다. 또한 여기에 참여한 수도회들이나 이들의 조직단체들도 다양하였다. 1870년대 말, 전체 6만 명의 로마 카톨릭 선교사들 가운데 여성들의 숫자는 60개 단체로부터 3만 5천 명에 달하였으며, 1900년경에는 전체 로마 카톨릭 선교사들 7만 명 가운데 5만 3천 명의 여성들이 포함되어 있었다.

1. 대중적 지원

이미 라므네(Lamennais) 시대부터 찾아볼 수 있었던, 소위 '카톨릭' 유럽에서도 로마 교회가 점차 세속 국가들로부터 분리되었던 현상은 또한 선교 활동에도 영향을 미치게 되었다(제16장, "자유주의적 카톨릭주의"항을 참조). 이러한 현상의 서너 가지 측면들을 언급할 필요가 있다. 우선 한 가지는 19세기의 제2사분기에 로마 카톨릭 움직임 가운데서 선교적 관심은 그 이전과는 전혀 다른 양상으로 평신도들의 일반적인 지원을 받기 시작하였다는 점이다. 이는 선교를 지원하기 위한 새로운 협회들의 모습에서 보다 명백하게 드러나고 있다. 이 가운데 가장 중요한 것은 1822년 리용에서 발족하였던 신앙 전파를 위한 협회(the Society for the Propagation of the Faith)이다. 가난한 평신도들이, 마치 프로테스탄트의 모범을 따라 매일 기도하고 한 주에 최소한 1페니씩을 헌금하도록 고무되었다. 또한 프랑스에서 조직되었던 성 유아기협회와 두 개의 독일 협회들, 레오폴드 협회와 루드비히 선교협회들도 모두 이와 비슷한 성격을 지니고 있었다. 1914년 전에 거의 2백 개나 되는 이런 협회들이 설립되었다. 이들은 별로 생활이 여유가 없었던 수백만 신도들의 지원을 받았다. 이러한 지원 가운데 가장 많은 부분, 아마도 절반 이상은 역시 프랑스의 노동자들과 농부들이 부담하였다. 이러한 선교를 위한 재정지원은 이전처럼 몇 명의 귀족들이나 영주들에게 의존하던 방식과는 전혀 다른 것이었다.

반면에 19세기 종교적 중립을 내세웠던 유럽 각국의 정부들은 전반적으로 선교를 더 이상 외교적 수단으로 사용할 수 없게 되었다. 역종교개혁 시대에는 스페인, 포르투갈, 프랑스의 로마 카톨릭 해외선교가 대부분 제국주의적 목표들을 달성하기 위해 왕실들에 의하여 자금이 조달되고 통솔되고 있었다. 그러나 대부분 이제 반성직자적 경향을 보이고 있었던 프랑스나 이탈리아 정부들은 이러한 관계를 계속 유지하는 것이 불가능하였다. 물론 프랑스의 경우 본국에서 금지된 로마 카톨릭 단체들을 식민지에서는 지원하는 경우가 많이 있었으며, 로마 카톨릭 선교활동은 같은 시대의 프로테스탄트 선교활동들, 특히 영어 사용권에서의 프로테스탄트 선교활동들보다는 정치적 제국주의와 더 밀접한 관계를 가지고 있었던 것이 사실이다. 그러나 그 이전 과거의 양상과는 분명 다른 모습을 보여주고 있었다.

2. 교황의 통제

19세기에 들어서면서 각국에서 그 위치가 불안해졌던 로마 카톨릭주의는 울트라몬탠적인 경향을 보이게 되었는데, 이러한 모습은 또한 선교 분야에서도 분명히 드러나게 되었다. 이 이전의 로마 카톨릭 선교사들은 대개가 교황이 아니라 특정한 왕실의 사절인 경우가 대부분이었다. 그러나 프랑스 혁명 이후 선교활동은 점차 로마의 중앙집권적 통치를 받게 되었다. 나폴레옹 아래서 중단되었던 교황의 선전청은 복고시대에 다시 재설립되었다. 그 후에는 이 선전청에서 전세계에 걸친 선교활동을 점차 더 철저하게 관장하기 시작하였다.

이들은 네 단계의 선교 기지를 거쳐 최종적으로는 현지인들의 계급제도를 확립하는 방법을 사용하였다. 영국, 미합중국, 캐나다, 홀랜드 등 프로테스탄트 세력이 압도적인 나라들은 기술적으로 1908년까지 바로 선전청이 관할하는 선교 대상 지역으로 분류되어 있었다. 그러나 이 장에서는 비서방문화 지역만을 우선 살펴보도록 하자. 19세기 말에는 로마 카톨릭 선교활동을 프랑스 외교활동으로부터 독립시키고자 하는 갈등이 벌어졌다. 선전청이 승리를 거두어 20세기에 들어서면서 세계 전역의 종교적 수도회들은 일반적으로 중앙집권적 통제하의 교황 직속의 선봉역을 담당하였다.

3. 새로운 방법들

프랑스 혁명 후 로마 카톨릭주의의 새로운 대중적, 울트라몬탠 특성들 가운데 네 번째는 선교 대상 지역에서의 종교적 원숙성을 보다 더 강조하였다는 것이었다. 칼을 들이대고 집단적 개종을 강요하는 모습은 이제 더 이상 찾아 볼 수 없었다. 개종자들은 개인별 혹은 가족별로 들어왔다(물론 인디아나 아프리카 등지에서는 약간의 예외가 있었다). 이들은 세례를 받기 전에 로마 카톨릭주의의 의미에 관하여 무언가를 알도록 기대되었다. 물론 이러한 훈련의 측면은 프로테스탄트 진영에서 더 철저하였다. 그러나 역시 역종교개혁 시대와는 좋은 대조를 이루고 있는 것이다.

4. 라틴 아메리카

16, 17, 18세기들을 통해 가장 많은 성과를 거둔 지역은 라틴 아메리카였다. 그런데 19세기의 확장기에 가장 성공적이지 못했던 지역이 바로 라틴 아메리카였으며, 실질적으로 신자의 수효 감소까지 보였다는 사실은 흥미로운 것이다. 19세기 전반기에 라틴 아메리카에서 로마 카톨릭측이 득보다 실이 많았다는 것은 분명한 사실이며, 그 후의 회복은 유럽과 미국에서 몰려온 로마 카톨릭과 프로테스탄트 선교사들의 사역 덕분이었다. 라틴 아메리카 현지 교회는 영양실조 상태에 있어서 계속 해외로부터의 지원이 없이는 독자적으로 운영할 능력을 상실하고 있었다.

가장 큰 문제는 이곳이 피정복지였다는 데 있었던 것 같다. 정부의 가부장적 지원과 유럽의 가부장주의는 수동적이고 나태한 사회를 발생케 하였으며 이 사회에서는 기독교도 인디언들을, 비록 너그럽게 대했다 하더라도, 근본적으로는 역시 농노로 취급하였다. 스페인, 포르투갈, 이탈리아의 로마 카톨릭은 유럽에서 가장 타락한 상태에 있었으며, 종교재판으로 황폐화된 데다가 부와 정치적 권력으로 부패한 상태에 있었다. 이런 모든 약점들이 식민지에서는 더 극명하게 강조되어 드러나게 되었다. 성직자들은 탐욕적이고 호색적이며 고루하였고 평신도들은 종교개혁 이후 유럽에서는 상상할 수 없을 정도로 무지하였고 미신에 깊이 젖어 있었다. 당시 북아메리카 프로테스탄트 교회에 비교할 때 놀라울 정도로 대조적인 모습을 보이고 있다.

나폴레옹 전쟁 당시, 이들 라틴 아메리카 교회의 모국들이 이 코르시카인에게 정복당하였을 때(제10장, "교황과 교황령의 압류"항을 참조) 독립운동이 시작되었다. 초기 복고시대의 가장 뛰어난 독립운동 지도자는 시몬 볼리바르(Simon Bolivar)였다. 10년과 15년 사이에 아르헨티나, 뉴그라나다,

칠레, 멕시코, 페루, 에쿠아도르 그리고 볼리비아 등이 다 독립을 선언하였다. 영국과 미국이 유럽 복고국가들의 재정복 시도에서 이들을 보호하였으며, 그 이후 라틴 아메리카 교회들은 서로 다른 상황에서 다른 형태의 정부들을 상대해야 했다.

첫 세대에서는 고위 성직자 임명을 둘러싸고 많은 어려움이 있었다. 독립 당시까지 모든 라틴 아메리카 고위 성직은 유럽인들이 차지하였으며, 이들은 물론 현지 식민지들의 독립을 반대하였는데, 이는 하위 성직자들의 입장과는 반대되는 것이었다. 독립 후 대부분 고위 성직자들은 유럽으로 돌아갔다. 1820년대 말경에는 40개나 되는 라틴 아메리카의 주교구들 가운데 겨우 다섯 개만이 실질적으로 운영되고 있었다. 그 후 한두 세대 동안 스페인과 포르투갈의 왕들은 계속하여 라틴 아메리카 고위성직 임명권을 고수하고자 하였다. 교황청은 새로운 독립정부들을 공인하는 데 시간을 끌었으며, 이들에게 고위 성직 임명권을 인정하는 데는 더욱 인색하였다.

19세기 후반에 들어서면서 교회와 국가 사이의 갈등들은 더 노골적이었다. 가장 중심적인 문제는 경제적인 것이었는데 막대한 토지를 수유하고 있었던 교회는 대지주들과 결탁하여, 토지개혁을 반대하고, 십일조를 폐지하고자 하는 움직임을 방해하였다. 빈곤한 인디언들의 경제적, 교육적 생활을 개선하고자 하는 운동들은 교회당국에 의하여 반대되는 것이 보통이었으며, 후아레즈(Juarez) 같은 반성직주의자들이나 프로테스탄트 진영의 후원을 받았다. 그리하여 종교자유와, 교회와 국가의 분리를 위한 요구가 날로 강성해져 갔으며, 이러한 요구들은 결국 로마 카톨릭 교회의 치열한 반대에도 불구하고 몇몇 라틴 아메리카 국가들 내에서 종내 성취되었다. 옛 전통은 특히 서해안 지방에서 고수되었다. 특히 페루의 경우엔 1839년까지도 개인적으로 비로마 카톨릭 신앙을 갖는 것이 금지되어 있었다. 그리고 프로테스탄트 신자들을 위한 종교의 자유가 1915년까지도 주어지지 않았다.

1880년 이후 상당한 숫자의 이민들이 이탈리아, 스페인, 포르투갈 그리고 독일과 일본에서까지 몰려들었다. 그리하여 1915년 브라질에는 2백만 이상의 이탈리아 출신 주민들이 자리잡고 있었다. 전체적으로 볼 때, 비록 이곳에는 수십 개의 수도회들과 종교기관들이 활약하고 있었음에도 불구하고 이들 이민들에게는 신앙적 사역이 제대로 시행되지 못했다고 볼 수 있다. 라틴 아메리카의 식자층들은 일반적으로 교회에서 유리되어 있었으며, 우리가 살펴보는 이 시기의 끝에서 보면 약 1억 명의 주민들 가운데 1/5이 인디언, 다른 1/5일이 백인들이었으며, 나머지는 대개가 혼혈인이었다. 20세기에 들어서서야 이곳의 로마 카톨릭 교회가 보다 적극적으로 교육적, 복음적, 사회적 사역을 시행하였는데, 그 이유들 가운데 하나는 프로테스탄트 교회에 대한 경쟁 때문이었다. 그러나 수세대에 걸친 교회의 사역에도 불구하고 이곳은 아직도 선교지로 분류되어 있었으며, 현지 교회에서 필요로 하는 성직자들이나 재정을 직접 조달할 수 없었다.

5. 필리핀

스페인 역종교개혁 운동이 낳은 선교사들의 사역은 라틴 아메리카에서보다 필리핀에서 더 성공적이었다. 19세기에 들어서자 이곳의 인구 대부분은 명목상으로나마 로마 카톨릭 교회에 속해 있었다. 그리고 1898년의 스페인-아메리카 전쟁을 통해서야 비로소 19세기에 이미 라틴 아메리카에서 경험하였던 현상들이 나타나기 시작하였다. 스페인 출신 수도회들의 대규모적인 토지 소유 그리고 이들의 고위 성직 독점에 대한 불만이 민족주의적인 아글리파얀(Aglipayan) 운동으로 나타났다. 미국으로부터 프로테스탄트 교회가 이곳으로 진출함으로써 이때까지 나태하였던 로마 카톨릭 교회도 새로이 각성하게 되었다. 1914년까지 독일과 네덜란드 등에서 종교 전반에 걸친 지원이 답지하였으며, 특히 로마 카톨릭 교회는 역사상 필리핀에서 가장 강한 모습을 보이게 되었다. 필리핀 주민들은 아시아 주민들 가운데 기독교가 우세한 유일한 민족이었으며, 이들의 숫자는 여타 모든 아시아 신자들을 합친 것에 상당하였다.

19세기에 로마 카톨릭이 라틴 아메리카 다음으로 진출하였던 가장 중요한 지역은 아시아였다. 역종교개혁 선교사들의 사역 이후 19세기 초까지 인디아에는 33만 명에서 50만 명, 중국에 25만 명, 그리고 일본에는 지하에 수천 명의 신자들이 남아 있었다. 이들은 모두 국제적인 쇠약과 기타 외부적인 어려움들을 겪고 있었다. 특히 제수잇들에 대한 탄압은 매우 심각한 타격이었으며, 혁명 전쟁들이 발발하였던 시기에는 제대로 인원과 재정의 지원을 받을 수가 없었다. 우리가 마지막으로 살펴볼 인디아의 경우, 19세기 중엽까지 로마 카톨릭은 소멸되어가는 것처럼 보였다.

6. 인디아

　19세기 중엽 이곳에서 가장 심각한 문제는 라틴 아메리카의 그것과 동일한 것이었다. 즉 정치적 보호권과 아울러 교회적 후견제도를 둘러싼 논쟁이었다. 포르투갈 왕실은 이미 영국 동인도 회사에게 정치적인 통치권을 상실하였으며, 궐석된 성직자들의 자리를 충원할 능력이 없었음에도 불구하고 계속하여 인디아에 대한 통솔권을 주장하였다. 1830년대에 교황의 선전청은 영국과 프랑스령 지역에 대한 포르투갈의 보호권을 억압하고자 시도하여, 이러한 지역들에는 4개의 사도 대교구들을 설치하였다. 그러나 인디아에 자리 잡고 있었던 포르투갈 출신 성직자들이 대규모적인 반란을 일으키게 되었으며, 인디아의 모든 로마 카톨릭 지역에서는 두 파의 로마 카톨릭들이 갈등하는 모습을 보이게 되었다.

　1840, 50년대에 이러한 갈등은 가장 심각해졌으나 동시에 전반적인 로마 카톨릭 세력의 회복, 특히 비포르투갈 지역에서의 회복이 행해졌던 것도 바로 이 시기였다. 제수잇들이 여러 지역들에 다시 돌아왔으며, 오블레이트, 살레지안들, 섯십자 수도희 그리고 기타 수십 개의 수도회들이 그 뒤를 열었다. 바티칸 공의회가 열렸을 즈음 로마 카톨릭 공동체에 속한 인구는 백만 이상이 되었으며, 21명의 주교들과 9백 명의 신부들이 이들을 지도하였는데, 성직자들 가운데 반 수 이상은 프랑스 출신들이었다. 레오는 1886년 포르투갈인들과 협상책을 마련하여 이러한 긴장을 완화시켰다. 그러나 제1차 세계 대전 발발시까지도 문제들은 아직 완전히 해결되지 못한 상태에 있었다. 당시에도 역시 대다수 인디아 로마 카톨릭들은 텔루구스와 같은 원시부족들이나 힌두교에서 쫓겨난 자들로 이루어져 있었으며, 이들은 기근이나 홍수 등 자연 재해를 당할 때에 구제받기 위해 교회를 찾아온 경우들이 매우 많았다. 그리고 일반적으로 로마 카톨릭 선교사들은 우선 기존 교구민들을 돌보는 데 바빠서 선교와 회심에 신경을 쓸 겨를이 없었다. 대부분의 로마 카톨릭 신자 증가는 인구증가를 통해 이루어졌다.

　한편, 교회 안에 카스트(태생적 신분제도)의 문제가 있었다. 교구들마다 서로 다른 태도를 취하고 있다는 사실이 바티칸 공의회 때 밝혀졌는데, 어떤 교구들은 일체 이 카스트 제도를 인정하지 않고 마치 모슬렘교처럼 신자들을 모두 한 계급으로 인정하였는가 하면, 어떤 교구들은 교회 안에서의 카스트

제도를 인정하고 있었다. 아마 프로테스탄트들보다는 로마 카톨릭이 일반적으로 이러한 카스트 제도를 더 널리 인정하였던 것으로 보인다. 1849년 이후 선전청은 주로 영국의 지원으로 이루어진 학교들 안에서는 카스트 계급제도를 인정하지 말도록 하였다. 그러나 일부 회중들은 이 카스트 문제 때문에 분열을 겪기도 하였으며, 낮은 카스트 출신들은 성직자가 되는 길이 막혀 있는 것이 보통이었다.

이러한 가운데서 현지인들을 성직자로 훈련시키려는 노력이 꾸준히 행해졌다. 1910년도엔 성직자들을 훈련하기 위한 학교들의 숫자가 50개에 달했는데, 이 가운데 가장 유명한 것은 칸디(Kandy)의 교황립 신학교였다. 또한 대부분의 선교지에는 병원들, 고아원들, 정신병원들 그리고 전도문서들을 배부하기 위한 사무실들이 마련되었다. 새 신자들의 경제적 문제들을 해결하기 위하여 새로운 개간지에 기독교 신자촌들이 조직되었으며, 신용조합, 협동조합, 구매조합들도 발전되고 있었다.

제1차 세계대전시 인디아의 로마 카톨릭 공동체는 17세기 말의 세력을 다시 회복하여 그 숫자는 225만 명에 이르게 되었다. 성직자들의 수는 현지인과 유럽인들이 각각 천 명씩 되었다. 이들은 주로 남쪽에 집중되어 있었는데, 서해안은 고아 아래로 그리고 남동부는 폰디첼리 아래로 자리잡고 있었으며, 교인들의 성장률은 북쪽이 더 빨랐다. 이들의 숫자는 당시 백만 가량에 달했던 프로테스탄트보다 두 배 가량되는 것이었다. 그러나 그 성장률은 뒤늦게 들어온 프로테스탄트 쪽이 더 빨랐다. 신구교를 합하여 전인구에 비교한 비율은 약 1퍼센트 가량에 이르렀다. 당시 인디아 인구 전체는 약 3억에 달하여 아직도 인디아의 고유종교와 미신에 사로잡혀 있었다.

7. 인도차이나

인도차이나와 중국, 한국 그리고 일본의 로마 카톨릭 선교는 주로 프랑스측의 선교사들이 담당하였으며, 프랑스의 제국주의 정책과 밀접하게 관련되어 있었다. 예를 들어 스페인 출신의 도미니크파 수도회와 프랑스 해외 선교협회가 주도하여 선교를 시작하였던 인도차이나에는 약 30만 명 가량의 로마 카톨릭 신자들이 자리잡고 있었으며, 프랑스가 이곳을 1860년에서 1880년 사이에 정치적으로 정복하였다. 그 이전에 벌어진 간헐적인 박해로 수천 명의 현지인과 유럽인 순교자들이 배출되었다. 중국에 대한 서구 열강의 침략은 1858년에는 인도차이나에까지 확장되었다. 이곳에서의 전쟁이 종식되었던 1862년까지는 약 5천 명의 신자들이 순교당했다.

1880년대에 프랑스군이 다시 이곳을 침략함으로 선교활동은 한동안 중지되었다. 프랑스 정부측은 이곳을 정복하기 위해서 현지인 기독교 신자들을 동원하였다. 신자들은 군대를 위한 안내인, 통역, 정보원들로 사용되었다. 그리하여 현지군들은 1884-1886년에 이르는 "안나마이트 베스퍼스"(Annamite Vespers) 운동을 통해 기독교 신자들을 박멸하고자 하였다. 평화시까지 5만 명의 기독교 신자들과 20여 명의 선교사들이 학살당했다. 그러나 교회는 계속하여 성장하였으며, 부락 전체가 개종하는 경우들도 흔히 볼 수 있었다. 제1차 세계대전 당시 인도차이나에는 약 백만 명 이상의 로마 카톨릭 신자들이 존재하였는데, 이는 전인구의 5퍼센트에 달하는 것이었다. 또한 다른 곳에서는 볼 수 없는 많은 숫자의 현지인 성직자들이 존재하였으나, 로마 카톨릭 교회는 프랑스 제국주의와 동일시될 수밖에는 없었다. 서양의 의학, 사회복지제도, 농경방법 그리고 교육제도들도 이곳에 소개되었다.

8. 극동

한편 중국, 일본, 한국 등에서도 인도차이나와 비슷한 규모의 로마 카톨릭 공동체들이 비슷한 발전상을 보이고 있었다. 전인류의 1/3에 달하는 4억 가량의 인구가 이곳에 자리잡고 있었는데, 그들은 야만적이라고 생각하였던 서양의 문화와 종교를 멸시하여 종교적 혹은 상업적 개방에 저항하고 있었다. 17세기의 선교사들이 이루어 놓은 기독교 신자들이 이곳에 잔류하고 있었으나, 이미 중국에서 두 차례에 걸쳐 기독교가 말살되었듯이, 기독교는 19세기 중엽까지도 이곳에서 소멸되고 있는 것처럼 보였다. 일본에서는 성직자들의 존재없이 지하에서 계속 잔존하고 있었는데, 따라서 1860년대에 나가사키 지역을 찾은 프랑스 선교사들은 이곳에 남아있던 기독교 공동체의 모습을 보고 감동을 금치 못하였다. 이와 비슷하게 한국의 기독교 역시 1800, 1839, 1866-1868년에 이르는 박해를 견뎌냈다. 이 박해에서 수천 명씩이나 순교하는 모습을 보였다. 1880년에 들어서야 기독교가 본격적으로 용인되었다고 할 수 있다. 한국과 일본 양국에서는 제1차 세계대전시에 6만 5천 명 내지 7

만 5천 명에 이르고 있었다.

중국에서는 기독교 신자의 수가 약간 더 강세를 보였다고 할 수 있겠다. 19세기 초에 약 25만의 신자들이 존재하였으며, 수십 명의 선교사들과 중국인 신부들이 있었다. 그러나 아편전쟁시까지도 이들은 당국의 정책과 민중들의 감정에 그 존재 자체를 의존해야만 했다. 영국이 1839년 인디아산 아편을 이곳에서 매매하기 위한 목적으로 만주제국(청나라)을 침략하였다. 물론 중국 정부는 아편매매를 금지시키고자 하였다. 난징 조약(1842)에 의하여 홍콩은 영국에 할양되었으며, 외국인들의 거주와 종교자유를 허락하는 5개 항구가 개항되었다. 프랑스측도 이러한 허가를 받았으며, 왐포아 조약(1849)에 의하여 선교를 위한 보다 새로운 기회들이 주어지게 되었다. 그러나 양측의 불만들은 계속 고조되었으며, 1856-1860년의 영중 전쟁을 통해 서양세력의 침략은 재개되었으며, 이 전쟁에는 프랑스도 참여하였다. 천진 조약(1858)과 북경 조약(1860)으로 중국은 더 많은 양보를 강요당했다. 더 많은 항구가 외국인들에게 개항되었으며, 내륙지방의 여행도 허가되었으며, 기독교는 용인되고 보호까지 받게 되었다. 그리고 모든 로마 카톨릭 신자들의 권익보호는 프랑스의 권리와 책임이 되었다.

비록 당시 프랑스 정부는 반성직자적 경향을 강하게 띠고 있었음에도 불구하고 프랑스 대사와 영사들은 이러한 보호권을 20세기에 이르기까지 성실하게 행사하였다. 그들은 이러한 보호권이 상업보다도 오히려 제국주의 정책의 수행에 더 효과적이라고 생각하고 있었다. 이 시기에 있어서 선교사들이 법정 소송에서 판사들의 보조역을 하였기 때문에 많은 중국인들은 로마 카톨릭교에 매력을 느끼기도 하였다. 그리고 로마 카톨릭 성직자들이 세속적인 사법권을 행사하였던 사실은 후에 의화단 사건을 일으키는 한 가지 중요한 이유가 되었다.

1880, 1890년대에 이탈리아와 독일 정부는 자국 출신 선교사들에 대한 보호권을 요구하였으나, 실제로 이들의 숫자는 별로 많지 않았으며, 이탈리아는 별로 효과적인 정책을 수행하지 못하고 있었다. 그런데 1905년 프랑스에서 교회와 국가의 분리가 이루어짐으로써 비프랑스계 로마 카톨릭 신자들에 대한 프랑스의 보호권은 효력을 상실하게 되었다. 이곳 중국의 막대한 인구들은 서로 다른 로마 카톨릭 기관들과 수도회들이 서로 분담하여 처리하도록 하였다. 19세기 초에 가장 활발한 활동들을 전개하였던 라자리스트

(Lazarists, 나사렛 선교회)들은 주로 북부에서 활약하게 되었으며, 북경과 천진들이 이들의 관할이었다. 제1차 세계대전 전야에 이들 직원들의 숫자는 193명의 유럽인들과 170명의 중국인들을 망라하고 있었으며, 다른 어느 선교회보다 더 많은 숫자의 중국인들을 돌보고 있었다. 제수잇들은 양자 강 하류 지방에 그 노력들을 집중하고 있었다. 이들의 본부들은 상하이 근교에 있었으며, 중국 로마 카톨릭의 중심을 이루게 되었다. 이곳 지카웨이에는 출판사, 고아원, 학교, 대학교, 신부지망생들을 위한 숙사, 학당, 자연 역사 박물관 그리고 천문대까지 설치하였다. 1912년 이들의 직원은 유럽인 129명 그리고 66명의 신부들을 포함하고 있었다.

각국 출신 프란시스칸 수도회 신부들의 숫자는 이들보다 더 많았다. 쉐트벨더 수도회는 몽고 지방과 그 인근 내륙지방에서 사역하였다. 남부의 광활한 지역을 담당하였던 것은 해외 선교협회의 파리 출신 신부들이었다. 이들은 쉬츠완, 연안, 크웨이차우, 관퉁, 광시 지방들을 담당하였으며, 티벳, 만주, 한국 그리고 일본의 대부분을 담당하고 있었다. 1912년 이들은 자기들이 담당한 광활한 선교지역에서 400명의 유럽인 신부들과 197명의 중국인 성직사를 포함하고 있다. 이들 성직자들은 거의 2천 명에 달하는 수녀들의 도움을 받았는데, 대부분은 중국인들이었으며 특히 고아원들을 돌보는 데 전력을 다하고 있었다. 중국인 직원들은 '세례예비자'들로서 다양한 업무들을 분담하였다. 이들의 숫자는 제1차 세계대전 당시 7천 명에 이르고 있었다. 당시 54개의 신학교에서 천6백 명의 신학생들이 공부하고 있었음에도 불구하고 실제 현지인 신부들의 숫자는 약 7백 명에 불과하였다. 일부 중국 문화를 멸시하는 이들이 많이 있었던 유럽 출신 성직자들은 중국인들을 성직에 임명하기를 꺼리고 있었다. 그리하여 제1차 세계대전 이후까지는 중국 전체에 걸친 조직이나 중국의 감독교구가 존재하지 못했다.

그러나 이전의 역종교개혁 당시의 선교 혹은 당시 프로테스탄트 선교활동과는 달리 로마 카톨릭 선교사들과 공동체들은 거의 학문적 활동에 힘을 기울이지 않았다. 이들의 신자들은 대부분이 빈농출신들이나 어부들이었으며, 지식인들은 거의 없었다. 그리하여 로마 카톨릭은 프로테스탄트에 비교하여 교육기관이나 출판소들을 별로 사용하지 않았고, 결과적으로 중국 사회에 미치는 영향은 프로테스탄트에 비교하여 별로 보잘것이 없었다. 본국에서와 마찬가지로 로마 카톨릭 교회는 보다 수동적이요, 고립주의적이라서 현지의 문화와 사회를 적극적으로 파고들지 못하였다.

1880년, 1890년대에 서구 열강은 중국에 대한 침략을 다시 강화함으로써 중국인들의 맹렬한 적개심을 촉발하게 되었다. 프랑스인들은 1884년 통킹을 점령하였다. 일본인들은 1894-95년의 중일전쟁에서 승리를 거두고 한국을 차지하였으며, 포모사(Formosa, 대만), 포트 아더(Port Arthur)를 점령하였다. 바바리아 출신 제수잇 신부들 두 명이 살해당한 사건을 기화로 하여 독일은 1898년 키아오차우를 점령하였고, 영국인들은 '보상'으로 웨이하이웨이를 차지하였다. 또한 러시아인들은 만주 지방이 자기들에게 속한 것처럼 행동하고 있었다. 중국은 자기들과는 비교할 수 없이 막강한 무력 앞에서 점차 피점령 지역으로 저락하고 있었다.

1900년의 의화단 사건과 같은 사건들이 여러 지방에서 줄을 잇고 있었다. 북경 성당과 외국인 거주지역이 포위당하자 서구인들은 경악을 금치 못하였다. 그러나 이 난리를 통해 가장 큰 피해를 당한 것은 '제2의 서양귀신들'이라는 미움을 받았던 중국인 신자들이었다. 이들 가운데 만 6천 명이 살해되었다.

의화단 사건의 결과 많은 중국인들은 생존을 위해서 서구화를 촉진할 수밖에 없다는 결론을 내리게 되었다(일본에서는 이미 이 과정이 진행되었다). 그리하여 기독교를 위해서 새로운 기회를 제공하였던 것이다. 그리하여 주로 프로테스탄트측에서 설립한 미션 학교들에는 학생들이 몰려들기 시작하였으며 정부측에서도 새로운 현대교육의 기초를 마련하기 시작하였다. 가족제도, 여성들의 지위 그리고 만주 제국들이 거대한 혁명을 통해 급변하였다. 기독교 교회들은 급성장을 거듭하였으며, 제1차 세계대전시에는 로마 카톨릭 신자들의 숫자가 백만을 훨씬 넘고 있었다. 이는 숫자적으로 영향력을 행사하였던 프로테스탄트들보다 서너 배에 달하는 숫자였다. 이 숫자는 인구의 1퍼센트도 채 못되었으나 기독교가 미친 영향은 그 숫자에 비하여 훨씬 더 막강한 것이었다.

9. 북아프리카와 근동

다시 지중해 지방을 살펴보자. 원래 기독교의 근원지였던 북아프리카, 서아시아들은 이제 이슬람의 본거지가 되었다. 전세계 모슬렘 인구의 절반은 영국의 통치 아래 살고 있던 것이 사실이었으나, 근동에는 아라비아의 여러 모슬렘 성지들이 자리잡고 있었으며, 카이로는 모슬렘의 학문적 중심지였다. 그리고 아직 거대한 모슬렘의 정치적 세력인 오토만 터키가 남아 있었다. 이 "유럽의 병자"라고 불리고 있었던 오토만 터키는 유럽 열강의 세력들을 서로 대결시키는 방법으로 계속하여 그 명맥을 유지하고 있었다. 그러나 이러한 와중에서 이들의 세력은 계속 약화되었다. 아르메니아인들, 마론파, 네스토리우스파, 콥트파, 쟈콥파, 희랍정교, 라틴정교 등 고립상태에 있었던 기독교 공동체들은 아직도 이들을 포위하고 있었던 모슬렘 신자들로부터의 박해 위협에 시달리고 있었다. 1895년과 제1차 세계대전시에 발생한 아르메니아인들의 처참한 학살 사건은 바로 그러한 증거가 된다. 이 지역에서 로마 카톨릭 교회는 북아프리카로 이주한 유럽인들, 근동의 오랜 기독교회 신자들의 개종을 통해 그 숫자가 증가하였다. 그러나 이슬람 신자들 가운데 기독교로 개종한 숫자들은 그다지 많지 않았다.

프랑스 정부가 복고 후 알제의 해적들을 소탕한 뒤, 프랑스, 스페인, 이탈리아, 말타 등으로부터 많은 숫자가 모로코, 알제, 튀니스 등지로 이주해 갔다. 그러나 이곳의 관리들은 모슬렘 신도들의 광신적 반발을 우려하여 선교를 허락하지 않았다. 그리하여 19세기의 제3분기에 들어서서야 라비게리(Lavigerie) 대주교가 적극적인 선교사역에 나설 수 있는 허락을 받게 되었다. 그는 세인트 루이스가 순교한 자리에 교회당을 짓고, 그 옛날처럼 카르타고를 다시 아프리카의 기독교 중심지로 복고시키고자 하였다. 아프리카 전체 대륙에 미쳤던 그의 열의는 기독교적이었을 뿐만 아니라 동시에 프랑스적이기도 하였다. 그는 프랑스를 위하여 튀니스를 손에 넣었는데, 이곳에는 프랑스인들의 열두 배나 되는 이탈리아인들이 살고 있었다. 크리스피 주재 이탈리아 대사는 이에 대하여 "그(라비게리) 대주교의 존재는 마치 프랑스 일개 군단의 위치와 맞먹는다"고 하였다. 그는 뛰어난 행정능력을 발휘하여 교회들, 학교들, 병원들, 수도회들을 창설하여 새로운 정복지를 장악해가고 있었다. 아랍인들과 같은 복장으로 "백의의 신부들"(White Fathers)이라는 이름으로 불리웠던 그의 선교사들은 많은 희생자를 내면서 사하라 사막을 관통하여 사하라 남부에서 상당한 효과를 거두게 되었다. 제1차 세계대전 당시 알제와 튀니스 지방에는 75만 명의 로마 카톨릭 신도들이 자리잡고 있었다.

레오 13세는 레반트와 소아시아 지방에 소재하였던 옛 기독교회들을 뚫고

들어가 이들을 개종시키는 데 노력을 기울였다. 그는 개종자들에게 라틴어와 로마식 예배의식을 강요하는 대신에 로마에 있는 몇 신학교들을 이용하여 다양한 동방교회들의 예배의식을 가르쳤다. 이러한 유니에잇(Uniates) 교회들 가운데 중요한 집단들은 레바논 출신의 마론파(Maronites)들이었는데, 이들은 1860년 드루즈들(Druses)에게 참혹한 학살을 당했다. 이러한 갈대아파 (네스토리우스파), 시리아인들(쟈콥파), 콥트파(단성론자들) 그리고 라틴파들의 반 이상은 시리아에 거주하고 있었는데, 각각 그 세력들은 수천 명에 달하고 있었다. 이들 개종자들은 주로 프란시스칸, 제수잇들, 나사렛파, 카푸친파, 도미니크파, 사랑의 자매들 그리고 기독교 형제파 등의 수도회들에 의하여 훈련을 받았다. 개인들의 인권, 여자들의 위치 그리고 자선 사역들에서는 모슬렘교도들에게 상당한 영향을 미치기도 하였다. 한편 젊은 터키인 혁명가들의 사상은 프랑스 혁명 전통을 이어받는 민족주의와 자유주의 사상으로 많은 영향을 받고 있었다. 프랑스는 이러한 선교를 통해 기독교와 아울러 상당한 이익을 받았으며, 기독교 신자들에게 그 국가적 영향력을 행사하였다. 터키, 페르시아, 그리고 레바논 등지에서 로마 카톨릭 신자들은 "프랭크파"라 불리우게 되었다.

10. 아프리카

아프리카에서 로마 카톨릭 교회가 가장 성공을 거두었던 지역은 (역시 프랑스 선교사들이 사역하였던) 사하라 이남 지방이었다. 불교, 이슬람교, 힌두교 등이 오래 자리잡고 있던 지역들에 비하여 원시적인 정령숭배에 젖어있던 부족들은 보다 쉽게 기독교로 넘어왔다. 중앙 아프리카에는 세계의 다른 어느 지역보다도 이러한 부족들이 많이 소재하고 있었다. 잠베지 이남 지역은 프로테스탄트 선교사들이 주도하였으나, 로마 카톨릭 선교사들은 콩고 분지와 독일 및 영국령 동아프리카와 우간다 등지에서 성공을 거두었다. 리빙스턴과 스탠리는 이 지역의 노예매매의 참상을 폭로하였으며, 라비게리 대주교는 이러한 노예매매에 대항하는 가장 중요한 인물이 되었다.

아프리카에서는 매년 거의 50만 명에 달하는 노예들이 매매되고 있었는데, 매매되는 노예들 한 명당 열 명이 살해되고 있었다. 라비게리의 백의의 신부들은 적도 아프리카와 우간다 등지에서 사역하였으며 특히 우간다에서는 대량의 개종자들을 낼 수 있었다. 대륙을 건너 프렌치 콩고와 앙골라에서는 '성령파' 신부들이 주로 활동하였다. 벨지움령 콩고에서 사역하는 수도회들의 숫자가 다른 데에 비하여 가장 많았다. 1914년에는 아프리카를 관통하는 이 지역에 백만 이상의 로마 카톨릭 신자들이 거주하고 있었으며, 마다가스카르와 모리티우스 등지에는 약 50만의 로마 카톨릭 신자들이 살고 있었다. 유럽 출신 선교사들은 일반적으로 교도적 독재주의를 채용하고 있었는데, 이들이 서구 문화의 충격을 완화시키는 역할을 하였으며, 노예매매, 일부다처, 마술 그리고 주술종교 등에 대신하여 농경방법을 개선시키고 의료를 개발해 주었다.

제 26 장
19세기의 동방정교

우리가 이미 살펴보았던 19세기 이전까지의 정교의 역사는 러시아인들이 가장 우위를 점하였다는 위치에서 끝마쳤다. 예루살렘, 안디옥, 알렉산드리아 그리고 콘스탄티노플 등지의 총대주교들은 오토만 제국 안에서 겨우 명맥을 유지하는 비참한 상태에 있었다. 소아시아 지방과 이집트에 있는 이들의 숫자는 보잘것없었다. 이들 공동체들은 과거의 유물인 화석과 같은 존재들에 불과하였다. 그리고 보다 숫자가 많았던 정교의 발칸 반도 지역의 그리스인들, 세르비아인들, 불가리아인들 그리고 루마니아인들은 동일한 터키로부터의 압제에 시달릴 수밖에는 없었다. 단지 러시아 정교 신자들만이 자유를 누리고 있었는데 이들의 숫자는 모든 정교 신자들의 4/5 가량을 차지하고 있었다.

1. 발칸 지방 정교의 해방

그런데 19세기의 러시아 정교의 상황을 살펴보기 이전에 우리들은 먼저 오토만 제국의 축소가 가져온 효과에 관하여 먼저 알아볼 필요가 있겠다. 나폴레옹과 제1차 세계대전 사이의 시기에 발칸 반도에 살고 있었던 모든 정교 신자들은 터키인들로부터 독립을 쟁취하였다. 그리스인들은 1820년대에 독립전쟁을 개시하였으며, 터키인들은 이와 아무런 관련도 없었던 콘스탄티노플의 총대주교에게 보복하였다. 터키인들은 부활절날 정복을 입은 그를 그의 교회 정문 앞에서 교수형에 처하였다. 독립을 쟁취한 그리스인들은 러시아인들에 유사한 교회제도를 따로 마련하여 술탄이 통솔하는 자들의 지배에서 벗어나고자 하였다. 한 세대 후에 불가리아인들이 정치적 독립을 얻기도 전에 마찬가지로 콘스탄티노플 총대주교로부터 독립하였다(1870). 세르비아인들은 1830년부터 이미 메트로폴리탄 아래 이와 유사한 독립을 유지하고 있었다.

그리고 1879년 세르비아 정교는 독립교단이 되었다. 루마니아는 1881년 독립하였는데, 4년 후 이곳의 정교도 독립하였다. 그리하여 콘스탄티노플 총대주교의 관할은 이러한 몇 단계를 거치는 동안에 단지 허상으로 남게 되었으며 그리스와 발칸 반도의 정교는 새로운 시대로 들어가게 되었다. 그리하여 정교는 수세대에 걸친 박해의 기억에서 벗어나야 했으며 교회들은 자국 정부, 외국 그리고 새로운 빛 안에서 드러나는 문화들과의 관계를 재정립해야만 하였다. 이와 비슷하게 서방 교회들 — 로마 카톨릭 교회와 프로테스탄트 교회들과의 관계도 아무런 제한없이 다시 정립될 수 있었다. 그리하여 제1차 세계대전이 끝난 후 정교회들은 에큐메니칼 운동에서 참으로 활발한 활동을 개시하게 되었다.

2. 러시아 정교

러시아 정교를 보다 면밀하게 분석하고자 할 때 우리들은 두 가지 해석적인 문제에 부딪치게 된다. 한편으로 러시아 교회는 기독교권 내의 중요한 교단들 가운데 가장 지적으로 후진성을 띠고 있었다. 러시아인들은 문맹자들의 수가 압도적으로 많았으며, 교회는 주로 그림이나 조각 등 시각적인 형상을 통해 이들에게 접근하고 계몽하고자 하였다. 그리하여 종교적인 회화들과 건축물들, 장엄한 합창음악 그리고 화려한 예배의식들이 마련되었다. 그 다른 어느 곳에서도 일반적인 예배가 이처럼 발전된 곳은 없었다. 그러나 서방 기독교와 비교해 볼 때 동방 교회는 조직적인 도덕적 치리나 혹은 지적인 발전에 있어서 뒤졌던 것이 사실이다. 러시아 교회는 일상 생활의 예식, 가족 단위와 집단 단위의 장려한 전통적 예식을 강조한 것과는 대조적으로 신학적 관심이 결여되었다는 점에서 흔히 유대교와 비교되었다. 성자들의 축일, 축제, 모종기와 수확기의 강복 그리고 모든 방과 가게들에 자리잡고 있던 종교적 성상들의 존재는 일반 교인들의 일상생활에 젖어들어 있었다.

17세기 이후 물론 러시아 신학교에서는 신학교육이 실시되었다. 그러나 이는 키에프 학당을 통하여 서구의 제수잇들로부터 수입된 것이었으며, 아리스토텔레스적인 스콜라 신학은 이들이 알고 있는 기독교를 해석하는 데는 적당치 않은 것으로 비치고 있었다. 러시아 내 기독교 지성인들이 결여되어 있었으므로, 19세기에 들어서까지도 이곳 본토의 신학은 제대로 형성되지 못하였다. 그리고 이러한 신학도 성직자들이 아니라 평신도들로부터 비롯되었다.

또한 러시아 기독교가 침묵을 지켰던 두 번째 이유를 살펴보도록 하자. 전체 교회 구조는 로마노프 왕조라는 병거에 얽매여 있었다. 피터 대제가 시작한 체제 아래서 교회는 스스로의 의사를 발표할 수 있는 기관을 가지지 못하였으며 전국적, 교구적 차원에서의 자치권이 전혀 없었다. 세속 관리들은 정책과 재정에 관한 모든 문제들을 결정하였고, 종교관계의 출판물이나 혹은 설교들까지도 검열 대상이 되었다. 그리하여 볼셰비키들이 정권을 잡기 전, 교회는 비록 체제가 허락하는 특권을 누리기도 하였으나, 결국은 2세기에 걸쳐 바벨론 포로상태에 있었다.

19세기 초의 농노제도 아래서 실제 토지를 소유한 가족은 약 10만 가구 가량이 되었는데, 러시아인들 5명 중 하나는 이들에게 딸린 농노들이었다. 19세기 중엽까지도 러시아의 고등문화는 이처럼 여가가 있는 이러한 지주 계급들의 독무대였다. 그런데 바로 이 계급들은 반종교적인 프랑스 계몽주의의 영향이 한창 극성할 때에 피터 대제의 주도를 따라 서구의 영향을 받게 되었다. 러시아 신사계급들은 자녀들을 위하여 프랑스인 가정교사들을 두고 프랑스나 이탈리아로 유학보냈다. 그리하여 이들의 종교적 정서는 러시아인 다수 대중들과는 전혀 맞지 않는 것이었다.

3. 정교의 르네상스

그러나 기나긴 나폴레옹 전쟁, 특히 모스크바의 방화는 프랑스 사상에 대항한 민족의식을 고취시키게 되었다. 복고시대에 러시아 사상은 독일의 반동적 낭만사상에 젖어 있었다. 특히 헤겔과 쉘링이 1830, 40년대 러시아 철학의 대부분 범주들을 정하였으며 기독교와의 수많은 접촉점들을 마련해 주었다. 이 세대에 나타난 정교 신학의 중흥(르네상스)은 그 후 특히 쉘링적 경향의 철학적 이상주의에 깊은 영향을 받게 되었다.

이러한 르네상스로 흘러 들어갔던 두 번째 지류는 교부학의 부흥이었다.

러시아에서는 19세기에 이르기까지 교부시대가 계속되었다는 진술은 일반적인 신앙적 심성이나 혹은 교부들의 구체적인 영향들에 비교해 볼 때에 맞는 말이었다. 18세기에 들어서서 파이시 벨리코프스키 수도원장은 헬라 교부들의 경건서적에 대한 새로운 연구를 진작하였으며, 이를 슬라브어로 번역하였다. 19세기에 옵티노의 수도사들이 그의 원고들을 이어받아 편집하고, 단지 슬라브어뿐만 아니라 러시아어로도 이를 번역하였다. 19세기 말 비샤의 페오판 주교는 새로운 '필로칼리아'(Philokalia)판을 전5권으로 발행하였다. 이러한 서적들은 러시아어 성경들과 아울러 필라렛 메트로폴리탄과 골리친 왕자의 손으로 널리 사람들에게 보급되어 글을 읽을 줄 아는 러시아인들에게 상당량의 독서량을 제공하게 되었다. 헬라 교부들의 이상주의적인 신플라톤주의적 특성은 독일 이상주의와 잘 들어맞았다.

이러한 신학적 조류는 수도원의 깊은 경건생활과 접촉하였던 19세기의 러시아의 지식인들 사이에 권위를 누리게 되었다. 캐더린 여제가 18세기에 그 재산을 몰수하였음에도 불구하고 수도원들에서는 신앙적인 부흥이 발생하였으며, 이러한 움직임은 볼셰비키 혁명 때까지 계속되었다. 이 부흥운동의 한 가지 특성이라고 한다면 '스타레쯔'(startsi, 장로)의 존재였다. 이들 스타레쯔들은 특정한 교회의 성직을 가지고 있지 않는 것이 보통이었으나, 대개는 수도사들이었다. 이들은 자기들을 찾아오는 수천 명의 신자들을 위하여 영적인 자문 역할을 담당하였다. 순례자들이 이들을 찾아와 자기들의 죄를 고백하고 병을 고치고 실질적인 신앙문제에 관한 자문을 구하였다. 보다 유명한 '장로'들을 찾는 자들의 숫자가 많았으므로, 어떤 수도사들은 하루에 수천 명씩을 접견하기도 하였다.

사로브의 세라핌(Serafim)은 니콜라스 1세 당시 가장 유명한 이들 가운데 하나였다. 또한 모스크바의 필라렛은 새로운 러시아 신학의 창시자들이었던 평신도들 키리에프스키(Kirievsky) 형제의 영적 고문이었다. 필라렛은 임종 시 이 형제들을 옵티나 푸스틴에 있었던 유명한 수도원의 마카리우스(Macarius)에게 부탁하였다. 그리하여 이들은 이곳에서 교부들의 저술들을 번역하는 데 협력하게 되었다. 소설가 도스토예프스키(Dostoevsky)와 철학자 솔로비에프(Soloviev)는 1879년 함께 옵티나 푸스틴을 찾아갔다. 도스토예프스키의 『카라마조프의 형제들』(*Brothers Karamazov*)이라는 소설을 보면 이 가운데 조씨마 신부가 나오는데 바로 이것이 이러한 '장로'들의 전형적인 모습이었다. 도스토예프스키는 유명한 티콘(Tychon)의 모습에서 조씨마 신부를 빌어왔다고 전해지고 있다. 코른슈타트에 있던 요한 신부는 이러한 장로의 역할을 담당하였던 성직자의 모습을 보여주고 있다. 페오판(Feofan) 주교의 신앙적인 서신들은 1870, 1880년대에 러시아 전역으로 퍼져갔으며, 그가 죽은 후 이 서신들은 7권의 책으로 번역되어 1917년까지 막대한 영향력을 행사하였다. 조씨마 수도원의 알렉시 신부는 1917년까지 소보르(Sobor)의 일원이었으며, 그 후 볼셰비키의 박해 아래서도 비밀리에 그 신앙 사역을 계속하였다.

이러한 러시아 정교의 영성은 복고시대에 처음으로 지성적으로 표현되었다. 1825년부터 1855년에 이르렀던 니콜라스 1세의 재위기간 동안 그 엄격한 검열과 반동세력의 압제에도 불구하고 러시아 사상 가장 뛰어난 예술가들과 문학가들이 배출되었다. 그중에서도 저술가들, 소설가들의 작품들이 가장 중요하다. 왜냐하면 로마노프 왕조의 검열이 일체 사회적, 정치적, 종교적 문제들에 관한 자유로운 토론을 금지하고 있었으므로 소설이라는 형태가 19세기 러시아의 음성을 가장 정확하게 대변하는 도구가 되었다. 당시 서구 유럽 어느 지역에서도 소설, 단편 소설 그리고 시들이 이처럼 열심히 저술되고 읽혀진 곳은 없었다. 이들은 모두 깊은 인생의 의미를 다루고 있었다.

4. 인도주의 문학

이들 저술가들이 가장 관심을 가졌던 것은 아마도 인도주의적인 사회 개혁이었을 것이다. 발각되기만 하면 시베리아의 유형이 기다리고 있는데도 불구하고 푸리에(Fourier)와 라므네(Lamennais)와 같은 프랑스의 유토피아적인 사회주의자와 이상주의자들의 글들이 열렬히 읽히고 토론되고 있었다(도스토예프스키는 이 때문에 실제로 시베리아로 유형을 가게 되었다). 감상적 인도주의자였던 디킨스(Dickens)의 글도 널리 읽혔으며, 그가 주장하였던 사회적, 정치적 환경의 개혁은 지식인들간에 뜨거운 논란의 대상이 되었다.

도스토예프스키의 처녀작 『가난한 사람들』(Poor Folk)은 바로 이 장르의 작품이며 러시아의 슬픔을 노래하여 그 다음 세대에 깊은 영향을 미쳤던 네크랏소프 시인의 열렬한 환영을 받았다. 네크랏소프가 묘사하였던 비참한 농노들의 생활은 그 후 혁명을 발발시키는 데 심대한 영향을 미쳤다. 아마 이 시대의 개혁운동에서 파생되었던 가장 영향력있는 인물은 아마도 알렉산더 헤르젠(Alexander Herzen)과 비평가 벨린스키(Belinski)였을 것이다.

물론 모든 개혁운동의 초점은 문맹이자 비참한 빈곤에 시달리고 있었던 러시아 대중들이었다. 과연 이들을 어떻게 구제해야 할 것인가? 그리고 계몽된 지식인들과 종교적인 농노들 사이에 존재하는 거대한 간격을 어떻게 하면 극복할 수 있을 것인가? 사회 구원의 의미는 무엇인가? 여기에 역사철학이 그 임무를 담당하게 되었다.

어떤 이들은 러시아가 아무런 역사도 소유하고 있지 못한 후진국으로서 가능하면 조속하게 서구식 표준에 따라서 다시 갱신되어야만 한다고 생각하는 이들이 있었다. 또 다른 이들은 러시아가 나름대로의 독자적이고 특유한 전통을 가지고 있으니, 이들의 정교신앙은 모든 서구의 문명보다도 더 가치있는 것이라고 주장하였다. 그리하여 소위 서구파들과 슬라프파 사이의 깊은 의견 차이가 교회에 대한 이들의 태도를 결정하게 되었다.

서구파 인도주의자들은 민주주의 혹은 사회주의가 기독교의 모든 가치를 그 가운데 포함하고 있다고 주장하였다. 즉 평화, 박애, 정의의 강조가 기독교의 정수라고 파악하였던 것이다. 이들은 비참한 농노들의 생활상을 보면서 깊은 슬픔과 분노에 사로잡혀 있었다. 예를 들어 벨린스키는 다음과 같은 질문을 던졌다. "과연 이처럼 비참한 상황 속에서 한 인간은 예술과 지식에만 사로잡혀 있을 권리가 있겠는가?"

60년대에 알렉산더 1세(1855-1881)의 대개혁이 이루어져 농노가 해방되고, 새로운 사법제도가 도입되었다. 그리고 이러한 사상의 한가운데서 대학을 중심으로 하여 소위 "인민 운동"이 나타나게 되었다. 수백 명의 학생들이 대학을 떠나 "인민 속으로" 들어가 농노들과 함께 생활하였다. 집안일도 잘 모르던 귀족 집안의 딸들이 하루에 열다섯 시간씩 중노동을 하며 조악한 음식을 먹고 이, 벼룩이 끓는 잠자리에서 잠을 잤다. 자기들이 누리던 특권에 대한 깊은 죄의식 때문이었다.

그러나 이들 젊은 이상주의자들은 자기들이 농노들에게 제대로 이해되지 못하고 있다는 사실을 발견해야 했다. 그리고 이들은 다른 모든 러시아 개혁가들과 마찬가지로 농노들의 완강한 신앙에 의아심을 감출 수 없었다. 헤르젠은 그의 학구적이고 세속적인 사회주의 잡지 "벨텐새눙" (Weltanschauung) 속에서 세계에 대한 신학적인 입장을 둘러싼 논란이 불가피하다는 사실을 발견하게 되었다. 벨린스키는 이러한 종교나 신앙을 별로 중요하게 생각지 않았으며, 그러한 입장을 취하였던 고골(Gogol)을 날카롭게 공격하였다. "정교는 항상 독재와 채찍을 지지하였다. 그러나 그대는 왜 이 문제에 그리스도를 구태여 끌어들이려고 하는가?…그는 인간들에게 자유를 가르쳤던 최초의 인물이었으며, 평등과 박애를 설파하였고, 자기의 교리가 진리라는 사실을 순교로서 증명하였다."

5. 슬라브파

이러한 방법으로 서구파들은 사회 개혁가 예수를 독재와 채찍의 지지자 정교에 대치시켰다. 반면 슬라브파들은 비록 정교가 반동적으로 조작되고 운영되는 사실을 한탄하면서도 역시 정교 안에는 대속하는 하나님의 능력이 숨어 있다고 주장하였다. 그리하여 키리에프스키와 코미아코프 같은 이들은 스스로 농노들의 신앙을 함께 나누는 입장에서 진술하였으며 바로 이러한 종교에 기초하지 않는 사회개혁으로부터는 별로 기대할 것이 없다는 사실에 동의하였다.

"우리들은 인민들로부터 지성적으로 겸손해지는 것을 배워야 한다. 우리들은 농노들의 세계관이 우리들의 그것보다 더 많은 진리들을 포함하고 있음을 인정해야 한다"라고 레온티에프는 말했다. 이들 지식인들 가운데 일부는 마치 도스토예프스키의 예에서 볼 수 있듯이 농노들의 소박한 신앙에 접촉하여 다시 정교신앙으로 귀속하였다. 러시아 인민을 위한 소망, 혹은 전세계를 위한 소망은 서구로부터의 과학이 아니라, 이미 러시아의 농노들 사이에 자리잡고 있던 그 무엇 속에서 발견되어야 한다고 생각하였다. 시인 티웃체프(Tyutchev)는 유명한 시 "그 가난한 마을들" 속에서 이러한 슬라브파의 확신을 표현하였다.

> 천국의 제왕께서 종의 형상으로
> 십자가의 중한 짐을 어깨에 지시고
> 내 고향, 그대의 사이로 다니시면서
> 그 축복을 내려주고 계시네.

6. 키리에프스키(Kirievsky)

코미아코프, 아크사코프 그리고 이와 비슷한 가정들의 모스크바에 소재한 살롱들에서 이러한 사회적, 철학적, 종교적 사상들은 매우 학구적으로 의논되고 있었다. 그러나 대부분의 슬라브파들은 서구파들과 마찬가지로 엄격한 검열 때문에 자기들의 사상을 제대로 출판할 수 없었다. 그리하여 이들의 본격적인 영향력은 20세기에 들어서야 발휘되었다. 키리에프스키 그리고 특히 코미아코프는 그 첫 세대의 가장 중요한 사상가들이었다. 키리에프스키는 보다 분석적인 지성에 대항하여 본능, 혹은 직감의 위치를 확보하는 데 있었다. 진리를 안다는 것은 곧 이를 수용하는 것이며, 그처럼 되어야 하는 것이었다. 그리하여 종교적 지식은, 종교에 관한 지식과는 대조적으로 반드시 성화이어야 했다. 여기서 키리에프스키는 라틴신학의 스콜라적 삼단논법에 대항하여 시리안 이삭(Isaac the Syrian)과 같은 성직자들의 지지를 받았다. 그는 약간은 독단적으로 신비주의적이요, 유기적인 동양을 이성주의적, 분석적, 비평적이고 건조한 서양과 대조하였다.

7. 코미아코프

키리에프스키의 친구 코미아코프는 기병대 출신의 장교로서 종교인들과의 토론을 통해 종교의 본질에 관한 지식을 습득하였다. 코미아코프는 특히 교회의 성격에 대해 큰 관심을 가지고 있었다. 그는 교부들의 사상에 의지하여 교황이나 프로테스탄트 라틴 교회의 교회관에 대항하였다. 그는 교회가 그리스도의 몸이며, 은혜와 사랑의 유기체이고, 새로운 시대의 첫 열매라고 한다면 이를 단지 조직으로서, 혹은 교리적으로만 정의할 수는 없다고 생각하였다. 이는 '소보르노스트'(sobornost), 형제애 혹은 단결된 인간들의 단합이어야 한다고 생각하였다. 이러한 공동체는 자발적이고 자유로워야 하며, 국가에 의해서나 혹은 로마에서 주장하듯이 성직자주의에 의해 강요될 수는 없다고 생각하였다. 코미아코프는 로마의 가장 큰 이단성은 바로 기독교적 형제애에 반하는 이러한 성직자주의라고 생각하였다. 교황제야말로 교회를 해치는 최초의 개인주의적 표현이며, 프로테스탄트주의가 이러한 사상을 일반화시켰다고 주장하였다. 그리하여 로마는 자유 없는 통일성을, 프로테스탄트는 통일성 없는 자유를 가지게 되었다고 생각하였다. 그는 교회 내 성직자들의 지배적 권위를 배척하였다. 특히 교회를 가르치는 자와 배우는 자로 구분하였던 로마 교회의 행태를 비평하였다. 그는 파이우스 9세의 교황무오설에 대항한 1848년도 동방 정교 총대주교들의 회칙을 근거로 하여 자기의 입장을 지지하였다. 총대주교들은 교회의 무오성이 어떤 특정한 직책인 교황직에 매어있는 것이 아니라고 주장하였다. "무오성은 교회의 에큐메니칼한 교제에만 존재하고 있다. 교회는 상호간의 사랑으로 단결하고 있으며, 따라서 도그마의 수호권과 예식의 순결성은 성직 계급뿐만 아니라 그리스도의 몸인 모든 교회의 구성원들에게 달려 있다"는 것이 코미아코프의 주장이었다.

그러나 이처럼 고상한 교회의 본질에 관한 이론은 당시 러시아 정교의 현실과는 거리가 먼 것이었다. 그리고 비록 모스크바의의 메트로폴리탄이었던 필라렛은 코미아코프에게 우호적 태도를 견지하고 있었으나, 직접 국교를 운영하고 있었던 교회 관료들은 그를 위험한 자유 사상가로 취급하였다. 그는 세속적 개인주의를 신봉하였던 서구파와 아울러 반동주의자들에 대해서도 적대적인 입장을 고수하였다. 그는 러시아에 종교의 자유가 임하기를 고대하였다. 그리고 사회적 문제에 관한 한 정교의 임무는 경제적, 사회적 현실에서 바로 이 '소보르노스트'를 실현하는 것이라고 생각하였다. 그는 러시아 농노들의 농촌 공동체들 속에서 새로운 사회질서의 씨앗을 발견하였으며, 노동자들의 '조합'에서 그 상응하는 모습을 발견하였다. 그는 바로 여기에 러시아가 책임을 지고 개발해야 할 기독교적 형제애의 이상이 있다고 생각하였다.

또한 현대 러시아 신학의 아버지라고 할 수 있는 코미아코프야말로 아마도 후에 에큐메니칼 운동의 특징을 결정짓고 있는, 교회의 분열에 대한 죄의식을 깊이 실감하고 있었던 최초의 정교 신학자였다는 사실도 흥미로운 것이다. 물론 코미아코프의 많은 가치판단들은 극단적이고 독선적인 면모들을 가지고 있었다. 그러나 동시에 그의 교회에 대한 이상은 그 구체적인 한계를 정하고자 하는 시도들보다 더 깊고 심오하였다. 적어도 앵글리칸 교회와 실제로 대화를 시도하였다. 그리하여 그의 존재는 옥스포드 운동과 러시아 정교 르네상스 시대에 있어서 비로마적이면서도 보편적인 교회를 추구하는 움직임을 미리 보여주는 것이라고 할 수 있는데, 바로 이러한 교회의 보편성 추구가 에큐메니칼 운동의 중요한 이상으로 등장하게 되었다. 19세기 말 포베도노스체프(아래 항을 보라) 아래서도 이러한 교회간의 대화는(물론 평신도 사이에서였으나) 허용되고 있었다.

8. 도스토예프스키

아마도 서방 기독교권에 러시아 정교의 깊이와 능력을 가장 확실하게 전달하였던 한 인물은 아마도 도스토예프스키라 할 수 있다. 그는 1840년대에 인도주의적 소설가로 시작하였다. 그리고 1849년에는 과격파들에 연루되어 그에게 깊은 충격을 주었던 가상 처형식 직전에 시베리아로 유배되었다. 그는 시베리아에서 4년 동안 죄수들과 살면서 비로소 러시아인들에 관하여 배우게 되었다. 그는 이러한 고난을 통해 인간이 가지는 선과 악의 잠재력을 깊이 깨닫게 되었으며, 이를 통해 그리스도에 대한 신앙을 회복하였다. 후에 다시 러시아로 귀환하여 다시 작가로서의 생활을 재개할 때에는 이미 서구파가 아니라 슬라브파 진영에 속하게 되었다.

그는 1860년대에는 주로 외국에서 생활하면서 집필하였는데 이는 채무관계로 감옥에 가는 것을 피하기 위해서 였다. 그는 부양가족이 많은데다 제대로 재정문제를 처리할 줄 모르는 사람이었다. 1870년대에 가정문제가 안정되고 문필가로서 인정을 받게 되면서 비로소 러시아로 귀환하였다. 그 10년 동안 그의 종교관은 젊은 철학자 솔로비에프와의 교제와 페오도로프의 저술들을 통해 더욱 성숙하게 되었다. 솔로비에프는 이반 카라마조프의 모델이 되었다고 전해진다. 그는 『죄와 벌』(Crime and Punishment), 그리고 『매혹』(The Possessed) 등을 통해 사회주의자, 무정부주의자로부터 숨겨진 종교적 태도들에 걸쳐 과격한 지성인들의 심리상태를 분석하고 표현하였다. 미완성인 『카라마조프가의 형제들』(Brothers Karamazov)은 그의 회의론과 아울러 대속에 대한 그의 신념의 깊이를 보여주고 있다. 여기 정교의 모든 특성들이 드러나고 있다. 인간 자유의 주장과 자연과 우주의 변화에 대한 희구, 강렬한 종말론적 색채, 부활에 중심하는 신앙, 겸손을 통한 대속의 강조, 고난, 자기 희생들이 드러나고 있다. 그리하여 도스토예프스키는 코미아코프의 "기독교 사회주의"를 이어받고 있다.

9. 솔로비에프

젊은 철학자 솔로비에프는 교회의 보편성과 교회의 사회적 행동에 대한 책임을 강조하였다. 그는 다원주의의 전성기에 성장하였으며, 겨우 열네 살에 정교의 성상들을 불태웠다. 1870년에는 모스크바 대학에 입학하여 자연과학을 전공하게 되었다. 그는 2년 후에는 철학으로 전공을 바꾸었을 뿐만 아니라 당시 학문적으로 매우 빈곤한 상태에 있었던 모스크바 신학당에서 신학 강의를 듣기 위해 그곳으로 전학함으로써 사람들 사이에 화제거리가 되기도 하였다. 그는 외국으로 여행하면서 신비주의와 주술을 공부하였으며, 러시아로 돌아와서는 가장 인기있는 철학 강사가 되었다. 그러나 정식으로 대학 교수가 될 희망은 별로 없었다. 1881년 짜르가 살해당하자 솔로비에프는 그 암살자에게 관용을 베풀도록 호소함으로써 공적인 생애를 끝마친거나 마찬가지가 되었다.

그 후 20년 동안 솔로비에프는 교회의 연합과 기독교 신자들과 유대인들의 화해를 위하여 일하였으며 종교철학에 관한 일련의 논문들을 발표하였다. 그는 유대인들을 탄압하였던 포베도노스체프의 정책을 반대하였다. 당시 유대인들은 이러한 탄압 아래서 대거 외국으로 이주해 나가고 있었다. 재결합에 관한 한 그는 크로아티아의 스트로스마이어와 협력하여 교황과 짜르 사이의 화해를 도모하고 있었다. 그러나 로마 카톨릭은 이러한 솔로비에프의 노력을 단지 자기들의 '진정한' 교회로 돌아오고자 하는 솔로비에프의 노력으로만 해석하였으므로 솔로비에프는 조직된 기독교에 대한 희망을 상실하게 되었다. 1896년 솔로비에프는 모스크바의 유니에잇 교회에서 성찬을 받음으로써 교회의 진정한 통일성을 과시하였다. 그러나 이는 물론 그가 유니에잇 교회로 '개종' 하였음을 의미하는 것은 아니었다. 그는 "러시아산 뉴먼"은 아니었으며, 임종시에는 정교에서 성찬을 받았다. 그의 가장 절실한 실질적 관심은 기독교권의 통일을 실현하고자 하는 것이었으며, 이를 통하여 계급과 국가 간의 투쟁을 종식시키고, 범죄자들과 반란자들에 대한 사회의 갈등을 해소하고자 하는 것이었다. 이러한 모든 사상은 유기적 사상의 형이상학적 배경에 기초하고 있었다. 그의 가장 중요한 작품이자 마지막 작품이었던『세대화편』(Three Conversations)은 도스토예프스키의 예언에 유사한 가까운 장래의 반기독교적 전체주의의 도래의 환상을 제시하고 있었다.

19세기 후반에 서구파와 슬라브파는 더 멀리 분리되었다. 전자는 보다 유물론적이요, 적극주의적 철학으로 경도하였고, 후자의 제2세대는 보다 쇼비니스틱한 경향을 보이게 되었다. 그러나 자연스런 평온 상태를 되찾기 위한 다양한 노력과 자유가 존재하고 있었다. 1881년 알렉산더 2세가 죽은 후 평신도로서 교회를 장악하였던 포베도노스체프가 25년 간이나 교회와 국가를 철권정치로 다스렸으며, 20세기에 들어서서 1904-1905년의 러일전쟁시에야 겨우 다시 자유스런 토론의 분위기가 이루어지게 되었다.

이제 막스주의 유물론과 새로운 종교철학 사이에 양극화 현상이 이루어지게 되었다. 후자는 솔로비에프의 기독교적인 측면을 발전시켰던 트루베츠코이(Trubetzkoi) 왕자들과, 불가코프(Bulgakov) 같은 이전의 막스주의자 출신, 그리고 "새로운 길"(The New Way)이라는 잡지의 출판인으로서 그와 협력하였던 베르다이에프(Berdaiev)들이 대표하고 있었다. 유게네 트루베츠코이 왕자는 1917년 소보르의 부의장이 되었다가 1920년에 죽었다. 그는 "성육신적 미학" 이론으로서 성상들에 대한 새로운 관심을 불러일으켰다. 또한 소보르의 일원이었던 그레고리 트루베츠코이는 단명하였던 랑켈(Wrangel)의 정부에서 외무부 차관을 지냈으며, 후에는 파리 러시아 망명객들의 중심 역할을 하였다. 불가코프는 1917년 성직에 임명되어 소보르에서 활약하였다. 그의 저술 『정교』(The Orthodox Church, 1935)는 아마도 정교의 신학을 가장 잘 진술하고 있는 작품일 것이다. 블록(Blok)과 벨리(Bely) 등 시인들 역시 이러한 조류를 잘 표현하였다. 그러나 러시아 지성인들의 대부분은 기독교에 대하여 무지하였고 1917년의 위기가 닥칠 때까지도 종교와 신앙에 관해 무관심한 태도를 취하고 있었다.

10. 톨스토이

레오 톨스토이는 상당히 중요한 종교적 영향을 미쳤던 인물인데, 그 영향은 어쩌면 러시아 밖 프로테스탄트 유럽에서 더 잘 느낄 수 있었는지도 모른다. 그는 생애 후기에 신앙적 회심을 경험하였으며, 귀족과 지주로서의 특권과 쾌락에 등을 돌리게 되었다. 포베도노스체프의 시대에 톨스토이는 그의 생애 전체를 산상보훈에 따라 변화시켰는데, 특히 무저항주의의 명령을 고수하고자 하였다. 이는 전쟁, 국가 그리고 일체 사법제도의 부정을 의미하였다. 그는 단지 세속적 특권들뿐 아니라 그 도그마와 예식의 분야에 있어서도 정교를 상대로 하여 논쟁을 벌였다. 그의 작품들은 판금되었으며 교회에서는 파문령을 받게 되었다. 그의 종교적 태도는 정교보다는 차라리 러시아 일부 분파들에 더 가까웠으며, 신비주의적 범신론의 요소를 포함하고 있었고, 윤회설, 채식주의의 요소도 가지고 있었다. 그의 복음에 대한 이해가 얼마나 특이하였는가를 막론하고, 톨스토이의 위력은 생애와 신앙에서의 진실성을 추구하였던 그의 노력, 현대 문화에 신앙을 제한하고 적응시키고자 하였던 일체의 시도를 배격하였던 데서 찾을 수 있다.

11. 포베도노스체프

어떤 외부적인 측면들에서는 포베도노스체프의 통치가(1881-1905) 정교를 도왔다고도 할 수 있다. 포베도노스체프는 헌신적인 정교 신자로서 의회, 보통교육, 언론의 자유, 배심원 재판들을 반대하였다. 그는 경제적으로 교구들을 지원하였으며, 이제까지 교육의 질도 형편없고 경제적으로 극빈 상태에 처해 있었던 교구학당들을 지원하는 데 최선을 다했다. 1885년에서 1900년에 이르기까지 교회 학당들은 4천5백 개에서 4만 2천 개으로 거의 열 배나 그 숫자가 증가하였다. 이와 마찬가지로 포베도노스체프의 정책은 러시아 변경지방의 러시아화와 정교화를 추구하였다. 비록 이러한 정책은 핀랜드와 발틱 제국들에서 유대인들에 대한 심한 압제를 의미하였으나 다른 지역에서는 상당한 선교적 확장을 의미하고 있었다. 그리하여 알래스카의 사도라고 불리우는 베니아미노프(Veniaminov)는 모스크바 메틀로폴리탄 교구직을 차지하게 되었다. 마찬가지로 마카리(Makari) 역시 동부 시베리아에서 놀라운 사역을 계속하였다. 카잔의 신학교는 타타르, 칼무크, 기타 중앙 아시아에 살던 부족들 사이에 복음을 전하였다. 이곳에서 일민스키(Ilminski)는 기독교 서적들을 다양한 언어로 번역하였다. 그럼에도 불구하고 19세기 말 모슬렘 기관들이 그 숫자나 영향력에 있어서 더 우세한 모습을 보였다. 일본에서는 니콜라스 코사트킨(Nicholas Kosatkin)이 토착 일본 정교를 설립하였는데, 그는 1904-1905년의 러일전쟁에서 일본측을 위해 기도를 올릴 지경이었다.

반면 포베도노스체프는 그의 테러정치를 위하여 교회를 이용하기도 하였다. 농노들의 경제적 불만을 다른 곳으로 돌리기 위하여 의식적인 반유대주의 정책이 수행되었다. 성직자들은 정부측의 비밀정보원으로 사용되었으며, 주교들과 수도사들은 "러시아 인민 연합" 등과 같은 반동 결사단체들을 추천하고 지지하였으며, 여러 학살극들을 일으킨 장본인들이 되었다. 물론 이러한 잘못된 활동에 연루된 숫자는 그다지 많지 않았다. 그러나 이들은 언론매체들을 무제한으로 사용하였으며, 그 반대의견을 가진 이들의 입장은 발표되지 않아, 교회는 이러한 악행과 동일시되었다.

교구 고등학교들 그리고 소위 신학교들의 상황은 이 당시 종교-철학 회의들이 "기독교 국가의 악몽"이라고 불렀던 상황을 여실히 보여주고 있다. 이들 교구 고등학교에는 오직 성직자들의 자녀들만이 진학하여 학비면제의 혜택을 받았다. 이들 학생들은 모두 다른 세속 고등학교들로 전학하여 자기 아버지의 운명으로부터 벗어나고자 하는 것이 꿈이었다. 학교는 마치 감옥처럼 운영되었으며, 학생들에 대한 학대는 계속되었고, 학생들은 기숙사의 음식을 이유로 정기적으로 반란을 일으켰다(빵 속에 바퀴벌레나 쥐들이 들어있는 일이 비일비재하였다). 스몰렌스크 학당의 교장은 채찍질을 당했으며, 칼르코프 교장은 얼굴에 초산 세례를 받았고, 오뎃사 교장은 교사들이 보는 앞에서 얻어맞았다. 보로네즈, 모스크바 그리고 니시니 노브고로드 등지에서는 학교에 폭탄이 장치되었다. 1905년 가을 58개의 신학교들 가운데 48개가 스트라이크에 들어갔다. 토볼스크의 학생들은 "우리 신학교의 졸업생들 가운데 신앙적인 확신으로 신부가 된 인물은 하나도 없다"고 선언하였다. 이들 학교들의 학생들은 성경이나 신학보다는 카웃츠키나 베벨의 사상에 더 정통하고 있었다.

12. 개혁을 위한 제안들

1905년 일본의 손에 패전함으로써 러시아는 자기 성찰의 시간을 갖게 되었고, 교회는 자신들의 입장을 정리할 수밖에 없었다. 센트 피터스부르그 신학교 교수와 학생들은 교회의 개혁을 제안하는 선언문을 채택하여, 특히 소보르 국가회의의 개혁을 요구하였다. 빗테(Witte) 백작은 이 선언문을 찬성하였으며, 포베도노스체프는 물론 이를 반대하였다. 그러나 이 위기에서 포베도노스체프는 마침내 축출되었으며, 짜르는 메트로폴리탄들이 소보르를 장악하도록 하겠다고 약속하였다. 종교 자유가 반포되어 많은 신자들이 정교에서 다른 교파로 이전하였다.

1906년에는 교구제도, 성직자에 대한 재정지원, 감독제도, 성직자 교육 등에 관한 비판들과 개혁책들을 수집하였다. 검열을 받지 않은 무수한 논문들이 나타나 대규모적인 개혁을 부르짖었다. 농노들까지도 교회에 대한 신앙심을 상실하고 있었다. 아마도 명목상으로 정교에 속한 신자들 가운데 반 이상이 '옛 신자파' 혹은 기타 다양한 사교들에 속해 있었을 것이다. 또한 1905년의 농노 총회 상황을 보건대 아마도 농노들의 대부분은 완전한 종교의 자유, 전면적인 국립교육, 교회 용지를 비롯한 모든 토지의 국유화를 원하고 있었다. 포베도노스체프가 이들의 충성심을 기준으로 하여 선발하였던 63명의 주교들 가운데 61명이 소보르를 위하여 투표하였으며, 사람들의 증오를 받고 있던 대회로부터 교회를 독립시킬 것을 주장하였던 사실은 흥미로운 것이다. 제2차 국회는 교육, 종교의 자유, 재산권들에 있어서 정교에 일체의 특권을 부여하는 것을 반대하였다. 그러나 1907년 소보르는 무기한 정지되었으며 다시 침묵의 명령이 내려졌다. 로마노프 왕조는 제1차 세계대전의 와중에서 멸망할 때까지 러시아 정교를 제대로 운영하지 못하는 채 장악하고 있었다. 1917년의 혼란 속에서 임시정부는 이제까지 사람들이 오랫동안 염원하였던 소보르를 위한 새로운 조처를 마련하였으나, 이미 볼셰비키 독재정부가 들어서고 있었다.

제 4 부

제1차 세계대전에서 20세기 중엽까지

제 27 장
정교와 소련

제1차 세계대전 중 러시아 제국의 실권을 장악하였던 인물은 신경증에 걸린 황후 알렉산드라를 좌지우지하던 "거룩한 악마" 라스푸틴(Rasputin)이었다. 그가 지명한 장관들과 정책들에 대해 듀마(Duma)에서 준열한 비판을 받았으므로 1916년에는 듀마를 정회시켜 버렸다. 1917년 2월 다시 듀마가 소집되었을 때엔 라스푸틴이 암살당했으며 러시아 전역은 반란상태에 있었다. 장군들까지도 짜르의 퇴위를 요구하고 있었다. 그리하여 듀마의 자유주의자들이 실권과 책임을 감당하게 되었다. 이들은 러시아를 자유 입헌 군주국가로 만들려 하였던 1905년의 노력을 재개하였다. 막스주의자들은 물론 이러한 자유주의 진영 연합 세력의 노력에 협력하기를 거부하고 소련 연방(Soviets) 조직을 시작하였다. 막스주의자들은 자유주의자들에 반대하여 보통선거의 거부와 전쟁으로부터의 철수를 요구하였다. 그러나 정부의 실권은 르보프 왕자와, 그 뒤를 이은 케렌스키(Kerensky)의 임시정부가 장악하고 있었다. 정부는 서구 연맹국들이(자기들 사이의 비밀협약에 따라) 전면적인 휴전을 가져올 평화회담을 지연시키는 동안에 와해상태에 있었던 러시아군을 재조직하려는 노력을 기울였다.

이러한 임시정부 시대의 교회정책은 1905년에 일반적으로 주장되었던 개혁정책을 따르고 있었다. 정교와 기타 다른 교파들을 위한 종교자유의 시행이었는데, 이 가운데는 총대주교구의 복원, 그리고 국가가 아닌 교회가 학교들을 운영하도록 하는 요구사항들이 포함되어 있었다. 이러한 정책에 맞추어 봄에는 많은 이들이 오랫동안 기다려왔던 소보르가 소집되었다. 정부는 소보르가 재조직 중에 있었던 대회의 기본 구조는 그대로 유지하면서 총회장직은 여러 교파들이 합동으로 참여할 수 있는 "고백성"(Ministry of Confessions)으로 대체하였다. 7월에 러시아 역사상 최초로 완전한 종교의 자유가 선포되었다. 그리하여 교파를 자유스럽게 이전할 수 있었으며, 원하는 경우에는 어떤 교파에 속하지 않는 것도 허용되었다. 6월에는 국가의 지원을 받던 모든 학교들이 교육성 관할로 들어가게 되었는데, 이는 교회학교의 교사들의 요구를 수용한 조처였다. 정부는 소보르를 재정지원하였으며, 정교에게는 자기들의 새로운 헌법을 제정하는 권리를 갖게 하였다.

이러한 행동들에 대한 정교측의 반응은 복합적인 것이었다. 일반적인 정치 문제들에 있어서는 교구 성직자들 다수가 임시정부를 열렬히 지지하였다. 1905년 당시 자유주의 성직자들의 음성도 다시 청취되었다. 페트로그라드 출신의 포포프(Popov)와 브페덴스키(Vvedensky) 신부가 이끄는 "민주적 정교 성직자 평신도의 전러시아 협회"(All Russian Society of the Democratic Orthodox Clergy and Laymen) 같은 경우는 농업개혁과 산업적 민주주의, 여성동등권, 귀족제의 폐지, 교회개혁들을 부르짖었다. 그러나 다수 인민은 이러한 극단주의를 환영하지 않았다. 6월에 모스크바에서 모였던 성직자, 평신도 총회는 임시정부에 우호적인 듯하였으나 종교적 특권을 몰수하고 정교를 국가로부터 분리시키려는 경향에 대해선 불안감을 감추지 못하였다. 이들은 교회학교들을 교육성 산하로 이관하는 데 대해 반대하였다. 한편 절대 군주제에 대한 충성심을 기준으로 선발되었던 성직계급은 임시정부에 대해 별로 친근감을 가지지 않고 있었다. 소보르 이전 위원회(Pre-Sobor Committee)에는 아가탄젤(Agathangel) 대주교처럼 "검은 백인당"(Black Hundreds)에 속하거나 혹은 이와 밀접한 연관을 맺고 있는 주교들 몇 명이 속해 있었다. 7월에 소보르 이전 위원회는 국가로부터의 전적인 재정지원을 요구하고, 모든 교회 행동의 국가 인정, 강제 종교교육과 동시에 국가의 통제로부터 교회의 완전한 자유를 동시에 요구하는 성명서를 발표하였다. 이제 성직계급은 "적그리스도적" 정부에 관하여 언급하기 시작하였다. 8월에 소집되었던 소보르 선거는 주로 보수파가 이를 장악하였으며, 소보르에서는 반동세력이 강하게 정착되었다.

제27장 정교와 소련 391

1. 1917년의 소보르

소보르는 564명의 의원들로 구성되어 있었다. 각 교구의 주교와 두 사람의 성직자, 그리고 세 사람의 평신도들이 참석하였다. 각 대학교가 한 대의원을 보냈으며, 4개의 신학교에서도 각각 4사람의 대의원들을 파송하였다. 총회는 양원으로 소집되었다. 카르코프의 메트로폴리탄 안토니(Antony)가 지도하는 보수파들이 주로 자리잡은 주교집단에게는 맹렬한 다른 이들의 반대에도 불구하고 일체의 결정사항들을 거부할 수 있는 권한이 주어졌다. 부의장이었던 유겐 트루베츠코이 왕자와 불가코프 신부가 지도하는 온건파는 주로 평신도들의 지지를 받고 있었다. 또한 소수의 좌파도 자리잡고 있었다. 정부는 교회 행정을 위한 새로운 기관들이 마련되는 대로 총회장을 통한 국가 권력을 철회하겠다고 선포함으로써 소보르를 혼란에 빠뜨렸다.

소보르 회의에서는 정부의 종교정책에 대한 반발이 발표되었다. 비밀 회담에서는 코르닐로프(Kornilov)의 반란사건이 의논되었으며, 임시 정부를 전복시킬 왕정 복고를 꿈꾸는 이들이 많다는 사실은 거의 공공연한 것이 되었다. 대의원들은 정부의 교육정책에 대한 반대의사를 선달하기 위하여 기다리고 있었다. 정부는 국가지원을 받는 교구 학교들의 감독에 관한 조처를 다시 재검토할 것은 거부하였으나, 국립학교의 종교교육에 관한 제한조처들에 관하여는 재검토할 용의가 있다고 하였다. 그러나 총대주교구를 복고시키자는 의논이 한창 진행되고 있을 때에 10월의 볼셰비키 혁명을 알리는 포성들이 울려 퍼졌다. 회의를 정회하자는 의견들도 있었으나, 다시 모이지 못할지도 모른다는 두려움에서 투표가 강행되었다. 대의원들의 숫자가 줄어들어서 총대주교구를 위한 총투표수는 겨우 141표로 가결되었다. 이는 투표권자들의 겨우 1/4이 투표한 숫자였다.

2. 새 교회 헌법

이러한 과정을 통해 복고된 직책은 과거와 같은 독재적 총대주교직이 아니었다. 새로운 총대주교는 정기적으로 회집되는 소보르의 지시를 받으며, 회의와 회의 사이의 기간 중에 성스러운 종교회의의 행정적인 지도역을 하고, 법적이고 재정적인 운영에 있어서 가장 높은 교회직으로 되었다. 총대주교는 종신직이지만 소보르가 탄핵할 수 있으며, 가능하면 다른 동방정교의 총대주교들이 임석한 자리에서 2/3의 가결로 소추될 수 있었다.
　각 교구와 주교구들을 위해서도 이와 비슷한 재조직이 이루어졌다. 주교들의 숫자는 매우 증가하여, 모든 대도시들이 주교를 가지고 있었다. 성직자와 평신도들은 교구와 다른 주교들의 추천에 따라 주교들을 선출하였다. 각 교구교회들은 "교구 의회"와 "교구 위원회"에 의해 다스려졌는데, 이들의 기능은 전국 대회와 최고 종교 협의회와 유사하였다. 그리하여 교회의 모든 차원을 지배하고 있었던 정부의 관료정치는 제거되었으며, 교회는 감독제와 장로교 정체를 혼합한 형태로 하여 독립적으로 운영될 수 있는 기반을 마련하게 되었다.
　소보르는 계속하여 그 총대주교를 선출하였다. 세 사람의 대주교들이 후보로 지명되었다. 모스크바의 메트로폴리탄이었던 티콘(그는 이전 북아메리카 러시아 교회의 수장이었다. 1898-1907), 노브고로드 대주교 아르세니우스, 그리고 과격한 반동파였던 카르코프의 대주교 안토니 등이었다. 이들을 두고 제비를 뽑은 결과 티콘(Tikhon)이 선출되었다. 그리하여 1917년 11월 21일, 그는 화려한 제복과 예식 속에서 어슴션(Assumption) 총대주교 성당에서 대관식을 가지고 크렘린 주위를 행진하였다. 이제 마침내 러시아 정교는 2세기 반 동안의 정부의 포로상태에서 벗어나 러시아 인민들에게 직접 나설 수 있는 상황에 이르게 된 것이었다. 만약 임시정부가 생존하였더라면 그럴 수 있었을 것이다. 그러나 정부의 경악에도 불구하고(또한 혁명가들 자신도 놀람을 금치 못하였으나) 러시아의 정치권력은 가장 광신적인 혁명분자들이었던 볼셰비키파의 손에 들어가게 되었다.

3. 볼셰비키의 종교정책

　볼셰비키의 반종교정책은 일반 인민들의 호응을 널리 받지는 못하였다. 이들은 종교에 관하여는 거의 언급하지 않았다. 이들은 전쟁에서의 철수와 농업개혁을 주장하여 임시정부의 입지를 약화시켰다. 러시아인들은 전쟁에 지쳐 있었으며, 무능하기 짝이 없는 장군들의 전략에 분노를 금치 못하고 있었다. 그들은 볼셰비키의 정책을 제대로 알지도 못하고, 혹은 이해하지도 못한 채 "토지-평화-빵"이라는 구호에만 미쳐 있었다. 그리하여 나라 전체가 무너지는 무정부 혼란 상태에서는 소수파라 할지라도 질서와 훈련만 구비하고 있으면 능히 정권을 장악할 수 있었다. 그리하여 그 후 수개월 동안 볼셰비키들은 러시아 인민들이 원하거나 말거나 기독교를 체계적으로 소멸시키고자 하였던 자기들의 야욕을 점차 노골적으로 드러내기 시작하였다.

볼셰비키들은 소보르에 간섭하지 않았으나, 12월과 1월의 각종 칙령들을 통하여 교회의 위치를 근본적으로 약화시켰다. 교회가 소유하고 있던 모든 토지와 건물들은 아무런 보상도 없이 압수되었으며, 교회는 부동산을 구입할 수 있는 권리를 박탈당하게 되었다. 교회는 기존 건물들을 사용할 수는 있었으나 새로운 건물을 사용하는 것은 점차 힘들게 되었다. 그리고 동시에 성직자들에게 주어졌던 경제적인 지원은 중지되었고, 나라의 경제가 파탄이 난 상황 속에서 신자들의 헌금에만 의존해야 할 체제를 한 달 내에 마련하라는 명령을 받게 되었다. 그리하여 교회의 경제적인 기반은 완전히 제거되었다.

볼셰비키들은 제2단계로 가정 생활과 교육을 완전히 세속화시킬 음모를 현실로 옮기기 시작하였다. 세속 정부에서 결혼과 출생을 관장하였으며, 정부는 이혼을 인정하였다. 공사립학교를 막론하고 종교교육은 일체 폐지되었다. 이러한 종교교육의 금지는 러시아 교회를 약화시키고 무능하게 만들었던 가장 중요한 요인이 되었다. 1922년 법령에서 정의되었듯이, 러시아에서는 이제 미성년자에게 종교교육을 실시하는 것은 형사처벌의 대상이 되었다. 계속되는 정부의 무신론적이고 유물론적인 선전과 세뇌 아래서 자신의 어린아이들과 청소년들을 교육시킬 수 없는 교회가 어떻게 생존할 수 있겠는가? 또한 일체의 종교적인 문헌들에 대한 검열이 시행됨으로써 종교적 문맹 상태가 이루어지게 되었다.

4. 정교의 저항

교회는 이러한 정부측의 명령에 대하여 필사적으로 저항하였다. 티콘 총대주교는 그의 첫번째 목회서신에서 전쟁을 선포하였다. 유겐 트로베츠코이가 이끄는 소보르의 한 위원회는 1918년 1월 23일자 법령은 교회를 파괴시키고자 하는 시도라고 정의하였다. 이 법령은 후에 "교회를 국가와 학교로부터 분리시키고자 하는 법령"이라고 불리우게 되었다. 소보르는 티콘의 입장을 지지하여, 모든 정교신자들이 이 법령을 준수하거나 혹은 반포하는 것을 금지하였다. 소보르는 세속 결혼이나 혹은 이혼의 합법성을 부인하고 성직자들은 교회가 보관하고 있었던 등록부를 내주지 못하도록 명령하였다. 대중에게 보내는 열렬한 호소문도 반포되었다. 재산 압류를 막기 위하여 모든 교구들에서는 정교의 "형제단"을 조직하도록 촉구하였다. 이들 "형제단"이 이전 왕정파 지도자들의 모임이 되었다. 러시아 모든 도시들에서는 폭동이 발생하였으며 양측의 충돌로 수백 명의 사상자들이 나게 되었다. 만약의 사태에 대비하여 총대주교직을 계승할 인물을 지명하였으며, 티콘에게는 열두 명의 경호원들이 따르게 되었다. 소보르는 볼셰비키 독재의 사법권을 부인하고 정부의 명령을 무시하고 학교들, 교회들, 인쇄소 등을 계획하기 시작하였다. 그러나 1918년 중엽 교회의 은행구좌, 주식, 재산 등은 정부의 손에 들어가게 되어 교회는 제대로 그 기능을 발할 수 없었다. 단지 교회들은 대부분의 건물들만은 계속 점유하고 있었다.

한편 제5차 공산당 대회는 러시아 소련 연방 공화국을 위한 헌법을 마련하고 있었다. 제헌위원회에서는 몇 가지 사안들과 아울러 종교문제를 의논하였다. 이들은 다음과 같은 레닌의 종교관에 대해 근본적으로 찬동하고 있었다. "막시즘은 항상 일체의 종교와 교회, 일체의 종교적인 기관들을 반동 부르조아의 도구로 간주해왔다. 종교는 노동자 계층을 착취하고 마비시키기 위한 도구이다…선한 종교란 존재할 수 없으며, 보다 나은 종교는 열악한 종교보다 더 해로운 존재이다." 이러한 공통의 기반 위에선 볼셰비키들 사이에는 전술적인 이견들이 있었다. 어떤 자들은 종교란 단지 부르조아들의 사상적인 허상에 불과하므로 일단 경제적인 기반을 박탈하고 중산층이 소멸되면 교회도 따라서 사라질 것이라고 생각하였다. 따라서 이를 만약 정면으로 박해하는 경우에는 프랑스 혁명 당시에 공포정치 이후에 볼 수 있었던 반동상태가 야기될 것이라고 우려하였다. 그 반대 의견은 교회를 정면으로 공격하여 와해시키지 않는다면 교회가 반혁명 운동의 근거지가 될 것이라는 것이었다. 처음에는 전자의 의견이 우세하여 "종교란 시민의 개인적인 문제에 불과하다"는 헌법조항이 나타났다. 레닌은 이에 불만을 표시하고 제13조에 다음과 같은 단서를 붙였다. "종교의 자유와 반종교적인 선전은 모든 시민들에게 주어진 권리이다." 그 의미는 종교란 단지 예배에 불과하다는 것이었다. 그 다음 세대에 볼셰비키 정책은 과연 어떻게 하면 종교를 말살시킬 수 있을 것인가 하는 문제를 두고 이 두 가지 전술 사이에서 우왕좌왕하는 것이었다.

헌법 65조는 또한 부르조아 계급과 아울러 성직자들을 어떻게 제거할 수 있을까 하는 문제를 다루고 있다. 이 조항은 선거권보다도 배급카드, 협동조합의 가입여부, 취업, 집세와 세금 그리고 소학교 이상의 자녀교육 등에 있어서 보다 더 중요한 제한을 가하고 있었다.

5. 외국의 중재

프랑스 혁명 당시와 마찬가지로 러시아 혁명은 교회를 혁명 전 정권과 동일시하고 외국 세력이 왕당파 세력을 원조하기 위한 하나의 도구라고 간주하였다. 1918-1920년 사이에 러시아는 내란에 휩싸이게 되었다. 프랑스, 일본, 미국, 폴란드 등은 모두 백 러시아군(왕당파)을 원조하기 위하여 군대와 물자들을 지원하였으며, 볼셰비키들은 시베리아, 크리미아, 폴란드 전선, 백해 등지에서 투쟁하지 않으면 안되었다. 레닌이 승리를 거두었던 이유들 가운데 하나는 이러한 외국의 원조에 민족주의적 감정이 촉발되었기 때문이었다. 특히 1920년의 프랑스-폴란드 간섭은 이러한 민족 감정을 깊이 자극하였다. 바로 이 내란을 통해 트로츠키가 이끄는 적군은 러시아 국군으로 변모하였다. 양측 모두가 잔인하였으며 수십만 명의 포로들을 학살하였다. 1918년에 도시들에는 기아 상태가 계속되었고 특히 교육받은 부르조아 계층은 배급카드나 일자리가 없이 굶어죽어 갔다. 1920년의 산업생산은 1913년에 비교해 볼 때 13퍼센트에 불과하였다. 거의 이탈리아와 같은 인구를 가지고 있었던 볼가 지방의 기근으로 경제가 파탄되었으며, 1921-22년 사이의 대기근으로 약 5백만 가량이 굶어죽었다. 당시 미국은 주로 어린아이들에 대한 구호에만 전념하였다.

6. 카를로부치 소보르

이처럼 절박한 1921년의 상황 속에서 티콘 총대주교는 외국 교회들에 구호를 요청하였다. 교회는 구호금을 모으기 위한 위원회를 마련하였으나 이를 질투한 볼셰비키들은 현금을 정부로 넘기도록 요구하였다. 그리고 후에 구호금이 떨어지자 이들은 다시 교회에 이 작업을 맡겼다. 12월에 망명 상태에 있던 소보르는 발칸 지방의 카를로부치에서 다시 회동하였다. 이전에 키에프와 칼리키아 지방의 메트로폴리탄이었던 안토니가 이를 이끌었다. 9명의 대주교들이 모였으며, 백군 장군들 가운데 두 사람도 한데 참석하였다. 소보르는 정교신자인 로마노프 왕가 출신이 다시 제위에 올라야 한다고 주장하면서 기근으로 인하여 정부가 전복되기를 바란다는 것을 솔직하게 피력하였다. 소련 연방 측은 소보르를 반란세력으로 규정하고, 티콘이 이끄는 정교 세력이 내심으로는 이들에게 동의하고 있다고 생각하였다. 이들 카를로부치 소보르와 티콘 사이의 유착은 증명된 일이 없으며, 아마도 실제 그러한 일도 없었을 것이다.

이제 교회가 가지고 있는 재화들을 압수해야 한다는 주장들이 나서게 되었다. 짜르는 과거에 교회의 보석과 금, 은 집기들을 압류한 적이 있었다. 그러나 정부측은 황실의 보석들은 손대지 않았다는 전례도 제기되었다. 티콘은 교회에서 하나님 앞으로 헌정하지 않은 집기들은 내주겠다고 언명하였다(그 숫자들은 얼마되지 않았다). 그러나 일단 하나님께 헌정된 물건들은 다른 곳으로 양도할 수 없도록 교회법으로 금지되어 있다고 주장하였다. 많은 정교의 평신도들과 성직자들은 이러한 의견에 반대하였다. 어쨌든 정부 측은 실제로 예배의식에서 사용되지 않고 있는 일체의 집기들을 압류하기 시작하였다. 그러나 많은 성직자들은 총대주교의 명령에 순종하여 이에 저항하였다. 약 1,400건의 충돌사건들이 발생하였으며, 성직자들은 도매금으로 체포당하는 사태를 맞게 되었다.

그리하여 세인들의 이목을 집중시켰던 1922-1923년의 재판이 진행되었다. 주요한 재판은 모스크바의 메트로폴리탄 벤자민, 아르세니우스와 세라핌 대주교, 로마 카톨릭측의 세플리악 대주교와 부드체비치 부원장들을 비롯하여 80명 이상이 고소되었던 페트로그라드에서 시행되었다. 그 후 200여 건의 재판들을 통하여 7백여 명이 재판을 받고 이들 가운데 44명이 형을 받았다. 벤자민 대주교와 부드체비치가 사형 당함으로써 국제적인 분노도 크게 일게 되었다. 러시아 혁명 후 처음 6년 간의 무정부적인 폭력 속에서 28명의 주교들과 일천 명 이상의 신부들이 살해당했다.

7. "살아있는 교회"의 분열(Schism of the Living Church)

교회 집기와 총대주교의 완강한 태도를 둘러싸고 소보르의 극좌파 소수가 전면에 나서기 시작하였다. 열두 명의 신부들은 "이스베스챠"(Isvestia)지에 편지를 보내고 교회를 반혁명기구로 만들고 있는 집단을 소보르가 처벌하고 정부와의 정상적인 관계를 수립하도록 촉구하였다. 구금상태에 있었던 티콘을 일단의 사절들이 방문하고 1918년의 칙령에 대한 정죄령과 반대를 인용하면서 모스크바 칙령에 관련하여 그를 비난하였다. 또한 에카테린베르그에 있던 짜르를 그가 축복하였던 사실과 많은 왕정파들을 신부직에 임명하였던 사실도 비난하였다. 이들은 그의 사임을 요구하였다. 티콘은 자기를 대신할 인물을 지명한다는 데 동의하였다. 한편 이 집단은 자기들이 교회 일을 처리하는 데 대한 티콘의 동의를 억지로 받아냈다. 이들은 허락없이 자신들을 임시 최고 교회 행정부로 조직하고 총대주교 본부로 몰려갔다. 이들은 자기들이 교회법에 의거한 직분자들이라고 주장하면서 "살아있는 교회'(Living church)라고 불리운 교회를 조직하게 되었다. 그리하여 마치 프랑스 혁명에서와 마찬가지로 분파 교회가 보수파들에 대항하여 정부를 지지하는 양상이 나타나게 되었다. 그리하여 이들의 손에 의하여 교회 건물들은 정부 측으로 양도되었다.

1922년 5월 "살아있는 교회"의 주장들은 신학적 현대주의, 사회주의, 예배의식 개혁, 복회자들의 선출, 행정에 있어서 평신도들의 보다 많은 참가 그리고 결혼한 성직자들이 주교직을 맡을 수 있도록 한다는 등으로 내세워졌다. 그러나 계속 논란이 진전되는 가운데, 사회주의 성직자들은 주교들의 결혼 가능성 여부를 둘러싸고 다시 분열하게 되어, "살아있는 교회" 외에도 "중흥 교회", "초대 사도교회" 등의 분파들이 다시 나타나게 되었다. 그러나 영국 대사관의 철수 위협 아래 티콘 총대주교는 1923년 6월에 석방되었다. 그리고 대부분의 성직자들은 다시 그의 감독 아래 들어갔으며, 이전의 과오를 용서받았다.

1923년 이후 정부의 종교정책은 신경제 정책(New Economic Policy)의 일반적인 완화와 함께 보다 온건화되었다. 1928년에 경제정책이 종료되면서 러시아의 산업은 거의 1913년 때만큼 회복되었다. 그러나 농업 생산성은 제1차 세계대전 이전의 상태에 머물러 있었다. 그리고 종교에 관한 한 그 압력은 지속적이었으나 극단적인 것은 아니었다. 신부들의 설교는 1922년 말부터 정부의 검열 대상이 되었다. 교회의 건물들에게 과중한 세금과 화재보험료가 부과되었다. 티콘은 1925년에 세상을 떠났으며 정부는 새로운 총대주교 선출을 허락하지 않았다. 총대주교 서리들은 체포당했다.

한편 반종교 선전의 헌법을 기화로 하여 공산주의자들은 프로그램을 조직하였다. 1922년에는 무신론 출판사가 설립되었다. 그해 크리스마스에는 기적들과 동정녀 탄생 성지들을 비웃는 공산당이 마련한 행렬이 마련되었으며, 청년 공산당 연맹원들이 그 주위에서 춤을 추었다. 군사적 무신론 연맹은 1925년에 조직되었고, 이들은 각종 반종교적인 카니발을 마련하는 외에도 종교는 (1) 국가에 대한 불충이며 (2) 미신적이고 (3) 인민을 착취하는 것이라는 주제로 막대한 양의 선전물들을 배포하였다. "베시보쉬니크"(Beshboshnik)지는 약 30페이지에 달하는 정기 간행물로서 성경과 성례들을 비웃는 내용의 만화들로 가득 차 있었다. 이는 독일에서 발행되었던 반유대주의적인 스트라이처의 잡지 "슈티르머"(Stürmer)와 비슷한 모습이었다.

교회는 생존을 위한 자구책을 마련하였다. 이 시기에 자유교회들, 특히 침례교는 놀라운 성장을 보여서 약 4백만에 달하는 교세를 보였다. 교회들은 또한 각종 다양한 사회활동들을 벌였으며, 독서회, 도서관, 수양회, 상호공제회들을 조직하였다. 어떤 구역에서는 기독교 청년조직인 '크리스토몰'(Christomol)이 공산당 청년조직이었던 '콤소몰'(Comsomol)을 압도하기도 하였다.

8. 제1차 5개년 계획 중에 재연된 폭력

분열과 분파에 시달리면서도 폭력적인 박해를 이겨내고, 무신론적인 선전과 법률적인 제한으로부터 스스로를 지켜내고자 노력하였던 교회는 N.E.P.(신경제 정책)이 종료되었던 즈음에 또 다른 폭력에 시달리게 되었다. 1928년 대규모 산업화와 농장의 강제 집단화를 목표로 하는 제1차 5개년 계획이 입안되었다. 이 계획은 동시에 침례교와 "복음파 기독교회"를 비롯한 기독교의 잔재를 완전히 소멸시키고자 하였다.

가장 직접적인 방법은 성직자들을 제거해 버리고, 정교의 성례관에 있어서 가장 핵심을 이루고 있었던 사도전승이론을 파괴한다는 것이었다. 수천 명의 사제들이 추방당하고 처형되었으며, 어떤 때에는 감옥에 150명의 주교들이 갇혀있던 때도 있었다. 이는 주교구의 숫자보다도 더 많은 것인데, 즉, 어떤 주교가 투옥되자마자 교회가 바로 다른 주교를 또 세웠는데, 그 역시 감옥으로 잡혀갔다는 사실을 보여주고 있다. 대부분의 성직자들은 백해 지방에 있는 황량한 솔로베츠스키 수도원에 갇혀 있었다. 또한 직접 이처럼 체포되지 않았더라도 성직자들은 패스포트 제도에 의하여 도시에서 쫓겨나곤 하였다. "비노동자들"은 대도시에 거주하는 것이 허락되지 않았으므로, 이런 방법으로 시골 지방으로 격리되었던 것이다. 성직자들은 투표권이 없었을 뿐만 아니라 식량카드도 받을 수 없었다. 프랑스 혁명 당시 사용되었던 방법대로 일주일 칠일의 단위를 변경시킴으로써 공공예배를 방해하였다. 단지 프랑스가 주를 10일로 정했는 데 반해, 볼셰비키들은 이를 1929년 6일로 정했던 것이다. 그리고 이 제도를 보다 확실히 실현하기 위하여 1932년부터는 한번 직장을 빠지면 바로 사직시켜 버리는 방법을 택하였다. 1929년 천 개 이상의 교회들이 문을 닫게 되었다. 난동이 일어났으며, 집단 농장으로 강제로 끌려가는 이들이 투표하기도 하였다. 그러나 빈농들은 집단 농장으로 들어가는 데 대하여 강력하게 반발하였으므로, 1930년에는 교회의 폐쇄와 이 문제를 별도로 다루도록 하였다. 1928년까지, 농민들의 98퍼센트는 집단농장에 들어가기를 반대하고 있었다. 그 다음해부터는 부활절 특별 음식과 크리스마스 트리도 판매가 금지되었다.

　반종교운동의 두 번째 방도는 교육적인 것이었다. 5개년 계획과 아울러 학교 내에는 조직적인 반종교 교육이 소개되었으며, 특히 사회학에는 새로운 교과서들을 편찬하였다. 학생들은 교회나 수도원 건물에 마련하였던 반종교 박물관으로 수학여행을 가게 되었다. 교회의 입장을 위한 일체의 변증은 불법으로 간주되었다.

　N.E.P 아래서 교회가 사용하였던 새로운 형태의 공동체적 영향력을 방지하기 위하여 교회의 모든 사회적, 자선적 그리고 오락적인 활동을 일체 금지시키는 새로운 법령이 반포되었다. 어떤 형태의 조합도, 자선활동도, 구제기관도, 수양회도, 유치원도, 도서관도, 요양원도 허락되지 않았다. 여성, 청년, 어린이들을 위한 일체의 기도회도 금지되었다. 교회는 그리하여 모든 면에서 공동체의 생활로부터 격리되었다. 또한 기독교 신자들은 다른 생활면에서도 처벌 대상이 되었다. 이들은 승진을 기대할 수 없었으며, 취직하지 못하는 경우도 허다하였다. 어떤 조합들은 신자들이나 교회 기관에는 그 혜택을 금지시켰다.

9. 압력의 완화

이러한 공산당의 계획은 아마도 제2차 5개년 계획기간이었던 1933-1937년도에 절정에 이르렀을 것이다. 그 초기 단계에서 야로슬라브스키는 1937년까지는 소련에서 단 한 개의 교회도 남겨두지 않겠다는 계획을 세웠다. 그러나 이런 면에서 교회는 아이러니컬하게도 히틀러에게 감사해야 할지도 모른다. 혹은 정교의 입장을 대변하여 항의를 발하였던 교황이나 캔터베리에도 감사를 드려야 할지 모른다. 1933년 나치가 정권을 장악하자, 서구의 민주국가들에 비하여 그 위험성을 보다 빨리 깨달았던 스탈린은 자기의 국제적 입지를 강화하고자 하였다. 그리하여 반종교 프로그램들을 완화시키게 되었다.

1934년부터 이러한 압력의 완화 현상이 나타나기 시작하였다. 1929-1930년도에 문을 닫았던 교회들이 다시 문을 열었다. 반종교집회의 숫자도 감소하였으며, 크리스마스와 부활절에 시행되었던 종교에 대한 경멸 행사도 사라지게 되었다. 1935년에는 국가가 경영하는 상점에서도 부활절 음식들이 다시 팔리기 시작하였다. 그리고 국가는 결혼반지들을 판매하기 시작하였는데, 이는 종교적 결혼을 다시 인정한다는 암시였다. 막스주의 세뇌는 소학교에서 자취를 감추었고 중등학교에서 약화되었다. 그러나 고등학교 이상에서는 그대로 유지되었다. 1935년 12월부터 성직자들의 자녀는 다시 각급학교들에 진학할 수 있게 되었다. 그리고 1936년 헌법에서 일체의 소위 "비노동자들"에 대한 권리박탈과 불리조항들은 자취를 감추게 되었다.

10. 1937-1938년의 숙청

그러나 1936년 헌법에도 불구하고, 혹은 바로 이 때문에, 제3차의 극심한 박해가 특히 성직자들을 대상으로 하여 발생하였다. 1937년 말, 많은 숫자의 성직자들이, 트로츠키파 숙청에 연루되어 많은 구파 공산주의자들과 함께 체포되었다. 그 죄목들은 첩보, 태업, 방화 등이었다. 1938년 부활절에 대규모 체포가 이루어졌다. 단지 공공예배에 대한 공식적인 방해는 없었다. 1937-1938년 사이에 만 개 이상의 종교기관들이 무리한 세금 때문에 사라지게 되었다.

그러나 바로 이러한 제3차 박해의 와중에서 기독교의 위대한 위력이 나타나게 된다. 1937년의 인구조사에서는 종교관계의 질문이 포함되었는데, 아마도 그 의도는 얼마나 기독교 세력이 보잘것없이 약화되었는가를 보여주고자 하였던 것으로 보인다. 그러나 이 부문의 인구조사 결과는 종내 발표되지 않았다. 아마 당에서 그 숫자를 보고 심히 실망하였던 것이 확실하다. 그리고 그 후 나타난바, 증거없이 출판된 숫자들은 바로 이때의 통계에 근거한 것으로 보인다. 전투적 무신론자 연맹의 의장이었던 야로슬라브스키는 도시에서는 16세 이상의 인구들 가운데 2/3, 시골 마을에서는 1/3 내지 1/2이 무신론자들이라고 발표하였다. 동 연맹의 1940년도 "월간 저널"(Monthly Journal)에도 같은 숫자가 나타나고 있다. 그런데 이 숫자를 뒤집어보면 도시인의 1/3, 그리고 농촌 인구의 1/2 내지는 2/3가 당의 공식적 입장과, 20년에 걸친 무서운 박해에도 불구하고 스스로를 신의 존재를 믿는 사람으로서 천명하였다는 놀라운 모습을 발견하게 되는 것이다. 이는 전인구의 무려 45퍼센트에 달하는 숫자이다.

터툴리안이 이교도 로마제국의 상황을 묘사하였듯이 이들 신자들은 널리 퍼져 있었다. 직업조합들에는 이들의 숫자가 많았으므로, 어떤 조합들은 종교에 관한 한 중립적인 위치를 유지하였다. 야로슬라브스키는 대부분의 공산당원들과, 청년 공산주의자 연맹의 대부분 단원들이 종교적으로 중립적이라고 불평하였다. 이들 가운데 많은 숫자가 종교적인 성상들을 간직하고 종교 예식을 거행하고 있다는 것이었다. 적군(Red Army) 안에도 신자들을 찾아볼 수 있었다. 그토록 무참하고 철저한 박해도 충분치는 못했다. 이는 비록 세속화되고, 약화된 형태라 할지라도 무언가 종교의 본질에 관하여 말해주고 있는 듯하다. 루나차르스키가 말했듯이 "종교는 마치 못과 같다. 더 세게 때리면 때릴수록 더욱더 나무에 깊이 박혀들어간다."

11. 신앙적 부흥

마치 네로 황제시대를 연상시키는, 1936-1938년도의 반혁명세력 숙청에도 불구하고 제3차 5개년 계획 기간 중에 신앙적 부흥의 모습을 찾아볼 수 있었다. 일요일에 휴식하는 7일제 주간이 다시 부활되었고, 노동법도 완화되어 종교적 축일을 지키는 것이 가능하게 되었다. 종교적 상징들, 성상들, 그리고 결혼반지들이 생산되고 판매되었다. 제2차 세계대전이 발발할 당시에는 거의 모든 종교적 축일들이 마을마다 준수되고 있었다. 성직자들의 공민권도

회복되었으며, 정교와 로마 카톨릭 사제들이 적군에서 군목으로 활약하였다. 집단농장들도 다시 교회를 지원하기 시작하였다.

교육정책에 나타난 중요한 변화들도 또한 교회에 유리하였다. 교과서들이 개정되어 종교에 대한 비판들을 삭제하였다. 반종교 박물관들이 문을 닫았으며 1938년 이후에는 신성모독적인 연극들이나 영화들이 더 이상 제작되지 않았다. "무신론 연합"(Godless Union)의 대규모 출판사업도 중지되었다. 수많은 공식 출판사들은 반종교적인 출판물을 취급하기를 거부하였으며, 청년 공산주의자 연맹도 반종교적 행동을 중지하였다. 1939년도에는 반종교 고등교육기관이 하나밖에 남지 않았으며, 반종교 클럽들은 텅텅 비는 것이 보통이었다. 다수의 지방에서는 더 이상 반종교 선전기관들을 찾아볼 수 없었다. 당과 청년 공산주의자 연맹에서 더 이상 흥미를 보이지 않는 가운데 전투적 무신론자 연맹도 와해되었다. 무신론에 관한 강의에는 청강하는 학생들이 별로 없었다.

더 이상 기독교가 위험하다고 생각하지 않는 젊은 세대의 태도 외에도, 민족주의적인 문화 부흥에서 종교에 관한 보다 더 적극적인 태도의 변화를 살펴볼 수 있다. 폭군 이반(Ivan the Terrible)과 피터 대제(Peter the Great)에 대한 흥미도 높아졌으며, 차이코프스키와 라흐마니노프도 다시 인기를 끌게 되었다. 역사소설과 민족주의적 영웅들이 기독교적인 동시에 짜르주의자들이었다 할지라도 유행하게 되었다. 그뿐 아니라 제2차 세계대전의 극심한 황폐는 사람들로 하여금 정치 이상의 보다 더 깊은 의미를 추구하게 만들었다. 그리고 항상 현실적이기 마련이었던 정부측은 국민들의 사기를 위한 종교의 공헌을 받아들이고자 하였다.

스탈린의 축복을 받은 모스크바 총대주교는 새로운 종교적 제국주의의 모습을 보이기 시작하였다. 신학교까지도 다시 문을 열게 되었다. 모스크바의 총대주교는 발틱 연안, 발칸 지방, 혹은 북아메리카 지방에 대한 관할권까지도 주장하였다. 그러나 제2차 대전 중 볼셰비키는 적군 내에 수백만의 신자들이 있는데도 불구하고, 에스토니아, 라트비아, 리투아니아, 벳사라비아, 폴란드 등지의 피점령지역 신자들에게 공포정치를 감행하였다. 그리고 이러한 완화사항들 가운데 단 하나도 18세 이상의 소년들의 종교교육에 관한 부문에 영향을 미치지 못하였다.

제 28 장
로마 카톨릭과 전체주의

　제1차 세계대전에서 프랑스는 군사적으로, 미국은 경제적으로, 로마 카톨릭은 종교적으로 승리를 거두었다는 말이 있다. 그러나 그 마지막 구절의 의미는 1914년에서 1922년까지 재위하였던 베네딕트 15세의 시절에는 분명하게 드러나고 있지 못하였다. 전쟁 대부분의 기간 동안 바티칸 국무성은 동맹제국의 승리를 예측하고 기대하였던 것으로 보인다. 베네디트는 벨지움의 중립을 짓밟은 독일의 행위를 비난한 적이 없었으며, 그의 프랑스에 대한 평화제안도 동맹국들에게 가장 유리한 시기를 노렸던 것으로 보인다. 그리하여 전쟁이 연합국의 승리로 끝나자 교황은 평화회담에 초청받지 못하였으며, 윌슨과 연맹이 국제 협상의 주역을 차지하는 모습을 관망할 수밖에는 없었다. 베네디트는 너무나 국제적으로 고립 상태에 있었던 자기의 입장을 절감하였으므로, 만약 프랑스가 자기에게 새끼 손가락만 내민다면 이를 두 손으로 붙잡겠다고 공언할 정도였다. 그러나 특히 외교 분야에서 보여준 바티칸의 회복은 매우 신속한 것이었다. 파이우스 11세(1922-39)는 그 이전 수세대 동안 그 어떤 교황도 보여주지 못하였던 모습으로 능란한 외교적 수완을 발휘하여 그 영향력을 넓혀 갔다. 바티칸은 외교활동과 정치분야에 점차 더 많은 재력을 투입하였다. 이에 비교해 볼 때 프로테스탄트나 정교측은 훨씬 그 능력면에서 뒤졌던 것으로 보인다.

　로마 카톨릭 교회의 이처럼 새로운 능력이나 적극성은 신자들의 숫자가 눈에 띄게 증가하였기 때문은 아니었다. 일반적으로 볼 때, 개종이나 결혼 등으로 로마 카톨릭에서 프로테스탄트로 넘어가는 숫자가 그 반대 경우보다 더 많았다. 이 새로운 능력은 혁명적 상황에서 정예으로 훈련된 준정치적인 국제기구의 위력이었다. 프로테스탄트 진영은 그 신자의 수는 앞섰으나, 통일되지 못하였고, 일관적인 전략도 없었으며, 하나의 '정치적' 세력으로 그 힘을 발할 만큼 교회의 권위에 의하여 일사불란하게 움직일 수가 없었다.

또한 전쟁 전의 정치적, 사회적 구조에 침투하여 이를 정당화하는 데 한 몫을 담당하였던 프로테스탄트의 지도력은 또한 그 체제가 함락될 때에 프로테스탄트주의에게 그 책임을 지우게 되었다. 민주주의를 위한 전쟁은 민주주의를 종식시키는 결과를 가져왔다. 전쟁 후 일련의 권위주의적 혁명들이 유럽 대부분의 지역에서 자유주의와 민주주의를 대체하였다. 또한 개인주의적 경제와 영업 행위들은 새로운 집단주의에 의하여 위협을 받았다. 중산층 문화는 그 주도권을 상실하게 되었다. 그리하여 이와 함께 "프로테스탄트 시대의 종식"이 선포되었다. 새로운 시대의 주역을 담당하였던 새로운 독재자들은 거의가 다 로마 카톨릭 배경을 가지고 있었다. 즉 뭇솔리니, 히틀러, 돌푸스, 슈시니그, 티토, 프랑코, 살라자르, 페텡, 페론 등이 다 이러한 인물들이었다. 그 대부분의 경우 이 독재자들은 모두 바티칸의 지원 아래 정권을 잡고 유지하였다. 그리고 로마 카톨릭측은 비록 영미에서도 상당한 정치적 세력을 확장하게 되었으나, 파이우스 11세 아래서 바티칸 측이 추구하였던 정책은 친파시스트적인 것이었다. 이러한 정책을 수행하는 데 사용되었던 자금들은 주로 민주주의를 신봉하였던 미국의 신자들로부터 거둬들인 것이었다.

새로운 주축국들은 19세기의 프랑스와 이탈리아에서 로마 카톨릭 교회에 반대하였던 중산층의 반성직자주의를 실질적으로 소멸시켰다. 이제 사회주의는 특권층에 대한 새로운 위협으로 등장하였으므로, 모든 보수정당들은 하나로 연합하는 것이 필요하게 되었다. 다양한 이유들로 인하여 로마 카톨릭과 새로운 전체주의자들은 의회들, 공민권 그리고 사상의 자유들에 대한 공격을 개시하였다. 자유주의적 문화의 몰락은 정치적으로뿐만 아니라, 지성적으로 반영되었는데, 이성, 과학, 도덕의식에 대한 자신감의 상실로 나타나게 되었으며, 사람들은 일반적으로 다시 권위주의로 경도하였다. 이러한 권위주의는 다양한 비기독교적 정치적 종교뿐만 아니라 보다 더 보수적인 기독교 형태를 선호하였다.

1. 바티칸의 정치적 정책

파이우스 11세는 의도적으로 친파시스트적 방향을 선택하였다. 그의 선임자는 레오 13세의 사상을 이어받은 인물로서 이와는 다른 성향을 보이고 있었다. 베네딕트는 1919년 전야의 선거에서 이탈리안 카톨릭 신도들의 '농 엑스페딧'(non expedit, 방해공작) 정책을 포기하였으며, 당시 시작되고 있던 신인민당(new People's Party)을 지지하였다. 이러한 지원 아래서 로마 카톨릭 민주당은 전국 제2의 정당이 되었다. 마찬가지로 바이마르 공화국에서도 베네딕트는 그의 눈찌오(교황 특별사절)인 파스켈리를 파견하여 에르즈버거가 수행하고 있었던 민주적 경향에 협력하도록 하였다. 그러나 1922년 파이우스의 즉위와 함께 로마 카톨릭 교회는 이러한 민주적 정책을 포기하였다. 파이우스는 폴란드에서 막 귀환한 참이었으며, 그곳에서 적군의 만행을 목격하였으므로, 평생 공산주의에 대한 공포심을 유지하고 있었다. 또한 민주주의에 대해서도 경멸하고 있었으므로, 그는 호전적이고 권위주의적인 정부들에 의존하여 공산당에 대결하고자 하였다. 그리하여 그는 이러한 정책으로 결국은 공산주의자들의 위협이 없었던 곳에도 공산주의를 존재하게 만들었으며, 기존 공산당 세력을 더욱더 조장하게 되는 아이러니를 낳게 되었다.

2. 바티칸과 이탈리아 파시즘

파이우스는 우선 이탈리아 전체에서 민주주의에 대하여 상당히 적대적인 입장을 취하였다. 돈 스투르조(Don Sturzo)의 인민당은 서너 차례에 걸쳐 파시즘이 정권을 장악할 수 없도록 강력한 도전 세력으로 등장하였었는데, 교황은 그때마다 이들 인민당을 방해하였다. 그는 결국 한창 양측의 대결이 열기를 더하고 있을 때 스투르조를 강제로 사임시켰으며 이 인민당이 온건한 사회주의자들과 연합하는 것을 금지시켰다. 기실 당시의 상황으로는 이러한 연합만이 파시즘에 대항할 수 있는 유일한 대응책이었다. 이처럼 로마 카톨릭 민주세력을 파괴함으써 뭇솔리니가 정권을 장악할 수 있는 길을 열어준 바티칸은 1926년부터 1929년까지 이 독재자와 일련의 동맹을 체결하였다. 1929년의 래이터란 조약에 의하여 "로마의 문제"는 드디어 정리되었다. 교회는 바티칸 시를 소왕국으로 받게 되었으며, 일련의 조약들을 통해 그 독립을 보장받게 되었다. 바티칸은 자기들이 상실한 많은 토지에 대한 보상으로서 파시스트 국가가 발행한 막대한 액수의 채권을 받게 되었다. 그리하여 바티칸은 결국 이 파시스트 정권에 가장 많은 금액을 투자한 세력이 되었던 것이다. 또한 한 조약은 로마 교회를 실질적으로 국교화하는 동시에 교회의 통솔권은 파시스트 국가에 양보하는 형태로 국가와 교회 사이의 관계를 정립하게 되었다. 이러한 통솔권은 주로 파시스트들이 교회의 재정문제와 중요 인사권에 거부권을 가진다는 형태로 행사되었다. 서류상으로 교회는 교육과 청소년 활동 분야에 특정한 권리들을 가지게 되었으나, 이러한 권리들은 제한된 것이었을 뿐만 아니라, 뭇솔리니에 의하여 제대로 존중되지도 않았다. 교황은 1931년 회칙 "논 압비아모 비소그노"(non abbiamo bisogno)를 통해 이러한 약속의 배반을 정죄하였으나, 파시스트 정당과 정권을 정죄하는 것은 조심스럽게 회피하였다.

1935년의 아비씨니아 사건으로 로마 카톨릭 교회가 이제 완전히 뭇솔리니의 전차 바퀴에 매달려 있다는 사실이 더욱더 명백하게 드러나게 되었다. 이탈리아인 대부분은 이 비겁한 기습을 찬양하였다. 그리고 전세계의 로마 카톨릭 신자들(특히 영국와 미국의 신자들)은 일반적으로 이러한 모습을 그대로 따랐다. 그러나 보다 기막힌 사건은 50여 개국이 국제법 위반이라고 비난하였던 이 사건을 가리켜 교황이 "세계평화에의 공헌"이라고 공식적으로 선포하면서, 파시스트 정권의 승리를 찬양하였다는 사실이었다.

3. 오스트리아

한편 오스트리아에서는 이곳의 로마 카톨릭당이 뭇솔리니의 모범을 숭배하게 되었다. 이 정당의 당수였던 세이펠(Seipel) 신부는 다뉴브 계곡의 혁명을 통해 합스부르그 왕조의 '밋텔유로파'(중부유럽제국)의 재건을 꿈꾸었다. 상당수의 로마 카톨릭 신자들이 자리잡고 있던 헝가리, 유고슬라비아, 체코슬로바키아 등은 모두 자유주의적인 정당을 제거한 새로운 국가를 건설하는 데 공헌해야 한다고 주장하였다. 세이펠은 1931년의 교황 회칙 '쿠어드러게시모 안노'(Quadragesimo anno)의 제정에 참여하였는데, 동 회칙의 내용은 "협동조합 국가"(corporative state) 설립의 프로그램을 주장하는 것이었다. 성직자파의 파시스트들은 레오 13세의 경제적 전통을 이어받는다는 구실로 의회들, 정당들, 직업조합들, 혹은 공민권의 제한없이 봉건적 지주들과 산업가들이 독재적으로 나라를 통치할 기틀을 마련하고 있었다. 그러나 이러한 계획은 도저히 민주적으로 선거를 통해 이루어질 수 없었으므로 로마 카톨릭당은 불법적인 개인 사병집단인 '하인베르'(Heimwehr)를 조직하였다. 이를 지도하였던 스타렘베르그(Starhemberg)는 혁명을 도모하고 있었다. 1929년의 혁명 시도가 불발로 끝났으며, 세피엘은 이 와중에서 사면하였고, 그 자리를 돌푸스(Dollfuss)가 대체하였다. 1930년부터 돌푸스는 칙령으로 통치하기 시작하였다. 다음해 하인베르가 비엔나를 공격하여 비엔나의 노동자 주거지역에서 비전투원들을 학살하였다. "쿠아드라게시모 안노"에 기초하였던 최초의 오스트리아 "기독교" 협동조합 국가가 1934년 바로 이 학살 사건을 통해 이루어졌으며, 계엄령으로 유지되었다.

4. 포르투갈과 스페인

"쿠아드라게시모 안노" 회칙을 근거로 한 두 번째 국가는 포르투갈에서 이루어졌다. 여기서 살라자르를 두목으로 하는 성직자 파시스트 통치가 1926년에 성립되었다. 이 경우에도 역시 정치적, 공민적 자유를 무시하였다. 또한 포르투갈은 1936년 스페인 공화국을 공격하였던 파시스트 음모 주동자들을 위한 망명처가 되었는데, 이 사건이 유럽 제2차 세계대전의 시초가 되었던 것이다. 동 전쟁은 히틀러, 뭇솔리니 등과 음모하였던 일부 스페인 군인들에 의하여 시작되었다. 히틀러와 뭇솔리니는 이 기회를 자기들의 군사력을 시험해보는 기회로 삼았다. 그러나 이처럼 잔인한 파시스트 정복은 바티칸과 스페인 로마 카톨릭 신자들의 지지를 받고 있었다. 스페인 내의 교회는 알폰소 13세와 프리모 데 리베라 등의 정권과 동일시되고 있었으므로 후자가 실각하였던 1931년에는 많은 교회들이 방화되었다. 그 뒤를 잇는 스페인 공화국은 매우 강한 반성직자적 경향을 보였으나 막스주의는 아니었다. 그러나 스페인 교회는 스페인 국민과 도덕적으로 재결합하는 데 필요한 정화과정을 거치고자 하지 않았다. 그 지도자들은 폭력을 통해 권력과 특권을 회복하고자 하였다. 두 사람을 제외한 모든 주교들은 1937년 반란군들의 침략을 "원정"이라고 표현하였으며, 전세계 교회들에 이들을 위한 지지를 호소하였다. 프랑스 문인들인 마리탱, 모리악, 베르나노스 등 몇몇 카톨릭 신자들의 전쟁의 '신성성'을 부인하는 항의는 공식적 선언의 큰 음성 가운데 묻혀 버리게 되었다. 미국의 로마 카톨릭 성직자들은 스페인에 대한 미국의 무기원조를 단절시키도록 하였으며, 소련의 공화국 정부 지원은 히틀러와 뭇솔리니의 반란군 측에 대한 대대적인 지원에 미치지 못하였다. 프랑스가 승리를 거두었으며 1939년 또 하나의 '협동조합 국가'를 구성하여 제2차 세계대전 중 히틀러에게 유 보트(U-boat) 기지를 제공할 수 있게 되었다. 한편 스페니쉬-아메리칸 성직자들은 프랑코적 형태의 파시즘을 서반구에 전파하는 가장 효과적인 대리인들이 되었다.

5. 프랑스

이처럼 정치적 로마 카톨릭주의가 과거 종교개혁을 반대하던 중심지에서 이처럼 창피한 줄도 모르고 내란들을 시작하였을 때에, 프랑스와 독일에서의 사태의 양상은 보다 더 복잡하게 진행되고 있었다. 전쟁 기간 동안의 봉사활동으로 프랑스에서의 교회와 성직자들의 위치는 보다 강화되었으며, 1921년에는, 1904년 이후 단절 상태에 있었던 바티칸과의 외교관계가 다시 수복되었다. 교회는 알사스-롤레인 지방의 자치주의를 반대함으로써 프랑스 정부에 아부하였다. 또한 프랑스와 바티칸은 러시아 서쪽 지방 오스트리아와 헝가리의 분열로 생겨난 여러 나라들과, 레반트 지방, 그리고 극동 등지에서 동일한 이해관계를 가지고 있었다. 내부적으로 볼 때에 교회의 재산들은 1905년 파이우스 10세가 거부하였던 바로 그러한 조건들로 1924년에 정리되었다. 1924년 정치적 좌경화의 물결하에 고대 중산층의 반성직자 운동을 부활시키려는 시도가 잠시 있었으나, 제대로 성공을 거두지는 못하였다.

6. "악숑 프랑세즈"의 정죄

그런데 1926년 마울라스(Maurras)와 악숑 프랑세즈의 정죄로 말미암아 거대한 내부적 위기가 프랑스 로마 카톨릭 진영 안에 발생하게 되었다. 제1차 세계대전 이후 특히 상류층, 특히 로마 카톨릭 신자들 중에서는 고립주의적이고 냉소적이며 제국주의적인 이러한 프랑스식 파시즘이 팽배하고 있었다. 그러나 벨지움의 메르시에 추기경의 주장에 따라서 바티칸은 악숑 프랑세즈를 조사한 후, 이 운동은 이단적이라는 결론을 내렸다. 실제로 바티칸은 이러한 정죄령이 이미 제1차 세계대전 직전에 이미 작성되어 있었으나, 이를 발포할 보다 적당한 시기를 기다리고 있었다고 하였다. 그 발표로 말미암아 프랑스의 로마 카톨릭 교회는 뿌리부터 흔들리게 되었으며, 추기경 하나가 사임하고, 보다 완강한 성직자를 숙청시키게 되었다. 제2차 세계대전시 베이강(Weygand)과 페탱의 경우에서 볼 수 있듯이 반유대적, 반민주주의적인 경향은 계속하여 남아 있었는데, 이러한 경향은 특히 군부의 고급장교들 가운데 심하였다. 그러나 이 정죄령을 심각하게 받아들인 이들도 많았다. 특히 마리탱을 비롯한 소수의 지성인들은 이를 중요하게 생각하였다. 그 후 마리탱은 파시스트들에 대항한 가장 중요한 대변인의 역할을 담당하게 된다. 이들은 뭇솔리니의 아비시니아 침략을 비난하였으며, 스페인의 구에르니카에서 자행하였던 주축국의 만행을 비판하였고, 프랑스에서의 파시스트 쿠데타 시도를 폭로하였다. 그리고 이들은 프랑스 안에서의 적극적인 내지선교와 그 보조를 같이하여 정치적인 행동이 아니라 산업노동자, 농민들, 지성인들 사이에서의 사도적인 선교에 적극적인 활동을 벌였다. 각 계급과 지역별로 분석하여 프랑스 내 교회들의 영향을 살펴본다면 이러한 선교활동의 범위를 알 수 있을 것이다. 예배의식 운동과 노동자 신부운동, 각양 청년운동들을 통하여 새로운 실험들이 시도되었다. 그중에서도 카디증의 "조시스트"(Jocists)들은 뛰어난 예라 할 수 있다.

7. 독일

라인강을 건너 독일에서도 이에 비교할 수 있는 종교적 부흥의 모습을 발견할 수 있다. 이 당시의 정치적인 확장의 모습과 아울러 사람들은 이를 바이마르 공화국 내의 "제2차 역종교개혁"이라고도 부른다. 이러한 현상이 가능하였던 이유들 가운데 하나는 당시 분열상태에 있었던 사회 속에서 로마교회는 그래도 상당히 강력한 조직을 유지하는 데 성공하였기 때문이며, 프로테스탄트 측이 그 산하 기관들을 폐쇄시켜야 할 상황이었는 데 반하여, 로마 카톨릭 진영은 당시의 유동적 상황에 투입할 수 있는 인원과 재정을 충분히 가지고 있었기 때문이었다. 또한 당시 이 사회의 일반인들이 자유로부터의 도피를 꾀하여 보다 강화된 로마 카톨릭주의, 민족주의, 공산주의 등으로부터 감정적인 위안을 희구하고 있었기 때문이기도 하였다. 당시 프로테스탄트 신학의 주류를 이루었던 과격한 반인본주의는 로마 카톨릭의 성례적 부흥이

제공하였던 바와 같은 접촉점을 지성인들에게 주지 못하고 있었다. 이 예배의식 운동은 교회가 공식적으로 지원하였던 네오-토마스적 부흥보다 더 자발적이고 강력하였던 것으로 보인다. 바이마르 공화국 아래서 수도사들의 숫자는 두 배로 증가하였으며, 특히 조용한 정적 생활을 위주로 하였던 수도회의 숫자가 많이 늘어났다.

8. 예배의식의 부흥

이 예배의식 운동은 제1차 세계대전 직전에 네덜란드, 독일 그리고 오스트리아 등에서 발생하였다. 그 중심지는 베네딕트파 수도원들이었으며, 이 운동은 사회활동에 적극적이었던 벨기움에서 많은 흥미를 끌게 되었다. 평신도들이 영창에 참여하는 모습이 가장 활발하였던 것은 홀랜드였다. 일반적으로 볼 때, 아무리 평신도의 참여가 바람직한 것이라 할지라도 라틴어 본문에 그레고리적인 의식의 분위기는 회중들이 쉽사리 포용할 수 있는 것이 아니었다. 그러나 이미 종교개혁운동을 통하여 예배의식을 일상용어로 번역하고, 예배의 적당한 순서 가운데 다양한 회중들의 찬송들을 부른다는 등이 이미 시행되었으므로, 로마 카톨릭 교회의 입장에서는 이 간단하고 이상적인 해결책을 그대로 답습할 수는 없는 일이었다. 그리하여 미사의 지침으로 로자리(묵주, rosary)나 기타 개인적인 기도문 대신에 미살(missal)을 사용한다는 타협책이 강구되었다. 그리고 회중석 한가운데 제단을 놓아 고대(그리고 개혁파)의 입장이 채택되었다. 이처럼 성례를 다시금 단지 성직자만의 활동이 아니라 교회 전체의 활동으로 강조함으로써, 그 사회적, 윤리적으로 시사하는 바가 보다 명확하게 드러나게 되었다.

원장 헤르베겐(Herwegen)과 돔 오도 카셀(Dom Odo Casel) 등 학자들이 지도하였던 이 운동의 중심은 마리아 라흐의 베네딕트파 수도원이었다. 이들은 특히 성례적인 용어들과 헬라 교부들에 기초한 이론적 근거를 제공함으로써 크게 공헌하였다. 많은 면에서 이들 종교예식의 개혁가들은 정교의 성례관과 그 실행모습에 접근하였으며, 이들 가운데 일부는 실제로 로마 카톨릭을 떠나 정교에 가입하기도 하였다. 또한 이 운동은 무조건적 신앙, 교회론, 만인제사장설 그리고 보다 성경적이고 그리스도 중심적인 경향들에서 종교개혁적 관념들에 접근했다고도 볼 수 있겠다. 또한 또 다른 측면에서 살펴볼 때 예배의식적인 개혁이란 강압된 현대주의 운동의 보다 깊은 종교적 충동들의 재부흥을 의미하고 있는 것이기도 하였다. 이는 특히 프랑스에서의 경우처럼 성경에 대한 관심이 다시 높아지고, 새로운 선교적 소명을 깊이 느꼈던 젊은이들에 의하여 수행되었다.

그러나 주로 제수잇들이 주도하는 강력한 반동이 있었다. 개인적인 경건회, 로자리, 동정녀 숭배, 각종 9일 기도(novenas)들은 공동예배를 저해하는 요소들이 있다고 인정되면서도 아직 신앙심이 깊지 못한 이들을 위해선 유익하다는 이유로 변호되었다. 일상용어를 사용하는 평신도들의 예배 참여에 대한 가장 큰 반대되는 점은 세계 전체에 걸쳐있는 예배의 통일된 모습을 무한한 숫자의 다양한 모습으로, 그리고 보다 원심적인 경향으로 이끌고 간다는 것이었다.

어쨌든 이 운동은 그 세대에 독일과 네덜란드 일대에 국한되었다. 로마 카톨릭 교회는 보다 정치적이고 "행동주의적"이던 지중해 라틴 국가들과 영어 사용권에서는 이에 비교할 만한 성공을 거두지 못하였다.

9. 중심당과 니치딩

독일에서도 물론 로마 카톨릭은 고도로 정치적이었다. 바이마르 공화국에서 권력의 균형을 좌우하였던 로마 카톨릭 중심당(Roman Catholic Center Party)은 특히 교육 분야에서 로마 카톨릭 교회에 유리한 타협안을 받아내기 위하여 무려 십여 차례나 사회주의로부터 민족주의에 이르는 태도의 변경을 계속하였다. 1933년까지 열네 명의 수상들 가운데 8명은 바로 중심당 출신이었다. 그러나 이러한 과정 중에서 당의 규율은 약화되었으며, 점차 중심당원들 외에 다른 당의 출신들에게 투표하는 로마 카톨릭 신자들의 숫자가 증가하였다. 그리하여 바티칸은 1928년경 중심당이 정치적 수단으로 이용되기에는 너무 약하다는 결론을 내리게 되었다. 로마 카톨릭 출신 수상이었던 브륀닝(Brünning)이 1930년부터 독재정치를 실시하면서 나치의 도움을 받아 왕정복고를 시도하였다. 그러나 물론 나치는 중심당과 민족주의자들을 모두 제거하고 바티칸과 별도로 협정을 체결하였다. 폰 파펜(Von Papen)이 1933년에 체결하였던 나치-바티칸 콩코르닷은 1929년 뭇솔리니와의 콩코르닷과 유사한 성격을 가지고 있었으며 한동안 나치즘과 기독교 사이의 서로

상이한 차이점들을 덮어주고 있었다. 세 가지 형태의 전체주의들 가운데 기독교에 대하여 공식적으로 적대적인 태도를 견지하였던 공산주의가 사실은 가장 무해하다는 것이 학자들의 의견이다. 나치즘은 원래의 이교주의를 감추고 있었는데, 이들도 로마 카톨릭 교회를 이용하였던 뭇솔리니의 파시즘보다는 덜 위험하였다는 평가다. 스페인과 라틴 아메리카의 팔랑게(Falange)당의 영적 분석을 시도해 볼 때에 더욱더 분명하게 드러나게 된다.

1933년과 1934년 나치는 우선 프로테스탄트 교회를 와해시키고자 하는 작전에 몰입해 있었으므로(제29장의 "독일 기독신자당" 항을 보라) 로마 카톨릭 교회는 비교적 평온을 누릴 수 있었다. 그러나 로마 카톨릭 신자들도 개인적으로는 프로테스탄트 측의 구약 수호를 강력하게 지지하였다. 나치는 1935년과 36년에 로마 카톨릭 교회에 대한 박해를 시작하였다. 정부는 콩코르닷을 무시하였다. 나치 정부가 로마 카톨릭에 가하였던 다양한 정치적 압력들, 예를 들면 "밀수사건들"이나 수도원의 동성애 사건들은 아마도 오스트리아와의 '안스출르쓰'(Anschluss) 사건에 로마 카톨릭 교회의 지지를 강요하기 위한 작전이었던 것으로 생각되고 있다. 1937년 교황은 "밋 브렌넨더 조르게(Mit brennender Sorge) 회칙을 반포하여 나치에 대한 실망감을 표시하였는데, 이는 "농 압비아모 비소그노"(non abbiamo bisogno)에 나타났던 뭇솔리니에 대한 비판보다도 훨씬 더 혹독한 것이었다. 그러나 여기서도 파이우스는 정치적 전체주의 자체를 정면으로 비난하는 것을 삼갔다. 그는 1939년 실망과 절망에 사로잡힌 채 세상을 떠났다. 그를 계승하였던 국무상 파켈리(Pacelli)는 이제까지 바티칸에 의하여 업신여김을 받았던 자유 민주주의를 향한 정책을 제2차 세계대전 중 보다 더 우호적으로 재조정하지 않으면 안되었다.

이러한 민주주의는 특히 영어 사용권에서 강세를 보이고 있었으며, 로마 카톨릭 교회는 바로 이곳에서 1, 2차 대전 기간 동안에 그 세력을 강화시키기 위한 노력을 기울이고 있었다. 영국, 캐나다, 미합중국, 오스트레일리아 등지에서 지난 두 세대 동안의 대규모 로마 카톨릭 이민자들을 바탕으로 하여 로마 카톨릭 교회는 그 조직을 강화하고 정치적인 세력집단으로 자리잡게 되었다. 자기 비판적인 내부 기관들을 결여하고 있었던 로마 카톨릭 교회는 오히려 주류 세력으로서의 위치를 차지하지 않고 있는 지역에서 강한 모습을 보였다.

10. 미합중국

전세계적으로 볼 때 로마 카톨릭 교회의 재정적 지원은 주로 미국에서 왔으며, 이에 따라 미국 교회의 일반적인 위치도 보다 더 강화되었다. 로마 카톨릭 교회는 그 경건성이나 혹은 신학적 우수성에서 프로테스탄트 교회들에 비하여 뒤지고 있었다. 그러나 다른 어떤 프로테스탄트 교파들에 비해서도 로마 카톨릭 교회는 정치적인 감각이 뛰어났으며, "미국식 행동주의"에 능란한 모습을 보이고 있었다.

전국 카톨릭 복지 총회(National Catholic Welfare Conference, N.C.W.C.)의 설립과 함께 미국 로마 카톨릭 교회의 새로운 전기가 열리게 되었다. 동 기구는 1919년 교회문제를 전체적으로 조정하는 기관으로 설립되었다. 또한 고위 성직자들이 매년 정기 회의를 모이기 시작한 것도 이때부터 였다. 존 라이언(John A. Ryan)이 이끌던 이 N.C.W.C.의 사회활동 기구는 사회정책에 있어서도 보다 더 적극적인 모습을 보이기 시작하였다. 이들은 프로테스탄트 "사회복음주의자"들로부터 사회활동 부문의 주도권을 탈취하였다. 미국의 로마 가톨릭 교회 신자들은 그 85퍼센트가 대도시에 자리 잡고 있었으므로, 다른 어떤 교파보다도 산업노동자들과 밀접한 관계를 가지고 있었다. 처음부터 이 기관은 미국 노동운동의 반 이상을 장악하였으며, 1, 2차 대전 사이에 그 노동 운동 가운데 정치적 지도권을 획득하여 그 세력을 한창 고조시켰다.

1930년대에 로마 카톨릭 교회는 산업문제에 관하여 많은 사제들을 훈련시켰고, 노동문제에 관한 학교들을 열었으며, 공산주의자들의 노력에 경쟁하여 노동조합들에 침투하고 운용하는 데 적극적으로 참가하였다. 그리하여 제2차 세계대전이 발발하였을 때, 조직된 노동 운동이야말로 미국 내 로마 카톨릭의 정치 세력을 보장하는 가장 중요한 기반이었다.

일반적으로 볼 때 로마 카톨릭 측의 정치적 자각이 처음 크게 자극받았던 것은 1928년의 대통령 선거였다. 이 선거 전에 유능하고 진보적이었던 로마 카톨릭 신자인 뉴욕 주지사 알 스미스(Al Smith)가 민주당 후보로 나섰다. 선거전 중에 가장 중요한 쟁점은 자유 민주주의 전통과 이에 대한 로마 카톨릭 교회의 입장이었다. 스미스는 유명한 자유주의적 카톨릭의 선언문을 발표하였는데, 법률가 마샬(C. C. Marshall)이 이를 여지없이 비판하였다.

"쿠아드라게시모 안노"(1931) 회칙에 의하여 새로운 자극이 주어졌으며, 미국내 로마 카톨릭 교회는 루즈벨트의 뉴딜 정책과 동맹하여 대도시 민주당 조직들과 연계되었다. 전국 부흥 행정처(The National Recovery Administration)는 회칙에 나타난 바와 유사한 현대화된 길드 체제를 단기간 동안이나마 실험해 보기도 하였다. 정치에 대한 성직자들의 입장이 얼마나 강한 영향력을 가지고 있는가 하는 사실은 특히 스페인 내란 중에 보다 분명히 드러나게 되었다. 비록 여론 조사에 따르면 대부분의 미국 로마 카톨릭 신자들은 정부측을 지지하였으나, 친프랑코적이었던 성직자들과 그 언론기관들은 자기들이야말로 '로마 카톨릭 표'들을 좌우할 수 있다고 대통령과 의회를 설복시키는 데 성공하였다. 그리하여 스페인 공화국은 고립무원의 상태에 놓이게 되었다. 그리고 미국의 언론들은 새로운 형태의 언론검열 대상이 되었다. 경제적인 보이콧을 사용하여 로마 카톨릭 교회는 언론들이 프랑코 진영에 불리한 정보를 반포하지 못하도록 강요하였다.

1920년대의 호경기로 인하여 교구학교를 증설하려는 교회측의 시도는 성공을 거두었다. 이는 로마 카톨릭뿐만 아니라 프로테스탄트 교회도 마찬가지였다. 1920년대 후반 미국내 사립 국민학교의 98퍼센트, 그리고 사립 중고등학교의 2/3는 로마 카톨릭 교회에 의하여 운영되고 있었다. 오레곤 주 정부에서는 모든 아동들에게 공립학교 교육을 실시하고자 하였으나, 1925년 미 대법원은 교육의 자유를 이유로 하여 이를 거부하였다. 반면 로마 카톨릭 측은 맹렬한 로비 활동을 벌여 보다 빈곤한 주들의 공립학교들에 연방보조가 주어지는 것을 방지시켰으며, 많은 도시의 로마 카톨릭 신자들은 교육 위원회들에 정치력을 발휘하여 공립학교들의 위치를 계속 약화시켰다. 그리하여 로마 카톨릭과 프로테스탄트 교회 사이에는 교파 학교들을 위한 직, 간접적인 면세 혜택을 둘러싼 문제가 가장 중요한 쟁점으로 남게 되었다. 교육제도를 유지하고자 하는 노력이 거의 모든 로마 카톨릭측의 지성적 능력을 고갈시키는듯이 보였으며, 유럽의 독재자들을 피하여 미국을 찾아온 수많은 난민들이 도착하기 전에는 이렇다 할 만한 문화적 지도력이나 지성적 생활의 모습을 살펴볼 수가 없었다.

제 29 장

대륙의 프로테스탄트주의와 나치즘

　제1차 세계대전과 그 혁명적인 결과로 인한 피해가 비록 동방 정교보다는 경미했다고 할 수 있으나, 대륙의 프로테스탄트 교회는 로마 카톨릭보다 더 큰 피해를 입었다. 유럽 프로테스탄트 진영에 속한 신자들은 1억 8천만 명이었는데, 심각한 종교적 기준들을 적용한다면 그 규모가 상당히 감소되었다고 할 수 있었다. 또한 이들 대부분의 프로테스탄트 신자들은 바로 패전국들, 전쟁의 피해를 가장 극심하게 경험한 국가들에 자리잡고 있었다. 독일의 프로테스탄트 신자들은(주로 루터파) 4천만에 달하여 당시 유럽에서 가장 강력하고 영향력있었던 프로테스탄트 집단을 구성하고 있었다. 전쟁의 결과 이 지역을 강타하였던 정치적, 경제적, 문화적, 영적인 재해는 이들의 신앙생활과 교회기관들에도 미치게 되었다.

　이제 패전한 동맹제국들(독일, 오스트리아 등)의 처참한 상황들은 이들에게만 국한된 것이 아니었다. 전후의 인플레이션은 전쟁 자체보다도 더 심각한 사회적, 도덕적 피해를 불러일으키고 있었다. 교회들과 교회기관들이 소유하고 있던 재산들은 소멸되었으며, 국내외 선교활동을 위한 재원도 고갈되었으며, 많은 교회들은 제대로 성직자들의 봉급을 지급할 수 없는 상태에 이르게 되었다. 프로테스탄트 성직자들의 수는 격감하였으며, 목회자 후보생들을 훈련할 시설도 미비하였다. 1920년대 전체를 통하여 목회에 투신하려는 이들의 숫자도 별로 없었거니와, 이를 결정한 이들까지도 적당한 서적들과 의복들, 주택들을 찾을 수 없었으며, 폐결핵과 영양부족으로 죽어가는 이들이 속출하였다. 복음구호 중앙행정국의 아돌프 켈러(Adolf Keller)는 이때의 상황을 십 년 후에 다음과 같이 회상하였다. "14개 국가들에 걸쳐 만연한 각종 재난들의 축적으로 말미암아 프로테스탄트 교회는 생존 자체를 걸고 싸우지 않으면 안되었다."

    루터파 스칸디나비아나 혹은 개혁파 스위스처럼(또한 정도의 차이는 있으나 개혁파 홀랜드 역시) 이러한 재해를 피해낸 나라들도 있었다. 스웨덴과 스위스는 모두 재정적 원조나 기타 구호 활동, 신학의 발전 그리고 소위 에큐메니칼 운동의 영적이고 조직적인 프로그램을 운용하는 데 눈부신 노력을 기울여 왔다. 바르트, 부룬너, 아울렌 나이그렌, 브릴리옷 그리고 쇠더블롬 등의 이름들이 시사하듯이 스위스의 교의신학과 스웨덴 역사신학들은 전세계에 걸쳐 막대한 영향을 미치게 되었다.

1. 프로테스탄트 디아스포라

    대륙 프로테스탄트 진영의 중심으로서 독일의 상황을 살펴보기 이전에 남부와 동부 유럽의 상황을 우선 살펴볼 수 있을 것이다. 이곳에서의 전형적인 프로테스탄트의 상황은 "프로테스탄트 디아스포라"라는 용어로 우선 설명될 수 있을 것이다. 종교적으로뿐만 아니라, 인종적 그리고 언어적으로도 소수민족계에 속하였던 프로테스탄트는 로마 카톨릭, 동방정교, 그리고 막시스트 국가들에서 공개적인 박해의 대상이 되어야 했다. 제1차 세계대전이 종식된 후 맺어진 조약들은 이제까지와는 다른 모습으로 유럽을 재조직하였다. 그리하여 거의 약 3천만 명에 달하는 인구가 정치적, 문화적 그리고 종교적 전통이 보다 적대적인 상황 가운데 소수계로 남게 되었다. 그리하여 통치자들과 다수계가 이들을 의심함에 따라 이들 소수계는 잠재적인 적으로서 박해의 대상이 되었다. 민족을 단위로 하여 정치적인 국가 경계를 정의하는 행위는, 마치 윌슨 대통령이 잘 표현하였듯이 소수계를 향한 박해를 전제하고 있는 것이다. 왜냐하면 이들은 국가가 그 기초를 두고 있는 원칙에 승복할 수 없기 때문이다. 그리하여 휴전 기간 동안 소수계의 문제가 가장 심각하고 자극적인 이슈들로 등장하게 되었다. 특히 로마 카톨릭 폴란드인들, 정교 루마니아와 그리스인들, 볼세비키 러시아인들에 의하여 박해는 광범하게 행해졌다. 그리고 이러한 박해들을 야기시켰던 공포심들이 전혀 근거없는 것들은 아니었다는 사실은 1930년대 후반 자아르, 단지히, 글고 수데텐란트들에서 발생한 사건들로 증명되었다.

2. 로마 카톨릭 영토의 경우

우선 디아스포라가 행해졌던 다양한 지역들에서의 프로테스탄트주의를 고려해 볼 때 우선 로마 카톨릭 라틴 문화의 영역을 살펴보아야 한다. 이는 즉 프랑스, 벨지움, 이탈리아, 스페인, 포르투갈이다. 이 가운데 그래도 상당 숫자의 프로테스탄트 신자들이 거주하고 있던 유일한 국가는 프랑스로서 그 숫자는 약 백만 가량 되었다. 그러나 이들 가운데 상당수의 신자들은 광범한 지역에 목회자 없이 흩어져 있었다. 순회 전도자들이나 혹은 종교 서적 행상인들이 봉사하는 것이 고작이었다. 기타 다른 나라들에 거주하였던 프로테스탄트들은 겨우 15만 명에 불과하였으며, 이들은 각종 정책적이고 사회적인 압력 아래 놓이게 되었다. 겨우 벨지움에서만 종교의 자유가 있었는데, 그것도 벨지움령 콩고에는 해당되지 않아서 이곳의 프로테스탄트 신자들은 노골적으로 혹심한 박해의 대상이 되었다. 이탈리아, 스페인, 포르투갈 등에서 독재자들이 정권을 장악한 사실은 곧 이들을 지지하였던 로마 카톨릭과 독재자들 사이의 유착에 따라 프로테스탄트 신자들의 운명이 결정되었다는 것을 의미하고 있었다. 수백년에 길쳐, 프랑스를 제외하고는 라틴 제국들 내에서 프로테스탄트 역사는 단지 생존을 위한 투쟁에 불과하였다. 물론 프랑스의 프로테스탄트 공동체는 이들이 의학, 금융계와 아울러, 기독교의 사회적 적용에 있어서 이들이 매우 뛰어나게 공헌하였던 사실로 인하여 그래도 확고한 위치를 차지하고 있었다.

3. 발틱 국가들

핀란드와 발틱 제국들은 제1차 세계대전 전야 정교의 짜르에 의한 고난을 감내하였던 지역이었다. 그런데 러시아 혁명과 함께, 그리고 러시아에 대한 서구 열강들의 간섭과 함께 이 지역의 국가들은 자기들의 독립을 선포할 수 있는 기회를 갖게 되었다. 핀란드에는 약 3백만에 달하는 루터교도들이 거주하였으며, 에스토니아, 라트비아, 리투아니아 등지에는 "발트"라는 이름으로 불리우던 주로 독일계 루터교도들이 더 많이 거주하였다. 그러나 물론 볼셰비키들이 이들을 포기하지 않을 것이며, 상부 발틱 해에 있는 부동항을 차지하기 위하여 전력을 다할 것은 분명한 사실이었다. 이는 또한 수백만의 러시아 프로테스탄트들과 정교인들에 대하여 행해졌던 반기독교적 공포정치가 이제 이곳 러시아 접경지대에까지 연장된다는 사실을 의미하였다. 적그리스도적인 공포의 칼날이 이 지역에 사는 프로테스탄트들을 위협하고 있었다.

새로운 발틱 제국들 가운데 가장 남쪽에 위치하였던 리투아니아의 경우, 이곳의 프로테스탄트 신자들은, 폴란드에서와 마찬가지로 로마 카톨릭 정부의 손에 박해를 감수해야만 했다. 프로테스탄트 프러시아인들은 과거 로마 카톨릭 폴란드인들을 다스렸는데, 그리하여 새로이 성립한 폴란드 영내에서 약 백만에 달하였던 프로테스탄트 신자들은 이에 대한 혹독한 대가를 치르지 않으면 안되었다. 이곳에서도 리투아니아에서와 마찬가지로 바티칸은 교육이나 결혼 등에 있어서 콩코르닷들을 통해 로마 카톨릭 교회를 위한 특권들을 마련하는 데 혈안이 되어 있었다. 그리고 수년 간이나 프로테스탄트 교회의 합법화를 지연시켜왔던 정부측은 로마 카톨릭의 사주하에 프로테스탄트 교회의 내정에 독단적으로 간섭하기 시작하였다. 종교성의 승인 아래, 교회 재산들, 심지어는 교회 건물까지도 압류되었으며, 폴란드 프로테스탄트 회중들의 생활은 마치 옛날 프랑스에서의 휴그노들의 모습을 방불케 하였다. 프로테스탄트 신자들은 심각한 성직자 부족을 겪고 있었는데, 이를 해결할 수 있는 유일한 원천이었던 독일로부터 이들을 초청해오는 것이 허락되지 않았다. 경찰측의 명령에 의하여 리투아니아의 루터교도 연례대회는 회집이 금지되었다.

4. 동부 유럽

폴란드에서 보다 남쪽으로 내려가서 이전 오스트로-헝가리 제국에서 출현하였던 새로운 국가들을 살펴보면, 이곳에서도 프로테스탄트 신자들은 역시 소수계였음을 알 수 있다. 체코슬로바키아의 경우 천삼백만 명 가량의 인구 가운데 겨우 백만 명 가량이 프로테스탄트 신자들이었으며, 유고슬라비아와 오스트리아의 경우엔 각각 25만 명 가량이 살고 있었다. 대륙 최대, 혹은 세계 최대 규모의 개혁파 공동체라 할 수 있었던 마자르 족의 개혁파 공동체는 헝가리 영토가 할양됨에 따라 분열되는 모습을 보이게 되었다. 75만 명 가량이 트랜실베니아를 차지한 루마니아에 속하게 되었으며, 25만 명은 체코슬로바키아로 들어가게 되었다. 헝가리의 영토 가운데 2/3 가량이나 할양되어 이제 인근제국들이 헝가리 출신 프로테스탄트 신자들 소수계를 통치하게 되었던 것이다. 로마 카톨릭이나 프로테스탄트를 막론하고, 그 소수계를 가장 악랄하게 탄압했던 것은 루마니아였다. 이들은 학교들을 마비시키고, 교육 프로그램들을 말살하였다. 그리고 나머지 발칸 지방에서도 – 불가리아, 그리스, 유럽령 터키 등 – 수천 명씩의 프로테스탄트 신자들이 고립되고, 가난한 가운데 충분한 지도자 없이 비참한 생활을 하였다. 공개적인 박해가 없을 때라도 항상 지속적인 사회적 압력에 시달리게 되었다.

아마 이처럼 동부, 남부 유럽에 거주하고 있었던 수백만 프로테스탄트 신자들에게 가장 심각했던 문제는 아마도 교육이었을 것이다. 폴란드, 유고슬라비아, 루마니아 등 국가들은 소수민족계 언어의 사용을 금지시킴으로써 이들의 전통을 말살시키고자 하였다. 이러한 소수민족 자녀들에게 그 종교와 언어를 가르쳤던 교파의 학교들은 국립학교들로 대체되었다. 폴란드에서는 로마 카톨릭이, 그리고 루마니아에서는 정교 학교들이 프로테스탄트 학교들을 대체하였다. 그뿐 아니라, 농업법들이 개정되어 대규모 토지 소유를 금지시켰는데, 이로 인하여 기증 등을 통해 많은 토지를 가지고 있던 교회들은 그 재정적 기반을 상실하였다. 그리하여 교회와 종교교육을 박탈당한 청소년들이 자기늘의 전통에 대해 거의 무식한 채로 자라날 가능성이 높게 되었다. 오스트리아, 러시아, 체코슬로바키아 등지에는 수년 동안이나 제대로 목회자를 찾지 못한 교구들을 흔하게 찾아볼 수 있었다. 루마니아의 순회 설교가는 50명에서 3백 명에 이르는 무수한 프로테스탄트 집단들이 15년 동안이나 목사를 보지 못하고 예배에 참석하지 못한 채 살고 있는 모습을 목격했다고 전했다. 이러한 부족 가운데 일부는 영국의 트랙 협회, 해외 성서 협회, 그리고 독일의 구스타프-아돌프 베레인 등 서구 유럽의 기독교 기관들이 메워 주기도 하였다. 그러나 장기적으로 볼 때 복음주의적 학교들 없이는 프로테스탄트 디아스포라는 질식할 수밖에는 없는 상태에 있었다. 국내, 해외선교, 사회 구제 활동 등 서유럽 교회들이 벌이던 사업들에 관하여 동부 유럽의 프로테스탄트 신자들은 거의 무지한 상태에 있었으며, 이들은 단지 가정, 학교, 교회에서의 예배가 그 신앙생활의 전부인 상황 속에서 성장하였던 것이다.

5. 독일

이제 독일을 살펴보자. 이곳은 프로테스탄트 진영의 고향이자, 모든 대륙 프로테스탄트 교회의 운명이 결정되는 곳이기도 하였다. 바로 이곳에서 가장 위대한 프로테스탄트 종교음악과 찬송들이 나타났으며, 가장 잘 발전되었던 자선, 사회복지 프로그램들이 나타났고, 더욱이 중요한 것은 가장 중요한 신학 연구의 발전이 바로 이곳에서 이루어졌다는 사실이다. 현재는 물론 상황이 거꾸로 바뀌어졌으나, 제1차 세계대전 이전까지만 해도 독일 국립대학교들에는 열여덟 개 이상의 신학 대학들이 배치되어 있었는데, 이에 필적할 만한 학문적 수준을 갖춘 미국의 대학교나 신학교들은 겨우 두세 개에 지나지 못하였다. 이뿐 아니라 독일에는 각 교단에서 운영하는 독립 신학교들이 30개 이상이나 있었다. 영국과 기타 해외에서 이곳을 찾는 학생들을 제외하더라도, 대륙의 프로테스탄트 신학생들 가운데 60퍼센트 이상이 바로 독일에서 수학하였다.

제1차 세계대전은 이러한 독일 프로테스탄트 교회에 어떤 영향을 미쳤겠는가? 교회 지도자들과 세계적으로 유명한 신학자들은 거의 무조건적으로 전쟁을 지지하였다. 독일 병사들의 군도에는 "우리와 함께하시는 하나님"(Gott mit uns) 혹은 "하나님과 왕을 위하여"(Für Gott und König)라는 표어가 새겨져 있었다. 그리하여 전쟁 초기엔 교회와 종교에 대한 일반인들의 관심이 보다 고조된 것을 살펴볼 수 있었다. 그러나 동결령이 장기화되고 전사자들의 숫자가 증가하면서 교회에 대한 무관심 상태가 나타나기 시작하였다. 이 참담한 4년 간의 전쟁 중에 독일은 전유럽을 상대로 하여 싸웠다. 가장 뛰어난 젊은이들 200만이 전사하였으며, 이보다 더 많은 숫자들이 부상을 입었다. 전쟁 중에 자라난 어린이들은 영양실조에 시달리고 있었다. 1918년 4세에서 14세 사이의 어린이들의 사망률은 두 배로 증가하였다. 윌슨이 제안하였던 4개 항 종전 조건들이 독일의 투지를 약화시켰다. 그러나 해군이 반란을 일으켰으며, 연합군들은 협정을 어기고 독일이 모욕적인 종전협정에 조인하지 않을 수 없을 때까지 이들을 기아상태에 몰아넣었다. 황제, 대부분의 장군들, 왕들, 대공들은 다 피신해 버렸고, 독일이 완전히 멸망하는 것을 방지하기 위하여 사회민주당이 연합국들과 협상을 벌이는 업무를 맡게 되었다. 이들은 황급히 정부를 조직하고, 독일인들이 혐오하였던 종전협정에 동의하지 않으면 안되었다. 한쪽에서는 반동적 융커당이, 그리고 다른 한쪽에서는 볼셰비키의 스팔타시스트당이 이들을 공략하였다. 그러나 대부분의 노동조합들과 로마 카톨릭 중심당의 지원으로 사회민주당은 혁명을 꾀하는 폭력집단들을 물리치고 새로운 바이마르 공화국의 입헌체제를 수립하였다.

6. 부분적 와해

이처럼 사회주의자들과 로마 카톨릭들이 주도하였던 바이마르 공화국 아래서 호헨졸러른 제국의 프로테스탄트 교회는 이제 국가 내에서 이전의 위치를 다시 회복하는 것이 불가능하였다. 제1차 세계대전은 국교라는 관념이 얼마나 허망한 것인가를 여실히 증명하였다. 소위 국교의 명목상 신자들 가운데 3/4은 기독교에 대해 거의 관심조차 없었다. 이제 기독교 신자를 표방하였던 국왕들이 사라졌으므로, 교회들은 더 이상 통치자들의 종교를 대변할 수 있는 위치도 되지 못하였다. 중앙 유럽과 다뉴브 지방 전체에 걸쳐서 교회들은 전쟁 직후 와해 상태에 있었다. 이러한 상황은 독일뿐 아니라, 오스트리아, 폴란드, 유고슬라비아 등지에서도 다 마찬가지였다.

그러나 그 일반적인 결과는 부분적인 와해 정도로 나타났다. 왜냐하면 성직자들과 회중들은 자립, 자치를 위한 태세를 제대로 갖추지 못하고 있었기 때문이었다. 독일의 경우 '란데스키르켄'(Landeskirchen), 즉 제국 시대의 지역 교회들은 몇 가지 전통을 계속 고수하며 살아 남았다. 그들은 각 지방 자치 단체들의 도움을 받았고, 목회자들의 급료는 정부에서 일부를 부담하였으며, 교회세를 수납하기 위하여 정부 기관들을 이용하고 있었다. 이러한 지역 교회들은 약 30개나 되었는데, 각 지방에 특유한 풍습과 행정, 예배의식들을 제외한다면, 대개 세 가지 종류로 분류될 수 있었다. 즉, 순수한 루터교도들, 개혁파들 그리고 연합교회파들이었다. 프러시아 연합 복음주의 교회는 천팔백만의 신도들을 거느리고 있었던 모든 독일 프로테스탄트 신자들 가운데 거의 반을 포괄하고 있었다. 그 뒤를 두 개의 루터교파들이 따르고 있는데, 삭소니파에 4백5십만 명 그리고 하노버파에 2백5십만 명 가량이 속해 있었다. 남은 교파들 가운데 백만 이상의 신자들을 거느리고 있는 교파들은 겨우 다섯 개로서 뷔르템베르그, 투링기아, 바바리아, 쉴레스비히-홀슈타인 그리고 함부르그 등이었다.

이러한 교파들은 이제 어떤 기반 위에 조직되어야 하는가? 바로 이것이 문제였다. 여러 세대에 걸쳐 독일 교회들은 위기에 대처하기 위해 루터 시대에 마련되었던 비상 체제로 조직되어 있었다. 그러나 이러한 조직은 신학적으로 정당화시킬 수 없는 모습이었다. 화해와 타협을 위해 작성되었던 아욱스부르그 신앙고백은 이렇다 할 교회론을 제공해 주지 못하고 있었다. 그리고 실제로 루터교 교회는 적합한 교회론을 발전시킨 일이 없었다. 독일의 교회법은 단지 세속법령을 행정적으로 적용한 것에 불과하였다. 그리하여 국가에 상당한 종교적 권한을 부여하였던 이 법은 점차 약화되어가는 국가의 종교적 성질에 비교해 볼 때 점점 더 정당화시킬 수 없는 형편이었다.

1920년대에 루터교 교회는 거의 수세기 동안 동면상태에 있었던 문제를 다시 논의하기 시작하였다. 과연 무엇이 진정한 가시적 교회를 구성하는가 하는 문제였다. 교회는 어떻게 통치되어야 하는가? 스웨덴이나 영국의 경우처럼 감독들을 두어야 하는가, 아니면 개혁파처럼 대의정치를 할 것인가? 만약 국가에서 재정을 부담한다면 과연 어느 정도의 권한이 국가와 그 산하 기관들에게 주어져야 할 것인가? 또한 이러한 의문들은 어떤 기반 위에서 해결될 수 있을까? 단지 행정적인 편의가 기준이 될 수 있는가? 아니면 여기에 종교적인 원칙들이 연결되어 있는가? 일반적으로 살펴볼 때엔 회중들의 종교생활에 알아 차릴 수 있을 정도의 새로운 활력을 찾아 볼 수 있었다. 혹은 이 시기에 비로소 처음으로 회중들의 종교생활이 활력을 회복하기 시작했다고 표현할 수도 있을 것이다. 그러나 동시에 교회에 대한 적개심도 광범위하게 퍼져 있었다. 특히 젊은층에서 이러한 경향이 강하였으므로, 기독교 공동체의 종교생활을 기반으로 하여 교회들을 재구성하고자 하는 진정한 노력들이 실행되지 못하였다. 그러나 이러한 혼란기에도 교회법은 보다 더 실증적으로, 하나님으로부터 받은 사명에 의지하기보다는 국가의 보호를 원하고 있었다. 특정지역에서 출생하여 세례를 받은 자들은 공식적으로 본인이 사퇴하기 전에는 교인으로서 계산되었다. 물론 메노나이트파, 감리교 등과 같은 자유교회들에 속한 신자들은 이보다 훨씬 더 교회에 대한 소속을 중요하게 자각하고 있었다. 그러나 전체적으로 볼 때 당시 상황이 요구하던 만큼의 적극적인 변화와 재정리는 이루어지지 않고 있었다.

공화국 혹은 아우스란트에의 공동 대의원 파견을 위하여, 혹은 새로운 인민 교회들은 스위스 교회들보다 한 해 늦은 1921-1922년에 연맹을 조직하였다. 이 연맹은 총회, 위원회 그리고 상임 행정 위원회들을 두고 있었으며 상임 행정 위원회의 중앙 사무실에서 일반 사무를 담당하였다. 동 연맹의 의장이 구파 프러시안 동맹의 행정 책임자이기도 하였는데, 바로 이 교회가 가장 큰 교단이었으며, 다음으로 큰 교파보다 무려 네 배나 되는 규모였다.

7. 사회주의자들과 민족주의자들의 반대

프로테스탄트 교회는 과거 독일 제국 정권과 긴밀한 관계를 유지하고 있었으므로 패전으로 인한 책임도 함께 짊어져야만 했다. 특히 두 계급의 상당한 숫자가 기독교로부터 다른 (정치적) 종교로 개종하였다. 전쟁 전에는 막시스트들까지도 자녀들에게 세례를 베풀었으며 형식적이나마 교적들을 가지고 있는 것이 보통이었다. 그러나 1919년이 되자 공산주의자들은 대거 교회를 등지기 시작하였다. 특히 프러시아와 삭소니 지방의 대도시들에서 이런 경향은 더하였다. 1925년에는 133만 명이 교적을 가지고 있지 않았다. 1920년대를 통하여 이러한 움직임은 계속되었는데, 이는 곧 노동자들이 사회적, 정치적으로 반동적인 교회를 향해 품고 있었던 증오를 대변하는 것이었다. 대부분의 성직자들은 군주정체를 주장하였으며, 바이마르 공화국이나 사회주의, 혹은 민주주의를 혐오하고 있었다. 틸리히(Tillich)나 멘닉케(Mennicke) 주위에 모여있던 소수의 "종교적 사회주의"들로서는 이러한 성직자들과 대중들 사이의 간격을 좁힐 수 없었다.

또한 독일의 식자층들도 산업노동자들과 마찬가지로 교회들로부터 유리되어 있었는데, 이러한 경향은 다른 서구 제국과도 또 다른 모습이었다. 프롤레타리아 무산계급이 막시스트의 '에르푸르트 프로그램'에 나타난 유치한 유물론에 심취하고 있는 중에, 상류층은 독일적 전통, 귀족적이요, 영웅적이며, 반부르조아적이고, 범신론적 경향을 띄고 있었던 낭만주의적 이상주의를 선호하였다. 이는 니체와 리하르트 바그너의 전통을 따른 것이었다. 이러한 부족적 종교의 형태를 표현하였던 다양한 새로운 조직체들이 등장하였다. 전직 참모총장이었던 루덴도르프(Ludendorff)가 이끌던 탄넨베르그 분트(Tannenberg Bunt), 헤르만 비르트 협회(Hermann Wirth's Society), 그리고 빌헬름 하우어(Wilhelm Hauer)의 "독일 신앙 운동"(German Faith Society) 등이 바로 그것이다. 나치당의 영향력있는 소수가 이러한 종교적 열정에 동의하였으며, 1933년 이후에는 독일 젊은층의 종교 교육을 독점하다시피 하였다. 이들의 선언문은 바로 로젠베르그(Rosenberg)의 『20세기의 신화』(Mythus des Zwanzigsten Jabrhunderts, 1930)이라 할 수 있다.

이 책은 유대교적인 전통을 완전히 숙청해버리고 죄의식을 약화시킨 후, 독일 혈통과 독일 정신의 신화를 기반으로 하여 기독교를 재구성한 것이었다. 모든 교파들은 바로 이러한 종교로서 통일되어야 한다고 이들은 주장하였다.

8. 바르트주의

한편 성직자들 가운데서는 칼 바르트(Karl Barth)의 『로마서 주석』(1919)에 기초한 신종교개혁 운동이 야산의 불길처럼 번지고 있었다. 이는 나치와는 정반대되는 "변증법적 신학"의 모습을 띠고 있었다. 이들 위기 신학자들은 기독교 신앙을 일체의 문화적, 사회적 혹은 정치적 프로그램과 동일시하려는 시도들을 반대하였다. 이들은 부르조아적 기독교를 비판하였던 스위스 기독교 사회주의에 뿌리박고 있었으나, 동시에 기독교 사회주의 자체도 신봉하지 않았다. 이들은 이러한 모든 형태의 " … 적 기독교"란 인간이 스스로를 치유할 수 있다는 인본주의 사상의 결과라고 생각하였다. 이들 바르트주의자들은 인간은 벌거벗은 채 무력한 모습으로, 인간을 유일하게 용서할 수 있으며 절대적으로 주권적 존재인 하나님 앞에 선다고 주장하였다. 이러한 확신 위에서 이들 신학자들은 기독교를 민족주의와 동일시하였던 당시의 경향과 유혹에 대결하였다. 당시 많은 자유주의 독일 신학자들은 이미 이러한 유혹에 넘어간 뒤였다. 반면 히어쉬(Hirsch) 교수 같은 이는 바르트가 역사의식을 결여하고 있으며, 민족적 공동체가 부활체를 부활시키고 있는 창조적 과정에 열정적으로 참여할 능력이 없다고 비난하였다.

9. "독일 기독신자당" (German Christians)

거의 모든 프로테스탄트 성직자들이 민족주의적이요, 반동적인 경향을 보이고 있으며, 많은 프로테스탄트 신자들이 자기들의 신앙과 민족주의를 매우 가까이 동일시하고 있었던 시대에 나치가 1933년 정권을 잡게 되었다. 이들은 1932년 "복음주의 나치"당을 조직하였는데, 히틀러는 이들을 "독일 기독신자당"이라는 이름으로 불렀다. 나치 혁명과 함께 이들 "독일 기독신자당"은 프로테스탄트 교회를 장악하려는 작전에 들어가게 되었다. 이들은 교회의 분열상에 식상하였던 신자들의 정서를 교묘히 이용하고, 당시의 교회들이 일반 신자들로부터 멀리 유리되어 있었다는 점에 착안하였다. 그리하여 한창 승리를 거두고 있었던 나치당의 지원 아래 모든 교회들이 제국을 위하여 한 교파로 통일되어야 한다고 주장하였다. 그리고 이 교회는 순수한 독일들만으로 이루어져야 한다고 공언하였다. 그리하여 1933년 프로테스탄트 독일에서는 격렬한 종교전쟁이 벌어지게 되었다. 이 투쟁을 통하여 수치스런 배반과 아울러 위대한 영웅들과 많은 순교자들이 있게 되었다. 그리고 이 투쟁은 이전의 그 어떤 교리나 지방색으로 인한 분쟁보다도 더 심각한 괴리 현상을 독일 프로테스탄트 진영 내에 발생시켰던 것이었다.

10. 새로운 교회 헌법

교회의 통일을 부르짖는 독일 기독신자당의 압력 아래 교회 연맹은 행정대회와 전 독일 감독을 주축으로 하는 단일 국교의 수립을 위한 헌법을 제정할 위원회를 지명하였다. 그러나 독일 기독신자당에서 자기들이 내세웠던 총감독 후보였던 뮐러를 강요하였을 때 연맹 위원회는 가장 일반적으로 존경을 받고 있었던 내지 선교회의 회장 보델쉬빈그(Bodelschwingh)를 지명하였다. 그리하여 이러한 혁명에 실패한 독일 기독신자당은 새로 성립한 교회 행정부에 대한 반란을 시도하여 보델쉬빈그와 아울러 연맹의 의장이었던 카플러(Kapler)를 사임시켰다. 정부측은 교회문제를 처리하기 위한 콤밋사리를 임명하였는데, 이 콤밋사리는 목사들을 마구 불법으로 해임시키고 그 자리들에는 새로운 사람들을 임명하였다. 뮐러는 카플러가 사임한 의장직을 스스로 승계하였으며, 콤밋사리 야이거(Jaeger)는 카플러를 옛 프러시아 연맹의 의장으로 승인하였다. 그리하여 그 해 여름 연맹 총회가 새로운 헌법을 승인하고 새로운 총감독을 선출하기 위한 선거의 실시가 공고되었을 때에, 독일 기독신자당의 후보를 당선시키기 위하여 각종 테러 행위들, 각종 선전들이 난무하였고, 히틀러 자신이 선거 전야에 이를 위한 특별 연설을 행했다.

그러나 비록 나치가 이처럼 광분하였음에도 불구하고, 이를 통하여 명목상의 승리를 거두어 교회를 혼란상태에 밀어넣었음에도 불구하고, 이에 대한 반대세력도 점증하였으며, 이들은 나치당의 압력하에서도 상당한 투표수를 획득하게 되었다. 이 그룹은 "복음과 교회" 그룹이라고 불리웠다(게슈타포가 이들이 "복음교회"라는 명칭을 사용하지 못하도록 금지시켰다. 이 그룹의 가장 중요한 지도자들은 바르트(당시 본 대학 신학교수)와 아스뭇센

(Asmussen)이었다. 이들의 반대는 근본적으로 정치적인 것이 아니라 신앙적인 것이었다. 이들은 교회는 절대로 한 국가나, 정당이나, 혹은 시대의 사조가 아니라, 오직 그리스도에게만 순종해야 한다고 주장하였다. 이들은 교회를 "아리안화"하려는 시도를 부정하고 독일 기독신자당원들에게 탄넨베르그 분트, 헤르만 비르트, 그리고 베르그만 등이 주창하고 있는 이단으로부터 벗어나라고 촉구하였다.

그 해 9월 새로운 헌법 아래서 모인 대회와 옛 프러시아 연맹의 대회 등에서 양자간의 분열상은 보다 더 분명하게 드러나게 되었다. 다수 세력인 독일 기독신자당원들이 유대인 조부모를 가진 목회자들이나, 혹은 그러한 아내를 가진 목회자들을 모든 교직에서 축출해야 한다고 투표하였을 때, 이들 "복음과 교회" 그룹은 이에 대한 저항의 표현으로 프러시아 대회에서 퇴장하였다. 목회자 비상 시국 연맹이 조직되었으며, 아리안 조항을 실시함으로써 신앙고백들이 정의하고 있는 교회의 본질을 오염시키지 말아야 한다는 선언문에 2천5백여 명의 목회자들이 서명하였다. 약 2천 명의 목회자들은 전국 대회에 청원하였다. 니이묄러(Niemöeller)와 야코비(Jakobi) 등이 서명한 성명서는 아리안 조항에 대한 반발을 표시하고, 국가가 독단적으로 교회 문제에 간섭하는 것을 비난하였으며, 민족주의를 설교하라는 강요를 거부하였다. 열두 명의 신약 교수들은 유대인들도 교회의 성례와 교직을 맡을 수 있다는 신약 성서로부터의 증거들을 제시하였다. 당시 양측의 세력은 거의 균등한 것으로 추산되고 있었다. 신종교개혁파와 독일 기독신자당에서 적극적으로 활동하는 목회자들의 숫자는 2천5백 명 가량으로 추산되고 있었다. 그러나 만 5천 명에 달하는 압도적 다수는 아직도 그 태도를 분명히 표시하지 않고 침묵을 지키고 있었다.

11. 고백 교회(Confessing Church)

그러나 당시까지도 수십만의 소박한 신자들은 무슨 일이 벌어지고 있는지를 분명히 깨닫지 못하고 있었다. 그러나 11월 크라우제(Krause)가 대경기장에서 2만여 명의 독일 기독신자당원들에게 한 연설이 그들의 정체를 분명히 밝히게 되었다. 크라우제는 신약을 개정해야 한다고 주장하였다. 그 이유는 예수의 조상이 독일인이었다는 사실을 분명히 밝혀야 한다는 것이었다.

그리고 구약 전체를 포기해야 할 것이며, 유대인 기독교 신자들을 위해선 따로 교회를 수립해야 한다고 주장하였다. 그 결과 신종교개혁 구성원들이 7천 명으로 증가하였으며, 바바리아, 바덴, 한노버, 헷세, 뷔르템베르그 등지의 조심성 많던 루터교도 감독들도 이들을 지지하기 시작하였다. 그리하여 더 이상 독일 기독신자당이 교회를 통일할 수 있는 가능성은 사라지게 되었다. 독일 프로테스탄트 진영의 상당한 인사들이 이제 다름아닌 기독교의 핵심과 정수가 존망에 처해 있으며 이에 관한 한 아무런 타협도 할 수 없다고 확신하게 되었다. 이들은 나치가 장악하고 있는 교회기구는 이제 더 이상 기독교라고 부를 수 없다고 확신하여 이에 대항하는 저항 세력의 교회를 조직하였으니, 곧 "고백 교회"였다. 1934년 5월 이 교파는 바르멘에서 총회를 가졌는데, 독일 기독신자당의 프로그램에 반대하는 6개 조항의 선언문을 채택하였으니, 이것이 곧 "바르멘 신앙고백"(Barmen Confession)이었다. 가을에 임시 교회 행정처가 조직되었으며, 아직 뮐러의 행정조직에 의하여 장악되지 않았던 루터교도 란데스키르켄(지역교회)들에 의하여 합법적인 교회라는 승인을 받았다.

그러나 1933년 말부터 고백교회는 마치 러시아의 기독교와 다름없이 현대적 전체주의에 대항하여 투쟁해야 했다. 라디오, 신문, 영화들을 비롯한 모든 언론매체들은 적의 손에 독점되어 있었다. 일반 언론은 종교소식을 다루는 것이 금지되었으며, 교회는 나치측의 모략과 중상에 대응하고 답변할 수단들을 상실하고 있었다. 모든 젊은이들은 나치측의 청년단체에 가입되어, 새로운 형태의 극단적 이교선전에 젖어들고 있었다. 교육과 청년 활동이 완전 나치들에 의하여 장악되어 있었으므로, 이제 기독교는 노년층보다 더 오래 남아있기가 어려울 것같이 보였다.

그러나 비록 전후에 전면에 나서게 될 세대들을 나치측에서 오염시키고 있는 상황 속에서도, 고백 교회는 싸움을 포기하지 않았다. 임시 교회 행정처는 이교적인 언론과 그 "피와 토양"의 정책에 대한 비판을 선언하였다. 게슈타포는 7백 명의 목사들을 체포하고, 5천 명에게 경고를 발하였다. 켈를(Kerrl) 교회문제 장관은 부임 즉시 고백 교회 그룹의 재산을 박탈하고, 이들이 자금을 모금하거나 조직하거나, 혹은 목회자 후보생들을 훈련시키는 것을 금지하였다. 그러나 고백 교회는 지하에서 가능한 한 최대의 활동을 계속하였다.

1936년 반코민테른 협약(anti-Comintern Pact)이 체결되고, 히틀러는 프랑코와 동맹함으로써 전운이 짙어지게 되었다. 그리하여 교회문제는 이제 많은 사람들의 관심에서 벗어나게 되었다. 그 다음해에 마지막으로 격렬한 대결이 벌어졌다. 켈를은 진정한 기독교는 신경에 의해서 고백되는 것이 아니라, 오직 나치당에 의해서만 대표된다고 선포하였다. 이에 대한 극심한 반발 속에서 히틀러는 새 선거를 명했다가, 그 결과를 두려워하여 이를 연기하였다. 봄철 내내 목회자들은 계속 체포당하였으며, 니이몰러를 비롯한 고백 교회의 전체 지도자들은 투옥되었다. 이에 반발하는 데모가 발생하였으나 경찰이 이들을 진압하였다. 6월에는 옥스포드와 에딘버러 회의가 개최되었는데, 독일에서는 침례교, 감리교 그리고 구파 카톨릭들만이 이곳에 참석하여 나치 독일에는 종교의 자유가 보장되고 실시되고 있다고 증언하였다. 그러나 평신도들은 이제 소망없는 투쟁에 지쳐 있었으며, 다른 이들과 마찬가지로 점차 이들의 공포감을 조성하는 국제 정세에 마음이 사로잡혀 있었다. 나치는 스페인에서 싸움을 벌이고, 폴란드와 체코슬로바키아를 침공할 준비를 갖추고 있었다.

1938년에는 오스트리아가 병합되었고, 가울에는 수백만의 독일인들이 챔벌레인(Chamberlain)과 뮤니히 회담을 인하여 하나님께 감사를 드렸다. 고백 교회는 개인적인 죄와 '국가적인' 죄를 고백하는 예배들을 개최하였다. 이에 관련된 목회자들의 봉급은 취소되었다. 한편 정부에서는 히틀러, 라이, 괴벨스 등의 과격파들이 점차 전면에 등장하고 있었다. 그리고 유대인 학살들이 공공연히 행해지기 시작하였다. 베를린의 목사 그뤼버(Grübver)와 같은 고백 교회 목회자들은 유대인들을 구출하다가 종내 자신들도 집단 수용소로 끌려가곤 하였다. 전쟁 중 고백 교회의 저항은, 전유럽에서 나치에 대항하여 행해졌던 기독교 저항운동의 일익을 담당하게 된다. 아마도 전쟁이 시작되었을 때에, 독일 국민들 가운데 1/8은 종교적인 이유로 인하여 이미 나치를 지지하고 있지 않았던 것으로 짐작되고 있다. 그러나 대다수는 아직도 나치 지도자들이 의도적으로 기독교를 박멸하려 한다고 믿지 못하고 있었다. 그리고 이들은 기독교적인 혹은 명예로운 독일을 이룩할 수 있는 유일한 소망은 전쟁에서 나치 독일이 패전하는 것이라는 쓰라린 진리를 직면할 수 없었다.

제 30 장

영국과 영연방

양차 대전들 중 영국 종교생활의 가장 뚜렷한 특색은 이미 19세기 말부터 그 조짐을 보이고 있었던 조직 기독교가 눈에 띄게 가속적으로 멸망하기 시작하였다는 점이다. 농촌인구가 도시로 이전하여 마치 유랑민처럼 빈민가에 집중적으로 자리를 잡기 시작하면서, 이들은 도시의 교회와 별다른 연계를 마련하지 않았다. 또한 새로운 발명들이 일요일에 대한 사회적 관습을 격변시켰다. 우선 자전거가 나타나고, 후에는 자동차가 발명되어 모든 계층의 주말 풍습을 변화시켜 버렸다. 그리고 축구, 영화, 라디오, 일요판 신문들도 주일날 할 수 있는 다른 활동들을 마련해 주었다. 그리하여 1850년만 해도 최소한 인구의 반이 정기적으로 교회에 출석하였는 데 반하여, 1950년이 되자 전체 인구의 9/10는 교회로부터 떨어져 나가게 되었다. 이들 가운데 대부분은 일부 이전의 로마 카톨릭 국가들과는 달리, 교회에 대해 적극적으로 호전적인 태도를 취한 것은 아니었다. 그들 가운데 많은 숫자들은 라디오에서 나오는 사회문제에 대한 기독교적 입장에 대하여 관심있게 귀를 기울였다. 그러나 주일날 교회 건물 안에서 벌어지고 있는 사건들에 깊은 관심을 갖거나 혹은 중요성을 부여한 이들은 얼마되지 않았다.

그 파괴상, 공포, 장기성에 있어 제1차 세계대전은 참으로 커다란 충격이었다. 아마 어떤 이들은 전쟁의 결과 인간상황에 대한 기독교적인 해석이 다시 신빙성을 회복하게 되었을 것이라고 생각할지도 모른다. 즉 유토피아적인 세속 사상가들의 해석이 전쟁으로 인하여 그 허구성이 노출되었을 것이기 때문이다. 그러나 교회는 계속하여 전쟁 전의 낙관주의를 견지하였으므로, 교회에 시련이 닥쳤을 때에 이에 대응하여 어떤 지성적인 대답을 줄 만한 입장에 있지 못하였다. 전쟁 이전 세대에서 가장 분명하게 볼 수 있었던 신학적 조류는 죄, 구속, 구체적인 역사적 계시, 종말론 등에 관한 기독교적 개념들을 재해석하여 당시 주류를 이루고 있었던 자연적 인간의 도덕적 능력(실제적으로는 완전가능성)에 대한 관념에 일치시키고자 하는 것이었다. 기독교 신자들도 불신자들이나 마찬가지로 사회적, 정치적 질서의 안전성을 신봉하게 되었으며, 이처럼 정상적인 안전 속에서의 위안이나 개혁을 추구하게 되었다. 그리하여 1920년대에 사람들이 비관론에 빠지게 되었을 때에 기독교 신앙은 더욱더 혹독한 조롱과 비판의 대상이 되었다. 이는 마치 프랑스에서의 계몽주의와 같은 시대였으며 모든 재능있는 문필가들은 모두 반기독교적 입장을 취하였다. 로렌스(D. H. Lawrence), 웰스(H. G. Wells), 알도스 헉슬리(Aldous Huxley), 버트란트 럿셀(Bertrand Russell), 조드(C. E. M. Joad) 등은 모두 이 실망과 분노에 찬 세대를 대표하는 총아들이었다. 이들이 모두 찬성하였던 얼마 안되는 사항들 가운데 하나는, 이제 기독교는 그 시대가 지나 존재 가치를 상실하였다는 것이었다. 대학교와 지성인층은 일반적으로 보다 공격적인 세속주의 입장을 견지하였다. 1930년대에 들어서서 새로운 전체주의가 보다 더 명확하게 드러나고 있을 때에야 이들 저술가들 가운데 일부는 도덕적, 종교적 상대주의와 허무주의의 정체에 관해 심각하게 재고하기 시작하였다. 그리하여 여기저기서 기독교 평신도 신학자들의 음성들이 다시 일반인들에게 주의를 끌기 시작하였는데, 그 이름들은 곧 도로시 세이어즈(Dorothy Sayers), 루이스(C. S. Lewis), 그리고 엘리옷(T. S. Eliot)과 찰스 윌리엄스(Charles Williams) 등이었다. 그러나 역시 가장 일반적인 시대의 반응은 인생의 의미에 대한 모호성과 나태성이었다.

1. 교회 사역과 교회 조직의 난점들

이처럼 조직 교회의 퇴보현상을 보여주는 또 한 가지 증거는 목회자들의 공급 부족 현상이었다. 영국인들 가운데 자유 교회들의 점차 감소되는 회중들은 노년층이 증가하였으므로 한창 인플레가 심하던 시기에 목회자들의 봉급을 주는 데 곤란을 겪고 있었다. 영국 국교회의 경우엔 우선 전체 수입이 부족하였을 뿐만 아니라, 이 수입마저도 공정하게 분배되지 못하는 어려움을 당하고 있었다. 1905년 영국 국교회(성공회, 앵글리칸 교회)에 속한 목회자들의 숫자는 만 구천 명 가량이었다. 이는 필요한 숫자보다 4, 5천 명이 부족한 숫자였다. 그 후의 시기에 일반 인구는 증가하는 데 반해 성직자들의 숫자는 계속 감소하는 현상을 보였다. 1914년 사역 중인 성직자들의 숫자는 만 팔천 명으로 감소하였다. 1922년에는 만 칠천 명으로 감소하였다. 1930년에는 만 육천 명으로 다시 감소하였다. 그 후에는 완만한 속도로 그 숫자가 회복되고 있었다. 이들 가운데 대부분, 특히 그 아내들은 빈곤에 시달려야 했으며, 효과적인 사역을 시행할 수 없었다. 그리하여 1, 2차 대전 중 영국 성직자들 사이에는 나태와 실망, 무기력의 분위기가 팽배하고 있었다.

이러한 경향이 가져온 한 가지 결과는 일부 지역, 특히 도시에서 앵글리칸 교구제도가 파괴되기 시작하였다는 점이다. 많은 도시 거주민들 사이에선 비록 교회와 연계되어 있는 이들 가운데서도 교구 의식을 찾아볼 수 없었다. 그리고 많은 도시 지역에서는 이러한 후기독교 사회에 어떤 영향을 미치기 위해선 효과적이지 못한 교구 교회들을 위해 그 자원을 낭비하는 것보다도 특정 집단들을 상대로 하여 그룹 사역에 정력을 집중하는 것이 보다 더 효과적이라는 사실이 드러나기 시작하였다. 그리고 농촌지방에서는 교구들의 합병이 점차 증가하기 시작하였다. 이러한 교구합병에는 반발하는 이들이 많았으므로, 쉽고 신속한 작업은 아니었다. 이 시기에 성당 참사회가 새로운 활력을 보여주었으며, 참사회원들을 교구의 전도, 종교교육 등 특수한 임무를 담당하는 전문가로 훈련시키는 모습을 볼 수 있었다. 반면 신학적인 학문 연구의 과업은 점차로 수도원으로 이전되었다. 그 대표적 인물들은 헤버트(Hebert) 신부나 돔 그레고리 딕스(Dom Gregory Dix) 같은 사람이었다. 그리고 이 시대 로마 카톨릭 교회가 벨지움이나 프랑스에서 "신부-노동자" 혹은 "신부-광부"제도를 사용하였던 것을 본받아, 공장들에 "세포 그룹"(cell groups)들을 조직하고 이들을 대상으로 복음을 전하고자 하는 움직임들을 볼 수 있었다. 이는 물론 교회가 상실하였던 노동자들을 다시 회복해 보고자 하는 개척자적인 노력이었다. 일반적으로 도시 노동자들은 교회에 무관심한 것이 보통이었으며, 노동조합을 통하여 공동체 의식을 발휘하고, 자기의 이상주의의 배출구를 찾았다. 스코틀랜드 교회의 이오나 공동체(Iona Community)는 점차로 비기독교적으로 변화하는 사회 속에 복음을 전파할 새로운 길을 모색하고자 하였던 시도를 보여주는 것이었다.

영국민들 사이에 교회의 위치가 약화되어가면서 나타났던 또 하나의 결과는 교회 내 분파들 사이의 싸움 역시 약화되었다는 것이었다. 자유주의, 현대주의자들의 입장을 둘러싼 논쟁은 제1차 세계대전 직후 절정에 달했다가 그후엔 점차 수그러들었다. 세속적 낙관주의와 과학만능주의 숭배가 약화되면서 교회를 위한 변증적인 관심 역시 동시에 누그러지게 되었다. 제2차 세계대전이 발발할 당시에는 서로 다른 신학적 경향을 지닌 학자들 사이에서 성경 권위에 대한 경외심이 보다 더 높아지고 있음을 알 수 있었다. 그러나 많은 강단과 학교들에서는 아직도 1910년의 견해들을 좇고 있었다.

2. 기도서 개정

앵글로-카톨릭들의 문제는 아직도 심각하였으나, 1930년대 말에 들어서는 그다지 심각한 것은 아니었다. 문제의 초점은 예배의 의식에 관한 것이었으며, 회중들이 혐오하는 예배의식을 사제들이 강요한다는 불평들이 그치지 않았고, 이 때문에 예배가 중단되는 사태까지도 볼 수 있었다. 앵글리칸 성직자들 가운데 카톨릭 소수파가 가장 적극적인 행동파들이었으며, 동시에 가장 어리석고 비현실적인 집단들이기도 하였다. 바로 이 당파가 사회윤리에 관한 부문에 있어서 영국 기독교를 위한 가장 적극적인 지도력을 발휘하였다. 중요한 논쟁 가운데 하나는, 의회로 하여금 공동기도서의 개정을 승인토록 하는 것이었다. 이미 여러 가지 이유들로 인하여 기도서의 개정이 필요하다는 사실에는 많은 이들이 동의하고 있었다. 그러나 두 차례에 걸쳐 그 개정은 의회에서 부결되었는데, 그 마지막 결정은 1928년에 내려진 바 있었다. 성찬식에 나타난 희생의 개념과 예품들을 신성화한다는 관념이 프로테스탄트 다수파들에게는 받아들일 수 없는 조건이었다. 프로테스탄트들은 앵글로-카톨릭들과 로마 카톨릭들이 말리네스(Malines)에서 회동하는 것을 의심의 눈초리로 바라보고 있었다. 많은 앵글리칸들은 또한 비앵글리칸 신자들이 이러한 문제를 의회에서 투표한다는 사실을 싫어하였다. 그러나 비앵글리칸들은 앵글리칸 교회의 특권들이 비앵글리칸 신자들의 투표에 달려 있다는 사실을 지적하였으며, 앵글리칸 주교들이 실제로는 의회의 결정을 무시하도록 지시하고 있다는 사실에 관하여 의문을 제기하였다. 그리하여 한동안은 국교 폐지에 관한 논란이 일기도 하였다. 그러나 이러한 논쟁은 1930년대에 들어서서 가라앉기 시작하였으며, 자유 교회 성직자들 사이에서도 국교에 대한 비판은 수그러들고 있었다. 교회의 내부적 평화 분위기가 조성되고 있다는 것은, 1944년의 교육법 아래 학교들에서 시행할 종교교육에 관한 "실라부스 합의서"(Agreed Syllabus)를 작성하는 데, 모든 교파들이 협력하였다는 데서도 찾아볼 수 있었다. 당시 미합중국에서는 이에 비견할 만한 행동을 상상조차 할 수 없었다.

교회들의 새로운 선교 필요성으로 인하여 교파간에는 활발한 교류가 시급하였다. 자유 교회 성직자들과 앵글로-카톨릭들은 공동으로 성경 권위의 부활에 참여하였으며, 설교의 중요성도 다시 깨닫게 되었으며, 교회를 전도하는 공동체로서 다시금 강조하기 시작하였다. 1930년대의 슬로건은 "교회로 하여금 교회가 되게 하라"는 것이었고, 영국에서는 회중들간의 공동생활을 추구하는 것으로 나타나게 되었다. 침례파와 회중파의 "교회모임들"을 앵글리칸측에서도 본받기 시작하였으며, "세포 그룹"들을 통해 만인제사장설도 실현되고 있었다. 앵글리칸 세례의 무의미함을 주장하는 의견들이 점차 강세를 보여 세례를 학습 이후 사춘기에까지 연기하자는 제안들까지 나타나기 시작하였다. 이러한 예배하는 회중들의 성격에 관한 관념들은 교회의 건축형태에서도 표현되었다. 이 시기에 세워진 새로운 앵글리칸 교회당들은 아직도 미국에서 유행하고 있었던 빅토리안 고딕 스타일을 채용한 건물들이 거의 없었다. 새로운 교회 디자인들은 모두 회중들의 공동체적 역할을 강조하던 당시의 사조를 반영하고 있었다. 구석에 놓여있었던 성수반과 성찬대는 회중석 한가운데 자리잡게 되었다. 교회에서 공동으로 조찬을 마친 후 정기적으로 매주 "교구 성찬"을 행하는 교회들이 증가하고 있었다. 나라 자체가 선교지로 화함에 따라서 초대 교회 처음 3세기의 교회 형태가 적당한 모범으로 등장하기 시작하였다. 앵글리칸들과 자유 교회 성직자들은 공통적 관심사들이 많다는 사실을 깨닫고 서로들의 좋은 점들을 빌어오기 시작하였다.

3. 자유 교회의 쇠락

영국 교회들의 변화하는 상황은 여러 가지로 많은 교파들에 영향을 미치게 되었다. 20세기에 들어서서 그 20, 30년대에 가장 눈에 띄었던 현상들 가운데 하나는 영국 내 자유 교회들의 약화 현상이었다. 19세기 전체에 걸쳐 비국교도들의 세력이 확장되고 있었는데 그 절정은 1906년 자유주의자들이 대

승리를 거두어 157명의 자유주의적인 경향을 가진 자유 교회 출신들이 의회로 진출하였을 뿐만 아니라 각 지방 정부나 지방 자치 단체에서도 이들의 세력이 증강되었다는 사실이었다. 그러나 우리들이 이미 지적한 바처럼 자유주의적인 성경비평은 일단 사회 개혁을 주제로 하는 물결이 지나간 후에는 강단에서 무슨 말씀을 전해야 할지 모호하게 만들었다. 그리고 바로 이러한 사회적, 정치적 분야에서 자유 교회 성직자들은 또 다른 타격을 받게 되었다. 노동조합 운동은 주로 자유주의와 자유 교회의 영향력을 등에 업고 세력이 배양된 바 있었다. 제1차 세계대전이 끝난 후 영국에서 노동조합들은 보다 강력한 정치적 세력으로 등장하게 되었다. 자유당(Liberal Party)의 위치는 조직화된 노동자들과 보수당 사이에 끼이게 되었다. 그리고 재산을 가진 자유당원들은 전자보다는 오히려 후자의 정책에 기울고 있었다. 1920년대에 자유당원들은 거의 정계에서 사라질 운명에 처하게 되었다. 그리고 새로운 정치세력들은 자유 교회 출신들을 밀어내기 시작하였으며, 이들의 전통적인 정치적 성향은 시대에 부적합한 것으로 느끼게 되었다.

자유 교회는 또 다른 면에서도 약화되었다. 거대한 회사들을 통해 경제 생활이 집중화되고, 국가의 기능이 점증하였다는 사실은 이제 중대한 사회적, 정치적, 문화적 결정들이 국가 혹은 지역적인 차원에서 이루어짐을 의미하였다. 따라서 지역적으로나 전국적인 조직 기반을 가진 교파들만이 이러한 문제들을 감당하고 그 의사를 효과적으로 개진할 수 있었다. 그리하여 현대세계에서 교회가 담당해야 할 사명들을 수행하기에 회중파와 침례파들의 본질적인 개교회주의와 개회중주의는 치명적인 약점으로 드러나게 되었다. 모든 자유 교회들은 점차 총회장, 총감독, 대회 등의 조직들을 이용하여 중앙조직화의 방향으로 나가고 있었다. 1920년대에 전국 자유교회 협의회(National Free Church Council)는 침례교인 세익스피어(W. H. Shakespeare)를 비공식적인 대주교로 뽑았는데, 세익스피어는 이제 교파주의의 시대는 지나갔다고 생각하여 "연합 자유교회"(United Free Church)의 구성을 꿈꾸었을 뿐만 아니라, 앵글리칸들과의 궁극적인 연합까지도 마음먹고 있었다. 대부분의 인사들은 그의 이러한 생각에 동의하지 않았다. 그러나 1, 2차 대전 중에 자유 교회들은 자기들의 교회적인 구조로 말미암은 무력감을 절실하게 느끼고 있었다. 그 반면에 앵글리칸 교회와 로마 카톨릭 교회는 공공문제들에 관하여 지도적인 입장에 서게 되었으며, 새롭고 진취적인 방안들을 제시하였다.

 이 시대에 있어서 로마 카톨릭과 앵글리칸 교회가 많은 프로테스탄트 교회들에 비하여 특히 유리하였던 점은, 그들이 세계적인 관점과 견해를 가질 수 있는 조직을 소유하고 있었다는 점이었다. 세계의 정세를 잘 알고 의식있는 기독교 신자들로서는 침례파 혹은 회중파 신자라는 것이 몹시나 답답한 일이었다. 물론 중요한 앵글로-아메리칸(영미) 교파들은 19세기에 세계적 차원의 조직체들을 결성하였다. 앵글리칸 주교들의 람베스 총회(1868), 장로교 개혁파 동맹(1877), 감리파(1891), 회중파(1891), 그리고 침례교 세계 동맹(1905)이 다 이러한 기구들이었다. 그러나 이들 가운데 앵글리칸의 조직만이 상당한 영향력을 발할 수 있었다. 그 이유는 이들의 감독제를 이용하여 전체 교회의 세력이 지속적이고 책임성있게 세계적인 문제들에 관하여 논의하고 결정한 바를 실천에 옮길 수 있었기 때문이었다. 해외의 앵글리칸 주교들 숫자도 증가하였다. 1850년에 열두 명이었던 것이, 1930년에는 거의 4백 명으로 증가하였으며, 전체 영국 앵글리칸 신자들의 의식도 이제 변화를 보였다. 이들은 더 이상 스스로를 한 국가 국교의 교인들만으로 생각하지 않았으며, 공동 기도서와 감녹제에 의하여 연결된 전세계적인 공동체의 일원으로 생각하게 되었다. 이러한 의식은 다른 자유 교회들이나 스코틀랜드 국교회에서는 찾아볼 수 없었던 주제들에 관하여 지속적인 설교가 시행됨으로써 더욱 강렬해졌다고도 할 수 있겠다. 그리고 뛰어난 두 사람의 교회 지도자들, 데이빗슨과 캔터베리 대주교 템플의 지도하에 앵글리칸 교회는 기독교권에서 이전에 볼 수 없었던 중요한 위치를 차지하게 되었다.

4. 템플(Temple)과 사회윤리

 1, 2차 대전 사이에 가장 중요한 앵글리칸 지도자는 윌리엄 템플(William Temple)이라고 할 수 있다. 그는 맨체스터 주교, 요오크 대주교, 캔터베리 대주교직들을 차례로 담당하였던 인물이었다. 그는 기독교 사회 사상을 대중화시키는 데 뛰어난 재능을 발휘하였으며, 공공문제에 교회가 중요한 역할을 담당해야 한다는 이론을 철저하게 신봉하였던 인물이기도 하였다. 그의 존재가 없었다면 이러한 문제들을 취급하기 위해서 회집하였던 "정치, 경제, 공민권에 관한 총회"(C.O.P.E.C.)가 1924년 버밍햄과 1941년 맬버른에서 모

이는 것이 불가능하였을 것이었다. 그는 또한 옥스포드와 에딘버러에서 1937년 개최되었던 세계총회에서도 중요한 역할을 담당한 인물이었다. 그리고 세계 교회 협의회(World Council of Churches)의 중요한 입안자이기도 하였다. 당시 비로마 카톨릭 진영에서는 그보다 더 중요한 인물을 찾아보기 힘들다. 그리고 그가 없었다면 앵글리칸 교회의 역사는 훨씬 덜 중요했을 것이다.

C.O.P.E.C.는 전체 영어 사용권에서의 "사회복음 운동"의 절정을 이루는 표현이라고 할 수 있었다. 동 회의는 4년 간의 연구를 통해 현대세계의 사회적, 경제적, 정치적 각 분야에 걸친 심각한 난제들을 하나로 종합하였으며, 이에 대한 "기독교적" 해답들을 제시하고자 하였다. 이러한 문제들은 일반적으로 인도적인 이상주의의 기반 위에서 토론되었으며 기독교적인 권위 혹은 기독교 공동체들이 그 자체로서 가져야 할 권위들에 관한 의논은 거의 없었다. 그리고 동 총회에서 나타난 평화주의, 이혼 그리고 사회주의들에 관한 각종 다양한 이론들은 1920년대 이상주의자들 사이의 분열상을 반영한다고 볼 수 있다. 총회의 노력과 발견들은 그 다음해 스톡홀름에서 개최되었던 생명과 사역에 관한 세계총회를 준비하는 데 가장 중요한 자료가 되었으며, 그 능력과 범위에 있어서 과거 미국 기독교의 그 어떤 행사보다도 더 뛰어난 것이었다.

그러나 사회문제들을 분석하는 것만으로는 실질적인 해결책을 마련할 수 없다. 그리고 강단에서 사회적 이상들과 개혁들을 부르짖는 것은 실업, 범죄, 국제적 무질서 그리고 가족과 결혼의 와해상태들에 관한 아무런 영향도 미치지 못하는 것으로 보였다. 대부분의 유권자들과 정부는 성직자들의 도움을 기대하는 바 없이 과학과 입법으로 진보 혹은 완전한 사회의 건설을 희망하고 있었다. 30년대에 들어서서 국제 연맹(League of Nations)이 결렬되고 러시아, 이탈리아, 독일, 기타 대륙 여러 나라에서 전체주의 정권이 확장되었던 사실은 많은 이들로 하여금 사태의 심각성을 재고하게 하였다. 그러나 영국 교회들은 이러한 새로운 사조들을 제대로 해석하고 분석할 지도력이 부족하였을 뿐만 아니라, 일반 대중들과 동일한 혼란상태에 빠져 있었다. 옥스포드 총회가 개최된 즈음에는 교회들도 자기들의 사회적 영향력이 무능하다는 사실을 절감하였으며, 그에 따라 우선 교회 내부를 정리하고 세상을 향하여 간증이 될 수 있는 교회 내의 생활과 관계의 양식을 성립해야 한다는 문제를 심각하게 내세우게 되었다. 1941년의 멜버른 총회에서는 교회의 성격 규정을 위한 이 문제를 보다 더 심각히 발전시키고, 사회적 문제들을 결정하기 위한 신학적 근거들을 파악하고자 하였다. 동 총회는 일단의 앵글로-카톨릭들이 주도하였다. 이 그룹은 이미 수년 동안 매년 "여름 사회학 학당"(Summer School of Sociology)을 개최하면서 사유재산을 기반으로 하는 길드체제의 사회주의를 주장하고 있었다. 당시의 상황 속에서 이러한 주장은 매우 학구적이고 특이한 것으로 생각되었다. 그러나 제2차 세계대전을 통하여 현대 세계 속에서 교회가 차지하는 위치에 관한 가장 뛰어난 사상들은 "크리스천 뉴스 레터"(Christian News Letter)지를 통해 읽어볼 수 있다. 이 잡지는 올드함(J. H. Oldham), 템플(Temple) 그리고 캐틀린 블리스(Kathleen Bliss)에 의해 편집되었다.

5. 에큐메니칼 운동을 위한 노력

교회나 혹은 적어도 가장 뛰어난 지도자들은 20세기의 세계 속에서 교회의 분열상이 성낭화될 수는 없다고 생각하고 있었다. 그리고 모든 이들 사이에 공통적인 에큐메니칼 현실을 실현하기 위한 노력이 점증적으로 이루어졌다. 그리하여 이러한 사상들에 의해 많은 교파와 교단들은 다 영향을 받게 되었다. 가장 적게 변화한 교파들은 영어 사용권에서 가장 큰 규모였던 침례교와 제자파였다. 이들은 교회는 오직 확신있는 성인 신자들로만 구성되어야 한다고 생각하였고, 자립, 자치하는 개별적 회중들이라는 사상을 고집하고 있었으므로, 보다 초교파적인 포괄적 조직과 행동에는 참여하지 않고 있었다.

이에 비교해 볼 때 장로교와 회중파, 그리고 어느 정도로는 회중파들에서도 에큐메니칼 운동에 대한 적극성을 찾아볼 수 있었다. 제1차 세계대전 이전에 이미 일부 교파들 사이에서는 통합 과정이 진행되고 있었다. 1900년 스코틀랜드 연합 장로교회와 자유 교회가 "연합 자유 교회"라는 이름으로 통합됨으로써 전세계 장로교파들은 남아프리카, 인디아, 오스트레일리아 그리고 뉴질랜드 등에 걸쳐 재결합을 시도하게 되었다. 영국의 감리교 역시 이러한 조류를 따라 세 개의 소감리교파들이 하나로 합쳐 1907년 연합 감리교를 구성하였다. 전쟁 중에도 스코틀랜드와 영국 등지에서는 또 다른 교파 연합운동들이 진행되고 있었다. 스코틀랜드의 경우엔 연합 자유 교회와 스코틀랜드 국교회 사이의 재결합이 국가와의 관계를 정립하는 문제로 곤경에 처해 있었다. 스코틀랜드 국교회는 1921년 교회 수입의 1/6을 희생하는 조건으로 "가능법"(Enabling Act)의 통과를 보았다. 이 법에 의하여 교회문제는 교회 자체적으로 결정할 수 있도록 되었다. 그리고 1929년에는 다시 결합한 "스코틀랜드 교회"(The Church of Scotland)가 성립하여, 대부분 장로교가 이에 가입하였고, 전국 인구의 1/4에 해당하는 세례교인들을 포용하게 되었다. 이는 프로테스탄트 국교회 가운데 가장 높은 인구비율을 포함하는 것이었다. 1932년에는 아직 남아있던 영국의 주요한 세 감리교회파들이 연합하였다. 미국의 장로교와 감리교에서도 1930년대에 교파 연합들이 활발하게 진행되었으며, 감리교는 세 개의 교단들을 합쳐서 1939년에 '감리교'를 구성하였다.

일반적으로 영어 사용권 내에서는 감리교, 장로교 그리고 회중파 등의 교단들에서만 교단의 경계를 초월한 합동이 가능한 것으로 보였다. 오스트레일리아와 뉴질랜드의 경우 장로교, 감리교, 회중파들이 교단 통합문제를 의논하고 있었다. 영국의 경우엔 장로교와 회중파가 두 차례에 걸쳐 연합을 시도하였으나 실패하였다. 그리고 아일랜드에서는 장로교와 감리교가 보다 더 밀접한 관계를 수립할 길을 모색하였다. 미합중국 감리교와 장로교 신자들은 원칙적으로 별개의 교단으로 분리되어 존속해야 할 이유가 없다는 데 합의하였다. 그러나 교파 간의 합동을 추진하기 이전에 우선 교파 내의 교단들을 먼저 통일시켜야 한다는 것이 이들의 결론이었다. 장로교, 감리교, 회중파 세 교단들이 일본에서는 하나로 합쳐 '그리스도 교단'을 형성하였고, 필리핀에서는 '그리스도 연합 교회'를, 그리고 중국에서는 '그리스도 교회'를 성립시키게 되었다. 북부와 남부 인디아, 그리고 실론에서는 앵글리칸들까지 합세하여 합동 논의가 활발하게 진전되었다.

6. 캐나다 연합 교회(United Church of Canada)

이 시대의 가장 중요한 교회 연합의 모습은 1925년의 캐나다 연합 교회의 예에서 볼 수 있다. 이 합동은 주로 감리교와 장로교의 산물이었으며, 일단의 회중파 교회들이 포함되어 있었다. 이는 20년 전부터 시작되었던 합동 논의가 드디어 열매를 맺은 것이었다. 이는 원래 40여 개의 지역 교회들이 합치고, 다시 19개의 합동들이 뒷받침한 결과였다. 원래 1908년에 작성되었던 '합동조건안' 이 교회들에 의하여 투표되었으며, 1912-1914년에 개정되고 수납되었다. 그러나 제1차 세계대전의 발생과 장로교 노회들 가운데 1/4 이상이 이러한 연합에 반대하였으므로 정식 합동은 전후까지 연기되었던 것이다. 이러한 합동을 가능하게 하였던 가장 중요한 상황은 희박한 인구가 광활한 지역에 퍼져 있었던 캐나다 서부지방의 모습이었다. '합동조건안' 이 처음 출판된 후부터 서부지방에서는 회중들이 계속 자발적으로 합동하는 모습을 보였다. 물론 이들은 '합동조건안' 을 그 헌법으로 채택하였다. 교회 지도자들은 만약 교회 합동이 이루어지지 않으면 새로운 교단이 다시 출현할 것을 걱정하였다. 장로교인들 가운데 이러한 합동에 반대하는 이들은 주로 온타리오 지방의 보다 부유한 신자들이었다. 장로교인들은 그 신앙이 보다 더 교파중심적이었고, 교리가 확고하였으며, 예배의식은 경건하였고, 공공문제에 관해선 보수적이고, 자기들의 사회적 위치를 중요시하는 경향을 지니고 있었다. 실제로 가장 중요한 난제는 목회와 사역에 관한 보다 광범위한 의견차이들에 있었다. 장로교와 회중파에서는 목회가 각 회중의 "청빙"과 밀접한 관련이 있다고 이를 중요시하였으며, 감리교는 매년 정례회의를 통해 회중들의 모임 없이 목회자들을 배치하였다. 또한 재산의 귀속 문제를 두고도 격렬한 논쟁이 벌어지게 되었다. 왜냐하면 세속정부는 이 문제에 관하여 각 회중들이 다시 투표하도록 허락하였기 때문이었다. 장로교 가운데 약 30퍼센트가 연합 교회에 참여하기를 거부하였다. 이들은 비록 재산은 많았으나, 성직자들과 활동적인 회중들의 숫자가 부족한 것을 자각하고 있었다. 그후 장로교인들의 숫자는 보다 더 감소하였는데, 연합 교회는 캐나다 최대의 교단으로서 성장을 거듭하였다. 연합 교회는 토론토에 있던 엠마누엘 대학 학자들이 작성한 의식서를 사용하였는데, 아마도 이는 당시 북아메리카 프로테스탄트들의 작품들 가운데 가장 뛰어난 것이라고 평가할 수 있다.

7. 앵글리칸과 교회 연합

앵글리칸들이 이러한 에큐메니칼 사업에 보다 적극적으로 참여하기 시작하면서, 논란은 보다 더 구체적인 역사적 감독제도(historic episcopate)를 중심으로 진행되기 시작하였다. 세계 전역에 걸쳐서 이를 둘러싼 논의가 활발하게 진행되었다. 영국 국교회와 스코틀랜드 국교회, 아메리칸 감독파와 장로교, 그리고 보다 중요하게는 남인디아 연합 교회의 문제였다.

남인디아 교회 연합 문제에 관련되었던 협상과 토론에 있어서 획기적인 이정표는 1920년 앵글리칸 주교들의 람베스 총회에서 발표되었던 "모든 기독 신자들에게 드리는 호소문"이었다. 앵글리칸 주교들의 재연합 위원회는 당시 가장 시급하였던 문제, 즉 영어 사용권의 비감독교파들의 관계에 관한 문제에 비상한 관심을 쏟게 되었다. 이들은 교파의 분열상이 하나님의 뜻에 어긋나는 것이라는 사실을 인정하고, 이 문제에는 앵글리칸 교회의 오류도 크다는 것을 고백하였다. 그리고 이전에는 볼 수 없었던 거시적인 안목으로 비감독파적인 교단들도 "은혜의 효과적인 전달 수단으로서 성령께서 축복하시고 소유하고 계시는 영적인 실재"라고 인정하였다. 이들은 또한 장래의 연합 운동 속에서 이러한 비감독파 목회자들의 성직 안수 사실을 부인할 의도는 없다고 밝혔다. 그러나 상호 공통적인 보완적 안수나 성직자 임명의 과정이 앵글리칸과 비앵글리칸 교단들에 속한 사역을 은사들을 하나로 모으는 수단들로서 필요할지도 모른다고 제안하였다.

이 "호소문"은 모든 교파의 지도자들에게 발송되어 1920년대에 전세계로부터 수십 통의 응답들을 받게 되었다. 그런데 영국 자유 교회들, 스코틀랜드 국교회, 미국 장로교회들, 그리고 기타 다른 교회들과 협상을 벌이는 가운데 가장 중요한 문제로 등장하였던 것은 앵글리칸 교회 안에서 "역사적 감독제"에 대한 정의가 통일되어 있지 못하다는 사실이었다. 이는 단순히 가장 오래되고, 가장 널리 전파되어 있고, 기독교 회중들 사이의 공동체들을 제일 잘 상징하고 실현할 수 있다는 의미였는가? 그렇다면 장로교, 감리교 그리고 회중파 신자들 가운데서도 이러한 정의에 기초하여 연합 운동을 위한 회담에 기꺼이 참석할 사람들이 많았다. 왜냐하면 이들이 수세기를 두고 채용해왔던 비감독제적인 사역의 합법성 인정이 아무런 문제가 없기 때문이다. 그러나 반면에 많은 앵글로-카톨릭들이 주장하였듯이 "역사적 감독제"가 교회의 존재 자체를 위하여 핵심적인 요건이며 비감독제적 교회들은 애초부터 진정한 교회는 아니었다는 주장을 편다면, 다른 교파들은 결국 앵글리칸 교회에 일방적으로 복속될 때에만 진정한 교회로 변모하게 된다. 이러한 전제 위에선 어떤 비감독파 교회도 연합에 응하지 않을 것이 분명하였다. 그런데 심각한 문제는 앵글리칸 교회 구성원 자신들이 이 문제에 관하여 일치된 의견을 통일시키지 못하고 있었다는 사실이었다. 이들은 전자의 정의를 전제로 하여 스코틀랜드와 미국 장로교인들과 연합 협상을 개시하였으나, 앵글리칸 교단 내에서 앵글로-카톨릭들이 강력하게 반발하자 협상을 결렬시켜 버렸다. 영국 내 자유 교회들과의 관계에 있어서도 상황은 마찬가지였다.

감독제와 비감독제 사역들 사이의 간격을 좁히는 두 가지 중요한 요건들이 수년 간이나 토론되었다. 한 가지는 상호 보완적 안수(ordination), 혹은 임명이었다. 즉 이러한 과정을 통해 두 개의 합동하는 교회들이 상대방 교파의 목회자들로 하여금 자기 교파의 회중들을 사역할 수 있도록 한다는 것이었다. 그러나 이 방법은 안수와 임직(installation)을 혼동하는 듯하였다. 실제로 안수란 원래 우주, 보편교회를 섬기기 위한 과정이었다. 만약 모든 목회자들이 자기들이 속한 교파가 다른 교파와 합동할 때마다 다시 보완안수를 받아야 한다면 어떤 경우에는 너무나 자주 안수를 받게 되어 그 의미 자체가 상실될 것이다. 그리고 상호적이라는 측면은 이 경우에는 해당되지 않는 것이었다. 왜냐하면 비감독파 교회들은 앵글리칸 목회자들에 대하여 아무런 이의를 제기하지 않았으며, 그들의 안수에 아무것도 더할 것이 없다고 생각하고 있었기 때문이었다.

8. 남인디아 연합 교회

또 다른 과정은 20세기 중엽이었던 1947년에 실현된 남인디아 연합 교회의 형성시에 실제로 채택되었다. 남부 인디아에서 이 연합에 실제로 참여하였던 교파들은 이미 합동하였던 장로교와 회중파, 그리고 감리교와 이 지역의 앵글리칸 교단이었다. 그리하여 이는 캐나다 연합 교회를 구성하였던 교단들에다가, 역사적 감독제를 주장하는 앵글리칸 교회가 추가된 것이었다. 그리하여 비록 다른 문제들도 제기되었으나 가장 심각하였던 것은 역시 감독제의 문제였다. 남인디아 제안안은 솔직하게 이는 상호 보완 안수의 문제가 아니라, 비감독파 교회들이 이 연합을 통해 이제까지 결여하였던 점을 획득하는 것임을 공언하였다. 그러나 연합 교회의 모든 장래 안수는 감독 계승교파(앵글리칸) 측의 주교들에 의하여 시행하되, 연합에 참여하는 비감독파 교파들에 이미 속해있는 목회자들의 위치는 완전하고 합법적인 것으로 인정하여 재안수나 혹은 보완안수를 하지 않기로 합의하였다. 이러한 제도가 삼십년 동안 계속될 것이었다. 그때에는 비감독직적으로 안수받은 목회자들은 거의 교회 안에 남아있지 않게 될 것으로 추산되었다. 그때에 교회는 장래문제를 다시 결정하기로 하였다.

이 제안이 1930년 앵글리칸 주교들의 람베스 총회에서 가장 심각하게 논의되었던 안건이었다. 구파 카톨릭과 정교 대표들이 여기에 참석하고 있었으며, 영국 자유 교회들로부터의 대의원들은 무시되었다. 그리고 남인디아에 관한 한 만약 위와 같은 합동조건이 시행된다면 이에 따라 구성되는 연합 교회는 어떤 의미에서는 우주 교회의 일부라고 인정하겠으나 교제는 나눌 수 없다고 선언하였다. 앵글로-카톨릭들은 다양한 카톨릭과 정교 교단들과 관계를 배양하고 있었다. 이 교단들은 대부분 지역적으로 멀리 떨어진 곳에 위치하고 있었다. 즉 루마니아 교회, 파리의 러시아 정교, 구파 카톨릭(1920년대 한동안)과 로마 교회들이었다. 그러나 이들은 일체 프로테스탄트 교단들에는 접근하고자 하지 않았다. 소위 "교량교회"들은 양 해안을 연결할 만큼 길지 못함이 드러나고 있었다. 한쪽을 포기하고 다른 한쪽에 굳건하게 닻을 내리거나 혹은 가운데서 양분되는 수밖에 없을 것같이 보였다.

9. 영국의 로마 카톨릭들

마지막으로 영국의 로마 카톨릭들에 관하여 언급해야겠다. 로마 카톨릭들은 이 시기에 영어 사용권에서 상대적으로 그 영향권을 넓혀가고 있었다. 아일랜드 이민들이 지속적으로 스코틀랜드에 이주하여 마침내는 스코틀랜드 국교회 교인들의 반에 달하는 로마 카톨릭 집단이 이곳에 형성되었다. 그리고 영국에서는 영국 국교회와 거의 맞먹는 집단을 형성하게 되었다. 한편 조직적인 경제적, 사회적 압력을 이기지 못하여 프로테스탄트들은 에이레(Eire)에서 축출되고 있었다. 영국의 로마 카톨릭 교회는 자기들의 학교제도를 강조하여 정부로부터 상당한 금액의 보조금을 받아내었다. 크리스토퍼 다우손, 세인 레슬리, 로날드 낙스, 알프렛 노에스 등은 모두 로마 카톨릭으로 개종한 당시의 유명한 인물들이었다. 로마 교회의 국제성은 그 가장 뛰어난 강점이라 할 수 있었다. 또한 내외의 압력이 심각하였던 당시의 상황 속에서는 그 권위주의적인 측면 역시 장점으로 작용하였다.

제 31 장
아메리카 복음주의의 조직적 통합

1. 2차 세계대전 중에, 1890년 이후 미국에서 주류를 이루었던 도시화 현상이 국가적으로 새로운 변화를 가져왔다. 이제 사회구조의 특징은 메트로폴리탄(metropolitan, 거대도시)이 되었다. 대도시 주위로 교외의 주거지대가 형성되고, 위성도시들을 거느렸으며, 도시에 의존하는 변경지대까지 부속되는 현상을 빚게 되었다. 약 90개의 대도시를 중심으로 전국 인구의 반이 거주하게 되었으며, 바로 이 도시들이 문화적, 정치적 영향력을 결정하게 되었다. 오래된 마을들과 19세기의 농촌문화는 이러한 메트로폴리탄적 의식구조에 저항하였는데, 이러한 경향은 서부와 남부에서 더 심하였다. 그러나 이들도 대세를 거스릴 수는 없었다.

이들 도시들 가운데 주민의 반 이상은 외국에서 출생하였거나 혹은 외국에서 출생한 이들의 자녀들이 차지하였다. 이는 마지막 대규모 이민들을 대표하고 있었으며, 주로 로마 카톨릭 신자들이 많았다. 반면에 프로테스탄트 교회는 아직도 그 조직과 의식에 있어서 농촌적인 경향을 벗어나지 못하였고, 새로운 도시 문화에 아직 제대로 적응하지 못하고 있었다. 여전히 프로테스탄트의 주류를 이루던 의식은 매우 개인주의적이고 복음적인 경건주의였으며, 교파적으로, 혹은 개교회중심적인 자립, 자치를 주장하고 있었다. 바로 이러한 형태가 개척지대에서는 성공을 거두어 침례교, 감리교, 제자파 교회들을 성장시켰으며, 전체 아메리카 프로테스탄트들의 반을 차지하게 만들었던 것이다. 그러나 "우익", 즉 루터교도, 에피스코팔리안(감독교회), 그리고 장로교들이 로마 카톨릭들과 함께 변화된 상황에 더 잘 적응할 수 있는 요소들을 가지고 있는 것 같았다. 이 세대의 역사는 문화계에서 기독교 영향력이 점차 감소되어 가는 중에 보다 더 공동적이고 조직적인 형태의 기독교를 향한 복음적 교파주의를 발전시키기 위한 투쟁으로 볼 수 있을 것이다.

미국 문화 속에서 기독교 영향력이 점차 감소되었던 모습은 다른 유럽제국들이나 영국에서처럼 뚜렷하게 드러나지는 않고 있었으나, 역시 분명하게 찾아볼 수 있는 모습이었다. 미국에서는 교회 등록신자들의 숫자는 계속 증가하면서도 이들이 거의 형식적으로마 교회생활을 하는 신자들이었다.

1933년의 미국의 사회적 경향에 관하여 후버 위원회는 다음과 같이 말했다. "교회와 가족의 국민들의 행동양식에 대한 영향력이 감소되었는 데 반하여 산업체와 정부가 보다 더 높은 정도의 영향력을 행사하게 되었다." 당시의 신문, 잡지, 대중소설들을 읽어보면 이처럼 변화하는 문화적 경향을 잘 알 수 있을 것이다. 이러한 정기 간행물들의 유통부수는 20세기 전반에 배나 증가하였는데, 이는 중등, 고등교육의 증가 비율과 유사한 것이었다.

그러나 이처럼 격증하는 간행물 가운데 기독교의 영향력은 오히려 감소되고 있었다. 프로테스탄트 출판물은 그 간행 부수나 혹은 취급하는 주제들에 있어서 격감하는 모습을 보였다. 일반 잡지들 가운데 기독교가 차지하는 비율도 감소하였으며, 그 내용을 보아도 기독교에 대한 존경심이나 혹은 흥미 자체가 줄어들고 있음을 알 수 있었다. 후버 위원회의 한 분석가는 다음과 같이 논평하였다. "미합중국의 지성적 생활에서 찾아볼 수 있는 가장 근본적인 변화는 성경적 권위와 종교적 규범으로부터 과학적이고 사실적인 분야로 그 권위의 근거가 옮겨가고 있다는 점이다."

공교육의 교과 내용이나 분위기를 보아도 이와 동일한 결론을 내릴 수 있겠다. 미국의 중등교육을 개척한 것은 원래 프로테스탄트 교회들이었다. 그러나 1930, 1940년에 프로테스탄트 교회는 이 분야에서 거의 완전히 퇴각하였는 데 반해 공립학교들의 숫자는 10배 이상으로 증가하였던 것이다. 이런 공립학교들에서 기독교적 관점은 그 발판을 상실하였고, 과학적 인본주의가 대신 그 자리를 차지하게 되었다. 그리고 고등교육 부문을 살펴보더라도 비록 교회들이 20세기 중반까지도 이러한 학교들의 1/3 가량을 지원하고 통솔하고 있었으나, 프로테스탄트들은 그 특유한 방향을 상실하고 있는 형편이었다. 특히 괄목할 만한 성장을 기록하였던 것은 주립 대학교들이었는데, 이곳에서의 기독교 신앙 교육이란 보잘것이 없었다. 그리하여 20세기 후반에 들어서자 미국민들은 거의 종교적으로 문맹의 모습을 보이게 되었다. 교회들은 아직도 19세기적인 주일학교 교육에 의존하고 있었다. 주일학교 학급들은 매주 반 시간에 불과하였으며, 제대로 성경과 종교교육을 받지 못한 자원봉사 교사들이 이를 지도하는 것이 보통이었다. 이들은 날로 점증하는 세속주의의 물결을 제대로 대항할 만한 종교교육을 실시할 수 없었다. 그 반면 점차 그 교육시간이 증가되어가던 공립학교에서의 기독교 교육은 오히려 자취를 감추고 있었다. 공립학교 내에서의 휴식시간이나 특별활동 시간을 이용한 종교교육도 시도되었으나, 원칙적으로 종교와 국가를 분리시킨다는 헌법 아래서는 효과적으로 이를 조직 운영하는 것이 불가능하였다.

1. 교회의 과잉상태와 훈련부족의 목회자들

이처럼 프로테스탄트 교회가 미국 사회 속에서 점차 그 영향력을 상실하는 과정은, 일부 프로테스탄트 진영의 반지성적인 경건주의 복고적 경향과 교육받은 식자층들의 이에 대한 반발로 보다 더 가속되었다. 이러한 양자간의 대조적 차이는 일반적으로 공립교육과 문화적 차원은 높아져가는 데 반하여, 프로테스탄트 설교기의 주일학교 교사들의 수준은 그렇지 못하였다는 점에서 쉽게 찾아볼 수 있을 것이다. 19세기 경건주의 전통에 서있던 이들 설교자와 교사들은 새로운 사상을 극소화함으로 경건을 전달한다고 믿고 있었다. 그리고 이러한 반지성주의는 미국 내에 지나치게 교회 숫자가 많아짐으로써 더욱 강하게 나타나게 되었다. 1930년대에 미국 내에는 16만 4천 개의 백인 프로테스탄트 개교회가 있었는데, 이 가운데 10만 개는 문을 닫거나 혹은 다른 교회와 합동했어야 마땅하였다. 30개 이상의 주들에서 농촌지방의 인구는 오히려 감소하였다. 겨우 만 8천 개 가량의 개교회들만이 적어도 350명 이상의 교인들을 포용하고 있었다. 당시 교회의 효율적 운영을 위하여 필요하다고 생각되었던 최소한의 숫자가 350명이었다. 그리하여 교회들 가운데 절반은 전담 교역자도 없었다. 그리고 프로테스탄트 목회에 지원하는 이들의 2/3 가량은 실질적으로 평신도 설교가들로서 적합한 지성적 훈련이나 혹은 윤리적인 지침을 제대로 제공할 수 있는 능력들을 결여하고 있었다. 이처럼 제대로 훈련받지 못한 사역자들은 전도와 헌금 걷는 데에는 오히려 효과적이었다. 그러나 신자들을 양육하고, 회중을 교육시키고, 보다 대규모 공동체에서 지도력을 발휘하는 데에는 제대로 교육받은 사역자들과 비교될 수 없었다. 점차로 높아지는 문화수준에 대응하고 보다 복잡화되는 사회적 상황에 적응할 수 있도록 훈련받은 사역자들은, 교파 합동이나, 혹은 교파를 초월한 개교회 합동들의 과정을 통해서나 얻을 수 있을 것이었다. 그리고 실제로 남부를 제외하고는 분파적인 확신들이 대부분 사라진 상태에 있었다. 광범한 이동이 성직자와 평신도를 막론하고 이루어졌으며, 특히 도시들에서는 1/4에서 절반에 이르는 이동이 교파의 경계를 넘어 이루어졌다. 이는 보다 공통적 형태의 교회가 출현할 것을 예고하고 있었다. 그러나 교파적인 조직들은 필사적으로 그들의 자치권에 매달려 있었으며, "완전한 일관성 부재와 무제한한 낭비상태"를 유지하고 있었다. 로마 카톨릭 성직자들과 이들이 교구단위의 사역, 교육, 언론, 공공문제들의 분야에서 이루어낸 효율성들은 분열상태의 프로테스탄트 교파들이 치러야 했던 대가를 여실히 보여주고 있었다.

2. 근본주의 논쟁

우리들은 이전의 장에서(제21장의 "근본주의" 항을 보라) 이미 어떻게 미국의 부흥주의적 복음주의가 유럽제국에서는 볼 수 없었던 규모로 "근본주의적" 항거를 발생시켰던가를 관찰하였다. 대부분의 대중적 근본주의는 이처럼 제대로 훈련받지 못하였던 평신도 설교가들이 채용하였던 신학이었다. 이러한 평신도 설교가들이 바로 프로테스탄트 사역의 대부분을 차지하고 있었다. 제1차 세계대전은 이러한 대중적 경건주의 신학과 신학교나 도시 교회들 사이에 발생하였던 격렬한 투쟁을 지연시키는 효과를 가져왔다. 1918년과 1919년에 필라델피아에서 열렸던 거대한 근본주의 총회들은 신학교들, 선교기관들, 정기간행물들을 장악하기 위한 전투를 발발시켰다. 또한 몇몇 교파들의 중앙 행정기구들 역시 "현대주의"에 물들어 있다는 평가를 받고 있었다.

장로교의 경우엔 총회에서 두 차례에 걸쳐 5개항 근본 조항들을 다수로 의결한 바 있었다. 그리고 1924년에는 모든 목사 후보생들을 이 프로그램에 묶으려는 시도가 있었다. 한편 뉴욕의 "자유주의" 노회는 침례교 목사였던 해리 에머슨 포스딕(Harry Emerson Fosdick)을 이 도시의 제일 장로교회에서 설교하게 하였던 일로 총회의 경고를 받게 되었으며, 또한 동정녀 탄생을 부인하였던 유니온 신학교의 두 졸업생들에게 안수를 주었다는 이유로 견책을 받게 되었다. 그러나 근본주의자들의 시도는 헌법적인 절차를 거침이 없이 교회의 신앙고백을 수정하기를 거부하는 목회자들의 '선언'으로 좌절되었다. 포스딕 박사는 장로교 목사로 가입하라는(그리하여 장로교 치리 아래 놓이게 되는) 장로교 총회의 초청을 거부하였다. 그는 제일교회를 떠나 뉴욕 리버사이드 교회에서 당대 가장 유명한 설교가가 되었다. 장로교 근본주의자들 가운데 가장 저명하였던 프린스턴 신학교의 메이천(Machen) 교수는 일부 세력을 이끌고 분열하여 결국 "정통 장로 교회"(Orthodox Presbyterian Church)를 조직하였으며, 또한 성경 무오성을 지키는 아성이 되었던 웨스트민스터 신학교(Westminster Theological Seminary)를 설립하게 되었다.

이와 마찬가지로 북침례교회 역시 이 문제로 거의 분열의 위기를 맞게 되었다. 근본주의자들은 교파의 중요한 자유주의 신학교 근처에 "성경학교"(Bible School)를 설립하여, 보다 단기간의 용이한 엄격한 근본주의에 입각한 교육을 통해 많은 숫자의 목사들을 양성하는 정책을 시행하였다. 제자파는 이보다도 더 심각한 분열을 겪게 되었다. 이들이 분열하지 않았던 유일한 이유는 아마도 이미 동 교단의 구조가 너무나 해이한 상태에 있었으므로, 실질적으로 적대관계에 있던 선교사, 정기 간행물, 그리고 종교교육 기관들을 교파 안에서 별문제 없이 동시에 포용할 수 있었기 때문이었을 것이다.

일반적으로 동부와 북부의 교파들은 근본주의자들의 시도를 효과적으로 막아 내었다. 그러나 남부와 서부의 전통적인 부흥주의적 복음주의는 아직도 신학적 자유주의나 혹은 사회복음에 오염되지 않고 있었다. 남부는 침례교와 감리교가 압도적으로 많았다. 프로테스탄트 진영 가운데 가장 컸던 남침례교는 근본주의가 압도적인 주종을 이루고 있었다. 신학적 분포의 이러한 지역적 특성은 공립학교에서 진화론을 가르치는 것을 금지시키고자 하였던 "원숭이 법안"을 통과시키려 했던 시도에서 찾아볼 수 있다. 4개 주의회들 – 텍사스, 테네시, 아칸소스, 미시시피 – 은 실제로 이 법안을 통과시켰다. 이와 비슷한 법안들이 다른 7개 주의회에서는 통과되지 못하였다. 테네시 주의 법안은 윌리엄 제닝스 브라이언(William Jennings Bryan)이 클레런스 대로우(Clarence Darrow)를 상대로 하여 맹렬한 설전을 벌였던 1925년의 유명한 스콥스(Scopes) 재판에서 심판을 받게 되었다.

그 이후에는 이에 대한 일반인들의 흥미가 격감하였다. 이단 재판들은 별로 없었으며, 우리들이 취급하는 시대의 하반기에는 교파기관들을 장악하려는 노력들도 별로 행해지지 않았다. 그러나 근본주의자들은 자기들의 지역과 교육적, 사회적 계층 속에서 계속하여 복음주의적 전통을 활발하게 유지하였으며, 그 후 미국 프로테스탄트 진영의 상당한 부분을 차지하는 집단으로 남게 되었다. 또한 1920, 1930년대의 자유주의적 교파들 안에서 재정지원, 선교사 지원자들 그리고 선교적인 사명감들의 부족으로 낙후 상태에 있었던 선교기관과 선교활동들을 이들이 계승하였던 것도 중요한 점이다.

3. 금주법

이제 프로테스탄트 교회들의 사회적, 정치적 영향력에 관해 논하자면, 전후 이들의 가장 눈에 띄는 사회적인 활동은 미수정헌법 제18조의 통과에 관한 이들의 공헌이라 할 수 있다. 이 사건은 반진화론 법안들과 더불어, 점차 국가를 석권해가는 도시들의 이민문화에 대항한 촌락과 시골지방의 프로테스탄트 진영이 벌인 마지막 정치적 저항이라 할 수 있다. "금주운동"은 처음부터 앵글로-아메리칸적 복음주의의 특징이었으며, 감리교측의 '권징' 안에도 포함된 바 있었다. 여성 기독교 금주 연합(1874)과 반주가 연맹(1895)들은 모두 복음주의 프로테스탄트 진영의 실질적인 하부 조직들이었다.

새로이 도래하였던 산업시대는 상업적인 광고에 혈안이 되었던 양조자들, 주류 생산자들의 행위들에 법적 제한을 가해야 할 필요성을 느끼게 하였다. 많은 이들은 술을 마시고 운전하거나 혹은 공장에서 작업하는 것이 안전에 위배된다는 사실을 깨닫게 되었다. 그런데 전국적으로 금주법이 시행되기 이전에 각 주별 금주 조항들이 시행된 것을 보면, 지리적으로 남부와 서부의 농업 주들이 이러한 금주법을 지지한 것을 볼 수 있는데, 이는 반진화론 입법과도 동일한 모습이었다. 그 반면에 금주법에 대한 반대는 시카고 서쪽의 루터교도 주들, 특히 뉴잉글랜드와 중부 대서양 연안 주들, 특히 새로이 로마 카톨릭 이민들이 몰려들었던 대도시에서 거세게 나타났다. 당시 뉴욕 시에만 메이슨-딕슨 선 이남에 자리잡은 모든 술집들의 숫자에 해당하는 주점들이 소재하고 있었다. 그리고 특히 이러한 지역들에서는 지방 관리들도 이 법안을 철저하게 시행하려는 열성을 보이지 않았다. 그리고 1933년 금주법이 폐지되었던 사실은 19세기에 미국의 등뼈를 이루고 있었던 바로 그 세력의 정치적 영향력 약화를 촉진시키는 것이었다.

4. 국제주의

　제대로 훈련받은 프로테스탄트 목사들이 거의 배치되었던 도시의 회중들은 제1차 세계대전 이전에 "사회복음" 운동과 함께 시작되었던 사회구조에 대한 기독교적 책임의식을 회복하고자 하는 것을 재개하였다. 전쟁은 라우센부쉬 학파의 낙관주의에 단지 일시적인 충격을 가하는 효과를 가지고 있었을 뿐이었다. 이들 낙관론자들은 실제로 제1차 세계대전이 "전쟁을 종식시키기 위한 전쟁"이라고 믿었으며, 윌슨이 제창하였던 국가들의 연맹과 세계 의회의 이상을 지지하는 세력이 되었다. 특히 1920년대의 호경기 속에서 산업관계 대신에 국제 외교의 문제가 "사회복음" 운동의 가장 주요한 관심이 되었다.

　미합중국 국제주의자들의 주류는 프로테스탄트 교회들과 매우 밀접한 연관을 가지면서 국제연맹, 군비제한, 세계 재판소, 켈로그-브리앙 협정들을 지지하였다. 1930년대에 폭로되었던 '무기제조업자들의 음모' 사건은 제1차 세계대전을 무조건적으로 지지하였던 사실로 많은 성직자들이 느끼고 있었던 수치심을 보다 증가시켰다.

　1930년대 초 몇몇 대교파들의 전국 총회들은 전쟁을 "부인"하거나 혹은 이를 "죄"라고 규정하였다. 프로테스탄트 목사들 가운데 상당 숫자는 다시는 어떤 전쟁도 지지하지 않겠다고 선언하였다. 이러한 평화주의적 정서에 특히 영향을 받은 것은 기독교 학생 운동들이었다. 그 핵심을 이루고 있었던 것은 인도주의적 민주주의와 이상주의에 대한 신앙이었다. 즉 전쟁은 불필요한 낭비이며 선의의 인간들이 한데 힘을 합쳐 노력하기만 하면 이를 종식시킬 수 있다는 생각이었다. 그러나 1930년대의 암울한 전체주의적 시대상 속에서 이러한 의견을 가졌던 많은 이들은 점차 실망하게 되었으며, 목회자들 가운데 다수는 제2차 세계대전을 필요한 악으로서 다시 지지하게 되었다. 그러나 프로테스탄트 전통 속에서 국제적 책임의식은 특히 강하게 유지되었다. 그리고 목회자들은 제2차 세계대전 이후의 부흥과 재건에 가장 먼저 관심을 가지고 이를 적극적으로 지지하였던 집단이 되었다.

　1942년 오하이오 주 델라웨어에서 열렸던 "정의롭고 항구적인 평화"에 관한 총회는 국제 연합을 형성하는 데 큰 몫을 담당하였다. 한편 이러한 정치적 경향을 뒷받침하는 신학적 근거들은 1930년대에 들어서 더욱 세련되고 현실적으로 발전하였다. 제2차 세계대전 발발 당시 미국만큼이나 외교 정책이 교회의 의견에 영향을 받고 있던 국가는 없었다.

5. 사회와 경제 윤리

그런데 산업관계와 "사회봉사"의 분야에서는 제1차 세계대전 이후 사회복음 운동의 지도권을 더 이상 각 교파 위원회들이 아니라 새로이 조직된 연방회의가 가지고 있었다. 그리고 아마도 가장 중요한 점은 일반 신문들이 매우 공정치 못한 태도로 노동문제와 산업관계의 기사를 다루고 있었을 때에, 이들이 정기적으로 이에 관하여 발행하였던 보고서들이었을 것이다. 그리고 매년 발행하였던 "래이버 선데이"(Labor Sunday)지의 독자들도 점차 증가하는 모습을 볼 수 있었다. 연방회의의 사회봉사 위원회가 담당하였던 사역이야말로 당시에 부당한 대우를 받고 있었던 노동자 계층에게 보여주었던 프로테스탄트 교회의 유일한 관심이었다. 당시 프로테스탄트 교파와 회중들의 무정부 상태로 말미암아 회중파, 장로교 그리고 성공회 등 가장 잘 훈련받은 교파들의 목회자들은 대부분이 특권층 출신이었고, 정치적으로 보수적 경향을 띠고 있었으며, 노동자들에게 대하여 별로 동정심을 가지고 있지 않았다. 그리하여 "사회복음" 운동 지도자들은 자기들의 회중들이 별로 관심을 가지지 않았던 소수그룹을 대변하는 역할을 담당하게 되었다.

처음부터 연방회의에서는 노동자들의 노동조합 조직권을 지지하였고, 동시에 폭력과 아울러 계급투쟁을 반대하고 있었다. 이들의 영향력이 상당하였던 사실은 제1차 세계대전 이후, 일단의 자본가들이 "Open-Shop Movement"(노동조합에 가입하지 않은 노동자들을 고용할 수 있는 회사를 지지하는 운동)를 시작하였을 때에, 의외로 상당 숫자의 목회자가 이를 반대하였던 것을 보면 알 수 있다. 이와 거의 같은 시기에 감리교 감독 맥콘넬은 "초교파 세계 운동"(Interchurch World Movement)의 이름으로 당시 제련소에서 행해지던 열두 시간 교대제를 비난하는 제철노동자들의 파업에 관한 보고서를 발간하였다. 연방회의는 일부 유대교의 랍비들, 그리고 전국 카톨릭 복지 총회와 함께 노동조합을 분쇄하려는 제강 산업의 행태를 반대하였다. 그 결과 일부 고용주들은 연방회의에 대한 경제적 봉쇄동맹을 체결하였다. 그리고 동 회의를 반역적이요, 사회주의 혹은 공산주의라고 비난하는 일련의 기사들이 나타나기 시작하였다.

　미국인들의 진보에 관한 신념과 사회질서의 견고함에 대한 확신을 약화시켰던 것은 전쟁보다도 대공황(The Great Depression)이었다. 교회들에는 마치 제1차 세계대전 이후 영국에서 볼 수 있었던 바와 유사한 "국가적 회개"를 부르짖는 움직임이 일게 되었다. 3년 간 미국 전역에 걸친 고난의 시기가 지난 후 연방회의는 1932년 사회적 신경(Social Creed)의 개정판을 발행하였다. 아동과 여성 노동자들에 대한 보다 정당한 대우, 위험이 따르는 작업장의 안전 시설, 주일휴식, 사회보험, "정당한 보수" 등 전통적인 주장들 외에도 두 가지 새로운 강조점들이 드러났다. 즉 전통적인 기독교의 입장에 따라 "이윤동기"(profit motive)를 탐욕의 결과라고 정의하였으며, 이보다는 창조적 작업에서 우러나는 자기성취욕과 이웃에 대한 봉사 등 다른 동기들을 호소하였다. 또한 사업 부문에 정부가 간여하는 데 대한 부정적 시각이 사라지고, 국민 재산을 위한 국가의 통제와 재정 및 경제 과정의 계획을 오히려 추천하였다. 가능한 한 노동자들의 경영에 직접 참여하도록 하는 "산업 민주주의"의 관념이 주장되었으며, 정부가 기업체를 소유하고 경제적인 동향을 봉제하는 것도 아무런 반대가 없었다. 이러한 방향으로 움직이고 있었던 이전 뉴딜 정책의 노력들을 찬성하였다. 그러나 30년대 후반에는 북부 상류층 교파들의 전통적인 공화당 기질이 다시 활발하게 드러나고 있었다.

　제1차 세계대전 중에 발발하였던 인종폭동, 특히 시카고의 폭동은 이제까지 이 문제에 관하여 별로 관심을 가지지 못하였던 "사회복음" 지도자들을 경각시키게 되었다. 20세기 초까지 미국 니그로(흑인)들의 3/4은 남부의 농촌지방에 살고 있었다. 이들은 거의 노예에 가까운 빈농들이었다. 그러나 곧 북부 대도시들을 향한 대이주가 시작되었으며, 이러한 과정은 제1차 세계대전으로 인하여 더욱 가속화되었다. 그리하여 미국 니그로들은 농업에서 산업 노동자들로 변신하게 되었다. 남부 출신 니그로들의 기독교는 주로 노예시대의 흑인 "영가"들에서 볼 수 있듯이 일반적으로 부흥적이요, 피세적인 복음주의의 경향을 띠고 있었다. 그러나 도시에 거주하는 북부 니그로들의 문화적, 지성적 수준은 매우 급격히 향상되었다. 비록 새로운 흑인 전문직 종사자들은 교회를 떠나는 경향들이 있었으나, 니그로 교회들은 동시에 보다 더 잘 훈련받은 목회자들을 훈련시키기 시작하였다. 우리들이 살펴보는 시기가 끝날 때쯤엔 약 830만 명의 니그로 신자들이 있었다. 이들 가운데 30만 명이 로마 카톨릭, 나머지 800만 명은 프로테스탄트로 집계되고 있었다. 후자 가운데 750만 명 가량은 별도의 니그로 교파들에 속하였는데, 이 가운데 가장 큰 것은 니그로 침례교파와 세 개의 니그로 감리교파들이었다(흑인들 가운데 9/10는 침례교인이거나 혹은 감리교인이었다). 나머지 50만 명의 니그로 프로테스탄트 신자들은 백인들의 숫자가 압도적이었던 교파들, 예를 들면 감리교(흑인 프로테스탄트의 반 이상이 감리교에 속했다), 제자파, 그리고 장로교 등에 속하였다. 그리고 이들 백인들 교파에서 90퍼센트 이상의 니그로들은 흑인들만의 교회에 엄격하게 분리되어 있었다. 그리하여 약간의 예외적인 경우들만 제외하고는 800만 명에 달하는 프로테스탄트 니그로들은 인종적으로 분리된 교파나 회중들에서 예배드리고 있었다.

1920년의 연방회의에서는 인종문제의 도덕적 측면들에 관한 미국 최초의 교회적인 성명서가 발표되었으며, 이 가운데는 정당한 관계를 수립하기 위한 프로그램들이 포함되어 있었다. 주로 교육을 중심으로 한 위원회들은 인종관계를 연구하기 위한 소위원회들을 조직하였다. 1920년대만 해도 프로테스탄트 지도자들이 가장 관심을 기울였던 문제는 흑인들에 대한 린치(lynch, 사형)였다. 그러나 경제공황은 고용과 사회복지 그리고 주택 구입이나 세입의 차별문제에도 관심을 환기시켰다. 일부 교회들이 이 문제에 관한 "입장을 천명"하는 일들이 보다 빈번해졌으며, 로마 카톨릭 교회도 늦게나마 이 문제에 관심을 가지게 되었다.

이러한 움직임은 특히 제2차 세계대전 중에 더욱 거세졌고 교회들은 비로소 이 시기에 각 교단 내에서의 인종차별 상황에 대한 새로운 자각을 갖게 되었다. 이 시기에 나타난 성명서들 가운데 1/3은 미국 교회 내의 니그로들의 위치에 관한 주의를 환기시키는 것이었다. 그리하여 전국 차원의 총회가 열릴 때마다 니그로 대의원들을 차별없이 대우하고자 하는 조처들이 의논되었다. 그러나 북부의 보다 나은 주택지역에 니그로들의 거주를 제한하였던 "제한 계약"에 관한 문제가 언급되었던 것은 1946년이었다. 그 해에 연방의회는 인종분리를 공식적으로 "복음의 유린"이라고 정의하였으며, 그 구성원들에게 "인종차별이 없는 교회와 인종차별이 없는 사회"를 건설하는 데 노력하도록 당부하였다. 몇몇 교파들은 이 성명서를 자기들의 것으로서 채용하였다. 비록 이러한 가히 혁명적 선언들은 목회지도자들이 앞장선 것으로서 실제 대다수 평신도들 가운데선 즉각적인 효과를 나타내지 못하였으나, 이는

제31장 아메리칸 복음주의의 조직적 통합 453

눈부신 속도로 움직이고 있는 세계 속에서 미국 사회의 거대한 변신을 보여주는 척도라 할 수 있었다.

6. 사회적 이상주의의 몰락

비록 우리들은 이 1, 2차 대전 중의 시기에 볼 수 있었던 프로테스탄트 지도자들의 사회적, 정치적 윤리 가운데 나타난 인도주의적 민주주의의 계속성에 관하여 언급하였으나, 동시에 이에 관련된 윤리가 커다란 변화를 겪었다는 사실을 지적할 필요가 있다. 추구하는 목표는 동일하였으나, 이를 이룩하기 위한 동기와 전략들은 상당한 변화를 경험하였다. 우리들이 살펴본 바처럼 경제공황기까지 "사회복음 운동"의 신앙적 특징은 지성적 이상주의라 할 수 있었다. 즉 하나님의 도움으로 세계를 변화시킨다든지, 혹은 인간 본성의 선성과 역사의 객관적 진보성에 대한 확신이라고 할 수 있었다. 그러나 경제대공황이 이러한 이상주의적 자신감을 근본적으로 흔들어 놓았다. 그리고 같은 해에 파시스트들과 나치들 그리고 일본 군국주의자들의 확장 현상은 역사의 진보에 관한 또 다른 생각을 숙고하도록 만들었다. 경제적, 정치적 사회의 본질에 관한 이 새로운 현실주의는 단지 임박한 상황에 대한 새로운 분석뿐만 아니라 인간의 본성과 역사에 대한 근본적 재성찰을 강요하였다.

이러한 변모의 모습을 가장 확실하게 대표하고 있는 인물은 다름아닌 라인홀드 니이버(Reinhold Niebuhr)였다. 그는 미국 내에서 뉴욕의 유니온 신학교를 신학 중흥의 중심지로 만들었다. 정치 상황의 분석에 관한 니이버의 천재성은 그를 저명한 정치 이론가로 만들었으며 세속 자유주의자들 사이에서도 막강한 영향력을 얻도록 만들어 주었다. 성경적인 측면에서 모든 역사적 진화론과 하나님의 왕국 사이의 새로운 거리감은 재발견된 예수님의 교훈이 가지는 종말론적 측면에 의하여 지지받게 되었다. 이는 1930년대 이전에는 미국에서 거의 아무런 영향을 갖지 못하고 있었던 것이었다. 이러한 사회윤리와 정책의 실질적 분야에서의 새로운 통찰과 경험은 미국에서 신학적인 부흥을 낳게 하였다. 30년대 중반 가장 눈에 띄는 미국 신학계의 동향은 기독교의 사회적 책임과 행동을 무시하지 않은 채 "사회복음적" 자유주의로부터의 반항의 모습이었다.

그리고 이러한 기독교적 소망과 기대의 성격이 변화한 사실은 또한 그 행동의 동기나 행동 양식의 변화를 시사하고 있었다. 이는 곧 "우리 시대의 기대나 결과들에 좌우되지 않는 역사 속에서의 하나님의 목적에 대한 충성의 기반"을 추구함을 의미하였다. 그리고 가시적 교회가 곧 도래할 왕국 속으로 함몰되어 갈 것이라는 관념이 약화됨과 동시에 기독교 신자들은 계속 존속해야만 할 교회를 증인들의 공동체라는 새로운 심각성으로 재발견하였다. 교회는 변화된 인류의 소망뿐만 아니라 그 능력에 대한 증인이 되어야 한다는 것이었다. 특히 구체적으로 신학적인 분야에서 보건대 이는 즉 하나님의 주권에 대한 의식이 매우 고양됨을 의미하였다. 이제 더 이상 20년대와 같은 "민주주의적" 하나님에 관하여 말하는 이들은 없었다. 그리하여 죄와 죄악성이 깊이 자각됨과 아울러 고전적인 죄, 은혜, 용서 그리고 중생과 새 생명이 새롭고 생생한 현실로 나타나게 되었다. 이러한 모든 새로운 특징들은 교회, 공동체 그리고 국가에 관한 1937년 옥스포드 총회의 보고서에 명백하게 드러나고 있다. 이곳에 참석한 미국 대표들의 경향은 10년 전 스톡홀름 총회에 참가하였던 대표들과는 전혀 다른 모습이었다.

7. 현대주의 종교교육

아마도 1930년대의 가장 중요한 종교적, 신학적 변화를 보여주는 극적인 징조는 현대주의 교육 운동의 몰락이라고 할 수 있을 것이다. 주로 존 듀이(John Dewey)와 이와 비슷한 "진보적" 이론가들의 아류에 영향을 받았던 일단의 교육가들은 인간의 본성에 대한 루소적 이론에 기초한 종교교육의 관념을 20년대에 개발한 적이 있었다. 이들은 강단의 "권위주의적인 교리교육"보다는 교실의 "사회적 경험"을 보다 선호하였으며, 이들은 교회를 단지 몇몇 "성품 형성 기관들" 가운데 하나로 취급하였다. 그러나 이들의 주장과 시도는 경제 공황으로 인하여 큰 타격을 받게 되었다. 그리하여 우리가 살펴보는 시기의 말기와 전쟁 기간 동안에 종교교육이 점차 교회들 안에서 회복되고 있었을 때, 그 모습은 점차 의식적인 신학적 부흥으로부터 나타난 기독교적 관점과 견해에 의하여 형성되고 있었다.

그러나 이처럼 새로운 경향은 예배의 측면에서는 보다 더 늦게 나타났다. 20세기 초부터 경건주의적 형태의 예배는 가정예배, "기도회", 혹은 정규 일요 예배 등에서도 점차 몰락하는 모습이었다. 그러한 예배형식은 보다 더 미학적이면서도, 시대착오적이고 신학적으로 명백한 근거를 찾아볼 수 없는 형태의 예배의식에 의하여 대체되고 있었다. 그리하여 회중들의 참여 정도는 오히려 줄어들고 있었다. 제2차 세계대전이 발발한 뒤에야 그 이전에 이미 유럽의 로마 카톨릭 신자들이 경험하였던 중요한 예배의식적 변화의 징조들이 비로소 나타나게 되었던 것이다.

아마도 이 세대 전체를 통하여 가장 널리 볼 수 있었던 경향은 아마도 기독교의 조직화 경향일 것이다. 과거 반세기에 그 유례를 찾아볼 수 없던 정도로 미국 프로테스탄트 진영은 신학을 발전시키고, 보다 엄격한 분위기의 예배를 채용하고, 새로운 정치적, 사회적 책임의식을 개발하였으니, 이는 곧 교회가 보다 고도로 조직되어야 함을 의미하였다. 중앙집권화된 조직화와 통제 경향의 증가는 모든 교파들에서 다 찾아볼 수 있었다. 이러한 경향은 교파의 존재 자체를 이론적으로는 정당화할 수 없는 침례파나 제자파에서도 마찬가지였다. 또한 종교교육 등 구체적인 기능과 분야를 위하여 교파간의 협력을 도모하기 위한 초교파 기구들도 증가하였다. 제1차 세계대전 말에 연방회의는 미국 교회의 필수적인 존재로 자리잡게 되었다. 이러한 위치는 가 교단들의 질투와 방해 그리고 평신도들의 오해에도 불구하고 성취되었던 것이다. 또한 교파간의 합동에서도 제한된 정도나마 진보적인 경향을 볼 수 있었다. 일반적으로 교회들, 특히 목회자들은 이러한 경향을 찬동하였으며 이보다 더 과격한 변화도 수용할 만한 준비가 되어 있었다.

8. 연합과 연맹들

보다 유기체적인 연합도 십여 개나 볼 수 있었다. 보다 중요한 것들 가운데는 1918년에 연합 루터교도 교회와 1921년에 아메리칸 루터교도 교회를 낳게 되었던 연합들이 있다. 루터교도들은 대륙에서의 서로 다른 기원들 그리고 서로 다른 미국 생활에의 적응 정도-특히 영어 사용의 능숙도에 따라 미국 내에서 여러 갈래로 갈려 있었다. 이들은 미국 교회 생활의 주류에서 떨어져 살고 있었으며 주위의 사회에 별로 큰 영향을 미치지 못한 채로 살고 있었다. 1, 2차 대전 기간 중 루터교도들은 연합을 의논하기 시작하였으며 이에 따라 본격적인 연합과정이 시작되었다. 이들은 거의 5, 6백만에 이르는 신자들을 거느리고 있었던 자기들의 세력을 의식하기 시작하였으며 보다 미국 생활에 익숙해지기 시작하면서 마치 로마 카톨릭들이 그러하였듯이 자기들의 숫자에 비례한 역할을 담당하기를 원하기 시작하였다.

또 다른 유기적 연합들 가운데 1939년 마침내 남북 감리교단들이 하나로 합침으로써 "감리교회"(Methodist Church)를 구성하게 되었으며, 이들은 프로테스탄트 교파들 가운데 가장 광범하게 골고루 퍼져 있었던 교파로 등장하게 되었다. 이 재연합은 수차례에 걸친 시도의 결과였으며, 같은 시기의 장로교 노력들은 열매를 맺지 못하였다. 이러한 합동들을 통해 교파들의 숫자들을 실질적으로 감소시키는 것이 바람직하다고 생각되었으나, 미국 프로테스탄트 교파들 가운데 이러한 연합을 이룰 수 있는 교파들은 역시 소수에 불과하였다. 보다 대규모 교파들 가운데 전략적으로 연합이 가능하였던 관련 집단들은 장로교와 감리교였다. 또한 이들 양자는 신앙고백적 경계를 초월하여 하나로 합칠 수 있는 가능성을 가지고 있기도 하였다. 이러한 대연합이 1920년도에 모색되지 않은 것은 아니었으나, 우선적으로는 교파 내에 분열되어 있던 교단들이 먼저 내부적으로 연합을 이룬 후에 이루어지는 것이 순서라고 생각되었다. 만약에 이러한 계획이 실행되기만 한다면 캐나다 연합교회의 형태를 따른 교회가 미국에 이루어지는 것이 가능하였으니, 그 규모는 미국 로마 카톨릭 교회의 절반 이상이 될 것이었다. 그러나 미국 프로테스탄트 진영의 대부분은 아직도 협력관계와 연맹 기구들을 통해 우선 연결되는 것이 필요하였다.

교단, 교파들의 유기적 통합에 비교해 볼 때 협동, 연맹 기구들은 보다 더 신속하게 발전하고 있었다. 1908년 교파들은 사상 처음으로 교회 단체들로서 함께 협력할 것을 약속하였다. 전후 인플레이션 가운데서 연방회의의 예산은 연간 3만 달러로 솟구쳤으나, 그 후의 불황으로 다시 절반으로 줄게 되었다. 동 기구는 미국 프로테스탄트 진영의 3/4에 해당하는 교파와 교단들을 포용하고 있었다. 동 연맹에 협력하기를 거부하였던 대교단은 남침례파와 루터교도 미주리 대회였다. 그러나 다른 교단들의 교단 차원에서의 지원은 미미한 것이었다. 연방회의의 존재에 질투를 느끼고 있었던 각 교단들은 모든 정책 결정에 있어서의 주권을 교단이 유지하였으며, 이들이 연방회의에 내는 분담금은 연방회의 전체 예산 수입의 겨우 14퍼센트에 불과하였다.

또한 구조적으로 연방회의에 전혀 연결되지 않은 주, 시 연맹들이 있었다. 1936년 약 50개의 도시들이 유급 행정직원들을 둔 연맹들을 가지고 있었으며 이 숫자는 그 후 급증하게 되었다. 이들 도시 연맹들은 상당한 규모의 개 교회와 비슷한 예산규모로 운영되고 있었다. 또한 정규직원들이 없는 도시 차원의 연맹 조직체들도 존재하였으나 이들의 효율성은 매우 제한되어 있었다. 이러한 도시 혹은 주 차원 연맹들이 가지고 있었던 제한성은, 이 조직들이 일반적으로 교파들의 프로그램, 형식, 움직임에 매여 있었으므로 관련된 문제들에 관하여 보다 효과적으로 초교파적인 활동을 벌일 수 없었다는 점이었다. 보다 강한 교파들일수록 각 지방적 연맹들에 실제적인 권한을 부여하지 않으려 했다. 이들 연맹들의 가장 중요한 임무는 당시 교파들이 원하고 의도하였던 바를 "예양"(comity) 원칙에 따라 다른 교파들과 조정하는 것이었다. 적어도 새로운 도시 지역들과 지도적인 내지 선교 기관들에 있어서는 이러한 "예양" 원칙들이 상당한 정도로 실현되었다.

9. 전국 위원회

비록 제2차 세계대전 이후에 이루어지기는 하였으나, 이러한 전체 연합 과정에 있어서의 중요한 이정표에 관하여 언급할 필요가 있겠다. 1950년 그리스도 교회 전국 위원회(National Council of Churches of Christ)가 조직되었다. 이는 중요한 초교파적 기능을 담당하는 기구들 즉, 내지 및 해외선교 기구들, 여성문제 담당 기구들의 조정을 위해 성립되었으며, 이러한 문제들에 있어서 교파들을 연합하였던 연방회의와 긴밀한 연락을 취하고 있었다. 이 거대하고 복잡한 조직은 금세기 초에 볼 수 있었던 태도와 상황에 비교해 볼 때 거대한 진보를 이룬 것이라 하겠다. 비록 간접적이고 치밀하지 못한 모습이기는 하였으나, 프로테스탄트 교회들의 전체 활동과 모든 분야들을 한 초점으로 모을 수 있는 근거가 마련된 것이었다. 바로 이 기관에 보다 더 고통스럽고 복잡다난한 교파 단위의 통합을 거치지 않고도 교파간의 무질서 상태가 진정한 협력으로 변환될 수 있는 모든 소망이 걸려 있었다.

마지막으로 교회 내 경건주의의 쇠락과 복지국가의 도래와 함께 프로테스탄트 공동체 전체의 관계가 새로운 면모를 갖추게 되었다. 미국에서는 일반적으로 19세기에 이미 교회-국가 사이의 관계가 전반적으로 정립되었다고 간주되었던 것이 보통이었으며, 20세기에 들어서도 처음 30년 간에는 이 문제에 관한 저술들이 거의 나타나지 않았다. 그러나 30년대에 들어서서 국가는 각종 다양한 형태의 사회복지 분야로 그 기능을 넓히게 되었으며, 이제까지는 교회의 고유한 분야로 알려져 있던 자선 사역까지 담당하게 된다. 공교육은 아동의 인생관 형성을 좌우하는 것인데, 국가가 시행하는 교육은 결국은 비기독교적인 이념과 이상(결국 이는 신학적인 문제이다)을 그 국민들에게 심어주는 결과를 가져오게 되었다. 교회와 국가는 점차 많은 분야에서 책임과 관심을 공유하게 되었으며, 곧 양자 사이의 헌법적 분리가 무엇을 의미하는가에 대한 논쟁이 활발하게 진행되었다. 일반인들이나 마찬가지로 대법원의 전문 법률가들도 제2차 세계대전 이후의 여러 가지 판례들에서 볼 수 있는 바와 마찬가지로 이 문제에 관한 헌법의 해석에 있어서 일련의 혼란을 보이고 있었다.

제 32 장
신생 교회들

　1914년부터 1925년까지는 전세계에 걸쳐 혁명이 그치지 않았던 시기였다. 이처럼 불안한 정세 가운데서도 기독교는 유럽과 미합중국을 제외한 나라에서 급격히 성장을 계속하였다. 아시아와 아프리카에서 기독교 공동체들은 이 세대에 배가되었으며, 특히 가장 괄목할 만한 성장은 인도네시아, 중국, 인디아 그리고 아프리카의 사하라 이남에서 볼 수 있었다. 동방정교는 별로 발전하지 못하였으나, 프로테스탄트 교회와 로마 카톨릭들은 매우 활발한 모습을 보였다. 역시 전자가 보다 더 지도적 역할을 담당하고 있었으나, 후자 역시 더욱 활발한 노력을 기울여 양자 간의 간격을 좁혀가고 있었다. 1940년대에 들어서자 신생 교회들의 세력은 모두 4천여만에 달하였으며, 그 분포는 프로테스탄트와 로마 카톨릭 사이에 거의 균등하게 나누어져 있었다. 그러나 비기독교인구들도 이와 동일한 혹은 보다 신속한 속도로 증가하고 있었다. 그리하여 비록 기독교의 성장 속도가 이전보다는 빨랐다 할지라도, 그 대결 상태에 있었던 종교들만큼 빨리 성장하지 못하고 있었다.

　아시아와 아프리카 그리고 태평양 도서지방들에서는 민족주의적 자각이 눈에 띄게 나타났으며, 영국, 프랑스, 홀랜드, 미국 등의 제국주의와 인종차별주의에 대한 반발이 거세게 일게 되었다. 기독교는 바로 이러한 경향으로 상당한 영향을 받게 되었다. 대부분의 경우들에 있어서 민족주의는 자기들 고유문화의 일부로서 전통적 토속종교들을 재해석하고 지지하는 모습을 보이게 된다. 이는 실론, 버마, 타이의 불교; 일본의 신도; 인디아의 힌두교; 그리고 자바의 모슬렘교들에서 그 좋은 예를 발견할 수 있을 것이다. 그러나 반면에 민족주의는 또한 상당한 세속주의의 경향을 띠고 있어서 터키나 페르시아의 이슬람 등의 경우에서 볼 수 있는 것처럼 다른 종교들을 변혁하고 혹은 말살하고자 하는 경향도 보이게 된다. 어쨌든 기독교는 항상 서구 제국주의의 앞잡이라는 의심을 받기 마련이었으며 이제까지 유리한 점으로 작용하였던 그 서구와의 연계성이 이제는 방해물이 되었다. 그리하여 선교지역에서의 보편적인 현상은 민족적인 기독교 지도자들을 양성하여 이들에게 교회의 주도권을 넘겨주고자 하는 과정이 신속하게 진행되었다는 것이다. 이러한 이전 과정은 일본과 인도네시아에서 볼 수 있듯이 보다 활발한 전도활동의 증가를 의미하기도 하였다. 그러나 아프리카 일부지역에서 볼 수 있었듯이 현지인들은 자기들에게 맡겨진 새로운 책임을 감당할 만한 준비가 채 되어 있지 않았던 것을 볼 수 있다.

1. 로마 카톨릭 선교

바티칸은 이 시대에 선교활동을 적극적으로 지원하였다. 1919년 베네딕트 15세는 선교에 관한 회칙 "막시뭄 일루드"(Maximum illud)를 반포하여 특히 현지 성직자들의 훈련을 격려하였다. 그의 후계자였던 파이우스 11세는 "카톨릭 행동주의의 교황"이라는 칭호와 함께 "선교사 교황"이라는 별명을 받게 되었다. 1920년대에 선전성을 이끌었던 반 롯숨(van Rossum) 추기경은 이러한 선교활동에 더욱 박차를 가하였다. 1925년 로마에서 개최되었던 선교 전시회는 대성공을 거두었다. 1926년에는 교황에게 직접 서품을 받기 위하여 여섯 명의 중국인 사제들이 로마에까지 왔다. 파이우스는 "레룸 에클레시아이"(Rerum ecclesiae) 회칙을 통해 전체 교회가 보다 더 선교활동에 열을 쏟도록 촉구하였으며, 현지의 사제들과 고위 성직자들을 양성할 필요성을 다시 지적하였다. 1927년 선전성은 '피데스'(Fides) 통신을 창설하여 교회의 선전기관 역할을 담당하게 하였다. 또한 이를 위한 영화들도 제작되었다. 대학교들에는 전문적으로 "선교학"을 위한 자리들이 마련되었다. 1년에 한 주일은 선교비를 모금하기 위한 날로 지정되었다.

이들 가운데 가장 대규모 선교기관은 제수잇, 파리 외방 선교회 그리고 프란시스칸 수도회들이었다. 프랑스가 아직도 가장 많은 숫자의 선교사들을 제공하였으나, 더 이상 다수를 점하지는 못하고 있었다. 이탈리아, 독일, 그리고 네덜란드들도 선교에 많은 관심을 기울였다. 미국 로마 카톨릭 신자들 역시 선교에 일익을 담당하기 시작하였다. 1941년에는 거의 3천 명의 미국 출신 로마 카톨릭 선교사들이 나왔는데 이 가운데 45퍼센트가 중국에서 사역하였다. 가장 유명한 중심지는 메리놀(Maryknoll)으로서 제임스 월쉬 신부가 이를 감독하였다. 가장 많은 선교자금을 조성하였던 기구는 역시 신앙 전파 협회(the Society for the Propagation of Faith)였다. 이 기구는 1922년 로마로 이전하였다. 그 후 5년 동안 그 수입은 배가하였으며, 미국으로부터의 헌금은 4배로 증가하였다. 그런데 1929년부터 1933년 사이의 기간 중에 헌금은 45퍼센트가 감소하였는데, 특히 미국측의 헌금이 많이 떨어지게 되었다. 그 후에는 제2차 세계대전 때까지 프로그램이 점차 회복되었다.

2. 프로테스탄트 선교

프로테스탄트 진영의 경우, 유럽 대륙 특히 독일을 강타한 재난은 앵글로-색슨계가 선교활동을 보다 더 전담하도록 만들었다. 1930년대 말 선교사역 전체의 절반 가량을 캐나다와 미국이 담당하였으며, 이 부담 가운데 7/8은 영어사용권 출신들이 담당하고 있었다. 그리하여 프로테스탄트측의 신생 교회들은 유럽의 우익 종교개혁파보다는 앵글로-아메리칸적 복음주의적인 특색을 지니게 되었다. 그리하여 전체 선교사역은 미국의 재정적인 공황과 20년대 말 신학적 인본주의의로 말미암아 그 인원과 재원에 있어서 상당한 변동들을 반영하게 되었다. 이러한 변동은 로마 카톨릭들보다도 프로테스탄트 진영에 더욱 많은 영향을 미쳤다.

로마 카톨릭과 비슷한, 현지인들에로의 주도권 전환과정을 프로테스탄트 교회 역시 거쳐야만 하였다. 이는 특히 극동에서는 보다 더 어려운 일이었다. 독신자 그룹으로 이루어지는 종교지도자들보다도 결혼한 중산층 전문 사역자들을 배출하는 것은 보다 더 힘든 일이었다. 그러나 동시에 프로테스탄트 진영이 가지고 있었던 조직분야의 자율성은 자립, 자치교회의 생성을 허락하였으며, 이런 면에서는 소위 "토착화" 과정에 보다 더 유리하였다. 이 시기 말 프로테스탄트 선교지의 직원들 가운데 90퍼센트가 현지인들이었다. 그러나 재정적으로는 겨우 절반 가량을 부담할 수 있는 형편이었다. 이러한 과정에 동반하여 비유럽적인 회화, 음악, 건축들도 많은 지역에서 실험되었다. 어떤 학자들은 이 시기를 신앙이 어떤 훈련기간 없이 바로 토착화 과정을 거쳐야만 하였던 교회 역사의 초대 300년에 비교하기도 한다.

 프로테스탄트에 특유한 또 하나의 현상은 많은 교회들과 기관들이 그 협력관계, 연맹조직 그리고 조직적인 합동에 보다 더 힘을 기울였다는 점이었다. 이 면에서 가장 중요한 것은 1921년에 창설되었던 국제 선교사 협의회(International Missionary Council)의 존재였다. A. L 바른쉬스와 J. H. 올드햄의 지도 아래 각 지역별, 국가별로 협의회들이 조직되었는데, 그 숫자는 1944년에 모두 26개에 달하게 되었다. 이들 가운데는 인디아, 버마, 실론, 중국(1922), 일본(1923), 멕시코(1928), 브라질(1934), 남아프리카(1936) 등이 있다. 이들은 이처럼 다양한 교회들을 한데 조정하고 민족주의적 경향이 기독교적 통일성을 파괴시키지 않도록 하는 역할을 담당하였다.

 이제 프로테스탄트 선교의 가장 주체가 되었던 미국의 경우, 종교적인 열정의 감소와 재정 위기가 한데 합쳐서 1925-1935년 간은 선교활동이 저조하였다. 장기간 선교활동을 지원하였던 일단의 사업가들이 "평신도 해외선교 조사"를 실시하였다. 그 결과 1931-32년 사이에 7권으로 된 보고서가 작성, 출판되었는데 이를 기초로 하여 하버드의 혹킹(Hocking) 교수가 『선교를 재고한다』(Rethinking Missions)라는 해석을 출판하였다. 그의 입장은 대부분의 선교후원자들보다 훨씬 더 자유주의적인 경향을 띠고 있었으며, 결국 이들에 의하여 많은 비판의 대상이 되었다. 자유주의자들은 고등종교들 사이의 차이점을 극소화하고 선교활동을 단지 서로 다른 이념들과 문화적 가치들을 교환하는 활동 정도로 생각하는 경향이 있다. 그러나 이러한 모습으로 선교를 위한 인원이나 자금의 지원을 요청하는 예는 거의 찾아볼 수 없었다.

 『선교를 재고한다』에 대한 정면 비판으로서 1938년 마드라스에서 개최된 선교총회에서 연구서가 출판되었다. 크레머(Kraemer) 교수의 『비기독교 세계에 보내는 기독교의 메세지』는 전혀 타협이 없는 모습으로 예수 그리스도 안에 나타난 하나님의 계시의 권위와 그 특유성을 주장하였다. 아마도 대륙 선교 후원자들의 대부분은 이러한 크레머 교수의 입장에 전적으로 동의하였을 것이다. 그런데 신생 교회들이 대의원들의 절반 이상을 차지하였던 마드라스에서는 자유주의적 복음주의가 중간 입장이었으며, 크레머 교수는 극우에 속하였다.

3. 북아프리카와 근동

이제 우리들은 기독교가 가장 미약한 진보를 보였던 지역을 잠깐 살펴볼 차례이다. 그 지역은 모슬렘 근동 지역과 북아프리카 지역들이다. 북아프리카에서는 점차 고조되었던 이집트 민족주의가 이슬람교를 약간 강화시켰던 점을 제외하고는 별로 변화가 없었다. 마찬가지로 이제 프랑스의 신탁통치 하에 있었던 시리아에서도 서구 선교사들은 이전과 다름없이 선교활동을 계속하고 있었다. 베이루트의 프로테스탄트 대학교는 1920년에 아메리칸 대학교로 개칭되었으며, 카이로에도 이와 비슷한 아메리칸 대학교가 설립되었다. 이 지역 다른 어느 곳에서보다도 로마 카톨릭과 프로테스탄트 양진영은 모두 시리아에서 더 많은 성과를 거두었다.

팔레스타인은 점차 시온주의 이민들의 초점이 되어가고 있었으며 기독교의 진보는 별로 찾아볼 수 없었다. 서방 교회들은 이 지역에서의 사역을 재정비하였다. 로마는 1917년의 선전으로부터 동방교회를 위한 회중(Congregation for Oriental Churches)을 분리독립시켰다. 그리고 '시리아와 팔레스다인을 위한 프로테스단트 연합 신교사 협의회'는 5년 후 국제 선교사 협회(the International Missionary Council, I.M.C.)의 한 기관으로 귀속 강화되었으며, "근동 기독교 협의회"(Near East Christian Council)라는 이름으로 불리우게 되었다.

급격한 변화는 터키, 페르시아, 그리고 이란 등에서의 민족주의의 결과가 빚어왔다. '청년 터키인당'(The Young Turks)은 프랑스 혁명시 자코뱅들처럼 종교를 세속적 민족주의로 만들었다. 이들이 국가를 모슬렘의 통제로부터 해방시킨 사건은 부분적으로 기독교에 유리하였다. 그러나 터키인들은 수만 명에 달하는 소수민족인들, 특히 아르메니아인들을 살해하였다. 페르시아(현재의 이란)에서도 역시 아르메니아인들과 네스토리우스 교도들이 제1차 세계대전 중과 그 후에 학살당하였으며, 이라크에서도 네스토리우스파 신자들은 비슷한 운명을 겪게 되었다. 이라크에 거주하던 갈대아인들과 터키의 로마 카톨릭 신자들 가운데 약 1/3이 학살당한 것으로 집계되었다. 학살과 추방의 가장 큰 희생자들은 아르메니아 그레고리파 교회였다.

미국 프로테스탄트 선교사들은 터키의 아르메니아인들이 전멸하는 것을 막기 위하여 "근동 구조 작전"이라고 불리우는 눈부신 구조활동을 벌였다.

아마도 이를 통하여 백만 명 이상이 생명을 건지고, 13만 2천 명의 고아들이 구조받고 교육받게 되었다. 1930년까지 무려 1억 달러가 이를 위해 투입되었다. 그러나 동방교회들은 종내 이처럼 처참한 피해를 극복하지 못하였다. 그리고 근동에서 로마 카톨릭과 복음주의 공동체들은 약간의 회복세를 보이기는 하였으나, 교세는 매우 미약하였으며 서방의 원조로 겨우 연명하는 모습이었다.

4. 아프리카

지중해 연안의 아프리카 제국들에서 거의 기독교가 발전할 수 없었던 모습과는 대조적으로 사하라 이남의 아프리카에서는 세계 선교사상 가장 괄목할 만한 성과를 거두게 되었다. 한 세대 만에 기독교 신자들의 숫자가 거의 다섯 배로 증가하였다. 경제적, 문화적 혁명이 가장 중요한 요인이었다. 서구의 경제적 개발은 황금, 다이아몬드, 동광, 농장, 벌채, 철도, 비행기 운송들과 함께 신속하게 침투하였다. 흑인 노동자들이 막대한 숫자로 투입되었다. 이곳에서 전통적인 부족제도와 현지종교들은 와해되었으며, 아프리카인들은 일체의 전통을 상실할 위험에 직면하게 되었다. 그리하여 이 가운데서 기독교는 공동체를 제공하고 인생의 의미를 부여하였고, 새로운 경제적, 기술적 세계에 적응할 수 있는 소망을 불어넣어 주었다. 흑인들에게 제공되었던 의료, 교육 시설들의 대부분은 기독교선교회에 의하여 유지되고 있었다. 아프리카인들이 너무나 대거 기독교로 개종하였으므로 이들을 제대로 교육시키고 양육할 시설이 부족하였다. 이러한 상황 속에서 아프리카인들이 이끄는 기독교 운동들과 유사 기독교적인 선지자들이 나타나게 되었다.

1914년 이전과 마찬가지로 프로테스탄트 사역은 특히 영국령 지역들, 남아프리카연방, 로디지아, 니아살랜드, 케냐, 탕가니카 등에서 보다 활발하게 진행되었다. 로마 카톨릭 선교 사역 역시 과거와 같이 벨지움령 콩고, 포르투갈령 앙골라, 프랑스령 아프리카 등지에서 활발하였다. 로마 카톨릭 측은 이곳에 대거 인원들을 투입하여(1936년 프로테스탄트측의 선교사들이 7천5백 명이었는 데 반해 로마 카톨릭은 1만 명에 달하였다) 그 신자들 수가 일곱 배로 증가하였다. 같은 시기 프로테스탄트의 증가율은 네 배였다. 과거 남아프리카에 집중현상을 보였던 기독교 인구가 이제 벨지움령 콩고에서 재현되었는데, 이곳에서의 로마 카톨릭 신자들의 수효는 1912년의 7만 명으로부터 30년 후에는 2백5십8만 명으로 증가하였다. 이곳에서도 역시, 포르투갈령 앙골라에서와 마찬가지로 정부는 프로테스탄트측의 사역을 방해하는 동시에 로마 카톨릭측의 사역을 보조하였다. 특히 황금해안과 나이지리아 등지에서 기독교 선교사들은 보다 적극적인 모슬렘측의 선교활동과 경쟁해야 했는데, 이 대결에서 항상 승리를 거둔 것은 아니었다. 어떤 지역에서는 재림을 설교하고 선교활동을 악마의 사업으로 비난하였던 여호와의 증인들 때문에 곤란을 겪기도 하였다.

남아프리카 특유의 문제를 지적할 필요가 있을 것 같다. 이곳 흑인들의 인구는 백인들에 비하여 네 배나 되었으며, 훨씬 빠른 인구증가율을 보이고 있었다. 이러한 와중에서 백인들은 경제적, 정치적, 사회적 주도권을 계속 유지하려 시도하였다. 보어인(Boers, 네덜란드계의 남아프리카 주민)들은 "아프리칸"(Afrikaans) 민족주의를 주장하면서 엄격한 계급제도를 유지하였다. 백인 인구의 반 이상을 포용하고 있었던 화란 개혁파 교회(The Dutch Reformed Church)는 보어인들과 밀접한 관계를 가지고 있었다. 영국인들은 이곳 제2의 교파였던 앵글리칸 교파와 기타 영국 교파들을 지원하였다. 장로교, 감리교, 회중파들은 합동회담을 계속하고 있었다. 다른 어느 영국령에서보다 이곳의 로마 카톨릭들은 미약하여 전인구의 5퍼센트에도 채 미치지 못하였다. 흑인과 백인들 사이뿐만 아니라 브리튼(영국계 백인 주민들)들과 보어인들 사이에도 갈등이 있었다. 흑백 주민들 사이의 긴장관계가 가져온 결과들 가운데 하나는 독립적인 분파들이 빠른 속도로 성장하였다는 것이다. 어떤 경우에는 부족단위로 이러한 모습을 볼 수가 있었는데, 부족민들의 반 가량이 기독교 신자였던 반투족 사이에서도 이러한 모습을 볼 수 있었다. 백만 명 이상들이 이러한 독립 흑인 교회들을 지원하였다. 그리고 가장 착취가 심하던 지역들, 흑인들이 거주하는 빈민가에서는 교회가 기반을 완전히 상실하는 모습도 볼 수 있었다. 어쨌든 이러한 날카로운 분열상은 남아프리카 기독교 협의회의 사역을 매우 힘들게 만들었으며, 세계 협의회와의 관계도 빠르게 진척되지 못하였다.

당시 아프리카의 유명한 인물은 1913년 프랑스령 적도 아프리카를 찾아왔던 앨버트 슈바이처(Albert Schweitzer)였다. 비록 그의 선교사역 자체는 특기할 만한 것이 없었으나, 아프리카에서의 사역을 위하여 그가 뛰어난 음악적, 학문적 재능을 희생하였던 점으로 인하여 이곳 선교사역의 상징적인 인물이 되었다. 황금해안에 소재한 아키모타 고등학교의 엑그레이(J. E. K. Aggrey)가 아프리카 지도자들 가운데 가장 뛰어난 인물 중 하나였다. 또한 아프리카인 "선지자들", 예를 들면 제1차 세계대전 중의 윌리엄 웨이드 헤리스(William Wade Harris)와 갤릭 브레이드(Garrick Braid) 등도 특색있고 강력한 종교지도자들이었다. 스스로 "엘리야 선지자"를 자처하였던 브레이드는 매우 강한 반백인적 경향을 가지고 있었으며, 결국은 영국인들에 의하여 투옥당하게 되었다. 이러한 모습은 콩고에서 벨지움인들에 의하여 투옥되었던 사이몬 카방구(Simon Kabangu) 역시 마찬가지였다. 일부 선교사들 역시 성인식, 결혼식, 본토의 건축이나 혹은 의상들을 이용하여 복음을 아프리카적 전통에 적용시켜보려는 노력을 기울였다. 그러나 어쨌든 많은 경우에 제2세대 기독교 신자들은 다시 이교적인 풍습과 관념으로 뒷걸음질쳤다.

5. 라틴 아메리카와 필리핀

구스페인령, 포르투갈령 라틴 아메리카 식민지들과 필리핀에서도 약간의 예외를 제외하고는 교회들이 성장하는 모습을 보이고 있었다. 이곳에 유럽을 제외하고는 가장 많은 숫자의 로마 카톨릭 신자들이 자리잡고 있었는데, 그 종교적 활력으로 보면 아마도 가장 나태한 지역이라고 할 수 있었을 것이다. 라틴 아메리카의 경우 로마 카톨릭 교회는 대규모 토지 소유자들과 그 재정적 이해관계를 함께하였으며, 교회의 가장 중요한 지지층은 여성들이었다. 전통적으로 교회에 대해 무관심하거나 혹은 적대적인 태도를 견지하였던 지성적 지도자들과 사회의식이 강한 시민들은 브라질과 칠레에서 보여준 교회측의 사회활동과, 아르헨티나 멕시코에서의 네오-토미스트 철학 등에서 약간의 접촉점을 발견하였다. 그러나 전체적으로 볼 때 로마 카톨릭 신부들의 대부분은 반계몽주의였고 반동적 경향을 가지고 있었다. 그리고 이들은 또한 1930년대에 라틴 아메리카에 나치와 파시스트들이 침입하는 데 가장 중요한 역할을 하였던 것이다. 라틴 아메리카 성직자들의 대부분은 스페인과 이탈리아의 파시스트 출신들이었다. 반면에 주로 멕시코와 브라질에서 활동하였던 프로테스탄트 선교사들은 하류층에 기반을 두고 있었으며, 이 하류층은 점차 새로운 중산층으로 자리잡기 시작하고 있었다. 특히 브라질의 경우 많은 회중들은 경제적으로 자립할 수 있었을 뿐만 아니라 전도활동에서도 활발한 모습이었다. 이들 형식적인 로마 카톨릭 신자들이 주로 자리잡고 있었던 지역에서 프로테스탄트 신자들의 숫자는 증가하고 있었으며, 로마 카톨릭 출신으로서 프로테스탄트 신자로 개종하는 숫자가 그 반대의 경우보다는 훨씬 더 많은 것이 사실이었다. 그러나 역시 이 지역에서 프로테스탄트 신앙은 아직도 약간은 이국적인 호기심의 대상이기도 하였다. 원주민 인디언들 사이에서 주로 활약하였던 것은 교파를 초월한 "자원 선교기관들"이 대부분이었다. 그리고 프로테스탄트 집단의 다수는 전국 회의들을 통하여 I.M.C.(International Missionary Council)에 가입되어 있었다.

멕시코는 스페인에 비교할 수 있을 만한 교회적 투쟁을 겪었다. 1911년의 혁명은 대중교육과 농업개혁을 주장하였던 프로그램으로 대지주이자 반계몽적인 경향을 띠고 있었던 교회와 충돌할 수밖에는 없었다. 이때의 대결을 통해 가장 반성직자적인 1917년 멕시코 헌법이 제정되었다. 이때의 다양한 조문들 가운데는 기독교 수도회들, 종교교육들에 대한 제한, 세속적 혼인의 인정, 그리고 성직자의 특권박탈조항들이 들어 있었다. 이러한 제한조항들은 1926년부터 실질적으로 시행되기 시작하였다.

칼레스(Calles)의 정책으로 말미암아 폭력적인 반동이 발생하였으며, 1930년대 초부터 전국적인 대결양상들이 보여 1932년 파이우스 11세는 이를 위한 회칙을 반포하였다. 사제들은 체포당했으며, 교회 건물들은 세속적으로 사용되었다. 외국인들은 사제의 역할을 할 수 없었으며, 성직자들은 가르치는 것이 금지되었다. 또한 공립학교들에서는 종종 반종교교육이 시행되기도 하였다.

1935년 멕시코 전국에서 14주들에서는 성례를 행하는 것이 금지되었고, 이 중 일곱 개 주에는 사제들이 존재하지 못했다. 바티칸이 파견하였던 사도사절단(The Apostolic Delegates)들은 추방되었다. 30년대 후반에는 이러한 대결이 보다 완화되었으며 약간의 종교적 부흥상을 볼 수 있었다. 그러나 양측간의 적개심은 그대로 남게 되었다.

필리핀은 이와는 대조적인 모습을 보여준다. 이 나라 국민의 90퍼센트는 명목상으로는 다 기독교인들이었다. 비록 민족주의로 인하여 제1차 세계대전 이전에 상당한 규모를 가진 아글리파얀 분파(Aglipayan Schism)가 있었으나, 이 운동은 종내 본격적으로 성립되지 못하였다. 한편 로마 카톨릭 교회는 현지 성직자들의 훈련을 서둘게 되었다. 1936년 10명의 주교들 가운데 7명이 필리핀인들이었고, 교구들 가운데 반 이상이 필리핀인들 사제에 의하여 사역되고 있었다. 1935년에는 자치정부가 수립되었으며 라틴 아메리카에 비할 때 성직자들이 정치간여로 인한 문제는 거의 없는 편이었다. 소규모에 불과하였던 프로테스탄트 공동체는 날로 성장하였으며 I.M.C.와 관련을 가진 전국 기독교 위원회를 통하여 연합하였고, 종내는 장로교, 회중파, 연합 형제단들이 한데 모여 필리핀 연합 복음 교회(The United Evangelical Church of Philipines, 1929)를 결성하였다. 모로족(Moro)에게 들어갔던 프로테스탄트 선교사 프랑크 라우박(Frank Laubach)은 대규모적으로 문맹 퇴치하는 방법을 개발하여 그것은 그 후에 여러 지방들에서 사용되었다.

6. 동남 아시아

인도네시아의 보다 남부와 서부에는 극동에서 가장 많은 숫자의 프로테스탄트 신자들이 거주하고 있었다. 제1차 세계대전은 주로 홀랜드와 독일이 주도하였던 선교활동에 지장을 주었으나, 수마트라와 니아스 지방에서 대중들은 계속하여 기독교로 귀의하는 모습을 보이고 있었다. 1920년대에는 인도네시아 민족주의가 증가하였으며, 이는 당시의 모슬렘 부흥과도 연계되었다. 인도네시아 신자들은 유럽인들의 통치를 달가워하지 않았으므로, 바탁 지방처럼 현지인들에게 지도권이 넘겨진 지역에서는 보다 활발한 전도활동이 이루어지고 있었다. 1936년 마침내 인디아 제도 네덜란드 교회는 행정적으로 국가와 분리되었다. 교회는 우선 I.M.C.와 연결되었다가 후에는 세계협의회에 가입하였다. 1940년 인도네시아의 프로테스탄트 신자들의 수는 2백만에 달했다. 한편 소규모였던 로마 카톨릭 선교활동이 더 급성장하는 모습을 보였다. 이는 아마도 홀랜드에서 로마 카톨릭측의 세력이 강성해졌기 때문인지도 모른다.

이 세대에 인도네시아의 로마 카톨릭 교회는 백만에서 2백만으로 증가하였는데, 성직자들 가운데는 현지인 출신이 압도적으로 많았다. 일반 국민들보다 기독교 신자들 사이에 민족주의적 감정이 더 강하게 일고 있었다. 전체 위원회가 1934년에 개최되었다. 또한 이 시기에 인도차이나에서도 프로테스탄트 사역이 시작되었다.

7. 인디아

　인디아 대륙에서도 민족주의는 급속하게 발전되어, 간디의 지도를 중심으로 하여 인디아 전국 의회당을 지지하면서 영연방 가입 여부를 막론한 인디아의 독립을 요구하였다. 일단 라지(raj)가 퇴위한 후에는 힌두와 모슬렘들 사이의 내란상태가 우려되었음에도 불구하고 영국인들은 이곳의 통치를 포기할 수밖에는 없었다. 인구가 1911년의 3억 천5백만 명에서 1941년에는 3억 8천8백만 명으로 증가하였는데, 이로 인하여 생활수준이 떨어지고 기근과 사회불안이 야기되었다. 인디아 인구의 1/6을 차지하였던 '최하층 천민들'(untouchable)들은 새로운 정치적 세력집단으로 등장하였다. 한편 젊은 지성인들 사이에는 세속주의(특히 공산주의)가 많은 지지자들을 얻게 되었다.

　이러한 상황 속에서 이 세대 가운데 인디아 기독교는 그 숫자가 두 배 이상으로 증가하였으며, 8백만의 신자를 거느린 인디아 제3의 종교가 되었다. 그러나 힌두민족주의자들은 일반적으로 기독교로의 개종은 사회구조를 변화시키는 것이라고 반대하였다. 그리하여 기독교 신자들을 다시 개종시키고자 하는 노력들이 경주되었다. 그리고 인디아의 미래를 의논하는 각종 계획에서 기독교 신자들의 참여는 배제되는 것이 보통이었다. 인디아 기독교 신자들은 일반적으로 인디아의 독립을 지지하였으나, 선교사들은 정부의 강한 규제를 받고 있었다. 1943년 기독교인 전인디아 총회는 영국인들에게 전쟁이 끝나면 2년 내에 인디아를 완전히 독립시킬 것을 요구하였다.

　이 시기의 로마 카톨릭 교회의 증가율은 인구 자연 증가율을 약간 앞서고 있었다. 그러나 1930년대까지도 그 노력은 주로 자신의 교인들 자체를 대상으로 하고 있었다. 1928년 포르투갈과의 콩코르닷으로 통솔권 문제(제25장, "인디아" 항 참조)는 거의 종결되었다. 교인 대부분은 아직도 고아와 마드라스 남부 지방에 자리잡고 있었는데 이들의 숫자는 전인구의 5퍼센트 가량 되었다. 중국과 아프리카의 경우보다는 떨어졌으나 교회의 지원들 숫자도 상당히 증가하였다.

　1931년 인디아의 로마 카톨릭 교인들 가운데 1/4 가량은 현지 출신 성직자들이 돌보게 되었다(아직 현지인 주교들은 배출되지 않았다). 그러나 교회는 아직도 인종적, 카스트적 구분으로 분리되어 있었다. 그리고 그 재정과 인력을 서방에 의존하고 있었다. 다양한 형태의 카톨릭 사회활동들이 시작되었다. 인디아가 독립하게 되면 기독교 학교들이 제한되리라는 우려 속에서도 상당한 정도의 교육 프로그램들도 유지되고 있었다. 시리아 출신 대규모 야콥파는 유니에잇 교파로 변신하였다. 제2차 세계대전 발발 당시 로마 카톨릭의 규모는 4백만에 육박하고 있었다.

보다 더 활발한 선교사들과 선교활동을 유지하였던 프로테스탄트는 이 세대에 세 배나 증가하였다. 1914년 이후에는 특히 최하류 계급층으로부터 대규모적인 기독교에로의 개종을 찾아볼 수 있었다. 특히 1930년대에는 미국으로부터의 재정 지원이 격감하였으므로 일부 인디아 기독교 신자들은 종교적, 도덕적 수준이 저하할 것을 우려하고 있었다. 그러나 인디아 목회자들의 숫자는 증가하였고, 그 질도 개선되고 있었다. 각 교파들이 많은 지역들을 현지 지도자들의 손에 넘김에 따라서, 이제까지 빈곤에 시달리고 심리적으로 침체상태에 있었던 교인들과 현지 지도자들 사이에서는 상당한 각성이 일어났다. 최초의 인디아인 앵글리칸 주교였던 아자리아(Azariah)는 적극적인 전도활동을 촉구하였다.

각종 교회 위원회들 가운데 가장 성공적이었던 것은 폴(K. T. Paul)과 윌리암 페이톤(William Paton)이 이끄는 인디아 전국 기독교 협의회(The Indian National Christian Council, 1923)였다. 또한 교회 연합을 추구하였던 정신이 많은 교파 합동을 이루어 내었다. 북인디아 연합교회(1924)는 주로 장로교인들과 회중파 교인들로 구성되었다. 1908년 장로교, 회중파 그리고 개혁파가 형성하였던 남인디아 연합교회는 제2차 세계대전 이후에 웨슬리안 감리교와 앵글리칸들과 합동 협상을 벌였다. 전세계적인 관심을 끌었던 이러한 협상들은 결국 1947년 남인디아 교회를 결성하는 열매를 맺게 되었다. 1932년의 "인디아와 버마의 교회들로부터 대영제국과 아일랜드를 향한 교제의 선교"는 젊은 인디아 교회들의 활력을 보다 더 극적으로 보여주고 있었다.

특히 예루살렘 총회(1928) 후에 인디아 프로테스탄트 신자들의 93퍼센트가 농촌 주민들이라는 사실에 대하여 선교사들은 주의를 기울이기 시작하였다. 이제까지 대부분의 선교 교육은 도시 상황을 전제로 한 것이었다. 1930년에 들어서면서 기독교 농촌 주민들을 위한 훈련들이 본격적으로 시행되었으며, 신용은행, 학교, 의료시절, 오락시설이 설치되었다. 특히 샘 히긴보톰(Sam Higginbottom)이 알라하밧에서 행한 사역이 많은 영향을 미치게 되었다. 일부 선교사들은 또한 인디아 현지주민들과 비슷한 생활 수준으로 살 것을 시도해 보기도 하였다. 타골과 간디의 가까운 친구였던 앤드류스(C. F. Andrews)는 현지인들의 생활에 기독교를 적응해 보고자 특별한 노력을 경주하였던 인물이었다. 인디아식 건축, 찬송가, 회화들도 더 널리 사용되기 시작하였다. 존즈(E. S. Jones)는 인디아의 아쉬람(Ashram)을 기독교식으로 적용시켰다. 썬다 싱(Sundar Singh)은 전통적인 인디아의 사두(sadhu), 즉 거룩한 성자라는 개념을 기독교적으로 적용하였던 인물이었다. 그리고 교회 밖에 살던 수백만의 주민들도 카스트, 조혼, 일부다처제 등 악습에 있어서 기독교적인 영향을 받게 되었으며, 일반적으로 건강, 교육, 윤리를 개선하는 데 관심을 갖게 되었다.

8. 중국

히말라야 산맥을 건너 중국에는 당시 4억이 거주하고 있었는데, 이는 전인류의 무려 1/4에 해당하는 숫자였다. 1890년대부터 이곳에서는 거대한 혁명이 진전되고 있었다. 그리하여 고대 유교적 제국 대신에 1911년에는 공화국이 성립하게 되었으며, 가족제도가 무너지고 중국의 문화, 종교, 사회제도, 문학과 언어 등 전반에 걸쳐 큰 변혁이 발생하였다. 아마도 러시아를 제외하고는 세계 어느 지역도 이처럼 근본적이고 격심한 변화를 경험한 지역은 없었을 것이다. 공화국 지도자였던 손문(Sun Yat Sen)은 아직도 나라가 정치적 혼란에서 벗어나지 못하고 있는 가운데 1925년에 세상을 떠났다. 그 다음 해에는 그가 생전에 이끌던 국민당군이 장개석(Chiang Kaisek)의 지도 아래 전쟁을 벌여 1930년대에는 거의 중국 전체를 석권하였다. 그러나 아직도 상당한 세력의 공산당군이 저항을 계속하고 있었다. 그리고 1931년 봉천 사건(Mukden Incident)을 기화로 일본제국은 중국에 대한 침략을 개시하였다. 일본군은 국제 연맹의 반대를 무릅쓰고 괴뢰 '만주국'을 수립하고, 국민당과 공산당 모두를 상대로 중국 전체의 정복을 꿈꾸는 전쟁을 수행하였다. 또한 아직 각 지방에 할거하고 있었던 군벌들이 문제를 더욱더 복잡하게 하였다.

그러나 이러한 어려운 상황과 복잡한 사건들을 무릅쓰고, 로마 카톨릭과 프로테스탄트들은 모두 이 세대에 교인들을 배가시키는 데 성공하였다. 이 시기에 중국에서 로마 카톨릭이 성장한 비율은 단지 적도 아프리카나 미국에서의 성장에나 비교할 수 있는 괄목할 만한 것이었다. 인디아보다 더 많은 인원들이 동원되고 충원되었으며 통일된 현지 로마 카톨릭 교회를 건설하기 위한 진보가 급속도로 이루어지고 있었다. 최초의 사도 사절로 1922년에 콘스탄티니(Constantini)가 임명 파견되었다. 그는 특히 기독교를 중국의 예술과 문화에 접목시키는 데 깊은 관심을 가지고 있었다.

1926년에는 성 베드로 대성당에서 6명의 중국인 주교들이 서품되었으며, 1940년에는 중국인 주교들의 감독을 받는 교구가 열네 개 설치되어 있었다. 아프리카를 제외하고는 그 어느 지역보다도 많은 숫자의 고아원들, 병원들, 진료소들을 볼 수 있었다. 그리고 이전보다 교육도 더 활발하게 진행되었다. 1935년엔 최초의 카톨릭 행동 전국 의회가 개최되었다. 그러나 일반적으로 볼 때 카톨릭 고위 성직자들은 당시 전국적으로 모든 사회분야에 영향을 미치고자 하였던 프로테스탄트 선교사들과는 달리 협의의 종교 범위를 벗어나기를 싫어하였으며, 주로 교회의 성장에만 신경을 집중하고 있었다. 1941년 로마 카톨릭 교인의 숫자는 3백2십5만 명에 이르렀다. 그 재정의 절반 가량은 중국인들 자신이 부담하였는데, 주로 지주들로부터 헌금되고 있었다.

한편, 주로 프로테스탄트 교파들을 통하여 기독교는 다른 어떤 아시아 국가보다도 중국에 심각한 영향을 미치면서 이를 변화시키고 있었다. 프로테스탄트들은 전인구의 1퍼센트에 불과하였으나, 이들은 의료, 외과 수술 그리고 공공보건에서 개척자적인 역할을 담당하였다. 중국 간호원들의 9/10는 기독교 신자들이었다. 1930년대 대부분의 사회활동은 기독교 신자들이 담당 수행하였다. 비록 기독교 신자들의 수는 전인구 백명 당 하나에 불과했을지 모르지만, 저명인사 명부를 보면 여섯 명 중에 한 명을 차지하고 있었다. 그리고 저명 인사, 주요 인사들 가운데 반은 기독교 학교, 혹은 대학 출신들이었다.

국민당이 주도하였던 '신생활 운동' 역시 기독교로부터 영감을 받았던 것이다. 손문, 장개석, 쿵과 이들 세 지도자들의 아내들(이들은 모두 가문 출신이었다)은 기독교 신자들이었다. 많은 장군들, 교육가들, 정치가들은 많은 경우 해외에 유학하고 기독교 신자가 된 인물들 가운데서 배출되었다. Y.M.C.A.와 교회들은 문맹퇴치를 위한 지미 엔(Jimmy Yen)의 프로그램들을 지원하였다. 많은 중국인 기독교 신자들은 중국인들의 생활 전반에 걸쳐 개혁을 시도하였으며, 이러한 노력은 실질적인 결과를 거두고 있었다. 그러나 동시에 이들의 영향력의 범위가 넓어지는 대신 그 농도가 엷어지는 것은

제32장 신생 교회들 473

아닌가 하는 우려도 생기고 있었다. 중등학교들과 대학교들은 점차 그 기독교적 특성을 상실하고 있었다.
　기독교가 주로 사회개혁운동과 동일시되었던 지역에서는 공산당들이 그 지도자들을 보다 뛰어난 정확성과 명백한 현실주의로 포섭해 나갔다. 그리고 미국식인 종교교육 운동이 그 모호한 영향력을 미치기 시작하고 있었다. 그리고 라틴 아메리카를 제외하고는 그 어느 곳보다 더 심각한 "근본주의"와 "자유주의" 사이의 분열도 발생하고 있었다.
　프로테스탄트 선교활동은 부분적으로는 보다 더 활발하였던 사회활동으로 또한 더 날카로운 공격대상이 되었다. 1920년대에는 특히 공산주의의 사주를 받은 반종교적 운동이 영국인 선교사들을 대상으로 발생하게 되었다. 산적들은 선교사들을 최고의 납치대상으로 삼고 몸값을 요구하고는 하였다. 서양제국의 조차제도, 부동산 소유들은 민족주의적 반발을 야기시켰으며, 이러한 반감은 선교사들을 상대로 표현되는 경우들을 흔히 볼 수 있었다.
　기독교 학교들에 관한 한 국민당 정책은 민족주의적이자 세속주의적인 면모를 보이고 있었다. 또한 프로테스탄트 선교 재정과 인원의 대부분을 담당하였던 미국 사정의 변화에 따라 이들의 선교사역 역시 많은 어려움을 겪게 되었다. 특히 중국인들을 신학교에 보내는 것은 매우 어려운 일이었다. 유능한 교사들, 행정가들, Y.M.C.A. 사역자들은 찾을 수 있었으나, 목회자들의 전례가 없었던 중국인들은 본격적인 목회자가 되려고 하지는 않았다. 물론 로마 카톨릭에 비하면 프로테스탄트 사역자들의 수가 더 많았다. 그러나 전자는 라틴어로 신학교 교육을 받아야 한다는 점이 그 불리한 요건으로 작용하였기 때문일 것이다.
　1922년에는 중국 전국 기독교 위원회가 조직되었다. 1927년에는 세계에서도 가장 포괄적인 교회 연합이 발생하였으니, 곧 중국 그리스도 교회의 결성이었다. 그 핵심은 장로교와 개혁파가 구성하고 있었으나, 그 외에도 회중파, 연합 형제파 그리고 침례파들까지도 이에 합세하였다. 1934년에는 중국 전체의 프로테스탄트 목회자들 가운데 반 이상이 이 기구에 가입하고 있었다. 가장 중요한 지도자였던 쳉 칭-이(Cheng ching-yi)는 서구를 널리 방문하여 이름이 알려지게 되었다. 이들은 I.M.C. 등과 세계 협의회와도 계속적인 연계를 유지하였다. 특히 1938년 마드라스 총회에 참석한 중국인 대표들은 유능했다.

이때 일본은 이미 중국을 향한 전면전을 개시한 후였다. 양국 기독교회들 사이의 관계도 긴장되었다. 일본과 중국의 전국 기독교 위원회들은 대표들을 교환하였다. 당시 일본에도 약간의 평화주의자, 반전주의자들이 없는 것은 아니었으나, 대부분은 정부가 주장하는 이상적인 전쟁의 정당성을 소박하게 그대로 받아들여, 일본군은 고통당하고 있는 중국 인민들을 해방시키는 역할을 하고 있다고 생각하였다.

9. 일본

일본은 서양 과학 기술을 아시아에서 가장 먼저 받아들인 국가였으며, 그 교회 역시 자립, 자치를 가장 먼저 이룩한 국가이기도 하였다. 주로 미국인들이 설립하였던 프로테스탄트 교회는, 당시 파리 외방 선교회의 감독을 받았던 로마 카톨릭보다 더 활발하게 성장하였다. 이곳에서의 토착화 과정 역시 급속도로 진전되었다.

1920년대 가가와의 "하나님의 왕국 운동"은 국가 전체로 기독교적 뉴스를 전달하고자 하였다. 1931년에는 해외에 거주하는 일본인 신자들을 돌보기 위한 해외 복음 협회(Overseas Evangelistic Association)가 조직되어 라틴 아메리카, 필리핀, 대만, 일본 통치하에 있던 도서지방들 그리고 만주국을 총괄하였다. 1923년에는 전국 기독교 위원회가 이미 조직된 바 있었다. 정부의 압력 아래 일본 기독교회(1941)는 통일되고 토착화된 교회의 절정을 이루게 되었다. 이러한 연합은 무려 41개의 교단들을 한데 통일한 것으로 당시 세계에서 가장 포괄적인 교회라고 할 수 있었다. 단지 제7일 안식일 교회와 앵글리칸들만이 이에 가입하기를 거부하였다.

일본 기독교의 특징은 다른 아시아 제국에 비하여 농촌지방이 아니라, 도시의 전문직종 종사자들과 공무원들을 많이 포함하고 있었다는 점이다. 대부분 아직도 봉건 사회 제도 아래 살고 있었던 농촌대중들은 거의 기독교와 접촉할 기회가 없었다. 가가와는 미국에서 가장 잘 알려진 일본 기독교의 대표자였다. 그는 빈민가에 살면서 각종 학대를 받고 질병과 박해도 이겨내었다. 그는 사회개혁을 주창하였으며, 협동조합 그리고 덴마크 형태의 대중학당들을 주창하였다(제12장, "스칸디나비아 인민들의 교회" 항을 보라). 또한 음주의 해독과 사창, 공창제도에 반대하는 운동을 이끌었다. 그는 산업 전선에서 노동조합을 지지하였다는 죄목으로 투옥당하기도 하였다. 이러한 사역들 외에도 그는 교육 및 의료 사역들을 실시하였다.

이 세대의 전쟁 분위기는 선교활동을 어렵게 만들었다. 특히 워싱턴 해군 회의와 미국의 이민제한 정책으로 일본인들은 미국을 의심과 적개심의 눈초리로 바라보았다. 당시 한국과 대만에 주재하였던 미국 선교사들 역시 이 지역의 일본화를 방해하는 요소로 간주되었다. 신사참배가 강요됨에 따라, 프로테스탄트 신자들은 로마 카톨릭보다 더 격렬하게 이에 저항하였다. 정부에서는 신사참배를 애국심을 앙양하기 위한 제도라고 주장하고 있었다. 대부분 프로테스탄트 신자들이 이러한 예식을 초대교회의 황제 숭배와 유사한 것으로 판단하였는 데 반하여 로마는 이에 대한 참여를 공식적으로 승인하였다 (1930). 1937년의 전쟁 발발과 함께 미국 선교사들은 현지 기독교 신자들에게 미치는 피해를 감안하여 일본과 한국에서 철수하는 정책을 실시하였다. 반면 대부분 프랑스 출신이었던 이 지역의 로마 카톨릭 선교사들은 일본 정부로부터 거의 박해를 받지 않았다. 일본 정부는 1940년에 내린 명령을 통해 모든 교회들, 교회 부속 기관들, 기독교 학교들의 행정 책임자는 반드시 일본인이어야 한다고 규정하였다. 일본은 전쟁 기간 중 피점령 지역 교회들을 일본 기독교단의 산하 기관으로서 통일하고자 시도하였다. 그리고 1939-1940년에는 전국에 걸친 연합 전도운동이 실시되었다.

전쟁이 전세계로 번져감에 따라 역시 전세계에 걸친 선교기관들과 선교사들의 연락망이 비로소 그 가치를 발휘하기 시작하였다. 일본 한 나라가 점령한 지역이 전선교지의 1/4에 달하고 있었다. 많은 선교기지와 선교사들은 지원국가와의 연락망이 두절되었다. 이제 I.M.C.는 "고아 선교 재단"이라는 이름의 재원을 중앙에 마련하고 거의 40개국들에 자금을 조달하여 주었다. 인디아와 중국 교회들이 이를 위해 십만 달러를 제공하였다. 그리하여 단 하나의 선교기지나 선교사도 재정 부족으로 인하여 철수되거나 폐쇄되지 않았다. 이는 기독교 역사상 상호간의 도움과 원조를 가장 여실히 보여주고 있는 장면이었다. 그리고 전쟁 기간 중 교회들간의 연맹과 합동은 그 이전보다 더 빠른 속도로 진전되고 있었다.

제 33 장

에큐메니칼 운동

많은 기독교 학자들은 에큐메니칼 운동이야말로 20세기의 교회사에 있어서 가장 중요한 운동이었다는 데 동의하고 있다. 이는 수백, 수천 개의 조직체들과 운동들이 하나로 모여 이루어 낸 열매이다. 이러한 단체들이나 혹은 운동들 가운데서도 특히 중요한 것은 기독 학생 운동(The Student Christian Movement, S.C.M.), 국제 선교사 위원회, 생활과 사역(the Life and Work), 그리고 신앙과 직제운동들(the Faith and Order movements)을 열거하지 않을 수 없다. 그 결과가 빚어낸 것이 즉 세계 교회 협의회(the World Council of Churches)였다.

이들 가운데 처음 두 단체들은 지난 두 세대 동안에 미국의 프로테스탄트 진영이 세계 기독교에 공헌하였던 가장 중요한 점이라고 할 수 있을 것이다. 비록 그 신학적 인도에서는 독일의 도움을, 그리고 윤리적 개척과 교회 자체에 대한 이해를 위해선 스코틀랜드와 영국의 도움을 많이 받았으나, 결국 선교와 기독교 청년 운동에 대하여 세계를 가르친 것은 미국 프로테스탄트 교회였다.

1. 기독 학생 운동(Student Christian Movement)

전세계적인 기독 학생 운동은 1886년 무디(D. L. Moody)가 개최하였던 헐몬 산 센터(Mt. Hermon center)의 제1차 국제 기독 학생 총회에서 시작되었다. 이곳에서 복음주의적 프로테스탄트 진영의 선교소명이 부흥회적 열정으로 선포되었으며, 이곳에 모였던 250명 가운데 100명이 외국 선교사로

가겠다는 각오를 표명하였다. 동 총회는 또한 로버트 와일더와 같은 전달자들을 각 대학들에 파송하였다. 한 해 동안에 무려 2천2백 명의 학생들이 선교사로 지원하였다. 이러한 학생들의 정열을 "학생 자원 운동"(Student Volunteer Movement, S.V.M.)으로 연결시켰던 조직상의 천재는 바로 못(J. R. Mott)이었다. 그는 1888년부터 1915년까지 이 운동의 총재직을 역임하였다. 각처를 순회하였던 총무들로 인하여 이 운동은 곧 영국, 스칸디나비아, 독일, 홀랜드 그리고 스위스 등으로 파급되었다.

이들은 "만약 하나님께서 허락하신다면 외국 선교사가 되는 것이 제 목표입니다"라는 선언을 기초로 하여 그 구성원들을 모집하였다. 이들은 "우리 세대에 전세계의 복음화"라는 구호를 내걸고 있었다. 이러한 자원자들은 절대적인 봉사정신과 각오로 학생 기독교 사역을 중흥시켰을 뿐만 아니라 교파 간의 간격을 좁히는 데도 큰 역할을 담당하였다. 4년마다 개최되었던 학생 자원 운동의 총회는 각 대학들에 큰 영향들을 미치게 되었다. 실제적인 선교 사역을 보더라고 1890년 이후 북아메리카에서 배출되었던 남선교사들의 3/4 그리고 여선교사들이 70퍼센트들은 모두 "자원 선교사들"이었다.

이와 비교해 볼 때, 보다 포괄적이면서도, 그 목표에 있어서는 덜 구체적이라고 할 수 있었던 기독교 운동이 국제적인 그리고 초교파적인 Y.M.C.A 운동을 통해 성장하였다. 위샤드(Wishard)는 이러한 발전을 오랫동안 꿈꾸고 있었으나, 실제로 이를 탄생시킨 것은 존 못(J. R. Mott)이었다. 1891년의 암스텔담 Y.M.C.A. 총회에서 못은 각국 출신 대표들을 한곳으로 모아 국제적인 학생 기독교 교류를 의논하였으며, 1895년에는 스웨덴의 바드스테나에서 세계 학생 기독 연맹(the World Student Christian Federation)이 결성되었다. 이 W.S.C.F.는 각국마다 그 교리적, 교파적 성격이 다양하였으나, 이를 통하여 장래 사회 각계층에서 지도적 위치를 차지한 수천, 수만의 인물들이 각자의 특유한 교리적 확신을 견지하면서도 교파적인 경계를 건너, 함께 예배를 드리고 교제를 나누면서 하나님의 영광을 위하여 일할 수 있는 기회를 갖게 되었다. 이러한 분위기 속에서 사람들을 훈련시키고, 국경선과 교파의 경계를 건너 많은 이들의 교제를 추진함으로써 W.S.C.F.는 에큐메니칼 운동을 위한 지도자들을 양성하는 데 가장 중요한 혹은 필수적인 기관으로 등장하였다. 당시 에큐메니칼 운동을 위하여 가장 중대한 공헌을 하였던 다섯 명의 인사들 - 못, 올드함, 쉬더블롬, 템플, 비서트 후프트 - 등이 모두 학생 기독운동을 통하여 배출되었다는 점은 특히 중요한 것이다.
　학생 운동은 20세기의 프로테스탄트 기독교를 위한 가장 선지적인 기관이라고 할 수 있다. 이들은 교구 목회나 회중들보다는 훨씬 더 새로운 사조에 대하여 성경적, 신학적, 윤리적으로 정확하고 민감한 반응을 보이고 있었다. 많은 숫자가 학생 기독 운동을 통해 복음에 접하게 되었다. 이 가운데는 원래 모교회에서는 전혀 신앙에 대한 심각한 도전을 받지 못하였던 이들도 있었다. 그리고 국제적인 연계로 보더라도 제1차 세계대전으로 인하여 국제적인 공산당, 사회주의 청년 운동이 분열되었는데도 불구하고 W.S.C.F.만은 국적을 초월하여 계속 교제를 유지하고 있었다. 또한 절망에 가득 찬 전쟁 후의 상황 속에서도 재건을 위한 신앙을 유지하고 있었던 것은 오직 W.S.C.F.뿐이었다. 이러한 노력을 통해 국제 학생 봉사 기구(the grat International Student Service Organization, I.S.S.O.)가 발족되었다. 그런데 양차 대전 중의 기간 가운데 기독 학생 운동은 미국보다는 유럽에서 더 활발한 활동을 벌였다. 1920년대의 신학적 자유주의와 그 뒤를 이은 교파 간의 긴장 및 갈등이 에큐메니칼 사업을 저해하였던 것이다. 암스텔담(1938)과 오슬로(1948)에서의 세계 청년 회의들은 에큐메니칼 운동을 위한 다른 회의들과 병렬적으로 진행되고 있었다.

2. 1910년 에딘버러: 선교 협력

　만약 초교파적인 학생 운동을 에큐메니칼 운동을 위한 가장 중요한 인물들을 배출하였던 육아원이라고 한다면, 그 가장 강력한 추진력은 선교분야에서 볼 수 있었다.
　1910년의 에딘러버 세계 선교사 총회는 미영 양국의 선교열의 절정이었던 동시에 국제 선교사 협의회와 세계 교회 협의회를 낳게 하였던 가장 중대한 이정표라고 볼 수 있었다. 에딘버러 총회에 참석한 대표들 가운데 3/4은 미국인 혹은 영국인들이었으며, 이 회의는 10년 간격으로 개최되고 있었던 영미 선교사 협의회 가운데 세 번째 열린 것이었다. 이 전통 가운데서 "에큐메니칼"이란 전세계적인 선교 활동의 특성과 이를 전체적으로 운영하고 진행해야 할 필요성을 막연하게 가리키는 것이었다. 또한 에딘버러 총회는 전쟁 전의 낙관주의적인 분위기 가운데 진행되었다. 서구 제국의 나태성, 진보에 대한 확신이 충만한 것을 볼 수 있었다. 이곳에서 의논되었던 난점들은 주로 전술적인 방면에 국한되었으며, 기독교적 메시지의 특성에 관하여는 본격적으로 함께 의논하는 일도 없이 서로간의 이해를 통해 전제되고 있었다.

그리고 비록 아시아와 전세계 식민지에서 일어나는 민족주의가 선교에 미치는 영향에 대한 우려들이 언급되기는 하였으나, 전쟁 후에 실제로 드러날 어려움의 범위가 어느 정도일까에 관해선 미처 아무도 상상조차 못하고 있었다. 당시 서구 선교의 주종을 이루던 성격은 인디아에서 온 아자리아의 연설 속에서 나타나게 되었다. 그는 복음의 선물이 사회적으로 동등한 선교사들과 현지 주민들 사이의 교제를 통해 전달되어야 하지, "상대방을 낮추어보는 사랑"을 통해서 전달되어서는 안된다고 호소하였다.

그러나 에딘버러 총회에서는 다른 새로운 방향을 향한 새로운 움직임도 동시에 찾아볼 수 있었다. 압도적인 주류를 이루고 있었던 영-미 복음적 프로테스탄트주의가 두 가지 방향에서 보충되었다. 보다 신학적인 성향을 가지고 있는 대륙적 프로테스탄트주의가 에딘버러에서 그 운동에 합세하게 되었다. 그리고 총회가 열리기 겨우 두 달 전에야 비로소 캔터베리 대주교는 앵글리칸 교파를 이끌고 동 회의에 참석할 것을 결정한 바 있었다. 앵글리칸측의 저항을 극복하였던 것은 S.C.M. 지도자들과의 국제적인 교류였다. 앵글리칸들은 교리와 직제의 문제는 절대로 취급하지 말기를 요구하였는데, 실제로 이 조건을 보다 자주 어겼던 것은 앵글리칸 자신들이었다. 또한 라틴 아메리카는 엄격한 의미에서 선교지에 속하지 않는다는 이유로 이들에 관한 토론을 금지하자고 하였다. 그러나 에딘버러 총회 이후에 앵글리칸들이 본격적으로 참여함에 따라 정교와 구파 카톨릭과의 대화의 문이 열리게 되었다.

에딘버러는 또한 그 기술적 분야에서도 새로운 시대를 열었다. 이는 원래는 하나의 전시 효과를 노리고 개최된 회의라고 할 수 있었다. 그러나 못의 지도에 따라서 그 특성은 연구와 계획을 위한 회의로 바뀌게 되었다. 수백 통의 서신 교환을 통하여 국제 위원회들은 여덟 개의 주된 분야에 학문적인 자료들을 마련하였으며, 그 결과 선교사들의 상황과 문제들에 대한 정확한 분석이 이루어짐으로써 선교사들과 학자들 간의 대화는 보다 실질적이고 포괄적으로 이루어지게 되었다. 여기서 출판된 선교전술에 관한 출판물들은 실제 회의에 참석하지 못했던 수천 명의 인사들을 위한 연구 모임과 세미나의 초점을 제공하게 된다.

3. 국제 선교사 협의회(I.M.C.)

또한 에딘버러 총회의 또 다른 중요한 측면은 상임 위원회의 설치였다. 이를 통하여 에딘버러 위원회는 제1차 세계대전 중 "고아상태에 있는" 선교지역들을 돌볼 수 있게 되었다. 그 후(1921)에는 최초의 에큐메니칼 기구라 할 수 있었던 국제 선교사 협의회(the International Missionary Council)가 못을 의장으로 하여 발족되었다. 그 후로 I.M.C는 수십 개의 국가 단위, 혹은 지역 단위의 총회들을 개최하였으며, 20 내지 30개의 "전국 기독교 협의회들"과 연계를 맺게 되었다. 이러한 모습으로 세계적인 기관들이 존재하게 되었는데, 이는 로마 카톨릭의 선전성에 비견할 만한 조직이 되었다. 세계 협의회에 참가한 "신생 교회들"의 구성원들은 바로 I.M.C에 의하여 창설되었던 구조를 포괄하게 된다. 그리고 또한 오직 구성원들만이 그 정책 결정과정에 참여한다는 현재 세계 협의회의 기본적인 원칙을 처음으로 확립한 것도 I.M.C의 공헌이라 할 수 있다. 즉 에큐메니칼 기관은 소위 "슈퍼 교회" (Super Church)가 될 수 없다는 의도였다.

I.M.C는 십 년 간격으로 일련의 세계적 규모 총회들을 개최하였는데, 이는 우리들이 앞으로 언급할 다른 에큐메니칼 집회들의 신학적 발전상들을 반영하게 된다. 예루살렘 회의(1928)에서는 이미 스톡홀름에서 뚜렷하게 드러났던바 종말론에 대한, 대륙과 영미 사이의 서로 다른 견해가 보다 명백하게 부상되었다. 마드라스 회의(1938)에서는 30년대 다른 거대한 에큐메니칼 회의들에서 볼 수 있었던 공동체로서의 교회의 중심적 위치에 대한 의식이 다시 회복되었다. 그러나 다른 강조점들은 "신생 교회들"의 특유한 상황들을 반영하는 것이었다. 예루살렘 회의에서는 인종문제가 기독교적 기반에서 처음으로 심각하게 논의되었다. 마드라스 회의를 위한 준비작업은 선교지와 신생 교회들을 위한 경제적인 자립과 재정 조달의 문제를 의논하였다. 또한 점차 강성해지는 민족주의와 민족주의 정부에 관한 문제도 함께 의논하게 되었다. 그리고 에딘버러 총회 이후에 "토착화"의 필요성, 교파적 분열성 극복의 필요성 문제가 강조되어 왔다. 교파 분열상에 대한 문제는 중국 그리스도 교회, 일본 그리스도 교회, 남인디아 교회, 북인디아 교회, 필리핀 연합 교회 등과 같은 일련의 교파, 교단 합동들을 통해 표현되기도 하였다. 마드라스에서는 "외부인들은 합동문제를 사치라고 할지 모르나, 우리들에겐 필수적인

문제"라고 선언하였다.

4. 스톡홀름: 생활과 사역

대규모적으로 지속될 수 있는 활동들을 가능하게 하였던 가장 큰 주제는 교회들의 선교 사역이었을지 모르지만, 교회 생활의 두 가지 또 다른 측면들이 조직적인 에큐메니칼 형태를 지속시켰다. 제1차 세계대전 이후 많은 이들은 교회의 윤리적 활동을 위한 협동을 위한 관심의 필요성을 깨닫고 있었다. 예를 들어 바로 이러한 관심이 1908년 미국 교회 연방 위원회를 조직시킨 원동력이었다. 영국, 프랑스, 스위스, 독일 그리고 스칸디나비아 등지에서도 이와 유사한 움직임들을 볼 수 있었다. 그리하여 많은 경우에 위의 기구와 비슷한 조직체들을 낳게 되었다. 프랑스의 브상송 회의, 그리고 영국의 버밍햄 회의 등에서도 볼 수 있듯이 사회문제들에 관한 교회 지도자들의 지역 총회들도 개최되었다. 버밍햄 회의는 정치, 경제, 공민권 총회(C.O.P.E.C)라고 명명되었는데, 이 회의가 1925년 스톡홀름 세계 총회를 위한 가장 중요한 준비 회의가 되었으며, 스톡홀름 회의를 통하여 "생활과 사역" 에큐메니칼 운동이 개시되었다.

대전 이전엔 기독교 사회 활동의 주창자 대부분은 주로 산업갈등, 자본주의와 사회주의, 빈곤, 음주, 빈민가, 성적 범죄들에 관심을 집중시키고 있었다. 그러나 전쟁으로 인하여 문제들의 정의 자체가 광범해지고 그 해결의 시급성이 강조되었으며, 전쟁의 결과로 인한 파괴상, 영적인 타락, 신경과민적인 민족주의, 혁명, 볼셰비즘 등의 문제들을 근본적으로 재조명하지 않으면 안되었다. 과연 기독교는 이런 상황 속에서 어떤 역할을 담당할 수 있을 것인가? 가장 확실하게 드러나고 있는 인류의 해악에 관하여 교회는 어떤 해결책을 제시할 수 있는가 하는 의문들이 지도자들의 가슴속에 충만하게 되었다. 브렌트(Brent) 주교는 "분열된 교회들이 감당하기에는 세계가 너무 강한 상대이다"라고 말했으며, 이러한 상황 속에서 교회의 분열을 계속 유지하고자 하는 이들이 교회의 쇠약에 대한 책임을 져야 한다고 생각하였다. 스웨덴의 쇠더블롬 대주교는 전쟁 중 조속한 평화 회담과 휴전 운동을 벌였던 인물이었으며, 그 후에는 사회적, 정치적 문제들에 관한 기독교 신자들 전체의 회의들을 개최하는 데 앞장서게 되었다.

물론 이러한 회담들의 가장 큰 문제는 서로 총부리를 겨누고 싸웠던 전쟁터의 적수들을 한 자리에 모아야 한다는 데 있었다. 그리하여 영국, 프랑스, 독일인들은 그 준비단계에서 참여시키는 것이 오히려 바람직하지 않다고 생각되었으며, 대부분의 준비작업은 쇠더블름과 미국 연방 위원회의 맥팔란이 담당하게 되었다. 그리하여 종전 후 7년 만에 스톡홀름에서 회의가 개최되었을 때 독일인들은 지성적 봉쇄의 피해자로서 마음에 불만을 가득 품은 채 이 회의에 참석하였다. 이들은 오직 독일에게만 전쟁의 책임을 뒤집어씌웠던 베르사이유 조약의 전제가 허위라는 것을 밝히기 위하여 이 자리에 참석하였다. 물론 프랑스와 벨지움은 독일이 전적으로 전쟁책임을 져야 한다는 것을 계속하여 주장하였다. 전쟁을 불법화하고, 승자로서의 미국, 영국, 프랑스의 위치를 고착화시키기 위한 국제 연맹의 조직이라는 제안은 독일인들의 적극적 호응을 얻지 못하였다. 독일인들이 이 회의장에서 별다른 소동을 피우지 않고 끝까지 참석했다는 것만도 다행스런 일이었다.

　국제연맹을 둘러싼 정치적 사안들 그리고 세계 사법 재판소, 비무장운동, 평화주의, 이민법의 완화 등과 아울러 그 근간을 이루고 있는 깊은 신학적 차이들이 기독교 윤리학의 기반이자 범위가 될 것이라는 사실은 점차 명백하게 드러나고 있었다. 미국인들은 국제 외교 관계의 원칙으로 "황금률"을 내세웠으며, 기업의 "기독교화"를 언급하였으며, 어떤 경우에는 하나님의 왕국과 금주법을 동일시하는 경향까지도 보이고 있었다. 브렌트 주교는 한 세대 안에 전쟁을 불법화할 수 있기를 소망하고 있었다. 그 반면에 루터교도들과 발티안들은 이멜스(Ihmels) 주교의 말대로 "전쟁과 평화는 우리들이 아무런 영향도 미칠 수 없는 그 자체의 법을 따라 이루어진다"고 주장하였으며, 그 어떤 인간적인 노력도 하나님의 왕국의 도래를 보다 빨리 실현하도록 도울 수 없다는 입장을 피력하였다.

　여기서 최초로 대륙과 미국의 신학적 입장은 광범한 분야에 걸쳐 서로 대결하는 모습을 보였으며, 이러한 양상은 양측 모두를 경악하게 하였다. 그리하여 교회 지도자들은 신학적 전제들에 관한 차이점들을 우선 해결하지 않고는 공통적인 윤리적 입장을 발견할 수 없다는 점을 다시 깨닫게 되었다. 그러나 에딘버러 총회에서와 마찬가지로 실질적인 개인들간의 교제가 이곳에서도 이루어졌고 그 결과 발생한 미묘한 태도들의 변화는 그 어떤 공식적인 보고서보다도 더 중요한 의미들을 가지게 되었다. 그리고 에딘버러에서와 마찬가지로 "생활과 사역"의 부문들을 위한 여러 교회들의 연구와 행동들을 조정하기 위한 상임위원회를 마련하게 되었다.

5. 옥스포드

스톡홀름 대회의 계속으로서 1937년에는 옥스포드에서 "교회, 공동체, 국가"라는 주제로 총회가 개최되었다. 이 제목은 새로운 전체주의 운동들의 출현이 기독교 윤리학에 대한 새로운 도전으로 등장하였다는 것을 알려주고 있다. 이제 더 이상 근본적인 전제와 구조의 존재를 전제로 하여 구체적이고 개별적인 개혁을 이루기 위한 기독교 신자들의 지지를 모은다는 작전이 불가능함이 밝혀지고 있었다. 왜냐하면 근본적인 전제와 구조 자체에 대한 의문들이 제기되고 있었기 때문이었다. 정치적 분야뿐만 아니라 인간 전체의 전인적인 개인적이고 지성적인 삶 모두를 통솔하고자 하였던 전체주의의 주장은 교회의 존재 자체를 위협하였으며, 복음의 화신으로서 전인격적 공동체라는 교회의 존재 의미를 다시 생각하게 만들었다. 그리고 미국인들과 유럽인들은 스톡홀름이니 예루살렘에서보다는 양자의 위치가 접근되었다는 사실을 발견하게 되었다. 옥스포드에서는 공동생활의 다양한 측면들이 보다 심각하게 논의되었으며, 이를 그 자체의 특색을 갖는 교회라는 배경 안에서 기독교 신학과 연결시키게 되었다. 스톡홀름에서는 이 문제를 다른 문제들과는 고립적으로 취급한 바 있었다. 에큐메니칼 기독교 공동체의 존재 자체가 새로운 정치적 종교들에게는 위협적인 것이었다. 러시아와 마찬가지로 독일의 주요한 교파들은 대표들을 파견하는 것이 금지되었다. 적어도 10개국으로부터 온 대의원들이 자국 정부와의 사이에 발생할지도 모르는 위험한 상태를 경고하였다. 옥스포드 회의의 결의안들은 이와 비슷한 문제들에 관련된 교황의 회칙과 비교될 수 있는 인정과 영향력을 얻게 되었다. 그리고 옥스포드 총회로부터 "신앙과 직제" 운동을 세계 교회 협의회에 가입시키자는 동의안이 나타나게 되었다.

6. 로잔: 신앙과 직제

"신앙과 직제"는 에딘버러에서 앵글리칸들이 교회 밖의 문제라고 주장하였던 교리와 교회 직제의 문제들을 정면으로 다루기 위한 운동이었다. 미국 감독파 주교로서 필리핀에 주재하였던 찰스 브렌트는 에딘버러에서의 경험을 통하여 더 이상 세계를 움직이고 있는 문제들을 지연하고 회피하는 것은 정당한 태도가 아니라는 결론에 이르게 되었다. 기독교 신자들이 한곳에 회집하면서 이 문제들을 의논하지 않는 것은 명예스런 일이 아니라고 그는 주장하였다. 또한 이를 더 이상 회피할 필요도 없다고 하였다. 브렌트는 실질적인 교회의 연합이 한 세기 안에 실현될 수 있다고 믿었다. 그리고 그는 스톡홀름 회의 2년 후에 로잔에서 열렸던 교리와 교정에 관한 세계총회를 준비하는 과정에서 미국 감독파를 지도하였다.

로잔에서는 전세계 교회의 조직을 성급하게 서두는 것을 회피하는 동시에, 아무런 결과도 가져오지 못할 논의 자체를 위한 무책임한 논의도 회피하고자 하였다. 교회들은 교회를 통하여 세상에 나타내고자 하는 그리스도의 뜻을 표현하기 위해, 분열상태의 교회의 모습은 적당한 도구가 되지 못한다는 점을 전제로 하여, 과연 교회들은 서로 다른 교파들과의 관계에서 어떤 위치를 고수하고 있는지를 정확하게 밝혀야만 할 것이었다. 문제점은 어떤 행정상의 분열보다는, 상호간의 인정부족, 교제와 협력의 부재에 자리잡고 있었다. 브렌트가 창안하였던 신앙과 직제운동의 목표는 영국식인 대영제국 연방의 조직을 흡사하게 닮고 있었다. 즉 정치적으로 자립하고 독자적인 전통과 관습들을 유지하면서도 공동의 한 국왕을 공인하면서 효과적인 단합을 이룩한다는 것이었다.

로잔 회의는 회의를 겁내고 있었던 이들의 공포가 근거없는 것임을 보여주었다. 그 어떤 문제 때문에도 분노와 싸움이 벌어지지 않았다. 학자들이 지적하였던 바처럼, 이는 교회들이 공동으로 한곳에 모여 자신들의 분열상을 낳은 깊은 이유들을 논의하고 서로를 비난하거나 정죄함이 없이 헤어졌던, 교회 역사상 최초의 회의였다.

미국 교회들 가운데 남침례교파와 루터교도 미주리 대회는 이런 문제들에 상관하기를 거부하였다. 교황은 "모르탈리움 아니모스"(Mortalium Animos) 회칙을 통해 그를 초청하였던 동 회의에 대한 답변을 주었다. 이 회칙을 통하여 우호적인 비참여라는 에큐메니칼 운동에 대한 로마 카톨릭측의 태도가 정의되었다. 그리고 로잔에 왔던 그리스 정교 대표들은 총회의 의결 사항들에 대한 자기들의 불만을 표시하였다. 그러나 전체적으로 볼 때에 사람들이 예상하였던 것보다 훨씬 더 많은 성공을 거두었으므로 많은 이들이 적극적으로 지지하는 가운데 상임 위원회를 발족시키게 되었다. 브렌트 주교가 그 의장이 되었으며, 그가 1929년 세상을 떠남으로 템플 대주교가 그 뒤를 계승하였다. 그러나 I.M.C.나 혹은 생활과 사역 운동과도 달리 신앙과 직제는 그 자체의 직원이나 활동이 없었다. 단지 그 문제들에 대한 개인적인 교회 지도자들의 흥미과 관심을 소유하고 있을 뿐이었다.

로잔에서의 토론은 회의 참석자들이 어떤 방면에서 그 의견들을 함께하고, 어떤 방면에서 서로 다른 이견들을 가지고 있는가를 분명하게 밝히는 계기가 되었다. 그 다음 단계의 연구과정에서는 종교개혁 이후 가장 중요한 주제들을 다루게 되었다. 즉 은혜의 교리와 목회와 성례에 관련된 교리들이었다. 생활과 사역 운동과 보다 긴밀한 관계를 유지하자는 동의안은 별로 적극적인 지지를 얻지 못하였다. 그러나 이 두 운동들의 다음 두 차례의 총회는 인근 도시에서 서로 한달 내의 기간 안에 열도록 한다는 원칙만은 합의되었다. 신앙과 직제과 직제 구성원들은 생활과 사역 운동에 관련된 인사들의 신학적 자유주의와 무관심주의를 경계하고 있었다. 이 운동에 관련된 몇몇 교회들은 스톡홀름과 로잔에서 그 결실을 맺게 되었던 노력들의 계속적인 진행을 인정하지 않고 있었다. 어떤 이들은 일체의 상임 기구들을 조직하지 않는다는 조건으로 총회에 참석하기도 하였다. 이 에큐메니칼 운동의 준비단계와 초기 단계에서 볼 수 있는 한 가지 특징은, 만약 모든 구성원들의 의견을 토론을 통해 하나로 모으고자 하였다면 장시간이 소요되었을 문제들을 우선 준비위원들이 먼저 잠정적으로 결정한 후에, 이 사실에 대한 승인여부를 투표한다는 형식이었다는 것이다.

7. 1937년 에딘버러

1937년 옥스포드 총회 직후에 신앙과 직제 에딘버러 총회가 개최되었다. 이 총회에서는 정교와 개혁파들이 받아들일 수 있는 은혜에 관한 보고서를 작성하는 데 성공함으로써 많은 이들을 놀라게 하였다. 이는 마치 종교개혁 당시 레겐스부르그에서의 업적을 다시 재현한 것과 같은 모습이었다. 그러나 사역과 성례에 관한 문제는 보다 더 복잡하였으며, 서로 다른 교회관에 따라 좌우되고 있음이 분명하게 드러나게 되었다. 그리하여 1952년 스웨덴의 룬드에서 개최되었던 신앙과 직제 제3차 총회에서는 교회론을 정면으로 다루게 되었는데, 이 1952년 총회는 신앙과 직제 운동이 세계 협의회로 통합되기 이전에 모였던 마지막 독립 회의였다. 그런데 에딘버러에서 처음 제안되었던 이 통합안은 격렬한 논쟁을 야기시켰다. 결국 통과되었으나, 협의회에서의 신앙과 직제에 관한 문제는 항상 삼위일체적인 기반 위에서 다루어져야 한다는 단서조항을 붙이게 되었다.

그 다음해에는 세계 협의회의 헌법을 작성하기 위한 합동회의가 우트레흐트에서 소집되었다. 사람들 사이에서는 단지 신앙과 직제 문제를 위해서뿐만 아니라 협의회 전체를 위해서도 이러한 헌법을 마련해야 한다는 주장들이 널리 퍼져 있었다. 그리하여 세계 협의회는 과거 Y.M.C.A.와 마찬가지로 예수 그리스도를 "하나님이자 구세주"로서 고백하는 신앙을 그 헌법적 기초로 하게 되었다. 이 헌법 기초 과정을 주도하였던 인물은 1937년 이후 생활과 사역과, 신앙과 직제, 양 운동을 하나로 단합시키는 데 가장 큰 역할을 하였던 윌리엄 템플이었다.

그러나 세계 협의회는 아직도 본격적인 조직과는 거리가 먼 상태에 놓여 있었다. 헌법을 기초했던 합동위원회는 그 규모를 보다 넓혀 "임시 위원회"가 되었으며, 1939년에는 빗서드 후프트(W. A. Visser't Hooft), 윌리엄 패이톤(William Paton), 라이퍼(H. S. Leiper) 등을 총무로 임명하였다. 새로운 세계 협의회를 구성하기 위한 조직 총회는 1941년에 열기로 계획되었다. 그러나 1939년 9월, 독일은 폴란드를 침공하였다. 그리하여 시작된 제2차 세계대전으로 말미암아 일체의 국제회의들은 일단 중단되어야만 했다. 그리하여 그 후 거의 십 년 동안 임시 위원회의 총무국은 "형성 단계에 있는" 세계 협의회를 대신하여 그 기능을 발휘하였다. 전쟁기간을 통해 I.M.C.와 세계 협의회의 얼마 안되는 직원들은 고아 상태의 선교회들과 전쟁포로, 피난민들 그리고 기타 교회들을 위한 시급한 문제들을 해결하는 데 열성을 다했다. 그리하여 어떤 의미에서는 하나의 교회를 이루고자 하는 에큐메니칼적 현실성이 교직자들뿐만 아니라 평신도들 사이에서 더욱더 구체화되었다.

8. 암스텔담: 세계 협의회

제1차 세계대전 이후의 지연상과는 대조적으로, 이전에 전쟁터에서 대결하였던 국가들의 교회 대표들은 이미 1946년 2월에 한곳에 모여 그 동안 오래 계획되었던 세계 협의회의 조직을 위한 조처들을 마련하기 시작하였다. 그리고 막상 이들이 한곳에 회집하였을 때는, 1920년대에 비교해 볼 때 유럽 대륙과 미국인들 사이에 그 신학적 차이점이 그다지 심각하지 않다는 사실이 발견되었다. 첫 총회는 1948년 암스텔담에서 개최되었는데, 이곳에는 44개국의 147개 교회들을 대표하는 대의원들이 참석하였다. 이들은 "하나로 단결할 것을" 서로에게 다짐하였다.

1938년의 우트레흐트 헌법이 약간의 수정을 거쳐 채택되었다. 그리하여 세계 협의회는 그 구성 교회들에 대하여 일체 헌법 권위를 행사할 수 없음을 분명히 밝히게 되었다. 동 회의 중에 네 차례의 성찬식이 개별적으로 열리는 것이 필요했다는 점을 특기할 필요가 있을 것 같다. 그리고 2년 뒤에 중앙 위원회는 세계 협의회에 가입하여 회원이 된다는 사실이 자동적으로 다른 회원 교회들을 진정한 의미에서의 '교회'로 인정하는 것은 아니라는 사실을 성문적으로 밝히게 되었다. 상임 기구는 매년 회집하는 90명의 위원들을 가진 중앙 위원회와, 중앙 위원회에서 선출한 위원들로 구성되어 1년에 서너 차례의 회의를 가지는 행정 위원회였다. 또한 약간 명의 직원들과 아울러 여섯 명의 의장들이 있었다. 암스텔담에서 볼 수 있던 바와 같은 대의원 총회는 정기적으로 모이도록 하였다. 그리고 다음해에는 그 후속회의가 타일랜드의 방콕에서 개최되었다. 이는 암스텔담 회의에서 제대로 대우받지 못한 인상을 주었던 아시아 출신들에 대한 예우였다. 그리하여 제2차 세계대전으로 인한 황폐상태에서 에큐메니칼 운동을 위한 가장 본격적이고 종합적인 움직임이 시작되었다.

당시 많은 관계자들의 마음속에 자리잡고 있었던 의문은 과연 세계 협의회가 어느 정도나 에큐메니칼 운동 개척자들의 이상을 유지해야 할 것인가 하는 것이었다. 사람들은 단순히 과거와 같은 모습으로 회집하는 것은 별의미가 없으며, 이들이 추구하고 이루어야 할 통일성은 모든 구성원들의 전적인 개혁을 통해서만 이루어질 수 있는 성격의 것이라는 확신을 점차 강하게 갖게 되었다. 비서트 후프트 박사가 말했듯이 "에큐메니칼 운동은 회개 운동이다." 에큐메니칼 운동의 임무는 각 개별적인 교회들을 한 교회로, 그리고 그 주님에게로 인도하지, 단지 개별적인 교회들 서로간의 간격을 좁히는 것만으로는 별의미가 없다고 생각되었다. 암스텔담 회의는 바로 이러한 통찰력을 반영하였다. 그러나 에큐메니칼 운동이 교회적인 관료들의 수중에 들어간다면 이러한 이상이 사실 얼마나 제대로 실현될 수 있으리라고 기대하겠는가?

9. 1954년, 에반스톤 회의

또한 많은 교회들이 세계 협의회에 참여하지 않았던 사실을 지적할 필요가 있다. 교황은 "데 모티오네 에큐메니카"(De motione ecumenica) 회칙을 통하여 로마 카톨릭이 에큐메니칼 운동에 참여하는 것을 금지하였던 이전의 입장을 재확인하였다. 그리고 암스텔담 총회가 열렸던 그해 여름에 러시아인들은 범정교 대회를 모스코바에서 개최하여 세계 협의회와 바티칸 모두를 같은 종류의 제국주의자이자 반민주적 기관들로 정죄하였다. 공산주의와 서구 자유주의 국가들 사이의 정치적 긴장 관계는 그 후 세계 협의회의 입장을 약화시키게 되었다. 특히 공산주의자들의 중국 정복과 한국 전쟁으로 이러한 경향은 더욱 강해졌다. 그러나 미국 에반스톤에서 열렸던 제2차 총회에는, 비록 중국 교회는 참석하지 못하였으나, 유럽의 "철의 장막"으로부터 십여 명의 대표들이 참석하게 되었다. 그리하여 이제 공산권을 제외하고는 세계 협의회야말로 가장 많은 교회들을 포용하는 교회의 대표적인 기구로서 그 위치를 확보한 듯이 보였다. 직원과 예산의 많은 부분은 "교회간의 원조와 난민들을 위한 봉사"에 사용되었다. 또한 신앙과 직제, 전도, 정치적, 경제적 사회적 윤리에 관한 업무들을 담당하는 기구들도 있었다. 비서트 후프트 박사는 에반스톤에서 총무로서의 역할을 계속하였으며, 연합 루터파 교회의 프랭클린 클라크 프라이 박사가 중앙 위원장직을 G.K.A 벨 주교로부터 승계하였다.

장기적인 안목으로 볼 때에 20세기의 에큐메니칼 회의들은 15세기의 비슷한 움직임을 연상시키기도 한다. 과거 서구교회의 고위 성직자들과 신학자들은 당시의 시급한 문제들을 더 이상 해결할 활력을 상실하였던 교회를 재조직하기 위해 노력하였다. 150년 전의 토마스 아퀴나스는 일반인들의 생활에 관련한 많은 부분에서의 '세속화'를 합리화했으며, 그의 시대로부터 중세적 종합(synthesis)의 개념은 빠른 속도로 무너지게 되었다. 스콜라 신학은 많은 이들에 의하여 실용성이 없다는 평가를 받았다. 민족주의는 기독교권의 통일성을 파괴하였으며, 교회가 고수하였던 경제적 윤리관은 금융계, 상업계, 산업계의 성장과 보조를 맞추는 데 실패하였다. 교회 지도자들에 대한 일반인들의 존경심은 매우 저하된 상태에 있었다. 이러한 환경 중에서 피사, 콘스탄스 그리고 바젤의 신부들은 "에큐메니칼 종교개혁"을 위하여 노력을 경주하였다.

20세기에 무너진 종합상태는 물론 더 복잡하며, 모든 기독교권 내의 교파들을 다 포괄하지는 않는다. 적어도 18세기부터 주로 프로테스탄트적인 종합상태는(synthesis) 서구 문화에서 가장 지도적인 위치를 차지하는 도덕적인 세력이었다. 그러나 19세기 중엽부터는 그 위력을 상실하고 있는 모습을 분명히 볼 수 있었다. 부르조아 프로테스탄트주의는 점차로 산업사회를 위한 의미와 방향을 제공하는 역할을 포기하게 되었으며, 보다 많은 이들은 기독교 신앙과 정치, 경제, 문화 방면의 실생활 가운데서, 복음주의자들이 주장하는 "도덕법" 이상의 더 직접적인 신율적(theonomous)인 관계를 요구하게 되었다. 이제 한 시대가 지나갔고, 드디어 기독교 신자들은 기독교 공동체와 개인생활의 진정성을 회복할 수 있는 새로운 방법을 강구해야 할 때가 되었다는 확신이 보다 더 널리 확장되고 있었다. 과연 20세기의 에큐메니칼 운동이 15세기의 선례보다 더 효율성있는 성공을 거둘 것인가의 여부는 아직도 분명히 말할 수 없다.

제 34 장
제2차 세계대전과 그 이후

우리가 이제까지 추적해왔던 주제들을 따라 제2차 세계대전 이후 십여 년 간의 교회 상태를 간단하게 기술해 보도록 한다. 기독교의 선교활동을 통한 확장으로 20세기 중엽에 비로소 진정한 의미에서 전세계적인 종교라는 이름에 맞는 현실을 이루게 되었다. 기독교는 거의 모든 지역에서 소수종교로서 존재하였다. 그런데 인구증가의 모습을 살펴볼 것 같으면, 이는 앞으로도 소수파의 종교로서 한동안 남게 될 것 같은 전망이다. 또한 기독교 내부의 상황을 보더라도 이 시기에는 민족주의나 혹은 공산주의에 비하여 그 활동상이 뒤떨어지고 있었다. 선교사들은 특히 교육시설과 의료시설에 막대한 자금을 투입함으로써 본래 의미의 선교활동은 보다 부진해지는 모습을 보였다.

아시아의 대규모 선교기지들과 유럽의 '부르조아 겟토'(bourgeois ghetto) 등에서 기독교회는 사회를 재구성하고 있는 새로운 운동들과 새로운 집단들로부터 점차 유리되는 듯한 상황을 보이고 있다. 제2차 세계대전은 그 후 수세대에 걸쳐 기독교의 문화적 영향을 보다 제한시키는 듯한 경향을 보였다. 유럽에서는 그리하여 "후기독교 사회"라는 구절들이 자주 사용되었다. 겨우 미국에서만 이러한 경향을 벗어날 수 있었는데, 여기서도 조직된 종교들의 번영이 서로 하나로 조합될 수 없는 신앙들의 혼합상을 연출하였다. 그리하여 교회들 안에서 기독교 신앙이 이러한 경쟁관계에 있는 대상들과 어떻게 공존하고 투쟁해 나갈지 점치기 어려운 상황에 있다.

이곳에서의 관찰은 우선 신생 교회들로부터 시작하여, 공산주의자들의 장악지역을 거쳐 프로테스탄트와 로마 카톨릭의 유럽을 취급하고, 다시 영어 사용권으로 끝마치고자 한다.

1. 아시아와 아프리카의 기독교

어떤 의미에서 볼 때, 보다 젊은 신생 교회들은 이제까지 우리들이 살펴보아왔던 범위에서 벗어나는 것인지도 모른다. 그러나 반면 현대 아시아와 아프리카의 역사는 현대 서구 문명에 의하여 침투되고 전복되었던 역사라고 할 수 있다. •서구의 기술, 산업주의, 제국주의, 민족주의, 공산주의는 모두 이곳에 거주하는 기독교 신자들과 비신자를 막론하고 모든 주민들의 생활을 혁명적으로 변화시켰던 사상적 조류들이라고 할 수 있겠다. 그리고 서구에서와 마찬가지로, 점차로 비기독교 혹은 반기독교적인 이들의 효과가 교회 역사의 주제들을 제공하게 되었다.

아시아와 아프리카에서 볼 수 있는 가장 중요한 20세기의 면모는 점차로 증가되었던 민족주의의 발흥이었다. 이러한 민족주의는 원래 서구를 모방한 것인 동시에 서구에 대한 반발이기도 하였다. 대부분의 아시아 세계에서 민족주의란 지역적 혹은 가족적 충성이 파괴되고 그 대신에 문화적, 언어적, 역사적인 동질성을 포용하는 정치적인 국가를 설립함을 의미하였다. 이러한 경향은 종교적인 공동체의 전복으로도 나타났는데 이는 유럽에서도 이미 볼 수 있었던 광경이었다. 이러한 민족국가 혹은 민족 의식 자체가 예를 들면 인디아나 중국에서는 전혀 새로운 개념이었으며, 주로 19세기 유럽 사상을 반영하는 것이라고 할 수 있겠다. 부분적으로마 본다면 이는 경제적으로 반식민지주의적 경향을 띠고 있다. 그러나 그보다 더 중요한 정신적 차원에서는 서구와 "백인"들의 교만에 대항한 반발이요, 본래의 공동체 의식에 대한 자긍심의 주장이기도 하였다.

전쟁에서의 일본의 행태를 보면 아시아적 민족주의가 얼마나 손쉽게 서구의 호전적인 제국주의를 본받는 동시에 이를 뛰어넘을 수 있는가를 알 수 있다. 비록 일본이 전쟁에서 비참하게 패망하기는 하였으나, 아시아 국가도 대등한 입장에서 미국인들과 유럽인들을 상대할 수 있다는 신념은 곧 인도네시아, 인도차이나, 말라야, 버마, 인디아 그리고 아프리카 제국을 고무시키는 역할을 하게 되었다. 단기간의 점령기간 중 전후 러시아를 연상시키는 종교 정책이 수행되었다. 1940년의 종교단체법에서 기독교는 공식적으로 인정되었으며, 신도와 불교에 이어 세 번째 위치를 차지하게 되었다. 또한 서구에서 수입되었던 모든 교파들을 하나의 일본 그리스도 교회(일본 기독교단,

1941)로 통합하려는 움직임도 있었다. 이는 곧 영어 사용권 교회들과의 연계를 단절시키려는 노력이기도 하였다. 기독교 군목들을 병사들과 함께 해외로 파견하였으며, 한국, 필리핀, 인도네시아, 중국 북부 등지에서는 가능하다면 교회들을 한데 묶어 서구와의 관계를 단절하려는 노력이 행해졌다. 그러나 일본인들의 철수와 아울러 이 모든 국가들에서는 부역자와 저항 세력 사이에 갈등이 발생하게 되었고, 과연 일본인들에 의하여 강제되었던 교회 연합 상태를 어느 정도로 유지하고 변경시킬 것인가 하는 문제에 부딪치게 되었다. 일본 내에서는 전후 수주 만에 서구와의 접촉이 재개되었으며, 교회는 미군 점령기간을 이용하여, 이전에 상실하였던 입지를 회복하였다. 감독파와 구세군 등의 교파들은 소위 '교단'에서 다시 분리 독립하였다. 그러나 교단측은 아직도 일본 프로테스탄트 신자들 가운데 4/5 가량을 포함하고 있었다.

전쟁 후 아시아의 민족주의는 계속하여 그 위세를 발휘하였다. 5년 내에 7개국이 독립하였다. 이러한 정치적 혁명에 뒤이어 사회적, 기술적 혁명도 이루어졌다. 이러한 민족주의가 일반적으로 종교에 미친 영향은 두 가지로 분석해 볼 수 있다. 한편으로는, 민족적 자각과 자존심의 고양이 전통적인 종교들의 위치를 기독교에 대항하여 더욱더 강화시켜 주었다. 신생 교회들은 대부분의 경우, 아직도 그 조직과 결속이 강력한 상태에 있지 못하였다. 경제적으로나 문화적으로, 이들은 아직도 서구 선교사들이 남긴 흔적들을 계속하여 유지하고 있었으므로 문화적, 종교적 제국주의의 잔재를 상기시키고 있었다. 또한 많은 경우 기독교 신자들은 민족주의 운동에 적극적으로 참여하지 않은 것이 보통이었다. 그리하여 기독교의 성장이 보다 완만한 가운데 인디아의 힌두교, 버마의 불교, 인도네시아의 이슬람교들은 모두 민족주의의 물결을 타고 급성장하였다. 파키스탄에서는 민족주의의 덕택으로 이슬람교가 유리한 입지를 차지한 것을 볼 수 있다. 그러나 반면에 전통적 종교들까지도 서구 세속주의의 폐해를 벗어날 수는 없었다. 즉 새로운 정치적, 민족적, 경제적 소망과 이러한 이상을 이루는 도구로서의 기술은 이곳 주민들로 하여금 모든 종교들로부터 멀어지게 만들었다. 민족주의가 극성하였던 아시아의 대학교에서는 대부분의 지도적 학생들이 불가지론자 혹은 무신론자인 것이 보통이었다. 그리하여 유교가 가장 극적인 모습으로 붕괴되었다. 오히려 기독교는 다른 어떤 종교들보다도 산업적 기술세계의 도래라는 도전을 잘 견뎌냈다는 증거들을 찾아볼 수 있다. 그러나 대부분의 경우 새로운 정치적 종교였던 민족주의와 공산주의 등이 진정한 적수로 등장하게 되었다.
 이러한 아시아의 민족주의를 자극하고 해방시켰던 서구 "기독교 국가"들이 인종차별주의와 식민주의적 이해관계로 인하여 무력해진 지역에서는 또한 공산주의가 미개발지역의 분노를 이용하여 급속히 신장되는 모습을 보였다. 과거에 진정한 개인적 자유를 별로 누려본 일이 없었던 지역의 주민들은 어차피 소련의 전체주의를 별로 두려워해야 할 이유가 없었으며, 이들이 뼈저리게 경험하였던 영국, 프랑스, 홀랜드의 제국주의에 비하여 러시아 제국주의의 가능성은 더 희박한 것 같았다. 물론 이러한 상황을 가장 극적으로 보여주는 것은 공산주의의 중국 정복이라 할 수 있다. 그리하여 그 결과 세계 최대의 선교지였던 이곳에서 선교사들을 포함한 일체 서구의 영향들은 추방되었다.
 30년대 전체를 통해 중국인들은 만주의 일본 정복자들을 상대로 투쟁을 전개하였으며, 1937년 이후에는 해안지방에서 주로 투쟁을 계속하였다. 중국인들은 이러한 투쟁에 대한 서구제국의 무관심을 이해할 수 없었다. 1941년의 진주만 피격을 통해서야 겨우 미국인들은 전쟁에 참전하였다. 곧 중국 대부분은 정복당했으며 중국 역사상 가장 대규모의 인구이동이 이루어져 1억명 이상이 내지의 자유지역으로 피난하였다. 유럽의 피점령지역에서와 마찬가지로, 교회는 이곳에서 이전에 볼 수 없었던 많은 인구들에 접촉할 수 있었으며, 새로운 존경을 얻게 되었다.
 기독교가 자유지역에서 급속히 성장하였는 데 반해, 북서부 공산지역에서는 거의 종교활동을 찾아볼 수 없었다. 일본 패전과 함께 공산당은 만주에 있던 일본군들의 무기를 차지하였다. 이와 거의 같은 시기에 대부분의 중국 인민은 장개석 정부를 상대로 반란을 일으켰다. 그 후에 계속된 내란 중에 공산주의자들의 승리보다 더 눈에 띄었던 것은 국민당군의 패망이었으며, 러시아인들을 향한 호의보다는 미국인들을 향한 반발이 더욱 강하게 나타나고 있었다. 로마 카톨릭들은 적극적으로 장개석 정부를 지지하였고, 프로테스탄트 교회는 한동안 중립적 입장을 지키려 노력하였다. 1950년대에 프로테스탄트와 로마 카톨릭측은 모두 해외 교회들과의 연대가 두절되었고, 공산주의자들은 학교와 의료시설들을 압류하였으며, 공산당의 압력을 받은 교회는 서양 선교사들을 제국주의의 압잡이로서 비난하는 무수한 성명서들을 발표하였다. 그 후 중국에서의 공포정치는 유럽 역사에서 일찍이 찾아볼 수 없었던 참혹한 차원에 이르렀고 중국인들의 "세뇌"는 공산당이 가장 즐겨 사용하였던 철저하고 잔인한 기술이었다.

2. 공산지역들

이러한 중국에서의 공산혁명은 곧 전세계 인구의 1/3, 거의 8억에 달하는 남녀들이 이제 이 잔인한 무신론 정권의 손아귀에 들어갔다는 것을 의미하고 있었다. 불과 한 세대 만에 공산주의는 다른 어떤 종교에도 비교될 수 없는 빠른 속도로 확장되었다. 바로 이것이야말로 어떤 의미에서는 20세기 중엽의 실질적인 에큐메니칼 운동이었다고 볼 수도 있을 것이다. 이들은 이제 대부분 세속화되었던 이전의 기독교 유럽과 아메리카에서 찾아볼 수 없는 적극성을 과시하고 있었다. 이는 7, 8세기의 이슬람의 물결 이후에 처음으로 교회가 경험하는 대규모 피해였다. 또한 공산주의는 아시아와 아프리카의 다른 지역에서도 수백만을 호전적인 반종교적 신념으로 물들여가고 있었다.

이러한 변화가 가져온 여러 가지 결과들 가운데 하나는 이제 다시 박해가 기독교 신자의 경험 가운데 하나의 정상적인 모습으로 자리잡게 되었다는 점이었다. 물론 아메리카 등에서는 이러한 새로운 상황을 제대로 상상하지 못하고 있었다. 그러나 수백만의 유럽과 아시아 신자들은 혹심한 압력 아래서 그들의 주님을 부인하라는 박해에 직면하고 있었다. 많은 이들이 순교하였으며, 그보다 더 많은 이들이 배교의 길을 걸었다. 이러한 상황 속에서 신약의 많은 측면들, 특히 비정치적인 윤리학이나 종말론들이 새로운 현실로 등장하게 되었다.

우리들이 이전에 이미 살펴본 바처럼 러시아에서도 제2차 세계대전은 공산당의 반기독교 운동에 새로운 장을 열었다. 소련의 새로운 독재자들은 거의 인구의 절반이나 되는 주민들이 계속 '신앙'을 보전하는 사실을 묵과할 수 없었다. 1941년 나치의 침략을 받았을 때 "모든 하나님을 사랑하는 주민들"을 향한 모스크바 방송의 호소는 세계를 놀라게 하였다. 반종교적인 간행물들과 시위는 한동안 중단되었다. 일주일을 7일로 하는 노동주간 주일이 다시 부활되었다. 1943년에는 소보르가 다시 집회를 갖는 것이 허락되어 세르기우스를 새로운 총대주교로 선출하였다. "모스크바 총대주교 저널"이 다시 출판되었으며, 성경과 기도서들의 인쇄도 허락되었다. 약간의 종교교육까지도 허락되었다. 두 개의 신학당과 열 개의 신학교들이 곧 다시 기능을 발하기 시작하였다. 그리고 1945년에는 40명의 주교들, 다른 네 명의 동방 정교 총대주교들 그리고 다른 동방교구들의 대의원들이 한곳에 모인 정교 소보르가 회집되었다.

이 모임은 정부측의 현격한 정책변화를 잘 보여주고 있다. 동부 유럽에 공산주의의 영향력이 확장됨에 따라서 소련 정부는 외교상 정교를 이용할 수 있다는 것을 발견하게 되었다. 전쟁 중 교회에 대한 양보는 기독교 신자들을 이용하고자 했던 히틀러의 전략을 본받았던 것이며, 동시에 히틀러를 지지하였던 정교파들의 망명자들을 수용하고 이들의 지원을 받고자 하였던 술책이었다. 이제 모스크바 총대주교는 정교 루마니아인들, 불가르인들, 세르비아인들, 기타 다른 그룹들을 끌어들일 수 있는 미끼로 작용하였다. 루마니아 정교와 마찬가지로, 유니에잇 교회 역시 소련 정부의 압력 아래 다시 러시아 정교로 편입되었다. 러시아는 다시 한번 성지 이스라엘에 거주하는 기독교인들의 보호자를 자처하고 나서게 되었다. 한동안 파리를 중심하고 있던 망명 교회까지도 콘스탄티노플과의 연결을 계속 유지하면서도 모스크바 총대주교의 관할 아래 들어왔다. 심지어는 미국 내 러시아 정교 가운데 네 개 교구들까지 모스크바 총대주교의 권위를 인정하였다.

1948년 모스크바에서 러시아 교회 독립 5백주년 행사가 열렸을 때 이러한 모습은 그 절정에 달하게 되었다. 이 행사에는 열 개의 독립교단들의 대표들이 참석하였으며, 실질적으로 범정교 총회의 구실을 함으로써 당시 암스텔담에서 열리고 있었던 세계 협의회에 대한 대결의 양상을 띠게 되었다. 이들은 세계 협의회와 아울러 바티칸의 존재를 맹렬한 어조로 비난하였다. 이제 정교의 세계는 "철의 장막"을 가운데 두고 양쪽으로 떨어져 있는 양극으로 붙잡아 당겨지게 되었다. 그리고 양측은 모두 다른 편이 지나치게 정치적으로 오염되어 있다고 비난하였다.

반면 소련의 점령지역에 있던 프로테스탄트와 로마 카톨릭교는 다양한 압력의 대상이 되었다. 전쟁 초 발틱 지방에 침입하였던 러시아군은 교회들을 국유화하고 신자들의 생활을 면밀하게 감시하고 통제하였다. 그 와중에서 십만 명 이상의 발트인들이 추방되었다. 그 다음에 이곳을 점령하였던 나치들은 기독교 신자들 대신에 유대인들을 박해하였다. 독일인들은 이곳에서 철수하면서 수천 명의 발트인들을 포로로 잡아갔다(일부는 자원하여 따라가기도

했다). 러시아인들이 이곳을 재점령하였을 때는 또 다른 축출과 추방이 이루어졌다. 전체적으로 볼 때 원래 주민의 겨우 절반 가량만이 이곳에 남아 위태한 모습으로 신앙 생활을 계속하고 있었다. 당시 러시아로 잡혀간 이들은 대부분 그 행방이 묘연하게 되었다.

공산주의 위성국가가 된 나라들은 주로 로마 카톨릭 국가들이었다. 바티칸은 나치들의 폴란드, 헝가리, 유고슬라비아 등의 점령 정책과 너무나 밀접하게 관련되어 있었으며, 경우에 따라서는 로마 카톨릭 교회의 부역 행동이 너무나 노골적으로 드러났으므로 이들에 대한 반감과 복수행위는 당연한 것이었다. 러시아인들은 헝가리에서 해방자로서 환영받았고, 폴란드는 1946년 교황청과의 콩코르닷을 파기하였다. 티토는 히틀러에게 부역하였던 로마 카톨릭 크로에티아인들을 처형하였다.

폴란드의 경우 새로 정해진 경계선으로 말미암아 4백만 가량의 정교인들은 러시아 경내에 속하게 되었다. 한편 이곳에서는 3백만 가량의 유대인들이 학살되었으며, 백만 가량의 프로테스탄트 신자들이 독일로 끌려간 바 있었다. 폴란드는 그리하여 과거 어느 때보다 더 압도적인 비율의 로마 카톨릭 국가가 되었다. 1950년에는 카톨릭 성직자들은 정치적 국경선을 인정하고 소련에서의 공산주의에 협력한다는 내용의 콩코르닷이 조인되었다. 이 콩코르닷으로 말미암아 전쟁 이후 계속되고 있었던 교회와 국가 사이의 갈등이 일단락되었다.

헝가리, 체코슬로바키아, 유고슬라비아 등에서 가장 격렬하게 공산주의에 저항했던 것은 로마 카톨릭 신자들이었다. 그러나 이들은 모두 무자비하게 진압되었으며, 바티칸과 기타 일체 서방과의 연락이 두절된 채로 고립되었다. 특별히 헝가리와 유고슬라비아의 경우에는 교회가 많은 토지를 소유하고 있었으므로 보다 문제가 복잡하였는데, 이러한 체제는 분명 개혁의 필요성을 안고 있었다. 이들 토지들은 교회가 운영하고 있는 학교들을 위한 가장 중요한 재원이었다. 물론 공산정부에서는 이들을 국유화하고, 세속화할 의도를 품고 있었다. 헝가리의 경우 민드첸티(Mindszenty) 추기경과 루터교도의 오르다스(Ordass) 감독이 이 문제로 인하여 투옥당했다. 유고슬라비아의 경우 로마 교회는 특히 전쟁 중 친주축국 독재자였던 파벨리치와 밀접한 관계를 가지고 있었으므로 더욱 가혹한 박해의 대상이 되었다. 그러나 티토가 코민테른으로부터 이탈함으로써 우선 정교에 대한 압력이 완화되었으며, 그 후 서방과의 관계가 보다 활발하여짐으로 다른 교회들도 혜택을 받게 되었다.

소련 점령지역의 프로테스탄트 교회들은 일반적으로 로마 카톨릭 교회와 같은 정치적 저항의 모습을 보이지는 않았다. 동독을 제외하고는 프로테스탄트 세력이 원래 약한 것이 보통이었으며, 별로 정치적인 조직은 가지고 있지 못하였다. 동부 프러시아, 포메라니아 그리고 실레지아 지방의 루터교 교회들은 폴란드인들이 이 지역을 병합하고 독일인들을 오데르 강과 나잇세 강 이서쪽으로 축출시킴으로써 결정적인 타격을 입게 되었다. 이곳으로부터의 난민들은 독일 전역의 난민촌에 수용되었다. 소련이 점령하였던 독일 지방이 가장 프로테스탄트 세력이 강했던 지역이었다. 이곳에서의 교회들은 공산주의를 받아들일 수밖에 없었으며, 일상을 생활을 통해 가능한 대로 그 신앙적인 입장을 지켰다. 그러나 기독교 신자의 자녀들에게 강제로 공산주의를 주입하는 교육이 실시될 때에는 교회도 침묵을 지키지 않았다.

1950년 디벨리우스 감독은 용감하게 목회서신을 발하여 이러한 공산주의의 세뇌적 교육을 수상에게 정면으로 항의하였다. 그러나 동시에 교회는 정치적인 결정에 관여하려는 것은 아니라는 입장을 분명히 하였다 1953년 동독의 프로테스탄트 청년들은 한동안 극심한 압력을 받게 되었다. 체코슬로바키아의 경우엔 체코 형제교회의 일익에서 사회주의 혁명을 지지하는 모습을 볼 수 있었다. 이 운동을 주도하였던 것은 흐로마트카(Hromadka) 교수였다. 흐로마트카는 신학과 윤리에 관한 기독교 원칙을 고수하면서 거대한 역사적 불의를 바로잡는 과정으로서 혁명을 인정하였다. 헝가리에서도 교회 내 상당수의 신자들이 이와 동일한 입장을 견지하였다. 철의 장막 뒤에 갇혀 있었던 수많은 신자들은 공산주의의 선전 외에는 다른 입장이나 주장을 접할 길이 없었으므로 서방 자본주의가 제국주의적인 반동세력이라는 공산당의 해석을 받아들일 수밖에 없었다.

3. 유럽

유럽 대륙 철의 장막 이서 지방은 더 이상 정권에 의한 가혹한 기독교 탄압은 당하지 않았다. 그러나 파시즘과 나치즘의 기억은 어디에서나 찾아볼 수 있었다. 이들의 승리는, 비록 단기간이기는 하였지만, 유럽의 기독교적 전통이 매우 약화되었다는 사실을 명백하게 보여주었으며, 일반 대중들은 별

다른 저항없이 이러한 전체주의의 선전에 쉽게 넘어갈 수 있다는 사실을 보여주는 것이었다. 전통적으로 로마 카톨릭 문화와 사상의 중심지였던 프랑스에서는 이제 각종 형태의 비기독교화 과정이 진행되었다. 국민들의 3/4은 무종교라고 스스로의 입장들을 밝혔으며, 이들 가운데 많은 이들은 실제로 후기독교적 이교주의 아래 생활하고 있다. 이들 가운데 일부는 19세기 반성직자주의의 연장이라고 볼 수 있으나, 보다 많은 비율은 역시 막시스트 무신론의 영향으로 인한 것이었다. 그러나 프랑스 교회의 신자들은 스스로 소수파의 위치에 놓인 것을 발견하고는 그 공동체 의식을 더욱 강화하였으며, 신앙생활의 질을 보다 높여가고 있었다. 그리하여 이교적 산업주의 세계에서의 전도활동에 관한 새로운 실험들이 주로 프랑스에서 시도되었다.

로마 카톨릭 교회가 계속하여 그 지위를 공인받고 있었던 지역에서도 일반 국민들이나 교인들에 대한 영향력은 별로 인상적인 것이 없었다. 파시즘이 계속 유지되었던 지역은 스페인과 라틴 아메리카였는데, 이곳의 정부들은 로마 카톨릭 신자들의 지지를 얻기 위하여 프로테스탄트 교회에 대한 압박을 계속하였다. 그러나 이러한 상황 속에서도 프로테스탄트 교회들은 일반적으로 그 교인들이 증가하는 모습을 보이고 있었으며, 로마 카톨릭 교회에 대한 대중들의 실망을 뚜렷하게 찾아볼 수 있었다. 또한 프랑스에서와 같은 소수파 프로테스탄트의 종교적 열정도 찾아볼 수 없었다. 대부분의 국민들은 하나님이나 그 교회에 대하여 별다른 관심을 보이지 않고 있었다.

이탈리아의 상황은 프랑스와 스페인의 중간쯤이라고 보면 될 것이다. 대중들은 프랑스에서처럼 철저하게 세속화되지는 않았다. 그러나 이들의 기독교는 보다 저급하여 미신과 쉽게 혼합되었으며, 공산주의와도 아무런 갈등을 느끼지 않는 정도였다. 바티칸은 뭇솔리니와의 콩코르닷을 통해 획득하였던 특권을 계속 유지하는 데 성공하였고, 전승국들은 종교적 소수파들이 당해야 했던 종교적 불이익을 계속 감수하는 것을 용인하고 있었다. 전쟁 직후 카톨릭 교회는 많은 나라들에서 정치적 재조직의 핵심 세력을 제공하였다. 그리고 이를 통하여 민주주의적이고 사회적으로 진보적인 정권들이 수립될 수 있다는 희망도 있었다. 이탈리아, 서독, 벨지움 그리고 프랑스 등에서는 카톨릭 정당들이 우세한 모습을 보이고 있었다. 그러나 이들 정당들은 일반적으로 점차 성직자 중심이 되었으며, 일부 특권계급의 이해관계를 대변하는 입장을 취하게 되었다.

북부 프로테스탄트 유럽의 경우 전쟁이 가져온 결과들 가운데 하나는 이들 교회들이 주위 사회에 연결되려는 노력을 경주하기 시작하였다는 것이다. 나치 점령 아래서 교회들은 일반적으로 민중들의 음성을 대변하였다. 이러한 모습은 노르웨이, 덴마크, 홀랜드 그리고 독일 자체에서도 마찬가지였다. 유대인들에 대한 처우, 공민권 박탈 그리고 나치 정책의 부도덕성을 공격하고 비판하였던 거의 유일한 세력은 교회들이었다. 나치의 압력 아래서 이전에 볼 수 없었던 교파들간의 협력이 이루어졌는데, 이러한 연계는 전쟁 후에도 계속되었다. 그러나 일단 전쟁이 끝난 후에는 전쟁 중 교회에 들어왔던 많은 이들이 다시 이탈되는 모습을 흔히 볼 수 있었다. 이곳에서도 역시 프랑스에서와 마찬가지로 일반 대중들은 점차 교회에서 멀어져가고, 교회에 계속 남아있는 이들의 종교적 열성은 더욱 더 강렬해지는 경향을 찾아볼 수 있었다. 나치의 정복은 사회 전체의 구조적 차원에서 얼마나 비기독교화 과정이 진행되었는가를 보여주는 계기가 되었다.

교회들은 이제 스스로가 청년들, 산업 노동자들, 그리고 전문직업인들 사이에서 제대로 교육을 실시할 수 있는 위치에 있지 못하다는 사실을 절실하게 깨닫게 되었다. 전후 발전상들 가운데 가장 인상적인 사건들 중 하나는 교회들이 평신도들로 하여금 소명의식을 갖게 교육시키기 위한 기독교 센터들을 조직하기 시작하였다는 것이었다. 스웨덴의 시그투나(Sigtuna), 홀랜드의 드리에베르겐(Driebergen) 그리고 독일의 다양한 "복음주의 학당"들과 봇세이(Bossey)의 세계 협의회 학원들이 다 이러한 의식적인 노력의 결과였다. 즉 더 이상 서양 사회는 진정한 의미에서 기독교적이 아니기 때문에 교회는 이제 신자들에게 이러한 상황 속에서 어떻게 살아야 할 것인가를 기초부터 새로 가르쳐야 한다는 것을 깨닫게 되었던 것이다. 또 다른 공통적 경험은 점령으로 인한 강제적 고립상태 속에서 에큐메니칼적인 교제의 필요성을 더욱더 절실하게 느끼게 되었으며, 이러한 의식은 성직자들뿐만 아니라 평신도들 사이에서도 강하게 일게 되었다는 사실이었다. 그러나 각처에서 단지 교파에 대한 충성심도 더욱더 강렬해지는 모습을 또한 볼 수 있었으며, 부역자, 저항자들 사이의 갈등이 낳은 쓰라린 유산은 교회의 재건을 방해하는 큰 요인으로 남게 되었다.

4. 대영제국

영국에서도 전후의 많은 공통적 결과들을 찾아볼 수 있었다. 교파들 사이의 경계선이 더욱더 견고해짐과 동시에 세계 교회를 향한 의식도 더욱 고양되었다. 1945년 영국 국교회에서 발행한 "영국의 회심"(the Conversion of England)이라는 보고서를 보면 사회의 비기독교화에 대한 우려와 기독교적 소명을 재발견하고자 하는 관심을 잘 찾아볼 수 있다. 동 보고서는 "조직적인 종교로부터의 대거 이탈"과 아울러 "공동체의 생활과 사상에 대하여 교회가 아무런 영향력을 행사하지 못하고 있는 현상"을 지적하고 있다. 아직도 어떤 면에서는, 예를 들면 적어도 기독교 윤리학과 같은 면에서는, 상당한 존경심을 불러일으키고 있었다. 그러나 일반적으로 국민들 사이에서는 기독교 공동체 의식이나 혹은 기독교 예배의 의미에 관한 의식을 별로 찾아볼 수 없게 되었다. 프랑스에서와 마찬가지로 이제 영국의 회심과 개종은 해외선교의 방법과 전략을 통해 이루어져야 하겠다는 주장들이 일고 있었다. 그리고 교육법은 모든 공립학교들에서 시행되었던 종교교육에 대한 일반적인 관심을 반영하고 있었으나, 그곳에서 실제로 행해지는 교육의 내용은 생명을 구원하는 진리라기보다는 주로 문화적 유산의 일부로서 평가되고 있었다.

5. 미합중국

모든 서구인들 가운데서 아마도 공공생활에서의 기독교적 유산을 가장 충실하게 유지하였던 이들은 역시 미국인들이었다고 할 수 있다. 이곳에서는 아직도 정치가들이 유권자들을 끌기 위해 연설에 기도를 포함시켰으며, 이들의 신앙심을 자극하는 언사들을 사용하고 있었다. 교회들은 세계 어느 곳에서도 찾아볼 수 없는 비율의 교인수와 재정적 수입을 자랑하고 있었으며, 예배에 실제로 참석하는 숫자는 감소하는 듯하였으나, 아직도 다른 어느 곳보다도 더 많은 숫자라고 할 수 있었다. 아마도 전세계에 걸친 로마 카톨릭과 프로테스탄트 교회의 사역과 활동들은 미합중국으로부터 3/4의 재정을 지원받고 있었다. 그러나 이제 미국의 기독교가 재정적으로 너그럽고, 인도주의적이기는 하였으나, 그와 동시에 신학적인 혼란과 그 방향의 불확실성으로 시달리고 있었다. 전후 새로운 기독교적 확신들이 등장한 것은 부인할 수 없지만, 이러한 확신들은 동시에 건전하지 못한 조류들이 섞인 흐름 속에서 공존하고 있었다. 국가적으로 볼 때 가장 주류를 이루었던 조류는 보다 과격한 세속화의 물결이었다. 아마도 이들 가운데 가장 강했던 측면은 기술적 인도주의, 즉, 단지 인간만이 과학적인 방법들을 통해 풍요한 생활을 발견하고 이룩할 수 있다는 자신감이었다. 이러한 자신감이 유럽에서는 거의 사라지고 없었다. 유럽인들은 더 이상 인류가 가진 난제들이 과학의 힘으로 물질적으로 개선될 수 있다고는 믿지 못하였다. 그러나 신기하게도 당시 세계의 1/3을 차지하고 있었던 공산주의자들도 이러한 자신감에 소망을 두고 있었다. 미국과 소련 양국에서 기술문명에 대한 신앙이야말로 기독교 신앙에 대한 가장 강력한 적수였던 것으로 보인다. 그리고 세계는 이 양국의 과학자들이 경쟁적으로 이 세상을 거의 사람들이 더 이상 살 수 없는 불모지로 변화시킬 전쟁을 준비하는 모습을 주시하고 있었다.

* * *

기독교 역사의 유구한 흐름을 염두에 두면서 우리들은 다음과 같은 말로 이 기록을 끝맺을 수 있을 것 같다. 현대 기독교회는 중세와 종교개혁 시대 기독교의 위대한 과업을 이어받고 있다. 이는 곧 문명에 침투하여 이를 '기독교화' 시키려는 노력이다. 3백 년 이상의 기간 동안 교회는 이러한 노력을 계속 경주해 왔다. 그러나 전반적으로 볼 때에 그 성공의 정도는 오히려 감소해 왔다. 우리들이 아는 바대로 확신에 차고, 이러한 확신에 따라 살고 있는 기독교 신자들이 과거 어느 때보다 더 많이 존재하고 있다. 그러나 동시에 현대 문명의 막강한 세력과 구조는 점차 기독교적 지침을 저버리고, 그 기원이 부족적이거나 혹은 보편적인 다른 신들을 추종해가고 있다. 최근에 들어서 기독교 신자들은 산업주의 서구 사회와 기독교적 이상 사이에 보다 더 큰 간격이 벌어지고 있음을 과거 어느 때보다도 더 절실하게 감지하고 있다. 바로 이러한 상황에 과연 교회가 어떻게 적응할 것인지는 확실치 않다. 이들은 과연 다시 고대 로마 제국 아래서의 교회가 택하였던 정책으로 귀환할 것인가? 당시 교회는 국가에 의하여 박해받거나 혹은 공인받거나에 관계없이, 국가와 사회를 변화시킨다는 절실한 책임을 느끼지 못하였다. 그리하여 그 자체의 공동체 속에서 사회와는 판이한 생활 태도를 견지하는 것으로 만족하였다. 그렇지 않으면 교회는 호전적이고, 기술주도적이고, 대중적인 현대문명을 화시키는 길을 끈질기게 추구하여, 결국은 이 문명이 보다 더 인간화되고 예수 그리스도에게 순복하게 될 수 있는 길을 찾아내고야 말 것인가?

현대교회사

History of Christianity

2008년 8월 25일 2판 발행

지은이 | J. H. 니콜스
옮긴이 | 서 영 일

펴낸곳 | 사) 기독교문서선교회
등록 | 제16~25호(1980. 1. 18)
주소 | 서울시 서초구 방배동 983-2
전화 | 02) 586-8761~3(본사) 031) 923-8762~3(영업부)
팩스 | 02) 523-0131(본사) 031) 923-8761(영업부)
홈페이지 | www.clcbook.com
이메일 | clc@clcbook.com
온라인 | 기업은행 073-000308-04-020, 국민은행 043-01-0379-646
        예금주: 사)기독교문서선교회

ISBN 978-89-341-0479-7(03230)

* 낙장 · 파본은 교환해 드립니다.